中国社会科学院创新工程学术出版资助项目
中国企业管理研究会社会责任专业委员会

企业社会责任最新文献导读
（2012~2013）

An Introduction to the Latest Literatures on
Corporate Social Responsibility (2012-2013)

肖红军　李伟阳　郑若娟　编译
邹　艳　陶　野　校审

经济管理出版社
ECONOMY & MANAGEMENT PUBLISHING HOUSE

图书在版编目（CIP）数据

企业社会责任最新文献导读（2012~2013）/肖红军，李伟阳，郑若娟编译. —北京：经济管理出版社，2017.6

ISBN 978-7-5096-4816-2

Ⅰ.①企… Ⅱ.①肖… ②李… ③郑… Ⅲ.①企业责任—社会责任—文集 Ⅳ.①F272-05

中国版本图书馆 CIP 数据核字（2016）第 317759 号

组稿编辑：申桂萍

责任编辑：梁植睿　赵亚荣　侯春霞　高　娅

责任印制：黄章平

责任校对：雨　千

出版发行：经济管理出版社

（北京市海淀区北蜂窝 8 号中雅大厦 A 座 11 层　　100038）

| 网 | 址： | www. E-mp. com. cn |

网　　址：www. E-mp. com. cn

电　　话：（010）51915602

印　　刷：三河市延风印装有限公司

经　　销：新华书店

开　　本：720mm×1000mm/16

印　　张：33

字　　数：685 千字

版　　次：2017 年 6 月第 1 版　　2017 年 6 月第 1 次印刷

书　　号：ISBN 978-7-5096-4816-2

定　　价：128.00 元

前　言

　　企业社会责任思想的演进历经百年，在此期间，研究者既关注对已有理论的进一步拓展和深化，更注重对时代的关键议题给予解读和回应。我们通过甄选、翻译各个时期有代表性的企业社会责任文献，并结合我们对这些文献的主题归类和解读，为国内研究者更加真实地勾画和还原企业社会责任理论在不同时期的发展。

　　我们于 2011 年出版了《企业社会责任经典文献导读》，书中收录了企业社会责任思想产生、发展和兴起过程中 18 篇具有重大影响的标志性文献，这些文献发表于 20 世纪 30 年代至 21 世纪初，这些文献归类为：企业社会责任必要性的争论、企业社会责任的内涵和演进、企业社会责任的研究范式、企业社会责任与企业财务绩效的相关性。我们希望通过这些文献，可以使读者更加清晰地了解企业社会责任理论的发展渊源和脉络，领会企业社会责任发展过程中重要的议题和观点。进入 21 世纪以来，企业社会责任在实践上进入一个井喷式的发展时期，理论上也涌现出大量的创新性成果，为此，我们于 2013 年出版了《企业社会责任前沿文献导读》，书中选取了发表于 2006~2011 年的 18 篇文献，包括企业社会责任最新认知、企业社会责任影响因素、企业社会责任影响效应、企业社会责任管理模型四个主题。我们希望通过这些文献，能帮助读者更加充分地领略企业社会责任这一跨学科研究领域的生机勃勃。

　　过去五年来，企业社会责任理论和实践在历经井喷式发展后开始进入了反思和创新阶段，有更多的学科视角加入到这一领域的研究中。为了持续跟踪这一研究领域的最新发展动态，我们以"众筹"的方式，组成了一支由来自国内外一流高校、研究机构和企业的学界和业界人士组成的研究团队，通过对 2012~2013 年发表于国际顶尖学术期刊的企业社会责任领域的相关论文进行收集、甄选，最终选定出 16 篇有代表性的文献，这些来自不同学科背景的文献被归类为四个议题：企业社会责任的不同视角透视、企业社会责任的影响因素与效应、责任领导力与道德决策、利益相关方期望与压力回应。初步的翻译工作由研究团队中的学界和业界人士完成，包括清华大学的钱小军，上海交通大学的周祖城，日本早稻田大学的周扬业（国际政治经济学研究生），厦门大学的郑若娟，北京航空航天大学的邹艳、石亦慧和潘丽，北京师范大学的焦豪和赵嘉玉，北京工商大学的郭毅和王晓婉，华南理工大学的晁罡、林冬萍、刘子成和岳磊，广西大学的黄瑛，北京融智企业社会责任研究院的王晓光和朱华楠，中国社会科学院数量经济技术经济研究所的陶野，国网高级培训中心的张吉辉和闫涛，中国铝业公司的韩露。为了确保对原文理解的准确性以及中文表达的统一性和规范性，我们对初稿进行了3~4次的校审。

尽管编译者都十分认真和谨慎，但由于时间和学识的局限，加上中英文语境的差异，对文中词句含义的理解可能出现偏差，对语言的把握和表达可能不当，敬请读者不吝指正。

目　录

第一部分　企业社会责任的不同视角透视

导　读

　　德鲁克认为"没有一个组织能够独立存在并以自身的存在作为目的。每个组织都是社会的一个器官，而且也是为了社会而存在"。作为一个社会组织，企业应该关注其在社会中的角色，关注更大范围内的利益相关方群体（Freeman，1984）。企业社会责任的研究领域，源自对企业（组织）与社会之间关系的探索和审视，有着更加多元化的视角。故考察来自不同领域的学者从不同视角对企业社会责任进行的透视与研究，便于我们能从更加广泛的视野去全面认识和理解企业社会责任。尽管企业社会责任研究已有悠久的历史（Schwartz & Carroll，2008），但是仍很难对企业社会责任进行清晰的界定（Matten & Moon，2008：405）。来自不同领域的学者们可能基于经验数据从不同的角度审视企业社会责任，这样导致了难以形成规范的企业社会责任理论的困境。因此，考察如何有效架接企业社会责任的研究两端——实证分析与规范研究，具有重要的理论和现实意义。

　　围绕企业社会责任实践与研究，本部分共选取了四篇具有代表性的文献，从不同视角透视企业社会责任。在第一篇文献中，Schreck 等从研究方法视角出发，应用实践三段论结构论证揭示了实证分析方法在规范的企业社会责任理论中特殊的重要性。在第二篇文献中，Lange 等基于归因过程理论，从外部观察者的视角对企业不履责行为归因，构建了企业不履责行为的归因理论模型。在第三篇文献中，Mäkinen 和 Kourula 从政治视角出发，应用政治体系内部道德劳动分工范式，回顾阐述了政治企业社会责任文献的三个关键研究时期的政治理论背景，给出了政治企业社会责任多元化发展的建议。在第四篇文献中，Helms 等聚焦于社会公共事业，并基于对 ISO26000 这个企业社会责任国际标准界定的正式磋商和商定过程的研究，从认知的角度开发和检验了一个新的关于社会公共事业实践的结构模型。

　　第一篇文献是 Philipp Schreck 等的《实证经济学和规范性谬论：架接企业社会责任的两端》。在本文中，作者指出，尽管实证分析方法在构建企业社会责任理论过程中存在局限或争议，但如果任何一种方法忽视了实证分析的不可或缺的作用，它都会陷入所谓的"规范性谬论"中。为揭示实证研究方法在规范的企业社会责任理论中的特殊重要性，作者应用实践三段论结构，构建了一个模型来展现经验知识在企业履行社会责任中的关键作用，揭示了作为一端的实证知识和另一端的规范性知识这两者在实施企业社会责任原则方面的关系，这种关系一直被忽视，但却十分重要。通过实践三段论的三个不同阶段——规范性论证（normative-justificatory）、实证性论证（positive）和规定性启示（prescriptive），作者阐明了"应该意味着能够"这句格言在实施企业社会责任目标过程中的特殊作用。此外，作者也为某个特定类别的经验论断的重要性进行辩护，即来自实证经济领域的论断。尽管实证经济理论因倡导利润而非价值观而饱受诟病，但是它也可以在实施企业社会责任的目标方面与非经济概念通过一种有趣的方式相结合。在文中作者阐述了实证经济分析法是如何为企业社会责任研究提供一个连贯的框架的，分析如何并且到何种程度才能使追求利润最大化的企业做出伦理合意的行为。这个框架把经济约束条件下的企业社会责任的相关选择与更高层面的企业社会责任对约束条件本身的相关选择区分开来，识别出能够产生企业社会责任行为的两种机制：企业或者在行动层面上为企业社会责任寻求一个商业范例，或者为保证伦理合意行为与经济理性相一致而对制度做出改变。最后，作者将"是"与"应该"相结合得出规定性的启示，论证了实证分析所得结果是如何说明实际的、"指导行为"的结论。

第二篇文献是 Donald Lange 等的《企业不履行社会责任的归因解析》。尽管不良行为的社会反应对组织发展意义重大，但现有企业社会责任的相关文献仍侧重于研究履责行为的内涵及期望，而较少关注企业不履责行为。在本文中，作者尝试构建一个重点关注企业不履行社会责任行为归因的理论视角。不同于现有文献中强调宽泛社会架构（如社会价值系统、制度和利益相关方关系）、弱化个体对企业行为认知的研究方法，作者重点关注现实中基于个体认知的社会责任期望。根据归因理论，作者通过考察公众个体（观察者个体）对企业行为的主观解读如何叠加形成关于企业不履行社会责任的认知，由此建立了企业不履责归因的核心模型，指出企业不履责归因源于观察者个体的一系列主观评估——对影响的负面程度评估、企业应当承担罪责的评估和受影响方合谋性的评估，依赖于观察者对三者的综合认知。当观察者认为影响是负面的、企业有罪、受影响方与负面影响不具备合谋性时，个体会将负面影响归因于不履行社会责任的企业。如果这三项因素均达到一定程度，三项中较高者将成为企业不履责归因中的首要因素。进而，作者对这三个归因要素之间如何互动进行分析。作者认为企业履责与不履责归因都是源于那些关注企业的个体的知识、解读和认知的社会构建。基于此，作者对企业不履责归因模型的深层次影响因素进行分析，详细描述三个归因要素如何受到个体对负面效应（突发性和时空的集中性）和企业特征（包括不履责行为认知倾向、规模和声誉）认知的影响，以及如何受个体对受影响方或涉事企业社会认同的影响。最后，作者归纳了企业不履责归因中框架的重要作用：框架信息能直接影响观察者对三个归因要素的评估，还能通过影响观察者对事件和企业特征的认知、对受影响方或涉事企业身份认同的方式，影响这些归因要素；框架进而可以通过提供将企业罪责和无辜受害者遭受的不良影响相关联的故事线索，来影响观察者对企业不履责的认知模式。

第三篇文献是 Jukka Mäkinen 和 Arno Kourula 的《政治企业社会责任的多元论》。在本文中，作者关注企业社会责任的政治作用，对新政治企业社会责任如何建立在强有力的全球化转型进程的基础之上进行讨论。作者首先介绍了罗尔斯 (Rawls) 的道德劳动分工的概念，这一概念构成了现有政治体制的基础。现存所有政治理论——自由放任主义、古典自由主义、自由平等主义、福利国家资本主义、财产所有权民主主义和市场社会主义，都可被视为关于道德劳动分工的一种可选体系，审视了每个体系所赋予政府、市场和企业不同的角色，以及对于政企关系的理解。其次针对现在的政治企业社会责任研究缺乏历史深度的问题，作者回顾探索了政治企业社会责任三个关键时期的文献样本——古典主义企业社会责任时期（19世纪50年代开始对于现代企业社会责任产生争论的早期文章）、工具性企业社会责任时期（大量狭义地聚焦于企业社会责任的"商业案例"的研究）和新政治主义企业社会责任时期（近期关于企业政治角色研究的复兴），并应用罗尔斯所提出的政治体系内部道德劳动分工的范式 (Rawlsian conceptualization of division of moral labor)，阐述了上述每个研究时期的政治理论背景。文中主要论证了三个观点：第一，相较于许多后期的文献，古典主义企业社会责任文献在政治理论背景方面更加多元化；第二，工具性企业社会责任采用古典自由主义 (classical liberalism) 和自由放任主义 (libertarian laissez-faire) 作为自身的结构逻辑；第三，新政治主义企业社会责任建立在将政府的责任和任务向企业转移这一强有力的全球化转型趋势之上，它缺少能够使其区别于古典自由主义道德劳动分工的概念构想 (conceptualization)。最后作者给出了三个关于政治企业社会责任多元化发展的建议方向：对未得到充分利用的政治理论进行深入探究；研究企业社会责任、政治理论和比较政治经济文献三者间的联系；对不同层面的企业社会责任分析研判、行为主体和表现形式进行更加细致的考察。

第四篇文献是 Wesley S. Helms 等的《新公共事业制度化实践的先行因素：关于 ISO 26000 社会责任标准的磋商》。与社会公共事业制度化形式的相关理论和研究相比，关于公共事业制度化实践创新或措施的研究一直不受关注。最近的研究认为，新公共事业制度化实践反映了组织在该领域协商或和解的达成，但迄今为止，缺乏有关如何达成这些协议的研究。在本文中，作者首先基于对 ISO 26000 这个企业社会责任新国际标准界定的正式磋商过程的研究，从认知的角度讨论组织协议的达成方案，认为协议的达成是一个认知构建的过程，在这个过程中，组织将他们不同的心理模式带入所提议实践内容的解释中，在一个社会化纳入情境内，运用框架战略来改变、评估及最终接受或拒绝所提议的公共事业制度化实践。其次通过对公共事业、磋商和社会运动的相关文献研究，进一步分析逻辑多元主义、嵌入性以及磋商框架对协议达成的影响，识别五种磋商框架战略（强制性磋商框架、规范性磋商框架、支持性磋商框架、非参与性框架和认知性磋商框架），构建了一个新的创建社会公共事业实践的结构模型，提出了八条假设。运用 ISO 标准制定进程的全部网上工作站点获取的 ISO 26000 两个草案修改意见的两套数据，对所提出的结构模型及假设进行测试与检验。研究表明，作为建立和创建新的公共事业制度化实践的决定因素，组织内部逻辑多元化和组织的磋商框架具有重要作用：多元化降低了组织解决标准内容的可能性；强制性磋商框架和规范性磋商框架对解决方案有很强的负相关影响；非参与性框架与组织解决方案的可能性重要相关；支持性磋商框架和认知性磋商框架对解决方案影响不大。与一些文献中对制度化一致性的传统观点相反，本文认为在磋商过程中组织嵌入所产生的调节作用并不能促进协议的达成。

实证经济学和规范性谬论：架接企业社会责任的两端[*]

实证经济学和规范性谬论：架接企业社会责任的两端 *

Philipp Schreck，Dominik van Aaken，Thomas Donaldson **

【摘　要】实证研究对于任何寻求产生实际影响的企业社会责任理论都十分重要，本文为此进行辩护，以回应那些关于实证或经验方法对企业社会责任研究的批评。尽管我们承认实证分析法的局限性，但我们揭示了作为一端的实证知识和另一端的规范性知识两者在实施企业社会责任原则方面的关系，这种关系一直被忽视，但却十分重要。我们使用实践三段论的结构，构建一个模型来展现经验知识在企业履行社会责任中的关键作用，并重点关注"应当意味着能够"这句格言的启示。此外，我们也要为某个特定类别经验研究论断的重要性进行辩护，即经济领域的论断。尽管实证经济理论因倡导利润而非价值观而饱受诟病，但是它也可以在实施企业社会责任的目标方面与非经济概念通过一种有趣的方式相结合。

【关键词】企业社会责任；实践三段论；实证经济学；规范经济学；政治的企业社会责任；科学理念

实证研究方法在构建企业社会责任理论过程中所扮演的角色存在争议。"实证"指的是用与自然科学方法类似的社会科学方法去寻求经验定律、因果关系和其他规律的研究（Hollis，1994；Treviño & Weaver，1994）。实证方法各有不同，但大抵都具有非规范性。换言之，实证方法的目的不是制定那些用于引导行为的规范和目标。

尽管我们已经知道实证方法的局限性，但我们仍然想揭示其在规范的企业社会责任理论中的特殊重要性。从某种意义上讲，我们这种主张没有争议，因为伦理的概念必须要应用于现实的世界，而非经验的真空之中。然而，在本文中，我们将此观点进行延伸，认为如果任何一种方法忽视了实证分析的不可或缺的作用，它便会陷入所谓的"规范性谬误"中，即假设规范能独自构成行为的充分基础。更具体地

---

* Philipp Schreck, Dominik van Aaken, Thomas Donaldson. Positive Economics and the Normativistic Fallacy: Bridging the Two Sides of CSR [J]. Business Ethics Quarterly, 2013, 23（2）: 297–329.

初译由王晓光完成。

** Philipp Schreck, Dominik van Aaken, 慕尼黑大学；Thomas Donaldson, 宾夕法尼亚大学。

说，我们要构建一个模型，来帮助解释经验知识在企业履行社会责任中的特殊作用，而且我们要为某种特定类别的经验论断对本议题的关联性辩护，即来自实证经济学领域的论断。

我们认为，在追求切实可行的企业社会责任方面，实证研究的重要性整体上一直被低估。一方面，尤其是在过去的20年，研究企业社会责任的学者已经采用了许多实证方法进行研究。一份调查显示，1992~2002年，在主流管理类杂志上发表的与企业社会责任相关的114篇研究文献中有108篇（即95%）都采用了实证或推理的非规范性方法（Lockett，Moon & Visser，2006）。现如今一个备受关注的实证研究领域已经分析出企业的社会绩效和财务绩效之间存在着某种联系（de Bakker，Groenewegen & Hond，2005；Margolis & Walsh，2003；Orlitzky，2011）。通过实证研究来确定企业社会责任的商业范式是否存在，这种愿望促进了学者们对企业社会绩效和财务绩效之间的联系的研究（Kurucz，Colbert & Wheeler，2008）。

另一方面，实证分析方法在企业社会责任研究中的适当性一直遭受挑战。一些学者怀疑，实证方法能否在逻辑上与企业社会责任理论的规范性要求相一致（Donaldson，1994）。批判者们主要批判的是所谓的认识论的局限性，而这种局限性妨碍了人们对企业角色和责任的批判性反思（Banerjee，2003；Scherer，Palazzo & Baumann，2006；Swanson，1995；Windsor，2001）。通常来说，企业社会责任研究中的实证方法被认为缺乏规范力，仅仅因为它不能为企业社会责任问题提供一个好的道德基础（Scherer & Palazzo，2007）。

许多批评指责实证方法为企业接受社会责任提供了一种"工具性"解释动机，即把企业社会责任看作利润或市场价值最大化的推手或障碍（Mackey，Mackey & Barney，2007；McWilliams & Siegel，2001）。批评者提出，这些工具性解释是偷偷潜入诸如"企业应当使股东价值最大化"这样的规范假设中的，但是这些假设缺乏规范的正当性。工具性解释暗示企业应该把所有利益相关方的利益看作利益最大化的工具（Gond，Palazzo & Basu，2009；Margolis & Walsh，2003；Swanson，1995）。Orlitzky（2011）在他最近对相关文献的定量评论中说明了"工具性利益相关方理论……已经遭到抨击"。为了克服现如今主流的企业社会责任实证研究（包括那些工具性研究）中所谓的规范性不足，一些评论家倡导对企业理论进行一次转向非实证的"范式转变"（Scherer & Palazzo，2007）。

虽然对于工具性的观点以及更广义地对与企业社会责任相关的实证研究的规范性不足（the normative naiveté）的批评都是有理有据的，但是我们认为人们一直忽视和误解了实证分析对企业社会责任研究的贡献。我们分三步推导我们的观点：在最开始，我们会构建一个模型，用图表示实证和规范知识的融合。我们将通过伦理推理推导出一个实用的三段论，它包括清晰且有序的组成部分：规范正当性论证

（normative –justificatory）部分、实证性论证（positive）部分和规定性启示（prescriptive）部分。

与实证性论证阶段相反的是，规范性论证和规定性启示两个阶段都是规范性的。但规范性论证阶段的研究旨在论证什么是伦理合意的（ethically desirable），而规定性启示部分旨在执行伦理合意的成果。我们证明，任何一个关于企业社会责任的功能理论为了达到其目标都必须包含这三个阶段。三段论结构更好地展示了实证分析在企业社会责任研究中的有效性和局限性。考虑到这两种不同规范性命题的区别，三段论结构清晰地厘清了实证分析法在规范性企业社会责任研究中哪些地方能运用，哪些地方不能运用。

本文在接下来的两部分中将论证模型的有效性。尽管我们的模型没有正式限制使用某个特定实证方法来研究企业社会责任，但是本文中我们主要讲的是经济学的实证方法。这是为了从单一且一致的理论视角展现我们论点的说服力，并显示某些经济知识之间的相关性（relevance）。因此，我们从三段论的第二阶段——实证性论证阶段开始论述，该阶段包含了实证经济学观点。在第一阶段即规范性论证阶段中，我们至少要把一些具有伦理正当性的准则和目标的存在视为天然成立的，在此基础上，我们将阐述实证经济分析法是如何给企业社会责任研究提供一个连贯的框架去分析如何且到何种程度才能使追求利润最大化的企业做出伦理合意的行为，尽管这个框架有时也遭受挑战。这个框架把经济约束条件下的企业社会责任相关的选择，与对更高层面的企业社会责任相关的约束条件本身的选择区分开来。

在最后一部分，我们将进行第三阶段——规定性启示阶段，并论证实证分析所得结果是如何说明实际的、"指导行为"的结论。该阶段的观点可以看作是由前两个阶段中得到的结论，前两个阶段旨在说明在实际条件下什么是伦理合意的。我们所做的尝试是为了回应近期关于提供一种"从单一概念视角指引规范和实证研究"框架的要求（van Oosterhout，2010；Treviño & Weaver，1994）。通过整篇论文，我们将论证实证分析是如何通过一种有趣的方式来服务于规范性目标的，尽管它在规范性方面存在不足（Scherer & Palazzo，2007）。

构建整合的企业社会责任模型：用实践三段论模式进行伦理推理

为了理解如何将规范与实证视角结合使用以充分发挥两者优势，如前所述，我们运用实践三段论来推理伦理观点（Homann & Pies，1994；Mothersill，1962；Suchanek，2001）。这让我们能够说明在企业社会责任研究中规范和实证方法如何互补彼此的局限性。

实践三段论是一个实践推理的哲学概念，可以追溯到亚里士多德的哲学。它被定义为一种推理形式，通过该推理可以得到一些与前提假设不同但却是前提假设的必要条件的结论 (Thornton，1982)。我们并非要沿用传统意义上只涉及事实的理论三段式——"一切 B 都是 A"，"C 是 B"，"则 C 是 A"（例如，"所有的人都会死"，"苏格拉底是人"，那么"苏格拉底会死"）——而是要借鉴实践的三段论，它的结论不是逻辑事实，而是行为规定。理论三段论在逻辑上是将两个事实命题相结合，而实践三段论结合的则是事实命题与规范命题 (Kenny，1996)。更具体地说，实践三段论包括合意的规范作为第一个前提，现实条件的假设作为第二个前提，对行为的规定作为结论 (Mothersill，1962)。因此，实践三段论是基于第一个前提的合意性 (desirability) 和第二个前提的经验事实进行的推理。若两个前提都得到认可，结论就具有逻辑上的有效性，即结论是实践真理。例如，若下列前提 (1) 和前提 (2) 都得到认可，则西门子公司不应该腐败：

(1) 公司不应该腐败（规范性原则前提）。
(2) 西门子公司是一家公司（事实条件前提）。
(3) 西门子公司不应该腐败（行为规定）。

在实践三段论中，经验条件前提可采用不同的形式。上例三段论的前提采用的是规则/实例式，即若第二个前提为真，则将第一个普遍前提应用到第二个前提中的特殊实例为真 (Thornton，1982)。更重要的是，实践三段论的前提也可以采用目的/手段式 (von Wright，1963)。在目的/手段三段式中，第二个前提表达一种关于经验手段可以达到既定合意目标的信念。目的/手段三段论可以是：

(1) 公司不应该腐败（规范性原则前提）。
(2) 制定产业法规是抵制腐败的最好方法（事实条件前提）。
(3) 所有公司应该致力于制定产业法规（行为规定）。

同规则/实例三段论一样，只要前提 (1) 合乎伦理要求，前提 (2) 合乎事实情况，所得行为要求就具有逻辑上的有效性。应注意，实践三段论的第一个前提没有明确提出经验约束，经验约束必须体现在第二个前提中。还应注意，第二个前提的"选择"这一说法是合理的，因为可以实现第一个前提中特定价值的方法通常不止一种，所以我们需要选择适合目的的方法。这一逻辑推理可见于亚里士多德的《尼各马可伦理学》（Nicomachean Ethics）：

我们所考虑的不是目的而是手段。医生不考虑要不要治愈病人，演说家不考虑要不要说服听众，政治家也并不考虑要不要去建立一种法律和秩序，其他的人们也不考虑他们的目的。他们先确定一个目的，然后考虑用什么手段和方法来达到目的。如果有几种手段，他们考虑的就是哪种手段最容易、最有效地实现目的……如果恰巧遇到不可能的事情，例如需要钱却得不到，那么就放弃这种考虑；而遇到可能的事情，我们就要努力去做……我们考虑那些我们力所能及的事情；事实上，这些就是余下需要做的事情（Aristotle，1925/1998）

综上所述，实践三段论包括表述合意性规范的命题与表述事实条件的命题，从而得出行为规定的结论。因此，实践三段论所包含的三个阶段如图 1 所示。

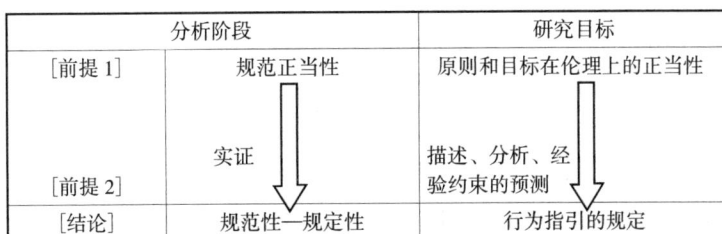

	分析阶段	研究目标
[前提 1]	规范正当性	原则和目标在伦理上的正当性
[前提 2]	实证	描述、分析、经验约束的预测
[结论]	规范性—规定性	行为指引的规定

图 1　用实践三段论进行伦理推理

第一阶段回答了"应该是什么"的问题。这一阶段的企业社会责任研究目标是论证规范性原则和目标在伦理上的正当性，于是称为"规范正当性"（normative-justificatory）分析阶段。第二阶段回答了"实际是什么"的问题，这一阶段包含对经验事实的实证分析，在决定哪一方法适合实现规范目标时，必然考虑这些经验事实。我们称此阶段为"实证"分析阶段。第三阶段综合了前两个阶段，得到行为规定的推论（如政策启示等）。由于这一阶段的目标是提供行为规定，即行为指引，我们称为"规范性—规定性"分析阶段。规范正当性阶段和规定性阶段都具有规范性，因为它们确立了"应当如何"：前者证明了什么是伦理合意的（目标），后者规定了实施伦理合意性的特定行为（实现目标的手段）。

实践三段论阐释了实证阶段和规范阶段对于推导具有规定性和"行为指引"的结论的必要性（Mothersill，1962）。下面，我们的任务是在实践三段论结构中建立不同的企业社会责任研究目标，并说明规范阶段与实证阶段的特殊结合对企业社会责任研究的必要性。

阶段 1：企业社会责任的正当性研究

尽管企业社会责任研究已有悠久的历史（Schwartz & Carroll，2008），但是很难给企业社会责任下一个定义（Matten & Moon，2008）。我们引用企业社会责任的一个约定定义，将之简单理解为"公司对社会的责任"。类似定义有文献可参考（Bowen，1953；Frederick，1994）。我们的定义假设"社会对公司合理的行为及结果有某种期望"（Wood，1991）。我们将政策、规章、举措以及公司为了履行对社会的责任而采取的独自或者集体性行动，归为"企业社会责任活动"，而"企业社会责任研究"指的是分析企业社会责任现象的学术努力。

社会价值观及受其影响的企业社会责任会因时间和情境而异（Matten & Moon，2008）。因为我们的关注点是企业社会责任的实现问题，因此我们将引入简化的假设，即企业社会责任的概念反映了企业遵守"相沿成习、广泛认可的伦理规则"（Bowie & Dunfee，2002）或称为"超规范"（Donaldson & Dunfee，1999）的社会期望。应注意，我们对企业社会责任的定义并不指某一特定的规范性概念。履行公司责任可能会或者可能不会超出满足所有者经济利益和遵守法律的范围（McWilliams & Siegel，2001）。

在解决各类研究目的过程中，企业社会责任研究引入了其他相关研究领域的成果。事实上，企业社会责任研究可视为更广义的商业伦理研究的分支（Beauchamp，Bowie & Arnold，2009；Green & Donovan，2010），而在商业伦理的其他分支中，那些受到哲学启发的规范理论影响了企业社会责任理论的发展。通常受到哲学学科观点的启发，商业伦理中的规范性概念对企业社会责任范围的讨论有着重要意义。同样，经济学、政治学、心理学和社会学都变得与企业社会责任研究相关，这些学科有助于理解企业社会责任中的个人、团体或组织的行为。

从 20 世纪三四十年代的早期企业社会责任著作（Carroll，2008）到当今最具影响力的概念性研究，争论的焦点一直是公司应该做什么，这一争论本身是规范性问题。企业社会责任的研究者付出大量的精力研究企业承担社会责任是否具有伦理正当性——如果是，那么公司在何种程度上承担社会责任才具有伦理正当性——的问题。适用于这个范畴的大多数方法通常被归类为传统的伦理理论。一些学者沿用由哲学家杰里米·边沁、约翰·斯图亚特·穆勒等提出的功利主义传统，这些学者从结果论的视角研究企业社会责任，认为商业道德水平是由经济效益最大化的程度决定的（Henderson，2001；Jensen，2002）。与之相反，另一些学者赞成康德和哈贝马斯提出的道义论，提出驱动公司行为的意图和规则的理性品质是衡量伦理正当性的标准（Bowie，1999；Scherer & Palazzo，2007）。

还有与企业责任有关的规范理论流派，它起源于诸如霍布斯、罗尔斯、戈蒂埃及布坎南等哲学家、经济学家提出的契约论的方法。这些理论认为，只要公司行为遵守显性和隐性的社会契约，其在道义上就是正确的（Blair & Stout，1999；Donaldson & Dunfee，1999；Sacconi，2011）。最后，采用亚里士多德美德论的学者认为，公司应该为社会做出贡献（Sison，2008；Solomon，2002）。

企业社会责任研究强调规范伦理学的重要性，特别是在道德准则的正当性方面，以及在批判性地反思企业在现代社会中的角色，并最终改变企业在现代社会中的角色方面。若没有规范的指引，实证方法将无法超越"是什么"，也就不能理解"应该是什么"（Dunfee & Donaldson，2002a）。因此，研究企业社会责任的学者经常担忧实证管理研究会有规范性缺失的情况。正如学者 Scherer 和 Palazzo 所说：

"对公司伦理行为加以理论化不是为了解释和保持这种现状"（Scherer & Palazzo，2007；similarly：Margolis & Walsh，2003）。其他的学者更进一步地认为实证研究方法是"公然排斥伦理"（Wicks & Freeman，1998）。这种怀疑论的依据经常会引发道德哲学上的"自然主义谬误"（Moore，1903/1993）：[①]

假设人们能够从"是"推导出"应当"，或者，人们能从实证研究中推导出规范伦理结论，那么两者同样是犯了所谓的"自然主义谬误"的逻辑错误（Donaldson & Dunfee，1994）。

"自然主义谬误"这一概念恰恰体现了实证研究的局限性：这样的研究本身不能提供规范指引。因此，规范性理论至关重要。没有规范性理论，实证理论无从谈起。

阶段 2：企业社会责任实证研究

各种学科都对企业社会责任实证研究有所助益。例如，心理学理论已经被用来描述影响伦理决策的要素并用来分析个人行为意图和实际行为存在差距的原因（Kish-Gephart，Harrison & Treviño，2010；Messick，1999；Treviño，Weaver & Reynolds，2006）。只要这些方法有助于解释个人决策是如何支持或阻碍符合社会价值观的企业行为，这些方法就与企业社会责任研究有关，有助于阐释实践三段论的第二阶段，即"实证"阶段。

在企业层面上，社会学视角有助于分析与社会责任相关的企业行为。例如，制度理论已用于分析制度压力如何塑造企业社会行为（Campbell，2007；Marquis，Glynn & Davis，2007）。van Aaken、Splitter 和 Seidl（2013）运用布尔迪厄的实践理论从企业试图获得社会影响力方面来解释企业社会责任。其他研究者运用经济学理论来分析企业社会行为。例如，McWilliams 和 Siegel（2001）及 Mackey 等（2007）使用标准经济学假说来检验一些理性的、价值最大化的公司如何在缺少内在动机（即一种内在的偏好）的情况下选择某种程度的社会绩效。与这些传统方法背道而驰的是，其他的经济学家遵循行为经济学趋势，把社会偏好纳入经济主体效用函数中。按照这种思路，他们把社会的固有偏好列入公司和利益相关方的经济核算之中，以便分析这种偏好如何有助于解释某些企业社会行为（Baron，2001，2009）。

不管实证方法的概念背景如何，它都侧重于解释和预测企业社会行为。例如，Simnett、Vanstraelen 和 Wai Fong（2009）在其实证研究中发现，公司是否把验证报告（assurance statements）列入可持续性报告中是由一些因素决定的，例如，公司

---

① Moore 使用的"自然主义谬误"这一术语一直处于争论中。我们使用的是 Donaldson（1994）和 Goodpaster（1985）提出的概念：纯粹的"是什么"的陈述不能演绎出"应该如何"的陈述。

的规模、产业或法律环境。换句话说，他们的研究是用来探索经验世界的规律，并解释在哪些情况下公司会把验证报告列入报告中。

解释经常会变成预测，如基于对企业社会责任行为驱动力的解释，Campbel（2007）预测"当财务效绩相对较差时，企业不太可能以对社会负责的方式做事"。对企业社会责任行为的解释性和预测性陈述大体上使用带有"如果"、"那么"的条件句。尽管这样的条件句并非简单的描述，但在原则上，它们本身不是行为指引，它们属于实证领域，而非规范性科学。[①]

这种逻辑同样适用于"工具性"企业社会责任研究。就像我们之前所看到的那样，这种研究会探索企业是否以及如何把责任行为作为实现传统企业效绩目标的一种方式（Donaldson & Preston，1995；Windsor，2006）。工具性企业社会责任研究的特点是为诸如"如果公司提高其社会效益，在一些条件下，这种举措将会提高顾客的满意度，带来更高的企业市场价值"（Luo & Bhattacharya，2006；Mackey et al.，2007）的命题提供证据。只要工具性企业社会责任研究把谋利这一（规范性）目标当成外生性的，而不是服务于证明规范的正当性，那么其本质上仍是非规范性的。然而，不论是不是经济方面的实证研究，实证研究都能够在没有规范性的评价或者支持某些原则和目标的情况下，做出关于规范性原则和目标的陈述（Blaug，1980）。

诚然，实证研究通常用来说明规范指引的正当性。例如，一些研究者已经把自己的企业社会责任实证研究作为其规范性结论的依据，管理者"应当"仅在企业社会责任能够提高利润的情况下才考虑企业社会责任（McWilliams & Siegel，2001；Siegel，2009）。这一解释/预测到行为规定的令人质疑的转变相当于跨越了"认知的断层线"（epistemic fault line）（Donaldson，2012）。

阶段3：企业社会责任规定性研究

除了研究企业行为的"是"和"应该"外，企业社会责任研究已寻求实施"应该"的方法。例如，学者们在寻求终结腐败和贿赂的办法时（Misangyi，Weaver & Elms，2008），会假设规范性评估已把贪污腐败和贿赂行为视为伦理不合意的（Dunfee & Donaldson，2002b）。这种研究对两类想要改变现状的受众有意义，即企业管理者（"我们如何才能履行自己的社会责任？"）和社会成员（"我们如何才能使

---

① 我们承认，任何基于广泛的反映研究者及其所生活的社会的基本价值判断的规范性规定的研究，都是有价值的。有一些选择，如对研究主题和方法的选择，是因情况而异的、有内在规范性的，这会带来根本不同的论述（Deetz，1996）。然而，尽管从这个意义上讲，研究渗透了主观判断，但我们仍然同意Gordon（1991）的结论，即"认为社会科学是无可救药的主观学说，或者社会科学具有文化相对性，使人们无法对社会现象进行合理的客观推断的观点，是没有正当理由的"。

企业履行他们的社会责任?")。如果研究者想要为这两类受众提供指导，他们不仅需要证明为何改变企业行为，而且要说明如何改变。总之，他们需要解决"实施"的问题。

在两个广义方面，企业社会责任研究的总体目标应该是规范性的：①确定何为道德合意的行为；②将合意行为付诸实践。尽管规范层面的理论已经引领研究者走进了第一个目标，但他们自己无法走向第二个目标。企业社会责任要求得到充分证实的规范性论点来捍卫一些道德判断，如"贿赂是不合法行为"（Dunfee & Donaldson，2002b），或者人类"绝不应该仅仅被当作工具"（Bowie，2002），或者"企业有保护自然环境的义务"（Hoffman，1991）。但是，企业社会责任研究也要求用经验知识说明这些命题实施的具体条件。

通过用实践三段论的形式解释企业社会责任，我们能够更好地理解为实施目标服务的纯粹正当性理论的局限性及弥补这些局限性的实证研究方法的意义。正如在第一阶段否定规范性推理，就有可能出现"自然主义谬误"，当忽视第二阶段的实证分析，会出现类似的问题，而且可能会出现"规范性谬误"（Suchanek，2004）。

如上所述，"自然主义谬误"指从"是"到"应当"的不当转变（illicit move）。与其对立的概念，"规范性谬误"是指在没有考虑实际的"是"的情况下，从辩护阶段的"应当"到规定阶段的"应当"的不当转变。这一说法指的是实际的"是"这一有效理论没有对规定性的"应当"这一概念形成帮助。因为实施"应当"要应用一系列的条件，包括具有实施的可能性这一条件，与经验性的"是"相比，对规范性的"应当"的识别和辩护，是负责任行为的必要但不充分的一步（Homann，1999，2002；von Wright，1971）。

如果伦理理论认为公司应该阻止贿赂行为的原则是正当的（阶段1）；如果从实施的角度考虑，伦理理论规定公司应该如何阻止贿赂行为（阶段3），那么公司应当有相应的行动方式（阶段2）。至少，一个好的行为必须是可行的，如格言"应当意味着能够"所述。让我们回到先前那个例子：如果一家放弃贿赂行为的公司（也就是其他的公司没有放弃贿赂行为）将会被腐败的竞争对手挤出市场是（描述性的）真命题，那么规定，作为永久性整体战略的一部分，这家公司必须放弃贿赂行为，这就会带来"规范性谬误"（然而，基于"每个人都这么做"来为贿赂行为辩护，将会带来"自然主义谬误"）。需要注意的是，假如集体强制执行的反贿赂规定能够确保竞争对手不会利用公司的这种做法是真命题，那么一个既定的公司就有责任通过建立这样的规定来集体行动。总之，只有在主体能够实现此规定的情况下，实践三段论才是有效的（Nussbaum，1985）。再一次强调，道德哲学家们通常通过格言"应当意味着能够"来表述这一事实前提。这一格言有多种版本。尽管这一格言的某些方面有争议（Kekes，1984；Littlejohn，2009），但其潜在的真理是被广泛接受的（Beirlaen，2011；Streumer，2007；Vranas，2007）：简单地说就是，除非我能做到某事，否则不能说我应该做这件事。

组织的义务也不例外。在确定如"公司有义务采取措施阻止贿赂行为"的义务时，首先我们必须要知道这是一个可履行的义务，这预设了人们知道该如何履行这种义务。此外，由于把组织普遍存在的行为模式转变为规范性的目标要求人们了解市场中组织的客观行为，因此，组织行为和经济学的实证理论对履行义务和实现从"是"到"应当"的转变就是非常必要的（Margolis & Walsh，2003；Treviño & Weaver，1994）。否则，我们就犯了"规范性谬误"。

然而，我们的推理需要证据。由于假定三段论第一阶段的原则是合理的，"应当意味着能够"的论据只能用在第三阶段。尽管公司可能在一方面被免除履行道德义务，但其他方面的义务是义不容辞的。所以即使一个既定公司在经营期间没有放弃贿赂的责任，但它仍有责任寻找其他免除其反腐道德义务的办法。更一般地说，第一阶段无条件的"应当"意味着存在一种去发现"能够"的义务，使实施规定变得可行。

总之，由"规范性谬误"的概念可以看出，纯粹的规范性研究存在一个严重局限性。虽然需要这样的研究来确定什么是伦理合意，但是它没有包含对实施伦理合意的手段的限制。之前我们说"规范性理论至关重要"；"没有规范性理论，实证理论无从谈起"。我们也可以说"实证理论至关重要"；"没有实证理论，规范性理论无从谈起"。

在本文的以下章节，我们将会把伦理上有正当理由的原则和目标（阶段1）看作外生性的。在实证分析阶段，我们将会选择一个已经确立的社会科学研究领域，即经济学领域，来研究企业社会责任。它将会证明拟议的综合性企业社会责任模式如何让发展能够避免"自然主义谬误"和"规范性谬误"的规定性启示成为可能。下面我们将提供一个企业社会责任的实证经济学的解释。

实证分析阶段：企业社会责任研究中的实证经济学方法

这是三段论中的第二阶段，此时实证分析方法的关键作用开始浮现出来，该阶段始终在解释企业为何、何时以及如何履行社会责任。在该部分我们得出四个主要结论：第一，随着时间的推移，企业不会系统性地从事无效率的企业社会责任；第二，在特定约束条件下，企业可以在追求利润的同时从事企业社会责任行为；第三，企业可以通过改变约束条件的水平使之前无利可图的企业社会责任行为变成有利可图；第四，在某些条件可以自行决定的情况下，企业将没有动机去将约束条件的水平转变成想要的那种合意水平。在我们详细论述这些观点之前，我们必须首先要论证使用标准实证经济学的正当性。

将标准经济理论应用于企业社会责任研究

对于实证理论是如何派生出具有深远意义的规定性启示这一问题，为什么我们会选择运用实证经济学知识来论证它呢？我们承认做出这个选择是具有争议性的。批判者可能会认为这样做很武断，因为除了经济学实证方法外，其他实证分析方法也可以描述和解释企业社会责任行为。当然我们不能否定其他的实证方法也能实现相似的功能。现实世界的观点不仅来源于经济学，也来源于心理学（Messick，1999）或社会学（Ingram & Clay，2000；Marquis et al.，2007），这些学科对我们理解企业社会责任很有意义。然而，在现在的情况下，我们基于以下三个原因将我们的分析限制在实证经济学范围内：

第一，当前许多关于企业社会责任的研究是以标准经济假设为基础的，这些研究为企业社会责任提供了一个工具性的解释（Garriga & Melé，2004；Orlitzky，2011）。因此，现在大多数关于实证研究的质疑明确地集中在对企业社会责任的经济解释上（Gond et al.，2009；Scherer & Palazzo，2011；Ulrich，2009；Windsor，2001）。

第二，为了实施企业社会责任，经济学家们反复论述了实证（解释性）理论和规范理论之间的区别。正如凯恩斯对19世纪后期的方法论之争的分析，经济学包含三种询问，大致与三段论的三个阶段相对应：

［A］实证科学可以定义为"是什么"这一系统性知识的主体；规范科学则可以定义为与"应当是什么"的标准有关的系统性知识主体，因此，它涉及与事实相区别的理想（ideal）；艺术则可以定义为为了达到既定目的的一个规则体系。实证科学的目的在于建立一致性，而规范科学则是确定理想状态，艺术的目的则是构建准则（Keynes，1917）。

第三，实证经济学对解决当代企业行为相关问题非常有帮助。主流经济学强大的理论核心为我们理解企业行为提供了一个完善并且一致的框架，而且它通过提供一个简化的视角，让我们可以对这些现象进行严谨的分析（Friedman，1953；Keynes，1917；Lazear，2000）。的确，标准经济模型已屡次运用于企业社会责任的实证分析中（Lyon & Maxwell，2008；Mackey et al.，2007）。总而言之，我们并没有断言经济学是检验企业社会责任研究中的经验性约束和机会的唯一可行方法。我们甚至没有说它是最好的检验方法。我们仅仅认为标准实证经济学为解释和预测企业社会责任行为提供了一个合理、内部一致而且有前途的方法。

至少如往常的实践一样，实证经济学蕴含着对企业行为的一种特殊理解。企业的动机被明确地假定为利益驱动型，所以企业的社会责任行为甚至被解释为追求利润目的的手段。因此，企业社会责任行为就如同产品组合、市场策略、研发投资水平、所有制结构等一样，仅仅是企业选择的另一种因素而已（Reinhardt, Stavins & Vietor, 2008）。例如，在慈善捐赠的问题上，企业社会责任行为也仅仅是企业获利的一种助力或阻碍。从严格的经济视角来看，企业并不会有意去参与低效的企业社会责任（Baron, 2001, 2009）。

我们已经意识到"利益最大化的企业"这一概念是公理性的、探索式的和分析性的工具。它构成了一个方法论假设而不是本体论陈述（ontological statement）（Becker, 1993; Keynes, 1917; Menger, 1985）。在狭义上，我们假定了今天企业履行社会责任的目的是最大化企业价值。经验理论解释和预测企业行为的质量并不取决于这些理论假设的准确性。因此，经济方法的适当性应该由它预测的有效性来评估，而不应该由它假设的现实性来评估（Friedman, 1953; Hollis, 1994; Mayer, 1999）。[①]

现在我们转向这个问题：在上述标准经济学假设的前提下，如何解释企业社会责任的出现？为了回答这个问题，我们将会把通常在经济推理中识别的两个层次的分析区分开来，即对约束的选择和约束下的选择（Buchanan, 1987）。第一个是制度（constitutional）层面，分析集中在"显性或隐性，正式或非正式实施的规则"（Vanberg, 2007），这些规则构成了约束条件，代理人就是在这些约束条件下做出最大化效用的选择。第二个是实施或行动层面，指的是人类在既定环境约束下做出的行动（Brennan & Buchanan, 1985; Vanberg & Buchanan, 1988）。对这两者（约束下的选择和对约束的选择）的区分帮助我们辨别出能够产生企业社会责任行为的两种机制。追求价值最大化的企业通常通过以下两种方式参与企业社会责任：或者在给定约束下确定有利可图的企业社会责任战略，或者在制度层面参与企业社会责任，使道德与经济理性相一致。因此，企业社会责任或者来源于企业本身或者来自制度层面。

约束下的选择：为什么追求价值最大化的企业会去参与企业社会责任？

从严格的经济学角度来说，如果无利可图的企业社会责任行为不能存在，或者

---

① 该假设的方法论可以用经验研究的（方法论）结构主义理论作为例证（Balzer, Moulines & Sneed, 1987; Balzer, Sneed & Moulines, 2000）。简单地说，结构主义观点认为，理论内核由正式结构而非经性性陈述构成。例如，牛顿运动定律实际上是非现实的假设，因为无摩擦的飞机是现实中不存在的事物。它们却描绘了物体行为的真实情况。欧几里得的第五公理（平行公理）是一个正式的公理，它没有做出本体论的要求，但是在反映光的实际运动上却扮演着十分重要的角色。类似地，经济人假设属于经济方法的正式核心，它也不是关于现实世界的经验性陈述（Hahn & Hollis, 1979; O'Neill, 1998）。然而，它却在预测现实中人的行为。

从另一方面来说，如果我们系统地去观察企业社会责任行为，我们总能发现伦理合意与经济理性相一致的例子。为了证明它，图2清晰地描述了伦理合意和经济理性之间可能存在的关系。

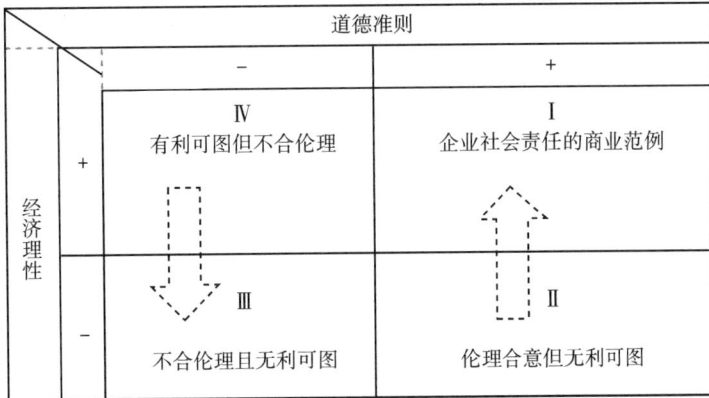

图2　经济理性、伦理合意及企业制度改变的效果

在图2的第三象限中，企业没有从事活动的动机，而在第四象限中，虽然不合伦理，但他们却有从事活动的经济动机。类似地，第二象限是伦理合意但无利可图的行为，我们不打算对其进行系统观察。第一象限包含的是唯一一种在如上所述的严格的经济方法内可以被系统性地预期到的伦理合意的行为。由于此行为的特点是结合了伦理合意和经济理性，所以这类企业社会责任行为被标榜为"企业社会责任的商业范例"（Frank，1996；Kurncz et al.，2008）。企业社会责任的经济方法的目的是确定企业在将道德行为变得有利可图方面取得成功或者遭遇失败的影响因素有哪些。经济方法是要寻求将道德原则和企业逐利相互融合的方式，而不能因为它是一个意识形态方面的事物就不去寻找这样的企业社会责任商业范例（Dyllick & Hockerts，2002；Gond et al.，2009）。

为当前的研究目的，我们仍然维持企业期望提升利润而参与企业社会责任的假设。笔者的研究假设是，只有当受到压力或者有足够的回报时，企业才会战略性地履行社会责任（Baron，2009）。所不同的是，我们关注于那些将企业社会责任看作待解释变量（即需要去解释的现象）而不是解释变量（作为解释的一部分现象）的研究方法（Hempel & Oppenheim，1948）。经济学家已经在对利己者身上出现道德行为的解释上取得了成功（Axelrod，1981；Vanberg & Buchanan，1988），与此相同，企业社会责任研究学者已经对企业如何在没有事前利益的情况下从事企业社会责任活动方面有了一些见解。

鉴于以上论述，在行动层面的关键挑战是使用经济理论来放开图2的第一象限中的选择。出现在这个象限的企业仅仅会履行收益大于成本的企业社会责任。为了从经济学角度分析企业参与企业社会责任行为的原因，接下来我们将重点分析一个特定的企业社会责任举措对企业成本和收益的影响（Ambec & Lanoie，2008）。这些影响会作用于企业内部或外部，大量的实证研究已经阐明了企业社会责任影响财务绩效的特定方式。该类研究已经精确地分析了企业社会责任是如何使企业得到财务上所期望的效果，例如，加强员工激励，降低企业资金成本，增加客户满意度等。表1列出了关于企业社会责任能够提高利润的一些实证研究文献。

表 1 在行动层面上的企业社会责任实证研究

企业社会责任的影响	经济动机	理论结果	经验证据
运营	可能减少产量和降低运营成本	Hart（1995）：通过污染预防，企业可以实现大幅度节支，从而比其他竞争者更具成本优势	Christmann（2000）：考虑到企业的资源和能力存在异质性，环境管理使企业在保护环境的同时降低成本
		Heal（2005）：企业社会责任可以减少浪费从而降低成本	Klassen 和 Whybark（1999）：当管理的资金配置到环保技术上时，生产绩效可以得到大大提升
员工	可能增加员工生产力同时减少工资和人事变动	McWilliams 和 Siegel（2001）：满足员工对企业社会责任的要求的企业获得员工的忠诚度、士气和生产力提升的回报	Montgomery 和 Ramus（2007）：良好的企业社会责任声誉可使员工愿意放弃部分经济利益
		Reinhardt 和 Stavins（2010）：员工愿意牺牲部分劳动报酬为社会谋福利	Riordan、Gatewood 和 Bill（1997）：良好的企业社会责任声誉可以增加员工对工作的满意度并减少人事变动
资金成本	可能增加股本，降低权益资本成本	Baron（2009）：通过履行社会责任，企业能吸引那些相较于直接慈善捐赠，更偏好企业慈善的投资者	Doh、Howton、Howton 和 Siegel（2010）：总投资团体中的社会投资者越来越多，所以关注他们的利益可以增加企业可获得的资金池
		Mackey、Mackey 和 Barney（2007）：权益股东更倾向于投资那些履行社会责任的企业	Dhaliwal、Li、Tsang 和 Yang（2011）：自愿出版企业社会责任相关报告的企业随后便可获得股东权益资金成本的降低。这尤其适用于那些具有较优社会绩效的企业
顾客	可能增加顾客购买的意愿，并吸引更多的顾客	Bagnoli 和 Watts（2003）：企业愿意为那些具有高参与价值的顾客去履行企业社会责任	Brown 和 Dacin（1997）：企业社会责任行为会影响人们对企业的整体评价，从而影响顾客对其产品的评价
		Besley 和 Ghatak（2007）：企业社会责任声誉可以吸引更多的顾客，并增加他们的购买意愿	Du、Bhattacharya 和 Sen（2007）：相较于非企业社会责任品牌，顾客更认同企业社会责任品牌

续表

企业社会责任的影响	经济动机	理论结果	经验证据
潜在员工	可能提升对员工的吸引力	Lyon 和 Maxwell（2008）：企业试图做出一些与员工的环境价值观相一致的环境承诺来吸引和留住最好的员工	Luce、Barber 和 Hillman（2001）：企业社会绩效对于增加对员工的吸引力很重要，因为它可能通过帮助员工熟悉企业从而增加作为雇主的吸引力
		Portney（2008）：大多数人会愿意为美名远扬而不是臭名昭著的老板工作	Greening 和 Turban（2000）：企业社会绩效会给潜在的雇员传递一个关于工作条件的信号，从而增加雇主的吸引力
商业界	可能通过与供应商、对手和当地社区合作获利	Grant 和 Keohane（2005）：那些被同行给予差评的组织可能很难劝服同行进行合作	Carter 和 Jennings（2002）：企业多履行社会责任有利于提升供应商的信任并增加供应效率
		Reinhard 和 Stavins（2010）：在要素市场上，公司可能通过履行社会责任以一种提高盈利的方式将自身与其他企业区分开来	Hillman 和 Keim（2001）：企业社会绩效可以使企业与主要股东的关系变得更好从而增加股东财富
风险管理	可能有助于防止发生不良事件（如非政府组织的攻击、负面媒体报道等）	Lange、Lee 和 Dai（2011）：当企业负面新闻曝光的时候，好的声誉能帮助企业疑罪从无	Godfrey、Merril 和 Hansen（2009）：在负面事件的背景下，相比于不履行企业社会责任的企业，参与企业社会责任活动的企业的股东价值损失较少
		Peloza（2006）：企业可以通过履行企业社会责任来形成牢固的声誉，从而帮助企业顶住负面企业社会责任事件的影响	King 和 Soule（2007）：在抗议事件出现前，如果媒体已经对企业进行了大量报道，那么企业目标就不容易受到抗议的影响

正如表 1 所呈现出来的一样，上述所有文献都做了同一个经济价值最大化的方法论假设：这些研究提供了可能导致企业——在缺失企业社会责任内在动机的情况下——参与企业社会责任激励的见解。概念研究解释企业社会责任可能在企业内外部产生积极的经济影响的原因，而经验分析调查这些影响在现实中是否存在。例如，如果企业在消费者市场上声誉较好，那么社会责任的投资让企业可以溢价，对此观点学界早有争论（Bagnoli & Watts，2003；Besley & Ghatak，2007）。正如许多经验研究所证实的一样，这种影响是确实存在的，尽管这个观点只会在特定企业、特定产品和特定顾客的条件下才成立（Brown & Dacin，1997；Du, Bhattacharya & Sen，2007；Luo & Bhattacharya，2006）。

我们的目的不是概述行动层面上所有关于企业社会责任的实证经济研究，而仅是证明，实证研究如何在经济领域得出用于后续的规定性目的的结论。如表 1 的研究所示，它们对企业社会责任的存在提供了一致的经济学解释，这些研究也提供了关于我们什么时候不能期望企业参与企业社会责任的线索。追求价值最大化的企业在缺乏商业范例时会拒绝履行企业社会责任，而且实证研究能够展示出商业范例存在或者不存在的条件，从这两个意义上来说，实证研究能够阐明企业社会责任挑战的确切性质，而且能够指明企业应何时寻求其他可行的策略。其中的一个策略就是改变"制度"层面。

对约束的选择：将美德转换成经济激励

很不幸的是，对于所有有价值的企业社会责任目标，商业范例是不能假设的。事实上我们认为它可能是例外而不是规律，虽然这一点曾被激烈地争论（Margolis & Walsh，2001，2003）。在行动层面上，尽管有企业社会责任带来收益的案例，但也存在符合伦理规范却不符合经济理性的例子（Vogel，2005）。

如果合意的企业社会责任方式在行动层面上没有效率，那么经济理性视角下的合意行为就只能通过对能够影响既定企业社会责任措施评价结果的制度层面的改变来实现。换种说法，制度层面的改变能够将伦理合意的行为转化成经济理性的行为。一般情况下，这些改变是通过建立各种正式和非正式的制度带来的，这些制度确保道德的行为不会被利用，不道德行为也不会获得经济回报。这些改变并不局限于法律和法律程序，还包含其他类别的集体协议。这里的重点是公司自己就有机会引发制度的变化（constitutional changes）。

图 2 中的箭头显示了制度是如何变化的，对应一个象限到另一个象限的移动。图中的箭头并没有列出所有可能的移动，只列出了合意的移动，注意到这一点很重要。那些鼓励道德行为而劝阻不道德行为的制度变化可以改变一个特定行为的经济价值。① 在这个框架中，这些箭头说明了制度的改变如何影响企业行为的经济效用，即让伦理不合意的行为变得无利可图，让伦理合意的行为变得有利可图。能够引发这些合意转变最显而易见的正式制度是法律规定。例如，当企业直接排放碳（第四象限）的成本低于通过投资低碳技术（第二象限）减排的成本时，征收碳排放税就会减少对环境污染的经济激励（第四象限向第三象限的移动）并提高环保技术投资的回报（第二象限向第一象限的移动）。

问题是，在很多情况下法律法规是不能选择的。但是，在全球经营的企业发现自己处于这样的环境中，即充足的法律法规要么不存在，要么无法实施，从而造成了"监管漏洞"（regulatory gaps）（Homann，2007；Scberer & Palazzo，2008），企业

---

① 当然，经济理性与伦理合意的统一也可能通过道德的变化来实现。例如，对童工的社会接受性可能根据文化差异而不同。然而，因为我们假设道德（阶段 1）在我们的研究中是外生性的，因此这种变化不属于本文的研究范围。

社会责任领域的学者已经有力地证实了这一点。然而，还是有方法弥补"监管漏洞"的。本文最重要的观点是，公司自身在参与规则发现和规则制定过程中便能够引发制度变革（Goodpaster，2010）。例如，企业和环境组织就已合作参与到美国气候行动合作组织中，推动温室气体减排的国家立法。

总之，我们能够根据制度对公司的经济价值不同，将两种存在根本性差异的制度变化区分开。在第一种情况下，存在通过集体的自我承诺来改进游戏规则的企业观点。在跨行业层面，这类协定包括一些自愿性国际协议，如联合国全球契约（UN Global Compact）（Williams，2004），参与该契约的企业要承诺遵守某种伦理行为准则。在行业层面，例如，主要玩具厂商共同建立了一个行业通用行为准则，以在发展中国家实施通用的工作条件标准（Biedermann，2006）。他们通过这种方式建立了一个与国家法规同等功能的制度来确保其经济行为的合法性。另一个案例是西门子公司的集体行动计划。在计划中，西门子公司与一些非政府组织一道，试图保证合同中的所有参与方遵守消除腐败的实践（Siemens AG，2012）。实施举措基于以下两个认知：①单个企业无法与腐败对抗；②相较于腐败的系统，许多企业出于经济的考虑更喜欢非腐败的系统。

所有这些制度改变都有一个共同点，即通过保证在约束层面上的承诺，减少需要企业在约束条件下进行伦理选择的可能性。实际上，企业现在承担着新的责任，这些责任过去被认为是属于政府责任范围（Margolis & Walsh，2003；Scherer & Palazzo，2011），而企业在以一种与经济理性完全一致的方式承担这些责任：以一种集体自我承诺，或者为共同利益而向自身自愿施加约束的方式。

除了以上所举的例子外，关于企业参与制度层面的不同形式的实证研究越来越多。表2概述了一些经济激励导致企业通过集体自我承诺的方式解决伦理问题的经验研究结果。

表2　在制度层面自我承诺的实证研究

主要对象	集体自我承诺的实例	经济动机	理论论证或经验证据
社会	遵循联合国全球契约的原则	确保集体合法性	尽管企业自愿签署某些伦理准则，但它们依然想积极影响社会对经济全球化的认知（Williams，2004）
	化学公司承诺提升健康、安全和环境绩效	避免溢出效应	当整个行业被某个不负责任的企业造成的不良事件所牵连，企业会维护声誉，抵消溢出效应（Barnett 和 King，2008）
国家	在某行业自愿减排	避免国家监管	如果强制监管的要求高，而自我监管的边际成本低，那么企业自愿减排（Maxwell，Lyon & Hackett，2000）
	集体组织的自愿环境计划	影响国家监管	企业可能通过参与自愿环境计划，去影响未来的监管（Borck & Coglianese，2009）

主要对象	集体自我承诺的实例	经济动机	理论论证或经验证据
消费者	市场化的社会治理管理计划（例如，公平贸易标签）	通过减少企业产品质量的不确定性来增加消费者的需求	在公平贸易咖啡的背景下，基于市场的社会治理方案的迫切性和强制执行，这对消费者的购买行为产生积极影响（Schüler & Christman，2011）
	集体采纳环境管理标准 ISO 14000	利用声誉效果	通过集体采纳使用环境标准，企业可以得到单个企业无法创造的声誉（Potoski & Prakash，2005）
供应商	通过协会进行当地的集体行动和发声	降低成本；确立和提高市场准入	特别是当市场价值链高度透明时，发展中国家出口行业的供应商集体响应确保能持久地进入市场（Lund-Thomson & Nadvi，2010）
	集体采纳环境管理标准 ISO 14000	将组织的品质和行为等可靠信息透露给供应商	企业组织应用环境管理标准，以此降低与供应商之间的信息不对称（King，Lenox & Terlaak，2005）
竞争者	商用核电行业的自我监管	维持行业生存的必需条件	为了回应令人震惊的核电厂事故，商用核能部门的公司设立自我监管体系来弥补国家解决核问题的能力欠缺（Camp-bell，1989）
	环境行业自我监管	提高进入市场门槛，减少竞争压力	维持一个高的环境标准可以提高新竞争者进入市场的门槛，减少竞争压力（Stoeckl，2004）

再一次强调，本文的目的不是对此类研究提供一个详尽的分析，而是希望论证实证研究——即使在企业是自我导向和经济价值最大化的假设下——也能产生有益于规范理论的知识。在将这些实证分析阶段的发现转变为规定性结论之前，我们先简单介绍第二种制度改变。

尽管已经有案例表明企业有推动伦理合意的制度改变的激励，但是这种激励并不是一直都存在的。如实证经济学所预测的那样，如果企业将追求价值最大化同时运用到规则内的选择上和规则间的选择上，那么企业将影响规则设立的过程以提升其价值最大化的利益（Barley，2007；Bonardi，Hillman & Keim，2005）。正如关于政治游说的研究所指明的一样，上述战略行为会导致伦理合意的制度改变受阻，甚至会推动产生不合意的改变（Hillman，Keim & Schuler，2004）。此外，研究企业社会责任的学者提醒我们注意集体性的自我承诺可能只是空口白话，目的只是想欺骗消费者和其他股东，企业将其签署自愿标准的事实广而告之并披露其伦理行为的信息，即使他们哪一项也没做到（Roberts，2003）。企业集体"漂绿"或者"漂蓝"大概取决于这些行为所带来的预期成本和收益。对于在功能上等同于有效的政府监管的承诺而言，其有效性有赖于能够让企业遵守其承诺的潜在经济激励，例如，非政府组织或者消费者察觉到不良行为的可能性、遵守特定伦理行为准则的期望成本，以及单个公司违背自我承诺以及由此违背集体承诺的可能性。因此，就像没有理由假设在行动层面存在无条件的企业社会责任商业理由一样，假设所有伦理合意的制度改变都符合企业的经济利益是天真的想法。在这种情况下，作为政治行动者的企业，即使从事企业社会责任是合意的，实证经济学仍然会表明，不管企业应不应该支持这种制度改变，企业都不会对这些改变提供支持。

总之，我们在实证分析阶段的三段论分析中已经识别了两种机制，在这两种机制下，即使假设企业追求价值最大化，企业仍然能够坚持社会责任行为。企业或者在行动层面上为企业社会责任寻求一个商业理由，或者为保证伦理合意行为与经济理性相一致而对制度做出改变。然而，这两种机制都有局限性。这些局限性都能通过实证方法分析出来并且应当被任何一个规范性企业社会责任理论所参考借鉴。在实证分析阶段后，现在我们进入规定性总结阶段。

规定性阶段：将"是"与"应该"相结合从而得出规定性启示

如图 3 中所概述的，我们可以将规范正当性阶段（作为外生性考虑）的结论与实证阶段（从之前部分得出）的结论结合起来，从而推论出规定性阶段的启示。实证经济学对企业社会责任最主要的用处在于阐释实施的持续性问题。实证分析不能为公司应该承担社会责任的原因提供正当理由，但却有助于说明如何履行社会责任。为了便于理解如何推导出担当责任这类规定性结论，我们再次利用对约束的选择和在约束下的选择的区别来说明。这样我们就能够将包含两种责任的两个情景区分开：第一个情景，经济博弈的规则保证伦理期望与私人利益趋同；第二个情景，市场失灵破坏制度环境，导致了有经济效益但道德败坏的行为。

功能框架内的责任

所有者追求利润的公司有责任提供好的产品和服务从而获利。正如企业社会责任商业理由的实证分析所揭示的那样，在某些案例中，公司在行动层面制定了成功的企业社会责任战略，将伦理关怀转变成市场机遇。这些案例为我们提供了利润与伦理期望目标成功趋同的生动范例。

再次用实践三段论的方法，我们能够得出以下规定性的结论：假设存在伦理正义的原则和目标，而且关于在行动层面将这些原则和目标与经济理性协调一致的可能性的实证知识是既定的（见表 1），那么公司的责任就是寻求图 2 中第一象限中的机会。换句话说，公司的责任就是在行动层面找到一种"能够"，让实施伦理合

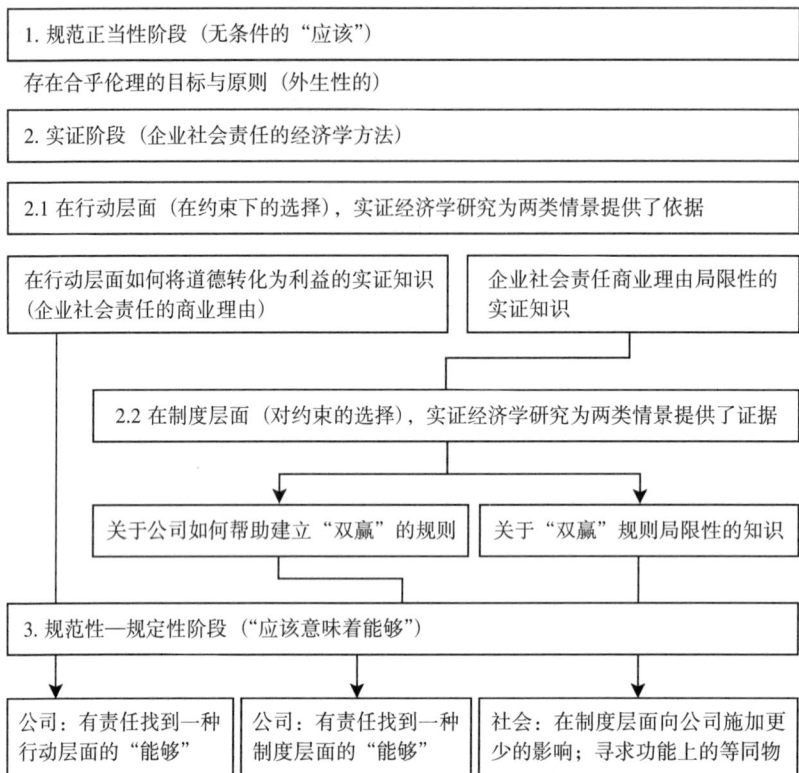

图3　实证经济学在规范性企业社会责任研究中的作用

意的"应该"成为可能。

　　然而，这个结论有几点要注意。正如之前所说的那样，在一些例子中，制度环境会奖励伦理不合意的行为。如果既定了实施的目标，那么企业社会责任理论该怎样找到补救措施？按照三段论，它要制定怎样的实施规则？一种选择是简单的道德劝告，包括强调某个行为（如行贿）是不道德的，需要无条件地摒弃。我们把此方法理解为是呼吁公司在自我认知方面的"范式转变"（Gond & Matten，2007；Scherer & Palazzo，2007）的努力，目的是转变企业行动者的基本偏好。

　　但是，这种呼吁变化会导致"规范性谬论"。将焦点放在改变法人行为者的潜在动机上，这只会起到适得其反的效果，因为它没有对制度层面的激励因素做出解释，而这些激励因素才是不良行为的原因。有时，经济代理人无法在不被市场淘汰的情况下独自遵守道德规范。这种情况下，要求经济参与者避免如贿赂等行为，同时却不改变制度条件，这表明了经济参与者的原则及其真实能力间的困惑：即使经济参与者愿意遵守伦理规则，但是如果他们的行为会导致破产，久而久之，他们也不会遵守。在塑造企业社会责任方面，道德劝告的缺陷体现在"应该意味着能够"

这句格言上。值得注意的是，这并不意味着从任何观点来看贿赂在道德上都是正当的行为，也不意味着经济参与者将没有道德责任。贿赂通常被定义为包含背信弃义或者违法行为，初步看来二者都是错误的（Transparency International，2009）。考虑到在第一阶段所确定的无条件的道德真理，经济代理人仍然承担着道德责任，但现在程度不同了。规范正当性阶段的"应当"与规定性阶段（在讨论"规范性谬误"时介绍的）的"应当"之间的区别，有助于识别或被称为企业社会责任研究中的"责任的轨迹"。运用经济学方法研究企业社会责任，包括对企业社会责任商业理由在行动层面的局限性的论证，也不能免除公司的责任。相反，它阐明了需要并且也有其他的可能性来实施伦理合意。

面对市场失灵的责任

对于某些市场失灵，如果公司无法从道德上弥补这种失灵，这种情况就是三段论中规定性阶段结论的出发点。当某些道德原则是具有伦理正当性的，如贿赂是错误的，但市场不能执行这些原则时，公司责任便从行动层面转移到制度层面（Homann & Blome-Drees，1992）。经济学的方法是将注意力引导到游戏规则下的解决办法上，而不是苛求公司遵守那些与经济理性相矛盾的规范（Buchanan，1987；Vanberg，2007）。

这种方法关注公司较高层次的自我承诺，例如，推动制度变化的措施。它不接受公司所谓的"市场让我这么做的"简单借口。在行动层面的经济压力不能作为公司不遵守道德规范的借口；反之，经济压力要求公司在制度层面上做出努力。虽然对公司来说，独自实施合意的规范是不可能的，但是公司有责任去独自或者与其他公司一道努力来寻找合作的解决办法（Goodpaster，2010）。如果东道主国家政府已经建立一个"付费参与"的体系，要求给政府官员报酬作为成功投标商业合同的回报，那么陷入这种制度困境的公司就有义务与其他公司一起努力实现制度变化，如对引入"公告付费"的规范达成一致（Transparency International，2008）。

对于规范性企业社会责任理论来说，这就是为何关于集体性的自我承诺作为与政府管制具有同样功能的做法这类实证研究如此重要的原因。我们要探究的是，为了承担共同的政治责任并对制度框架的伦理性进步有所贡献，企业要制定哪些激励措施。受我们前面讨论例子的启发（见表2），我们认为需要更多的研究来分析公司怎样找到和建立"双赢"规则来服务于企业与社会双方面的利益（Pies，Hielscber & Beckmann，2009）。换句话说，需要更多的研究来帮助设计合作策略，允许经济参与者既建立个人价值也建立社会价值。我们知道，虽然这项工作异常困难，但却很有必要。

基于这些考虑，从三段论中，我们便得到了第二个重要规定：假设存在伦理正义的原则和目标，且鉴于将这些原则和目标与经济理性在行动层面上协调一致的可能性的实证知识，公司有着激发制度层面的改变以实现这两方面协调一致的伦理责任。换句话说，公司有责任在制度层面识别一种"能够"，让实施伦理合意的"应该"成为可能。

企业社会责任的局限性

然而，我们再次承认这种企业社会责任的缺陷。正如商业理由意味着在行动层面存在局限性一样，同样的论点也证明了在制度层面"双赢"的可能性也存在局限性。不出意外的话，这种局限性与经济激励的约束同时出现。从经济观点来看，如果公司没有任何经济动机去带来这些改变，那么通过自我承诺实现伦理合意的制度改变是不可能发生的。举个类似的例子：如果垄断被认为是不合意的，那么从经济角度看，我们便不应该期望垄断者放弃垄断（Jensen，2002）。

处理这个问题的一种方法就是探究制度层面的经济约束力度是不是与行动层面的经济约束一样有力。在这一点上，一些企业社会责任研究学者认为公司不应该将同样的逻辑运用于这两个层面上，而应该从经济模式转换成话语模式（discursive mode）（Ulrich，2009），该模式旨在"（重新）塑造元博弈的心智模式"[forming the mindset of the meta game]（Pies et al.，2009）。然而，必须要谨慎。如果忽略了公司在其整个行为层面都具有利润最大化的偏好这一经济预测，那么要求企业承担新的政治责任（Scherer & Palazzo，2011）可能会再次冒着"规范性谬误"的风险。即使在考虑集体行动之时，公司也不能仅仅出于伦理合意的原因就改变其见解（change their stripes）。为避免幼稚的期望和产生适得其反的行为，企业社会责任的经济学方法意味着要谨慎行事。事实上，经济研究表明，当不存在为了公司的共同利益而进行集体性自我承诺的激励因素时，不应给予他们太多的机会去建立游戏规则。

下面是第三个也是最后一个规定性结论。前两个规定性结论是为公司提供指导的，而第三个规定性结论是针对那些有志于将企业行为向伦理目标和原则转变的外部利益相关方的。假设伦理正义的原则和目标是存在的，但还假设无论是在行动层面还是在制度层面，都缺乏适当的方法使那些原则和目标与经济理性相一致，那么经济学方法表明企业社会责任自身已经达到其实施能力的极限。此时，经济学的考虑会支持使用其他手段，如外部确定的规则和激励。他们会支持国家管制及其具有同样功能的做法，如强有力的压力群体的影响。

强有力的利益相关方在支持企业社会责任的行为（包括制度性倡议）时，有时能够起到决定性作用。在动态环境下工作的消费者、员工、投资者经常能够成功地将道德考量转变为足以影响公司决策的经济动机。具有伦理意识的消费者、员工、投资者越来越多，他们能够将先前缺乏经济效益的企业社会责任策略转变为有利可图的策略。非政府组织和活跃分子向公司施加压力的能力不断提高，他们使公司不管乐意与否，都不能忽略各自新形式的宪法责任（constitutional responsibility）。

结论、异议和回应

通过实践三段论方法，我们揭示了一种十分重要却被忽视的关系，即企业履行社会责任原则的实证知识和规范知识之间的关系。具体来说，尽管实证经济理论因倡导利润重于价值观而时常受到批判，但是我们已经说明了经济理论是如何与非经济概念合作共同实施企业社会责任目标的。诚然，一些实证性理论也可能会陷入"自然主义谬误"。但是，我们也指出，规范性理论家也可能犯相反的错误（commit the opposite），即陷入"规范性谬误"。通过利用实践三段论的三个不同阶段，我们已经阐明了"应该意味着能够"这句格言在实施企业社会责任目标的过程中的特殊作用。

我们已经说明了实证经济知识如何有利于我们更好地去理解企业为何、如何及何时从事企业社会责任行为。这些知识帮助我们将注意力转移到寻找能够实施伦理合意的"应该"的制度性和可能性的责任上来。同时，实证经济学并没有免除管理者们的这一责任，即行动要超越单纯的经济利益。我们基于对各种构成企业行动基础的经济激励的考虑对当前要求企业承担新的政治共同责任进行了解释。

当然，批评者可能会质疑这些结论。首先，他们认为我们对实证经济学的使用不是"价值中立"（value-free）的。他们可能声称，实证经济学不是仅仅识别了三段论中第二阶段的实际条件，还隐含着未被承认的规范假设，即企业应当实现利润最大化。所以，如果处于第一阶段的规范性"应当"必须通过以经济考虑所支配的第二阶段的"现实考验"才能最终形成第三阶段的有效规定，那么伦理最终就败给了利润。该批判值得做出回应。

我们承认经济理论几乎不可避免地带有规范性的规定（Harris & Freeman，2008；Ulrich，2009）。但是，我们并不是想要论证（实证的）经济学要优于（规范性的）伦理。相反，我们一直在努力寻找方法，让经济理论工具化，使之成为服务于伦理推理目的的工具。在此过程中，我们找到了我们方法的边界条件，即在经济上的"能够"允许伦理上的"应该"得以实施的情形是缺失的。在这些情形中，我们不是说放弃道德责任而是强调道德的"应该"要得到无条件的坚持。在这一方面，我们明确承认我们方法的局限性。比如，一些强大的利益相关方有时会被迫向公司施加压力，让公司的伦理的"应该"与经济上的"能够"相一致。所以，我们的论点不是企业应该将经济利润最大化，而是研究者和公司经理层之类的人员应该避免经济上的天真，动用一切可用的经济工具实现企业责任。

本文存在局限性。本文后半部分的阐述，其有用性取决于实证经济解释和预测企业社会责任的能力，也就是三段论中的第二阶段。最终，实证经济学丰富规范性企业社会责任研究的能力，取决于它能在多大程度上形成企业社会责任实际行为的事实和现实命题以及在多大程度上全面理解企业现象。虽然我们认为实证经济学提供了一个强大的理论框架，但是我们不能假意否认其他学科的实证知识在实施企业责任中的重要作用，比如社会学或者心理学知识。

但是，其他共同促进企业社会责任目标实施的实证方法，比如社会学和心理学，其基本逻辑同样遵循我们在使用实证经济时所构建的广义三段论的结构。比如，组织心理学可以揭露公司使其与环境相悖的行为加以合理化的深层次倾向，由此断定，任何基于企业社会责任而试图在企业内部实施的环境教育，都必须调整其教育设计，以反映心理现实。"应当意味着能够"，不论"能够"是经济学的、社会学的还是心理学的。

参考文献

［1］Ambec, S., & Lanoie, P. 2008. Does it pay to be green? A systematic overview. Academy of Management Perspectives, 22: 45–62.

［2］Aristotle. 1925/1998. The Nicomachean ethics, trans. W. D. Ross. New York: Oxford University Press.

［3］Axelrod, R. 1981. The emergence of cooperation among egoists. The American Political Science Review, 75: 306–318.

［4］Bagnoli, M., & Watts, S. 2003. Selling to socially responsible consumers: competition and the private provision of public goods. Journal of Economics and Management Strategy, 12: 419–445.

［5］Balzer, W., Moulines, C. U., & Sneed, J. D. 1987. An architectonic for science: the structuralist approach. Dordrecht: Reidel.

［6］Balzer, W., Sneed, J. D., & Moulines, C. U. (Eds.). 2000. Structuralist knowledge representation: paradigmatic examples. Amsterdam: Rodopi.

［7］Banerjee, S. B. 2003. Who sustains whose development? Sustainable development and the reinvention of nature. Organization Studies, 24: 143–180.

［8］Barley, S. R. 2007. Corporations, democracy, and the public good. Journal of Management Inquiry, 16: 201–215.

［9］Barnett, M. L., & King, A. A. 2008. Good fences make good neighbours: A longitudinal analysis of an industry self–regulatory institution. Academy of Management Journal, 51: 1150–1170.

［10］Baron, D. P. 2001. Private politics, corporate social responsibility, and integrated strategy. Journal of Economics and Management Strategy, 10: 7–45.

［11］——. 2009. A Posidve Theory of Moral Management, Social Pressure, and Corporate Social Performance. Journal of Economics & Management Strategy, 18: 7–43.

［12］Beauchamp, T. L., Bowie, N. E., & Arnold, D. G. (Eds.) 2009. Ethical theory and business (8th ed.) Upper Saddle River, N.J.: Prentice Hall.

［13］Becker, G. S. 1993. Nobel lecture: The economic way of looking at behavior. The Journal of Political Economy, 101: 385–409.

［14］Beirlaen, M. 2011. Ethical consistency and the logic of ought. Theoretical & Applied Ethics, 1: 45–51.

［15］Besley, T., & Ghatak, M. 2007. Retailing public goods: the economics of corporate social responsibility. Journal of Public Economics, 91: 1645–1663.

［16］Biedermann, R. 2006. From a weak letter of intent to prevalence: The toy industries' code of conduct. Journal of Public Affairs, 6: 197–209.

［17］Blair, M. M., & Stout, L. A. 1999. Team production in business organizations: An introduction. Journal of Corporation Law, 24: 743.

［18］Blaug, M. 1980. The methodology of positive economics. Cambridge: Cambridge University Press.

［19］Bonardi, J.-P, Hillman, A. J., & Keim, G. D. 2005. The attractiveness of political markets: Implications for firm strategy. Academy of Management Review, 30: 397–413.

［20］Borck, J. C & Coglianese, C. 2009. Voluntary environmental programs: Assessing their effectiveness. Annual Review of Environment and Resources, 34: 305–324.

［21］Bowen, H. R. 1953. Social responsibilities of the businessman. New York: Harper & Row.

［22］Bowie, N., & Dunfee, T. 2002. Confronting morality in markets. Journal of Business Ethics, 38: 381–393.

［23］Bowie, N. E. 1999. Business ethics: A Kantian perspective. Maiden, Mass.: Blackwell.

［24］——. 2002. A Kantian approach to business ethics. In R. A. Frederick (Ed.), A companion to business ethics: 3–16. Oxford: Blackwell.

［25］Brennan, G., & Buchanan, J. M. 1985. The reason of rules: Constitutional political economy. Cambridge: Cambridge University Press.

［26］Brown, T. J., & Dacin, P. A. 1997. The company and the product: corporate Associations and consumer product responses. Journal of Marketing, 61: 68–84.

［27］Buchanan, J. M. 1987. Constitutional economics. In P. Newman, I. Eatwell, & M. Milgate (Eds.), The new Palgrave: A dictionary of economics, 1: 585–588.

［28］Campbell, J. L. 1989. Corporations, collective organization, and the state: Industry response to the accident at Three Mile Island. Social Science Quarterly, 70: 650–666.

［29］——. 2007. Why would corporations behave in socially responsible ways? An institutional theory of corporate social responsibility. Academy of Management Review, 32: 946–967.

[30] Carroll, A. B. 2008. A history of corporate social responsibility: Concepts and practices. In A. Crane, A. McWilliams, D. Matten, J. Moon, & D. S. Siegel (Eds.), The Oxford handbook of corporate social responsibility: 19–46. Oxford: Oxford University Press.

[31] Carter, C. R., & Jennings, M. M. 2002. Social responsibility and supply chain relationships. Transportation Research Part E, 38: 37–52.

[32] Christmann, P. 2000. Effects of "best practices" of environmental management on cost advantage: The role of complementary assets. Academy of Managemenwt Journal, 43: 663–680.

[33] de Bakker, F. G., Groenewegen, P., & Hond, F. d. 2005. A bibliometric analysis of 30 years of research and theory on corporate social responsibility and corporate social performance. Business & Society, 44: 283–317.

[34] Deetz, S. 1996. Describing differences in approaches to organization science: Rethinking Burrell and Morgan and their legacy. Organization Science, 1: 191–207.

[35] Dhaliwal, D. S., Li, O. Z., Tsang, A., & Yang, Y. G. 2011. Voluntary nonfinancial disclosure and the cost of equity capital: The initiation of corporate social responsibility reporting. The Accounting Review, 86: 59–100.

[36] Doh, J. P., Howton, S. D., Howton, S. W., & Siegel, D. S. 2010. Does the market respond to endorsement of social responsibility? The role of institutions, information, and legitimacy. Journal of Management, 36: 1461–1485.

[37] Donaldson, T. 1994. When integration fails: The logic of prescription and description in business ethics. Business Ethics Quarterly, 4: 157–169.

[38] ——. 2012. The epistemic fault line in corporate governance. Academy of Management Review, 37: 256–271.

[39] Donaldson, T., & Dunfee, T. W. 1994. Toward a unified conception of business ethics: Integrative social contracts theory. Academy of Management Review, 19: 252–284.

[40] ——. 1999. Ties that bind: A social contracts approach to business ethics. Boston: Harvard Business School Press.

[41] Donaldson, T., & Preston, L. L. 1995. The stakeholder theory of the corporation: Concepts, evidence, and implications. Academy of Management Review, 20: 65–91.

[42] Du, S., Bhattacharya, C. B., & Sen, S. 2007. Reaping relational rewards from corporate social responsibility: The role of competitive positioning. International Journal of Research in Marketing, 24: 224–241.

[43] Dunfee, T. W., & Donaldson, T. 2002a. Social contract approaches to business ethics: Bridging the "is–ought" gap. In R. A. Frederick (Ed.), A Companion to Business Ethics: 38–55. Oxford: Blackwell.

[44] ——. 2002b. Untangling the corruption knot: Global bribery viewed through the lens of integrative social contract theory. In N. Bowie (Ed.), The Blackwell guide to business ethics: 61–

76. Maiden, Mass.: Blackwell.

[45] Dyllck, T., & Hockerts, K. 2002. Beyond the business case for corporate sustainability. Business Strategy & the Environment, 11: 130–141.

[46] Frank, R. H. 1996. Can socially responsible firms survive in a competitive environment? In D. M. Messick & A. E. Tenbrunsel (Eds.), Codes of conduct: Behavioral research into business ethics: 86–103. New York: Russell Sage Foundation.

[47] Frankena, W. K. 1939. The naturalistic fallacy. Mind, 48: 464–477.

[48] Frederick, W. C. 1994. From CSR 1 to CSR 2: The maturing of business–and–society thought. Business & Society, 33: 150–164.

[49] Friedman, M. 1953. The methodology of positive economics. In M. Friedman (Ed.), Essays in positive economics: 3–43. Chicago: University of Chicago Press.

[50] ——. 1970. The social responsibility of business is to increase its profits. New York Times Magazine (September 13): 32.

[51] Garriga, E., & Melé, D. 2004. Corporate social responsibility theories: Mapping the territory. Journal of Business Ethics, 53: 51–71.

[52] Godfrey, P. C, Merrill, C. B., & Hansen, J. M. 2009. The relationship between corporate social responsibility and shareholder value: An empirical test of the risk management hypothesis. Strategic Management Journal, 30: 425–445.

[53] Gond, J.-P., & Matten, D. 2007. Rethinking the business–society interfact: Beyond the functionalist trap. ICCSR Research Paper Series No. 47–2007 Nottingham.

[54] Gond, J.-P., Palazzo, G., & Basu, K. 2009. Reconsidering instrumental corporate social responsibility through the Mafia metaphor. Business Ethics Quarterly, 19: 57–85.

[55] Goodpaster, K. E. 1985. Business ethics, ideology, and the naturalistic fallacy. Journal of Business Ethics, 4: 227–232.

[56] ——. 2010. Corporate responsibility and its constituents. In G. G. Brenkert & T. L. Beauchamp (Eds.), The Oxford handbook of business ethics: 127–160. Oxford: Oxford University Press.

[57] Gordon, S. 1991. The history and philosophy of social science. London: Routledge.

[58] Grant, R. W., & Keohane, R. O. 2005. Accountability and abuses of power in world politics. American Political Science Review, 99: 29–43 .

[59] Green, R. M., & Donovan, A. 2010. The methods of business ethics. In G. G. Brenkert & T. L. Beauchamp (Eds.), The Oxford handbook of business ethics: 21–45.

[60] Greening, D. W., & Turban, D. B. 2000. Corporate social performance as a competitive advantage in attracting a quality workforce. Business & Society, 39: 254–280.

[61] Hahn, F. H., & Hollis, M. 1979. Philosophy and economic theory. Oxford: Oxford University Press.

[62] Harris, J. D., & Freeman, R. E. 2008. The impossibility of the separation thesis. Busi-

ness Ethics Quarterly, 18: 541–548.

［63］ Hart, S. L. 1995. A natural resource–based view of the firm. Academy of Management Review, 20: 986–1014.

［64］ Heal, G. 2005. Corporate social responsibility: An economic and financial framework. The Geneva Papers on Risk and Insurance: Issues and Practice.

［65］ Hempel, C. G., & Oppenheim, P. 1948. Studies in the logic of explanation. Philosophy of Science, 15: 135–175.

［66］ Henderson, D. 2001 Misguided virtue: False notions of corporate social responsibility. London: Institute of Economic Affairs.

［67］ Hillman, A. J., & Keim, G. D. 2001. Shareholder value, stakeholder management and social issues: What's the bottom line. Strategic Management Journal, 22: 125–139.

［68］ Hillman, A. J., Keim, G. D., & Schuler, D. 2004. Corporate political activity: A review and research agenda. Journal of Management, 30: 837–857.

［69］ Hoffman, W. M. 1991. Business and environmental ethics. Business Ethics Quarterly, 1: 169–184.

［70］ Hollis, M. 1994. The philosophy of social science: An introduction. Cambridge: Cambridge University Press.

［71］ Homann, K. 1999. Die Relevanz der Ökonomik für die Implementation ethischer Zielsetzungen. In W. Korff, A. Baumgartnèr, H. Franz, & J. Genosko (Eds.), Handbuch der Wirtschaflsethik, Vol. 1: 322–343. Gütersloh: Gütersloher Verlagshaus.

［72］ ——. 2002. Ökonomik: Fortsetzung der Ethik mit anderen Mitteln. In C. Lütge (Ed.), Vorteile und Anreize: 243–266. Tübingen: Mohr Siebeck.

［73］ ——. 2007. Globalisation from a business ethics point of view. In K. Homann, P. Koslowsi, & L. Christoph (Eds.), Globalisation and business ethics: 3–10. Aldershot: Ashgate.

［74］ Homann, K., & Blome–Drees, F. 1992. Wirtschafts– und Unternehmensethik. Göttingen: Vandenhoeck & Ruprecht.

［75］ Homann, K., & Pies, I. 1994. Wirtschaftsethik in der Moderne: Zur ökonomischen Theorie der Moral. Ethik und Sozialwissenschaften, 5: 3–14.

［76］ Ingram, P, & Clay, K. 2000. The choice–within–constraints new institutionalism and implications for sociology. Annual Review of Sociology, 26: 525.

［77］ Jensen, M. C. 2002. Value maximization, stakeholder theory, and the corporate objective function. Business Ethics Quarterly 12: 235–256.

［78］ Kekes, J. 1984. "Ought implies can" and two kinds of morality. The Philosophical Quarterly, 34: 459–467.

［79］ Kenny, A. J. 1966. Practical inference. Analysis, 26: 65–75.

［80］ Keynes, J. N. 1917. The scope and method of political economy (4th ed.). London: Macmillan.

［81］King, A. A., Lenox, M. J., & Terlaak, A. 2005. The strategic use of decentralized institutions: exploring certification with the ISO 14001 management standard. Academy of Management Journal, 48: 1091–1106.

［82］King, B. G., & Soule, S. A. 2007. Social movements as extra –institutional entrepreneurs: The effect of protests on stock price returns. Administrative Science Quarterly, 52: 413–442.

［83］Kish–Gephart, J. J., Harrison, D. A., & Treviño, L. K. 2010. Bad apples, bad cases, and bad barrels: Meta–analytic evidence about sources of unethical decisions at work. Journal of Applied Psychology, 95: 1–31 .

［84］Klassen, R. D., & Whybark, D. C. 1999. The impact of environmental management on firm performance. Academy of Management Journal, 42: 599–615.

［85］Kurucz, E. C., Colbert, B. A., & Wheeler, D. 2008. The business case for corporate social responsibility. In A. Crane, A. McWilliams, D. Matten, & J. Moon (Eds.), The Oxford handbook of corporate social responsibility: 83–112. Oxford: Oxford University Press.

［86］Lange, D., Lee, P. M., & Dai, Y. 2011 . Organizational reputation: A review. Journal of Management, 37: 153–184.

［87］Laufer W. S. 2003. Social accountability and corporate greenwashing. Journal of Business Ethics, 43: 253–261.

［88］Lazear, E. P. 2000. Economic imperialism. Quarterly Journal of Economics, 115: 99–146.

［89］Lev, B., Petrovits, C., & Radhakrishnan, S. 2010. Is doing good good for you? How corporate charitable contributions enhance revenue growth. Strategic Management Journal, 31: 182–200.

［90］Littlejohn, C. 2009. "Ought", "can", and practical reasons. American Philosophical Quarterly, 46: 363–372.

［91］Lockett, A., Moon, J., & Visser, W. 2006. Corporate social responsibility in management research: Focus, nature, salience and sources of influence. Journal of Management Studies, 43: 115–136.

［92］Luce, R. A., Barber, A. E., & Hillman, A. J. 2001 . Good deeds and misdeeds: A mediated model of the effect of corporate social performance on organizational attractiveness.Business & Society, 40: 397–415.

［93］Lund–Thomsen, P., & Nadvi, K. 2010. Global value chains, local collective action and corporate social responsibility: A review of empirical evidence. Business Strategy & the Environment, 19: 1–13.

［94］Luo, X., & Bhattacharya, C. B. 2006. Corporate social responsibility, customer satisfaction, and market value. Journal of Marketing, 70: 1–18.

［95］Lyon, T. P., & Maxwell, J. W. 2008. Corporate social responsibility and the environment: A theoretical perspective. Review of Environmental Economics and Policy, 2: 240–260.

[96] Mackey, A., Mackey, T. B., & Barney, J. B. 2007. Corporate social responsibility and firm performance: Investor preferences and corporate strategies. Academy of Management Review, 32: 817–835.

[97] Margolis, J. D., & Walsh, J. R. 2001. People and profits? The search for a link between a company's social and financial performance. Mahwah, N.J.: Lawrence Erlbaum Associates, Inc.

[98] ——. 2003. Misery loves companies: Rethinking social initiatives by business. Administrative Science Quarterly, 48: 268–305.

[99] Marquis, C., Glynn, M. A., & Davis, G. F. 2007. Community isomorphism and corporate social action. Academy of Management Review, 32: 925–945.

[100] Matten, D., & Moon, J. 2008. "Implicit" and "explicit" CSR: A conceptual firamework for a comparative understanding of corporate social responsibility. Academy of Management Review, 33: 404–424.

[101] Maxwell, J. W., Lyon, T. R., & Hackett, S. C. 2000. Self-regulation and social welfare: The political economy of corporate environmentalism. Journal of Law and Economics, 43: 583–618.

[102] Mayer, T. 1999. The domain of hypotheses and the realism of assumptions. Journal of Economic Methodology, 6: 319–330.

[103] Me Williams, A., & Siegel, D. 2001. Corporate social responsibility: A theory of the firm perspective. Academy of Management Review, 26: 117–127.

[104] Menger, C. 1985. Investigations into the method of the social sciences with special reference to economics. New York: New York University Press.

[105] Messick, D. M. 1999. Alternative logics for decision making in social settings. Journal of Economic Behavior & Organization, 39: 11–28.

[106] Misangyi, V. F., Weaver, G. R., & Elms, H. 2008. Ending corruption: The interplay among institutional logics, resources, and institutional entrepreneurs. Academy of Management Review, 33: 750–770.

[107] Montgomery, D. B., & Ramus, C. A. 2007. Including corporate social responsibility, environmental sustainability, and ethics in calibrating MBA job preferences. Stanford University Graduate School of Business Research Paper No. 1981. Stanford.

[108] Moore, G. E. 1903/1993. Principia ethica: (2nd ed.) . Cambridge: Cambridge University Press.

[109] Mothersill, M. 1962. Anscombe's account of the practical syllogism. The Philosophical Review, 71: 448–461.

[110] Navarro, P. 1988. Why do corporations give to charity? Journal of Business, 61: 65–93.

[111] Nussbaum, M. C. 1985. Aristotle's de motu animalium. Princeton, N.J.: Princeton University Press.

[112] O'Neill, J. 1998. Self-love, self-interest and the rational economic agent. Analyse & Kritik, 20: 184-204.

[113] Orlitzky, M. 2011 . Institutional logics in the study of organizations: The social construction of the relationship between corporate social and financial performance. Business Ethics Quarterly, 21: 409-444.

[114] Peloza, J. 2006. Using corporate social responsibility as insurance for financial performance. California Management Review, 48: 52-72.

[115] Pies, I., Hielscher, S., & Beckmann, M. 2009. Moral commitments and the societal role of business: An ordonomic approach to corporate citizenship. Business Ethics Quarterly, 19: 375-401 .

[116] Portney, P. R. 2008. The (not so) new corporate social responsibility: An empirical perspective. Review of Environmental Economics and Policy, 2: 261-275.

[117] Potoski, M., & Prakash, A. 2005. Green clubs and voluntary governance: ISO 14001 and firms' regulatory compliance. American Journal of Political Science, 49: 235-248.

[118] Reinhardt, F. L., & Stavins, R. N. 2010. Corporate social responsibility, business strategy, and the environment. Oxford Review of Economic Policy, 26: 164-181.

[119] Reinhardt, F. L., Stavins, R. N., & Vietor, R. H. K. 2008. Corporate social responsibility through an economic lens. Review of Environmental Economics and Policy, 2: 219-239.

[120] Riordan, C. M., Gatewood, R. D., & Barnes, B. 1997. Corporate image: Employees reactions and implications for managing corporate social performance. Journal of Business Ethics, 16: 401-412.

[121] Roberts J. 2003. The manufacture of corporate social responsibility: Constructing corporate sensibility. Organization, 10: 249-265.

[122] Sacconi, L. 2011 . A Rawlsian view of CSR and the game theory of its implementation (part 1): The multistakeholder model of corporate governance. In L. Sacconi, M. Blair, R. E. Freeman, & A. Vercelli (Eds.), Corporate social responsibility and corporate governance: The contribution of economic theory and related disciplines: 157. London: Palgrave.

[123] Scherer, A. G., & Palazzo, G. 2007. Toward a political conception of corporate responsibility: Business and society seen from a Habermasian perspective. Academy of Management Review, 32: 1096-1120.

[124] ——. 2008. Globalization and corporate social responsibility. In A. Crane, A. McWilliams, D. Matten, J. Moon, & D. S. Siegel (Eds.), The Oxford handbook of corporate social responsibility: 413-431. Oxford: Oxford University Press.

[125] ——. 2011. The new political role of business in a globalized world: A review of a new perspective on CSR and its implications for the firm, governance, and democracy. Journal of Man-

agement Studies, 48: 899-931.

[126] Scherer, A. G., Palazzo, G., & Baumann, D. 2006. Global rules and private actors: Toward a new role of the transnational corporation in global governance. Business Ethics Quarterly, 16: 505-532.

[127] Schuler, D. A., & Christmann, P. 2011. The effectiveness of market-based social governance schemes: The case of fair trade coffee. Business Ethics Quarterly, 21: 133-156.

[128] Schwartz, M. S., & Carroll, A. B. 2008. Integrating and unifying competing and complementary frameworks: The search for a common core in the business and society field. Business & Society, 47: 148-186.

[129] Siegel, D. S. 2009. Green management matters only if it yields more green: An economic/strategic perspective. Academy of Management Perspectives, 23: 5-16.

[130] Siemens AG. 2012. Collective Action.

[131] Simnett, R., Vanstraelen, A., & Wai Fong, C. 2009. Assurance on sustainability reports: An international comparison. Accounting Review, 84: 937-967.

[132] Sison, A. J. G. 2008. Corporate governance and ethics: An Aristotelian perspective. Cheltenham: Edward Elgar.

[133] Solomon, R. C. 2002. Business ethics and virtue. In R. A. Frederick (Ed.), A companion to business ethics: 30-37. Oxford: Blackwell.

[134] Stoeckl, N. 2004. The private costs and benefits of environmental self-regulation: Which firms have most to gain? Business Strategy and the Environment, 13: 135-155.

[135] Streumer, B. 2007. Reasons and impossibility. Philosophical Studies, 136: 351-384.

[136] Suchanek, A. 2001. Ökonomische Ethik. Tübingen: Mohr Siebeck.

[137] ——. 2004. What is meant by consent? In A. van Aaken, C. List, & C. Luetge (Eds.), Deliberation and decision: A dialogue between economics, constitutional theory, and deliberative democracy: 169-180. Cheltenham: Elgar.

[138] Swanson, D. L. 1995. Addressing a theoretical problem by reorienting the corporate social performance model. Academy of Management Review, 20: 43-64.

[139] Thornton, M. T. 1982. Aristotelian practical reason. Mind, 91: 57-76.

[140] Transparency International. 2008. Policy position #5/2008: Enhancing revenue transparency in oil & gas company reporting. Berlin: Transparency International.

[141] ——. 2009. Business principles for countering bribery: A multi-stakeholder initiative led by Transparency International (2nd ed.). Berlin: Transparency International.

[142] Treviño, L. K., & Weaver, G. R. 1994. Business ETHICS/BUSINESS ethics: One field or two? Business Ethics Quarterly, 4: 113-128.

[143] Treviño, L. K., Weaver, G. R., & Reynolds, S. J. 2006. Behavioral ethics in organizations: A review. Journal of Management, 32: 951-990.

[144] Ulrich, P. 2009. Integrative economic ethics: Foundations of a civilized market econo-

my. Cambridge：Cambridge University Press.

[145] van Aaken, D., Splitter, V, & Seidl, D. 2013. Why do corporate actors engage in pro-social activities? A Bourdieusian approach to corporate social responsibility. Organization. In press.

[146] van Oosterhout, J. H. 2010. The role of corporations in shaping the global rules of the game: In search of new foundations. Business Ethics Quarterly, 20: 253-264.

[147] Vanberg, V. J. 2007. Corporate social responsibility and the "game of catallaxy": The perspective of constitutional economics. Constitutional Political Economy, 18: 199-222.

[148] Vanberg, V. J., & Buchanan, J. M. 1988. Rational choice and moral order Analyse & Kritik, 10: 138-160.

[149] Vogel, D. J. 2005. The market for virtue: The potential and limits of corporate social responsibility. Washington, D.C.: Brookings Institution Press.

[150] von Wright, G. H. 1963. Practical inference. The Philosophical Review, 72: 159-179.

[151] ——. 1971. Explanation and understanding. New York: Cornell University Press.

[152] Vranas, P. B. M. 2007. I ought, therefore I can. Philosophical Studies, 136: 167-216.

[153] Wicks, A. C., & Freeman, R. E. 1998. Organization studies and the new pragmatism: Positivism, anti-positivism, and the search for ethics. Organization Science, 9: 123-140.

[154] Williams, O. F. 2004. The UN global compact: The challenge and the promise. Business Ethics Quarterly, 14: 755-774.

[155] Windsor, D. 2001 . The future of corporate social responsibility. International Journal of Organizational Analysis, 9: 225-256.

[156] ——. 2006. Corporate social responsibility: Three key approaches. Journal of Management Studies, 43: 93-114.

[157] Wood, D. J. 1991. Corporate social performance revisited. Academy of Management Review, 16: 691-718.

企业不履行社会责任的归因解析[*]

Donald Lange[1]，Nathan T. Washburn[2]

【摘　要】尽管不良行为的社会反应对组织发展意义重大，但现有相关企业社会责任文献仍侧重于研究履责行为的内涵及期望，而较少关注企业不履责行为。本文尝试构建重点关注企业不履行社会责任行为归因的理论视角。不同于现有文献中强调宽泛社会架构，如社会价值系统、制度和利益相关方关系，弱化个体对企业行为认知的研究方法，本文重点关注现实中基于个体认知的社会责任期望。根据归因理论，研究观察者个体如何评估影响的负面程度，企业应承担责罚和受影响方的非合谋性，进而对企业不履责行为进行归因。作者详细描述对上述影响因子的评估如何互动，如何受到个体对负面效应和企业特征认知的影响，以及如何受个体对受影响方或涉事企业社会认同的影响。最后，本文归纳了企业不履责归因中框架的重要作用。

外部对企业不履行社会责任行为的广泛认知，会对企业产生消极影响。事实上，企业能否成功（生存），在某种程度上取决于是否满足了对其所处环境的规范性期望（Pfeffer & Salancik，1978；Scott，2008）。当组织行为对于公众和选民来说具有争议性时，企业将面临着失去当前和潜在消费者、失去外界认可和支持以及"为对手提供弹药"的风险（Elsbach & Sutton，1992）。一个在社会中被视为"坏角色"的组织，很难吸引客户、投资者和员工（Fombrun，1996）。实证研究中大量证据显示，违反社会规范的行为会给企业带来诸多不良后果，例如，诉讼、结算和销售减少导致的财务损失、资金成本提高、市场份额下降、合作伙伴丧失、与负面声誉相关的其他花费等（Baucus & Baucus，1997；Davidson，Worrell & Cheng，1994；Haunschild，Sullivan & Page，2006；Karpoff，Lee & Martin，2008；Strachan，Smith & Beedles，1983）。

尽管不良行为的外部反应对组织履责具有重要意义，但现有企业社会责任研究

---

* Donald Lange，Nathan T. Washburn. 2012. Understanding Attributions of Corporate Social Irresponsibility. Academy of Management Review，37（2）：300–326.

初译由黄瑛完成。

仍主要关注责任行为的内涵和期望，而非不履责行为。企业社会责任相关文献很少探讨不履行社会责任，但往往都隐含了"不履责"研究——即不履责是履责行为的失败。本文中，我们构建了一个明确关于"不履行社会责任"以及解释公众心目中企业不履行社会责任行为归因的理论视角。

不履行社会责任的认知极有价值的原因之一，是其具有使公众行动起来的能力。人类认知的相关研究显示，公众对消极（不利或威胁）事件和对积极事件的认知过程间存在着显著的不对称状态（Baumeister, Bratslavsky, Finkenauer & Vohs, 2001; Fiske & Taylor, 2008; Kanouse & Hanson, 1972）。当面对消极行为时，人们会比面对积极或常规行为花更多时间思考，搜索更广泛的因果信息。他们的推断、陈述和行动也会更极端（Fiske & Taylor, 2008; Shaver, 1985; Taylor, 1991）。正如 Shaver 所述："人们从不苛责善意的行为。"（1985）因此，对不履行社会责任的感知往往会引起更强烈的公众反应，并为企业提供更大的履责动力（Frooman, 1997; McGuire, Dow & Argheyd, 2003; Muller & Kräussl, 2011; Pfarrer, Pollock & Rindova, 2010; Rao & Hamilton, 1996）。

此外，随着对负面行为相关的认知活动及其成因探索的日益增强，侧重于公众个体感知的企业不履责归因分析特别引人关注。因此，研究者提供了另一种研究情境：个体对企业行为的适宜性和责任如何理解和认知的情境（Bitektine, 2011）。这十分重要，因为企业的不履责行为，作为其导致不良后果（特别是在与环境关系方面）的动因，实际上仅仅是在个体感知范围内的不履责行为。在以往关于企业社会责任的研究中，对企业不履责行为主观感知的关注极少。无论是从利益相关方（Barnett, 2007）、经济（Margolis & Walsh, 2003）、声誉（Bertels & Peloza, 2008）、社会契约（Donaldson & Dunfee, 1999），还是从制度（Campbell, 2007）等视角，上述企业社会责任研究的共性，是将对社会责任行为的社会期望描述为既定的社会现实。这种方法在很多情况下有效，但也面临着将社会责任期望混同为普适性规律的风险。而且忽略了关注企业的个体在对企业基于社会期望行动的评价中所发挥的作用（Berger & Luckman, 1967）。不同于企业社会责任现有文献倾向于弱化个体对企业行为认知，而强调宽泛社会结构如价值系统、制度和利益相关方关系的研究方法，本文的关注点在于探索个体在现实中对企业应履行社会责任的期望。

归因理论与企业不履行社会责任的认知

在本文中我们将考察个体对企业行为的主观解读如何叠加形成对企业不履行社会责任的认知。这些解读的主观性可能会成为本研究的起点。例如，由于 2010 年墨西哥湾漏油事件，美国公众对于英国石油公司诟病的程度远远高于皇家壳牌公司。尽管壳牌公司在过去的 50 年涉及大量漏油事件，并对尼日尔三角洲环境造成了巨大破坏（Nossiter，2010）。同样地，20 世纪 70 年代，公众的主观性解读使得福特汽车公司因为其 Pinto 车型而遭到比竞争对手更多的诟病（Dowie，1977）。尽管市场上的其他小型汽车（Chevrolet Vega，AMC Gremlin，Toyota Corolla，Volkswagen Beetle）也存在着与 Pinto 一样的设计缺陷，也有每百万辆汽车造成一起死亡的跟踪记录（Schwartz，1991）。福特 Pinto 仍被视为极危险而糟糕的汽车之一。福特高管被认为"故意做了他们明知会造成一定人员伤亡的决策"（Schwartz，1991），而其他汽车制造商则逃脱了这一归责。

当然，如同大多数公司或者公司行为看起来更不负责任的案例，英国石油公司和 Pinto 所处情境的可识别特征，使其更易被主观感知为不负责任。英国石油公司在墨西哥湾的原油泄漏事故与以往的溢油事故相比，时间相对集中，并随之发生了严重的石油爆炸事故，导致多名石油工人丧生。从美国公众的角度来看，英国石油公司导致的石油泄漏在地理上更接近美国本土，且直接产生负面经济影响。这些特征使美国公众对英国石油公司在海湾溢油事故中的表现，以及壳牌公司在尼日尔三角洲溢油事故中的表现做出了判断。在与福特相关的诉讼和媒体报道中，Pinto 事件不仅与包括儿童在内的乘客伤亡密切相关，还与汽车火灾和爆炸事故相关。此外，无论准确与否，媒体报道中福特涉及冷酷无情、缺乏道德的决策，包括进行内部模拟的秘密成本收益分析。该分析对 Pinto 造成伤亡可能花费的财务成本与使 Pinto 变得更为安全的财务成本进行了比较（Gioia，1992）。这些决策及不良行为使身处 Pinto 事件中的福特比其竞争对手显得更为不负责任。

为了在客观上更好地理解这类负面效应，即在特定情形下的特征属性可能造成主观认知的扭曲，特别是个体对企业缺乏社会责任的感知，无论是对于研究者还是实践者来说，理解这些影响都是有价值的。因为主观认知有利于构建企业赖以生存和互动的外部环境。正如 Wry（2009）提到的公众个体如何对企业及其行为做出反应，"个体行为是基于感知而非客观实际"。公众个体认为，一个企业具有不履行社会责任的特质，实际上是一个归因过程，即根据归因理论，个体基于企业特定情形下的表征来诠释企业行为及后果。实际上，归因理论为本文建立描述性的企业不履责认知模型提供了理论基础。归因理论是在社会心理学不断发展，并拓展到组织研究中（Martinko，2004）的理论观点和理论视角的集合（Kelley & Michela，1980），重视对属性特征、动机和结果的归因（Hamilton，1980；Heider，1958；Kelley，1973；Kelley & Michela，1980；Lord & Smith，1983；Martinko，2004）。在个体层面上，企业不履行社会责任的看法是一种认知结构或模式，是个体对世界运行方式抽象预测的要素之一（Fiske & Taylor，1991）。我们关注归因理论，尤其关注个体如何通过因果推论（Heider，1958；Kelley & Michela，1980）和道德判断（Brewin & Antaki，1987；Hamilton，1980；Jones & Davis，1965；Kanouse & Hanson，1972），来解释那些个体经观察将企业归为不履行社会责任类型的要素。

被观测的企业和所处情境往往具有某些独立存在的特质。在本文中，我们探索建立一个影响观察者对这些特质关注和解读的机制。企业不履行社会责任的归因往往由观察者经对企业的行为和所处情境的合理考量得出。但这些归因取决于个体的关注与解读方式，其主观性往往很强。正如 Fiske 和 Taylor 所述，归因"远离了逻辑性和精确性"（1991）。

影响观察者关注和解读，进而支撑本文企业不履责归因模型的基本理论机制包括：①观察者的理性判断和推理；②观察者对于企业和情境的主观偏见和认知局限；③观察者对有关企业及情境信息的过滤和整合评价的敏感度。正如下文所述，观察者的理性判断和推理包括了对以下有关证据的综合考量：造成负面社会效应的企业行为意图、受影响方对影响的预见能力，以及企业特征和据以判断企业是否是负面影响源头的情境线索。涉及观察者偏见和认知局限性的理论机制，在我们的模型构建中发挥着重要作用。我们描述了观察者归因过程是如何被自我与群体保护的倾向所引导的。这些倾向可能产生偏见，导致选择性关注、扭曲性解读，以及对于缺失或模棱两可证据的"添油加醋"（Fiske & Taylor，2008）。我们还描述了个体的偏见和认知局限，为何有助于解释负面效应特征（包括消极性、严峻性、突发性和时空的集中性）和涉事企业特征（包括规模和声望）对个体关注和解读机制的影响。此外，个体的关注和解读还受到关于企业"不负责任"的先验性认知的影响。

进而，我们描述了观察者的判断推理过程受企业解释道歉的高度影响，并对经第三方过滤及整合的信息（有关企业、负面效应及受影响方）很敏感（Snow & Benford，1988；Wood & Mitchell，1981）。这些解释、道歉和再加工信息往往由媒体向公众提供或传播。由于企业具有无处不在、社会价值大和影响深远的特质，又频繁与负面效应相关，普通大众通常非常关注将企业与不良行为联系起来或予以撇清的描述。这些叙述在组织普遍受到文化关注的背景下引起了共鸣。这种文化关注源于组织的无处不在和对社会生活的全方位介入。随着对企业利益高于社会利益的普遍质疑，企业可能以剥削或不道德的方式行事（Korten，2001；Scott，2003）。

归因理论通常将归因的目标概括为"个体角色"，但当社会群体成为归因目标时同样的理论解释也很有意义（Sherman & Percy，2010；Yzerbyt，Rogier & Fiske，1998）。当一个社会群体具有较高的统整性（entitativity）时，可将其视为个体性的归因目标。这意味着该群体被视为一个连续、统一、有意义的实体（Campbell，1958；Lickel et al.，2000；McConnell，Sherman & Hamilton，1997；Yzerbyt et al.，1998）。"当一个群体被高度感知为统一体时，个体和群体的区别就随之消失。"

（Sherman & Percy，2010）这只适用于被外界认为是连贯、统一、有意义实体的企业。正如 Sherman 和 Percy 所述："虽然企业是由一群群的人组成，但是群体的统整性使得他们更像是被黏合的个体。"（2010）因此，本文所构建的模型，将基于企业是一个对其行为和结果承担责任的被黏合的个体的假设，而把企业界定为归因的目标。

企业不履行社会责任归因的三个主要因素

为构建企业不履行社会责任模型，我们假设观察者虽然受人类认知的局限性、偏见和本能反应的影响，但却是有学识和讲理的。当观察者对企业不履责行为归因时，他（她）不仅认定企业对社会产生不良影响，还认为企业应承担道德责任并因此受到蔑视。在此情形下，企业不履责归因就与 Hamilton（1980）提出的两条归因思路有关：第一，观察者是一个"直觉心理学家"（Heider，1958；Ross，1977），擅长进行"解释性探究"（Hamilton，1980）。观察者不断进行因果分析、推论，以解释他人的行为和结果（Heider，1958；Kelley，1967，1973）。在个体进行因果推论时，会对其根源做出关键性的鉴别：是源于"角色"，还是源于"角色"所处的情境（Heider，1958）。第二，观察者被定义为进行"责罚调查"的"直觉律师"（Hamilton，1980）。观察者负有判断不良影响担责主体的责任。其重点不在于确定因果，而在于判断谁应当被责罚（Alicke，2000；Hamilton，1980）。实际上，责罚调查可能应优先于详细的因果分析（Hamilton，1980）。因此，在这条归因思路中，归因涉及道德评价（Brewin & Antaki，1987；Kanouse & Hanson，1972；Martinko，1995）。

我们整合归因理论中的上述思路，构建企业不履责归因的核心模型。由此形成观察者归因需要因果推论及道德评判的核心观点。因果推论意味着观察者在某种程度上，根据判别是企业内部或外部原因造成的社会危害，来进行不履责归因。尤其是当意识到不良影响中受影响方与不良影响的合谋性时，后者更为重要。道德评判是指观察者在一定程度上通过判断社会危害对应的道德责任（即试图判断涉事企业是否应当受到指责），来进行不履责归因。这里危害的可识别性和严重程度、对企业规避危害能力的认知、对不良影响中受影响方合谋性的认知是关键的考量点。因此，基于三者在因果推论与道德评判中的重要作用，我们将这三个因子纳入企业不履责归因模型中：①影响的负面程度评估；②对于企业应承担罪责的评估；③受影响方合谋性程度的评估。核心模型如图 1 所示，我们将在下文中阐述这三个因子。

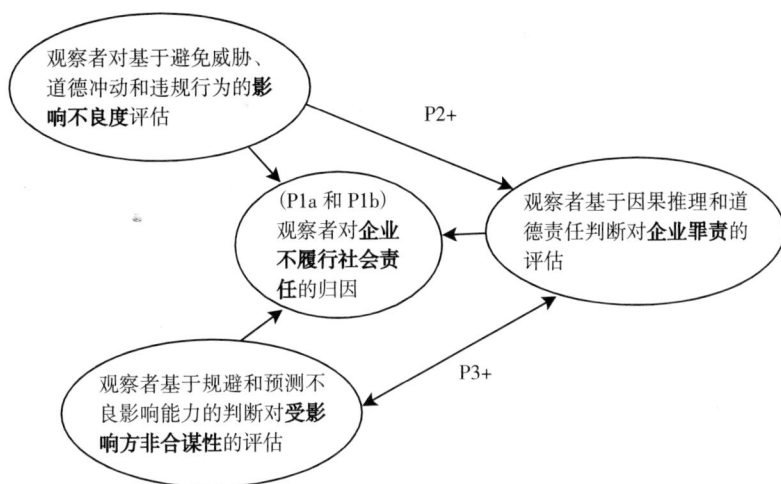

图1　企业不履责归因核心模型

影响的负面程度

观察者认为，企业不负责任的关键在于对其影响负面性的认知（即社会影响被认为是负面的且与企业仅是表面上相关）。对影响是有益、中性或是负面的鉴别，是依个体价值取向和视角差异而不同的规范性考量（Crouch，2006）。然而，现有理论认为，这种考量部分取决于如下认知：该社会影响是否会威胁个体、引发道德冲动，或违背企业行为的强规范（Donaldson & Dunfee，1999；Haidt & Bjorklund，2008；Jones & Davis，1965）。

个体对于消极事件的判断往往基于个人受到威胁（即自我保护）的观点，与现代心理学不同流派公认的假设相一致，即人类大脑处于一个持续的评判过程中。在此过程中，大脑会对环境刺激直观地做出赞同或规避、好或坏的判断（Haidt & Bjorklund，2008）。这种判断具有适应性，因为对威胁性影响的调适会提升自我保护能力（Pratto & John，1991）。研究人员认为，对影响不良性的感知根植于道德反射性判断中（Haidt & Bjorklund，2008），属于"瞬间赞同或反对"的"角色"行为（Appiah，2009）。换言之，如果组织的行动被认为唤起了深层负面道德刺激，则很可能在道德责任认知上是消极的。这类刺激包括对苦难、不公平、群体边界冒犯、不尊重以及不道德的认知（Appiah，2009）。

提供对不良影响进行深入评估的背景信息，是跨文化、全球性的人类行为规范。Donaldson 和 Dunfee（1999）将这种全球性标准称为"超规则"（hypernorms），并将之描述为"评价低层次道德规范的人类生存基本指南"（Donaldson & Dunfee，1994）。与企业社会责任的本土化标准（包括法律标准和行业规范）一起，被统称为超规则。超规则是观察者用于判断企业不良行为的重要标准。当然，不同的个体对违背规范和道德冲动的理解和表达不同，甚至导致对企业不良行为负面影响理解上的争议。例如，20世纪90年代初期，Dayton Hudson因其捐赠产生的不良影响（尤其是在资助堕胎方面）受到了严厉的外部批评，之后便停止了支持"计划生育"的传统做法。不久，企业恢复其旧政策，继续对计划生育进行捐赠。Dayton Hudson再次因其行为产生的不良影响受到严厉的外部批评，并被迫做出回应。这一次的争议来自：部分公众认为，公司终止捐赠的行为，限制了女性合法堕胎的选择权（Jennings，2006）。

总之，对不良影响的认知内嵌于个体对企业不履行社会责任的整体认知模式。对不良影响的评估将取决于个体的价值观、视角和解读方式。这种评估也基于个体对威胁、道德冲动以及企业行为强规范的认知。

企业罪责

当观察者将企业与不良社会现象联系起来时，企业就成为观察者归因活动的目标。换言之，观察者会考虑与负面影响有关的企业罪责。回到Hamilton（1980）的类比，这种考量使观察者同时具有两种身份：判断企业因果关系的直觉心理学家和判断企业道德责任的直觉律师。本质上，做出因果关系和道德责任的判断是理性知识搜索过程的产物。在这一过程中，观察者会综合考量已获得的证据。对于因果关系，观察者建立了关于影响为什么以及如何产生的常民理论（lay theory）——即常识性解释（Heider，1958；Jones & Nisbet，1972；Kelley & Michela，1980）。当企业被观察者视为归因目标时，要解决的关键问题是，对企业而言，产生负面效应的源头来自企业内部甚于外部的可能性大小（Green & Mitchell，1979；Heider，1958；Mitchell & Wood，1980）。支持源头来自外部的证据包括两种易获得的认知：看似可信的替代性责任人和替代性解释（Einhorn & Hogarth，1986；Kelley，1972、1973）。

看似可信的替代性责任人的例子，如英国石油公司最近在诉讼中称，是其业务伙伴的疏忽导致海湾石油泄漏灾难（Burdeau & Weber，2011）。从而引导公众认为，其商业伙伴确实与事故的负面效应存在部分因果关系。替代性解释的例子，如对受害者的家庭病史证据的考量可能会削弱受害者生病是由公司产品引起的解释力。当存在其他造成负面影响的替代性解释时，这些解释可以成为企业的挡箭牌（Einhorn & Hogarth，1986）。这种替代性解释将帮助我们理解为何汽车制造商往往不会被牵扯进每年数以万计的汽车致死事故中。造成死亡的众多复杂和互动的认知因素，既包括汽车设计，也包括道路和天气条件、驾驶技能和专注度、饮酒等因素。如果在一系列的汽车事故中，相关信息都表明汽车存在设计问题，则替代性解释的效果就会大打折扣。

观察者不仅在考虑替代责任人或解释时展开推理，对其他暗藏于因果关系中的证据也同样如此（Einhorn & Hogarth，1986）。这些证据包括协变（例如，公司行为和负面效应被认为一起发生的可能程度；Einhorn & Hogarth，1986；Kelley，1967；Kelley & Michela，1980）、时序（即公司的行动是否被认为发生在负面影响之前；Einhorn & Hogarth，1986；Kelley & Michela，1980）、因果关系的一致性（即观察者认为一家大公司比小公司更可能造成重大影响；Einhorn & Hogarth，1986；Kelley & Michela，1980；Shultz & Ravinsky，1977）。进一步隐含在"企业—影响"因果关系中的证据包括：对焦点公司做了其他企业一般不做的事的认知（即这家公司的行为和其他公司在类似情况下行为的"一致性"低），以及焦点公司有倾向于随着时间推移（即企业的行为在相似情况下保持高度的一致性）和环境变化（即企业行为在情况发生变化时的低特殊性；Kelley，1967；Kelley & Michela，1980）实施不良行为的嫌疑。当我们在企业不履责归因中探索企业不履责倾向认知的作用时，我们再回到一致性与特殊性这两个概念。

即使"因果关系的暗示"（Einhorn & Hogarth，1986）很强，对企业罪责判断的证据链仍旧是不完整的。不履责归因模型显示，个体从因果和道德责任的角度锁定企业不履责合情合理。换言之，观察者通过负面影响判断企业是否应被诟病或责罚（Hamilton，1980；Jones & Davis，1965）。Hamilton（1980）的认知过程原理，适用于个体判断归因目标是否"有其他行动方式"。因此，道德责任判断受如下认知的影响：企业对负面影响是否有合理预见，且未被胁迫发生强道德冲动的行为（Fincham & Jaspars，1980；Fiske & Taylor，2008；Heider，1958；Lagnado & Channon，2008；Shaver，1985；Shaver & Drown，1986）。

这源于对企业自身所致不良影响以及对企业在持续加害过程中意愿自由度的认知。如果观察者认为企业的道德责任很低，则再强的因果感知也不会引起强罪责评估。例如，观察者可能认为，企业通过是否有不良行为来甄别和解雇员工，从而在道德上远离了不良行为。在此情境下，尽管观察者认为企业与不良影响存在因果关联，但他们会认为企业的道德责任很低，并无很强的罪责。

总之，观察者对企业不履责的判断，取决于对企业与负面效应间的因果关系及其道德责任的判断。观察者通过考量可替代性解释、责任人以及其他证据来识别这一因果关系。通过企业是否事先意识到负面影响，在实施加害行为的过程中是否有自由意志来识别其道德责任。

受影响方合谋性

企业行为所导致的负面效应往往会使部分人受到影响，我们称这些受害人为受影响方。受影响方包括特定的个人（如在 Pinto 火灾中死亡的司机和乘客）和更泛化的受影响群体（如 2010 年因溢油事故遭遇经济困境的墨西哥湾地区民众）。受影响方是企业不履责归因的第三个因子。换言之，归因也在一定程度上取决于受影响方与不良影响的合谋性（或非合谋性）。

归因研究人员指出，在认为受影响方更能控制不良影响的情况下，观察者不会同情受影响方，反而会认为应谴责之（Alicke，2000；Weiner，Graham & Chandler，1982；Weiner，Perry & Magnusson，1988）。在认为受影响方对不良影响无控制力的情况下，观察者则很少谴责他们。例如，Weiner 等（1988）在实验中发现：

物理性失明被认为是不可控的，失明者往往受到怜爱和同情而很少引起愤怒……相反，患心理疾病的个体被认为应对其现状负责，他们得到的同情相对较少，同时易引起更多不满。

同样，受到企业不良行为影响的受害人会被认为在一定程度上对结果有控制力，并因控制结果的程度得到相应的同情。观察者对受害者的关注与其对企业不履责的认知模式相吻合。相反，当观察者认为受影响方在某种程度上对负面影响有控制力时，则会降低认为企业不负责任的可能性。下面我们将讨论，对受影响方与负面效应合谋性的认知对减少企业罪责判断的直接影响。

判断对负面影响的控制力或与负面影响是否具有合谋性的受影响方特征有以下两点：①规避负面影响的能力；②对负面影响的了解或预见（Shaver，1985）。第一个特征涉及受影响方是否为避免负面影响采取了行动的主观认知。例如，公众对酗酒的认知已从视其为饮酒者自由意志和道德败坏的结果，转变为酗酒是一种疾病（Schneider，1978）。这样，对饮酒者与酗酒的负面影响具有合谋性的认知就大大减少了。

第二个特征涉及受影响方对负面影响的了解或预见。如果受影响方无法预知结果，那么即使有再强的能力也无法采取有效措施规避负面影响。当受影响方获得企业导致不良影响的完整信息时，他（她）更可能避免这些影响。因此，随着公众对"吸烟危害健康"的认识增强，吸烟者被认为已了解吸烟的危害，因而很少被视为无辜的受害者。观察者对受影响方合谋性的判断，是基于受影响方规避和预知负面影响能力的认知。因而在特定情况下，观察者会判断受影响方与不良影响的合谋性很低。观察者倾向于将身体或精神处于弱势的受影响方（包括未成年人、老年人以及看起来毫无防备的人）视为无辜的受害者。如由于缺乏预见能力，有吸烟习惯的孩子看起来比成年人与吸烟所致负面影响的合谋性更低。

总之，受影响方非合谋性的认知，有助于观察者对企业是否不履行社会责任进行评判。观察者通过考量受影响方避免负面影响的能力、对于负面影响的了解和预见能力，来判断受影响方的合谋性。

企业不履责归因模型

图 1 展示了本文模型的基本假设，即企业不履责归因取决于上述三个因素的共同作用。换言之，这些归因依赖于观察者对影响负面程度、企业罪责、受影响方与负面影响非合谋性的综合认知。如果观察者认为影响是中性或者有益的，企业没有罪责，且（或）受影响方与影响具有高度合谋性，那么观察者的企业不履责归因将降低甚至为零。例如，Hoffman 和 Ocasio（2001）将 Love Canal（掩埋有毒废弃物）和 Cuyahoga River（工业废弃物造成的火灾）事件进行了对比。观察者很可能观察到了每起事件的负面影响和受害方的非合谋性。然而，在 Love Canal 事件中企业被认为负有责任，因为存在明确受责的"主犯"，即掩埋有毒废弃物的 Hooker 化学公司（Hoffman & Ocasio，2001）。在 Cuyahoga River 事件中，则没有特定企业被认定为工业废弃物造成的火灾担责。因此，缺少担责企业主体，很可能会导致企业不履责归因无效。

企业不履责归因是否取决于企业罪责评估，需要明确另外两个因素的作用。当仅考量企业罪责不足以进行企业不履责归因，仍需要考量影响的负面程度和受影响方非合谋性时，这一点尤为明显。如果 Love Canal 事件中不存在负面影响（包括居民健康危害和造成住宅区长期疏散），或者如果 Love Canal 附近的居民应为其所受厄运担责，那么即使企业是有罪的（即企业对行为造成的负面影响负有道德责任），其不履责归因仍会降低。又比如，由于赌博会导致负面影响，因此博彩公司是有罪的（即作为负面影响的起因而负有道德责任）。但与此同时，由于赌徒应当对赌博的负面影响高度负责，博彩公司的不履责归因会相对削弱。

当观察者认为影响是负面的、企业有罪、受影响方与负面影响不具备合谋性时，个体会将负面影响归因于不履行社会责任的企业。如果这三个因素均达到一定程度，三个因素中较高者将成为企业不履责归因中的首要因素。

命题 1a： 观察者对企业不履责归因基于三个因素的共同作用：即据其判断，在一定程度上存在负面影响、企业负有罪责、受影响方具有非合谋性。

命题 1b： 如果这三个因素均达到一定程度，三个因素中程度较高者将成为企业不履责归因中的首要因素。

归因理论认为，当对负面影响和责任进行归因时，观察者重点关注目标及所处情境的特征。其对情境特征的认知会影响其对归因目标特征的感知；反之亦然（Fiske & Taylor，2008；Mitchell & Wood，1980）。受归因理论影响，本文认为，三个归因要素之间存在互动。下文将阐述：对负面影响的认知会影响对企业罪责的认知；对企业罪责的认知又与对受影响方非合谋性的认知产生互动。

归因理论指出，当观察者考量影响的负面程度时，会更广泛地探寻因果关系（Alicke，2000；Fiske & Taylor，2008；Shaver，1985；Taylor，1991）。Mitchell 和 Wood（1980）在实验研究中证明，影响的严重性与目标被视为应对负面影响负责的程度呈正相关。辨别起因和责任的强烈愿望会使观察者对企业原有的认知发生转变。如上所述，对受害者遭受严重伤害的认知会引起观察者的关注和同情（Weiner et al.，1982；Weiner et al.，1988）。观察者会随之进入积极搜索负面影响因果解释的"非验证模式"，降低其"企业—负面影响"关系的判断标准（Alicke，2000）。在该模式中，即使因果关系的线索模棱两可，对受害方的同情和确定因果关系及道德责任的强烈愿望，仍会导致观察者通过"夸大（企业）意图、夸大（企业）对起因的控制能力、降低指控的证据标准或搜寻支持归因的信息"等有偏见的方式，将负面影响与涉事企业联系起来（Alicke，2000）。

例如，福特 Pinto 追尾事件中的受害者遭遇的巨大痛苦，会使观察者认为媒体报道的公司内部对危害的成本收益分析真实存在，且福特高管已意识到其决策会给 Pinto 驾驶人和乘客带来潜在危害。即使福特高管坚决否认将内部成本收益分析纳入了决策考量。影响负面度的感知越强，涉事企业被认定的罪责越大。这种罪责认知会使观察者评估企业的道德责任，并质疑企业文化（质疑企业在追求利润时，无视公共福利）（Korten，2001）。

命题 2：影响负面程度的评估与企业罪责评估呈正相关。

当观察者认为企业应对负面影响担责且责任很大时，观察者已经准备为减轻受影响方规避负面影响的能力认知进行辩解。即由于负面影响超出了受影响方所能控制的范围，有助于消除对应偏差（correspondence bias）（Gilbert & Malone，1995），或纠正"在危害面前，人比环境更具控制优势"的认知倾向（Alicke，2000）。例如，观察者会认为吸烟者应对吸烟所导致的健康危害负责。然而，在 20 世纪 90 年代中期，这些责任很可能会被转移到烟草企业身上。因为烟草企业的内部文件指出了产品的有害性和成瘾性，并表露了将这类产品向儿童出售的意图（Hurt & Robertson，1998；Segal，1997）。当公众意识到烟草企业将明知有害的产品对其顾客出售时，对消费者与香烟相关健康问题的合谋性认知将减少。这与归因理论相关文献中的发现一致，当肇事者被视为对消极结果具有控制权时，观察者会对其感到愤怒并同情受害者（Weiner，1993；Weiner et al.，1982）。

若观察者认为受影响方与负面影响存在合谋性且合谋性很高（即观察者认为受影响方能预知和控制负面影响），这种认知会削弱公司对负面影响承担道德责任的证据效度。相应的偏见会导致观察者更支持似是而非的解释，认为受影响方对造成负面影响有责任（Alicke，2000）。因此，自 1966 年美国香烟包装上出现强制性健康警告后，公众更倾向于认为吸烟者已经接收到警告，因而与吸烟所导致的不良健康影响具有一定的合谋性。在此情况下，公众会认为烟草企业对负面影响仅应负部分责任或完全无须负责。由此，我们预判企业罪责越高，受影响方合谋性评价越低；受影响方合谋性越高，企业罪责越低。

命题 3：企业罪责与受影响者非合谋性评价呈正相关。

企业不履责归因模型的深层次影响因素

前文中，我们描述了企业不履责归因的三个影响因子：影响的负面性评估、对企业应承担罪责的评估、受影响方非合谋性的评估，并考量三者之间的互动影响。这里，我们将进一步探索观察者对企业不履行社会责任归因的主观建构。我们仍以归因理论为基础，考量个体认知偏差、关注和社会认同将如何影响其归因。企业不履责归因拓展模型如图 2 所示。

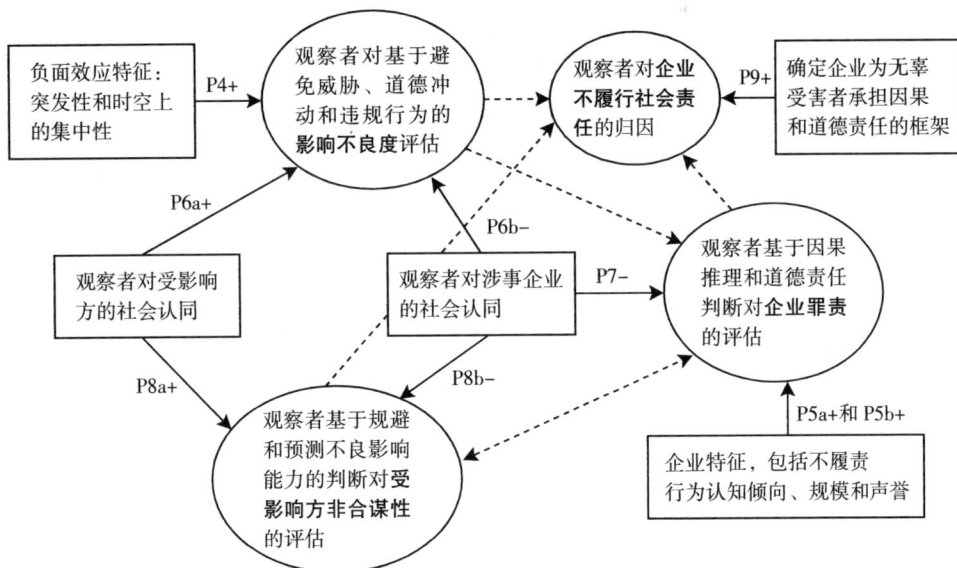

图 2 企业不履责归因拓展模型

注：虚线表示图 1 中描述和标识的各种关系。

本文认为，对影响负面程度的评估是基于对不良影响是否产生威胁、是否由道德冲动引发或是违反规范的认知。认知过滤与解读偏差会影响观察者是否将不良影响视为威胁、由道德冲动引发或违反强规范的判断。因而，观察者对负面影响（负面影响造成危害的客观标准）评估时，对负面影响的主观鉴别，会导致其判断该影响是否比其他影响更恶劣。基于客观道德标准的考量，在其他条件不变的情况下，对群体（成千上万的人）产生的负面影响比对个体产生的负面影响更易引发严苛评判。然而，有时影响小的事件也可能引发大恐慌。因为它会吸引关注、引发情绪波动并激起强烈反响（Nordgren & Morris McDonnell，2011）。

本文提出两个促使观察者关注和考量影响负面程度的特征：①突发性；②时空的集中性。这两个特征使观察者更形象地认知负面影响，并从观察者熟悉的认知背景中凸显出来（McArthur & Ginsberg，1981；McArthur & Post，1977）。这两个特征增强了观察者对影响的认知，意识到事件的重要性，并随观察者对事件的深入了解进一步影响其认知（Tversky & Kahneman，1974）。归因理论认为，显著性特征影响观察者归因（Fiske & Taylor，2008；Smith & Miller，1979），尤其是带来强刺激的特征更被视为事出有因（Taylor & Fiske，1978）。这将促使观察者展开事件原因和责任调查（Alicke，2000；Fiske & Taylor，2008；Shaver，1985；Taylor，1991）。

突发性会使负面影响更显著，因为观察者会将其注意力放在特别和新奇的事件上（Fiske & Taylor，2008；McArthur，1981）。当负面影响是意料之中时，观察者认为其非常普通并很容易归类，负面影响也因此而失去公众关注。正如观察者逐渐对交通事故感到麻木一样。通常，交通事故（涉及观察者不认识的人）往往在观察者熟悉的认知背景内，但特定交通事故中存在一些意料之外的特征，将该事故凸显出来。例如，福特 Pinto 以极低速度追尾碰撞，且事故受害者被报道死亡的突发性对 Pinto 是灾难性的挫折（Schwartz，1991）。当负面影响出乎意料时，因为不易被划入现有可理解的范畴中，他们会越发形象和突出。在此情形下，观察者必须处理和修正其解读方式，扩大认知类别或创建新的理解（Einhorn & Hogarth，1986；Schank & Abelson，1977）。如果负面影响被观察者视为威胁、诱发道德冲动或违背规范，其引发的认知强化与分类活动加剧，会进一步增强观察者对威胁、道德违背和标准违背的感知。于是，突发性导致观察者认为影响是更恶劣的。

负面影响在时间或空间上的集中性也凸显主观评估中影响的负面程度。个体对迫近危险的感知能力比对隐蔽潜在影响的感知能力强（Gattig & Hendrickx，2007）。当负面影响在时间或空间上分散时，观察者更难观察到完整的影响。基于任意时间点和地点只能觉察到影响的一部分，而难以感知其总体影响（Gattig，2002）。例如，与美国死亡人数密切相关，但在时空上分散的机动车事故可能会逃过广泛关注，即使这些事故每年造成成千上万起死亡案件。导致百余人死亡的飞机事故，则会迅速成为美国公众关注的焦点。又如，工业活动造成的全球森林砍伐，其影响被认为是负面的。但由于发生时间漫长且涉及地域广泛，观察者很少对此有所反应。因此，在时空上分散的负面影响（各种威胁、道德违背、规则违背的现象仅逐渐显现）比起能立刻检验并见效的负面影响，其显著性和警示性更低。

命题 4： 如果负面影响被观察者认为是对个体威胁、引发道德冲动或违反规范，其突发性和时空集中性程度将与观察者对影响负面程度的评估呈正相关。

前文中，我们强调观察者是基于因果关系解读和道德责任判断进行企业罪责的评估。在本模型中，企业罪责评估属于受个体解读和认知过程影响的主观结构。因而，即使在客观上没有区别，观察者仍可能认为企业应承担的罪责不同。我们提出三个影响企业罪责主观评估的企业特征：认知倾向、规模和声望。

首先，认知倾向方面，观察者会对企业近期行为与之前的行为进行比较。因而，归因是观察者对事物先验性看法与最近观察互动影响的产物（Folkes，1988；Klein & Dawar，2004）。Klein 和 Dawar（2004）在实验环境下，探索了消费者对企业生产出售存在缺陷或危害性产品的归因，证实了先验性认知的力量，认为企业负责任的先验性观点所形成的光环或溢出效应，导致其对企业是否该为有害产品负责有所偏向。Klein 和 Dawar 发现，认为企业不负责任的消费者更倾向于在有害产品事件中责备企业。研究表明，消极比消极的企业社会责任形象更易让公众对企业行为进行归因和责备（Klein & Dawar，2004）。当观察者认为企业在相似情况下行为具有高度一致性和低特殊性时，即使环境发生变化，观察者也倾向于将不良影响归因于企业本身（Kelley，1967；Kelley & Michela，1980）。

观察者对企业不负社会责任的认知倾向印证了内隐理论（implicit theory）的观点。内隐理论认为，企业能够塑造观察者对于企业当前行为的推理和判断（Jones & Davis，1965；Lord & Smith，1983）。企业认知倾向作为认知锚，使观察者调整认知并形成对企业行为新的解释（Tversky & Kahneman，1974）。例如，沃尔玛和塔吉特在工资和员工福利方面的制度是相似的。然而，因为与劳工组织关系历来不好，沃尔玛被视为"美国工会和城市活动家眼中的被唾弃者"（Bustillo & Zimmerman，2010）。由于劳工组织担心沃尔玛降低工资，为实现在城市的扩张，沃尔玛必须与工会等组织进行斗争。激进群体对待认同度更高的塔吉特集团的评价尺度则不同（Bustillo & Zimmerman，2010）。集团扩张很少遭到劳工组织的反对，沃尔玛和塔吉特在社区具有相似的经济影响，但沃尔玛被视为更应该为其行为的负面影响担责。

一个认知倾向良好的企业，也可能使观察者对企业新行为的解读产生偏差，甚至产生持续的信任预期（Darley & Fazio，1980）。当观察者有质疑时，具有高社会责任感知倾向的企业会占优势。若企业行为初次产生负面影响，观察者会减少对其与负面影响的因果推断和道德责任评判。特别是在相关证据很少时。根据心理抗拒理论（Brehm & Brehm，1981），事先对企业积极的预期会导致观察者对企业背离其预期的行为产生消极反应（Klein & Dawar，2004；Rhee & Haunschild，2006）。总之，虽然企业社会责任感知倾向会使企业罪责评估产生偏移，但偏移方向仍不明确。相反，企业不良行为感知则不符合抗拒效应（reactance effct），其对企业罪责评估的预测作用更加直接。

命题 5a：涉事企业不履责认知倾向与观察者对企业罪责的评估呈正相关。

与企业不履责认知倾向一样，企业的规模和声誉也会影响观察者对企业罪责的评估。企业规模为因果推理和道德责任评判提供参考，尤其是在进行大企业和小企业的比较时。人们通常认为，大企业是"使用结构化分析来指导自身行为和保护自身利益的目的性实体"（Lange，Boivie & Henderson，2009；Meyer & Rowan，1977），即人们认为大企业在决策时有能力对所面临的选择进行系统性分析，从而预见和规避负面影响。大企业在财务和战略上更具灵活性。企业规模与企业行为选择的多样化相关，由此提升了企业详尽分析不同行为选择及其可能带来危害的能力，进而强化观察者对大企业导致负面影响的认知。因为这类企业可预知其行为带来的不良后果，其行为却缺乏道德责任约束。

除企业规模外，企业声誉（知名度）也增强了公众对企业的关注。归因理论认为，被明显感知与负面影响有关的主体，易被认为是负面影响的根源（Smith & Miller，1979；Taylor & Fiske，1975，1978）。因此，高知名度企业更容易受到外部指责，认为企业不仅与负面影响有关而且应当为此担责（我们将在下文阐述企业不履责归因"框架"的作用时进一步讨论）。企业的知名度会导致议题发起者转移关注，虚构或夸大问题。因此，规模大、声望高的企业往往会成为维权者的目标，将其描述为道德责任人。例如，劳工问题支持者发现，将知名的 Nike 公司与亚洲劳工虐待联系起来是显而易见的。

命题 5b：涉事企业规模和声誉与观察者对企业罪责的评估呈正相关。

接下来，我们将进一步阐述企业不履责归因模型。考察个体对受影响方或涉事企业的社会认同对影响的负面性、企业罪责、受影响方非合谋性主观评估的影响。个体对受影响方或涉事企业的社会认同，影响了企业不履责归因。通过归因，个体可从中受益并获得归属感（Ashforth & Mael，1989）。这一观点与 Jones 和 Davis（1965）"享乐相关性"（hedonic relevance）观点一致：当事件涉及公众个体福利时，其归因往往存在偏差。换言之，归因会受到影响，是因为"观察者的动机会影响对企业行为信息的再加工过程"（Kelley & Michela，1980）。

社会认同理论和自我分类理论（Haslam & Ellemers，2005）认为，人类会本能地倾向于将个人世界纳入社会范畴。这些理论阐述了个体如何在社会分类中自我认知，看到其身份的叠影（Hogg，Terry & White，1995；Tajfel & Turner，1979）。人

们根据社会范畴来定义自身与社会关系的动机，包括满足其基本归属需求
（Baumeister & Leary，1995）；维护或增强其自尊心（Brewer，1979）；通过同化和
个性化寻求自我定义，通过自身归属或远离社会范畴来定义自己是谁（Baumeister
& Leary，1995；Brewer，1991）；降低不确定性（Hogg & Terry，2000）；确认和验
证自我认知（Polzer，Milton & Swann，2002）。无论动机如何，个体都将自己视为
社会范畴的一部分。个体强烈认同某一社会群体或分类，往往通过自身归属的群体
或分类认知来获取自我概念的相关信息、价值和感觉（Hogg et al.，1995；Tajfel &
Turner，1979）。本模型中，个体可能会对受负面效应影响的群体有社会认同感。组
织认同研究者认为，社会群体的概念也包含个体（包括企业内部和外部人员）有特
定社会认同感的企业（Haslam & Ellemers，2005；Pratt，1998）。本模型中，个体也
可能对与负面影响相关的企业产生社会认同。

由于个人身份和社会身份识别的重叠，个体对受影响方的认同强度与判断自身
利益和受影响方利益的一致性呈正相关。对涉事企业认同的强度与判断自身和企业
利益的一致性呈正相关（Dutton & Dukerich，1991；Haslam & Ellemers，2005）。如
果个体对受影响方或企业有社会认同感，这种认同会影响到效应负面程度、企业罪
责、受影响方非合谋性的评估，进而企业不履责归因的主观建构。

对负面影响的认知是基于威胁规避、道德冲动和企业行为的强规范。观察者强
烈认同的群体受到不良影响时，会将自身与受害方利益相关联，并视负面效应为对
自身的威胁。社会认同使公众不但关注不良影响，还会考虑负面效应对个人的影
响。影响的人格化增强了个体对消极道德冲动和违规行为的认知。例如，1984年
在印度博帕尔发生的联合碳化物公司毒气泄漏事件，造成了成千上万人的死亡和持
续的健康并发症。该事件对于印度公众比美国公众显得更为严峻，因为印度公众对
受害人有更强烈的社会认同。如果同样的事件发生在美国，那么对受害人有更强社
会认同的美国公众将会展开更深入和公开的评估。

当观察者认同涉事企业时结果则相反。在此情形下，观察者可能会为企业背离
其价值观和规范性期望的行为找到不协调的因果信息。观察者越认同企业，越倾向
于削弱影响的严峻性和负面性。这与自利性归因倾向一致（Fiske & Taylor，2008），
不利于自我保护的信息会被观察者忽略。例如，对NFL高度认同的球迷，往往会
追随NFL的目标、过程和路线。当获知联盟中的球员易患脑震荡和其他脑损伤时
（Sokolove，2010），球迷可能会忽视这些损伤的性质和严重程度。对于不愿看到伤
痛的球迷来说，削弱负面影响是一种自我保护。

命题6a：观察者对受影响方的社会认同与其对影响不良性评估呈正相关。
命题6b：观察者对涉事企业的社会认同与其对影响不良性评估呈负相关。
除降低影响的负面性评估之外，对涉事企业的社会认同也会导致减轻企业罪责

的评估。如前所述，因果推理和道德责任判断（包括预见性和意图性）是企业罪责评估的基础。当对涉事企业有更高的社会认同感，观察者会更倾向于质疑显示企业造成负面影响的证据，积极寻找能够辩驳这种观点的合理替代解释，而不愿接受第三方将企业认定为担责主体的指控。此外，一个高度认同涉事企业的观察者，更不可能把企业视为负面影响的道德责任主体，而倾向于接受企业或其支持者提供的解释。这类解释包括：企业的意图和行为均符合规范性期望、企业是清白的。或为企业造成的负面影响辩护，为企业的不良企图开脱（Elsbach，1994；Wood & Mitchell，1981）。这种减轻因果推定和道德责任的做法与个体的自利性归因倾向一致。由于自利性偏见延伸到观察者认同的群体层面，作为群内成员的观察者往往认为，负面群体行为是由外因所致（Fiske & Taylor，2008）。

因此，高度认同 NFL 的球迷往往认为撞击在专业橄榄球运动中是无法避免的。相较于对 NFL 认同感低的个体，球迷很难接受 NFL 在球员受伤事件中的负有责任的观点，即使比赛中球员头部受伤问题正吸引了日益增多的关注（Sokolove，2010）。

命题 7：观察者对涉事企业的社会认同与企业罪责的评估呈负相关。

观察者对涉事企业或受影响方的社会认同也会影响其对受影响方合谋性的评估。自利性归因倾向会使对涉事企业认同感高的观察者关注和搜索合理替代性解释，以减轻企业的罪责（Fiske & Taylor，2008），这与个体渴望避免在同样情境下被谴责的心态相吻合（Shaver，1970，1985）。

寻找替代性解释包括认为受影响方在负面影响中并非全然无辜。任何关于受影响方有能力避免负面影响或有责任预见负面影响的猜测，都会被认同企业的观察者加以放大。除了与自利性偏见一致外，高度认同企业的观察者会极力证明受影响方与负面影响合谋性符合人类本能，这种本能源于对世界公正性的信仰（Lerner & Matthews，1967；Lerner & Miller，1978）。因此，高度认同 NFL 的球迷会认为橄榄球运动员应该充分意识到伤害的可能性。他们自愿参加橄榄球运动意味着愿意为高报酬而承担高风险。

相反，当观察者认同受影响方，同样的意图会降低观察者对受影响方合谋程度的评估。对公正世界信仰的需要和转移指责的行为往往是为了自我保护。当受影响方处于群体外时，通过感知受影响方与负面影响的合谋性，可以减少对观察者自身的威胁。当个体认同受影响方时，其自我认知与受影响方保持一致。对受影响方的威胁往往被视为对自身的威胁。在这种情况下，可以通过转移对受影响方（进而自身）的责备来降低威胁（Fiske & Taylor，2008）。

Shaver 认为，观察者对受影响方的社会认同将影响受影响方的合谋性评估。"只有在观察者相信不会身处类似情境下时，才能完全理性地判断他人对负面影响应承担的责任。"(1985)当观察者认为自己和受影响方处境相似时，则会失去这种信心。观察者很难相信不良影响是受害者错误行为的结果或是对受害者特征的报复（Lerner & Miller, 1978; Shaver, 1985）。认同受害方的观察者如果认为负面影响在情理之中，就等于相信自己理应承担负面影响的后果。这与其自我保护的本能相互矛盾。

命题 8a： 观察者对受影响方的认同与其对受影响方非合谋性的评估呈正相关。

命题 8b： 观察者对涉事企业的认同与其对受影响方非合谋性的评估呈负相关。

企业不履行社会责任的框架

前面，我们提到了观察者对不良影响、企业及受影响方的信息和解读，会受到第三方对信息过滤和加工方面的影响。这里，我们更深入地讨论这一观点。因为相关方为观察者提供的信息及其呈现方式（例如，具体详尽的信息如何收集、信息的重点、信息是否扭曲）会从本质上影响观察者对于企业不履责归因的推理和判断。正如归因理论中所述，推定因果代理（或者第三方）会尝试使用解释或道歉来影响观察者归因（Wood & Mitchell, 1981）。解释会通过强调是个人或情境因素导致了不良结果来影响归因。内容通常包括推责理由和责任辩护两部分（Wood & Mitchell, 1981）。推责理由即行为人的不良行为超出其控制范围，责任辩护包括辩称采取不良行为的价值大于其导致的不良后果。积极道歉承认行为人责任，也会影响因果推理和道德责任评判。道歉更多是试图影响道德责任判断，同时掩盖行动背后的真实意图。道歉（包括忏悔）暗示企业之所以违背自身信奉的规则，其动机是为达到预先设定的标准（Wood & Mitchell, 1981）。行为人的自我批判可以降低观察者的诟病程度（Wood & Mitchell, 1981）。

因此，在本模型中，企业可以对其行为提供选择性的因果解释或道德辩护。声称缺乏道德认知，或试图通过表达悔意来拉开与其行为意图的距离，以影响观察者的因果推论和道德责任判断。这些印象管理的尝试，因为暗含了信息的刻意塑造、包装和展示以影响认知，属于广义的框架（Benford & Snow, 2000; Goffman, 1974）。我们模型中的框架不仅包括企业及其支持者的解释和道歉，也包括了第三方（如媒体、政治家、社会议题的利益相关方）对于事件的讲述（Gamson, Croteau, Hoynes & Sasson, 1992）。

本模型中，企业不履行社会责任归因的框架包含以下核心要素：有罪责的组织、不良影响、非合谋性的受影响方。Snow 和 Benford（1988）将之称为"诊断框架"，意味着这个框架涉及"问题的识别、因果关系以及道德批评的归因"。基于框架中呈现的信息，影响具有一定的负面性，企业需承担一定的罪责，受影响方或多或少存在合谋性。例如，观察者可能会阅读到关于"Privacy Matters 123"的新闻报道。该企业需要向一个 18 岁的癌症患者支付医疗费用，导致其"银行账款的流失"（Sandoval，2009）。该新闻报道构成的框架涉及有罪的公司（Privacy Matters 123）、消极的影响（银行账款流失）、非合谋性的受影响方（18 岁的癌症患者）。这个框架将支持企业不履责归因，因为满足了归因中的三个核心要素。

当有关企业罪责的信息不明确或难以察觉时，本理论框架对企业不履责归因极有影响力。因果关系的判断部分决定了罪责，因为因果关系通常是清晰的。有效的框架可凸显这些关系。在因果推论线索较少的情况下，议题支持者可能会试图用已获得的信息建立框架以提供线索（Shultz，1982）。构建的框架将提供可信的因果关系，知名的一方（即企业及其领导者）将被认定有罪（Spector & Kitsuse，2001）。

在备受瞩目的 Audi AG 与死亡事故相关的媒体报道中，这种框架的作用十分明显。尤其体现在 1986 年 CBS "60 分钟"栏目播出有关母亲轧死自己 6 岁孩子的富有感染力的报道中。尽管她之前向警方申明自己的脚已经从刹车位滑到油门踏板上，但节目仍旧声称事故是由意外加速造成的，这辆车是造成她儿子死亡的原因。这一指控得到了电视节目对于奥迪存在加速缺陷情景模拟的支持（Heinrich，2010）。换言之，在没有因果关系证据的情况下，这一节目的框架构成了证据。随后的调查显示，或许奥迪并不存在导致意外加速的产品缺陷，但这已损害了奥迪的销量和声誉（Heinrich，2010）。在此案例中，媒体对企业不履责归因的信息框架是戏剧性的。

框架还能支持观察者对不良影响的认知。前面，我们论述了影响的突发性与时空集中性可以提高公众对不良影响的关注度，强化影响对个体威胁、道德或规范违背的认知。议题发起者、科学家和媒体发言人提供的框架使影响更显著，并强化影响的不良特征（Callon，1998）。作为结果，这些框架可能带来看似必然（不意外）的影响，还可以对分散（在时间和空间上不集中）的影响进行认知整合。吸烟对人体健康的影响方式不易察觉，因为往往只有在长时间接触烟草制品后才会产生负面影响。然而，从 20 世纪 50 年代开始，一系列关于吸烟导致肺癌的研究使得吸烟的影响经过认知汇总，使公众更迅速了解到吸烟的危害。在此情况下，基于科学研究的框架引起了公众对烟草危害健康的负面效应的关注，这很有意义。

通过对影响、企业特征以及观察者对企业或受影响方的认同三方面的强调，我们的模型框架可以解释和导出企业不履责归因的影响因子。如前文所述，对企业不履责倾向的感知强化了观察者对企业罪责的评判。2010 年英国石油公司墨西哥湾漏油事件后不久，新闻报道强调了英国石油公司以往发生的事故，包括 2005 年导致 15 名工人死亡的炼油厂爆炸。关于英国石油有不良行为倾向的框架很可能导致了英国石油在墨西哥湾漏油事件中的罪责认定。再来看看框架（信息）如何通过强调受影响方特征来提高个体对受影响方的认同感。与仅提供受害者的数据统计不同，媒体报道会提供详细的个体特征，使观察者对受影响方感同身受，从而培养社会认同并引起公众同情（Kogut & Ritov，2005；Nordgren & Morris McDonnell，2011）。在英国石油公司漏油事件中，媒体报道多次强调涉事企业的非美国国籍，从而导致美国公众对企业的不认同，并强烈支持对企业罪责评判。

总而言之，框架信息能直接影响观察者对本模型中三个因素的评估（影响负面程度、企业罪责、受影响方非合谋性）。还能通过影响观察者对事件和企业特征的认知、对受影响方或是涉事企业身份认同的方式，影响这些归因要素。进而，框架可以通过提供将企业罪责和无辜受害者遭受的不良影响相关联的故事线索，来影响观察者对企业不履责的认知模式。虽然这些争论表明，关于框架对归因模型要素的影响是一个多重命题。为精简起见，我们对框架的最终影响提出一般性命题。

命题 9：视企业为伤害非合谋受害人的因果和道德责任主体相关框架的个体认知，与企业不履行社会责任的归因呈正相关。

讨　论

本文运用归因理论，描述企业不履责归因源于个体的一系列主观评估——对影响负面性的评估、企业应当承担罪责的评估和受影响方合谋性的评估。我们描述了这些评估是如何相互影响，如何受观察者对影响本身和企业的特征，以及对受影响方或涉事企业社会认同的影响。我们通过在企业不履行社会责任归因模型中描述框架（信息）的重要作用得出结论。

本研究所提出的理论，虽然主要关注组织负面行为的归因，但对更广泛研究企业社会责任的内涵仍具有非常重要的价值——企业的自发行为并不是由企业显性交易利益和法律/监管义务驱动，这种观点具有主观层面的积极社会效应（Godfrey，Merrill & Hansen，2009；Margolis & Walsh，2003；McWilliams & Siegel，2001）。大多数企业社会责任研究都是基于试图理解企业对所处环境的适应及环境对企业行为回应的传统研究方法，据此去探索社会责任行为与企业绩效之间的关系；并调查市场反应，或对基于公司履责行为（旨在满足环境期望）假设发生的业绩变化做出解释，由此揭示企业获得的资源禀赋和制度优势（Margolis & Walsh，2003）。相似地，将社会责任视为企业层面结果变量的研究，通常考虑了环境性的前因变量，例如，外部利益相关方的特殊需求，企业声誉提高的回报和各种结构性扩散机制（Basu & Palazzo，2008；Campbell，2007）。大多数企业社会责任研究的共性在于，关于回应环境期望的 CSR 的研究方法，主要强调宽泛的社会架构：如价值系统、制度和利益相关方。相反，我们提出的模型表明，企业履责与不履责归因都是源于关注企业个体的知识、解读和认知的社会构建。

我们关注个体层面的知识、解读和认知，这与组织文献中的相关理论相一致，都强调社会建构框架内的个体。例如，我们的研究涵盖了以下观点，即制度和社会结构限制和赋予了人类行为权利以及作为人类精明行为的产物而被加工、再现及改变（Barley & Tolbert，1997；Battilana，2006；Emirbayer & Mische，1998；Giddens，1984）。我们的研究方法还与以下观点兼容：个体对环境做出反应并塑造着他们认为构成社会现实的环境（Berger & Luckman，1967；Weick，1979）。Basu 和 Palazzo（2008）运用这种观点探讨了组织决策者如何尽力理解企业与其利益相关方及外部世界的关系，从而构建和定义组织 CSR 的特征。我们支持 Basu 和 Palazzo 挑战以下观点：要求企业履行社会责任的环境压力是客观性的存在。然而，我们的重点在于从企业外部观察者而不是企业内部人的视角对不履责行为归因。

我们的模型对于研究者和实践者的启示之一是，对企业社会责任的期望和评价并不只是存在于企业环境的客观现实中，而更多作为影响个体感知的要素集合，带有主观性并不断变化。例如，并对影响的负面感知随着测量技术和新兴因果理论而发展。在关于香烟以及癌症关系的研究历史中，新测量方法的出现给观察者带来了新的视角。当不良影响逐渐显露，对因果责任人的排查活动逐渐增强，相关涉事企业也将承担更多的罪责。但是，随着吸烟的危害更广为人知并被视为主动性选择，对吸烟者与危害合谋性的认知将减少企业的罪责。

事实上，观察者对于不良影响中受影响方的合谋性和企业罪责的评估也并非一成不变。如前文所述，二者的变化与观察者对于受影响方或涉事企业的认同均有积极互动。身份识别需要对受影响方或企业进行抽象界定，并让观察者感受不同身份的亲和力差异（Ashforth，Harrison & Corley，2008）。观察者对于受影响方和企业的抽象界定随着时间的推移而变化，身份认同也不断变化。因此，即使观察者与受害者之间的联系增强，导致观察者扩展其自我定义而涵盖与他人的关系，身份认同仍随个人经历的发展而增强或减弱。随着个体对于群体边界感知的演变，对不良影响中受影响方合谋性和企业罪责的评估也相应发生变化。

本文在个体认知的层面上，基于适切性（appropiateness）和责任原则关注个体对企业行为的主观理解。这对企业的启示是，包括企业不履责归因在内的个体层面感知，构成企业赖以生存和互动的现实环境。这表明，个体层面的知识、解读与认知以显见的组织方式，使个体认知聚集并影响组织产出。未来研究的方向之一，是对履行社会责任或不履行社会责任的个体层面归因如何超越个体层面，为 CSR 中结构性影响（包括制度及利益相关方对企业施加的压力）研究奠定基础，进行理论和实证性探索。

另一个未来研究方向是对本文中企业不履责归因模型的实证检验。尽管包含了对社会不履责归因的一系列影响预测，其表面的复杂性似乎不利于实证检验，但实则不然。本模型只需要采集个体层面的感知，并不包括影响因子随时间的变化或彼此互动过程的探究。与此相结合，模型中框架的重要作用表明在实验环境下进行实证性探索的价值。因为框架受企业不履责模型归因要素的高度影响，模型的构建可以在实验场景中被控制。研究者可以设计不同场景，包括虚构公司事件、制造带有负面性的效果，让企业有一定罪责，受影响方或涉事企业在一定程度上被实验主体认同等。研究者可测量实验主体的认知，来检验对上述因素的控制。

例如，一种框架版本可以包含有关受影响方的信息，信息中强调受影响方缺乏远见或能力，而其他的版本可以忽略此信息。如此，研究者可以影响个体在受影响方非合谋性评估中，对于受影响方控制力和预见能力的认知。接下来，研究者可以测试归因要素（如对受影响方非合谋性的主观评估）对测量焦点企业不履责归因的贡献度。在真实世界中，企业不履责归因往往受个体对企业和负面事件描述的影响。让实验对象阅读、倾听及观察企业，再进行企业不履责归因非常自然。因此，我们认为，基于场景的实验研究将以高外部性的方式提供构成这些归因要素的丰富信息。

本文中的模型可能存在的缺陷在于，模型简化了一些真实世界中的细微差异，包括在观察者间的个体差异、事件间、企业间以及框架间的差异。探索这些差异是未来理论构建和实证研究的一个方向。例如，个体在威胁、道德冲动、规则违背以及观察者对涉事企业或受影响方认同程度的差异，这些差异帮助解释了不同观察者在企业不履责归因中的感知。未来的研究可以探索个体感知差异的其他来源，这些差异影响了观察者获知不良影响，企业罪责和受影响方非合谋性的方式。首要的差异来源可能是个体与他人的共同利益，该利益不一定与个体对企业或受影响方的社会认同有关。理解这种共同利益的方式之一是：依据个体是否是焦点企业的利益相关方以及是哪一类利益相关方（Freeman，1984）。不同类型的利益相关方因与公司的关系不同而有着不同的利益。这使利益相关方分析成为扩展本文中理论模型的潜在途径。我们希望分析利益相关方的利益差异，因为这些利益差异产生的分歧及在利益相关方群体间产生的竞争，增加了模型的复杂性，从而补充和深化了企业不履责归因要素在个体层面的理解。

未来研究还可以通过引入事件间的细微差别来拓展本模型。我们可根据个体对事件的主观认知差异作为模型中的主要差异。这种方法有助于解释为什么两个社会危害水平相近的事件却对企业不履责归因有着不同的贡献。然而，事件可能有重要的差异促进或阻碍了归因。例如，探索事件在企业合法性〔例如，"实用主义的"、

"道德层面的"或"认知层面的"合法性，按照 Suchman（1995）维度上的差异非常有价值]。基于破坏企业合法性的方式差异，不同事件对企业罪责认知的影响方式也不同。我们认为，相对于其他类型的破坏，道德合法性破坏与造成不良社会影响的企业罪责评估是最为相关的。

另一个潜在的研究途径是研究事件的模糊性维度差异，Frisch 和 Baron（1988）称为"对预测相关信息遗失的主观体验"。我们认为，高模糊性事件在影响企业不履责归因中存在更大变数，因为对归因模型的主观影响更直接。

在本文中，我们基于企业在规模、声誉和特征感知上的差异建模。但是企业仍存在其他差异，未来的研究可以将其作为企业不履责归因的潜在影响因子。例如，当企业被普遍认为具有"根本的、深层次的或可损毁组织的缺陷"（Devers, Dewett, Mishina & Belsito, 2009）时，如何影响企业不履责归因。对特定企业不履责归因影响因子的评估尽管是个性化的，但都对污名化描述的去个性化特征（deindividuating nature of stigmatization）相当敏感。

还有一个潜在的探索路径是根据对企业（包括网络和实体企业）认知维度上的差异建模。例如，违法性、负面的声誉、来自同行的诋毁（Jonsson, Greve & Fujiwara-Greve, 2009; King, Lenox & Barnett, 2002; Paetzold, Dipboye & Elsbach, 2008），很容易影响观察者对企业造成不良影响应承担责任的评判。

最后，将框架信息视为同质架构的研究方法是另一个拓展本模型的研究方向。现在已有一些研究关注解释和道歉的某些特征如何使其在影响归因时更为有效（Benoit, 1995; Elsbach, 1994; Higgins & Snyder, 1989; Wood & Mitchell, 1981）。例如，Elsbach（1994）描述了当公司承认而非否认争议，并将解释的焦点放在公司的合法性而不是效率上时，公众会更宽容。同样，研究者关注第三方框架的质量，如何使其在吸引关注和影响认知方面更为有效。例如，当框架简单引人注目、最大程度标新立异而又不招人厌烦、吸引广泛关注，并与强大的经济和政治利益相吻合时，或当完全锁定责任方并明确潜在的补救措施时，框架尤为有效（Hilgartner & Bosk, 1988; Spector & Kitsuse, 2001）。通过探索这类存在于企业解释、致歉及第三方框架中的细微差别，如何影响观察者对负面效应、企业、受影响方的关注，进而解读企业不履责归因的潜在影响因子，现有理论模型将得到进一步拓展。

结 论

虽然组织理论不同流派对企业不良行为的原因和结果进行了大量研究，但个体对企业不履责行为主观认知的相关研究仍较少。本文所提出的理论深入解释了个体层面的观察者如何进行企业不履责归因。个体主观建构的理解推动形成了企业赖以生存并与之互动的现实环境。研究这些理解产生的根源非常重要。与责任行为相比，我们更关注不履责行为的归因。作为一种新兴的研究，我们主要关注：对具有社会危害性的企业行为模式的主观认知，如何与企业从环境中获取支持和资源的能力产生特定关联。本文为这一领域的深入研究奠定了基础。相较于责任行为认知，不履责行为的归因可能会产生更强的外部回应，最终对企业与所处环境的关系产生更深远的影响。

参考文献

［1］Alicke, M. D. 2000. Culpable control and the psychology of blame. Psychological Bulletin, 126: 556–574.

［2］Appiah, K. A. 2009. Experiments in ethics. Cambridge, MA: Harvard University Press.

［3］Ashforth, B. E., Harrison, S. H., & Corley, K. G. 2008. Identificationin organizations: An examination of four fundamental questions. Journal of Management, 34: 325–374.

［4］Ashforth, B. E., & Mael, F. 1989. Social identity theory and the organization. Academy of Management Review, 14: 20–39.

［5］Barley, S. R., & Tolbert, P. S. 1997. Institutionalization and structuration: Studying the links between action and institution. Organization Studies, 18: 93–117.

［6］Barnett, M. L. 2007. Stakeholder influence capacity and the variability of financial returns to corporate social responsibility.Academy of Management Review, 32: 794–816.

［7］Basu, K., & Palazzo, G. 2008. Corporate social responsibility: A process model of sensemaking. Academy of Management Review, 33: 122–136.

［8］Battilana, J. 2006. Agency and institutions: The enabling role of individuals' social position. Organization, 13: 653–676.

［9］Baucus, M. S., & Baucus, D. A. 1997. Paying the piper: An empirical examination of longer-term financial consequences of illegal corporate behavior. Academy of Management Journal, 40: 129–151.

［10］Baumeister, R. F., Bratslavsky, E., Finkenauer, C., & Vohs, K. D. 2001. Bad is stronger than good. Review of General Psychology, 5: 323–370.

［11］Baumeister, R. F., & Leary, M. R. 1995. The need to belong: Desire for interpersonal attachments as a fundamental human motivation. Psychological Bulletin, 117: 497–529.

［12］Benford, R. D., & Snow, D. A. 2000. Framing processes and social movements: An overview and assessment. Annual Review of Sociology, 26: 611–639.

［13］Benoit, W. L. 1995. Accounts, excuses, and apologies: A theory of image restoration strategies. Albany: State University of New York Press.

［14］Berger, P. L., & Luckman, T. 1967. The social construction of reality: A treatise in the sociology of knowledge. New York：Anchor Books.

[15] Bertels, S., & Peloza, J. 2008. Running just to stand still? Managing CSR reputation in an era of ratcheting expectations.Corporate Reputation Review，11：56-72.

[16] Bitektine, A. 2011. Toward a theory of social judgments of organizations：The case of legitimacy, reputation, and status. Academy of Management Review，36：151-179.

[17] Brehm, S. S., & Brehm, J. W. 1981. Psychological reactance：Atheory of freedom and control. New York：Academic Press.

[18] Brewer, M. 1979. In-group bias in the minimal intergroup situation：A cognitive-motivational analysis. Psychological Bulletin，86：307-324.

[19] Brewer, M. 1991. The social self：On being the same and different at the same time. Personality and Social Psychology Bulletin，17：475-482.

[20] Brewin, L. R., & Antaki, C. 1987. An analysis of ordinary explanations in clinical attribution research. Journal of Social and Clinical Psychology，5：79-98.

[21] Burdeau, C., & Weber, H. R. 2011. BP sues partners as Gulf marks year since spill. Bloomberg Businessweek，April 21：http：//www.businessweek.com/ap/financialnews/archives/May 2011/D9MO7H0G0.htm.

[22] Bustillo, M., & Zimmerman, A. 2010. In cities that battle Wal-Mart, Target gets a welcome. Wall Street Journal, October15：B1.

[23] Callon, M. 1998. An essay on framing and overflowing：Economic externalities revisited by sociology. In M. Callon（Ed.），The laws of the markets：244-269. Oxford：Blackwell.

[24] Campbell, D. T. 1958. Common fate, similarity, and other indices of the status of aggregates of persons as social entities. Behavioral Science，3：14-25.

[25] Campbell, J. L. 2007. Why would corporations behave insocially responsible ways? An institutional theory of corporate social responsibility. Academy of Management Review，32：946-967.

[26] Crouch, C. 2006. Modelling the firm in its market and organizational environment：Methodologies for studying corporate social responsibility. Organization Studies，27：1533-1551.

[27] Darley, J. M., & Fazio, R. H. 1980. Expectancy confirmation processes arising in the social interaction sequence. American Psychologist，35：867-881.

[28] Davidson, W. N., Worrell, D., & Cheng, L. T. W. 1994. The effectiveness of OSHA penalties：A stock-market-based test. Industrial Relations，33：283-296.

[29] Devers, C. E., Dewett, T., Mishina, Y., & Belsito, C. A. 2009. Ageneral theory of organizational stigma. Organization Science，20：154-171.

[30] Doh, J. P., Howton, S. D., Howton, S. W., & Siegel, D. S. 2010. Does the market respond to endorsement of social responsibility? The role of institutions, information, and legitimacy. Journal of Management，36：1461-1485.

[31] Doll, R., & Hill, A. B. 1950. Smoking and carcinoma of the lung：Preliminary report. British Medical Journal，2：739-749.

［32］ Donaldson, T., & Dunfee, T. 1994. Toward a unified conception of business ethics: Integrative social contracts theory.Academy of Management Review, 19: 252–284.

［33］ Donaldson, T., & Dunfee, T. 1999. Ties that bind: A social contracts approach to business ethics. Boston: Harvard University Press.

［34］ Dowie, M. 1977. How Ford put two million firetraps on wheels. Business and Society Review, 23: 46–55.

［35］ Dutton, J. E., & Dukerich, J. M. 1991. Keeping an eye on themirror: Image and identity in organizational adaptation.Academy of Management Journal, 34: 517–554.

［36］ Einhorn, H. J., & Hogarth, R. M. 1986. Judging probable cause.Psychological Bulletin, 99: 3–19.

［37］ Elsbach, K. D. 1994. Managing organizational legitimacy in the California cattle industry: The construction and effectiveness of verbal accounts. Administrative Science Quarterly, 39: 57–88.

［38］ Elsbach, K. D., & Sutton, R. I. 1992. Acquiring organizational legitimacy through illegitimate actions: A marriage of institutional and impression management theories.Academy of Management Journal, 35: 699–738.

［39］ Emirbayer, M., & Mische, A. 1998. What is agency? American Journal of Sociology, 103: 962–1023.

［40］ Fincham, F. D., & Jaspars, J. M. 1980. Attribution of responsibility: From man the scientist to man as lawyer. Advances in Experimental Social Psychology, 13: 82–139.

［41］ Fiske, S. T., & Taylor, S. E. 1991. Social cognition (2nd ed.). New York: McGraw-Hill.

［42］ Fiske, S. T., & Taylor, S. E. 2008. Social cognition: From brainsto culture. Boston: McGraw-Hill Higher Education.

［43］ Folkes, V. S. 1988. Recent attribution research in consumer behavior: A review and new directions. Journal of Consumer Research, 14: 548–565.

［44］ Fombrun, C. J. 1996. Reputation: Realizing value from the corporate image. Boston: Harvard Business School Press.

［45］ Freeman, R. E. 1984. Strategic management: A stakeholder approach. Boston: Pitman.

［46］ Frisch, D., & Baron, J. 1988. Ambiguity and rationality. Journal of Behavioral Decision Making, 1: 149–157.

［47］ Frooman, J. 1997. Socially irresponsible and illegal behaviorand shareholder wealth. Business & Society, 36: 221–249.

［48］ Gamson, W. A., Croteau, D., Hoynes, W., & Sasson, T. 1992.Media images and the social construction of reality.Annual Review of Sociology, 18: 373–393.

［49］ Gattig, A. 2002. Intertemporal decision making: Studies on the working of myopia. Amsterdam: Rozenberg.

［50］ Gattig, A., & Hendrickx, L. 2007. Judgmental discounting and environmental risk perception: Dimensional similarities, domain differences, and implications for sustainability.Journal of Social Issues, 63: 21–39.

[51] Giddens, A. 1984. The constitution of society. Berkeley: University of California Press.

[52] Gilbert, D. T., & Malone, P. S. 1995. The correspondence bias.Psychological Bulletin, 117: 21–38.

[53] Gioia, D. A. 1992. Pinto fires and personal ethics: A script analysis of missed opportunities. Journal of Business Ethics, 11: 379–389.

[54] Godfrey, P. C., Merrill, C. B., & Hansen, J. M. 2009. The relationship between corporate social responsibility and shareholder value: An empirical test of the risk management hypothesis. Strategic Management Journal, 30: 425–445.

[55] Goffman, E. 1974. Frame analysis: An essay on the organizationof experience. New York: Harper Colophon.

[56] Green, S. G., & Mitchell, T. R. 1979. Attributional processes of leaders in leader–member interactions. Organizational Behavior and Human Performance, 23: 429–458.

[57] Haidt, J., & Bjorklund, F. 2008. Social intuitionists answer six questions about morality. In W. Sinnott–Armstrong (Ed.), Moral psychology. Volume 2: The cognitive science of morality: 181–217. Cambridge, MA: MIT Press.

[58] Hamilton, V. L. 1980. Intuitive psychologist or intuitive lawyer? Alternative models of the attribution process. Journal of Personality and Social Psychology, 39: 767–772.

[59] Haslam, S. A., & Ellemers, N. 2005. Social identity in industrial and organizational psychology: Concepts, controversies and contributions. International Review of Industrial and Organizational Psychology, 20: 39–118.

[60] Haunschild, P. R., Sullivan, B. N., & Page, K. 2006. Organizationsnon–gratae? The impact of unethical corporate acts on interorganizational networks. Organization Science, 17: 101–117.

[61] Heider, F. 1958. The psychology of interpersonal relations.New York: Wiley.

[62] Heinrich, G. 2010. Audi and the case of the pedal + media "misapplication." Automobiles De Luxe, February 24: http: //www.automobilesdeluxe.tv/audi –and –the –case –ofpedal –media –misapplication.

[63] Higgins, R. L., & Snyder, C. R. 1989. The business of excuses.In R. A. Giacalone & P. Rosenfeld (Eds.), Impression management in the organization: 73–85. Hillsdale, NJ: Lawrence Erlbaum Associates.

[64] Hilgartner, S., & Bosk, C. L. 1988. The rise and fall of social problems: A public arenas model. American Journal of Sociology, 94: 53–78.

[65] Hoffman, A. J., & Ocasio, W. 2001. Not all events are attended equally: Toward a middle–range theory of industry attention to external events. Organization Science, 12: 414–434.

[66] Hogg, M. A., & Terry, D. J. 2000. Social identity and selfcategorization processes in

organizational contexts.Academy of Management Review，25：121-140.

［67］Hogg，M. A.，Terry，D. J.，& White，K. M. 1995. A tale of two theories：A critical comparison of identity theory withsocial identity theory. Social Psychology Quarterly，58：255-269.

［68］Hurt，R. D.，& Robertson，C. R. 1998. Prying open the door to the tobacco industry's secrets about nicotine. Journal of the American Medical Association，280：1173-1181.

［69］Jennings，M. M. 2006. Dayton-Hudson and its contributions to Planned Parenthood. In M. M. Jennings（Ed.），Businessethics：Case studies and selected readings（5th ed.）：112-113. Mason，OH：West Legal Studies in Business.

［70］Jones，E. E.，& Davis，K. E. 1965. From acts to dispositions.Advances in Experimental Social Psychology，2：219-266.

［71］Jones，E. E.，& Nisbet，R. E. 1972. The actor and the observer：Divergent perceptions of the causes of behavior. In E. E. Jones，D. E. Kanouse，H. H. Kelley，R. E. Nisbett，S. Valins，& B. Weiner（Eds.），Attribution：Perceiving the causes of behavior：79-94. Morristown，NJ：General Learning Press.

［72］Jonsson，S.，Greve，H. R.，& Fujiwara-Greve，T. 2009. Loss without deserving：The spread of legitimacy loss in response to reported corporate deviance. Administrative Science Quarterly，54：195-228.

［73］Kanouse，D. E.，& Hanson，L. R.，Jr. 1972. Negativity in evaluations.In E. E. Jones，D. E. Kanouse，H. H. Kelley，R. E.Nisbett，S. Valins，& B. Weiner（Eds.），Attribution：Perceiving the causes of behavior：47-62. Morristown，NJ：General Learning Press.

［74］Karpoff，J. M.，Lee，D. S.，& Martin，G. S. 2008. The cost to firms of cooking the books. Journal of Financial and Quantitative Analysis，43：581-612.

［75］Kelley，H. H. 1967. Attribution theory in social psychology. Nebraska Symposium on Motivation，15：192-240.

［76］Kelley，H. H. 1972. Attribution in social interaction. In E. E. Jones，D. E. Kanouse，H. H. Kelley，R. E. Nisbett，S.Valins，& B. Weiner（Eds.），Attribution：Perceiving the causes of behavior：1-26. Morristown，NJ：General Learning Press.

［77］Kelley，H. H. 1973. The processes of causal attribution. American Psychologist，28：107-128.

［78］Kelley，H. H.，& Michela，J. L. 1980. Attribution theory and research. Annual Review of Psychology，31：457-501.

［79］King，A. A.，Lenox，M. J.，& Barnett，M. L. 2002. Strategic responses to the reputation commons problem. In A. J.Hoffman & M. J. Ventresca（Eds.），Organizations，policy，and the natural environment：Institutional and strategic perspectives：393-406. Stanford，CA：Stanford University Press.

［80］Klein，J.，& Dawar，N. 2004. Corporate social responsibility and consumers' attributions and brand evaluations in aproduct-harm crisis. International Journal of Research in Marketing，21：

203-217.

[81] Kogut, T., & Ritov, I. 2005. The "identified victim" effect: Anidentified group or just a single individual? Journal of Behavioral Decision Making, 18: 157-167.

[82] Korten, D. C. 2001. When corporations rule the world. San Francisco: Berrett-Koehler.

[83] Lagnado, D. A., & Channon, S. 2008. Judgments of cause and blame: The effects of intentionality and foreseeability.Cognition, 108: 754-770.

[84] Lange, D., Boivie, S., & Henderson, A. D. 2009. The parenting paradox: How multibusiness diversifiers endorse disruptive technologies while their corporate children struggle. Academy of Management Journal, 52: 179-198.

[85] Lerner, M. J., & Matthews, G. 1967. Reactions to the suffering of others under conditions of indirect responsibility.Journal of Personality and Social Psychology, 5: 319-325.

[86] Lerner, M. J., & Miller, D. T. 1978. Just world research and the attribution process: Looking back and ahead. Psychological Bulletin, 85: 1030-1051.

[87] Lickel, B., Hamilton, D. L., Wieczorkowska, G., Lewis, A., Sherman, S. J., & Uhles, A. N. 2000. Varieties of groups and perception of group entitativity. Journal of Personality and Social Psychology, 78: 223-246.

[88] Lord, R. G., & Smith, J. E. 1983. Theoretical, information processing, and situational factors affecting attribution theory models of organizational behavior. Academy of Management Review, 8: 50-60.

[89] Margolis, J. D., & Walsh, J. P. 2003. Misery loves companies: Rethinking social initiatives by business. Administrative Science Quarterly, 48: 268-305.

[90] Martinko, M. J. 1995. The nature and function of attribution theory within the organization sciences. In M. J. Martinko (Ed.), Attribution theory: An organizational perspective: 7-14. Delray Beach, FL: St. Lucie Press.

[91] Martinko, M. J. (Ed.). 2004. Attribution theory in the organizational sciences: Theoretical and empirical contributions.Greenwich, CT: Information Age Publishing.

[92] Mattingly, J. E., & Berman, S. L. 2006. Measurement of corporate social action: Discovering taxonomy in the Kinder Lyndenburg Domini ratings data. Business & Society, 45: 20-46.

[93] McArthur, L. Z. 1981. What grabs you? The role of attention in impression formation and causal attribution. In E. T.Higgins, C. P. Herman, & M. P. Zanna (Eds.), Social Cognition, The Ontario Symposium: 201-246. Hillsdale, NJ: Lawrence Erlbaum Associates.

[94] McArthur, L. Z., & Ginsberg, E. 1981. Causal attribution tosalient stimuli: An investigation of visual fixation mediators.Personality and Social Psychology Bulletin, 7: 547-553.

[95] McArthur, L. Z., & Post, D. L. 1977. Figural emphasis and person perception. Journal of Experimental Social Psychology, 13: 520-535.

[96] McConnell, A. R., Sherman, S. J., & Hamilton, D. L. 1997. Target entitativity:

Implications for information processing about individual and group targets. Journal of Personality and Social Psychology, 72: 750–762.

[97] McGuire, J. B., Dow, S., & Argheyd, K. 2003. CEO incentives and corporate social performance. Journal of Business Ethics, 45: 341–359.

[98] McWilliams, A., & Siegel, D. 2001. Corporate social responsibility: A theory of the firm perspective. Academy of Management Review, 26: 117–127.

[99] Meyer, J. W., & Rowan, B. 1977. Institutionalized organizations: Formal structure as myth and ceremony. American Journal of Sociology, 83: 340–363.

[100] Mitchell, T. R., & Wood, R. E. 1980. Supervisor's responses to subordinate poor performance: A test of an attributional model. Organizational Behavior and Human Performance, 25: 123–138.

[101] Muller, A., & Kräussl, R. 2011. Doing good deeds in times of need: A strategic perspective on corporate disaster donations.Strategic Management Journal, 32: 911–929.

[102] Nordgren, L. F., & Morris McDonnell, M.-H. 2011. The scopeseverity paradox: Why doing more harm is judged to beless harmful. Social Psychological and Personality Science, 2: 97–102.

[103] Nossiter, A. 2010. Half a world from the Gulf, a spill scourge 5 decades old. New York Times, June 17: A1.

[104] Paetzold, R. L., Dipboye, R. L., & Elsbach, K. D. 2008. A newlook at stigmatization in and of organizations. Academy of Management Review, 33: 186–193.

[105] Pfarrer, M. D., Pollock, T. G., & Rindova, V. P. 2010. A tale of two assets: The effects of firm reputation and celebrityon earnings surprises and investors' reactions. Academy of Management Journal, 53: 1131–1152.

[106] Pfeffer, J., & Salancik, G. R. 1978. The external control of organizations: A resource dependence perspective. New York: Harper and Row.

[107] Polzer, J. T., Milton, L. P., & Swann, W. B., Jr. 2002. Capitalizing on diversity: Interpersonal congruence in small work groups. Administrative Science Quarterly, 47: 296–324.

[108] Pratt, M. G. 1998. To be or not to be: Central questions in organizational identification. In D. A. Whetten & P. C.Godfrey (Eds.), Identity in organizations: Building theory through conversations: 171–207. Thousand Oaks, CA: Sage.

[109] Pratto, F., & John, O. P. 1991. Automatic vigilance: The attention-grabbing power of negative social information.Journal of Personality and Social Psychology, 61: 381–391.

[110] Rao, S., & Hamilton, J. 1996. The effect of published reports of unethical conduct on stock prices. Journal of Business Ethics, 15: 1321–1330.

[111] Rhee, M., & Haunschild, P. R. 2006. The liability of good reputation: A study of product recalls in the U.S. automobile industry. Organization Science, 17: 101–117.

[112] Ross, L. 1977. The intuitive psychologist and his shortcomings: Distortions in the

attribution process. Advances in Experimental Social Psychology, 10: 174–221.

[113] Rushford, G. 1997. Nike lets critics kick it around. Wall Street Journal, May 25: A14.

[114] Sandoval, G. 2009. E-tail scrooges and how one woman defeated them. CNET News, December 29: http: //news.cnet.com/8301-31001_3-10421805-261.html.

[115] Schank, R. C., & Abelson, R. P. 1977. Scripts, plans, goalsand understanding: An inquiry into human knowledge structures. Hillsdale, NJ: Lawrence Erlbaum Associates.

[116] Schneider, J. W. 1978. Deviant drinking as disease: Alcoholism as a social accomplishment. Social Problems, 25: 361–372.

[117] Schwartz, G. T. 1991. The myth of the Ford Pinto case. Rutgers Law Review, 43: 1013–1068.

[118] Scott, W. R. 2003. Organizations: Rational, natural, and open systems (5th ed.). Upper Saddle River, NJ: Prentice-Hall.

[119] Scott, W. R. 2008. Institutions and organizations: Ideas and interests (3rd ed.). Los Angeles: Sage.

[120] Segal, D. 1997. Joe Camel fired: Cigarette ads were accused of luring youth. Washington Post, July 11: A1.

[121] Shaver, K. G. 1970. Defensive attribution: Effects of severity and relevance on the responsibility assigned for anaccident. Journal of Personality and Social Psychology, 14: 101–113.

[122] Shaver, K. G. 1985. The attribution of blame: Causality, responsibility, and blameworthiness. New York: Springer-Verlag.

[123] Shaver, K. G., & Drown, D. 1986. On causality, responsibility, and self-blame: A theoretical note. Journal of Personality and Social Psychology, 50: 697–702.

[124] Sherman, S. J., & Percy, E. J. 2010. The psychology of collective responsibility: When and why collective entities are likely to be held responsible for the misdeeds of individual members. Journal of Law and Policy, 19: 137–170.

[125] Shultz, T. R. 1982. Rules of causal attribution. Monographs of the Society for Research in Child Development, 47 (1): 1–51.

[126] Shultz, T. R., & Ravinsky, F. B. 1977. Similarity as a principle of causal inference. Child Development, 48: 1552–1558.

[127] Smith, E. R., & Miller, F. D. 1979. Salience and the cognitive mediation of attribution. Journal of Personality and Social Psychology, 37: 2240–2252.

[128] Snow, D. A., & Benford, R. D. 1988. Ideology, frame resonance and participant mobilization. In B. Klandermans, H.Kriesi, & S. Tarrow (Eds.), International social movement research, Vol. 1: 197–218. Greenwich, CT: JAI Press.

[129] Sokolove, M. 2010. Should you watch football? New York Times, October 24: WK1.

[130] Spector, M., & Kitsuse, J. I. 2001. Constructing social problems. New Brunswick, CT: Transaction.

［131］ Strachan, J., Smith, D., & Beedles, W. 1983. The price reaction to (alleged) corporate crime. Financial Review, 18: 121–132.

［132］ Strike, V., Gao, J., & Bansal, P. 2006. Being good while being bad: Social responsibility and the international diversification of U.S. firms. Journal of International Business Studies, 37: 850–862.

［133］ Suchman, M. C. 1995. Managing legitimacy: Strategic and institutional approaches. Academy of Management Review, 20: 571–610.

［134］ Tajfel, H., & Turner, J. 1979. An integrative theory of intergroup conflict. In W. G. Austin & S. Worchel (Eds.), Thesocial psychology of intergroup relations: 33–47. Monterey, CA: Brooks/Cole.

［135］ Taylor, S. E. 1991. Asymmetrical effects of positive and negative events: The mobilization–minimization hypothesis.Psychological Bulletin, 110: 67–85.

［136］ Taylor, S. E., & Fiske, S. T. 1975. Point of view and perceptions of causality. Journal of Personality and Social Psychology, 32: 439–445.

［137］ Taylor, S. E., & Fiske, S. T. 1978. Salience, attention, and attribution: Top of the head phenomena. Advances in Experimental Social Psychology, 11: 249–288.

［138］ Tversky, A., & Kahneman, D. 1974. Judgment under uncertainty: Heuristics and biases. Science, 185: 1124–1131.

［139］ Weick, K. E. 1979. The social psychology of organizing. New York: Random House.

［140］ Weiner, B. 1993. On sin versus sickness: A theory of perceived responsibility and social motivation. American Psychologist, 48: 957–965.

［141］ Weiner, B., Graham, S., & Chandler, C. 1982. Pity, anger, and guilt: An attributional analysis. Personality and Social Psychology Bulletin, 8: 226–232.

［142］ Weiner, B., Perry, R. P., & Magnusson, J. 1988. An attributional analysis of reactions to stigmas. Journal of Personality and Social Psychology, 55: 738–748.

［143］ Wood, R. E., & Mitchell, T. R. 1981. Manager behavior in a social context: The impact of impression management on attributions and disciplinary actions. Organizational Behavior and Human Decision Processes, 28: 356–378.

［144］ Wry, T. E. 2009. Does business and society scholarship matter to society? Pursuing a normative agenda with critical realism and neoinstitutional theory. Journal of Business Ethics, 89: 151–171.

［145］ Yzerbyt, V. Y., Rogier, A., & Fiske, S. T. 1998. Group entitativity and social attribution: On translating situational constraints into stereotypes. Personality and Social Psychology Bulletin, 24: 1089–1103.

政治企业社会责任的多元论[*]

Jukka Mäkinen，Arno Kourula

【摘　要】近期，在企业社会责任的研究领域中，关于企业社会责任的政治作用（政治企业社会责任）的研究经历了一次复苏的历程。我们回顾了政治企业社会责任文献的三个关键时期——古典主义企业社会责任时期、工具性企业社会责任时期和新政治企业社会责任时期，并应用罗尔斯主义所提出的政治体系内部道德劳动分工的范式，阐述了上述每个研究时期的政治理论背景。文中主要论证了三个观点：第一，相较于许多后期的文献，古典主义企业社会责任文献在政治理论背景方面更加多元化；第二，工具性企业社会责任采用古典自由主义和自由放任主义作为自身的结构逻辑；第三，新政治主义企业社会责任建立在将政府的责任和任务向企业转移这一强有力的全球化转型趋势之上，它缺少能够使其区别于古典自由主义道德劳动分工的概念模型。最后，我们给出了一些关于政治企业社会责任多元化发展的建议。

【关键词】企业社会责任；政治理论；罗尔斯；道德劳动分工；多元论

引　言

关于企业在社会中所承担的政治角色的研究经历了一次复兴。学术界尤其是管理学和经济伦理学领域（Carroll，1999；Garriga & Melé，2004；Lockett, Moon & Visser，2006；Egri & Ralston，2008）重新审视了企业社会责任这一概念。在本文中，我们将企业社会责任视为一个用于学术讨论（和商业实践）的伞型概念（umbrella term），用于讨论商业企业社会责任的存在和管理问题（Scherer & Palazzo，2007；Matten & Moon，2008）。我们把近期在企业社会责任研究领域出现

---

　　[*] Jukka Mäkinen, Arno Kourula. 2012. Pluralism in Political Corporate Social Responsibility. Business Ethics Quarterly, 22（4）: 649–678.

　　初译由郭毅和王晓婉完成。

的"政治转向"(political turn)称为新政治企业社会责任(Scherer & Palazzo,2011),并将其置于历史的背景中检视。为此,我们针对企业社会责任研究的三个存在交叉的时期——古典主义、工具主义和新政治主义时期,分析各个时期的背景政治理论。文中,"政治企业社会责任"这一术语指代我们所研究的上述各时期的企业政治作用,而"新政治企业社会责任"只包括企业社会责任领域中新出现的"政治转向"(正如 Scherer 和 Palazzo 于 2011 年所描述的那样)。

尽管对新政治企业社会责任的研究进展迅速(Scherer & Palazzo,2007,2008,2011;Matten & Crane,2005;Crane,Matten & Moon,2008),但它涉及一系列重要假设或者空白(gap)。我们认为,构建政治企业社会责任框架的主流方式(Scherer & Palazzo,2007,2011)在对能够影响社会成员间利益和负担的分配的社会程序进行观察时,对社会公正和社会基本结构相关的问题关注太少(Banerjee,2010;Marens,2007,2010)。因此,我们的研究打算对企业社会责任的"政治转向"进行拓展。在评价新政治企业社会责任这一占主流地位学说的基本框架时(Palazzo & Scherer,2006;Scherer,Palazzo & Baumann,2006;Scherer & Palazzo,2007,2011),我们认为聚焦社会结构和社会正义的结合的罗尔斯主义,有助于新兴的政治企业社会责任范式回到对替代性政治体系方案的多元论述(pluralistic discourse)上。

由于企业越来越多地进行自我监管,而且作为公民权利和公共物品的提供者,企业承担了一些国家的传统责任。据此,本文对以下问题进行论述,即新政治企业社会责任如何建立在强有力的全球化转型进程的基础之上。近年来一些很有影响的研究指出,受疆域局限的国家对市场和国际商务行为主体(如跨国公司)的政治和社会经济指导能力正在消失。我们认为,政治企业社会责任研究无须为有争议的论点背书,如"全球化势不可当"(Ohmae,1999;Korten,2001;Scholte,2005),或者相反的观点(Wade,1996;Weiss,1998;Hirst,Thompson & Bromley,2009),甚至是"全球化的逻辑"这些术语(Kollmeyer,2003)。对全球化的不同解释,我们采取了多元化的观点,这让我们能够讨论不同政治理论中国家的其他角色的多样性(the variety of alternative roles provided to the state)。

我们还认为,现在的政治企业社会责任研究缺乏历史深度。我们要对古典企业社会责任文献进行评价作为对近期研究的补充。通过这种方式,我们提出,关于处理企业在社会责任中分工问题的政治讨论深植于企业伦理和企业社会责任研究中(Marens,2004,2010)。更具体地说,我们认为,相对于后来的文献,古典主义的企业社会责任文献用更多元化的方法来观察不同政治环境中的企业社会责任。主流工具性企业社会责任的政治理论没有得到明确的讨论,在这个意义上,工具性企业社会责任被视为一种无关政治的观点,对此我们也探讨了原因。我们认为,如果将不同的政治理论视为不同的社会合理道德劳动分工的概念，那么工具性企业社会责任并不像它看起来那样是一个无关政治的概念。与 Scherer、Palazzo 和 Baumann（2006）、Freeman 和 Phillips（2002）观点一致，我们认为工具性企业社会责任是由古典自由主义和自由意志主义（libertarian）的社会道德分工观念所支撑的。

本文的结构安排如下：首先，介绍了罗尔斯的道德劳动分工概念，这一概念构成了此后叙述的现有政治体制的基础。现存所有政治理论——自由放任主义、古典自由主义、自由平等主义、福利国家资本主义、财产所有权民主主义和市场社会主义，都可被视为关于道德劳动分工的一种可选体系。每个体系要赋予政府、市场和企业不同的角色，都包括公民和社会关系的概念，以及对于政企关系的理解。其次，在审视了不同政治体系之后，我们进而探索包含政治企业社会责任三个关键时期的文献样本，揭示每个时期显性和隐性的政治背景。我们的关注点为，19 世纪50 年代开始对于现代企业社会责任争论的早期文章（古典主义企业社会责任），而大量研究狭义地聚焦于责任的"商业理由"（工具性企业社会责任）以及近期关于企业政治角色研究的复兴（新政治企业社会责任）。最后，我们提出了政治企业社会责任的三个未来发展方向：对未得到充分利用的政治理论进行深入探究；研究企业社会责任、政治理论和比较政治经济文献三者间的联系；对不同层面的企业社会责任分析研判、行为主体和表现形式进行更加细致的考察。

罗尔斯的道德劳动分工概念

在英美的政治哲学中，道德劳动分工的概念通常是指，一个社会的政治、社会和经济维度的责任在不同的政治和社会经济机构以及在这些机构中运行的各种行动主体之间进行分配的方式。在过去的几十年里，在讨论罗尔斯社会正义方法的过程中，这个概念得到最多的提及。这些讨论的主题是：社会正义在多大程度上是那些形成社会基本结构的各类机构的任务？对于运行于该制度中的不同行动主体，它们与社会正义有关的责任是什么？讨论的一个中心前提是，社会的道德劳动分工某种程度上确定了人们在社会中的自由和平等程度，以及社会生活的秩序可以在多大程度上得到民主的管理（Nagel，1991；Scheffler，2005；Freeman，2007）。换言之，社会的道德劳动分工是一个核心的政治问题。

罗尔斯的著作大量阐述了道德劳动分工的概念（1971，1996，2001）。他的正义概念是要描画这样一个结构，它能确保正义的背景条件不受个体和组织的产生而破坏，这些行动主体"在此基本结构框架下可以自由地、更有效地追求他们的目标，可以自由地确保对社会系统中其他知识加以必要的修正，以维护背景正义的形成"。罗尔斯的正义概念包括：

我们可以称其为社会责任的分工：社会作为公民的一个集合体，有责任维持基本的平等、自由和机会均等，并为这个系统中的每个人提供应得的其他基本物品；在公民（作为个体）和组织当前和可预期的状况既定的情况下，他们有责任利用所有可期的必要工具修改和调整他们的目的和愿望（Rawls，1982）。

罗尔斯认为，社会基本结构与在这些结构中运行的行为主体（如企业），两者之间的区别至关重要，社会基本结构可以理解为主要的政治和社会机构在一个社会协作体系中组成一个整体，并调控社会协作产生优势的一种方式。他认为，作为自由民主社会的公民，我们的主要政治责任是关注背景正义、政治核心原则和间接调节企业运营的相关社会协作机构的结构。在这个结构框架下，通过政治上的集体管控和基本结构的设计，为像企业这样的私人行为主体提供一种社会环境，在这种环境中，企业拥有适度自主权来有效地追求他们的目标。罗尔斯认为，如果没有政治上的控制和对基本结构的精心设计，那么随着时间的推移，政治和社会经济力量会向经济交易集中，而特定经济交易的历史积累的结果是远离而非接近公民的真正自由。

而且，当代社会需要道德劳动分工，道德劳动分工明确（understand）社会公民对于什么是好生活的概念上存在重大且又不可调和的差异。在这种多元化背景下，人们期待这些基本结构的机构能公正对待这些概念，因为对于公民而言，社会基本结构是他们无法自主选择的。相较之下，公民与企业的关系应该有所不同，因为企业是具有自主意愿的组织。出于自主意愿的性质，企业可以有自己详细的目标，按照个人对企业的贡献，自主对雇员进行评估和奖励。然而，在自由民主社会的基本架构下，这种精英管理是不能被接受的。相反，人们期待自由主义国家的机构将公民视为自由和平等的个体。因此，在罗尔斯的文献中，我们必须区分开社会基本结构和商业企业。

道德劳动分工的政治体制

不同的政治理论对于什么是合理的社会道德劳动分工有着不同的观点。不同的社会公正理论中，对道德劳动分工的描绘和评估也是政治哲学最近的研究主题（Scheffler，2005）。在表1中，我们使用弗里曼（Freeman，2007）提出的划分类型，并通过对国家、市场和企业的角色定位，对公民和社会的观念以及政企关系的理解进一步发展该理论。随后，我们将回顾政治企业社会责任研究的三个关键时期的基本政治理论：古典主义、工具主义和新政治企业社会责任。

表 1　道德劳动分工的政治体制

	市场社会主义	财产所有权民主主义	福利国家资本主义	自由平等主义	古典自由主义	自由放任主义
国家角色	目标是社会成员之间严格平等，社会化的生产手段，通过民主方式分配社会产品	目标是民主的社会生活和经济环境，通过社会基本结构所有分散财富和资本，防止精英对经济和政治的控制	目标是通过平等的社会制度与再分配经济福利相结合实现整体福利。公共结构将外部性最小化。提供公共产品并拉平社会经济的差异	目标是在平等的社会基本结构的帮助下实现机会均等。减少教育和医保的阶级障碍，促进获得文化的均等机会。试图防止资本的过度积累	目标是有效公共物品的供应。提供适度的社会标准。有限度地保护人身自由和私有财产。强调市场竞争文化和最小化社会经济，但不拉平社会经济不平等	最小政府或强大的公司保护私有财产和自由契约，订立社会契约。没有限度地保护人身自由的公民公共权约。没有最小化外部性的强制性结构。提供超过最低限度的公共物品或拉平社会不平等
市场角色	需要自由市场实现自由和经济，但不妨碍经济竞争性企业。对有效利用资源负责	需要自由市场实现自由和效率，但没有平等主义背景的制度调控，产生分配不公	需要自由市场实现总福利，但对影响总福利的市场力量进行管理	需要自由市场，但自由市场本身不能提供公平的机会。没有平等主义当操控市场让人们对社会起点决定了生活的未来	自由市场是核心制度，自愿的市场交易产生有效率的结果。运行良好的市场需要有限的基本结构的支持	市场是资本主义的自愿的自我调整的范围。自我调整的契约关系和外部性，公共产品和社会任务的责任
企业角色	公有制的生产资料被租给工人拥有的企业。企业对有效利用资源负责	尊重社会基本结构的条件使得企业可以自由运作，有自己的目标和奖励制度	企业不能处理整体福利这一公共任务。政府失灵称给企业。提供企业管理任务的空间	过多的经济力量溢出到社会的其他领域，但并腐化各领域，企业参与到政治领域被看作是对公平的威胁	主要关注社会经济任务，接受社会责任是因为具有经济价值。企业作为市场主体为政府自愿衡量抗衡国家权力	成功的公司在其与国家或企业的关系中接管了传统的政府角色，建立了政府契约
公民概念	有参与社会生活的平等的基本自由权利，机会和经济所有权。作为企业的所有者，公民对分配公平负有直接责任	有民主地控制社会生活和经济所需的平等的基本自由，机会和经济资源。主要在政治任务成为一个社会基本结构的协调性系统	公民有公民权和政治权，并有适当的经济手段来使用这些权利。他们对社会整体福利的标准负有政治，社会和经济责任	公民作为社会自由的成员，参与政治有公民权利和一定对社会经济资源来享受政治责任，但是公民行政治和文化和行使自由权	公民作为社会行为主体，有维持有效市场和有效提供公共产品这些政治责任，但是公民缺少参与政治的均等机会和资源	公民身份被视为与国家低限度保护的私人契约的关系。这一共识取决于契约人的讨论或还价能力。没有社会机构去拉平公民权利之间的差异

续表

	市场社会主义	财产所有权民主主义	福利国家资本主义	自由平等主义	古典自由主义	自由放任主义
社会概念	在主要政治角色中，社会是严格平等的公共目标和市场主体的结合体	社会合作体系，结合了追求公民自由和平等而设计的正义政治概念	由追求整体福利目标而联合起来的社会，政治、社会和经济领域的通力合作	政治和社会领域的平均导向与允许不平等的经济领域之间存在的分化	有限的公共领域和广泛的私人社会领域之间的平衡	社会被视为私人契约组成的网络，其运作基于私人行为主体的自我调控
商业政治	商业和政治的边界十分模糊，企业担负了分配公平的主要政治任务	对商业的民主控制需要制度性机制来阻止经济力量的集中，政治领域需要稳健的商业背景正义	目标是避免商业和公共领域之间过度的力量平衡，以及为了总体效应利的经济产品再分配，福利最大化这一政治目标让企业社会责任有了用武之地	经济不平等对政治领域有外部效应。平等主义的社会结构被视为实现机会均等的手段	突出了商业和政治之间分界的必要性。结合薄弱的制度性机制，市场用信任责任来调节	企业和政治的边界完全模糊。没有强制机构控制社会经济不平等，或者控制经济不平等造成政治不平等

为了评价不同的企业社会责任观点和不同时期的政治理论背景，我们首先介绍每种政治体制（如表1第1行所示）。因为我们的目标是把各种政治学说引入政治企业社会责任的讨论中，所以这种考察十分有价值。不考虑无政府资本主义和共产主义的乌托邦，我们要解决一系列更加现实的、合理的社会基本结构的政治概念。因此，我们讨论包括自由放任主义、古典自由主义、自由平等主义、福利国家资本主义、财产所有权民主主义和市场社会主义。

自由放任主义

Robert Nozick（1974）颇具影响力的自由意志主义学说把社会看作私人契约组成的网络。从自由意志主义的角度来看，历史上，合理的社会秩序是产生于尊重私人产权和契约自由的个体之间的自发互动。Nozick认为，如果所有行为主体在交易中遵循合法原则来获取和转让财产，那么就不需要扩张的公共机构维持社会中的背景正义。只需要最小限度的政府或强大的公司支持资本主义的财产权利和契约自由的自然权利。在这种情况下，公民与国家机构的关系就像公民与"和他们达成协议的任何私人公司"之间的关系一样（Rawls，1996）。

在自由意志主义社会里，私人企业也许会接管国家的传统角色，并和他们的利益相关方之间形成特殊的公民契约。由于没有公共机构来拉平契约者之间的利益差异、管理外部性因素或提供公共产品，这些责任就落到了私人行为主体身上。对自由意志主义来说，社会基本结构应尽可能保持"苗条"，而个人、团体和企业自愿承担的工作形成社会的核心。在私有化的自由意志主义社会，没有集体民主政治进程的立足之地，因为这些进程的产物可能会轻易地限制经济活动者的产权以及缩小被自由主义高度推崇的自由交易的范围。此外，因为社会基本结构和企业之间在道德意义上没有区别，两者之间的界限是完全模糊的，企业被视为社会中合法的政治角色。

古典自由主义[①]

古典自由主义起源于古典经济学家和早期功利主义哲学家（如大卫·休谟和亚当·斯密）的著作（Freeman，2007；Rawls，2007）。古典自由主义关于合理社会秩序的理解和自由意志主义的道德劳动分工十分相似。然而，比起自由意志主义，它对待广泛的个人自由和权利更加工具化，将其作为促进社会福利的有效方式

---

① 我们使用术语"自由"（liberal）是指相较于其他事物，更强调社会的基本权利和公民自由的重要性的政治哲学思想流派（Rawls，2007：10-13）。这种学术概念不同于美国日常的政治语言，在此"自由"是指"左"的政治立场。

（Friedman，1962）。换言之，这一学说强调经济产权、契约自由、贸易和消费这三者对效率和福利的重要性（Freeman，2007）。米尔顿·费里德曼（1962）和弗里德里希·哈耶克（1944）就是持这种自由主义（通常称为新自由主义）的经济解释的最著名的理论家。在费里德曼的理论体系中，对于古典自由主义的道德劳动分工的基本观点如下所述：

首先是政府规模必须被限制。其主要职能必须是保护我们的自由，既针对外部敌人，也针对我们的同胞。这种职能包括：保护法律和秩序，执行私人契约，培养竞争性的市场。除了这些主要职能外，政府可能会让我们联合起来完成一些独自做起来比较困难或者高成本的事情。然而，政府的这类做法充满了危险。我们不该也不能避免以这种方式使用政府。但在那之前，我们应该确保自己用清晰而明确的优势来平衡。在经济活动和其他活动中，通过自愿合作和私营企业，我们可以确保私人领域作为政府权力的限制，有效保障言论自由、宗教自由和思想自由（Friedman，1962）。

显然，费里德曼认为企业在古典自由主义的道德劳动分工中有重要的政治作用。而且，这一体系内的经济效率逻辑明显强于自由意志主义。Freeman（2007）指出，"尽管古典自由主义者如亚当·斯密和弗里德里希·哈耶克通常认为市场配置是公正的，但他们通常认可社会为最贫困的人和残疾人提供公共产品和最低社会保障的责任。这一观点将古典自由主义者和自由意志主义者区分开"。同理，有限政府的鼓吹者（古典自由主义）常常宣扬高额的军事预算和工业补贴，这被视为与自由意志主义的观点相矛盾。

自由平等主义

在古典自由主义里，政府的任务仅仅是维护好市场运作所需的制度背景（Freeman，2007）。对于自由平等主义，这从社会正义的角度来说是不够的（Gutmann，1980）。根据 Freeman（2007），自由平等主义担心自由市场交易的累积效应改变人们之间的平等性。为了减轻这种削弱个体在生活中的平等和公平前景的负面效应，自由平等主义试图将市场置于社会结构框架之内。那些维系背景正义的结构的任务则是保持机会均等，也就是说，拥有相同的能力和愿望的人，其前途不应该受到他们最初社会地位的影响（Mason，2006）。根据罗尔斯（1971），作为社会基本结构的机构"旨在扫平阶级障碍"和维护"教育机会均等"。因此，自由平等主义的基本结构不仅包括竞争市场，社会背景结构还负责一些社会经济领域之外的有关维护机会均等的整体责任类工作。

然而，正如罗尔斯（1971）所指出的那样，在消除自由市场对人们掌控自己生活的机会的不平等影响方面，自由平等主义依然有其局限性。自由平等主义只关注社会因素和阶级障碍，但忽略了市场对某些损人利己的天生能力更为偏好。就像社会偶然事故那样，这些因素并非个人选择。尽管如此，他们影响着人们生活的方式。其他政治理论认为，如果没有下述经济基本结构的支持就不可能实现公平的机会均等，即经济基本结构要超越经济效率标准并且对市场配置的分配正义设置一些限制。因此，自由平等主义的标志就是社会领域的平等主义导向和有重大不平等的经济领域之间的矛盾。

福利国家资本主义

福利国家资本主义认识到一些关于自由平等的平等主义观点存在局限性，将竞争市场在日常生活中导致的社会或自然突发事件置于更强的法律和政治调控的计划之下（Krouse & McPherson，1988）。源于功利主义福利经济学，福利国家资本主义旨在通过再分配的社会经济方案和减少贫困来增加社会整体的福利水平（Freeman，2007）。相较于自由平等主义，福利国家资本主义允许公共部门以促进整体福利的名义，更多地干预市场资源配置。这一体制试图通过累进所得税和收入转移计划来重新分配经济资源，以缩小人们之间的差距和帮助那些在经济竞争中失败的人。制度提供的福利供给和福利最低水平可能会十分可观（Rawls，2001）。

福利国家资本主义的一个基本假设是自由放任市场再现了人与人之间生活起点不平等，以及随着时间的推移产生了经济资源分配的高度不均（Krouse & McPherson，1988）。在福利国家资本主义，国家机构的作用是通过事后累进税和转移支付计划来重新分配市场产生的不平等的经济资源，确保所有人都至少能得到一个体面的最低福利水平，保障人们的基本需要得到满足，所有人享有一些针对事故、失业补助和医保的措施（Rawls，2001）。福利国家资本主义中的一个至关重要的社会经济政策是挑出那些需要帮助的人，认识到人们之间的需求差异，提高通过社会经济资源（再分配）得到的满意度。促进整体福利的政治责任超过了私人企业的能力。然而，由于存在政府失灵和信息不对称，这为企业承担政治企业社会责任任务提供了空间。

财产所有权民主主义

财产所有权民主主义代表着对经济进行更加民主控制的行为。这一学说是罗尔斯在一定程度上基于经济学家 James Meade's（1964）的研究提出的，它注重用于保护社会中普遍的财产所有权的关键制度性方法（Freeman，2007；Rawls，2001；Krouse & McPherson，1988；Meade，1964）。Louis Kelso 和 Mortimer Adler 在他们的著作《资本主义宣言》（1958）中，提出了关于该学说的一个有影响力的早期解释。他们认为，政治民主需要一个可以让资本所有者们普遍和平等地分享经济发展成果的系统。有趣的是，Kelso 和 Adler 也草拟出一个实用的计划来扩展企业所有权，组建雇员所有的企业，并阻止社会中资本所有权的集中。

从罗尔斯对财产所有民主制的理解这一角度来看，福利国家资本主义只关注资本主义的症结，对其背后的经济产权结构则关注不足，而其产权结构会导致经济力量的集中化并损害公民对经济的民主控制。根据罗尔斯（2001）所述，福利国家资本主义试图"在每个时期结束的时候"将收入重新分配给那些低收入者，而财产所有民主制是"确保在每个周期开始的时候生产性资产和人力资本的广泛所有"。（Rawls，2001；Krouse & McPherson，1988）。

财产所有民主制中，财富和权力的不平等与公民政治平等是不兼容的，因为企业有足够的空间利用政治体制来进一步谋取他们的私人利益。财富的集中被视为对机会均等原则的破坏，因为对资本和产业的有效控制权在少数人的手里，多数人缺乏对自己生活的政治管控。对财产所有民主制来说，福利国家资本主义的设计并没有对它的所有国民一视同仁，因为它是根据工具理性的计算而不是根据平等互惠原则来决定社会福利最低水平。

为了实现对经济的民主控制，Meade（1964）建议用稳健的平均主义继承法律和累进赠予税来逐渐限制财富的集中，用强有力的公共政策来增加中等收入群体的储蓄，用政府政策以促进教育的机会均等。此外，财产所有民主制还支持政党进行公共融资来寻求政治平等，"定期提供政府资金去鼓励自由的公共讨论"（Rawls，1971），试图通过投资建设平等的教育系统以减少人们"在天赋上的不平等"（Krouse & McPherson，1988），并提供公共资金覆盖全民医保以实现机会均等（Freeman，2007）。近期，Hsieh（2009b）开始在罗尔斯的财产所有民主制的基础上提出一种新的就业理论。

市场社会主义

根据 David Miller（1993）的观点，社会主义者致力于打造一个理想的"人人平等、彼此尊重、不以阶级划分"的无阶级社会。社会主义者担心生产资料不平等会破坏他们的主要政治目标，强调当别人需要帮助的时候将个人利益置之度外。对于他们来说，机会平等不仅要废除阶级的不平等，而且要实现物质平等。市场社会主义是一种尝试，它试图把公平分配这一社会主义观念与作为政治优点的市场效率结合起来（Arneson，1993）。从这个角度看，资本主义经济体系过度地利用市场，给那些碰巧拥有财产并以牺牲他人利益来进行生产的人以不公平的回报（Freeman，2007）。然而，市场社会主义并不接受指令经济（command-economy）下社会主义中市场是没有用的观点，因为这与公民的基本自由和机会相矛盾，而且/或者这是一种稀缺资源的浪费（Rawls，1971）。

作为道德劳动分工的一种体系，市场社会主义利用市场机构和市场行为主体实现一些社会目标，但同时限制他们在其他方面中的作用。通常市场社会主义的运作遵循 Meade（1964）对市场价格的配置功能和分配功能的区分，市场社会主义赋予了市场有效配置生产要素的角色。然而为了实现分配公平，社会主义市场体系不允许市场来分配收入和财富（Rawls，1971；Arneson，1993）。相反，为了消除人们经济不平等的主要来源，这一体系将生产资料都进行了社会化（Miller，1993）。在市场社会主义中，生产资料是公有的，经济和其他社会产品的分配经过民主程序由集体决定。尽管如此，公有的生产要素可以出租给工人所有的竞争性企业，工人因其有效利用这些生产要素而获得报酬（Freeman，2007）。总之，市场社会主义体系的道德劳动分工模糊了政治领域和经济领域的界限（如自由主义一样），提议对企业实行民主控制（不同于自由主义）。

古典主义企业社会责任的政治多元化

在描述完替代性政治理论后（如表1首行所示），我们转向探索政治企业社会责任的三个不同且相互叠加的时期。三个关键的时期——古典主义、工具主义和新政治主义时期——对应企业社会责任中三种重要的政治概念，它们都曾经在重合的时间里占据主导地位。我们并不打算对现存所有关于企业政治角色的文献进行系统性回顾，我们的目标是展现企业社会责任概念在嵌入各种政治理论时是如何不同，以及这些关于合理的社会基本结构的竞争性概念如何为企业社会责任的政治环境提供丰富的多样性（Marens，2004，2010）。从这一角度分析，企业一直都是社会中的政治角色。通过对企业社会责任研究进行历史性的梳理和概念化，我们就能够对当前政治企业社会责任争论的基础、基本假设和发展进行评价。

我们称第一个时期为古典主义企业社会责任，从现代企业社会责任辩论的起源开始审视重要的文献。Howard Bowen（1953）的《商人的社会责任》可以看作是现代企业社会责任的开山之作（Carroll，1999；Acquier & Gond，2007；Acquier，Gond & Pasquero，2011）。Bowen 是一位凯恩斯主义经济学家，比起企业利润最大化，他更关心社会福利最大化（Marens，2006，2010；Acquier & Gond，2007）。Bowen 为联邦基督教协进会创作了主题为"伦理和经济生活"，包含六本书的系列著作，而《商人的社会责任》这一开创性著作是其中的一部分，该书在新教的企业社会责任观点下解释了企业社会责任的重要作用。有趣的是，Bowen 在比较不同政治体系中的企业社会责任时，明确了自己的立场。一开始，他从历史的角度对商人在自由放任主义经济中承担的社会责任做出了批判性的评价。随后，他讨论了在

"当今的资本主义"中的企业社会责任，他将"当今的资本主义"形容为"混合经济"和"福利资本主义"，并认为"当今的资本主义"包括了一系列相当广泛的政府干预经济的活动。Bowen 在定义和思考经营者的责任时，赋予了经营者重要的角色：

商人的道德体现在认识到其决策对社会的影响，并在可行和合理的情况下，在决策过程中考虑社会利益（Bowen，1953）。

然而，在他的后来著作中，Bowen 对自愿责任这一理想主义观念更为批判，呼吁采取更严格的措施来强制实施社会责任（Bowen，1978；Acquier & Gond，2007）。因其详细地评估了商人在不同政治体系中的责任，并提出了一种相当多元化的观点，Bowen 的著作成为以后政治企业社会责任研究的基础。然而，正如 Acquier 和 Gond（2007）指出的那样，以后的文献采用 Bowen 的观点大多数是作为必须引用的参考文献，并未真正地运用书中的观点。

在企业社会责任的早期文章中，Levitt（1958）讨论了社会责任的危险。基于福利国家资本主义的前提，他的中心思想是强烈反对企业应该对社会负责的观点。Levitt 认为只有当企业社会责任有经济意义时，管理者才应该去关注它。Levitt 则主张应当建立一个强大的民主政权来关注整体福利。根据这一观点，应该允许政府负责整体福利，而企业应该关注福利的物质基础和自身的利润。因此，在他的观点中严格区分了政府和私营部门之间的道德劳动分工，而且对任何试图模糊这一界限的行为表示强烈反对。

Walters（1977）也对保守派和自由派的支持和反对企业社会责任的观点进行研究，在早期探索了企业社会责任和政治意识形态的联系。据保守派的立场，企业社会责任应当优于政府行为，因为企业活动更为经济。另外，自由派对企业单方面解决社会问题的能力是持怀疑态度的，它倡导公共行动或法律改革。对比了企业社会责任在不同的政治意识形态中的地位之后，Walters（1977）得到了和 Levitt 一样的结论："社会责任并不是一个非市场目标，而是一系列最有效实现盈利的和确保未来盈利的商业政策。"

19 世纪 70 年代对企业社会责任持续性的辩论中，Preston 和 Post（1975，1981）强调了限制社会责任范围的重要性，认为有大片的社会领域是超出企业合法能力范畴的。这些领域包括但不限于：投票权、刑事司法以及公共教育政策。另外，Preston 和 Post 试图激励企业在其政治权利范围内确定自身的社会责任议题（1975，1981）。表 2 展示了上述有影响力的古典主义企业社会责任文献在不同政治体系中所处的位置。

我们回顾了萌芽时期和古典主义时期的企业社会责任研究，在此基础上，我们可以看到政治意识形态与企业社会责任之间有很强的关联性。早期的著作详细地考察了背景政治体系和道德劳动分工，探讨了多个不同的角度。正如我们将看到的，

表2　古典企业社会责任中有影响力的观点

企业社会责任时期　＼　政治体系	市场社会主义	财产所有民主制	福利国家资本主义	自由平等主义	古典自由主义	自由放任主义
古典主义		在古典企业社会责任中没有突出的文献研究	在不同政治体系中评估企业社会责任：Bowen，Walters			
			在不同政治体系中呼吁更宽泛的企业责任：Bowen			
			福利国家资本主义中狭义的企业社会责任：Levitt			
			审视公共政策和企业之间的责任划分：Preston 和 Post			

从那以后到近期以前的著作都较少关注政治背景理论，而只专注于少数潜在的政治观点。

作为工具性企业社会责任结构逻辑的自由主义和自由意志主义

政治企业社会责任的第二个例子是所谓的工具性企业社会责任（Scherer & Palazzo，2007，2010）。在这一讨论中，企业社会责任被视为一种战略管理的议程，聚焦于与企业合理的社会角色有关的工具理性。讨论的中心思想是，一个公司可以"行善赚钱"或是通过履行自己的责任得到更好的财务表现，以此创造一个更好的社会。讨论的焦点一直是企业社会责任的"商业理由"，或是对企业社会责任与公司财务绩效的相关性检验上（Orlitzky，Schmidt & Rynes，2003；Margolis & Walsh，2003；Vogel，2005；Scherer & Palazzo，2011）。

工具主义的观点强调企业社会责任的手段和工具被企业战略性地用在提高效率追求财务绩效上面（Jones，1995；Jones & Wicks，1999；Hillman & Keim，2001；Bamett & Salomon，2006；Husted & Salazar，2006）。理想的企业拥有广泛的企业社会责任工具，这些企业社会责任工具都被有效地整合到组织的竞争性战略中，去创造长期的商业价值（Wood，1991；Porter & Kramer，2006；Me Williams，Siegel & Wright，2006）。

通常对工具性企业社会责任的讨论开始于米尔顿·费里德曼对企业社会责任的看法。在费里德曼看来，企业社会责任是在法律和伦理的边界内最大化股东利益。他认为公司管理层直接对公司股东负责，而股东期望获得最大利润（1962，1970）。费里德曼还认为，实现这一任务非常困难，经营者在自己的职业角色中应该忘记社会事业，因为他们没有受命像政治家或公务员那样工作（Friedman，1970）。而且，管理者也缺乏专业技能、知识和资源来解决社会问题。因此，费里德曼驳斥了更广泛的企业责任，即与经济利益无关的社会问题。

有趣的是，在费里德曼偏好的道德劳动分工体系中，有限的社会公共结构和狭义的企业社会责任概念是共存的。费里德曼（1962）认为（与任务是股东利润最大化的公司不同）国家的作用是执行法律和维护秩序，界定所有权和其他经济规则，解决与对法律的解释有关的纠纷，使合同具有约束力，促进竞争，还有提供货币体系。根据费里德曼（1962），"这样政府的功能受到明显的限制，避免成为由当前美国联邦政府和州政府，以及其他西方国家对应的政府机构承担的活动的主体。"

在工具性企业社会责任的讨论中，经济学家 Michael C. Jensen 的观点和费里德曼的政治道德劳动分工观点似乎相当接近。Jensen（2008）体系的目标是社会价值最大化或达到"最有效地利用人力和非人力资源的"状态，即在他的计划中，国家权力应与特定利益和个人特权分开。国家只有保护公民，执行自愿的合同和最小化外部性这些有限的职能。在这样的体系里，企业要对狭义的关注股东价值最大化扩展到专注于最大化企业长期的价值（Jensen，2002，2008）。因此，费里德曼和 Jensen 的企业社会责任观点的背后都是古典自由主义学说。有意思的是，这一学说也是工具性企业社会责任文献的基础，这些文献在呼吁工具主义的基础方面有更广泛的自愿责任。甚至连 Jensen（2002，2008）都在这一方向上更进一步了。就像之前说过的，讨论的中心思想是企业通过承担更广泛的社会责任有可能有更好的财务表现。然而，费里德曼的政治学说在讨论中保留得相当完整。

事实上，费里德曼的狭义观点并非该领域中占主导地位的企业社会责任定义。相反，工具性企业社会责任的主流观点一直在增加企业的社会责任（Walsh，2005）。在拓展费里德曼的观点最具影响力的方法是基于利益相关方理论上的企业社会责任概念。R. Edward Freeman（1984）让这种方法变得著名。这种建立在Freeman 理论上的企业社会责任概念并不限于股东这一个利益相关方，而是声称一个公司有着更广泛的利益相关方和责任。Freeman 的利益相关方理论原本是一种战略管理理论，没有直接研究企业社会责任，但后来被企业社会责任研究者采用。与费里德曼对股东利益的看法相比，建立在利益相关方理论上的企业社会责任概念扩大了企业的社会责任，企业可被视为社会福利的推动者（Donaldson & Preston，1995；Mitchell，Agle & Wood，1997）。在某种意义上，利益相关方理论模糊了政治、社会和经济领域之间的界限，把政治利益和社会利益置入管理者的考虑中。

这样扩大化的企业社会角色似乎是政治正当性的一种保证。尽管如此，工具性企业社会责任的讨论在发展过程中，通常没有涉及对企业社会角色的政治性的讨论（Scherer & Palazzo，2007；Hanlon，2008）。更确切地说，似乎不存在一个明确观点，系统性地提出特定政治价值观的要求，如平等、再分配正义和社会团结，并将其作为扩大企业责任的理由。然而，从道德劳动分工的角度看，很难使工具性企业社会责任成为一个非政治的方法。相反，扩展的工具性企业社会责任非常适应自由主义或古典自由主义者的政治背景。

聚焦工具性企业社会责任的核心理论基础可以揭示工具性企业社会责任的特定的政治性。费里德曼（1962，1970）最大化股东利益的企业社会责任概念形成了工具性企业社会责任范式的起点。目标是发展一个较费里德曼狭义观点更宽泛的企业社会责任概念，但同时保留费里德曼理论中的自愿性和经济效率这两个重点。正如前文所讨论的，费里德曼不仅分析了企业社会责任理论，他的政治观点可以被称为古典自由主义：把政府对人们生活和对经济的干预视为社会的主要问题，强调效率作为重要的政治价值，偏好社会中有限的公共结构和强大的自愿部门来抗衡国家权力。

事实上，古典自由主义政治理论作为背景假设十分适用工具性企业社会责任的讨论，其目的是使宽泛的企业社会责任成为一个实用的、有说服力的战略和经济议题。从这个角度看，企业社会责任的宽泛化可被政治认可，只要这些活动有经济意义并且有效率。毫无意外地，这个讨论的重点一直是"商业理由"或者是检验企业社会责任和企业财务绩效的关系。除了效率，古典自由主义观点强调私营部门的自我管制作为一种政治价值观。另外，在这种背景下，企业强大的政治和社会角色很容易成为政治现实，因为随着时间的推移，没有健全的政治和社会经济基本结构会对经济力量进行再分配。在这个意义上，社会的道德劳动分工在市场和经济主体中分配，而不是在民主治理下的政治和基本结构中分配。

著名的利益相关方理论家 R. Edward Freeman 也提出了他的政治背景理论，他将利益相关方理论与自由主义政治哲学和企业责任的管理学观点联系在一起（Freeman & Phillips，2002；Freeman，Martin & Parmar，2007）。按照 Freeman 和 Phillips（2002）的观点，利益相关方方法的恰当政治含义对国家及其监管商界的社会背景的能力深表怀疑。作者对比了自由意志主义政治理论和自由主义政治理论，前者要求小政府，后者则鼓励国家在经济事务中发挥更大的作用，并强调更多社会集体责任。因此，按照 Freeman 和 Phillips（2002）的理论，自由意志主义政治背景比起自由主义政治背景更多地强调管理者及公司作为社会责任承担者的角色，注意到这一点很重要。换句话说，它将道德劳动坚决地分配给私有企业，而且与扩大管理者在政治和经济环境中的影响力这一政治目的非常契合。表3概括整理了关于工具性企业社会责任及其背景政治理论有影响的研究。

总之，似乎少数政治观点占据了大量工具性企业社会责任文献，其结构逻辑建立在古典自由主义和自由放任主义的基础上。

表 3   工具性企业社会责任中有影响力的研究

企业社会责任时期 ＼ 政治体系	市场社会主义	财产所有民主制	福利国家资本主义	自由平等主义	古典自由主义	自由放任主义
工具性企业社会责任	在工具性企业社会责任方面没有突出的观点				狭义的企业社会责任：Friedman	
					中立的企业社会责任：Jensen	
					宽泛的企业社会责任：主流工具企业社会责任	宽泛的企业社会责任：Freeman 等

新政治企业社会责任中的全球主义变革

对第三类政治企业社会责任的研究，我们关注在企业社会责任和经济伦理学领域中快速发展的"政治转向"，即新政治企业社会责任。[①] 在这一背景下，一个重要的讨论主题是围绕企业公民概念展开（Matten & Crane，2005；Moon，Crane & Matten，2005；Néron & Norman，2008a，2008b；Crane & Matten，2008b；Van Oosterhout，2008；De George，2008；Wood & Logsdon，2008）。另外，2009 年《商业伦理季刊》出版了一期特刊，关注全球化经济中商业职能转变这一政治热点（Scherer，Palazzo & Matten，2009；Kohrin，2009；Pies，Hielscher & Beckmann，2009；Elms & PhilLips，2009；Hiss，2009；Hsieh，2009a），其中包括 Van Oosterhout（2010）和 Banerjee（2010）的评论。我们赞同 Banerjee 的观点，将政治企业社会责任的关注点转向分配正义问题。接下来，我们要解释，罗尔斯主义者对背景（经济）正义的关注是如何有助于企业伦理学向新政治企业社会责任发展的。

在新政治企业社会责任讨论的主导框架中，Andreas Georg Scherer 和 Guido Palazzo 超越了对企业社会责任的工具性研究方法，将政治企业社会责任与全球化进程紧密联系在一起，模糊了社会中政治、经济和公民领域之间的界限。在这种背景下，政治企业社会责任是指一种过程，即企业开始承担政治、社会管理这些传统上属于政府的任务，并以公民权利和公共产品的新的提供者角色运营（Scherer &

[①] 总体来说，本文并不论及具体的企业社会责任学者的政治观点或领域。我们的目的不是说明商业伦理或者企业社会责任学者被自由主义者或政治权利所支配，而是要评价企业社会责任研究的一些基本假设。

Palazzo，2011；Matten & Crane，2005；Scherer，Palazzo & Matten，2009）。因此，讨论的核心思想是，全球化侵蚀了社会政治和经济领域之间传统的道德劳动分工方式，这将导致政治化的企业在某种程度上超越工具性企业社会责任的范畴（Scherer & Palazzo，2007，2008，2011；Scherer，Palazzo & Matten，2009；Dubbink，2004；Kobrin，2001）。

对于 Scherer 和 Palazzo（2007，2008，2011）而言，全球化转型造成企业政治化的一个典型例子是被 Matten 和 Crane（2005）称为扩张的企业公民（Van Oosterhout，2005；Jones & Haigh，2007；Crane & Matten，2008a）。在这种转型中，企业进入自愿自我管制的过程，并接管了传统的政府功能，包括提供、准许和引导公民的基本自由权利。Matten 和 Crane（2005）认为，扩张的企业公民进程发生在自由主义的政治背景下，但是 Crane、Matten 和 Moon（2008）似乎放弃了这种政治背景或解释。

在 Scherer、Palazzo（2007，2011），Moon、Crane 及 Matten（2005）的掌控下，扩张的企业公民进程向占主导地位的工具性企业社会责任范式提出挑战。在阐述其企业社会责任政治观点时，Scherer 和 Palazzo（2007，2011）将 Friedman（1962）、Jensen（2002）、Sundaram 和 Inkpen（2004）所代表的研究企业社会责任的工具性方法和对研究企业社会责任的利益相关方方法的工具性解读作为标杆。这一主导的企业社会责任范式区分了商业和政治，认为企业属于拥有重要经济任务（利益相关方或企业利润最大化）的社会私营部门，并关注企业社会责任的"商业理由"（Scherer & Palazzo，2007，2011）。对 Scherer 和 Palazzo（2007，2011；Scherer，Palazzo & Baumann，2006）来说，这种方法的主要问题是，对社会私有和公共领域的严格区分（古典自由主义）在全球化时代是不可持续的。

从罗尔斯体系结构的角度来看，Scherer 和 Palazzo 的政治企业社会责任框架对标的是古典自由主义的道德劳动分工体系（Scherer & Palazzo，2007；Scherer，Palazzo & Baumann，2006）。正如前文所述，在以费里德曼（1962，1970）和 Jensen（2008）为代表的古典自由主义的道德劳动分工体系中，企业具有重要的政治作用。而且，在工具性方面，对企业的社会作用的正当扩展与古典自由主义政治学说及效率的政治价值是一致的。因此，就像 Scherer 和 Palazzo（2011）所述，关于企业社会责任商业案例和企业社会角色工具性扩展的方法为什么会在全球经济层面遇到许多问题，其原因目前还不是完全清楚。毕竟，基于企业是私有的、自愿性的和战略性自我管制的经济方法很好地融入了新自由主义的全球化进程（Shamir，2008；Banerjee，2007，2008；Harvey，2005）。另外，Scherer 和 Palazzo（2011）将现有的全球治理视为具有经济导向和政治软弱的特点的政府与具有强大的战略性行为导向的企业之间的一个战略性博弈，他们认同新自由主义对全球化进程的情景。

当我们关注企业公民的扩张过程时 (Matten & Crane, 2005; Moon, Crane & Matten, 2005), 发现 Scherer 和 Palazzo 超越工具性企业社会责任的尝试遇到了麻烦。这一全球化进程模糊了不同社会领域的界限, 这一模糊程度可能超越了古典自由主义的道德劳动分工体系愿意接受的极限。然而, 企业公民的扩张过程将自由民主社会的主要公共责任进行了私有化, 它符合自由意志主义的道德劳动分工体系。另外, 按照 Freeman 和 Phillips (2002) 的理论, 自由意志主义政治理论为利益相关方理论的工具性解读提供了正当理由。

从罗尔斯体系结构的角度来看, 自由意志主义似乎与企业公民的扩张过程是兼容的。在自由意志主义背景下, 公民和社会公共结构的关系就像他们和商业公司的契约关系一样。从这个角度看, 企业根据契约负责提供公民基本权利, 而国家保护构成自由社会基础的资本主义私人所有权和自由契约, 这在政治上是可以接受的。值得注意的是, 企业公民的扩张过程以不明显的方式削弱了私有产权和自由契约这些自由意志主义高度重视的资本主义基本价值。企业公民的扩张过程好像不涉及管理人们或者责任与义务之间的特定 (权力) 分配模式以维持民主政治进程的公共结构。企业公民扩张过程的这些方面与自由主义理论一致 (Nozick, 1974)。

此外, 在全球化经济体中, 国家和政府的管制力在无可争辩地缩小, 自由主义学说将社会责任和政治任务分配给私营公司, 这与要求在复杂多变的政治和社会环境中扩大企业和经营者影响力的政治目的是一致的 (Freeman & Phillips, 2002)。因此, 在企业公民扩张过程中, 企业像政府一样运作, 而且将公民权概念化为利益相关方关系是可能的, 这一过程与自由主义的道德劳动分工体系是一致的。而且这一过程符合工具性企业社会责任和工具性企业社会责任的自由意志主义分支的范畴, 它接受这样一种体系, 也许可称私有化的自由主义 (Crouch, 2008, 2009), 其将主要的政治和社会经济责任分配给企业和企业的利益相关方。

那么这将 Scherer 和 Palazzo 的新政治企业社会责任及其超越工具性企业社会责任范式的尝试置于何处呢? Scherer、Palazzo (2007) 和 Moon、Crane & Matten (2005) 通过协商民主和政治共和主义将政治理论带入企业社会责任辩论中。我们看到了他们的潜力, 但从我们的视角, 他们把全球化的特定解读和企业的政治化过强地联系在了一起。对他们来说, 政治企业社会责任主要产生于全球化进程的背景下, 削弱了民族国家的政治和社会经济力量。然而, 对于全球化进程已经达到的程度, 他们的看法相当有争议 (Whitley, 1999; Kollmeyer, 2003; Ghemawat, 2007; Hirst, Thompson & Bromley, 2009), 他们的解读可以被看作新自由主义政治学说的示例 (Hirst, Thompson & Bromley, 2009)。

更重要的是, 因为 Scherer 和 Palazzo 背离了企业社会责任的工具性研究方法, 在某种意义上只关注了一个特定的道德劳动分工体系 (古典自由主义), 他们在阐述相关替代体系方面存在不足。这导致他们将社会各领域之间界限被模糊的过程理解为政治解放的一部分，而后者是反对主流的、经济的企业社会责任范式的。然而，从更宽泛的政治角度看，古典自由主义中相对薄弱的背景正义体系允许经济权利的过度积累转移到企业利益相关方手中，并导致（自由意志主义式的）界限模糊，使不平等的经济权利转化为政治权利。这被看作企业公民的延伸过程。

显然，Scherer、Palazzo、Crane、Matten 和 Moon 不是自由主义者，并且我们也不打算把他们归类为此。他们非常担心企业越来越多地参与公共政策会带来民主赤字（democratic deficit）。然而，与自由主义民主严格分离的并且在哈贝马斯主义的政治理论内得以发展的协商式民主概念，似乎回答了他们的担忧（Scherer & Palazzo，2011，2007；Scherer，Palazzo & Baumann，2006）。据 Scherer 和 Palazzo（2011），协商式民主的概念克服了旧有的对社会政治和经济领域的严格分离，以及自由主义民主的公私划分。它赋予那些具有不断发展的、具有自我管制的能力的企业一种政治授权，以扩大他们的政治参与和责任。

我们热烈欢迎 Scherer 和 Palazzo 向哈贝马斯的政治理论和协商式民主的转变。这种转变对企业社会责任的工具性方法构成了重大挑战，它代表了一个重大的转变，即转向对企业在社会中角色的合理的政治方面的讨论。然而，哈贝马斯的政治理论并不充分支持 Scherer 和 Palazzo 的观点，因为它并没有完全否定自由主义民主（Baynes，2002）。他的协商式政治的概念涉及一种劳动划分，即由非正式的私人主体和协会组成的"弱公众"与由政治体系中正式结构所组成的"强公众"之间的划分。在哈贝马斯的劳动分工体系中，弱公众的任务是识别和解释社会问题，而决策制定仍然是政治体系机构的任务（Fraser，1992；Baynes，2002）。

从罗尔斯研究政治企业社会责任的角度，合理的协商程序需要 Richardson（2002）所称的"保持民主协商的背景正义的制度"（Cohen，1989）。基于 Richardson 的研究，Crocker（2006）提出，在本地、国家和全球范围内的协商式民主制度的背景条件，是平等的政治自由、法律面前的平等、经济正义以及程序公平。工具性企业社会责任的政治背景，也就是古典自由主义，无法或者根本没有尝试达成这些协商式民主所需的条件。协商式民主试图移除政治和经济之间的界限，这不足以使自身从古典自由主义中脱离出来。事实上，在扩展的企业公民的自由主义背景下，如果协商式民主没有与背景正义的制度结合起来，那么很难理解协商式民主意味着什么。我们认为新政治企业社会责任需要不同政治背景理论，包括背景正义的概念，它是对新自由主义的超越。表4列出了扩张的企业公民的研究，在政治制度范围内与 Scherer 和 Palazzo 的研究进行了对比，并描绘了可以为协商式民主提供可替代的概念的政治理论。

表 4　新政治企业社会责任领域有影响力的观点

企业社会责任时期 ＼ 政治体系	市场社会主义	财产所有民主制	福利国家资本主义	自由平等主义	古典自由主义	自由放任主义
新政治企业社会责任	空白：新政治企业社会责任需要背景正义的可替代概念，去挑战工具性企业社会责任，并利用不同的政治理论向协商式民主的企业社会责任目标前进				协商式民主角度的起点：新政治企业社会责任试图超越工具性企业社会责任	没有背景正义的政治企业社会责任：扩大企业公民
	Scherer、Palazzo、Moon、Crane 和 Matten 的目标是扩展我们对政治企业社会责任的理解，比如通过政治共和主义					

总　结

在这篇文章中，我们讨论了更广范围的政治理论，用以评估社会中企业的政治作用。政治企业社会责任研究的三个关键时期和其对应的有影响力的著作——古典主义、工具主义、新政治企业社会责任——被放在表5中，该表提供了一个现存论

表 5　政治企业社会责任重要观点的总结

企业社会责任时期 ＼ 政治体系	市场社会主义	财产所有民主制	福利国家资本主义	自由平等主义	古典自由主义	自由放任主义
古典企业社会责任	古典企业社会责任方面没有突出观点		在不同政治体系中评估企业社会责任：Bowen、Walters 在不同政治体系中呼吁更宽泛的企业社会责任：Bowen 福利国家资本主义中狭义的企业社会责任：Levitt 审视公共政策和企业之间的责任划分：Preston 和 Post			
工具性企业社会责任	—			狭义的企业社会责任：Friedman		—
				中立的企业社会责任：Jensen		
				宽泛的企业社会责任：主流工具性企业社会责任研究		宽泛的企业社会责任：Freeman 等
新政治企业社会责任	空白：新政治企业社会责任需要背景正义的可替代概念，并利用不同的政治理论向协商式民主的企业社会责任目标前进			协商式民主角度的起点：新政治企业社会责任试图超越工具性企业社会责任		没有背景正义的政治企业社会责任：扩大企业公民
	Scherer、Palazzo 和 Moon，Crane 和 Matten 的目标是扩展我们对政治企业社会责任的理解，比如通过政治共和主义					

点的总览。

从政治角度讲，围绕道德劳动分工最多元化的讨论的时期是 20 世纪 50 年代和 70 年代，我们称其为古典企业社会责任时期。与之相反，主流工具性企业社会责任是基于狭义的政治理论来研究的。最近，新政治企业社会责任正在快速发展，由 Scherer 和 Palazzo 带来的主导框架继承了工具性企业社会责任的政治背景，试图通过哈贝马斯主义的全球化背景下协商式民主主义来脱离这一境地。

然而，在试图挑战企业社会责任研究的主流经济学方法和工具性方法时，新政治企业社会责任面临了难题。其观点是工具性企业社会责任范式的主要问题是严格的道德劳动分工在全球化时代无法持续，这将让他们将政治企业社会责任构建在模糊了政治和经济领域界限的自由意志主义观点之上。在这一自由意志主义的背景下，我们有的是没有背景正义的政治企业社会责任，以及扩张的企业公民概念，在这个概念中，自由社会的主要政治和社会经济责任被分配给企业和企业的利益相关方。这一私有化的自由主义观点并没有挑战工具性企业社会责任。

政治企业社会责任的主流框架包含了一个重大的令人鼓舞的趋势，它向着基于超越工具性企业社会责任的哈贝马斯主义的协商式民主企业社会责任的概念发展。然而，从罗尔斯主义研究政治企业社会责任的角度来看，这一转向的成功要求更加聚焦于协商式民主所需的背景正义。重新审视古典企业社会责任可能有助于政治企业社会责任讨论产生在政治方面的合理方案，以替代工具性企业社会责任。

在这篇论文中，我们将企业社会责任置入主流英美政治理论范畴下的背景正义概念中来考虑。这些政治理论包括自由平等主义、福利国家资本主义、财产所有民主制和市场社会主义。这些理论赋予社会和企业的基本结构体系以不同的角色，它们可以用在政治企业社会责任的讨论中，而政治企业社会责任讨论是旨在阐述除古典自由主义和自由意志主义的道德劳动分工体系之外的各种合理的政治替代方案。

如果没有制度上对经济正义和社会基本结构的制度设计（如把政治过程隔离在社会经济不平等之外）的支持，似乎谈判立场的工具性利用可以轻易胜过协商式民主的基本优点（Rawls，1996）。因此，为了使民主协商能超越经济理性，就需要有各种基本结构体系，以承担集体的责任工作。罗尔斯主义对政治企业社会责任的研究方法的贡献是系统地分析了政治企业社会责任讨论所需的背景正义。

基于我们的分析，我们为后续研究提供三个可行的方向。第一，进一步探索现行的、可选择的政治理论和相关概念来更好地理解企业社会责任。每一个理论都可被视为一个道德劳动分工的概念，而且与背景结构和背景正义有关。这些背景结构和背景正义，尤其是分配正义，不应该脱离政治企业社会责任的理论化。虽然企业社会责任研究似乎都假设我们必须在背景结构和企业社会责任中二选一，但其实我们可以提出一些理论，将更有力的背景正义与相对宽泛的企业社会责任相结合。那些未得到充分利用的政治视角，尤其是福利国家资本主义和财产所有民主制，将会使未来研究之路颇有建树。

第二，作为第一个研究方向的一种研究方式，我们建议结合三种文献的观点：企业社会责任文献、政治理论文献、国际商务和比较经济学文献，这能在不同制度背景下进行更有深度的企业社会责任分析，如图 1 所示。

本研究与 Scherer 和 Palazzo（2007，2011）和 Moon、Crane 和 Matten（2005）的研究类似，我们审视了企业社会责任和政治理论文献的结合点。另外，Matten 和 Moon（2008）与其他一些学者，将企业社会责任和比较政治经济，更具体来说是国家商业体系与制度的角度相结合。的确，国家商业体系（Whitley，1999）和资本主义多样性（Hall & Soskice，2001）提供了一个将企业社会责任情景化(contextualize)的重要方式。未来的研究应当结合这三个角度（见图 1 的中心阴影区域）——企业社会责任、资本主义多样性、政治理论。罗尔斯（2001）为这一方向提供了一个良好起点。他的评价标准可应用于各种体系和资本主义：正当（制度是否正当和公正）、设计（制度设计是否有效实现其目标）、合规（行为主体是否可靠地遵守制度和规则）、能力（分配给行为主体的任务是否会过于困难）。把这些不同种类文献的观点相结合将是重要的理论贡献，下一步需要对令人感兴趣的情境因素，如中国和其他转型经济体以及跨情境和国家的比较进行经验研究。

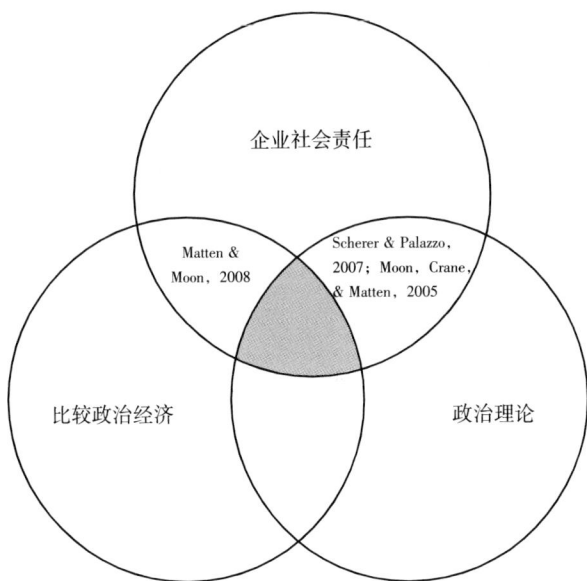

图 1 可用于研究政治企业社会责任的文献

第三，在赋予政治企业社会责任以正义视角的时候，未来的研究需要更加细致。这可以通过解决本研究的一些局限性来实现。本研究仅仅关注了一些有限的关键行为主体和结构。例如，不同类型的公民社会和政府之间的行为主体应当被包括在内，国家和国际法也需要更多的关注（Zerk，2006；McBarnet，2007；Marens，2008；Gond，Kang & Moon，2011）。将每个层面（包括全球、国家、地区、领域或是行业，以及组织层面）的分析及其面对的挑战进行明确的区别可以把政治过程和结果分析得更清楚。不断增加对不同治理结构的研究（Ostrom，1990；Gendron，Lapointe & Turcotte，2004；Callon，Lascoumes & Barthe，2009）应当包括其对正义的影响的评估。此外，阐明企业社会责任整体概念和分别审视每一类型的责任、问题或是企业社会责任项目，可以更加准确地描述其政治考量。尤其是与政治和正义有关的领域，比如税收、所有权结构、有关的投资者积极主义以及教育的作用，这些问题都没有获得研究者足够的注意力。总之，未来的企业社会责任研究应该审视不同的政治理论，提出一个更加多元化的政治企业社会责任概念。

参考文献

［1］Acquier，A.，& Gond，J. -P. 2007. Aux sources de la responsabilité sociale de l'entreprise：À la (re) découverte d'un ouvrage fondateur. Social Responsibilities of the Businessman d'Howard Bowen. Finance Contrêle Stratégie，10（2）：5-35.

［2］Acquier，A.，Gond，J.-R，& Pasquero，J. 2011. Rediscovering Howard R. Bowen's legacy：The unachieved agenda and continuous relevance of Social Responsibilities of the Businessman. Business & Society，50（4）：607-646.

［3］Arneson，R. J. 1993. Market socialism and egalitarian ethics. In P. K. Bardhan & J. E. Roemer (Eds.)，Market socialism：The current debate. New York：Oxford University Press.

［4］Banerjee，S. B. 2007. Corporate social responsibility：The good，the bad and the ugly. Cheltenham：Edward Elgar.

［5］——. 2008. Corporate social responsibility：The good，the bad and the ugly. Critical Sociology，34：51-79.

［6］——. 2010. Governing the global corporation：A critical perspective. Business Ethics Quarterly，20（2）：265-274.

［7］Barnett，M.，& Salomon，R. 2006. Beyond dichotomy：The curvilinear relationship between social responsibility and financial performance. Strategic Management Journal，21：1101-1122.

［8］Baynes，K. 2002. Deliberative democracy and the limits of liberalism. In R. von Schomberg & K. Baynes (Eds.)，Discourse and democracy：Essays of Habermas' betweenfacts and norms. Albany：State University of New York Press，15-30.

［9］Bowen，H. R. 1953. The social responsibilities of the businessman. New York：Harper &

Brothers.

[10] ——. 1978. Social responsibilities of the businessman: Twenty years later. In E. M. Epstein & D. Vbtaw (Eds.), Rationality, legitimacy, responsibility: The search for new directions in business and society. Culver City, Calif: Goodyear Publishing, 116–130.

[11] Callon, M., Lascoumes, Y, & Barthe, P. 2009. Acting in an uncertain world. An essay on technical democracy. Cambridge, Mass.: MIT Press.

[12] Carroll, A. B. 1999. Corporate social responsibility: Evolution of a definitional construct. Business & Society, 38: 268–295.

[13] Cohen, J. 1989. The economic basis of deliberative democracy. Social Philosophy and Policy, 6: 25–50.

[14] Crane, A., & Matten, D. 2008a. Fear and loathing in the JCC. Journal of Corporate Citizenship, 29: 21–24.

[15] ——. 2008b. Incorporating the corporation in citizenship: A response to Néron and Norman. Business Ethics Quarterly, 18 (1): 27–33.

[16] Crane, A., Matten, D., & Moon, J. 2008. Corporations and citizenship. Cambridge: Cambridge University Press.

[17] Crocker, D. 2006. Sen and deliberative democracy. In A. Kaufman (Ed.), Capabilities equality: Basic issues and problems. New York: Routledge, 155–197.

[18] Crouch, C. 2008. What will follow the demise of privatised Keynesianism? The Political Quarterly, 79 (4): 476–487.

[19] ——. 2009. Privatised Keynesianism: An unacknowledged policy regime. The British Journal of Politics and International Relations, 11: 382–399.

[20] De George, R. T. 2008. Reflections on "Citizenship, Inc." Business Ethics Quarterly, 18 (1): 43–50.

[21] Donaldson T., & Preston, L. 1995. The stakeholder theory of the corporation: Concepts, evidence, and implications. Academy of Management Review, 20 (1): 65–91 .

[22] Dubbink, W. 2004. The fragile structure of free-market society: The radical implications of corporate social responsibility. Business Ethics Quarterly, 14 (1): 23–46.

[23] Egri, C. P., & Ralston, D. A. 2008. Corporate responsibility: A review of international management research from 1998 to 2007. Journal of International Management, 14 (4): 319–339.

[24] Elms, H., & Phillips, R. A. 2009. Private security companies and institutional legitimacy: Corporate and stakeholder responsibility. Business Ethics Quarterly, 19 (3): 403–432.

[25] Fraser, N. 1992. Rethinking the public spehere: A contribution to the critique of actually existing democracy. In C. Calhoun (Ed.), Habermas and the Public Sphere. Boston: Massachusetts Institute of Technology.

[26] Freeman, R. E. 1984. Strategic management: A stakeholder approach. Boston: Pitman.

[27] Freeman, R. E., Martin, K., & Parmar, B. 2007. Stakeholder capitalism. Journal of

Business Ethics, 74: 303-314.

[28] Freeman R. E., & Phillips, R. A. 2002. Stakeholder theory: A libertarian defense. Business Ethics Quarterly, 12 (3): 331-349.

[29] Freeman, S. 2007. Rawls. London: Routledge.

[30] Friedman, M. 1962. Capitalism and freedom. Chicago: University of Chicago Press.

[31] ——. 1970. The social responsibility of business is to increase its profits. New York Times Magazine (September 13): 32-33, 122-124.

[32] Garriga E., & Melé, D. 2004. Corporate social responsibility theories: Mapping the territory. Journal of Business Ethics, 53: 51-71 .

[33] Gendron, C., Lapointe, A., & Turcotte, M.-F. 2004. Responsabilité sociale et regulation del'entreprise mondialisée. Relations Industrielles, 59 (1): 73-100.

[34] Ghemawat, P. 2007. Redefining global strategy: Crossing borders in a world where differences still matter. Boston: Harvard Business School Press.

[35] Gond, J.-R, Kang, N., & Moon, J. 2011. The government of self-regulation: On the comparative dynamics of corporate social responsibility. Economy and Society, 40 (4): 640-671.

[36] Gutmann, A. 1980. Liberal equality. Cambridge: Cambridge University Press.

[37] Hall, P. A., & Soskice, D. W. 2001 . Varieties of capitalism: The institutional foundations of comparative advantage. New York: Oxford University Press.

[38] Hanlon, G. 2008. Rethinking corporate social responsibility and the role of the firm—On the denial of politics. In A. Crane, A. Me Williams, D. Matten, J. Moon, & D. Siegel (Eds.), The Oxford Handbook of Corporate Social Responsibility: 156. Oxford: Oxford University Press.

[39] Harvey, D. 2005. A brief history of neoliberalism. Oxford: Oxford University Press.

[40] Hayek, F. A. 1944. The road to serfdom. London: Routledge & Kegan Paul.

[41] Heath, J., Moriarty, J., & Norman, W. 2010. Business ethics and (or as) political philosophy. Business Ethics Quarterly, 20 (3): 427-452.

[42] Hillman, A., & Keim, G. 2001 . Shareholder value, stakeholder management, and social issues: What's the bottom line? Strategic Management Journal, 22: 125-139.

[43] Hirst, P., Thompson, G., & Bromley, S. 2009. Globalization in question (3rd ed.). Cambridge: Polity Press.

[44] Hiss, S. 2009. From implicit to explicit corporate social responsibility: Institutional change as a fight for myths. Business Ethics Quarterly, 19 (3): 433-451.

[45] Hsieh, N. 2009a. Does global business have a responsibility to promote just institutions? Business Ethics Quarterly, 19 (2): 251-273.

[46] ——. 2009b. Justice at work: Arguing for property-owning democracy. Journal of Social Philosophy, 40 (3): 397-411.

[47] Husted, B., & Salazar, J. D. J. 2006. Taking Friedman seriously: Maximizing profits and social performance. Journal of Management Studies, 43 (1): 75-91.

［48］ Jensen, M. C. 2002. Value maximization, stakeholder theory, and the corporate objective function. Business Ethics Quarterly, 12（2）: 235-256.

［49］ ——. 2008. Non-rational behavior, value conflicts, stakeholder theory, and firm behavior. In Dialogue: Toward superior stakeholder theory. Business Ethics Quarterly, 18（2）: 153-190, 167-171.

［50］ Jones, M. T., & Haigh, M. 2007. The transnational corporation and new corporate citizenship theory: A critical analysis. Journal of Corporate Citizenship, 27: 51-69.

［51］ Jones, T. M. 1995. Instrumental stakeholder theory: A synthesis of ethics and economics. Academy of Management Review, 20: 404-437.

［52］ Jones, T. M., & Wicks, A. C. 1999. Convergent stakeholder theory. Academy of Management Review, 24: 206-221.

［53］ Kelso, L., & Adler, M. 1958. The capitalist manifesto. New York: Random House.

［54］ Kobrin, S. J. 2001. Sovereignty @bay: Globalization, multinational enterprise, and the International political system. In A. M. Rugman & T. L. Brewer（Eds.）, The Oxford Handbook of International Business. New York: Oxford University Press, 181-205.

［55］ ——. 2009. Private political authority and public responsibility: Transnational politics, transnational firms, and human rights. Business Ethics Quarterly, 19（3）: 349-374.

［56］ Kollmeyer, C. J. 2003. Globalization, class compromise, and American exceptionalism: Political change in 16 advanced capitalist countries. Critical Sociology, 29: 369-391.

［57］ Korten, D. C. 2001 . When corporations rule the world（2nd ed.）. Bloomfield, CT: Kumarian Press.

［58］ Krouse, R., & McPherson, M. 1988. Capitalism, "property-owning democracy," and the welfare state. In A. Gutmann（Ed.）, Democracy and the welfare state. Princeton, NJ: Princeton University Press.

［59］ Levitt, T. 1958. The dangers of social responsibility. Harvard Business Review, 36: 41-50.

［60］ Lockett, A., Moon, J., & Visser, W. 2006. Corporate social responsibility in management research: Focus, nature, salience and sources of influence. Journal of Management Studies, 43（1）: 115-136.

［61］ Marens, R. 2004. Wobbling on a one-legged stool: The decline of American pluralism and the academic treatment of corporate social responsibility. Journal of Academic Ethics, 2: 63-87.

［62］ ——. 2006. Burying the past: The neglected legacy of business ethics from the postwar years. Paper presented at the Academy of Management Annual Conference, Atlanta, GA, U.S.A.

［63］ ——. 2007. Returning to Rawls: Social contracting, social justice, and transcending the limitations of Locke. Journal of Business Ethics, 75: 63-76.

［64］ ——. 2008. Getting past the government sucks story. Journal of Management Inquiry, 17（2）: 84-94.

［65］——. 2010. Destroying the village to save it: Corporate social responsibility, labour relations, and the rise and fall of American hegemony. Organization, 17: 743–762.

［66］ Margolis, J. D., & Walsh, J. P. 2003. Misery loves companies: Rethinking social initiatives by business. Administrative Science Quarterly, 48: 268–305.

［67］ Mason, A. 2006. Leveling the playing field: The idea of equal opportunity and its place in egalitarian thought. Oxford: Oxford University Press.

［68］ Matten, D., & Crane, A. 2005. Corporate citizenship: Toward an extended theoretical conceptualization. Academy of Management Review, 30: 166–179.

［69］ Matten, D., & Moon, J. 2008. "Implicit" and "explicit" CSR: A conceptual framework for a comparative understanding of corporate social responsibility. Academy of Management Review, 33 (2): 404–424.

［70］ McBamet, D. 2007. Corporate social responsibility beyond law, through law, for law: The new corporate accountability. In D. McBamet, A. Vbiculescu, & T. Campbell (Eds.), The new corporate accountability: Corporate social responsibility and the law: 9–56. Cambridge: Cambridge University Press.

［71］ McWilliams, A., Siegel, D., & Wright, P. M. 2006. Corporate social responsibility: strategic implications. Journal of Management Studies, 43: 1–18.

［72］ Meade, J. 1964. Equality, efficiency, and the ownership of property. London: Allen and Unwin.

［73］ Miller, D. 1993. Equality and market socialism. In P. K. Bardhan & J. E. Roemer (Eds.), Market socialism: The current debate. New York: Oxford University Press.

［74］ Mitchell, R. K., Agle, B. R., & Wood, D. J. 1997. Toward a theory of stakeholder identification and salience: Denning the principle of who and what really counts. Academy of Management Review, 22: 853–886.

［75］ Moon, J., Crane, A., & Matten, D. 2005. Can corporations be citizens? Corporate citizenship as a metaphor for business participation in society. Business Ethics Quarterly, 15 (3): 429–453.

［76］ Nagel, T. 1991. Equality and partiality. Oxford: Oxford University Press.

［77］ Néron, P.-Y, & Norman, W. 2008a. Citizenship, Inc.: Do we really want businesses to be good corporate citizens? Business Ethics Quarterly, 18 (1): 1–26.

［78］ ——. 2008b. Corporations as citizens: Political not metaphorical. A reply to critics. Business Ethics Quarterly, 18 (1): 61–66.

［79］ Nozick, R. 1974. Anarchy, state, and utopia. New York: Basic Books.

［80］ Ohmae, K. 1999. The borderless world (rev. ed.). New York: HarperCollins.

［81］ Orlitzky, M., Schmidt, F. L., & Rynes, S. L. 2003. Corporate social and financial performance: A meta-analysis. Organization Studies, 24 (3): 403–441.

［82］ Ostrom, E. 1990. Governing the commons: The evolution of institutions of collective action. New York: Harvard University Press.

［83］ Palazzo, G., & Scherer, A.G. 2006. Corporate legitimacy as deliberation: A communicative framework. Journal of Business Ethics, 66（1）: 71–88.

［84］ Phillips, R. A., & Margolis, J. D. 1999. Toward an ethics of organizations. Business Ethics Quarterly, 9: 619–638.

［85］ Pies, I., Hielscher, S., & Beckmann, M. 2009. Moral commitments and the societal role of business: An ordonomic approach to corporate citizenship. Business Ethics Quarterly, 19（3）: 315–401.

［86］ Porter, M. E., & Kramer, M. R. 2006. Strategy and society. Link between competitive advantage and corporate social responsibility. Harvard Business Review: 77–92.

［87］ Preston, L. E., & Post, J. E. 1975. Private management and public policy: The principle of public responsibility. Upper Saddle River, NJ: Prentice Hall.

［88］ ——. 1981. Private management and public policy. California Management Review, 23（3）: 56–62.

［89］ Rawls, J. 1971 . A theory of Justice. Cambridge, Mass.: Harvard University Press.

［90］ ——. 1982. Social unity and primary goods. In A. Sen & B. Williams（Eds.）, Utilitarianism and beyond: 159–185. Cambridge: Cambridge University Press.

［91］ ——. 1996. Political liberalism. New York: Columbia University Press.

［92］ ——. 2001. Justice as fairness: A restatement, ed. E. Kelly. Cambridge, Mass.: Harvard University Press.

［93］ ——. 2007. John Rawls: Lectures on the history of political philosophy, ed. S. Freeman. Cambridge, Mass.: Harvard University Press.

［94］ Richardson, H. 2002. Democratic autonomy: Public reasoning about the ends of policy. Oxford: Oxford University Press.

［95］ Scheffler, S. 2005. The division of moral labour: Egalitarian liberalism as moral pluralism. Proceeding of the Aristotelian Society, supplementary volume, 79: 229–253.

［96］ Scherer, A. G., & Palazzo, G. 2007. Toward a political conception of corporate responsibility: Business and society seen from a Habermasian perspective. Academy of Management Review, 32: 1096–1120.

［97］ ——. 2008. Introduction: Corporate citizenship in a globalized world. In A. G. Scherer & G. Palazzo（Eds.）, Handbook of Research on Global Corporate Citizenship. Cheltenham: Edward Elgar.

［98］ ——. 2011. The new political role of business in a globalized world: A review of a new perspective on CSR and its implications for the firm, governance and democracy. Journal of Management Studies, 48（4）: 899–931.

［99］ Scherer, A. G., Palazzo, G., & Baumann, D. 2006. Global rules and private actors: Toward a new role of the transnational corporation in global governance. Business Ethics Quarterly,

16（4）：505-532.

［100］Scherer, A. G., Palazzo, G., & Matten, D. 2009. Introduction to the special issue: Globalization as a challenge for business responsibilities. Business Ethics Quarterly, 19（3）：327-347.

［101］Scholte, J. A. 2005. Globalization: A critical introduction（2nd ed.）. New York: Palgrave.

［102］Shamir, R. 2008. The age of responsibilization: On market-embedded morality. Economy and Society, 31（1）：1-19.

［103］Sundaram, A. K., & Inkpen, A. C. 2004. The corporate objective revisited. Organization Science, 15：350-363.

［104］Van Oosterhout, J. 2005. In dialogue: Corporate citizenship: An idea whose time has not yet come. Academy of Management Review, 30（4）：677-681.

［105］——. 2008. Transcending the confines of economic and political organization? The misguided metaphor of corporate citizenship. Business Ethics Quarterly, 18（1）：35-42.

［106］——. 2010. The role of corporations in shaping the global rules of the game: In search of new foundations. Business Ethics Quarterly, 20（2）：253-264.

［107］Vogel, D. J. 2005. Is there a market for virtue? The business case for corporate social responsibility. California Management Review, 47：19-45.

［108］Wade, R. 1996. Globalization and its limits: Reports of the death of the national economy are greatly exaggerated. In S. Berger & R. Dore（Eds.）, National diversity and global capitalism. Ithaca, NY: Cornell University Press.

［109］Walsh, J. P. 2005. Book review essay: Taking stock of stakeholder management. Academy of Management Review, 30：426-452.

［110］Walters, K. D. 1977. Corporate social responsibility and political ideology. California Management Review, 19（3）：40-51.

［111］Weiss, L. 1998. The myth of the powerless state. Ithaca, NY: Conell University Press.

［112］Whitley, R. 1999. Divergent capitalism: The social structuring and change of business systems. Oxford: Oxford University Press.

［113］Wood, D. J. 1991. Corporate social performance revisited. Academy of Management Review, 16：691-718.

［114］Wood, D. J., & Logsdon, J. M. 2008. Business citizenship as metaphor and reality. Business Ethics Quarterly, 18（1）：51-59.

［115］Zerk, J. A. 2006. Multinationals and corporate social responsibility: Limitations and opportunities in international law. Cambridge: Cambridge University Press.

新公共事业制度化实践的先决因素：关于 ISO 26000 社会责任标准的磋商[*]

Wesley S. Helms，Christine Oliver，Kernaghan Webb

【摘　要】与公共事业制度化形式的理论和研究相比，关于新公共事业实践和安排的研究较少受到关注。最近的研究认为，新公共事业制度化实践反映了根植于这些领域中组织所达成的协议或争辩的停止，但迄今为止，却缺乏有关如何达成这些协议的研究。基于对 ISO 26000 这个界定企业社会责任的新国际标准的正式磋商和商定过程的研究，本文从认知的角度构建和检验了一个新的关于组织实施公共事业制度化实践的模型。研究指出，作为建立和创建新的公共事业制度化实践的决定因素，组织内部逻辑多元化和组织的磋商框架具有重要作用。与那些关于制度上一致性的文献所秉持的传统观点相反，本文认为磋商过程中组织嵌入所产生的调节作用并不能有利于促成协商。

有关新公共事业制度化实践创新和安排的研究表明，这些实践通常反映那些嵌入式的、关注多元公共事业的组织间在构建各种框架时如何停止争辩或者达成协商（Rao & Kenney，2008）。新的公共事业制度化实践或安排是指那些新设立且集体认可的标准、守则、形式或行动，他们蕴含超越其技术性目的之外的社会与文化意义（Berger & Luckmann，1967）。尽管那些关于社会运动的（Ingram & Rao，2004；Rao，Monin & Durand，2003；Rao，Morrill & Zald，2000）和关于公共机构企业家的个人倡议（Greenwood & Suddaby，2006；Maguire，Hardy & Lawrence，2004；Marquis & Lounsbury，2007；Tracey，Phillips & Jarvis，2011）的研究中多有涉及新公共事业制度的创建，但是现实表明，各种新实践的制度化建构有时是源于许多不同的组织共同努力去协商达成一个新的制度化安排（例如，贸易协会致力于制定全新的行业标准）。然而至今，有关公共事业制度性构建的理论及实证研究仍然匮乏，

---

* Wesley S. Helms, Christine Oliver, Kernaghan Webb.2012.Antecedents of Settlement on a New Institutional Practice：Negotiation of the ISO 26000 Standard on Social Responsibility. Academy of Management Journal，55（5）：1120-1145.

初译由朱华楠完成。

而公共事业制度化是磋商或集体共识建设的结果。各种组织在构建公共事业制度的方式存在差异，这些差异如何影响组织在某一潜在存在争议的问题上达成一致的可能性，学者们对此也不知道。因此，我们建立了一个基于认知的框架，作为致力于研究制度构建和解决的途径，这一框架要解决的问题是：什么因素影响组织解决某一争议性的、全新的公共事业制度化实践的可能性？

新实践概念化为磋商解决，这支持了 Strauss（1978）和 Barley（1986）的有趣主张，即公共事业制度化是"已协商的安排"，是由组织内外部的利益相关方围绕各种争议性问题进行磋商的结果。几个研究者都指出：磋商在公共事业制度化实践的创建和修正中发挥着重要作用（Barley，1986；Oliver，1991；Strauss，1978；Zilber，2006）。在本研究中，我们探讨了一个围绕所提议的新公共事业制度化实践的书面内容而有组织的磋商，借此，组织有机会以就部分最终内容进行磋商的方式提交其对所提议实践的反馈。我们的关注点是组织对解决方案的认同，为简便起见，我们称为"组织性解决方案"或"解决方案"，在分析组织层面出现解决方案时使用这两个可互换的术语。我们创建组织性解决方案的理论前提是，一个组织决定是否去解决或同意所提议的新公共事业实践将取决于组织实际的社会结构。鉴于此，依据所提议的解决方案中组织的认知模式及认知论述框架，我们从理论上对组织间可磋商的解决方案做出了解释，以此作为认知过程的成果，而这取决于组织对所提议实践的认知图式和认知推理框架。我们也提出磋商过程中组织的社会嵌入性调节了认知模式对解决方案可能性的影响。我们将"协商解决"定义为一种关于某一公共事业制度性实践或安排的意义和合法性的暂时性合约。

我们所提出的组织性解决方案理论是源于社会运动理论及 Putnam（2010）研究。Putnam 的研究表明，磋商的结果取决于参与方的"构建"含义以及形成"意义构建"框架的方式，被视为"寻找理论的战略"（Menkel-Meadow，2001）。有关磋商的文献，其特点是作为研究某一理论的战略，关注于谈判策略，而忽略了参与方在磋商解决方案中是如何构建磋商过程中的意义（Putnam，2010）。认知图式或"世界观"是预先的或元的模式棱镜，通过它，参与方可以看到全新提议解决方案的内容。我们把这些世界观称为组织逻辑（Spicer & Sewelll，2010）。组织逻辑是根源于个体经验和专业技能的主题式感知的倾向，引导一个组织对新的公共事业制度化实践加以解读，也引导组织对此解读做出反应（Pinkley & Northcraft，1994），以此从根本上形成组织关于解决或拒绝所提议的解决方案或安排的决策。在现有的研究中，组织逻辑被当作在不同社会领域（例如，行业、政府、劳工）的职业技能——代表了对一项提案的不同世界观。

关于解决方案的社会建构主义观点的第二个要素是构建框架，即与某一实践的社会构造相关的实施行为。与组织逻辑不同，框架构造战略指的是参与者在参与讨论某一公共事业制度化实践的提议内容时构建和陈述其兴趣和观点的技巧。一类增长迅速的社会运动的文献表明，制定战略极大地影响了组织的可动性（Benford & Snow，2000；Davis & Zald，2005；Den Hond & de Bakker，2007；Diani，1996；Hensmans，2003；McCammon Muse，Newman & Terrell，2007；Rao et al.，2000；Snow，2008）。制定战略会赋予所提议的新实践意义和合理性，并且在挑战其他参与者的观点和说服他人认可某人的立场和利益的正当性的协商过程中有所显示。因此，制定框架是一个应用的认知过程，直接影响某一组织的最终决策，即决定所提议的实践或安排是否合法且是否值得给予正式的支持。尽管制定框架在磋商和社会运动中处于核心角色，但"这些阐述和解释过程几乎已不是运动专家（实证）考察的对象"（Snow，2008），且几乎没有任何研究涉足构建战略时的协商策略（McCammon et al.，2007）。

我们也提出，嵌入性或者组织在社会环境（组织在这一环境中从认知上过滤和构造出一个所提议的公共事业实践）的参与性（Dacin，Ventresca & Beal，1999；Uzzi，1997；Uzzi & Lancaster，2004）在组织逻辑对解决方案可能性的影响上发挥调节作用。磋商过程中的组织嵌入性（在本研究中为参与委员会）在认知上通过两种方式与逻辑和框架战略相结合：嵌入性提高了某一组织与其所要解读与构建的公共事业制度化实践的熟悉程度；提高了对这一现实意义的主人翁意识，根据人力资源研究者的观点，这提高了达成协议的可能性或与实践的相符性。总之，为回答本文问题，我们提出，作为组织关于某一所提议的公共事业制度化实践的社会化构建的关键因素，组织逻辑和框架构建战略预示了组织解决某种新公共事业制度化实践的可能性。组织逻辑过滤并了解所提议的公共事业制度化实践；组织通过框架构建战略形成所提议实践的实施框架；并且，因磋商是依据情境而定的（Menkel-Meadow，2001），作为一个调节因素，嵌入性使所提议的实践与环境更加融合，并且使之更为人们所熟悉和合法化。

因此，相较于对公共事业企业家职责的新制度化实践创新的研究（Maguire & Hardy，2009），或关于现状的社会政治挑战的研究（Schneiberg，King & Smith，2008），本文探索组织如何从认知上建立并主动去形成一个新的、有争议的公共事业制度安排。填补这一研究中的空缺是很重要的，不仅是因为公共事业领域常常由各种试图达成协议的不同组织而构成，而且，把已磋商的认知理解为对解决方案的影响因素，这有助于阐明组织如何成功地引导在那些棘手的公共事业情境中发生改变。

我们是在"ISO 26000：社会责任指南"制定的背景下研究问题的，指南的正式磋商始于 2005 年，最终于 2010 年 11 月，以一个可适用于所有类型组织的、可全球应用的社会责任全球标准正式出版。这一全新的国际企业社会责任标准的建立包含了 400 多个利益相关方在内的不同组织间的磋商，这些利益相关方代表政府、政府间组织、标准化团体、全球商业和行业协会、国际倡议组织、劳工组织以及针对某个问题的组织（如国际透明组织、国际消费者协会）。各参与组织因其对标准所提议草案的认同程度不同而有很大差异。各组织也具有不同的专业知识或逻辑，这些专业知识或逻辑形成了其对所提议的企业社会责任标准意义的不同视角。尽管有这些重大差异，随着时间的流逝，参与这一协商过程的各方依然能够对一个全球社会责任标准的某个国际性定义、重要的基本原则和方法达成一个解决方案。

本文结构如下：第一，总结 ISO 标准的发展历程，并分析为什么磋商适合于我们的研究问题。第二，我们讨论组织解决方案的认知方法，并罗列出我们的假设，利用公共事业、磋商和社会运动的相关文献研究为每一个与模型相应的假设提出基本原理，如图 1 所示。方法和结论之后，讨论部分简单检验分析结果及本研究对未来解决方案、磋商及企业社会责任的潜在意义。

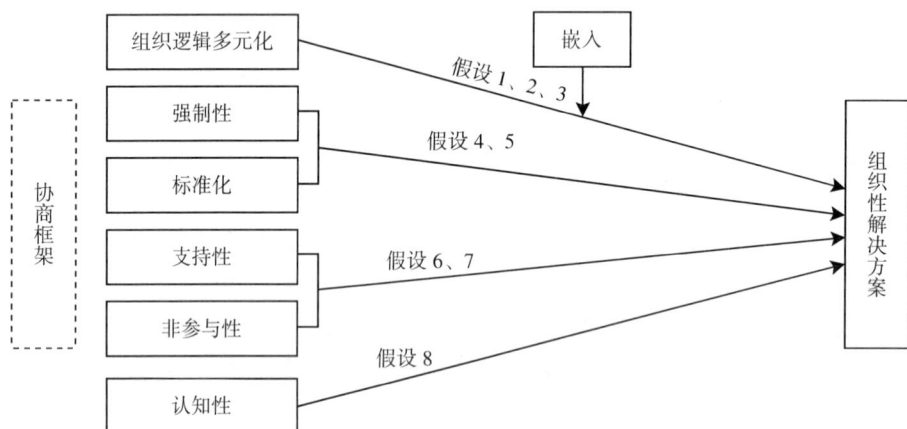

图 1　新公共事业制度化实践的组织性解决方案的先决因素

研究背景：ISO 26000 的磋商

作为世界最大的国际标准的制定者（现存 162 个国家标准化团体的网络组织），ISO 提供了一个对各种全球标准进行协商的论坛，以解决企业、非政府组织（NGOs）以及政府主体间的商业和社会问题，并且作为满足商界以及社会的更宽泛需求的方式（ISO，2009a，2009b）。标准内容的磋商经历提议、筹备、建立委员会、问询、审批和发布等阶段。ISO 通过不同利益相关方间的磋商来制定自愿性标准，包括行业和贸易协会、科学家和专业学者、消费者和消费者协会、政府和监管主体以及致力于社会问题的机构（ISO，2009a，2009b）。

2005~2010 年，ISO 与作为其成员的各国标准化组织，协同各类国际机构、政府主体、行业团体以及那些与企业社会责任行为准则相关的非政府组织等进行了磋商，寻求在企业社会责任的全球定义上达成统一，并且就什么是恰当企业社会责任实践的行为形成文件。相关研究将企业社会责任视为一个"基本上是充满争议性的概念"（Moon，Crane & Matten，2005），并以"伞型结构"存在（Crane & Matten，2008；Geppert，Matten & Walgenbach，2006；Matten & Moon，2008），包含了从劳工到环境的各种议题。在目前的形式中，它表现为一个复杂的概念，没有形成普遍认同的定义（Palazzo & Scherer，2008）。例如，不同的国家标准化团体对于什么样的环境、人权、消费者实践活动是对社会负责任的，有着不同的理念和行为准则。

ISO 通常避免社会上有争议的话题。然而，在 2001 年，消费者政策委员会发现各种消费者议题经常与组织在涉及社区、健康和安全以及环境方面的更广泛实践发生冲突。由此委员会表达了制定解决组织更广泛的社会责任标准的愿望。从2001~2004 年，ISO 举办研讨会并组建了一个咨询团体，探讨对 ISO 来说制定企业社会责任标准是否合适？2004 年，ISO 宣布成立企业社会责任工作组，此工作组用来制定标准并拉动利益相关方参与。社会责任工作组由 430 位来自 101 个 ISO 国家标准化团体成员及 42 个非 ISO 附属的外部专业组织组成，外部专业组织在他们的专业基础上正式申请并被接纳参与此过程。

由于企业社会责任涉及一系列问题，参与组织被鼓励推荐那些在标准制定过程中能反映企业社会责任不同方面的具体领域的重要专家作为代表。在由 ISO 任命的秘书处指导下，工作组以其特有的非正式达成共识的方式，成立了标准制定协调和监督委员会。

总之，标准制定过程由两方面结合而成，包括内容制定与努力在标准草案内容上进行磋商以达成共识。成员们自愿加入委员会并拟定部分标准内容。最终，这些内容被合并为一个草案并被分发给工作组以寻求反馈。所有参与的组织都要求对草案提出意见，且在评价之后决定是审核、接受或拒绝，所有的组织都要对标准草案在制定过程中是否能进行到第二阶段和最后阶段提供一个组织投票（是或否）。在第二环节，所有的参与者都要求提供第二套评价，并对标准做出第二和最终的投票。在第一个阶段结束时，47.1%的全部组织投票进入到最终草案阶段。在第二个阶段结束时，63.6%的全部组织投票通过最终草案。解决方案由此通过多数投票而不是全体一致通过达成。

ISO 国际标准磋商为研究我们的问题提供合适的背景有以下几个原因：第一，正如前面所述，企业社会责任研究已将其视为一个有争议的公共事业制度化实践

（Matten & Moon，2008）。第二，不同的专家代表着不同的参与组织。此外，几个组织提供内部投票记录，揭示了在组织内部关于草案的内容是否应当进入 ISO 标准制定历程中的最终阶段，这的确存在意见分歧，提出了组织内部理念分歧的证据。第三，本研究中收集的详细文字资料为识别贯穿磋商过程中组织使用的框架战略提供了一个绝佳途径。第四，标准制定过程结束时需要一个明确的决定——赞同或反对选定那些将会成为 ISO 26000 标准的内容，以此作为组织性安排的一种具体方式。通过在工作组内部接触和 ISO 网站收集数据，为磋商内容和过程提供了全面数据，且在标准的制定期间不断进行更新。

回顾 ISO 26000 发展历程中所利用的数据，发现其间是一个充满混合动机的磋商过程，在此过程中，各类组织在那些与企业社会责任相关的广泛议题上既相互合作又彼此竞争。例如，来自发展中国家的组织在诸如劳工实践及利益相关方参与过程这类议题上进行合作，但在环境问题和人权方面持有不同观点。此外，在整个过程中，各类组织都要力求确保标准中的语言不与他们自身的标准和政策相冲突。附录 B 描述了组织间合作与竞争的关键议题。这些议题（以及所提供的案例）来源于委员会的文件及我们对 ISO 标准草案的评论分析。

理论和假设的形成：新公共事业制度化实践的组织性解决方案的先决因素

研究解决方案的认知途径在磋商和新公共事业制度化实践创新的文献中尚未得到发展。在磋商文献中，关注点主要集中在可替代谈判战略有效性、休战者特征和与磋商相关的责任和影响特征，且理论化研究较少、实践性评估更多（Menkel-Meadow，2001）。新公共事业制度化实践的创新主要归功于社会公共事业的企业家们（Tracy，Phillips & Jarvis，2011；Zilber，2007）或者由倡议组织提出的对现状的具体挑战（Andrews & Edwards，2004；Rao et al.，2000）。近年来，Rao 和 Kenney（2008）扩展了解决方案的概念，包括权力和提案意识形态的兼容性问题。解决方案中缺乏不同的具有丰富信息量的观点，是组织解决方案创建的认知基础。

对于集体解决方案来说，其认知方式的基础和理由在文献中是可疑的断言，即认为"实践层面脚本"通常形成了对现存实践的共有的组织性依附。当宽泛范围的组织性模式和脚本形成一个集合，并不得不与其自身对所提议的新公共事业制度化实践的认知性解读和评价发生个别冲突时，这个断言就被打破了。在这些情形下，组织层面而不是真的是实践层面上的逻辑差异（Spicer & Sewell，2010）可能影响某一组织解决问题的可能性。几乎所有逻辑学研究都关注于实践层面（Marquis &

Lounsbury，2007；Thornton，2002；Thornton & Ocasio，2008；Whitley，1999）。而且，大多数研究集中于一致性——如在各种共享的精神模型中所描述的，包括集体性持有的模式、与现存实践保持一致，或者区分逻辑的相关领域（DiMaggio & Powell，1983；Fiegenbaum & Thomas，1995；Meyer & Rowan，1977；Porac，Thomas，Wilson，Paton & Kanfer，1995）——而不是以这样的一种方式，即各种各样不同的组织面对潜在争议性的问题达成一个解决方案。我们建议，当一个有广泛不同观点的组织被要求依据全新实践达成解决方案时（如在本研究中），在协商过程中每一个组织在逻辑上的差异性似乎在很大程度上创造了提供解决方案的可能性。因此，我们从这样一个前提开始，即解决方案是一个认知性构建的过程，在这个过程中，组织将他们不同的心理模式带入对一个嵌入社会背景中的所提议实践的解读中，然后运用各种框架性战略来改变、评估及最终接受或拒绝所提议的新公共事业制度化实践。

组织逻辑

为证明认知观点在解决方案上的相关性，Whitley（1999）指出，"例如，关于劳动纠纷性质上的冲突，不仅关乎描述'相同事情'的不同方法，也关乎关于现实如何被构成的争论，而这会影响社会结果"。尽管逻辑或世界观的差异可以通过各种机制诸如多数人投票来集体解决，但分析组织层面的解决方案更复杂。在分析的这个层面上，新公共事业制度化实践的形成并不只是关于集体性认同，更重要的是关于如何理解所提议的解决方案，更多的是关于单个组织如何看待某个所提议实践方面的纠结，因为这与其自身的世界观相关，当组织所面临的议题（例如，企业社会责任）需要将自身理念积极地与那些潜在具有敏感性或选择性世界观相结合时，这种纠结更进一步加剧。正如 Kraatz 和 Block（2008）所描述的，一个组织可以"将多元化逻辑加以具体化和形象化"，并且（根据 Kerr 对美国大学的描述性研究中案例）能够成为"对如此不同的人来说是如此多不同的事物，如果必要的话，必须在某种程度上与自身为敌"（Kerr，1963）。

如上所述，实践层面的研究已经表明，在实践层面的变化过程中逻辑作为认知过滤镜的重要作用（Thornton & Ocasio，2008）。我们提出，如同过滤镜，组织层面的逻辑将会在决定解决方案方面发挥同等的作用。根据"多样却有限的组织逻辑方面的文献"（Spicer & Sewell，2010），许多组织不是表现为行为上单一的一致性，而是包含多元且相互冲突的逻辑，表现出对如何界定恰当行为的不同（Spicer & Böhm，2007）。逻辑的认知元素深植于经验或以专业为基础的多元化主义。"如同制度性逻辑，一个组织逻辑也能被视为是以下两者间的循环交互，其一是展现关于组织认知的符号系统，其二是认知的实质性展现，其形式是组织实施的具体实践

（Spicer & Sewell，2010）。

本文承认，逻辑可以从许多维度加以概念化（Thornton & Ocasio，2008），我们从世界观的区别研究中得到启示，世界观作为衡量组织逻辑的技能或专业/职业的功能（Barley，1986；Nelson & Barley，1997），如早期 Lawrence 和 Lorsch（1967）的差异化和一体化研究，专业化和专业领域的差异已经表现为那些阻碍合作的有显著差异和具有潜在争议性的理念和世界观（Thompson，1967）。与专业技能或工作专业化相关的逻辑也有利于与一般组织情境相关，并且相对固定地在较长时期作为社会构建的来源。本研究将组织逻辑看作行业、政府、消费者、劳动力、非政府组织、学术界以及标准议题的专业知识。在磋商过程中，人们依赖这些"专业知识"来构建和理解所提议的标准。这些不同类型的专业知识形成了关于企业社会责任的意义和适当角色的不同观点，反映出人们对企业社会责任作为一种实践的合法性和本质的看法上不同的内在价值观、假设及专业原则。

我们假设逻辑多元主义——组织内不同逻辑的数量——是逻辑在一定时期内影响解决方案可能性的重要部分。我们进一步提出逻辑多元主义最初妨碍解决方案，但经过一段时间会增加它的可能性。磋商研究表明，逻辑的差异化是成功磋商和解决方案的阻碍（Hoffman & Ventresca，1999）。逻辑差异增加了组织内参与各方评估磋商实质的可能性，并且提高了区别分配社会责任的合适方法的可能性。磋商经常涉及道德判断，因参与者依赖他们自身的专业知识来评估不同参与方的行为及提案，并判断是否妥协（Elster，1989；Lewicki & Stark，1996）。因此，随着具有不同逻辑的参与方开始就某一提议实践的内容进行磋商时，逻辑的多元化将会降低就新实践达成和解的可能性。

总之，关于新公共事业制度化实践或安排的形成的研究尚未探讨组织内的不同逻辑如何决定在一个有争议性的问题上达成解决方案的可能性。根据协商方面文献中的观点，多元化的组织逻辑阻碍了解决方案的形成（Wade-Benzoni，Hoffman，Thompson，Moore，Cillespie & Bazerman，2002），由此，我们提出，在磋商的初始阶段：

假设1：组织中逻辑的更加多元化会降低组织就某一新公共事业制度化安排方面达成解决方案的可能性。

尽管逻辑的多元主义可能在最初对解决方案造成障碍，但我们假设更多的多元化在经过一段时间后会成为一项资产，有利于形成解决方案。当具有多元逻辑的组织在有争议实践磋商过程中接触到不同的关注点和立场时，他们会更好地理解其他组织的不同关注点和立场，并做出回应。March 和他的同事关于组织决策的历史性研究表明，多元化组织更可能磋商解决方案，因为这些组织没有单一视角的潜在性短视，且将会更适合于评估及磋商多元观点（Cohen，March & Olsen，1972；

March，1981；March & Olsen，1984；Tsoukas & Chia，2002）。我们提出，随着磋商的进行，多元化组织的多元视角会使他们理解不同的立场，经过一段时间后会提升这样的可能性，即就某个新公共事业制度化的安排达成协调方案。

假设 2：通过反复磋商，逻辑更加多元化的组织会提高组织就某一个新公共事业制度化安排达成协议的可能性。

逻辑的多元主义、嵌入性及达成协议

逻辑嵌入于社会背景中。Menkel-Meadow（2001）观察到，磋商是一个特定背景的现象，要求学者们考虑社会背景，在此背景中，人们从认知上对磋商加以构建，通过考虑社会背景来更准确地预测磋商的结果。我们提出，嵌入性调节了逻辑的多元主义提高达成协议的可能性的程度。

在本研究中，嵌入性是作为一种组织的自愿性决策，用于服务或引导任一参与草拟标准或监督流程的委员会。这个活动将一个组织更深地纳入全新标准制定的社会情境中，提高了参与者对磋商内容和过程的熟悉度及其潜在的对过程的"认同"感，由此提高了参与组织投票解决支持全新实践的可能性。在多元逻辑背景下，通过参与而接触到其他组织不同的关注点和立场，这增加了对这些不同立场的理解，因此提高组织达成一致协议的概率。因此，我们认为逻辑的多元主义促成协议达成的可能性越大，组织在磋商过程中的嵌入性就越大。

假设 3：组织的嵌入性提高了逻辑的多元主义促进新公共事业制度化协议达成的可能性。

磋商框架

战略的框架化是组织达成协议的行动的组成部分。在此，战略的框架化被定义为语言上的战略，组织用它来磋商并证实自身理念的合法化，从认知上回应所提议的公共事业制度化实践的内容。这些战略根植于一个关于对话的"社会认知的视角"，这一视角假设处于一个社会变革背景中的反对方接受这样的言论和著作，即在潜意识中反映和有意操纵某个特定对话群体的价值观和意识形态（Suddaby & Creenwood，2005）。

社会运动方面的研究者在关于新实践和安排的研究中认为，协议的达成是源自辩论的框架化，在辩论中，参与者争着为界定某一实践的意义而提出一个主导性框架（Rao & Kenney，2008）。如 Kaplan（2008）所描述的，各参与主体各种框架被应用于"确定意义的集体性努力，这样的话，人们才能利用参与各方用于解读这些关注点的各种框架去理解对关注点的追求"。组织对框架的运用反映了一个意义建构和"意义给予"的过程，在这个过程中，参与者将公共事业制度化提案与其他领

域参与者的理念和实践联系在一起（Den Hond & de Bakker，2007；Fiss & Zajac，2006；Kennedy & Fiss，2009；McCammon et al.，2007；Snow，2008；Weber，Mayer & Macher，2011）。本研究的意义在于，在那些对各种实践的意义加以框架化和进行协商的领域中，各参与方嵌入式地使用的修辞性战略，这会影响协议的达成（Maguire & Hardy，2009；Suddaby & Creenwood，2005）。从 Coffman's（1974）关于使用各种框架来解读环境问题的原创性研究得知，Kaplan's（2008）的人种论研究也显示，组织战略反映了对那些影响企业内部现行战略决策过程的不同观点的框架化。她发现参与者将框架作为一种影响工具，主要发挥意义建构的功能，因此，各类框架是解读或影响某一特定议题或实践（如企业社会责任）的认知工具。然而，逻辑指的是观察社会现实的更宽泛方式，磋商的框架性战略是组织实施的修辞形式或途径，组织借助语言，通过某一全新实践或安排的社会建构为其导航。

识别五种磋商框架

与 Rao 和 Kenney（2008）保持一致，我们认为框架的构建包含意义建构中的语言运用及"表示一个活跃的过程现象，这个现象反映了在现实构建层面上的机构和争论"（Benford & Snow，2000）。在对所有的文本数据解码和分析后，我们从经验上推导出五种磋商的框架制定战略，划分的依据是其所表达的动机性目标。这些框架的实质性维度依据参与者运用的修辞方式的不同，他们应用这些修辞方式，通过 ISO 草案标准的两次循环，以证明其对所提议实践做出修改的正当性和意图。我们很欣慰从磋商框架中实证推导出构建效度——强制性、标准化、支持性、非参与性和认知——通过使谈判战略具有概念上的相似性而有所加强——分别是支配、整合、强制、避免、妥协——这已在谈判文献中有所体现（Tse，Francis & Walls，1994）。研究的框架制定战略反映了一个组织为自身和他人所具备的关注水平（如强制的或支持的），逐步上升或逐步下降的（如强制的或支持的，或非参与的），并且更为保守的（如对现状的规范性要求），或更非如此（如在制定认知框架时对其他已有立场的开放性）。这些框架涵盖范围从活跃的（强制的、认知的和规范的）到被动的（如非参与的）。以下对这五种框架进行简单描述，然后我们提出框架制定的假设。

强制性磋商框架：根据磋商的有关文献，包括立场谈判（Adair & Brett，2005；Cuthber-Gershenfeld，McKersie & Walton，1989；Fisher，1982）、有争议的框架制定、谈判中修辞命令的作用（Brett，Olekalns，Friedman，Coates，Anderson & Lisco，2007）以及关于组织强加制度化提议给其他参与者的制度性变化假设的文献（Hoffman，1999），我们发现参与者使用强制性框架，通过直接命令来改变文本，变化的正当性是依据组织所提议的合法性，而这种合法性是假设的（理所应当的）。

例如，许多参与者在他们的磋商文本中使用语言如"必须"或"删除"，强加他们的制度化提议给其他参与者而不是采取一个更缓和的磋商方式。

规范性磋商框架： 文本分析揭示了参与者喜欢直接将标准和规则作为磋商改变的基础。这种框架制定战略反映了先前关于规范性框架制定的研究，参与者使用已有的规范作为其从修辞上推进改变的基础（Briscoe & Safford，2008；Davis & Greve，1997；Kennedy & Fiss，2009），也使用惯例来强化现状（Elster，1999）。被用来介绍所提出的变化的例子通常包括短语"应当说明"以及引用其他标准作为变化的基础。

支持性磋商框架： 支持性磋商框架的运用反映了修辞促进起草者保留文本的意义或使用现有文本作为所提议增加新文本的基础。关于合作性框架制定的研究支持了这类框架，在合作性框架中，参与者在磋商过程中使用共享的、积极的框架来影响其他人（Neale & Bazerman，1985）。用于介绍变化的语言包括积极的短语，如"我们支持"和"不做改变"。

非参与性框架： 许多参与者选择在标准的磋商中不提出评论。在框架制定的辩论中，非参与在技术上不是一个战略，因为它反映了评价的缺失。但是我们将评论的缺失纳为一个类别，是因为我们推测，磋商的失败对其本身可能是影响重大的，潜在地表明对此过程不感兴趣或者被动地接受标准的内容。

认知性磋商框架： 认知性磋商框架反映一个深思熟虑的、经过充分考虑的认知倾向，借此，组织公开询问或要求对内容或议题重新考虑或探讨。通常，这样的方法没有提供一个提议的改变，但相反地解决了当前文本的含义问题。关于框架制定的传统文献支持了这个认知维度，在这类研究中，框架制定是一种意义建构机制（Coffman，1974）。一个认知上的框架制定战略也与制度变化的文献相一致，在这类文献中，全新实践或安排是要被"理论化"的（Suddaby & Greenwood，2005）。在认知性框架制定中，"重新考虑"及问题的使用是所用语言的常见形式。

通过分类我们认为，当这些不同的磋商框架被作为就理念有效性进行磋商的战略时，他们会极大影响协议达成的可能性。"当集体性的参与者清楚地阐明他们对现有社会或政治问题的解读、解决方案以及为何其他人应该支持时，框架制定就发生了。"（McCammon et al.，2007）框架制定战略从两个方面影响协议的达成。第一，参与者使用他们塑造其他人的观点和行为（在本文中是指那些负责重新起草企业社会责任标准的个人），使之所达成的解决方案与其观点或利益保持一致。第二，框架制定战略通过充当对话工具，来影响协议的达成，组织用这种对话工具来让自己信服并说服那些根植于同一组织的同伴们能相信某种实践的意义和有效性。强制性和规范性框架的运用反映了认知上有限的灵活性。正如其名所示，强制性框架是指令性的，用于劝告其他参与者接受所关注组织关于实践的立场和理念。规范性框架指的是参与者呼吁以其自身无意识的或清晰的规范来说服参与者接受他们关于某种实践的立场和理念。不论是基于规范的运用或者组织自身的理所当然的合法性，关于立场方面的谈判研究已表明，采取某种特定的规范性立场或者试图将立场强加于他人，通常而言，这对达成协议是无效的（Fisher, 1982）。在那种包含许多制度上多元化的组织且依赖于不同的规范性制定和合法性来源的环境中，这尤其明显。因此，强制性和规范性框架的应用预示着将降低某一组织就某一新制度性安排达成协议的可能性。

假设 4：在磋商中增加对强制性框架的依赖，将降低某一组织就某一新制度性安排达成协议的可能性。

假设 5：在磋商中增加对规范性框架的依赖，将降低某一组织就某一新制度性安排达成协议的可能性。

组织对支持性框架的应用表明，其自身理念体系已经和某种实践的意义取得一致。在本例中，组织口头表达了对某一所提议实践内容的认可。因为这些框架反映了全新实践的意义，支持性框架增强了其他人所提议的公共事业制度化实践的合法性。与这些预期相一致的是，我们相应地提出，支持性框架对协议的达成有积极的影响。

假设 6：在磋商中，增加对支持性框架的依赖，将提高某种新制度化实践达成组织上协议的可能性。

现有情境下非参与性的影响受到其他解释的约束，但这些不同的解释似乎有可能提高协议达成的可能性。非参与性作为一种冷漠的反映，它预示着无论什么样的协商结果都会接受。相似地，非参与性通常体现为被动的赞同。相反地，以下假设中支持的缺乏，这将符合把非参与性解释为对磋商过程不抱希望的这一说法。因此，我们将非参与性视为理论上是重要的，并认为它很可能提高而非降低达成协议的可能性。

假设 7：不参与某一组织对修改意见形成修辞性的框架，这提高了就某一制定化安排达成组织性协议的可能性。

第五种即最后一种框架——认知性框架——预示着提高达成协议的可能性。这反映在社会心理学关于在理念体系再调整中认知性探索所扮演角色的研究中，这意味着认知性框架在影响组织对某一有争议的规范性安排进行磋商时的作用。尽管制度化理论的研究者一般认为理念体系是相对死板和难调和的，但社会心理学领域和组织文化的研究表明理念系统在可塑性方面可能有所不同（Bardi & Schwartz, 1996; Love & Cebon, 2008; McGuire & Papageorgis, 1961）。一个认知性框架的特征是对某一新公共事业制度性安排进行询问和探讨，而不是反对或仅支持。这类框架所应用语言具有好奇的、质疑的特点，这表明更能接受所达成的协议。

假设 8：在磋商中，增加对认知性框架的依赖，将更有可能就某一新公共事业制度化安排达成组织性协议。

研究方法

数据

本研究数据来源于 ISO 标准制定进程的全部网上工作站点。为了使制定过程更加透明并建立信任，此工作站点是用于协调标准制定的阶段，分享所有委员会和工作小组的文件（包括会议纪要、报告及文件编辑），协调会议以及向工作组参与人员分发标准草案。这些数据，包括所有组织做出的全部评论和投票决策，并不断地更新，允许人们对磋商进行动态化观察。笔者可不受限制地接触这些数据。

这个假设包括两个草案修改意见的两套数据的检测，ISO 26000 的第一个草案和最后的草案实施标准，也包括这两个草案的投票记录。第一个草案修改意见的数据组由 3405 个修改意见组成，并包括那些关于是否应进入草案实施阶段的投票记录。第二组数据由 2482 个针对实施标准草案修改意见组成，也包括同意阶段的投票记录（对草案标准是否应当成为最终 ISO 标准的投票）。通过对标准制定过程中的两个阶段收集数据，我们可以评估随着时间的推移协议达成的先决因素有哪些。逻辑多元主义的数据并非是在两个时间点上收集的，因为在整个观察期间其定义保持不变。

150 个组织对草案提交了正式的反馈并要求对标准进行投票，其中的 130 个组织是本文的样本（以下解释）。每个组织获得草案标准的内容、一张反馈表以及一份反馈修改意见和投票的时间表。每一个组织对两个草案版本的评论数量从 0 到 321 个。因为一些组织未提供任何评论（23%）或未投票（28%），但仍参与了标准制定进程，我们也分析了所有会议的纪要和出勤表，这些会议是在正式的反馈和投票进程前召开的，以识别那些在这个过程中未以任一方式参与的组织。如果一个组织在任一文件中都找不到其参与过程的记录，无法提供对草案标准的任一评论或投票，或提供过程中组织参与者的列表，我们会从样本中移除它。13 个这样的组织因此被排除了。此外，ISO 允许六个内部委员会成员代表其他 ISO 标准（如 ISO 14001）来酌情观察和评论标准的制定过程，因为这些委员会成员并未正式与 ISO 26000 制定过程有关联，而且并没有代表任何外部合作组织（如样本中其他所有参与主体），因此，他们也被排除在样本外。

因变量

本研究的因变量是组织就新实践（ISO 26000 标准）达成协议的可能性。一个组织是否达成协议的可能性取决于其通过投票表明赞同或反对将草案内容推进到下一个阶段。第一次投票决定的是委员会的草案标准是否应该推进到最终的草案阶段，并考虑草案是否可成为实施标准。第二次投票包含对是否同意标准进行最终投票。我们增加了弃权或放弃投票（那些未投票表明赞同或反对标准的公司），以表明该组织在过程中的那个节点不愿对草案的内容公开地表态。

预测变量

组织的多元化主义：ISO 26000 的磋商取决于一系列共享的、特定的专业知识，并且组织所具有的专业知识类型差别较大。这些不同的专业知识代表了不同的世界观或看待企业社会责任的不同方式。ISO 鼓励所有组织在其组织范围内从所有相关和有区别的领域中提供各类"专家"。ISO 制定过程中有七种专业知识的分组，组织层面的参与者的专业知识涉及行业、政府、消费者、劳工、非政府组织、学术及以标准方面。例如，尽管消费者方面的专家专注于消费者体验方面的内容意义，政府专家专注于法律标准和政府标准的合规。如前所述，逻辑的应用不仅与职业相关（Barley，1986；Nelson & Barley，1997），而且与 Friedland 和 Alford's（1991）关于逻辑的最初概念相关，即"实践和理念内在于各类现代机构中"（Thornton & Ocasio，2008）。不同组织可以有六位专家在标准制定期间作为其代表，且参与者中的每一位都能反映七类专业知识中的一种。组织中多元化组织逻辑活跃程度取决于组织在标准制定期间所提出的那些所需要"专业知识"的议题数量（而非专家数量）。我们创建了 1~6 等级来获得专业知识类型的数量，而这是组织在整个标准制定过程中代表其自己的。

嵌入性：组织在 ISO 26000 标准制定过程中在两轮磋商期间的嵌入程度取决于对这一过程的参与性，我们以在委员会草案投票前、委员会投票至最终投票期间某一组织 13 个工作委员会所拥有的代表成员的数量所衡量，这些数据是从不同的委员会所提供的会议纪要及出席表中收集的。

磋商框架：如 Brett 和她的同事（2007）所提出的，语言在谈判过程中充当交流的媒介。组织对标准的两个草拟版本所提出的修改，为我们理解组织如何在磋商过程中形成变化提供了所有数据。笔者对这些评价的最初定性分析显示，组织使用了各种各样的磋商框架，如 Rao 和 Kenney（2008）的概念用于界定"受侵害群体的悲伤和关注点，诊断其原因，判别责任，提供解决方案，并提供集体能发挥作用实施的过程"。人们应用各种框架来评价那些由组织提供的新内容是否可以作为可提议的修改。

框架制定战略的起源和生效进程如下：建立一个初始的定性编码，演绎推理，并且根据修辞性框架制定战略的有关文献（Benford & Snow，2000），我们使用语言库存字数（LIWC）（Pennebaker，Francis & Booth，2001）来衡量框架。Pennebaker和他的同事（2001）用可靠性检测语言类别开发并证实了语言库存字数词典——即那些反映该研究中的价值承载、动机及关注点的认知性过程的语言分组（Pennebaker et al.，2001；Pennebaker，Mehl & Niederhoffer，2003）。考虑到词典已有的可靠性及由多元化参与者所提出的对标准变化的评论的绝对数量，我们应用LIWC的语言类别来识别出这样的通用词汇，即能反映修改意见的动机和目标。磋商领域的学者（Brett et al.，2007；Friedman，Anderson，Brett，Olekalns，Goates & Lisco，2004）、组织现状方面的研究者（Pfarrer，Pollock & Rindova，2010）、群体动态领域的研究者（Gonzales，Hancock & Pennebaker，2010）以及市场合规语言使用领域的研究者（Humphreys，2010），他们都把 LIWC 作为一个可识别行为者潜在观点和动机的可靠、有效的方法。

通过利用这一词典进行一个定性编码过程并且对磋商文献以及关于 ISO 标准修改意见之间来回反复查看，我们发现，组织框架制定修辞方面的关键维度是使用修辞方法来证实其所提议的修改意见对其他参与者而言具有合法性（Benford & Snow，2000）。接着我们将 LIWC 用于内容的定量分析，以对在草案形成的两轮期间所形成的 4887 个修改意见进行分析。第一位作者将各类组织在对标准提出新版本时最常用的词汇识别出来并加以分类，根据所获得的那些提议的修改意见和解决方案，形成了三种磋商框架：强迫性磋商框架、规范性磋商框架及认知性磋商框架。从第一轮的定性编码中得知，我们接着将这些初始结果进行"三角测量"，来评估这些类别的有效性并提出一个更细致的分类，由此识别出六个不同的框架类别。通过这个过程，我们将与拼写、语法及发音相关的叙述编码至一个独立的类别，并作为一个控制变量。

在对修改意见进行编码后，我们选择了一个包含 250 个修改意见的随机样本，并组建了一个由五个无隶属关系的博士生组成的小组来对所提出的分类及其相应的词典加以检验。我们要求组员评估不同类别的形式及内容的有效性，独立地评估50 个修改意见来检查语言是否反映所提出的类别，并帮助我们评估那些未被编码的评论应该如何被分组。以本次评估为基础，五个类别的形式和内容都被评估为有较高程度的有效性。小组人员还达成一致意见，即两个词语需要被重新分组，以反映一个不同的磋商框架。一些模糊的评论也被小组人员依据大多数意见进行评估并重新分类。模糊性的例子包括那些提供多种建议的修改意见以及基于不止一种战略的基本原则。例如，"必须+因为"为我们创造了不确定性，这要通过小组人员解决。我们定义磋商框架为语言战略，组织运用这些框架就其自身理念响应所提议公共事业制度化实践的有效性进行磋商和使之具有合法性（Mrand，2000）。在"必须+因为"例子中，当词语"必须"是使修改意见具有合法性的基础，它被编码为"强制性的"。当"必须+因为"是基于某种规范（过程的规则或某种外部标准），它被编码为"强制性的"及"规范性的"。最后，如果"必须+因为"是基于认知上的合理化，那么它就被编码为"强制性的"和"认知性的"。为了有所确保，我们将修改意见编码为代表多重类别。一共有 6.4% 的修改意见被编码为反映多重类别。附录 C 提供了每一个框架的占比及其与其他类别重复的程度。从对那些模糊的修改意见的最终编码中可得知，我们重新分类了语言，使用内容分析软件处理数据（SPSS 文本分析），且目测检查数据来确保可靠性。表 1 描述了磋商框架（排除非参与的情形），提供了定义、指标、修辞指标及案例。该表也概括了每一种框架的使用次数及所包含的全部已识别框架的占比。

由于我们感兴趣的是组织利用这些框架对协议达成的影响，并且因为一些组织依赖不止一种框架战略，各种实施的框架（在两个意见修改环节）都是框架制定的一部分。这反映出，与其他框架相比，一个组织在对草案提出修改意见的每一轮中使用给定框架的程度。非参与性框架（一个组织不参与框架制定的程度）被视为在两轮提交评论阶段中不提出修改意见行为。我们也为两轮评论期设了一个 0 和 1 的数值。一个组织如果在那个期间没有提供评论则编码为 1，如果它提出一个变化则编码为 0。最后，因为框架制定战略的运用可能与组织属性相关，因此每一个框架的使用被作为对每一组织属性的控制变量进行 Logistic 回归的一个因变量。这些检验都没有产生显著性模型，这表明本研究中识别组织属性与所提出框架的运用并没有相关性。

控制变量

第一个控制变量，某一组织的母国"发展中"或"发达"的现状，或组织的命令是否特定地集中于一个发展中国家的问题。对企业社会责任及公共政策磋商的研究已表明，组织实体位于以及隶属于发展中国家或发达国家，这对国际法律和规范的磋商方面有影响（Sebenius，1999；Singh，2006）。人们认为，来自发展中或发达国家的不同组织有着不同的关注点，并且在磋商期间会出现基于这些关注点而形成的权力联盟（Singh，2010；Wagner，2007）。这种派系之分可能影响一个组织达成协议的可能性，因此我们使用 ISO 对参与组织的国家发展现状进行分类的方法。当这个分类不适用于非 ISO 的隶属组织时，我们利用这些组织的网站来识别其母国办公室是在一个发展中或发达国家（根据 ISO 的定义）。此外，如果其使命中清楚表明与那些发达或发展中国家有关的议题相关，那么，我们就将这些组织归类到发展

表 1 磋商框架、案例及样本的修辞性指标

框架战略、定义及用法	ISO 26000 标准制定过程中的例子	词典
强制性框架		
●包括强调命令和强制性语言 ●在提议变化中所使用的修改意见次数（及总体框架的百分比）4038 (68.2%)	●在本草案中删除所有"国际行为标准"条款 ●移除画线部分的所有文字替换为："在过去的几十年里，全球化已对私人领域，包括国有企业在社区及环境方面的影响日益增长。这应当纳入接下来的段落中。" ●删除画线部分 (1646-1651) ●将"考虑向 SMOs 提供支持……"替换为"向 SMOs 提供支持"的一项措施的备注。"……"删除人权作为'文明'的一项措施的备注。"	必须包括+文本 增加+文本 替代为+文本 删除消除+文本 移动+文本 切勿+文本 插入+文本
规范性框架		
●在修改意见中强调"共享"标准。所运用的语言包含要求共享标准、过程及礼貌 (Davis & Greve, 1997; Hirsch, 1986) 作为可替代含义的基础 ●在修改意见中所使用的次数（及总体框架使用百分比）860 (14.5%)	●我们推荐增加一项执行总结以使标准能更加实用、友好及有用 ●秘书处应当对每一项提交的关于 CD ISO 26000 一般的和技术性评论进行回复 ●Danish Mirror 委员会更具包容性及现代感 "员工"比工作者更具包容性及现代感 ●请增加："在全球化世界中社会责任效率高度依赖不同类举组织的协作能力和意愿以及组织的网络化。"	我们+ 推荐+文本 文本应当表明+ 建议+文本 倡议+文本 请+文本 愿意，可以+文本 推荐+ 可以参照+（委员会，标准或过程）
认知性框架		
●强调关于文字文字的协定。此语言反映了保持相同文本或保存文义相近的文本 ●在修改意见中所使用的次数（及总体框架使用百分比）89 (1.5%)	●重新考虑标准的语调，并用积极反映而非消极的语言来表述 ●免责条款需要一个真正强制的术语，如果 ISO 26000 在广泛接受的全球语义中使用不同的术语，会有引起混淆的高风险 ●关于什么方面 ●定义可持续发展	考虑+文本 重新考虑+文本 阐明+文本 确保+文本+想法 文本 VS 文本 一个开放性的问题 定义+文本

续表

框架战略、定义及用法	ISO 26000 标准制定过程中的例子	词典
	支持性框架	
●强调关于文字的协定。此语言反映了保存相同文本或保存意义相近的文本 ●在修改意见中所使用的次数（及总体框架的百分比）89 (1.5%)	●Danish Mirror 委员会会感谢 WG 的所有专家，感谢 IDTF 及其卓越的领导力，达成了本次 CD 愿景。本次多元相关方协作化一的过程中，所有参与谋的通力协作的方式促进了世界的发展 ●帮助继续同共谋进行斗争有益处，也是企业社会责任的一个重要准则 ●保留国际标准准则和共谋概念 ●在择优选概念中见证了好的变化	保存+文本 保持+文本 保留+文本 支持+文本 无变化+文本

中国家。发展中国家（以及或者托管地）为 1，而发达国家（以及或者托管地）编码为 0。

第二个控制变量，一个组织是否被证实遵从标准要求，也被预期会对协议达成的可能性产生潜在的影响。由于人们早已认为，ISO 26000 不涉及认证，因此，人们认为，那些提供以认证服务的组织将会不太可能就标准达成协议，因为他们不能利用已制定的内容创造收入，从而发展认证服务。我们将提供认证服务的组织编码为 1，那些不提供的编码为 0。

第三个控制变量，在草案附件所列标准中，其中是否有组织自身的标准。ISO 26000 提供了一个附录文件（一个附件），为读者提供参考，了解一些参与组织自身的标准、守则或企业社会责任其他指南的管理实践。由于可能将被列入 ISO 标准附件中理解为对其自身标准合法性的认可，那些被列入 ISO 26000 附件中的所提及拥有自己标准的公司更有可能达成协议。有列出标准的组织被编码为 1，没有的被编码为 0。

组织形式是第四个控制变量。通过考察那些参与组织的使命声明和注册成立情况，我们将所有参与的组织编码为以下三种名义分类之一：负责协调标准制定的私人国内标准机构（编码 0）；政府代理机构（编码 1）；与不隶属于那些提供标准服务的国内机构的、独立的非政府组织（编码 2）。这个方法也可以检验嵌入性方法的稳健性。与其他政府和倡导团体相比，作为 ISO 成员，独立的标准团体可能在历史上更融入 ISO 的运营和标准制定过程中。因此，我们预期并发现这种方法和嵌入性方法有显著的关联性。我们没有将它作为衡量嵌入性的一种直接方式，因为我们感兴趣于嵌入性的目前而非其历史进程。

组织对两个草案中的每一个所提出的评论数量作为第五个控制变量，那些评估涉及拼写、语法和标点符号。

组织的寿命按年计算，从每一个组织注册成立的日期开始，这作为第六个控制变量。

考虑到因变量的二元分类、两个时间段以及所提出的变量是二进制的、按顺序的、以计算为基础的，因此，我们使用 SPSS 的广义线性混合模型（GLMMs）来检验假设（Breslow & Clayton，1993；Fitzmaurice，Laird & Ware，2004），这便于通过构建一个形成二进制因变量正态分布方关联函数，在二进制因变量上进行逻辑回归。我们将假设变量和交互项引入二进制逻辑回归中，由于现有理论缺乏对协议达成的研究，二进制逻辑回归并不固定于解释任何给定的效应（如截距模型）。

实证结果

描述性统计

表 2 概括性地描述了那些我们对 ISO 26000 标准制定过程中感兴趣的研究变量。不同磋商框架的类别揭示了不同类别间的高度相关性。为处理多重共线性问题，除了那些用作交互项的变量外，我们为每一个模型计算了方差膨胀因子分数，且以均值为中心计算了模型中那些得分在 2.5 或更高的变量。我们也评估了 Cook（1979）对已有模型的距离，以确保异常误差不是一个问题。

分析与结论

考虑到我们关于 ISO 标准制定的数据是基于时间的，在构建所有模型时，我们独立地将每一个预测变量放在一个单一控制变量模型中，并与时间交互来解释时间的交互性。表 3 提供的是用 GLMM 模型检验假设 1 至假设 3 的结果。与衡量组织多元主义、时间的方法以及时间交互概念、嵌入性一起，控制变量被用于第一个多重共线性模型，以此检验假设 1 至假设 3。这个模型的分析结果支持假设 1 和假设 2，表明组织的多元主义降低了组织就标准内容达成协议的可能性（b = −0.53，p = 0.001）。但当引入时间变量时（假设 2），组织达成协议变得越来越正向（b = −0.42，p = 0.016）。假设 3 没有得到支持。当单一控制变量模型中嵌入性衡量不是作为预测组织达成协议的指标时（假设 3），嵌入性与协议达成的可能性之间呈弱负相关（b = −0.05，p = 0.22）。这些结论表明，当组织拥有多元逻辑时，嵌入性不可能促进协议达成。

为了检验参与者运用磋商框架战略而对组织就 ISO 26000 标准达成协议的可能性所造成的影响（假设 4 至假设 8），我们将五种磋商框架独立地加入先前的模型中。所有先前的关系都保持其作用和影响的方向。当强制性和非参与性框架被加入模型中时，仅组织寿命变得重要。参与者使用的强制性（b = −0.23，p = 0.000）和规范性磋商框架（b = −3.02，p = 0.043）对协议达成有很强的负相关影响，支持了假设 4 和假设 5。假设 6 没有得到支持，因参与者使用的支持性磋商框架在标准制定期间没有影响协议达成（b = −3.76，p = 0.551）。支持性磋商框架的非重要性可能表明在标准制定期间，声称的支持是一个象征性的姿态，看起来是顺从的，并且是因为缺乏对企业社会责任议题的兴趣与参与。假设 7 得到支持，因非参与性框架与组织达成协议的可能性显著相关（b = 1.9，p = 0.000）。最后，当认知性磋商框架加入模型中时（假设 8），他们对协议的达成没有显著影响（b = −0.95，p = 0.501）。

表 2　描述性统计和相关性

变量	平均数	标准方差	1	2	3	4	5	6	7	8	9	10	11	12	13	14	15
1.发达国家与发展中国家状况比较	0.32	0.47															
2.形式	2.09	0.73	-0.10														
3.年龄	28.97	22.93	0.10	0.00													
4.认证服务	0.28	0.45	-0.07	-0.02	-0.01												
5.附录中的标准	0.20	0.40	-0.02	0.43**	0.10	-0.06											
6.拼写及语法注解	1.01	2.06	0.37**	-0.07	0.16*	0.02	0.04										
7.组织多元化	3.01	2.05	0.10	-0.57**	0.01	0.05	-0.37**	0.13									
8.嵌入性	14.48	19.13	0.17*	-0.23**	0.22**	-0.09	0.02	0.34**	0.38**								
9.未敢采纳的评论	19.04	27.41	0.30**	-0.15*	0.19**	-0.04	-0.01	0.52**	0.24**	0.40*							
10.强制性磋商框架	0.43	0.33	0.19*	-0.06	0.13*	0.04	-0.02	0.28**	0.16*	0.24**	0.52**						
11.认知性磋商框架	0.08	0.10	0.19*	-0.05	0.14*	-0.01*	0.00	0.38**	0.16*	0.33**	0.54**	0.25**					
12.标准化磋商框架	0.11	0.13	0.03	-0.17*	0.13*	-0.03	-0.03	0.23*	0.17*	0.24**	0.41**	0.20**	0.39**				
13.支持性磋商框架	0.01	0.03	0.20*	-0.08	0.15*	-0.01	0.03	0.36**	0.18*	0.36**	0.33**	0.19**	0.32**	0.34**			
14.非参与性	0.78	0.87	-0.23**	0.15	-0.17*	-0.02	-0.01	-0.47**	-0.27**	-0.45**	-0.74**	-0.58**	-0.52**	-0.49**	-0.43**		
15.委员会草拟解决方案	0.51	0.50	0.15	-0.18*	-0.01	-0.09	-0.01	0.16	0.25**	0.30**	0.30**	0.26**	0.30**	0.32**	0.23**	-0.42**	
16.最终通过解决方案	0.63	0.48	0.15	-0.27**	-0.02	-0.05	-0.22*	-0.01	0.39**	0.26**	0.30**	0.32**	0.25**	0.24**	0.16*	-0.37**	0.46**

注：*P < 0.05，**P < 0.01。

表 3　组织多元化、嵌入性及解决方案磋商的迭代多元化：假设 1~3 的测试结果

参数	系数	标准误差	t 检验	95% 置信区间		p 检验
				最低	最高	
截距	−1.39	0.75	−1.85	−2.86	0.09	0.066
发展中（0）VS 发达（1）	0.65	0.43	1.52	−1.89	1.49	0.129
来自：私有的国家标准主体	−0.19	0.66	−0.29	−1.49	1.10	0.769
来自：政府主体	−0.26	0.58	−0.45	−1.40	0.88	0.656
来自：倡议组织						
年龄	0.02	0.01	1.77	0.00	0.03	0.078
无认证服务（0）VS 认证服务（1）	−0.43	0.43	−1.01	−1.28	0.41	0.314
附录中无标准（0）VS 附录中标准（1）	0.24	0.56	0.42	−0.87	1.34	0.674
拼写和语法	0.25	0.16	1.56	−0.07	0.57	0.119
嵌入性	−0.05	0.02	−2.29	−0.09	−0.01	0.022
时间（0）VS 时间（1）	1.32	0.35	3.48	0.58	2.07	0.001
组织多元化	−0.53	0.16	−3.37	−0.83	−0.22	0.001
逻辑数量及时间交互作用	0.42	0.17	2.42	0.08	0.76	0.016

注：预测精确度：88.10%（n=130）。

讨　论

　　根据那些记录一段时期企业社会责任的 ISO 26000 标准制定的全新数据，我们构建了一个关于组织达成协议的认知性模型，来推进关于公共事业制度化实践创建的理论。与实践层面逻辑方面蓬勃发展的文献相比（Marquis & Lounsbury，2007；Rao & Kenney，2008；Thornton，2002；Thornton & Ocasio，2008），在实证检验组织间的逻辑如何影响结果方面（Spicer & Sewell，2010），我们的研究是最早的。逻辑的多元主义起初妨碍并且接着经过一段时间后有助于达成协议，这一发现有几点启示。

　　第一，磋商和决策制定的学者可能希望重审这个观点，即行为主体间观点的差异是达成解决方案的障碍（Arrow，Mnookin，Ross，Tversky & Wilson，1999；Fiske & Tetlock，1997；Hoffman & Ventresca，1999）。未来关于磋商的研究需要检验感知的或逻辑的差异，由于两者对于争议的解决来说既是一个障碍又是一项潜在的资产，因为多重观点带来更宽泛的全部知识和解决问题的更多潜在方案。这些结论也暗示，相较于那些多元的、冲突的逻辑所具有的更加静态的观点，"非兼容性的制度安排可能有利于行为主体的意识逐渐转变……面临多元体系可能促进行为主体的意识发生变化，这样一来，一些制度性安排的相对优势不再被视为必然的"（Seo & Creed，2002）。因此，未来关于逻辑和决策制定的研究可能受益于跟踪一段时间内

对某一议题的多元观点如何达到一个潜在的临界点，在这个点上，多元观点的可能对抗开始成为就某一争议议题形成一个更为人所知的统一决策的方式和知识基础。当本意是达成解决方案时，磋商"与合作相联系，将变得更加复杂和根本，会形成全新的理解、规范和实践"（Lawrence，Hardy & Phillips，2002）。因此，我们的结论表明，相互冲突的认知或观点的解决方案不一定是零和游戏（Troast，Hoffman，Riley & Bazerman，2002）。这些结论与先前关于如何加剧认知性差异争端的问题形成对照（Wade-Benzoni et al.，2002）。协议的达成也可作为催化剂，促进形成那些行为主体乐于遵从的全新实践或安排。

第二，嵌入性方面的研究结论也不全部与现存关于决策制定、一致性及磋商的文献相一致（DiMaggio & Powell，1983；Oliver，1991；Putnam，2010；Sebenius，1999）。通过更加积极地参与决策制定和磋商过程而使自己嵌入其中，相较于这样的预期，本文得出与之相反的情形。对委员会的参与度越高，有着逻辑不同的参与者间达成协议的可能性就越低。尽管对此结论的解释有些推测成分，未来研究者可能探讨当更加直面某一过程时那种不抱幻想或玩世不恭态度作扮演的角色，特别是当那种过程自身是一个相对结构化的，并且因此难以影响或有缺点（如低效或拖延），这导致人们对过程和结果都不抱幻想。此外，可能对一个全新组织性进程中的嵌入使参与者面对新的逻辑或观点，这些新逻辑或观点会质疑参与者原有世界观，这也降低了一致性的可能性。我们的研究表明，嵌入性是一个非常复杂的社会现象，不仅是一个社会合规性的根源。因此，通过探讨各种可能降低一致性或合规的不同情形，如有限的影响、幻灭或面对其他观点，研究者重新回到将嵌入性作为一致性和合规性指标的传统使用（Uzzi，1997；Uzzi & Lancaster，2004）。

第三，框架战略的全新应用，即用于预测新公共事业制度化实践。本研究是第一个将对话理论的特定观点实施并运用于磋商情境中，该理论把"制度视为主要通过文本而结构化的"（Phillips，Lawrence & Hardy，2004）。通过对磋商框架的类型加以推导并检验，本研究通过描述框架对达成协议或和解的可能性有着重要影响，由此对社会运动研究有所贡献。这些结论表明，作为一种寻求解决问题的方法，框架的获得不仅通过试图赢得对某项事业的追随者，也通过主动与反对者沟通以达成一个可行的妥协方案。我们的发现也给读者提供了一种全新的研究组织各种思维模式的方法（Hodgkinson & Healey，2008；Hodgkinson & Thomas，1997；Porac et al.，1995；Porac & Thomas，1990）。因此，未来研究企业组织思维模式的学者可能希望使用本文介绍的方法来表明那些话语的文本——比如说启发性的认知框架——如何能够促进对全新制度化实践的接受。

第四，正如预测的那样，那些使用强制的或是规范性策略框架的行为者，对是否达成协议影响甚微，从而佐证了这样一个假设：如果行为者固执地把自己对某个问题的看法强加给别人，或是通过引用自己的规范来积极说服他人同意自己的观点，通常是效果甚微。这些人可能把集体解决方案视为固化的、相互竞争的，从而难以发现潜在的综合性折中方案（Pinkley & Northcraft，1994）。因此，这些结果表明认知的僵化和"任性"（March，1981）作为竞争性领域的框架策略，很可能是无效的。这反过来也表明，在磋商和社会运动中，当相互矛盾的立场被视为在这些情景中具有多重合法合理性时，那些对话框架策略更有可能成功。这也证实了Townley（2002）的观察结果：当行为者以实际行动代替理性行为时，解决多重合理性的矛盾更加切实可行。根据社会建构主义者的观点，后者试图把指导行为的具体情境作为考虑的因素，从而为合理性行为提供了一个框架，这与只认可一种合理性基础或是排除其他的逻辑截然不同。

第五，与预期相反，认知性和支持性框架对协议达成的可能性的影响不大。尽管不能直接探讨这一结论背后的推理，我们推测那些正面看待有冲突性的议题的参与者更倾向一个合作/共赢的解决方案，如果初始投票没有产生一致结果的话，这些参与者会因此遭遇认知失调。另一种情况，由于对所提议的新安排的更深层含义既无动于衷也不关注，其结果是参与者对某个文件或文本在对话上的支持是仪式性而非实质性的，那么，支持性框架对协议达成的影响就有限。未来对逻辑和框架制定的研究可能从评估在组织中所争论议题的相关性和影响上获益。特别地，它可能启发人们直接探讨这样的问题，即解决一个关乎组织绩效或成功的有争议性议题的启示是如何对组织用于达成协议的框架战略加以规定的。也可能是，组织的框架制定战略越没有支持性或可塑性，那么所提议的协议对组织绩效的影响就越大。

第六，就管理层面来说，我们建议，企业社会责任实践与其他相冲突的实践一起，从管理角度而言，最好将它们理解为某种磋商达成的安排，且组织对有争议的实践内容进行对话沟通的参与，这提供了一个有趣的观点来理解企业如何就社会责任内容达成一项协议。从这个角度而言，作为一种新兴的实践形式，如企业社会责任这样的社会议题可以得到研究，研究的方法是以文件记录主要参与者的逻辑和修辞战略的，提供一个实用的指导，使人们了解企业社会责任项目的参与者如何克服企业社会责任的阻力并成功地开发了一个得到认同的企业社会责任框架。未来的研究可将话语分析应用于企业社会责任的社会运动解释上，并把它作为扩展式理解组织是如何被说服采取企业社会责任实践的。

本研究还用几个局限性来说明研究结论。首先，像所有基于情境的研究结论一样，我们的结论没有反映其他磋商情景的动态。例如，ISO 26000标准的磋商是高度组织的建立共识的过程，其基础是参与者达成的协议，以支持民主性和参与性准则。因为磋商是路径依赖的，因此，背景的民主性结构可能已经降低磋商的政治维度，对此我们没有幻想。我们的结论能否在对话和磋商中派别分化这样的磋商背景中站得住脚，这还有待观察。

另一个局限是我们的研究对其他情境的普适性，这涉及与企业社会责任相关的议题和争议的宽度。正如我们已讨论的，企业社会责任是一个高度争议性话题，包含宽泛的社会议题。企业社会责任磋商问题的多样性和数量会增加达成一致协议的挑战。在一个倾向于解决单一议题的磋商中，有达成协议可能来得更容易，或者可替代地导致参与者的理念变得根深蒂固。因此，本研究的外部有效性可能受限于更加多元的议题情境。

最后，由于大量组织参与到过程中且考虑的是大量问题，数据不允许我们更充分地探索参与者的交互作用如何影响组织对文本的参与。未来对磋商的研究出现不少于两个时间点，且较少议题上更少的参与者可能有助于解决此有限性。

结　论

本研究致力于探讨达成协议的原因（Rao & Kenney，2008）、对有争议领域的磋商（Hoffman & Ventresca，1999）以及企业社会责任作为社会公共事业实践（Matten & Moon，2008）做出贡献。本文检验了组织逻辑这一未探索的领域，并通过将认知性视角用于解释成功的磋商和解决方案，来解决在磋商文献中磋商方法加以未理论化的状态。我们的研究也证明，新公共事业制度化实践不仅源于那些基于意识形态的积极主义者的推动（Den Hond & de Bakker，2007），也来自集体性磋商（Tracey et al.，2011）。尽管学者们认为新公共事业实践和安排是经过磋商的协议，以对实践领域的行为主体间的争辩形成框架（Rao & Kenney，2008），但用于解释有价值的新制度体系如何磋商并达成共识的理论是缺乏的。我们的结论指出，框架和逻辑在协议达成过程中起重要作用。我们也希望本研究能够鼓励未来企业社会责任方面的学者及制度方面的研究者们，去研究组织逻辑和对话性框架战略对新制度安排的达成所发挥的作用。

附录 A　参与 ISO 社会责任工作组的机构

非隶属 ISO 的参与机构		隶属 ISO 的国别标准机构和政府机构	
Accountability	AICC（African Institute of Corporate Citizenship）	Argentina（IRAM） Australia（SA）	Armenia（SARM） Austria（ON）
AIHA（American Industrial Hygiene Association）	BIAC（The Business and Industry Advisory Committee to the OECD Organisation for Economic Cooperation and Development）	Bahrain（BSMD） Barbados（BNSI） Belgium（NBN）	Bangladesh（BSTI） Belarus（BELST） Brazil（ABNT）

非隶属 ISO 的参与机构		隶属 ISO 的国别标准机构和政府机构	
CI (Consumers International)	EBEN (European Business Ethics Network)	Bulgaria (BDS) Cameroon (CDNQ)	Canada (SCC) Chile (INN)
EC (European Commission)	ECOLOGíA (Ecologists linked for Organizing Grassroots Initiatives and Actions)	China (SAC) Côte d'Ivoire (CODINORM) Czech Republic (CNI)	Colombia (ICONTEC) Croatia (HZN) Costa Rica (INTECO)
EFQM	EIRIS (Foundation & Ethical Investment Research Services Ltd.)	Cuba (NC) Ecuador (INEN) Fiji (FTSQCO)	Denmark (DS) Egypt (EOS) Finland (SFS)
FIABCI (International Real Estate Federation)	Forum Empresa/Ethos Institute	France (AFNOR) Ghana (GSB)	Germany (DIN) Greece (ELOT)
FLA (Fair Labor Association)	GRI (Global Reporting Initiative)	India (BIS) Iran (ISIRI)	Indonesia (BSN) Ireland (NSAI)
IABC (International Association of Business Communications)	ICC (International Chamber of Commerce)	Israel (SII) Jamaica (JBS) Jordan (JISM)	Italy (UNI) Japan (JISC) Kazakhstan (KAZMEMST)
ICMM (International Council of Mining and Metals)	IEPF (Institut for Energy and environment of the French Speaking countries)	Kenya (KEBS) Kuwait (KOWSMD)	Korea, Republic of (KATS) Lebanon (LIB NOR)
IFAN (International Federation of Standards Users)	IIED (International Institute for Environmental and Development)	Libyan Arab Jamahiriya (LNCSM) Malaysia (DSM)	Luxembourg (ILNAS) Mauritius (MSB)
IISD (International Institute for Sustainable Development)	ILO (International Labor Organisation)	Mexico (DGN) Morocco (SNIMA)	Mongolia (MASM) Netherlands (NEN)
INLAC (Latin-American Institute for Quality Assurance)	Interamerican CSR Network	Nigeria (SON) Oman (DGSM)	Norway (SN) Panama (COPANIT)
IOE (International Organization of Employers)	IPIECA (International Petroleum Industry Environmental Conservation Association)	Peru (INDECOPI) Poland (PKN)	Philippines (BPS) Portugal (IPQ)
ISEAL Alliance (international social and environmental accreditation and labeling)	ITUC (International Trade Union Confederation)	Qatar (QS) Saint Lucia (SLBS) Serbia (ISS)	Russian Federation (GOST R) Saudi Arabia (SASO) Singapore (SPRING SG)
NORMAPME (European Office of Crafts, Trades and Small and Medium-Sized Enterprises for Standardisation)	OECD (Organisation for Economic Cooperation and Development)	South Africa (SABS) Sri Lanka (SLSI) Switzerland (SNV)	Spain (AENOR) Sweden (SIS) Syrian Arab Republic (SASMO)

续表

非隶属 ISO 的参与机构		隶属 ISO 的国别标准机构和政府机构	
OGP（International Association of Oil and Gas Producers）	Red Puentes	Tanzania（TBS） Trinidad and Tobago（TTBS） Turkey（TSE）	Thailand（TLSI） Tunisia（INNORPI） Ukraine（DSSU）
SAI（Social Accountability International）	Transparency International	United Arab Emirates（ESMA）	United Kingdom（BSI）
UNEP（United Nations Environment Programme）	UNSD（United Nations Division for Sustainable Development）	Uruguay（UNIT） Vietiiam（TCVN）	USA（ANSI） Azerbaijan（AZSTAND）
UNCTAD（United Nations Conference on Trade and Development）	UN Global Compact	Romania（ASRO） Lithuania（LST） Senegal（ASN）	Cyprus（CYS） New Zealand（SNZ） Slovakia（SUTN）
UNIDO（United Nations Industrial Development Organizations）	WBCSD（World Business Council on Sustainable Development）	Guatemala（COGUANOR） Bolivia（IBNORCA）	Estonia（EVS） Hong Kong, China（ITCHKSAR）
WHO（World Health Organization）	WSBI（World Savings Banks Institute）/ESBG（European Savings Banks Group）	Latvia（LVS） Palestine（PSI） Zimbabwe（SAZ）	Malawi（MBS） Uganda（UNBS）

附录 B ISO 26000 制定过程中有争议性的议题

议题	描述	语言范本
"共谋" 组织应该如何处理有冲突的政府政策和规范（如贿赂）	有 136 个所建议的修改涉及了共谋这个概念 有无数利益相关方要求企业一起采取行动反对压迫性的政府政策，同时其他组织要求组织要尊重国际主权	"本部分没有涉及那些在有着较差治理环境且曾发生侵犯人权行为的国家中从事经营活动的组织（尤其是跨国公司）所面临的各种困难。组织继续被施压从这些国家中撤资或者不去投资。在这种情况下，组织如何才能处理避免共谋呢？遵守法律规则、缴税和保持忠诚，这些都是处于共谋的组织与东道国政府侵犯人权的共谋。"
"供应链与影响范围" 组织对其供应商承担责任的程度以及多大范围上对其周边社区承担责任？	有 258 个所建议的修改涉及了"供应链"、"价值链"、"影响范围"的混乱使用 涉及对交易方的监管方面，组织的利益相关方的观念存在分歧。很多参与者不要组织对其供应商行为负责，但其他参与方要求组织建立监管机制	"条款 2 界定的一些概念与正本中的使用不相符，尤其是在'供应链'、'价值链'和'影响范围'这些概念；尽管这些概念是单独界定的并且应用范围也不同，在正文中没必要厘清。"
"可持续发展" 人们对组织在确保其周边社区的健康和福利方面抱有什么期望？	有 85 个所建议的修改涉及了"可持续发展"。在界定"可持续发展"以及组织或政府是否应该对社区的健康和福利承担责任方面，组织的利益相关方有共同观点	"'可持续发展，包括社会的健康和福利'这个概念，在整个文件中被广泛应用。'社会的健康和福利'这个概念也许在国家层面上较为合适，而应用于单个组织层面时则过于宽泛。"

议题	描述	语言范本
"尽职调查" 代表机构的合理评价内容是什么？	有101个所建议的修改涉及了"尽职调查" 利益相关方在关于"尽职调查"的含义上存在冲突，他们从不同法律和规范性背景中获得其定义	"可能组织在使用这个文件时会对常用的定义产生混淆。这个定义切实是关于风险评估和管理的定义。尽职调查的概念被用于无数概念中，涉及对某一商业组织或个人调查的表现，或者某一注意标准的条例表现。它可以是一个法律义务，但这个概念更常用语自愿性的调查。不同行业中尽职调查的通常案例是某一潜在收购者对某一目标公司或者所收购资产的评估过程。"
"行为的国际规范" 这个概念是否恰当？如果是的话，那么这些规范是什么？其内容是什么？	有113个所建议的修改涉及了"行为的国际规范"这个概念 无数利益相关方想象这个概念完全是不恰当的，一些人不赞同其所包含的内容	迄今为止，从来就没有一个统一的"行为的国际规范"。这个条款过于强调政府间协议的可用性，而这些协议并没有全球层面上的法律效应。这似乎触及和阻挠了国内立法的独立性。在实践中，可能被作为一种滥用于国家主权的实例。
"文件的语调、长度和可获得性" 长度与完整 语言的消极语调和私人机构 内容是否实用？	有超过400个所建议的修改涉及了文本和文件的大幅缩短、消除消极的语调以及考虑文件内容是否应应用于实践 利益相关方对文件的具体使用有着不同的立场。一些群体感觉文件的语调大多是反合作的或者不够具有预防性，长度超过或者不够详细，内容过于宽泛或者过于详细而无法为实践提供指导	"人们特别关注标准的篇幅。文件的很多部分太长、太密并且太复杂，难以阅读。这可能使标准难以使用，尤其是对中小型组织。" "消极的语调：CD1的语调过于消极，不是鼓励或激励组织承担社会责任，而是使阅读者丧气。"
"中小型组织、非政府组织与政府机构" 这个标准是否可应用于中小组织以及公共机构？	有94个所建议的修改涉及了哪些组织要应用这个标准 组织认为文件应该强调私人合作或者包括政府和NGO在内的所有组织的合作	"人们提到'考虑为中小型组织提供支持'，但社会责任适用于所有组织。" "没有事实表明大型组织比中小型组织更有社会责任；'考虑为中小型组织提供支持'，这可能是相反的。关键的应该是那些拥有资源、能力以及良好社会责任表现的应该考虑帮助其他组织。这点应该修订。"
"人权议题中的性别倾向" 在关于人权的文本中是否应该包含性别倾向，以此作为歧视的依据	有37个所建议的修改涉及了"性别倾向" "性别倾向"应该被包含或不包含在文本中	"'性别倾向'是否包含，这与宗教、国别法律和当地文化产生冲突。" "Danish Mirror Committee提议将这个定义修改为：根据其需求和利益，平等和公正地对待所有人。注意：在性别、年龄、宗教、残障、性取向方面的平等。"

附录 C 在对 ISO 26000 两份草案（假设 4 至假设 8）提出修订中所应用的磋商框架

磋商框架	提出修改中应用的次数	总框架中的占比（%）	与强制性框架交叉的占比（%）	与规范性框架交叉的占比（%）	与支持性框架交叉的占比（%）	与认知性框架交叉的占比（%）	与拼写和语法交叉的占比（%）
强制性	4038	68.20		1.90	0.00	3.00	0.00
规范性	860	14.50	9.00		1.00	17.00	1.50
支持性	89	1.50	7.80	11.20		3.00	0.00
认知性	797	13.40	13.00	19.00	0.30		0.10
拼写/语法（控制）	134	2.26	1.40	9.00	0.00	0.70	

参考文献

［1］Adair, W. L., & Brett, J. M. 2005. The negotiation dance：Time, culture, and behavioral sequences in negotiation.Organization Science, 16：33-51.

［2］Andrews, K., & Edwards, B. 2004. Advocacy organizations in the U.S. political process. In K. Cook & J.Hagan（Eds.）, Annual review of sociology, Vol. 30：479-508. Greenwich, CT：JAI.

［3］Arrow, K., Mnookin, R., Ross, L., Tversky, A., & Wilson, R. 1999. Barriers to conflict resolution. Cambridge, MA：P.O.N. Books.

［4］Bardi, A., & Schwartz, S. 1996. Relations among sociopolitical values in Eastern Europe：Effects of the communist experience. Political Psychology, 17：525-549.

［5］Barley, S. R. 1986. Technology as an occasion for structuring：Evidence from observations of CT scanners and the social order of radiology departments. Administrative Science Quarterly, 31：78-108.

［6］Benford, R. D., & Snow, D. A. 2000. Framing processes and social movements：An overview and assessment.In K. Cook & J. Hagan（Eds.）, Annual review of sociology, Vol. 26：611-639.

［7］Berger, P., & Luckmann, T. 1967. The social construction of reality. New York：Anchor.

［8］Breslow, N. E., & Clayton, D. G. 1993. Approximate inference in generalized linear mixed models. Journal of the American Statistical Association, 88：9-25.

［9］Brett, J. M., Olekalns, M., Friedman, R., Goates, N., Anderson, C, & Lisco, C. G. 2007. Sticks and stones：Language, face, and online dispute resolution. Academy of Management Journal, 50：85-99.

［10］Briscoe, F., & Safford, S. 2008. The Nixon-in-Ghina effect：Activism, imitation, and the institutionalization of contentious practices. Administrative Science Quarterly, 53：460-491.

［11］Cohen, M. D., March, J. G., & Olsen, J. P. 1972. A garbage can model of organizational choice. Administrative Science Quarterly, 17：1.

［12］Cook, D. 1979. Influential observations in linear regression.Journal of the American

Statistical Association, 74: 169–174.

[13] Crane, A., & Matten, D. 2008. Incorporating the corporation in citizenship: A response to Neron and Norman. Business Ethics Quarterly, 18 (1): 27–33.

[14] Cutcher-Gershenfeld, J., McKersie, R., & Walton, R. 1989. Negotiating transformation: Bargaining lessons learned from the transformation of employment relations. Academy of Management proceedings: 366–370.

[15] Dacin, M. T., Ventresca, M. J., & Beal, B. D. 1999. The embeddedness of organizations: Dialogue & directions.Journal of Management, 25: 317–356.

[16] Davis, G. F., & Zald, M. N. 2005. Social change, social theory and the convergence of movements and organizations.In G. F. David & M. N. Zald (Eds.) , Social movements and organization theory: 335–350. New York: Gamhridge University Press.

[17] Davis, G., & Greve, H. 1997. Corporate elite networks and governance changes in the 1980s. Administrative Science Quarterly, 16: 215–239.

[18] Den Hond, F., & De Bakker, F. G. 2007. Ideologically motivated activism: How activist groups influence corporate social change activities. Academy of Management Review, 32: 901–924.

[19] Diani, M. 1996. Linking mobilization frames and political opportunities: Insights from regional populism in Italy. American Sociological Review, 61: 1053–1069.

[20] DiMaggio, P., & Powell, W. 1983. The iron cage revisited: Institutional isomorphism and collective rationality in organizational fields. American Sociological Review, 48: 147–160.

[21] DiMaggio, P., & Powell, W. 1991. Introduction In W.Powell & P. DiMaggio (Eds.) , The new institutionalism in organizational analysis: 1–38. Chicago: University of Chicago Press.

[22] Elster, J. 1989. The cement of society. Cambridge, U.K.: Cambridge University Press.

[23] Elster, J. 1999. Strategic uses of argiunent. In K. Arrow, R.Mnookin, L. Ross, A. Tversky, & R. Wilson (Eds.), Barriers to conflict resolution. Cambridge, MA; P.O.N. Books.

[24] Fiegenhaum, A., & Thomas, H. 1995. Strategic groups as reference groups; Theory, modeling and empirical examination of industry and competitive strategy.Strategic Management Journal, 16: 461–476.

[25] Fisher, R. 1982. Getting to yes. Management Review, 71 (2): 16–22.

[26] Fiske, A. P., & Tetlock, P. E. 1997. Taboo trade-offs; Reactions to transactions that transgress the spheres of justice. Political Psychology, 18: 255–297.

[27] Fiss, P. G., & Zajac, E. J. 2006. The symbolic management of strategic change: Sensegiving via framing and decoupling.Academy of Management Journal, 49: 1173–1193.

[28] Fitzmaurice, G. M., Laird, N. M., & Ware, J. H. 2004.Applied longitudinal analysis. Hoboken, NJ: Wiley-Interscience.

[29] Friedland, R., & Alford, R. 1991. Bringing society back in: Symbols, practices, and institutional contradictions.In W. Powell and P. DiMaggio (Eds.) , The new institutionalism in

organizational analysis: 232–263. Chicago: University of Ghicago Press.

[30] Friedman, R., Anderson, G., Brett, J., Olekalns, M., Goates, N., & Lisco, G. G. 2004. The positive and negative effects of anger on dispute resolution: Evidence from electronically mediated disputes. Journal of Applied Psychology, 89: 369–376.

[31] Geppert, M., Matten, D., & Walgenbach, P. 2006. Transnational institution building and the multinational corporation: An emerging field of research. Human Relations, 59: 1451–1465.

[32] Goffman, E. 1974. Erame analysis: An essay on theorganization of experience. Cambridge, MA: Harvard University Press.

[33] Gonzales, A. L., Hancock, J. T., & Pennebaker, J. W. 2010.Language style matching as a predictor of social dynamics in small groups. Communication Research, 37: 3–19.

[34] Greenwood, R., & Suddaby, R. 2006. Institutional entrepreneurship in mature fields: The Big Five accounting firms. Academy of Management Journal, 49: 27–48.

[35] Hart, S. L. 1998. From heresy to dogma: An institutional history of corporate environmentalism. Academy of Management Review, 23: 354–357.

[36] Hensmans, M. 2003. Social movement organizations: A metaphor for strategic actors in institutional fields.Organization Studies, 24: 355–381.

[37] Hodgkinson, G. P., & Healey, M. P. 2008. Gognition inorganizations. In M. K. Rothbart & M. I. Posner (Eds.), Annual review of psychology, 59: 387–417. Palo Alto, GA: Annual Reviews.

[38] Hodgkinson, G. P., & Thomas, A. B. 1997. Editorial introduction to the special issue: Thinking in organizations.Journal of Management Studies, 34: 845–850.

[39] Hoffman, A. J. 1999. Institutional evolution and change: Environmentalism and the U.S. chemical industry.Academy of Management Journal, 42: 351–371.

[40] Hoffman, A. J., & Ventresca, M. J. 1999. The institutional framing of policy debates. American Behavioral Scientist, 42: 1368–1393.

[41] Hoffman, A., Gillespie, J., Moore, M., Wade–Benzoni, K., Thompson, L., & Bazerman, M. 1999. A mixed–motive perspective on the economics versus environment debate. American Behavioral Scientist, 42: 1254–1276.

[42] Hoffman, A., Riley, H., Troast, J., & Bazerman, M. 2002. Cognitive and institutional barriers to new forms of cooperation on environmental protection: Insights from project XL and habitat conservation plans. American Behavioral Scientist, 45: 820–845.

[43] Humphreys, A. 2010. Megamarketing: The creation of markets as a social process. Journal of Marketing, 74 (2): 1–19.

[44] Ingram, P., & Rao, H. 2004. Store wars:The enactment and repeal of anti–chain–store legislation in America.American Journal of Sociology, 110: 446–487.

[45] ISO.2009a. Organization, http: //isotc.iso.org/livelink/livelink/fetch/2000/2122/830949/

3934883/3935096/04_organization/org_str.html. Accessed August 23.

[46] ISO. 2009b. About ISO. http；//www.iso.org/iso/about.htm. Accessed September 1.

[47] Kaplan, S. 2008. Framing contests；Strategy making underuncertainty. Organization Science，19：729-752.

[48] Kennedy, M. T., & Fiss, P. C. 2009. Institutionalization framing, and diffusion：The logic of TQM adoption and implementation decisions among U.S. hospitals.Academy of Management Journal，52：897-918.

[49] Kerr, C. 1963. The uses of the university. Cambridge, MA：Harvard University Press.

[50] Kraatz, M., & Block, E. 2008. Organizational implications of institutional pluralism. In R. Greenwood, C. Oliver, K. Sahlin & R. Suddaby (Eds.)，The Sage handbook of organizational institutionalism：243-275.Thousand Oaks, CA：Sage.

[51] Lawrence, T., Hardy, C, & Phillips, N. 2002. Institutional effects of interorganizational collaboration：The emergence of proto-institutions. Academy of Management Journal，45：281-290.

[52] Lawrence, P. R., & Lorsch, J. W. 1967. Organizations andenvironment. Cambridge, MA：Harvard University Press.

[53] Lewicki, R., & Stark, N. 1996. What is ethically appropriatein negotiations：An empirical examination of bargaining tactics. Social Justice Research，9：69-95.

[54] Love, E. G., & Cebon, P. 2008. Meanings on multiplelevels：The influence of field-level and organizational-level meaning systems on diffusion. Journal of Management Studies，45：239-267.

[55] Maguire, S., & Hardy, C. 2009. Discourse and deinstitutionalization：The decline of DDT. Academy of Management Journal，52：148-178.

[56] Maguire, S., Hardy, C, & Lawrence, T. B. 2004. Institutional entrepreneurship in emerging fields：HIV/AIDS treatment advocacy in Canada. Academy of Management Journal，47：657-679.

[57] March, J. G. 1981. Decisions in organizations and theories of choice. In A. H. Van de Ven & W. F. Joyce (Eds.)，Perspectives on organizational design and behavior：205-248. New York：Wiley.

[58] March, J. G., & Olsen, J. P. 1984. The new institutionalism：Organizational factors in political life. American Political Science Review，78：734-749.

[59] Marquis, C, & Lounsbury, M. 2007. Vive la resistance：Competing logics and the consolidation of U.S. community banking. Academy of Management Journal，50：799-820.

[60] Matten, D., & Moon, J. 2008. "Implicit" and "explicit" CSR：A conceptual framework for a comparative understanding of corporate social responsibility.Academy of Management Review，33：404-424.

[61] McCammon, H. J., Muse, C. S., Newman, H. D., & Terrell, T. M. 2007. Movement framing and discursive opportunity structures：The political successes of the U.S. women's jury

movements. American Sociological Review, 72: 725-749.

[62] McGuire, W. J., & Papageorgis, D. 1961. The relative efficacy of various types of prior belief-defense in producing immunity against persuasion. Journal of Abnormal and Social Psychology, 62: 327-337.

[63] Menkel-Meadow, C. 2001. Negotiating with lawyers, men, and things: The contextual approach still matters.Negotiation Journal, 17: 257-293.

[64] Meyer, J., & Rowan, B. 1977. Institutionalized organizations: Formal structure as myth and ceremony.American Journal of Sociology, 83: 340-363.

[65] Moon, I., Crane, A., & Matten, D. 2005. Can corporations be citizens? Business Ethics Quarterly, 15: 429-453.

[66] Morand, D. 2000. Language and power: An empirical analysis of linguistic strategies in superior-subordinate communication. Journal of Organization Behavior, 21: 235-249.

[67] Neale, M. A., & Bazerman, M. H. 1985. The effects of framing and negotiator overconfidence on bargaining behaviors and outcomes. Academy of Management Journal, 28: 34-49.

[68] Nelson, B. I., & Barley, S. J. 1997. For love or money? Commodification and the construction of an occupational mandate. Administrative Science Quarterly, 42: 619-653.

[69] Oliver, C. 1991. Strategic responses to institutional processes.Academy of Management review, 16: 145-179.

[70] Palazzo, G., & Scherer, A. G. 2008. Corporate social responsibility, democracy, and the politicization of the corporation. Academy of Management Review, 33: 773-775.

[71] Pennebaker, J. W., Fracis, M. E., & Booth, R. J. 2001.Linguistic inquiry word count: LIWC 2001. Mahwah, NJ: Erlhaum.

[72] Pennehaker, J. W., Mehl, M. R., & Niederhoffer, K. G.2003. Psychological aspects of natural language use: Our words, our selves. In S. T. Fiske, L. Schachter, & C. Zahn-Waxier (Eds.), Annual review of psychology, Vol.54. Palo Alto, CA: Annual Reviews.

[73] Pfarrer, M. D., Pollock, T. G., & Rindova, V. P. 2010. A tale of two assets: The effects of firm reputation and celebrity on earnings surprises and investors' reactions.Academy of Management Journal, 53: 1131-1152.

[74] Phillips, N., Lawrence, T. B., & Hardy, C. 2004. Discourse and institutions. Academy of Management Review, 29: 635-652.

[75] Pinkley, R., & Northcraft, G. 1994. Conflict frames of reference: Implications for dispute processes and outcomes. Academy of Management Journal, 37: 193-205.

[76] Porac, J. F., & Thomas, H. 1990. Taxonomic mental models in competitor definition. Academy of Management Review, 15: 224-240.

[77] Porac, J. F., Thomas, H., Wilson, F., Paton, D., & Kanfer, A. 1995. Rivalry and the industry model of Scottish knitwear producers. Administrative Science Quarterly, 40: 203-227.

[78] Putnam, L. 2010. Negotiation and discourse analysis.Negotiation Journal, 26: 145-154.

[79] Rao, H., & Kenney, M. 2008. New forms as settlements. In R. Greenwood, C. Oliver, K. Sahlin, & R. Suddahy (Eds.), The Sage handbook of organizational institutionalism: 352–370. Thousand Oaks, CA: Sage.

[80] Rao, H., Monin, P., & Durand, R. 2003. Institutional change in Toque Ville: Nouvelle cuisine as an identity movement in French gastronomy. American Journal of Sociology, 108: 795–843.

[81] Rao, H., Morrill, C, & Zald, M. N. 2000. Power plays: How social movements and collective action createnew organizational forms. Research in Organizational Behavior, 22: 237.

[82] Schneiherg, M., King, M., & Smith, T. 2008. Social movements and organizational form: Cooperative alternatives to corporations in the American insurance, dairy, and grain industries. American Sociological Review, 73: 635–668.

[83] Sebenius, J. K. 1999. Dealing with blocking coalitions and related barriers to agreement: Lessons from negotiations on the oceans, the ozone, and the climate. In K. Arrow, R. Mnookin, L. Ross, A. Tversky, & R.Wilson (Eds.), Barriers to conflict resolution: 150–183. Cambridge, MA: P.O.N. Books.

[84] Seo, M. G. & Creed, W. E. Institutional contradictions, praxis, and institutional change: A dialectical perspective.Academy of Management Review, 27: 222–247.

[85] Singh, J. P. 2006. Coalitions, developing countries, and international trade: Research findings and prospects.International Negotiation, 11: 499–514.

[86] Singh, J. P. 2010. Development objectives and trade negotiations: Moralistic foreign policy or negotiated trade concessions? International Negotiation, 15: 367–389.

[87] Snow, D. 2008. Elaborating the discursive contexts of framing: Discursive fields and spaces. Studies in Symbolic Interaction, 30: 3–28.

[88] Spicer, A., & Böhm, S. 2007. Moving management: Theorizing struggles against the hegemony of management.Organization Studies, 28: 1667–1698.

[89] Spicer, A., & Sewell, G. 2010. From national service toglobal player: Transforming the organizational logic of a public broadcaster. Journal of Management Studies, 47: 913–943.

[90] Strauss, A. 1978. Negotiations. San Francisco: Jossey-Bass.

[91] Suddaby, R., & Greenwood, R. 2005. Rhetorical strategy of legitimacy. Administrative Science Quarterly, 50: 35–67.

[92] Thompson, J. D. 1967. Organizations in action: Social science bases of administrative theory. New Brunswick, NJ: Transaction.

[93] Thornton, P. H. 2002. The rise of the corporation in a craft industry: Conflict and conformity in institutional logics. Academy of Management Journal, 45: 81–101.

[94] Thornton, P., & Ocasio, W. 2008. Institutional logics. In R. Greenwood, C. Oliver, K. Sahlin, & R. Suddaby (Eds.), The Sage handbook of organizational institutionalism: 99–129. Thousand Oaks, CA: Sage.

［95］Townley，B. 2002. The role of competing rationalities in institutional change. Academy of Management Journal，45：163-179.

［96］Tracey，P.，Phillips，N.，& Jarvis，O. 2011. Bridging institutional entrepreneurship and the creation of new organizational forms：A multilevel model. Organization Science，22：60-80.

［97］Troast，J. G.，Hoffman，A. J.，Riley，H. C，& Bazerman，M. H. 2002. Institutions as barriers and enablers tonegotiated agreements：Institutional entrepreneurship and the Plum Creek habitat conservation plan.In A. Hoffman & M. Ventresca （Eds.），Organizations，policy，and the natural environment. Stanford，CA：Stanford University Press.

［98］Tse，D. K.，Francis，J.，& Walls，J. 1994. Cultural differences in conducting intra- and inter-cultural negotiations：A Sino-Canadian comparison. Journal of International Business Studies，25：537-555.

［99］Tsoukas，H.，& Chia，R. 2002. On organizational becoming：Rethinking organizational change. Organization Science，13：567-582.

［100］Uzzi，B. 1997. Social structure and competition in internet networks：The paradox of embeddedness. Administrative Science Quarterly，42：37-69.

［101］Uzzi，B.，& Lancaster，R. 2004. Embeddedness and price formation in the corporate law market. American Sociological Review，69：319-344.

［102］Wade-Benzoni，K. A.，Hoffman，A. J.，Thompson，L. L.，Moore，D. A.，Gillespie，J. J.，& Bazerman，M. H. 2002.Barriers to resolution in ideologically based negotiations：The role of values and institutions. Academy of Management Review，27：41-57.

［103］Wagner，L. M. 2007. North-south divisions in multilateral environmental agreements：Negotiating the privatesector's role in three Rio agreements. International Negotiation，12：83-109.

［104］Weber，L.，Mayer，K. J.，& Macher，J. T. 2011. An analysis of extendibility and early termination provisions：The importance of framing duration safeguards.Academy of Management Journal，54：182-202.

［105］Whitley，R. 1999. Gompeting logics and units of analysis in the comparative study of economic organization.International Studies of Management & Organization，29：113-126.

［106］Zilber，T. 2006. The work of the symbolic in institutional processes：Translations of rational myths in Israelihigh tech. Academy of Management Journal，49：281-303.

［107］Zilber，T. B. 2007. Stories and the discursive dynamics of institutional entrepreneurship：The case of Israelihigh-tech after the bubble. Organization Studies，28：1035-1054.

第二部分　企业社会责任的影响因素与效应

导　读

随着企业社会责任研究的不断深入，企业社会责任早已不再围绕着"是否"履行，而是围绕着"如何"履行的问题展开（Maon et al.，2010）。为改善企业责任实践、追求企业社会责任"商业理由"，对企业社会责任的前因开展研究，如对治理结构、高管价值观、股东应对、制度差异等因素对企业社会责任的影响开展研究，就显得尤为重要。此外，尽管企业财务绩效是理解企业运行如何的直观衡量指标，但财务绩效不能提供企业长期绩效和生存能力这类信息（Kaplan & Norton，1996），研究者越来越对企业社会绩效和环境绩效感兴趣，因为社会绩效能够很好地衡量企业对利益相关方需求和社会问题的回应（Bansal，2005；Brammer et al.，2006；Strikeet al.，2006）。因此，对哪些因素影响、如何影响企业社会绩效（环境绩效）展开研究，也是当今学术界讨论的焦点。考察相关学者对这些问题的实证研究方法和结果，对考察企业社会责任、社会绩效的影响因素及效应，提升企业履责能力具有重要的借鉴作用。

围绕关于企业社会责任影响因素与效应的研究探索，本部分共选取了五篇具有代表性的文献。在第一篇文献中，Walls 等采用基于事实的研究方法，对公司治理中的所有者、管理层和董事会这三个关键要素对环境绩效的直接效应和相互作用效应进行了实证分析。上市公司的 CEO 在多大程度上会将他们的价值观注入决策（如在某个 CEO 价值观可能有着重要影响的领域，即 CSR）中？这个问题有着重要的实践意义但在理论研究中较少被关注。基于此，在第二篇文献中，Chin 等实证考察了 CEO 的政治意识形态（具体指政治保守主义与自由主义）对企业社会责任举措的影响，这是关于 CEO 政治意识形态意义的首个实证研究。而在第五篇文献中，Flamme 则基于美国上市公司与环境有关的新闻的事件研究，对股东对企业环境足迹是否敏感的问题进行检验。这是第一个理论化并且实证检验了企业环境责任与股价的关系是如何随时间变化的研究文献。企业社会绩效能够有效衡量企业对利益相关方需求和社会问题的回应（Kacperczyk，2009）。在第三篇文献中，Jingoo Kang 实证检验了产品和地理多元化是如何与企业社会绩效相关联的。为了回应对更稳健的制度和条件敏感模式下的企业社会责任研究的要求（Campbell，2007；Margolis，Walsh，2003；Matten，Moon，2008；Visser，2008），在第四篇文献中，Julian 和

Ofori-Dankwa 关注制度约束条件下的发展中国家企业社会责任的研究，整合冗余资源理论和制度差异假说，分析并实证检验了撒哈拉以南非洲的新兴经济体中企业的财务资源可用性与企业社会责任之间的关系。

第一篇文献是 Judith L. Walls 和 Pascual Berrone 等的《公司治理和环境绩效：真的相关吗？》。在本文中，鉴于公司治理和企业社会责任方面的实证研究存在的结论互相矛盾和理论假设看似不兼容的问题，作者采用基于事实的研究方法全面探索公司治理与环境绩效之间的关系，以求解决目前的困境。具体来说，作者以 1997~2005 年标准普尔 500 提供的 29 个行业中的 313 家公司为样本，对公司治理中的三个关键要素——公司所有者、管理层和董事会对环境绩效的影响进行实证检验。文中，作者对理解公司治理这三个不同的关键要素之间的相互作用十分关注。作者首先检验了所有者、管理层和董事会这三家公司治理变量对两种环境绩效（环境优势和环境隐患）的直接影响。其次，作者运用了 112 种不同的模型，检验了这三家公司治理变量与环境优势和环境隐患之间的所有可能的相互影响。文献分别检验了所有者和董事会的相互作用对环境优势和环境隐患的影响；所有者和管理层的相互作用对环境优势和环境隐患的影响；董事会与管理层的相互作用对环境优势和环境隐患的影响。实证研究结果表明，公司治理的这三个方面均对环境绩效有影响作用。大体来说，公司治理中的所有者对环境优势有影响，董事会方面对环境隐患有着重大影响，而管理层激励和环境绩效之间，仅发现了一个直接的联系：拥有更高基本工资的 CEO 通常在环境隐患上表现得更糟。此外，所有者与董事会之间的相互作用和环境优势相关，而所有者与管理层和董事会与管理层之间的相互作用对环境优势有着重大影响。作者研究发现了公司治理中的所有者、管理层和董事会三个变量之间的交互作用，这些变量以细颗粒度的方式描绘了现象的特征，这在过去的研究中是没有的。最后，作者讨论了研究结果对现存理论以及经验事实的意义。

第二篇文献是 M. K. Chin、Donald C. Hambrick 等的《CEO 的政治意识形态：高管的价值观对企业社会责任的影响》。作为关于 CEO 政治意识形态意义的首个实证研究，在本文中，作者首先构建一个量表并检验了 CEO 的政治意识形态（Political Ideologies）对组织产出（企业社会责任举措）的影响。在吸收高层梯队理论的基础上，作者把 CEO 的政治意识形态看作是一个会影响企业 CSR 举措的相对稳定和持久的个人倾向，具体指政治保守主义与自由主义，并指出 CEO 的政治意识形态会影响他们公司的企业社会责任实践。进而，作者分析提出三条假设：①自由主义的 CEO 会比保守主义的 CEO 更强调企业社会责任；②CEO 的相对权力会增强其政治意识形态与企业社会责任之间的关系；③即使当财务绩效不好的时候，自由主义的 CEO 依然强调企业社会责任，然而保守主义的 CEO 只会在绩效允许的情况下继续企业社会责任举措（CSR initiatives）。其次，通过标准普尔 500 中获取的一个包含

249 位 CEO 的样本检验以上三个假设，并对他们成为 CEO 之前的 10 年的政治捐款进行编码以测量他们的政治意识形态，利用 KLD 得分来考察每个公司的企业社会责任表现，用广义估计方程（Generalized Estimating Equations，GEE）来进行因变量分析处理。研究结果显示，公司的企业社会责任表现能体现 CEO 的政治意识形态。与保守主义的 CEO 相比，自由主义的 CEO 在企业社会责任方面显现出较大的进展；当他们拥有更大权力时，CEO 的政治自由主义对公司企业社会责任的影响会增强；自由主义 CEO 的企业社会责任举措比保守主义 CEO 更少取决于近期的绩效。在探索补强证据的过程中，作者进一步检验了 CEO 的政治意识形态与公司的政治行动委员会（Political Action Committee，PAC）拨款的关系，发现 CEO 的政治意识形态与 PAC 拨款显著相关。CEO 的政治自由主义与公司 PAC 民主党倾向显著正相关；在控制了 CEO 上任前公司的捐赠模式以及其他相关因素后，CEO 越倾向于自由主义，公司 PAC 拨款越向民主党倾斜。这说明，这个大体上未被探索的高管属性可能重要得多。

　　第三篇文献是韩国学者 JinGooKang 的《企业多元化与企业社会绩效的关系研究》。尽管大量战略文献聚焦于企业多元化，但对企业多元化与企业社会绩效之间的关系鲜有研究。在本文中，作者提出推论并实证检验了为什么多元化的企业可能会更加关注利益相关方需求和社会问题。首先，文献提出，多元化会增加企业经营相关的利益相关方需求和社会问题的范围，而多元化企业也有对其进行回应的动机。其一，多元化提高了管理风险厌恶程度，因而促使管理者做出回应；其二，多元化降低了管理用工风险，因而管理者可以分配更多的精力以及企业资源；其三，多元化创造了企业社会绩效投资的范围经济，因而赋予多元化企业更强的经济诱因去投资企业社会绩效。综上，企业多元化程度与企业社会绩效之间呈现正相关关系。然而，如果多元化企业聚焦于短期利润，这将会阻碍企业对股东需求的回应和对社会问题的投资。因而，企业聚焦短期利益对企业多元化程度与企业社会绩效之间的正相关关系起负向调节作用。其次，作者以美国大型企业为样本进行实证研究，样本的面板数据组合了 Compustat 北美数据库、社会评价数据库（KLD）和 Execucomp 三种不同的数据库，并采用 Heckman 法进行修正。实证分析结果总体上支持了以上假设。研究发现：非相关和国际多元化水平与企业社会绩效之间呈现正相关关系，而相关多元化水平则没有呈现这种关系。另外，研究结果展现出企业聚焦短期利益对企业非相关多元化程度与企业社会绩效之间的正相关关系起负向调节作用。这一正相关关系带来了对非相关多元化价值的有趣思考，因为它通常被认为对短期财务绩效产生负面作用。

　　第四篇文献是 Scott D. Julian 和 Joseph C.Ofori-Dankwa 的《南撒哈拉经济体下的财务资源可用性与企业社会责任支出：基于制度差异假说》。虽然有研究表明在发达国家经济中财务资源的可用性（financial resource savailability）和企业社会责任之间存在正相关关系，但是来自制度研究的假说——制度差异假说（IDH）认为，发达国家经济和发展中国家经济之间存在的制度差异可能对企业社会责任有不同的影响。在整合制度差异假说与冗余资源（slack resources）理论的基础上，通过对撒哈拉以南非洲新兴经济体——加纳国内企业的研究，作者认为撒哈拉以南非洲新兴经济体中存在资本的可用性受到实质性约束的情况，其财务资源的可用性与企业社会责任支出之间存在着负相关关系。为验证假设，作者对加纳投资促进中心（GIPC）评选的加纳俱乐部100强企业中41家公司的滞后（lagged）数据进行分析。作者使用销售收益率、净资产收益率和公司利润衡量企业的财务资源可用性，使用CSR/员工、CSR/公司股权，以及企业社会责任支出的自然对数来衡量企业社会责任支出。研究采用多元分层回归分析来检验假设，研究结果表明，加纳企业的财务资源的可用性与企业社会责任支出之间存在着负相关关系。具体来说，销售收益率、净资产收益率和公司净资产报酬率与企业社会责任支出之间显示出持续的、显著的负相关关系。对因变量的多样性、时间结构及样本结构的敏感性检验结果显示，这个发现是稳健的。那些在加纳经营的具有较高水平的财务资源可用性的非洲（加纳或非加纳）公司，投入（或花费）在社会责任上的财务资源较少，尽管这些企业更容易得到财务资源。在这篇文献中，作者回应了对更稳健的制度和条件敏感模式下的企业社会责任研究的要求，并通过提供和检验不同背景下对企业社会责任支出的制度情境解释填补了重要的文献空白。

第五篇文献是 Caroline Flammer 的《企业社会责任与股东反应：投资者的环境意识》。在本文中，作者研究检验了股东对企业环境足迹是否敏感的问题。具体而言，作者针对1980~2009年公布的所有美国上市公司与环境有关的新闻做了事件研究。作者认为，企业对环保事业的积极参与能为企业创造新的竞争资源，并推导出企业环境社会责任与股价关系或许随时间发生了变化的假设。首先，作者采用Factiva 搜索了华尔街日报的相关报道，并从证券价格研究中心获取股市数据，获得了一个拥有273篇报道企业环境相关事件的文章样本，其中117篇是关于生态友好事件的，156篇是关于生态危害事件的。随后，作者用事件分析方法对这些报道发布日期前后的股价反应做了检验分析，并对三个10年（1980~1989年、1990~1999年和2000~2009年）里的样本数据进行回归分析。与企业环境社会责任可以为企业创造新的竞争资源的观点相一致，作者发现，对环境负责任的企业，其公司股价有显著性的上升，而对环境不负责任的公司其股价则有显著性的下降。其次，作者对"环境责任是一种竞争资源"的观点做进一步拓展，断定企业环境社会责任的价值取决于内部和外部的调节因素。从外部视角看，作者认为，要求企业负责任环境行为的外部压力在近几十年里剧增，加重了对企业生态危害行为的惩罚且减少了对企业环境友好行为的奖励。这一观点得到了数据的支持：股市对生态危害行为的负面反应越来越强烈，而对生态友好举措的正面反应越来越弱。从内部视角看，作者认为，企业环境社会责任是一种边际收益递减的竞争资源，且有着类似保险的特性。企业该资源的"存量"越多，对企业环境责任追加投资所产生的额外效益就越少，因此股东对生态友好举措的奖赏也越少。同时，这些公司一旦有生态破坏事件发生也会损失较少，因为较大存量的环境责任资源可作为一种"保险"，用来缓和股东对于企业生态破坏行为的负面反应。与这些观点相一致，作者发现，那些有着较高水准企业环境社会责任的公司，股市对其环境友好事件（危害事件）的正向（负向）反应较小。

公司治理和环境绩效：真的相关吗？*

Judith L. Walls，Pascual Berrone，Phillip H. Phan

【摘　要】研究公司治理的学者对公司的社会和环境绩效之间的联系越来越感兴趣。然而，这个领域内的实证研究正朝着不协调的趋势发展，得出了一系列零散的和矛盾的结果。这篇论文旨在通过采用基于事实的研究方法，全面探索公司治理与环境绩效之间的联系，解决目前的困境。具体来说，本文的目的是理解公司所有者、管理层和董事会这三者之间的关系是如何影响环境绩效的。本文对理解这三个不同的关键角色之间的相互作用特别感兴趣。最后，作者提出了有关管理实践的意见并讨论了它的理论意义。

【关键词】公司治理；环境绩效；事实研究；KLD 数据库；多层次分析

引　言

在组织领域以及商业记者、学者和公共政策制定者中，公司治理已成为研究最多和最具争议性的主题之一（Daily，Dalton & Rajagopalan，2003；Dalton et al.，2007；Hambrick，Werder & Zajac，2008）。公司治理领域处理的是各种各样的以财务绩效为核心的问题（Dalton et al.，2003；Dalton et al.，1998；Tosi et al.，2000）。然而，像已经成为经典案例的安然、世通、安达信以及很多近期与华尔街金融机构有关的案件，如 AIG，这些案件持续推动了关于公司应该将社会因素作为其目标的一部分还是应该只关注股东回报最大化的争论（Margolis & Walsh，2003）。这反过来加强了人们对公司应该如何治理以及何种治理结构能有效地影响社会性企业行为方面的持续关注。自 21 世纪以来，有关公司治理的讨论逐渐转向了对市场的立法者、消费者、股东以及企业管理者至关重要的当代社会问题（如气候变化、劳工权

---

* Judith L. Walls，Pascual Berrone，Phillip H. Phan. 2012.Corporate Governance and Environmental Performance：Is There Really A Link？Strategic Management Journal，33：885–913.

初译由邹艳和石亦慧完成。

利和腐败）上来。有时候这个情况引起了监管改革和媒体关注的增加，甚至是客户选择的改变。例如，虽然人们对这个问题的关注会随着经济状况的起伏而产生波动，但大多数人认为，2001 年的萨班斯—奥克斯利法案的通过，标志着和公司治理有关的公众意识发生了翻天覆地的变化。商业媒体的报告证实了这种观点，例如，约 25% 的世界 500 强企业董事中会有监督自然环境的委员会，而且在 2004~2008 年，与环境有关的投资者提案的数量几乎翻了一番（Kell & Lacy, 2010）。许多大西洋两岸的企业也开始在高管薪酬中设置社会责任标准（Lublin, 2008; McNulty, 2010; Williams, 2010）。

在最近的全球金融危机爆发后，出现了各种非营利组织机构，它们强调，能够将社会目标作为企业常规目标的治理结构是十分重要的。例如，像 OECD 原则、联合国全球契约、国际金融公司（世界银行集团）和国际公司治理网络这些自愿性组织等，他们都鼓励企业在他们的治理日程上整合社会各方面因素，让企业意识到环境、社会和治理责任是企业业绩和长期可持续发展不可或缺的一部分（Blesener et al., 2009; Escudero et al., 2010; Mackenzie & Hodgson, 2005; Tonello, 2010; White, 2006）。虽然这些组织的共同点是提倡新的公司治理方法，但他们充其量也只是比一些更宽泛的最佳社会责任治理结构设计指南多了些许指导而已。

缺少明确的解决问题的方法的一种可能原因是学术界对这方面的研究起步较晚，直到近期才开始研究公司治理——企业社会责任的动态发展。我们在表 1 中总结了一些分析此问题的研究成果。

尽管在理解社会问题可能影响公司治理的方式上（反之亦然）已经取得了一些进展，但是还存在一些更充分地探索其动态变化的可能。首先，要知道现在还不存在一个主导的范式来进行这方面的研究。更确切地说，各种已经被运用的理论框架往往有不同的假设。而且，公司治理研究中的主导范式，如代理理论，在解释社会目标为什么或怎样被纳入企业战略目标这一方面效果不佳。其次，大多数研究探讨已知公司治理变量的一个子集。然而，我们知道个体治理机制不是独立地运行，而是在不同层次的分析上相互作用的（如所有者、董事会和经理层）。此外，分散且矛盾的经验证据使理论建设和深入讨论变得更加困难。例如，Graves 和 Waddock（1994）发现机构投资者持股与企业社会责任不存在相关关系，然而其他研究者（Johnson & Greening, 1999; Neubaum & Zahra, 2006）却发现了一个强的正向关系。回顾一些在社会问题与管理薪酬的相关性方面的研究，Berrone Gomez-Mejia（2008）表示，尽管这些工作取得了典范式的成就，但依然还有许多工作要做。最后，虽然企业社会责任有着多维结构，而且企业会在实践中对社会和环境问题区别对待，但是这些研究却没有对不同类别的企业社会责任进行区分（Bansal & Gao, 2008）。

企业社会责任在公司治理领域的重要性日益增长，它缺乏成形的理论基础，它的研究结果模棱两可，它需要进行多层次的分析，企业社会责任具有多维性，这些都表明，现在正是我们回归事实来重新检验这个复杂且丰富的组织现象的时候（Daft & Lewin，1990）。

当研究者面临一些感兴趣的现象但是没有理论可以充分或适当解释的时候，以事实为基础的调查就特别有用了（Hambrick，2007）。鉴于实证探讨还未在围绕公司治理和企业社会责任的理论构建方面产生重大突破，本文认为，在更多以理论驱动的实证研究完成之前，这个问题需要从"事实"的角度发现更清晰和更令人信服的证据。因此，对于公司治理与企业社会责任的交集，我们以一种严格聚焦的方式来考察，即只考虑其中的环境绩效，这样我们就能从对数据模式的观测中得到一些见解。对"典型化事实"结果的报告将让未来的研究者可以解释这个现象存在的方式和原因（Helfat，2007；Miller，2007）。简言之，本文的第一步是采用"纯事实"的方法，确定数据中的模式，为随后建立理论提供条件（Hambrick，2007；Miller，2007）。在引言之后，是方法介绍部分，然后展现本文的研究结果，最后讨论了研究结果对现存理论以及经验事实的意义（Oxley，Rivkin & Ryall，2010）。

本文在以下几个方面对当前研究有所贡献：不同于先前的研究，作者采用了一种一致的理论构建方法，检验公司治理参与者中的三个关键集合——公司的所有者、管理层和董事。此外，通过分析这些参与者之间可能存在的相互作用来探讨他们为什么对环境绩效至关重要，这将有助于这个领域的发展，这一个领域尚未得到系统的、大量的研究。本文对公司治理与非财务绩效以及先前环境管理的研究有所贡献。

研究方法

"环境绩效"是一个公司对其向自然环境施加的影响进行管理（或不管理）的战略活动所产生的结果（Walls，Phan & Berrone，2011）。这些活动与那些要求公司构建特定能力和资源来采取回应性解决方案的超越合规的预防性方法有着本质的不同（Hart，1995），回应性解决方案是指最低限度地满足（或未满足）监管标准。有几个原因可认为公司治理在环境绩效中发挥作用。首先，环保举措需要实质的投入并具有长期的战略意义（Hart & Ahuja，1996）。因此，它们可能会有一定风险，也可能对公司的资本结构和生存能力有重要影响。其次，解决自然环境隐患需要在多层次分析上进行广泛的协调（Roome，1992），这使得公司的影响超过了其供应链的组织边界并跨越了相关利益方群体（Hart，1995；Marcus & Geffen，1998）。因此，在探索公司治理与环境绩效之间的联系时，本文对四大研究问题进行了探讨：

表 1 公司治理和企业社会责任的研究概述

层次	研究	理论	样本	自变量	因变量	企业社会责任测量方法	相关性
所有者	Aguilera et al. (2006)	公司治理视角	4份英国和美国的主要报纸	N/A	N/A	金融时报，伦敦时报，华尔街时报，纽约时报	+/−
	Coffey & Fryxell (1991)	企业社会责任视角	89家世界500强企业	任管理、企业社会责任和企业社会响应中的社会问题	机构所有权	CEP指南	+/−/0
	Graves & Waddock (1994)	有效市场理论	430家标准普尔500的企业	企业社会绩效	机构所有权	KLD	+/0
	Neubaum & Zahra (2006)	利益相关方管理	357 (1995) 和 383 (2000) 家世界500强企业	投资期，投资者积极主义，积极行为一致性	企业社会绩效	KLD	+
所有者、董事会	David, Bloom & Hillman (2007)	约束与信号传递	218家上市公司	机构所有权，股东集中度，董事会独立性，股东积极主义，支持者所有权，股东团体归属，利益相关方问题，股东积极主义	企业社会绩效	KLD	−
	Johnson & Greening (1999)	企业社会责任视角和公司治理文献(开发了自己的模型)	在KLD和标准普尔compu-stat数据库中的252家公司	机构投资者类型，董事会独立性，管理控制	员工和产品质量作为企业社会绩效的维度	KLD	+/−
所有者、董事会、管理层	Schnatterly (2003)	运营管理	57家违法企业及其对应的配对样本	股东集中度，CEO两职兼任，董事会独立性，董事委员会，董事会CEO薪酬，董事会和CEO的股份所有权，CEO薪酬(所有都作为控制变量)	白领犯罪	华尔街日报	0

续表

层次	研究	理论	样本	自变量	因变量	企业社会责任测量方法	相关性
所有者、管理层	Berrone et al. (2010)	社会情感财富角度	194家需要报告排放情况的美国公司	家族企业、本地根基、CEO持股、家族CEO、CEO两职兼任和家族所有权	环境绩效	EPA-TRI	+/-
	Brown, Hell & Smith (2006)	代理成本方法	207家世界500强企业	董事会规模、董事会独立性、负债、机构所有权、股东集中度	企业慈善	企业捐赠目录	+/0
	Greening & Gray (1994)	制度和资源依赖理论	103家来自邓氏（Dun's）商业排名和标准普尔年度行业调查的公司	媒体曝光率、利益群体压力、危机严重性、规模、高层管理承诺	董事委员会作为管理结构问题的维度	调查	+
	Hillman, Keim & Luce (2001)	公司治理和利益相关方角度	代表从标准普尔500中随机抽取的250家企业3268位董事会成员	利益相关方董事	利益相关方绩效	KLD	+/-/0
董事会	Ibrahim, Howard & Angelidis (2003)	非理论性研究	307个董事，来自标准普尔注册的公司，董事和高管	经济、法律、伦理、自由裁量责任作为企业社会责任维度	董事会独立性	调查	+/0
	Kassinis & Vafeas (2002)	利益相关方理论和公司治理文献	362家企业中的209家成为环境诉讼被告的公司	董事会规模、董事隶属关系、董事声誉、管理控制、外部利益相关方的压力	环境诉讼	EPA	+/-
	Luoma & Goodstein (1999)	利益相关方和制度理论	224家在纽约证券交易所上市公司	法律环境、行业监管环境、公司规模	环境委员会和董事会中的利益相关方董事的比例	代理权公告和年度报告	+/0
董事会、管理层	Wang & Dewhirst (1992)	利益相关方理论	东南诸州最大的291家公司的2361名董事	董事类型、董事职业	利益相关方导向	调查	+
	Berrone & Gomez Mejia (2009a)	代理和制度理论	需要向EPA报告排放情况的469家企业	污染预防和末端污染控制	CEO薪酬	EPA-TRI	+/-

续表

层次	研究	理论	样本	自变量	因变量	企业社会责任测量方法	相关性
董事会、管理层	Coffey & Wang (1998)	董事会多样性和管理控制的论文	98家世界500强企业	董事会组成、董事会多样性、管理控制	企业慈善	经济优先性会议	+/0
	O' Connor et al. (2006)	代理理论	65家配对的美国上市公司，或有或没有被发现财务业绩舞弊	CEO的股票期权、董事股票期权和CEO两职兼任	财务报告舞弊	Pro-Quest报纸数据库	+/-
	Webb (2004)	代理理论	2000~2001年任多米尼400（Domini 400）指数的394家社会责任（Socially Responsible, SR）公司以及在行业和规模上相配对的394家非社会责任（non-SR）公司	董事会的16个结构性特点，包括独立性、多样性和CEO两职兼任	社会责任企业	多米尼400指数和KLD	+
	Berrone & Gomez-Mejia (2009b)	N/A	顶级期刊	N/A	N/A	文献回顾	+/-/0
管理层	Coombs & Gilley (2005)	利益相关方—代理	406家世界1000强企业	利益相关方管理	CEO基本工资、奖金、长期和总薪酬	KLD	-/0
	Deckop, Merriman & Gupta (2006)	代理和企业社会责任	标普500中的313家企业	CEO长期和短期的薪酬组合	企业社会绩效	KLD	+/-
	Mahoney & Thorne (2005)	代理理论	加拿大证券交易所的77家公司	股票期权的薪酬组合	企业社会责任中的优势和劣势	加拿大社会投资数据库	+/-
	McGuire, Dow & Argheyd (2003)	利益相关方理论	标普高管薪酬数据库中374家公司	CEO薪酬、奖金、长期薪酬	企业社会责任中的优势和劣势	KLD	-/0
	Stanwick & Stanwick (2001)	利益相关方不匹配	《财富》企业信誉指数中的186公司	环境声誉	CEO总报酬和薪酬	财富杂志	-
	Zhang et al. (2008)	代理和期望理论	标普高管薪酬数据库中的上市公司和美国总审计局重述数据库	价外期权、价内期权、CEO优先认股权、企业业绩、CEO任期	盈余操纵行为	美国总审计局发布的财务报表数据库	-

（1）所有者与公司环境绩效之间有什么关系？

（2）董事会如何影响环境绩效？

（3）管理激励在环境绩效中所扮演的角色是什么？

（4）投资者、董事会、管理层三者之间如何互相作用进而产生环境绩效的结果？

由于本文是探索性研究，因此采纳 Hambrick（2007）的建议，使用适当的基于事实的研究设计。不同于从叙述性数据中归纳出见解的定性分析，基于事实的分析会采用统计方法从经验数据中提取模型，并形成对所研究的现象本质的见解。在这项研究中，本文旨在就公司治理与环境绩效的相关关系进行广泛的评估。第一步是厘清研究主体的范围，这是发展理论的关键。我们依据一个先前未被证明的关系变量模型，它包含一个重要的结果变量，我们使用了一个精心构建的大样本数据，并控制了各种明显的关系，最后揭示了一个能够经得起持续理论研究的效应（Hambrick，2007）。本文将研究样本限制在环境问题尤为突出的公司中，这些公司规模很大，在产业经营中产生大量废水（Hart & Ahuja，1996；Walls et al.，2011）。由于价值的原因，环境问题对这些公司来说尤为重要。这些实践能节约成本（Hart，1995），并且通过服从公共机构的期望来降低系统性风险，这样做能让公司获得资源并使自己免于审查（Bansal & Clelland，2004）。

本文从以下几个方面选择研究变量：首先，我们把因变量限制在环境绩效内。由于企业社会责任是多维的，对其进行衡量并得到关于关系变量的模型是非常困难的（Mattingly & Berman，2006），因此，本文选取企业社会责任的一个方面，即环境绩效。环境实践往往不同于其他社会实践，因为它们具有技术性，需要特定的公司能力和大量的资本投资，并且受法规的指引，具有特定的报告标准（Bansal & Gao，2008）。重要的是，预防性超越合规的环保活动（优势），例如，绿色产品和服务的开发与营销、在生产中采用污染防治方法、回收和使用替代燃料，以及有害环境的反应性做法，例如，有害废弃物、监管问题、化学材料和其他材料的排放，它们不是相同构造下的连续统一集合。因为这些环保活动代表了完全不同的构造（Chatterji，Levine & Toffel，2009；Mattingly & Berman，2006；Strike，Gao & Bansal，2006；Walls et al.，2011），它们的相关模式因此可能不同。其次，本文选取对环境绩效有影响的公司治理方面相关的自变量。根据该领域先前的相关研究，选取与所有者、董事会以及管理层相关的变量（见表1）。为了满足模型最简化，选取以前研究过的管理变量，将它们作为本文关注和研究的变量。

本文的方法具有综合性和探索性，这说明有必要分阶段地检验相关关系。本文首先检验了每组治理变量，即所有者、董事会和管理层，对两种环境绩效（优势和隐患）的直接影响，然后检验了所有者、董事会以及管理层变量对环境优势和环境隐患之间的所有（56种）可能的相互影响。

样　本

本文的样本由标准普尔（S&P）500 主要产业和制造业（两位标准产业分类代码低于 50）的公司构成。本文由 1997~2005 年的数据构建了一个非平衡面板数据集，收集了多方来源的数据，数据说明如下。如果信息缺失，则删除观测值，最终样本包括 29 个行业中的 313 家公司（2002 个公司年）。

环境绩效

环境绩效的衡量使用 Kinder、Lydenberg 和 Domini（KLD）的数据集。从 1991 年开始，KLD 已经评估了若干类别的环境优势或隐患（Chatterji et al.，2009）。本文将优势和隐患两个项目的值分别加总，从而分别衡量两类环境绩效。[1] 先前研究者的典型做法是将 KLD 环境得分合并成一个指数（Berman et al.，1999；Waddock & Graves，1997）。然而，这么做是有问题的，因为这种合并的测量方法会将优势和隐患相抵消，这会产生一个无意义或者欺骗性的结果。更重要的是，近期的研究显示，KLD 的优势和隐患测量方式在理论和经验上截然不同，虽然它们可能相互关联，但却代表了两个独立的结构（Mattingly & Berman，2006；Strike et al.，2006）。环境隐患很好地衡量了污染水平，但环境优势并没有准确预测未来的污染或违规（Chatterji et al.，2009）。相反，环境优势反映了公司改善环境绩效的潜在战略能力（Walls et al.，2011）。因此，本文分别运用两组数量来保持环境绩效两个组成部分的完整性。

所有权

基于之前对公司治理和企业社会责任的研究，我们选择了所有权变量：机构所有权、投资周转率、股东积极主义、股东集中度。这些研究大部分聚焦于机构投资者的角色上。有两项研究将机构持股水平看作是因变量，并且与企业社会责任策略正相关（Coffey & Fryxell，1991；Graves & Waddock，1994）；另一项研究发现机构持股水平与企业慈善没有相关关系（Brown，Helland & Smith，2006）。在本文工作中，通过机构投资者的持股比例来衡量机构所有权，数据来自 Thomson/Reuters 数据库，它收集整理提交给美国证券交易委员会的 13-F 表格的信息。

---

① 虽然 KLD 指数有局限性，但却很适合本研究，因为该指数就是特定为投资者所设计和使用的，因此适合公司治理的研究。KLD 指数广泛应用于之前关于公司治理与社会绩效关系的研究中（见表1）。该数据相对客观，并不仅仅基于公司自我报告衡量的绩效，因此，不太可能受到社会赞许性的偏见影响。当然，以后的研究者也可以很容易地使用我们公开可用的数据。

其他的研究着眼于机构投资者的特定类型。例如 Neubaum 和 Zahra（2006）认为，机构的投资期间与企业社会绩效有关。一些研究通过区分投资者的类型，如养老基金和保险基金，来获得投资期间数据（Aguilera et al., 2006; Johnson & Greening, 1999）。结果表明，投资者长期投资的公司与企业社会责任正相关。因此，本文用投资周转率来逆向测度投资期限，由每个投资机构每年资产组合周转率计算得出，并根据机构在企业持有股份进行加权（Gaspar, Massa & Matos, 2005）。这些数据来自 Thomson/Reuters 数据库。

一些研究考虑了股东积极主义。例如，积极行动的协调性的频率和水平对企业社会绩效产生正向影响（Neubaum & Zahra, 2006）。然而，另一项研究发现股东提案的行为会使管理层注意力远离企业社会绩效（David, Bloom & Hillman, 2007）。本文用股东对有关环境议题的代理提案数量来衡量股东积极主义（David et al., 2007）。所有类型的股东，包括机构、个人、宗教团体、工会和其他股东的代理投票行为的数据均来自 RiskMetrics。本文总结出了在"环境"和"可持续发展报告"主题下的决议总数，计算的代理只有他们真正实际投出的票数。取消、撤回或省略的代理被剔除。

还有研究考虑了机构股东集中度与企业慈善之间的关系（Brown et al., 2006）。尽管这项研究并没有发现其中的相关关系，本文还是把所有权集中度纳入了研究，因为之前的研究认为它是一个令人感兴趣的变量，由 Thomson/Reuters 的数据，用公司前五大机构投资者的持股比例来表示股东集中度（Demsetz & Lehn, 1985）。

董事会

许多对公司治理与企业社会责任的研究考虑了董事会独立性形式、导向、多样性和规模的作用。对董事会的独立性的研究显示出了不同的结果。举例来说，外部董事与企业社会绩效方面的人和产品（Johnson & Greening, 1999）、公司的负责任行为（Webb, 2004）和企业社会责任自由裁量的尺度（Ibrahim, Howard & Angelidis, 2003）有着正相关关系，而与环境诉讼（Kassinis & Vafeas, 2002）呈负相关性。然而，其他研究发现，外部董事与企业慈善（Brown et al., 2006; Coffey & Wang, 1998）、企业社会责任的法律和伦理方面（Ibrahim et al., 2003）、环境违规（McKendall, S'anchez & Sicilian, 1999）之间不存在相关关系。此外，Wan 和 Dewhirst（1992）发现，外部董事与内部董事对待利益相关群体的方式不同。本文用外部董事占全体董事会成员数量比例来衡量董事会的独立性，数据来自 RiskMetrics 数据库。

关于董事会导向对企业社会责任议题的影响研究得到不同的结论。例如，尽管有些调查认为委员会可以产生额外的警示（Kassinis & Vafeas, 2002），但有研究表明使用环境委员会和环境违规之间并不存在相关关系（McKendall et al.，1999）。Berrone & Gomez-Mejia（2009a）发现，由环境委员会部分导致的环境治理并不影响环境绩效和 CEO 薪酬之间的关系。在其他的研究中，总体上看，没有得到有利益相关方导向的董事和企业社会绩效之间的相关关系（Hillman，Keim & Luce，2001）。许多研究发现利益集团的压力和问题管理导向的董事会之间存在正相关关系（Greening & Gray，1994），来自法律方面的压力和利益相关方导向的董事会之间也存在正相关关系（Luoma & Goodstein，1999）。本文在模型中用专注于社会和环境问题的董事会委员会来衡量环境导向的董事会。我们的方法是通过内容分析法对 DEF 14-A 代理权陈述进行分析，以此建立一个环境委员会的虚拟变量（Berrone & Gomez-Mejia，2009a）。

董事会结构方面，另一个与企业社会绩效有关的维度是董事会的多样性。具体来说，很多研究都已经考虑了董事会成员中女性董事比例的影响。大部分研究都证实了女性董事人数比例与负责任的企业（Webb，2004）和企业社会绩效正相关（Coffey & Fryxell，1991；Stanwick & Stanwick，1998）。在企业社会责任被披露后，女性董事对企业声誉有额外的正面影响。另外，研究没有发现女性董事与企业慈善的相关关系（Coffey & Wang，1998）。对其董事会多样性其他方面的研究还未广泛开展，例如，经验、特长、人口统计（Bear et al.，2010）。根据之前的研究，本文用女性董事的比例来衡量董事会多样性，数据来自 RiskMetrics 数据库。

有两项研究考虑了董事会规模的影响，并得出了矛盾的结果：董事会规模不仅与环境诉讼正相关（Kassinis & Vafeas，2002），还与企业慈善正相关（Brownet al.，2006）。本文用董事会成员的总数来表示模型中的董事会的规模，数据来自 RiskMetrics 数据库。

管理层

对管理层与企业社会责任的研究主要体现在 CEO 的两职兼任、管理控制和 CEO 薪酬上。CEO 的两职兼任，即 CEO 同时是董事会主席，这是一个企业社会责任领域经常研究的治理结构，但研究结果并不一致。Wang 和 Dewhirst（1992）发现，CEO/董事会主席与非董事的 CEO 对待利益相关方是不同的。Webb（2004）发现，CEO 的两职兼任与企业社会责任负相关。然而 McKendall 等（1999）认为，CEO 两职兼任与环境污染不存在相关性。同样地，Berrone 等（2010）发现，CEO 两职兼任和环境绩效也无相关性。另一个研究表明，CEO 两职兼任在股票期权计划和虚假报告之间起着微弱且积极的缓和作用（O'Connor et al.，2006）。本文用 CEO 同时为董事会主席的情况来计量 CEO 两职兼任，并设置成虚拟变量，数据来自 ExecuComp 数据库。

管理控制是企业社会责任领域经常研究的第二个方面。大多数研究都发现管理控制水平与企业社会责任有正相关关系。例如，高层管理者持股比例与产品质量呈正向关系（Johnson & Greening，1999）。同样地，内部董事持股比例与企业慈善呈正向关系，尽管管理控制的比例（即外部董事持股/内部董事持股）不显著（Coffey & Wang，1998）。对 CEO 股份所有权的研究结果也不同。CEO 股份所有权与非家族企业中的环境绩效负相关（Berrone et al.，2010），与收益操纵负相关（Zhang et al.，2008），与企业社会责任无关（McGuire，Dow & Argheyd，2003）。本文依据内部董事的持股比例来衡量模型中的管理控制，数据来自 ExecuComp 数据库。

企业社会责任研究中经常考虑的另一个公司治理方面的管理问题是 CEO 的薪酬。有研究表明，声誉（Stanwick & Stanwick，2001）和利益相关方管理绩效（Coombs & Gilley，2005）均与总薪酬无关。然而，当把 CEO 薪酬分成各个组成部分时，研究发现了有意义的相关关系。例如，基本工资与声誉负相关（Stanwick & Stanwick，2001），与公共性、多样性、环境以及产品绩效也呈负相关（Coombs & Gilley，2005）。另一个研究表明，基本工资与不良社会绩效正相关，但与优秀社会绩效无关（McGuire et al.，2003）。对短期薪酬的奖金的研究表现出不同的结果。总薪酬中的奖金比例与企业社会绩效负相关（Deckop，Merriman & Gupta，2006）。奖金也与企业社会责任中的员工维度负相关（Coombs & Gilley，2005），但是奖金似乎对环境绩效的好坏没有影响（McGuire et al.，2003）。

最后，对长期 CEO 薪酬激励的研究也有多个结果。有研究发现，长期薪酬激励，如股票期权，与不良的社会绩效正相关，但与良好社会绩效无关（McGuire et al.，2003）。另一个研究发现，股票期权与企业社会责任的任何维度都无关（Coombs & Gilley，2005）。然而，其他研究报告指出，长期 CEO 薪酬与企业社会绩效（Deckop et al.，2006；Mahoney & Thorne，2005）正相关，与虚假报告（O'Connor et al.，2006）负相关。有研究表明，当将股票期权分为非正价值期权（with non-positive values）和价内期权（in the money）时，CEO 股票期权的价外期权与业绩操纵行为正相关（Zhang et al.，2008）。基于前人的研究，本文在模型中列入了 CEO 薪酬的三个方面——CEO 基本工资、作为短期薪酬激励的 CEO 奖金和作为长期薪酬激励的股票期权（借鉴 Black-Scholes 的评价方法），数据来自 ExecuComp 数据库。

控制变量

本文基于前人运用 Compustat 数据（King & Lenox，2002；McWilliams & Siegel，2000）对环境绩效的研究列入了许多的控制变量。我们用资产回报率衡量企业绩效，用总资产衡量企业规模，用与上一年销售额的变化来衡量销售增长，用总负债与总资产之比表示杠杆，用资本支出与销售额之比表示资本密集度，用研发支出与销售额之比表示研发密度，用广告支出与销售额之比表示广告密度。此外，加入了年度和行业的虚拟变量来解释相关的影响。

估算技术

由于计算本文的两个因变量是计数数据（count data），没有过度离散（over dispersion），因此通常用到泊松回归（Poisson regression）（Cameron & Trivedi，1998）。然而，本文的部分目标是探索不同治理变量之间的相互作用。因为效应的迹象和显著性在个体观测值之间存在差异，相互作用很难计算，也难以用非线性关系模型进行解释（Hoetker，2007；Huang & Shields，2000），因此本文采用取平方根的方式对因变量进行变形（Cameron & Trivedi，1998），这样我们就能对面板数据使用随机效应的最小二乘回归技术。我们在一个标准差的均值水平上描绘和解释互相作用（Aiken & West，1991）。我们将因变量进行了不同的形式转换，做了若干稳健性检验，发现所有模型的结果都是一致的。

研究结果

描述性统计

1997~2003 年的 7 年时间，公司数量变动范围是（1997 年的）119 家到（2003 年的）298 家。公司的平均面板数据持续 6.4 年。约有 64.3% 的公司分布在食品、化工、机械、电子仪器和电/气/卫生服务这 5 个行业。环境优势结果范围为 0~4，除 2004 年与 2005 年绩效普高外，其他年份均匀分布。拥有至少一个环境优势的公司占样本的 25.7%，而 29 个行业中有 12 个行业没有任何环境优势。环境优势的最高数据出现在化工行业。其他行业的环境优势得分相对较高的包括家具、纸/纸浆、运输设备、仪器制造。

环境隐患的结果范围为 0~6，至少有一个环境隐患的公司占 36.8%，且每年均匀分布。一些行业没有具有环境隐患的公司：非金属矿业、烟草制品、皮革制品、石材/黏土/玻璃制品、汽车货运运输/仓储和航空运输。这些行业中来自标准普尔 500 的公司数量非常小，这看起来令人吃惊。炼油行业的环境隐患所占比例最高。其他相对有较高环境隐患的行业包括化工、石油和天然气开采、纸/纸浆、主要金属、运输设备制造商和天然气/电气/卫生服务。

相关性统计数据见表 2。公司规模和环境委员会与环境隐患弱相关；董事会规

表2　相关关系

	均值	方差	1	2	3	4	5	6	7	8	9	10	11	12	13	14	15	16	17	18	19	20	21
环境优势	0.27	0.48																					
环境隐患	0.50	0.69	0.28																				
企业绩效	0.05	0.13	0.02	-0.03																			
企业规模	8.76	1.17	0.33	0.50	-0.01																		
销售增长	0.11	0.33	-0.01	0.03	0.15	0.08																	
杠杆	0.44	0.16	0.11	0.21	-0.05	0.19	-0.07																
资本密集度	0.08	0.10	0.10	0.11	-0.07	0.19	0.12	-0.06															
研发密集度	0.05	0.12	-0.08	-0.21	-0.34	-0.17	-0.01	-0.32	0.00														
广告密集度	0.01	0.03	-0.05	-0.17	0.15	-0.04	-0.07	0.09	-0.13	0.07													
机构所有者	0.66	0.15	-0.01	-0.09	0.11	-0.19	0.06	-0.03	-0.02	0.02	-0.08												
投资周转率	0.24	0.09	-0.05	-0.10	0.14	-0.22	0.11	0.03	-0.03	-0.03	-0.02	0.53											
股东积极主义	0.14	0.43	0.11	0.28	0.05	0.32	0.00	0.04	0.06	-0.08	0.04	-0.12	-0.12										
股东集中度	0.24	0.08	-0.09	-0.05	-0.04	-0.25	-0.05	0.09	-0.06	-0.02	-0.04	0.69	0.33	-0.12									
董事会独立性	0.70	0.16	0.13	0.25	-0.01	0.17	-0.05	0.18	-0.07	-0.03	-0.06	0.09	-0.05	0.07	0.04								
环境委员会	0.21	0.40	0.25	0.43	-0.03	0.25	-0.04	0.10	0.01	-0.13	-0.08	0.02	-0.01	0.15	0.06	0.18							
董事会多样性	0.12	0.09	0.08	0.03	0.14	0.14	-0.07	0.23	-0.17	-0.11	0.18	0.01	-0.05	0.10	-0.02	0.27	0.12						
董事会规模	10.55	2.48	0.18	0.31	0.04	0.46	-0.03	0.27	0.03	-0.23	0.1	-0.22	-0.10	0.21	-0.16	0.08	0.17	0.15					
CEO两职兼任	0.17	0.38	-0.08	-0.03	0.06	-0.06	0.01	-0.02	0.02	-0.05	0.08	0.00	0.08	-0.02	0.06	0.00	-0.01	-0.05	-0.02				
管理控制	0.01	0.04	-0.07	-0.15	0.01	-0.17	0.00	-0.10	-0.03	-0.06	0.19	-0.11	-0.04	-0.07	-0.06	-0.31	-0.04	-0.11	-0.10	0.03			
CEO奖金	0.01	0.02	0.08	0.09	0.12	0.26	0.08	0.02	0.12	-0.07	0.07	0.03	-0.03	0.13	-0.09	0.01	0.02	0.06	0.06	-0.01	-0.08		
CEO基本工资	0.89	0.38	0.14	0.31	0.10	0.50	-0.02	0.17	-0.04	-0.16	0.11	-0.01	-0.11	0.23	-0.10	0.16	0.17	0.24	0.29	0.01	-0.13	0.27	
CEO股票期权	0.05	0.15	-0.03	-0.06	-0.01	0.06	0.05	-0.10	0.01	0.11	0.03	-0.05	0.00	0.01	-0.09	-0.04	-0.04	-0.02	-0.06	-0.02	-0.03	0.03	-0.05

模和 CEO 薪酬与公司规模弱相关；最后，股东集中度与机构所有权弱相关。

直接效应

本文分别运行了检验不同阶段下治理变量对环境优势和环境隐患直接影响的模型。一开始仅包括控制变量，接着包含每个治理变量（股东、董事会、管理层）的集，最后将所有变量纳入模型。在环境优势的回归中（见表 3），公司规模、财务杠杆和资本密集度与其正相关。此外，所有年度虚拟变量与食品、印刷/出版、铁路运输、航空运输和通信等行业都具有统计显著性。在环境隐患的回归中（见表 4），显示了公司规模和财务杠杆与其正相关，而资本密集度与其负相关。在环境隐患的模型中，仅有四个年度虚拟变量具有统计显著性。然而，大多数行业与环境隐患显著相关，这说明了行业效应对这类环境绩效的重要性。

股东积极主义和股东集中度与环境优势弱负相关，而环境委员会与之正相关。在管理的治理变量上不存在显著的直接效应。与环境优势最相关的是与董事会有关的变量，将模型得到解释的总方差（R^2）从 21.9%增加到 23.4%。

在环境隐患模型中，股东积极主义与其弱正相关。所有与董事会有关的变量均显著：董事会独立性、环境委员会和董事会规模与环境隐患均正相关，而董事会多样性则与之弱负相关。在管理治理变量中，仅 CEO 基本工资与环境隐患正相关。模型包含董事会变量使得到解释的方差提升得最多，从 49.5%增加到 53.1%。

相互作用

接下来，本文运行了 112 种不同的模型，检验三个治理变量环境优势和环境隐患之间的相互作用。本文测试了每个所有者变量与每个董事会变量的相互作用。类似地，本文还测试了所有者管理和董事会管理的相互作用（见附表 A。我们检验了部分和完整模型中的相互作用，所有模型检验结果都是稳健的。

所有者和董事会的相互作用。在环境优势的模型中，所有者和董事会存在两个显著的相互作用。当投资者们有耐心（低营业额）且董事会的外部董事更多时，环境绩效最好。通常来说，当投资者们积极主义较低时，环境绩效更佳。当投资者积极主义较高且董事会规模较小时，企业环境绩效欠佳。

在环境隐患模型中，所有权和董事会有四个显著的相互作用。通常董事会女性董事越少，环境绩效越差；董事会女性董事越多，环境隐患越少，特别是股权集中度和机构所有权水平较高时。同样地，董事会独立性越高，环境绩效越差。当董事会独立性越低时，股东的投资期将越长（低营业额），环境隐患越少。同样地，董事会独立性越低，股东越活跃，环境隐患越少。

所有者和管理层的相互作用。在环境优势的模型下，所有者和管理层有 5 个显著的相互作用。当机构所有权越高，同时 CEO 高基本工资或 CEO 低股票期权时，环境绩效最好。当股东积极主义程度高，同时 CEO 出现两职兼任时，环境绩效也越好。相反地，股东积极主义程度高，CEO 奖金高时，环境绩效最差。最后，投资者集中度越低，环境绩效越好，但是当投资者集中度和管理控制均呈高水平时，环境绩效最差。

在环境隐患模型中，所有权和董事会有两个显著的相互作用。当 CEO 两职兼任且机构所有权水平高时，环境绩效较差。当 CEO 两职兼任且股东集中度低时，环境隐患最少。

董事会与管理层的相互作用。在环境优势的模型下，董事会和管理层有 6 个显著的相互作用。董事会独立性较低且 CEO 为董事会主席时，环境绩效最好。相反，当有较高奖金或较高基本工资时，较高的董事会独立性会带来较好环境绩效。当董事会规模较大，多样性较强时，高的奖金会引起较好的环境绩效。同样地，在较高基本工资的情况下，董事会规模越大，环境绩效越好。

此外，在环境隐患的模型下，董事会和管理层有三个显著的相互作用。当 CEO 基本工资较高，特别是董事会规模较大时，环境绩效的问题最多。当没有 CEO 两职兼任且董事会独立性较高或者规模较大时，环境隐患最多。此外，当 CEO 两职兼任且董事会独立性较低或者规模较小时，环境绩效越糟。

表 3　环境优势——主要效应模型

	控制变量	股东	董事会	管理层	全部（All）
企业绩效（标准差）	−0.015	−0.018	−0.011	−0.012	−0.010
	(0.064)	(0.064)	(0.064)	(0.064)	(0.064)
企业规模	0.101**	0.098**	0.094**	0.102**	0.093**
	(0.017)	(0.017)	(0.018)	(0.018)	(0.019)
销售增长	−0.004	−0.008	−0.001	−0.001	−0.004
	(0.021)	(0.021)	(0.021)	(0.021)	(0.021)
杠杆	0.167*	0.185*	0.165*	0.156*	0.178*
	(0.077)	(0.078)	(0.077)	(0.077)	(0.078)
资本密集度	0.281*	0.269†	0.308*	0.289*	0.301*
	(0.140)	(0.140)	(0.140)	(0.140)	(0.140)
研发密集度	−0.097	−0.103	−0.091	−0.096	−0.096
	(0.097)	(0.098)	(0.097)	(0.097)	(0.098)
广告密集度	0.784	0.782	0.854	0.794	0.852
	(0.564)	(0.565)	(0.560)	(0.566)	(0.563)
行业虚拟变量	包含	包含	包含	包含	包含
年度虚拟变量	包含	包含	包含	包含	包含

续表

	控制变量	股东	董事会	管理层	全部（All）
机构所有者		0.104			0.107
		(0.119)			(0.119)
投资周转率		−0.083			−0.078
		(0.164)			(0.164)
股东积极主义		−0.031†			−0.030
		(0.018)			(0.018)
股东集中度		−0.291†			−0.315†
		(0.161)			(0.162)
董事会独立性			0.082		0.058
			(0.069)		(0.071)
环境委员会			0.067**		0.068**
			(0.025)		(0.025)
董事会多样性			−0.029		−0.017
			(0.136)		(0.136)
董事会规模			0.003		0.003
			(0.005)		(0.005)
CEO 两职兼任				0.022	0.022
				(0.024)	(0.024)
管理控制				0.023	0.061
				(0.268)	(0.271)
CEO 奖金				−0.691	−0.623
				(0.456)	(0.458)
CEO 基本工资				0.012	0.009
				(0.034)	(0.034)
CEO 股票期权				−0.056	−0.055
				(0.043)	(0.043)
常数	−0.456*	−0.411*	−0.517**	−0.476*	−0.475*
	(0.183)	(0.196)	(0.186)	(0.185)	(0.202)
总体 R^2	21.9%	21.8%	23.4%	21.6%	23.3%

注：n=2002；p 值：†p<0.10，*p<0.05，**p<0.01。

表 4　环境隐患——主要效应模型

	控制变量	股东	董事会	管理层	全部（All）
企业绩效（标准差）	−0.064	−0.069	−0.058	−0.071	−0.069
	(0.071)	(0.071)	(0.071)	(0.071)	(0.071)
企业规模	0.177**	0.17**	0.159**	0.162**	0.139**
	(0.02)	(0.02)	(0.02)	(0.021)	(0.021)

续表

	控制变量	股东	董事会	管理层	全部（All）
销售增长	−0.039†	−0.039†	−0.035	−0.036	−0.031
	(0.023)	(0.023)	(0.023)	(0.023)	(0.023)
杠杆	0.202**	0.226**	0.212*	0.194*	0.227**
	(0.086)	(0.087)	(0.086)	(0.086)	(0.087)
资本密集度	−0.436**	−0.448**	−0.403**	−0.418**	−0.396*
	(0.157)	(0.158)	(0.156)	(0.158)	(0.156)
研发密集度	−0.064	−0.065	−0.052	−0.055	−0.042
	(0.109)	(0.109)	(0.108)	(0.109)	(0.108)
广告密集度	−0.655	−0.699	−0.653	−0.637	−0.677
	(0.646)	(0.644)	(0.628)	(0.649)	(0.630)
行业虚拟变量	包含	包含	包含	包含	包含
年度虚拟变量	包含	包含	包含	包含	包含
机构所有者		0.012			0.007
		(0.133)			(0.133)
投资周转率		0.027			0.019
		(0.182)			(0.183)
股东积极主义		0.037†			0.037†
		(0.021)			(0.020)
股东集中度		−0.184			−0.142
		(0.180)			(0.180)
董事会独立性			0.154*		0.148†
			(0.077)		(0.079)
环境委员会			0.143**		0.144**
			(0.028)		(0.028)
董事会多样性			−0.264†		−0.276†
			(0.151)		(0.152)
董事会规模			0.013*		0.012*
			(0.005)		(0.005)
CEO 两职兼任				−0.022	−0.024
				(0.027)	(0.027)
管理控制				−0.156	−0.082
				(0.303)	(0.302)
CEO 奖金				−0.120	−0.017
				(0.504)	(0.507)
CEO 基本工资				0.096*	0.091*
				(0.038)	(0.038)

续表

	控制变量	股东	董事会	管理层	全部（All）
CEO 股票期权				−0.008	−0.003
				(0.048)	(0.048)
常数	−0.520*	−0.436†	−0.635**	−0.459*	−0.496*
	(0.213)	(0.225)	(0.210)	(0.216)	(0.226)
总体 R²	49.5%	49.6%	53.1%	49.7%	53.4%

注：n=2002；p 值：†p<0.10，*p<0.05，**p<0.01。

结论简述

总体来说，本文作为以事实为基础的研究揭示了公司治理和环境绩效许多显著的相关关系，但是相关方向上与过去研究应用已有理论所做的预测不同。本文发现了公司治理变量之间的交互作用，这些变量以细粒度的方式描绘了现象的特征，这在过去的研究中是没有的。图 1 和图 2 提供了一个大致的结果，其结果表明治理的三个方面在环境绩效中发挥作用。大体来说，公司治理中的所有权对环境优势有影响，而董事会方面对环境隐患很重要。此外，所有者与董事会之间相互作用和环境优势相关，然而所有者与管理层和董事会与管理层之间的相互作用对环境优势有着重大影响。总之，本文用基于事实的方法对这些问题的研究结果颇丰，如图 1 和图 2 所示。为了更好地理解这些结果，我们从具体结果讨论中退出来，进行相关关系的讨论，并从更一般的层面讨论这些结果对于已有文献的意义。

讨 论

本文的研究是探讨公司治理——所有权、董事会和管理层三者之间的关系，以及它们各自对环境绩效的相互作用。本文采用了基于事实的研究方法（Hambrick，2007），旨在解决在先前研究中存在的研究结论互相矛盾和理论假设看似不兼容的问题。实质上，研究工作的第一步是构建公司治理和环境绩效关系理论，这需要具有一种公司治理整体观并考虑不同治理行动者之间的相互作用。本文期望我们的研究结果会激发其他研究者更严密地检验企业的社会和环境实践的治理问题。

本文开始就提出了四个研究可以进行分析的问题。本文要调查的广义问题是：所有权和企业环境绩效之间的关系是什么？与先前的研究一致，公司治理的三个方面与环境优势和环境隐患的结果是相关的。然而，因为使用了整体的分析方法探索了直接和相互效应，所以本文已获得了一些新发现。例如，在所有权动态变化中，发现只有股东积极主义和股东集中度才能对环境绩效产生直接影响。当环境绩效差时，公司可以预期投资者行为会变得活跃，可能的原因是差的环境绩效会给公司带来违规、罚款、补救成本，并且暴露了公司的风险，对公司不利。同时，所有权集中的公司没有多少自由来从事超出合规标准的环保活动，可能的原因是这会招致不必要的成本。

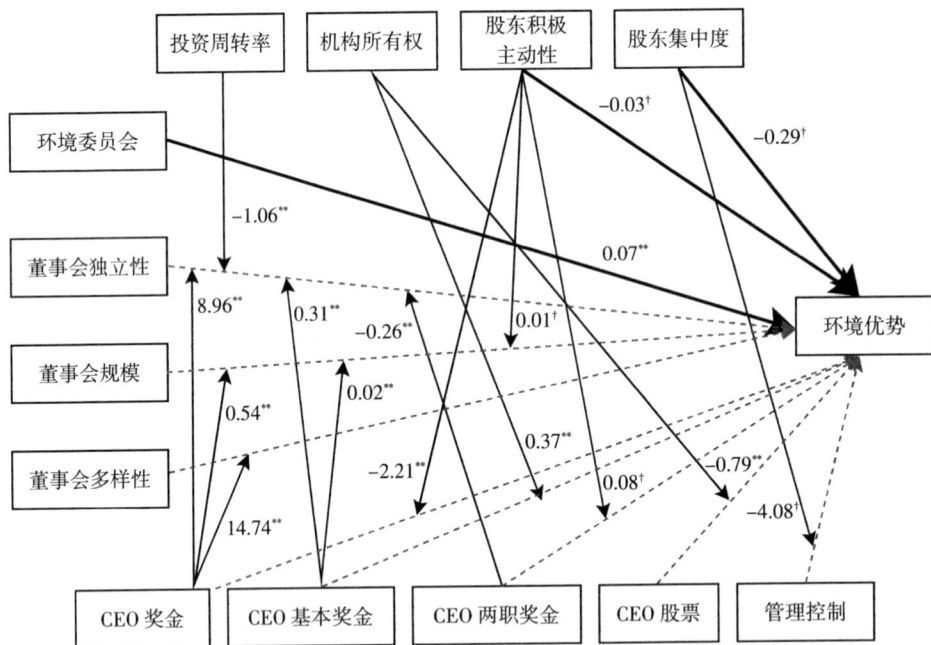

图1 公司治理的环境优势之间直接影响和相互作用效应图
注：†p < 0.10，*p < 0.05，**p < 0.01。

本文还发现，所有以前研究过的董事会结构都与环境绩效有关，这增加了模型的解释力度（见研究问题2）。董事会的作用似乎很大程度上与环境隐患相关。当董事会越独立、规模越大、多样性程度越低时，环境绩效越差。在这些条件下，董事会监控环境绩效的能力似乎会恶化，而规模越小、越多样化的董事会越能有效地减轻不利的环境绩效。虽然独立的董事会通常有利于财务绩效，但不适用于环境绩效。这个发现表明，董事会监管财务绩效和监管环境绩效的作用具有正交性（orthogonal）。这说明对于公司管理来说不存在一套神奇的治理安排。例如，虽然萨班斯—奥克斯利法案推动公司减少内部董事，以增加治理的独立性从而改善财务绩效，但是它同时减少了内部人所提供的专业知识、经验和声誉（Dalton et al.，2007）——这是影响公司环境绩效结果的一个关键因素。

奇怪的是，董事会环境委员会与环境优势和环境隐患均正相关。事后试验（post hoc test）证实，环境委员会仅当公司有环境优势或者环境隐患时才会出现，否则不会出现。环境委员会似乎有双重目标：通过董事会成员的专业知识和资源来支撑公司环境优势，或者将董事会重点放到环境议题上来减轻公司的环境问题，如环境诉讼。

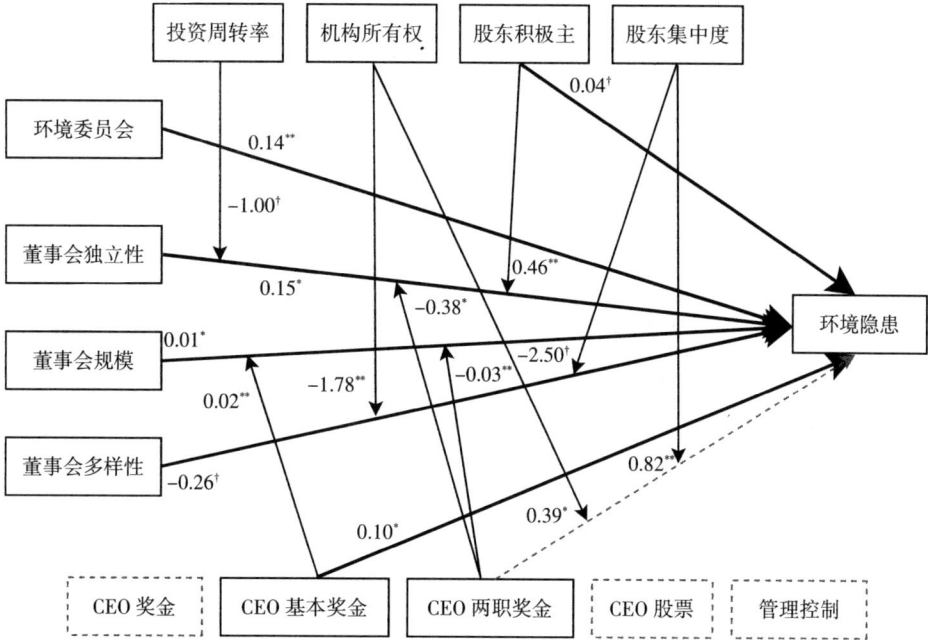

图 2　公司治理的环境隐患之间直接影响和相互作用效应图
注：$\dagger p < 0.10$，$*p < 0.05$，$**p < 0.01$。

相较于之前的研究，在管理层激励和环境绩效之间，本文仅发现了一个直接的联系（见研究问题 3），即拥有更高基本工资的 CEO 通常在环境隐患上表现得更糟。也许 CEO 注重短期目标，如对环境目标不利的财务绩效，这说明有经验的 CEO 不得不在两种组织目标上做出权衡。这与大量的研究保持一致，当薪水的固定部分（即基本工资）非常高时，管理层的行为往往趋于保守，并且 CEO 会避免风险决策，赞成维持现状。

关于第四个研究问题有诸多发现：三个主要治理变量的相互作用对环境绩效的影响。我们的研究结果表明，公司治理和环境绩效关系界面主要取决于各种治理结构的相互作用，如本文所发现的三个治理机制组合之间的相互作用结果所示。许多关于相互作用的研究尚未深入，本文在此对我们的发现做了一个总体的解释，未来的研究需要密切关注这一领域。在所有相互作用中都不显著的是董事会环境委员会，它似乎只是直接性地影响环境绩效。

一些相互作用对于环境优势和环境隐患是相同的：投资周转率与董事会独立性（负向），CEO 两职兼任和董事会独立性（负向），董事会规模和 CEO 基本薪水（正向）。解释第一个相互关系面临挑战，因为它表明长期投资者和独立董事的结合对环境绩效有好有坏。第二个相互作用有类似的问题，但如图 1 和图 2 所示，其对环境优势和环境隐患的影响是不同的。CEO 两职兼任而且内部董事更多时，环境优势的水平最高。相反，当不存在 CEO 两职兼任而且董事会有更多的外部董事时，环境绩效会更糟。当董事会由内部人员组成时，一个更强大的 CEO（在两职兼任情况下）能够强调环境目标的重要性，但是当董事会是独立的时候，CEO 无法做到这一点。这个有趣的发现表明，强大的 CEO 对环境结果可能很重要，并且这样的 CEO 的愿景可能是由能够提供支持的内部董事组成的董事会所培养的。事实上，环境活动是具有高度技术性和行业特定性的，内部董事会成员可能拥有相关专业知识在这个方面给 CEO 提供支持。

类似地，第三个互相作用的效应呈现了略有差别的关系。在环境优势的情况下，董事会规模和 CEO 基本工资显示，环境绩效更好的原因是董事会规模较小且 CEO 基本工资低，或者董事会规模较大且 CEO 基本工资高。而对于环境隐患，CEO 高薪酬比低薪酬更不利于环境绩效，当与更大规模的董事会组合在一起时，这种效应更加明显。

剩余 16 个显著的相互作用效应涉及环境优势和环境隐患项下不同的治理结构组合。这突出了对这两种类型的环境结果分开建模的重要性，因为 31 个显著效应中（总共评估了 138 个效应），只有 4 个效应对环境优势和环境隐患有相似的结果。总之，对于那些有志于通过从事超出环境监管基本要求的活动来在环境方面有所超越的公司，而非那些不能达到基本环境监管要求或者旨在最低限度地满足监管要求的公司，公司治理机制有不同的影响。

局限性

笔者承认本研究有一定的局限性。因为本文的分析局限于环境绩效，所以本文的发现不能对更广泛的企业社会责任做出推断。同样，本文的样本局限于美国公开上市又"大"又"脏"行业的公司。话虽如此，本文承认大公司会更透明，因此在环境绩效"好"和"坏"的方面得到更高的分数，而且允许审查其治理结构。这种公司治理和环境绩效的关系在中小型企业、服务行业以及那些运营有着不同的治理和环境体制国家中的企业都可能有所不同。此外，本文应用了档案的方法（archival measures）进行了这种探索研究。为了更深入地调查公司治理和环境绩效的关系，有必要基于问卷、案例研究或者其他的调查手段，运用社会学和行为学的方法来识别和衡量公司治理和环境绩效的作用机制。最后，因为我们分析的是同期的数据，没有用到滞后效应，原因是一些治理方面，如投资者积极主义，只与一年环保绩效有关，因此，虽然本文基于事实的研究方法采用了严格的评估技术来确定有趣的模型，但是本文不能清楚地描述变量的时间顺序（Hambrick，2007）。检验时间顺序是一个留给未来研究人员的方向。

未来研究方向

本文得到的一些一般性结论给未来的经验研究铺设了道路。首先，文献一般假定长期投资者将推动公司在环境上表现得更好（Berrone et al.，2010）。本文发现长期间可能是必要不充分的条件。有耐心的资本似乎与外部董事更加融洽，这表明愿意等待良好环境绩效带来益处的投资者需要独立的监督机制。其次，机构所有者的存在一般不带来良好的环境结果。仅当 CEO 有特定类型的薪酬时，机构所有权才可能发挥作用。研究结果表明，机构所有权与差的环境绩效有关，可能的解释是不同类型投资机构的目标不同。虽然投资者能通过积极的活动来发声，但这种活动只有在如下情况才会更多地出现，即当公司表现不佳，而且由内部成员主导的董事会表现出最高效率的时候。因此，本文研究表明，投资期限和投资者积极活动的作用比以往想象得更加复杂。

未来研究的第二个领域与董事会在企业环境绩效上发挥的重大作用有关。但该机制似乎仍然很复杂。独立董事作为有助于公司业绩的"最佳实践"的普遍观点不适用于环境结果，特别是当股东积极主义存在时。而且，虽然董事会多样性可能不利于构建环境优势，但是当机构持所有权较高或者高度集中在少数人手里时，环境隐患似乎能得到缓解。董事会多样性对于提高非财务绩效来说是一个重要的因素，如创新，但只有当女董事能够在董事会中达到临界数量而非只有一个（象征性的）女董事的时候，才能发生作用（Torchia，alabr'o & Huse，2011）。在本研究中，女董事的平均数量是一个。未来研究可以判断是否至少有三个女董事的董事会才能对构建环境优势有影响。最后，环境委员会似乎与环境结果相独立，但似乎没有与其他治理机制相互作用。这一结果引发人们对委员会有用性的思考。

同样，激励结盟和奖励计划与其他治理因素相互作用，会增强或者减弱环境绩效，这能够解释为什么以前的研究报告出的不一致的结果（Berrone & Gomez-Mejia，2009b）。仍存在一个问题未被解答，就是强势 CEO 会针对环境隐患做什么。本文研究工作表明需要强大的 CEO 来构建环境优势，在有投资者积极主义和内部董事时，强大的 CEO 尤其重要。这与 CEO 和董事会主席应该分离的理念相矛盾。然而，在一些情况下，如存在机构所有权时，CEO 的两职兼任对环境绩效是不利的。CEO 的作用对理解公司治理和环境绩效的关系是不可或缺的，这是未来研究的一个重要方向。

虽然本研究距离发现一个关于公司治理与环境绩效的理论还有若干步骤，但这项研究的调查结果仍可以推动未来理论的发展。毫不奇怪，本文发现董事会在环境结果中发挥重要作用。传统的代理理论认为董事会是保护股东利益的机制。然而，本研究提供了一些挑战公司治理的股东至上模型的证据，特别是在自然环境的背景下，董事会作为一个调解机构，起着平衡和管理与利益相关方相冲突的利益的作用（Lan & Heracleous，2010）。例如，董事会有时甚至以股东的利益为代价，将立法者和社区压力群体代表的公共利益摆在优先位置。

利益相关方理论的视角在这个方面可能是有用的（Freeman，1984）。特别是，企业与利益相关方、社会和自然环境的关系是公司高管的一种责任，通常由董事会授权他们用资源履行好这个责任（Freeman，1984；Walsh，2005）。作为一个问责理论和关系性的企业观，利益相关方理论能够帮助公司将与自然环境有关的公司治理问题优先排序，明确需要配置多少公司资源和谁要对此负有责任（Parmar et al.，2010）。此外，这种观点可以决定公司如何以及何时避免环境违规和罚款，或投资于清洁技术和绿色产品设计。通过这种方式，利益相关方的公司治理的视角能够调查本文的发现所暗含的公司财务和社会需求之间真实且不可分割的关系（Parmar et al.，2010）。

可能还需要其他的理论框架来充分解释公司治理和环境绩效的关系，如社会心理学和联盟理论、制度理论和网络分析以及管家理论都可以补充公司治理的相关利益者的观点。在公司治理和财务绩效结果研究中已经有了"新研究方向"的呼声（Hambrick et al.，2008）。本研究提出一个改进点，即下面这些研究途径对环境绩效更有意义。如董事的行为和动机、社会规范和影响、利益相关方的权力和竞争性利益，以及道德义务等问题都变得越来越重要。研究公司治理和环境绩效的关系可以在已经取得进展的研究基础上加以扩展，一些例子包括 Bebchuk、Fried（2005）和 Westphal、Gulati、Shortell（1997），但还要关注可以解释公司治理和环境绩效的关系的潜在机制。

最后，对传统代理理论的挑战和对治理在组织对社会责任的作用的挑战不是新颖的话题（Dodd，1932）。其他研究者已经呼吁从非经济的角度来研究公司治理。如 Hill 和 Jones（1992）提出了利益相关方—代理模型，强调管理层要作为组织中唯一一个与所有其他的相关利益者接洽的群体。本文研究表明，CEO 似乎在环境相关利益者问题中起到至关重要的作用。这反映了在企业"漂绿"、社会义务和问责方面，研究企业与利益相关方关系的重要性（Parmar et al.，2010）。其他学者（Hambrick et al.，2008）研究表明，这个领域正朝着权力和社会网络的非正式行为结构理论，以及社会心理学和象征性管理中的行为过程理论发展。他们强调考虑以下因素影响的重要性，即异质的利益相关方短期和长期之间的治理冲突、委托—委托问题（principal-principal problems）、董事的动机及其担负的责任，以及社会价值观的改变。多层次的研究方法让学者将治理的微观和宏观层面衔接起来（Aguilera et al., 2008；Minichilli et al., 2011）。诸如目标冲突、机会主义、自我监管、风险和"目的行动"（acting-for）的关系（即一种集体性的，跨越生理、社会和时间距离的关系）这些社会学主题是公司治理的核心主题而且与环境绩效有关（Roome, 1992；Shapiro, 2005）。这种方法打破了传统代理理论的视角并尝试研究捕捉现实世界的组织中的治理的复杂性（Lubatkin, 2007）。

本文基于事实探索性的研究是理解公司治理和环境绩效关系的第一步。虽然用这种方法建立理论还需要意义构建和理论创新，但我们可以用这个世界客观运转的实际观点来做到这一点。客观事实已经有了，下面开始构建理论吧。

附录：交互作用的回归结果

附表 A 环境优势——所有者与董事会之间的相互作用

	基础模型	模型 1	模型 2
企业绩效（标准差）	−0.013	−0.013	−0.014
	(0.064)	(0.064)	(0.064)
企业规模	0.091**	0.092**	0.093**
	(0.018)	(0.018)	(0.018)
销售增长	−0.006	−0.008	−0.006
	(0.021)	(0.021)	(0.021)
杠杆	0.185*	0.184*	0.181*
	(0.078)	(0.078)	(0.078)
资本密集度	0.296*	0.296*	0.304*
	(0.140)	(0.140)	(0.140)
研发密集度	−0.097	−0.092	−0.099
	(0.097)	(0.097)	(0.097)
广告密集度	0.853	0.860	0.887
	(0.561)	(0.561)	(0.561)
行业虚拟变量	incl	incl	incl
年度虚拟变量	incl	incl	incl
机构所有权	0.102	0.113	0.093
	(0.119)	(0.119)	(0.119)
投资周转率	−0.081	0.645†	−0.081
	(0.165)	(0.370)	(0.165)
股东积极主义	−0.031†	−0.030	−0.168*
	(0.018)	(0.018)	(0.078)

续表

	基础模型	模型1	模型2
股东集中度	−0.295†	−0.296†	−0.288†
	(0.161)	(0.161)	(0.161)
董事会独立性	0.074	0.329*	0.078
	(0.069)	(0.135)	(0.069)
环境委员会	0.069**	0.068**	0.068**
	(0.025)	(0.025)	(0.025)
董事会多样性	−0.023	−0.034	−0.021
	(0.136)	(0.136)	(0.136)
董事会规模	0.003	0.004	0.000
	(0.005)	(0.005)	(0.005)
投资周转率 * 独立性		−1.058*	
		(0.483)	
积极主义 * 董事会规模			0.011†
			(0.006)
常数	−0.466*	−0.667**	−0.453*
	(0.199)	(0.219)	(0.199)
总体 R^2	23.5%	23.6%	23.4%

注：n=2002；p 值：†p<0.10，*p<0.05，**p<0.01。

附表 B 环境优势——所有者与管理层之间的相互作用

	基础模型	模型1	模型2	模型3	模型4	模型5
企业绩效	−0.015	−0.007	−0.015	−0.015	−0.020	−0.016
	(0.064)	(0.064)	(0.064)	(0.064)	(0.064)	(0.064)
企业规模	0.099**	0.098**	0.101**	0.101**	0.098**	0.100**
	(0.018)	(0.018)	(0.018)	(0.018)	(0.018)	(0.018)
销售增长	−0.006	−0.005	−0.003	−0.005	−0.002	−0.005
	(0.021)	(0.021)	(0.021)	(0.021)	(0.021)	(0.021)
杠杆	0.177*	0.182*	0.170*	0.176*	0.176*	0.177*
	(0.078)	(0.078)	(0.078)	(0.078)	(0.078)	(0.078)
资本密集度	0.276*	0.291*	0.285*	0.274†	0.300*	0.284*
	(0.140)	(0.140)	(0.141)	(0.140)	(0.141)	(0.140)
研发密集度	−0.102	−0.098	−0.097	−0.101	−0.100	−0.101
	(0.098)	(0.098)	(0.098)	(0.098)	(0.097)	(0.098)
广告密集度	0.79	0.697	0.806	0.786	0.763	0.802
	(0.566)	(0.567)	(0.566)	(0.566)	(0.566)	(0.566)

续表

	基础模型	模型 1	模型 2	模型 3	模型 4	模型 5
行业虚拟变量	incl	incl	incl	incl	incl	incl
年度虚拟变量	incl	incl	incl	incl	incl	incl
机构所有权	0.109	−0.236	0.153	0.113	0.113	0.107
	(0.119)	(0.194)	(0.122)	(0.119)	(0.119)	(0.119)
投资周转率	−0.078	−0.028	−0.074	−0.074	−0.075	−0.064
	(0.165)	(0.166)	(0.165)	(0.165)	(0.165)	(0.165)
股东积极主义	−0.030	−0.030	−0.028	−0.042*	0.011	−0.029
	(0.018)	(0.018)	(0.018)	(0.020)	(0.024)	(0.018)
股东集中度	−0.310†	−0.320*	−0.324*	−0.316†	−0.323*	−0.250
	(0.162)	(0.161)	(0.162)	(0.161)	(0.161)	(0.165)
CEO 两职兼任	0.024	0.024	0.025	0.011	0.023	0.023
	(0.024)	(0.024)	(0.024)	(0.025)	(0.024)	(0.024)
管理控制	0.027	−0.039	0.021	0.034	0.028	0.825
	(0.268)	(0.270)	(0.268)	(0.268)	(0.268)	(0.549)
CEO 奖金	−0.692	−0.772†	−0.658	−0.693	−0.150	−0.700
	(0.456)	(0.457)	(0.456)	(0.456)	(0.499)	(0.456)
CEO 基本工资	0.011	−0.220*	0.011	0.010	0.014	0.012
	(0.034)	(0.109)	(0.034)	(0.034)	(0.034)	(0.034)
CEO 股票期权	−0.058	−0.067	0.285	−0.058	−0.051	−0.057
	(0.043)	(0.043)	(0.208)	(0.043)	(0.043)	(0.043)
所有权 * 基本工资		0.367*				
		(0.164)				
所有权 * 股票期权			−0.786†			
			(0.466)			
积极主义 * 两职兼任				0.083†		
				(0.047)		
积极主义 * 奖金					−2.207**	
					(0.836)	
集中度 * 管理控制						−4.075†
						(2.447)
常数	−0.429*	−0.211	−0.468*	−0.442*	−0.435*	−0.450*
	(0.198)	(0.220)	(0.199)	(0.198)	(0.198)	(0.198)
总体 R^2	21.6%	21.5%	21.8%	21.6%	21.5%	21.4%

注：n=2002；p 值：$†p<0.10$，$*p<0.05$，$**p<0.01$。

附表 C 环境优势——董事会与管理层之间的相互作用

	基础模型	模型 1	模型 2	模型 3	模型 4	模型 5	模型 6
企业绩效	−0.008	−0.011	−0.011	−0.002	−0.012	−0.011	−0.007
	(0.064)	(0.064)	(0.064)	(0.064)	(0.064)	(0.064)	(0.064)
企业规模	0.096**	0.096**	0.092**	0.094**	0.094**	0.095**	0.097**
	(0.018)	(0.018)	(0.018)	(0.018)	(0.018)	(0.018)	(0.018)
销售增长	0.001	0.003	−0.002	0.003	0.001	−0.001	0.002
	(0.021)	(0.021)	(0.021)	(0.021)	(0.021)	(0.021)	(0.021)
杠杆	0.157*	0.157*	0.166*	0.167*	0.159*	0.156*	0.164*
	(0.077)	(0.077)	(0.077)	(0.077)	(0.077)	(0.077)	(0.077)
资本密集度	0.314*	0.319*	0.342*	0.322*	0.336*	0.338*	0.313*
	(0.140)	(0.140)	(0.140)	(0.140)	(0.140)	(0.140)	(0.140)
研发密集度	−0.090	−0.085	−0.090	−0.091	−0.093	−0.096	−0.098
	(0.097)	(0.097)	(0.097)	(0.097)	(0.097)	(0.097)	(0.097)
广告密集度	0.855	0.793	0.927†	0.871	0.928†	0.881	0.799
	(0.562)	(0.563)	(0.562)	(0.562)	(0.563)	(0.562)	(0.563)
行业虚拟变量	incl	incl	incl	incl	incl	incl	incl
年度虚拟变量	incl	incl	incl	incl	incl	incl	incl
独立性	0.067	0.115	−0.045	−0.204	0.065	0.069	0.078
	(0.071)	(0.075)	(0.078)	(0.140)	(0.071)	(0.070)	(0.071)
环境委员会	0.066**	0.065**	0.070**	0.065**	0.068**	0.068**	0.065**
	(0.025)	(0.025)	(0.025)	(0.025)	(0.025)	(0.025)	(0.025)
董事会多样性	−0.024	−0.030	−0.027	−0.028	−0.196	−0.013	−0.010
	(0.136)	(0.136)	(0.136)	(0.136)	(0.151)	(0.136)	(0.136)
董事会规模	0.003	0.003	0.004	0.004	0.004	−0.003	−0.017†
	(0.005)	(0.005)	(0.005)	(0.005)	(0.005)	(0.005)	(0.001)
CEO 两职兼任	0.019	0.211†	0.021	0.018	0.021	0.020	0.021
	(0.024)	(0.108)	(0.024)	(0.024)	(0.024)	(0.024)	(0.024)
管理控制	0.063	0.064	0.005	0.033	0.026	0.036	0.004
	(0.270)	(0.270)	(0.270)	(0.270)	(0.270)	(0.270)	(0.271)
CEO 奖金	−0.618	−0.609	−5.221**	−0.702	−1.233*	−5.083**	−0.639
	(0.458)	(0.457)	(1.472)	(0.459)	(0.512)	(1.580)	(0.457)
CEO 基本工资	0.010	0.012	−0.004	−0.199*	−0.004	−0.008	−0.228*
	(0.034)	(0.034)	(0.035)	(0.100)	(0.035)	(0.035)	(0.103)
CEO 股票期权	−0.053	−0.051	−0.064	−0.062	−0.060	−0.061	−0.056
	(0.043)	(0.043)	(0.043)	(0.043)	(0.043)	(0.043)	(0.043)
独立性 * 两职兼任		−0.264†					
		(0.146)					
独立性 * 奖金			8.955**				
			(2.723)				

续表

	基础模型	模型 1	模型 2	模型 3	模型 4	模型 5	模型 6
独立性 * 基本工资				0.313*			
				(0.140)			
多样性 * 奖金					14.744**		
					(5.538)		
董事会规模 * 奖金						0.541**	
						(0.183)	
董事会规模 * 基本工资							0.022*
							(0.009)
常数	−0.530**	−0.571**	−0.438*	−0.344†	−0.499**	−0.453*	−0.334
	(0.189)	(0.191)	(0.191)	(0.206)	(0.190)	(0.191)	(0.205)
总体 R²	23.2%	23.2%	23.6%	23.2%	23.3%	23.6%	23.3%

注：n = 2002；p 值：†p<0.10，*p<0.05，**p<0.01。

附表 D　环境隐患——所有者与董事会之间的相互作用

	基础模型	模型 1	模型 2	模型 3	模型 4
企业绩效	−0.062	−0.066	−0.063	−0.065	−0.065
	(0.071)	(0.071)	(0.071)	(0.071)	(0.071)
企业规模	0.152**	0.152**	0.153**	0.153**	0.151**
	(0.020)	(0.020)	(0.020)	(0.020)	(0.020)
销售增长	−0.034	−0.035	−0.036	−0.030	−0.033
	(0.023)	(0.023)	(0.023)	(0.023)	(0.023)
杠杆	0.233**	0.239**	0.233**	0.238**	0.237**
	(0.087)	(0.087)	(0.087)	(0.087)	(0.087)
资本密集度	−0.412**	−0.403**	−0.413**	−0.396*	−0.401*
	(0.156)	(0.156)	(0.156)	(0.156)	(0.156)
研发密集度	−0.051	−0.047	−0.047	−0.051	−0.054
	(0.108)	(0.108)	(0.108)	(0.108)	(0.108)
广告密集度	−0.676	−0.617	−0.670	−0.688	−0.649
	(0.628)	(0.628)	(0.627)	(0.627)	(0.627)
行业虚拟变量	incl	incl	incl	incl	incl
年度虚拟变量	incl	incl	incl	incl	incl
机构所有权	0.010	0.196	0.021	0.006	0.003
	(0.133)	(0.157)	(0.133)	(0.132)	(0.132)
投资周转率	0.028	0.036	0.717†	0.031	0.032
	(0.182)	(0.182)	(0.411)	(0.182)	(0.182)
股东积极主义	0.038†	0.037†	0.038†	−0.299**	0.037†
	(0.020)	(0.020)	(0.020)	(0.111)	(0.020)

续表

	基础模型	模型 1	模型 2	模型 3	模型 4
股东集中度	−0.165	−0.146	−0.165	−0.153	0.148
	(0.179)	(0.179)	(0.179)	(0.179)	(0.240)
董事会独立性	0.155*	0.153*	0.397**	0.103	0.152*
	(0.077)	(0.077)	(0.150)	(0.079)	(0.077)
环境委员会	0.144**	0.146**	0.145**	0.147**	0.147**
	(0.028)	(0.028)	(0.028)	(0.028)	(0.028)
董事会多样性	−0.260†	0.929†	−0.270†	−0.273†	0.342
	(0.151)	(0.559)	(0.151)	(0.151)	(0.344)
董事会规模	0.012*	0.012*	0.013*	0.013*	0.013*
	(0.005)	(0.005)	(0.005)	(0.005)	(0.005)
所有权 * 多样性		−1.784*			
		(0.808)			
投资周转率 * 独立性			−1.004†		
			(0.536)		
积极主义 * 独立性				0.464**	
				(0.151)	
集中度 * 多样性					−2.496†
					(1.281)
常数	−0.553*	−0.686**	−0.747**	−0.553*	−0.628**
	(0.223)	(0.231)	(0.246)	(0.223)	(0.226)
总体 R^2	53.2%	53.2%	53.3%	53.4%	53.4%

注：n = 2002；p 值：$\dagger p<0.10$，$*p<0.05$，$**p<0.01$。

附表 E　环境隐患——所有者与管理层之间的相互作用

	基础模型	模型 1	模型 2
企业绩效	−0.076	−0.072	−0.079
	(0.071)	(0.071)	(0.071)
企业规模	0.156**	0.154**	0.155**
	(0.021)	(0.021)	(0.021)
销售增长	−0.036	−0.037	−0.036
	(0.023)	(0.023)	(0.023)
杠杆	0.216*	0.212*	0.201*
	(0.088)	(0.088)	(0.088)

续表

	基础模型	模型 1	模型 2
资本密集度	−0.429**	−0.428**	−0.429**
	−0.429**	−0.428**	−0.429**
研发密集度	−0.056	−0.054	−0.058
	(0.109)	(0.109)	(0.109)
广告密集度	−0.680	−0.597	−0.678
	(0.646)	(0.647)	(0.646)
行业虚拟变量	incl	incl	incl
年度虚拟变量	incl	incl	incl
机构所有权	0.009	−0.052	0.023
	(0.133)	(0.135)	(0.133)
投资周转率	0.019	−0.002	−0.004
	(0.183)	(0.183)	(0.182)
股东积极主义	0.036†	0.039†	0.035†
	(0.021)	(0.020)	(0.020)
股东集中度	−0.164	−0.175	−0.334†
	(0.180)	(0.180)	(0.188)
CEO 两职兼任	−0.020	−0.278*	−0.220**
	(0.027)	(0.111)	(0.069)
管理控制	−0.155	−0.160	−0.135
	(0.303)	(0.303)	(0.302)
CEO 奖金	−0.166	−0.158	−0.179
	(0.506)	(0.505)	(0.504)
CEO 基本工资	0.093*	0.092*	0.096*
	(0.038)	(0.038)	(0.038)
CEO 股票期权	−0.009	−0.011	−0.009
	(0.048)	(0.048)	(0.048)
所有权 * 两职兼任		0.391*	
		(0.163)	
集中度 * 两职兼任			0.815**
			(0.262)
常数	−0.383†	−0.311	−0.327
	(0.228)	(0.229)	(0.228)
总体 R^2	49.8%	49.9%	49.8%

注：n = 2002；p 值：†$p<0.10$，*$p<0.05$，**$p<0.01$。

附表 F　环境隐患——董事会与管理层之间的相互作用

	基础模型	模型 1	模型 2	模型 3
企业绩效	−0.065	−0.070	−0.068	−0.065
	(0.071)	(0.071)	(0.071)	(0.071)
企业规模	0.144**	0.145**	0.142**	0.146**
	(0.021)	(0.021)	(0.021)	(0.021)
销售增长	−0.032	−0.029	−0.036	−0.031
	(0.023)	(0.023)	(0.023)	(0.023)
杠杆	0.208*	0.208*	0.215*	0.215*
	(0.086)	(0.086)	(0.086)	(0.086)
资本密集度	−0.388*	−0.381*	−0.357*	−0.391*
	(0.156)	(0.156)	(0.156)	(0.156)
研发密集度	−0.043	−0.035	−0.033	−0.052
	(0.108)	(0.108)	(0.108)	(0.108)
广告密集度	−0.655	−0.739	−0.651	−0.721
	(0.631)	(0.632)	(0.630)	(0.630)
行业虚拟变量	incl	incl	incl	incl
年度虚拟变量	incl	incl	incl	incl
董事会独立性	0.148†	0.218**	0.157	0.160*
	(0.078)	(0.084)	(0.078)	(0.078)
环境委员会	0.143**	0.141**	0.144**	0.143**
	(0.028)	(0.028)	(0.028)	(0.028)
董事会多样性	−0.280†	−0.288†	−0.268†	−0.265†
	(0.152)	(0.151)	(0.151)	(0.152)
董事会规模	0.012*	0.013*	0.018**	−0.009
	(0.005)	(0.005)	(0.006)	(0.011)
CEO 两职兼任	−0.026	0.254*	0.347**	−0.024
	(0.027)	(0.120)	(0.117)	(0.027)
管理控制	−0.080	−0.079	−0.072	−0.143
	(0.301)	(0.301)	(0.301)	(0.302)
CEO 奖金	0.026	0.039	0.021	0.005
	(0.506)	(0.505)	(0.504)	(0.506)
CEO 基本工资	0.093*	0.095*	0.092*	−0.160
	(0.038)	(0.038)	(0.038)	(0.115)
CEO 股票期权	−0.002	0.001	−0.002	−0.005
	(0.048)	(0.048)	(0.048)	(0.048)
独立性 * 两职兼任		−0.387*		
		(0.161)		

续表

	基础模型	模型 1	模型 2	模型 3
董事会规模 * 两职兼任			−0.034**	
			(0.010)	
董事会规模 * 基本工资				0.023*
				(0.010)
常数	−0.570**	−0.629**	−0.619**	−0.367
	(0.214)	(0.215)	(0.214)	(0.230)
总体 R²	53.3%	53.3%	53.4%	53.5%

注：n = 2002；p 值：†p<0.10，*p<0.05，**p<0.01。

参考文献

［1］Aguilera R. V., Filatotchev I., Gospel H., Jackson G. 2008.An organizational approach to comparative governance：Costs, contingencies and complementarities. Organization Science, 19：475–493.

［2］Aguilera R. V., Williams CA, Conley JM, Rupp DE. 2006. Corporate governance and social responsibility：Acomparative analysis of the UK and the US. Corporate Governance, 14（3）：147–158.

［3］Aiken L. S., West S. G. 1991. Multiple Regression：Testing and Interpreting Interactions. Sage：Newbury Park, C. A.

［4］Bansal P., Clelland I. 2004. Talking trash：Legitimacy, impression management, and unsystematic risk in the context of the natural environment. Academy of Management Journal, 47（1）：93–103.

［5］Bansal P., Gao J. 2008. Dual mechanisms of business sustainability：Unique effects and simultaneous effects.Paper presented at the annual meeting of the Academy of Management, Anaheim, CA.

［6］Bear S., Rahman N., Post C. 2010. The impact of board diversity and gender composition on corporate social responsibility and firm reputation.Journal of Business Ethics, 97：207–221.

［7］Bebchuk L. A., Fried J. M.. 2005. Pay without performance：Overview of the issues. Journal of Applied Corporate Finance, 17（4）：8–23.

［8］Berman S. L., Wicks A. C., Kotha S, Jones TM. 1999. Does stakeholder orientation matter？ The relationship between stakeholder management models and firm financial performance. Academy of Management Journal, 42：488–508.

［9］Berrone P., Cruz C., Gomez-Mejia LR, Larraza-Kintana M. 2010.Socioemotional wealth and corporate responses to institutional pressures：Do family-controlled firms pollute less? Administrative Science Quarterly, 55：82–113.

［10］Berrone P., Gomez-Mejia LR. 2008. Beyond financial performance：Is there something missing in executive compensation schemes? In Global Compensation: Foundations and Perspectives. Gomez-Mejia L, Werner S (eds). Routledge: New York: 206-217.

[11] Berrone P., Gomez-Mejia LR. 2009a. Environmental performance and executive compensation: An integrated agency-institutional perspective. Academy of Management Journal, 52 (1): 103-126.

[12] Berrone P., Gomez-Mejia LR. 2009b. The pros and cons of rewarding social responsibility at the top. Human Resource Management, 48 (6): 957-969.

[13] Blesener S., Cruz-Osorio J, Gardiner L, Germanova R.2009.Stakeholder engagement and the board: Integrating best governance practices. Global Corporate Governance Forum: Washington DC. Brown W. O., Helland E, Smith JK. 2006. Corporate philanthropic practices. Journal of Corporate Finance, 12 (5): 855-877.

[14] Cameron A. C., Trivedi P. K. 1998. Regression Analysis of Count Data. Cambridge University Press: New York.

[15] Chatterji A. K., Levine D. I., Toffel MW. 2009. How well do social ratings actually measure corporate social responsibility? Journal of Economics and Management Strategy, 18 (1): 125-169.

[16] Coffey B. S., Fryxell G. E. 1991. Institutional ownership of stock and dimensions of corporate social performance: An empirical examination. Journal of Business Ethics, 10 (6): 437-444.

[17] Coffey B. S., Wang J. 1998.Board diversity and managerial control as predictors of corporate social performance.Journal of Business Ethics, 17 (14): 1595-1603.

[18] Coombs J. E., Gilley K. M. 2005. Stakeholder management as a predictor of CEO compensation: Main effects and interactions with financial performance. Strategic Management Journal, 26 (9): 827-840.

[19] Daft R. L., Lewin A. Y. 1990. Can organization studies begin to break out of the normal science strait jacket? An editorial essay.Organization Science, 1 (1): 1-9.

[20] Daily C. M., Dalton D. R. 1994. Bankruptcy and corporate governance: The impact of board composition and structure. Academy of Management Journal, 37 (6): 1603-1617.

[21] Daily C. M., Dalton D. R., Rajagopalan N. 2003. Governance through ownership: Centuries of practice, decades of research. Academy of Management Journal, 46 (2): 151-158.

[22] Dalton D. R., Daily C. M., Certo ST, Roengpitya R. 2003.Meta-analyzes of financial performance and equity: Fusion or confusion? Academy of Management Journal, 46 (1): 13-26.

[23] Dalton D. R., Daily C. M., Ellstrand AE, Johnson JL. 1998.Meta-analytic reviews of board composition, leadership structure, and financial performance. Strategic Management Journal, 19 (3): 269-290.

[24] Dalton D. R., Hitt M. A., Certo S. T., Dalton CM. 2007. The fundamental agency problem and its mitigation.Academy of Management Annals, 1 (1): 1-64.

[25] David P., Bloom M., Hillman A. J. 2007. Investor activism, managerial responsiveness, and corporate social performance. Strategic Management Journal, 28 (1): 91-100.

[26] Deckop J. R., Merriman K. K., Gupta S. 2006. The effects of CEO pay structure on corporate social performance. Journal of Management, 32（3）: 329–342.

[27] Demsetz H., Lehn K. 1985. The structure of ownership: Causes and consequences. Journal of Political Economy, 93（6）: 1155–1177.

[28] Dodd EM J. r. 1932. For whom are corporate managers trustees? Harvard Law Review, 45（7）: 1145–1163.

[29] Escudero M., Power G., Waddock S. A, Beamish P., Cruse S. 2010. Moving Upwards: The Involvement of Boards of Directors in the UN Global Compact. United Nations Global Compact Office: New York.

[30] Freeman R. E. 1984. Strategic Management: A Stakeholder Approach. Pittman: Boston, MA.

[31] Gaspar J. M., Massa M., Matos P. 2005. Shareholder investment horizons and the market for corporate control. Journal of Financial Economics, 76: 135–165.

[32] Graves S. B., Waddock S. A. 1994. Institutional owners and corporate social performance. Academy of Management Journal, 37（4）: 1034–1046.

[33] Greening D. W., Gray B. 1994.Testing a model of organizational response to social and political issues.Academy of Management Journal, 37（3）: 467–498.

[34] Hambrick D. C. 2007. The field of management's devotion to theory: Too much of a good thing? Academy of Management Journal, 50（6）: 1346–1352.

[35] Hambrick D. C., Werder A., Zajac E. J. 2008. New directionsin corporate governance research. Organization Science, 19: 381–385.

[36] Hart S. L. 1995. A natural-resource-based view of the firm. Academy of Management Review, 20（4）: 986–1014.

[37] Hart S. L., Ahuja G. 1996. Does it pay to be green? An empirical examination of the relationship between pollution prevention and firm performance. Business Strategy and the Environment, 5（1）: 30–37.

[38] Helfat C. E. 2007. Stylized facts, empirical research and theory development in management. Strategic Organization, 5（2）: 185–192.

[39] Hill C. W. L., Jones T. M. 1992. Stakeholder-agency theory.Journal of Management Studies, 29（2）: 131–154.

[40] Hillman A. J., Keim G. D., Luce RA. 2001. Board composition and stakeholder performance: do stakeholder directors make a difference? Business & Society, 40（3）: 295–314.

[41] Hoetker G. 2007. The use of logit and probit models in strategic management research: Critical issues. Strategic Management Journal, 28（4）: 331–343.

[42] Huang C, Shields T. G. 2000. Interpretation of interaction effects in logit and probit analyese: Reconsidering the relationship between registration laws, education and voter turnout. American Politics Research, 28（1）: 80–95.

［43］Ibrahim N. A., Howard D. P., Angelidis JP. 2003. Board members in the service indus-try: An empirical examination of the relationship between corporate social responsibility orientation and directorial type.Journal of Business Ethics, 47（4）: 393-401.

［44］Johnson R. A., Greening D. W. 1999. The effects of corporate governance and institu-tional ownership types on corporate social performance. Academy of Management Journal, 42（5）: 564-576.

［45］Kassinis G., Vafeas N. 2002. Corporate boards and outside stakeholders as determinants of environmental litigation.Strategic Management Journal, 23（5）: 399-415.

［46］Kell G., Lacy P. 2010. Sustainability a priority for CEOs. Business Week 25 June. http: // www.businessweek.com/managing/content/jun2010/ca20100624 678038.htm（1 October 2010）.

［47］King A., Lenox M. 2002. Exploring the locus of profitable pollution reduction. Manage-ment Science, 48: 289-299.

［48］Lan L. L., Heracleous L. 2010. Rethinking agency theory: The view from law. Academy of Management Review, 35（2）: 294-314.

［49］Lubatkin M. 2007. One more time: What is a realistic theory of corporate governance. Journal of Organizational Behavior, 28: 59-67.

［50］Lublin J. S. 2008. Environmentalism sprouts up on corporate boards. Wall Street Journal 11 August. http: //online.wsj.com/article/SB121840356252128043.html（1 October 2010）.

［51］Luoma P., Goodstein J. 1999. Stakeholders and corporate boards: Institutional influences on board composition and structure. Academy of Management Journal, 42（5）: 553-563.

［52］Mackenzie C., Hodgson S. 2005. Rewarding Virtue: Effective Board Action on Corporate Responsibility.Insight Investment, Business in the Community and the FTSE Group: London, UK.

［53］Mahoney L. S., Thorne L. 2005. Corporate social responsibility and long-term compensa-tion: Evidence from Canada. Journal of Business Ethics, 57: 241-253.

［54］Marcus A., Geffen D. 1998. The dialectics of competency acquisition: Pollution preven-tion in electric generation. Strategic Management Journal, 19（12）: 1145-1168.

［55］Margolis J. D., Walsh JP. 2003. Misery loves companies: Rethinking social initiatives by business. Administrative Science Quarterly, 48: 265-305.

［56］Mattingly J. E., Berman SL. 2006. Measurement of corporate social action.Business & Society, 45（1）: 20-46.

［57］McGuire J., Dow S, Argheyd K. 2003. CEO incentives and corporate social performance. Journal of Business Ethics, 45: 341-359.

［58］McKendall M., Sáanchez C, Sicilian P. 1999. Corporate governance and corporate ille-gality: The effects of board structure on environmental violations. International Journal of Organiza-tional Analysis, 7（3）: 201-223.

［59］McNulty S. 2010. Investors increasingly concerned about climate change. Financial Times Energy Source4 March. http: //blogs.ft.com/energy -source/2010/03/04/investors -increasingly -con -

cerned-about-climatechange/(1 October 2010).

［60］McWilliams A., Siegel D. 2000. Corporate social responsibility and financial perfor
mance: Correlation or misspecification. Strategic Management Journal, 21（5）: 603-609.

［61］Miller D. 2007. Paradigm prison, or in praise of atheoretic research. Strategic Organiza-
tion, 5（2）: 177-184.

［62］Minichilli A., Zattoni A., Nielsen S, Huse M. 2011. Board task performance: An ex-
ploration of micro-and macrolevel determinants of board effectiveness. Journal of Organizational Be-
havior.doi: 10.1002/job.743.

［63］Neubaum D. O., Zahra S. A. 2006. Institutional ownership and corporate social perfor-
mance: The moderating effects of investment horizon, activism, and coordination. Journal of Man-
agement, 32(1): 108-131.

［64］O'Connor J. P. J. r., Priem R. L., Coombs JE, Gilley KM. 2006.Do CEO stock options
prevent or promote fraudulent financial reporting? Academy of Management Journal, 49（3）: 483-
500.

［65］Oxley J. E., Rivkin J. W., Ryall MD. 2010. The strategy research initiative: Recogniz-
ing and encouraging high quality research in strategy. Strategic Organization, 8（4）: 377-386.

［66］Parmar B. L., Freeman RE, Harrison JS, Wicks AC, Purnell L, de Colle S. 2010.
Stakeholder theory: The state of the art. Academy of Management Annals, 4（1）: 403-445.

［67］Roome N. 1992. Developing environmental management strategies. Business Strategy and
the Environment, 1（1）: 11-24.

［68］Schnatterly K. 2003. Increasing firm value through detection and prevention of white-col-
lar crime.Strategic Management Journal, 24（7）: 587-614.

［69］Shapiro S. P. 2005. Agency theory. Annual Review of Sociology, 31: 263-284.

［70］Stanwick P. A., Stanwick SD. 1998. The relationship between corporate social perfor
mance, and organizational size, financial performance and environmental performance: An empirical
examination. Journal of Business Ethics, 17（2）: 195-204.

［71］Stanwick P. A., Stanwick S. D. 2001. CEO compensation: Does it pay to be green?
Business, Strategy and the Environment, 10（3）: 176-182.

［72］Strike V. M., Gao J., Bansal P. 2006. Being good while being bad: Social responsibility
and the international diversification of U.S. firms. Journal of International Business Studies, 37（6）:
850-862.

［73］Tonello M. 2010. Sustainability in the boardroom. Director's Notes: The Role of the
Board in Sustainability Oversight. The Conference Board: New York.

［74］Torchia M., Calabrò A., Huse M. 2011. Women directors on corporate boards: From to-
kenism to critical mass. Journal of Business Ethics, 102（2）: 299-317.

［75］Tosi H. L., Werner S., Katz J., Gomez-Mejia LR. 2000. How much does performance
matter? A meta-analysis of CEO pay studies. Journal of Management, 26（2）: 301-339.

[76] Waddock S. A., Graves S. B. 1997. The corporate social performance-financial performance link. Strategic Management Journal, 18 (4): 303-319.

[77] Walls J. L., Phan P. H., Berrone P. 2011. Measuring environmental strategy: Construct development, reliability and validity. Business & Society, 50 (1): 71-115.

[78] Walsh J. P. 2005. Taking stock of shareholder management. Academy of Management Review, 30 (2): 426-438.

[79] Wang J., Dewhirst H. D. 1992. Boards of directors and stakeholder orientation. Journal of Business Ethics, 11: 115-123.

[80] Webb E. 2004. An examination of socially responsible board structure. Journal of Management and Governance, 8 (3): 255-277.

[81] Westphal J. D., Gulati R., Shortell SM. 1997. Customization or conformity: An institutional and network perspective on the content and consequences of TQM adoption. Administrative Science Quarterly, 42: 366-394.

[82] White A. L. 2006. The Stakeholder Fiduciary: CSR, Governance and the Future of Boards. Business for Social Responsibility: San Francisco: CA.

[83] Williams A. 2010. The case for greening executive bonus packages.Business Green 18 May. http: //www.businessgreen.com/bg/analysis/1807532/the -greening -executive -bonus -packages (1 October 2010).

[84] Zhang X., Bartol K. M., Smith KG, Pfarrer MD, KhaninDM. 2008. CEOs on the edge: Earnings manipulation and stock-based incentive misalignment. Academy of Management Journal, 51 (2): 241-258.

CEO 的政治意识形态：高管的价值观对企业社会责任的影响[*]

M. K. Chin，Donald C. Hambrick，Linda K. Treviño

【摘　要】本文考察了 CEO 的政治意识形态，具体指政治保守主义与自由主义，对组织产出的影响。我们提出，CEO 的政治意识形态会影响他们公司的企业社会责任（CSR）实践，我们假设：①自由主义的 CEO 会比保守主义的 CEO 更强调 CSR；②CEO 的相对权力会增强其政治意识形态与 CSR 之间的关系；③即使当财务绩效不好的时候，自由主义的 CEO 依然强调 CSR，然而保守主义的 CEO 只会在绩效允许的情况下继续 CSR 倡议。本研究通过一个包含 249 位 CEO 的样本检验以上假设，并对他们成为 CEO 之前 10 年的政治捐款进行编码，以测量他们的政治意识形态。结果显示，公司的 CSR 表现能体现 CEO 的政治意识形态。与保守主义的 CEO 相比，自由主义的 CEO 在 CSR 方面显现出较大的进展；当他们拥有更大权力时，CEO 的政治自由主义对公司 CSR 的影响会增强；自由主义 CEO 的 CSR 倡议比保守主义 CEO 的更少取决于近期的绩效。进一步研究后，我们发现 CEO 的政治意识形态与公司的政治行动委员会拨款显著相关，这说明这个大体上尚未被探讨的高管属性可能重要得多。

【关键词】价值观；政治意识形态；首席执行官（CEO）；高管；企业社会责任（CSR）；政治活动委员会拨款

上市公司的首席执行官在多大种程度上会将他们的价值观融入决策中？这个问题有着重要的实践意义，因为它使董事会甚至整个社会关注高管偏好在塑造大型经济企业的行为和产出方面潜在的重要意义。此外，这个问题造成了主要理论框架之间的一些不兼容性，或至少形成了一定的紧张关系。例如，在新古典经济学的框架下，企业基于环境条件（如市场、竞争、技术）采取行动，管理者不起作用或者其

---

* M. K. Chin, Donald C. Hambrick, and Linda K. 2013. Treviño. Political Ideologies of CEOs: The Influence of Excecutives' Values on Corporate Social Responsibility. Administrative Science Quarterly, 58（2）: 197–232.

初译由晁罡、林冬萍、刘子成和岳磊完成。

作用微乎其微（Teece & Winter，1984；Augier & Teece，2009）。类似地，根据新制度理论（DiMaggio & Powell，1983）和种群生态学理论的延伸（Hannan & Freeman，1977），管理者深受同构和惯性力量的约束，因此只对组织产出有较小的影响（Lieberson & O'Connor，1972）。

相反，代理理论核心是一个由两部分组成的前提：管理者能够显著地把其个人偏好注入到企业政策中；所有者面临的挑战就是要防止这种情况出现（Jensen & Meckling，1976；Eisenhardt，1989）。根据该理论，管理者倾向于一些共同的、本质上通用的趋势，包括权力扩张（empire-building）、中饱私囊（nest-feathering）、风险厌恶（risk-aversion）和怠工（shirking），即服务自己而不是所有者的利益。所有者能通过安排适当的监督和激励方案来改善代理问题。任何公司实践或绩效的异质性，都可以追溯到管理安排的不同（Rediker & Seth，1995）。

另一种视角，通常是从高层梯队理论出发的（Hambrick & Mason，1984；Hambrick，2007），同样考虑到了实质性管理的影响（substantial executive influence），但提出高管植入决策的个人取向各不相同。根据该理论，战略决策制定与其说是技术性的不如说是诠释性（interpretive）的工作，并且高管们透过由他们自己的经历、人格和价值观形成的高度个性化的"镜头"来感知他们的状况和可选方案。这些个性化的诠释反过来塑造了高管的选择。与代理理论相反，高层梯队理论假设公司行为或结果的异质性来自公司领导人之间的差异。

在高层梯队理论（Finkelstein，Hambrick & Cannella，2009）的许多实证研究中，绝大多数检验了CEO经历的作用（Miller & Shamsie，2001），小部分探索了CEO人格的影响（Peterson et al.，2003）；而考虑CEO价值观对决策的影响的研究甚至更少（Agle，Mitchell & Sonnenfeld，1999；Simsek et al.，2005）。一方面，对管理者价值观缺乏关注的现状非常突出，即便Hambrick和Mason（1984）对高层梯队理论的原始描述中已清楚地强调价值观的作用；另一方面，关于高管领导力（executive leadership）的早期文献中也强调过价值观注入管理行为（Barnard，1938；Selznick，1957；Andrews，1971）。但或许实证上对高管价值观的有限关注是可以理解的，正如Brickley、Smith和Zimmerman（1997）所说的，"聚焦于个人喜好的作用往往是有限的。偏好一般来说是无法观察的，而且几乎所有东西都可以解释成偏好的不同"。换句话说，从学术的立场来看，挑战出现了：需要考虑的可能是一个由无数喜好和偏好组成的数组，而且开发一个衡量高管个人喜好的先验量表是极其困难的。高管价值观也许的确影响企业行为，但是支持这个前提的理论和研究会受到限制，直到并且除非能够识别出某种稳健的、核心的价值观维度，以及能够开发出对这些概念的有效事前测量工具。这就是我们在这篇论文中所做的事。

当然，学界对高管价值观研究非常少，这个事实本身不是进行此研究的原因。

这其中还有更根本的原因。第一，上市公司的高管应该根据所有者的偏好做事，而不是自己的偏好（Jensen & Meckling，1976；Eisenhardt，1989；Waldman & Siegel，2008）。就 CEO 的价值观（被定义为"偏好某些事物的状态超过另一些事物的一个大概趋势"）（Hofstede，1980）而言，当价值观引导 CEO 采取公司所有者不会采取的行动时，就形成了代理错位。而且，CEO 的价值观各不相同，所有者和管理者之间的潜在（不）一致要比代理理论学家通常设想的要复杂得多。第二，与其他被高层梯队研究者检验过的高管属性（尤其是高管的经历和人格）相比，在雇用 CEO 的过程中，价值观往往不容易被观察到。即便价值观是显而易见的，还是没有证据显示 CEO 被选中的原因是他们个人的价值观。因此，CEO 的价值观可能会导致意料之外或至少是计划之外的结果。第三，价值观会有意识或无意识地通过公开或不公开的意图注入高管的行动中，并"蔓延"和"渗入"到组织的表现中，此过程没有大张旗鼓（fanfare），甚至连观察者也不能持续地觉察到（on-going awareness）。

我们预计，价值观可以通过两个渠道影响高管的选择。虽然我们做不到实证地观察到这两种机制，但是正如 England（1967）在一篇关于高管价值观的文章中提出的，以及 Finkelstein、Hambrick 和 Cannella（2009）所讨论的，对此进行解释是非常有用的。第一，一位高管的价值观可能会对他或她的选择有直接影响。在衡量可用的备选方案、现实、成功概率和发生意外的可能性后，高管会选择一个适合他或她价值观的行动方案。England（1967）把价值观的这种直接影响称为"行为引导"（behavior channeling）。这就是 Andrews（1971）在他的一本关于战略的专著《公司及其战略家：有关经济战略与个人价值观》其中一章里提到的过程。

第二，价值观通过"感知过滤"（England，1967）来间接影响选择。在这个过程中，高管有选择地搜索符合他或她价值观的信息，然后基于价值观来感知和诠释信息。通过这个被心理学家称为"动机认知"（motivated cognition）（Higgins & Molden，2003）的诠释过程，高管看见他们想看见的和听到他们想听到的（信息）（Weick，1979）。正如动机认知会让长期在位的高管在现状中看见极大的工具价值（Hambrick，Geletkanycz & Fredrickson，1993），CEO 的价值观也会塑造他们对企业各种行动的潜在效能的评价，包括 CSR 倡议。

我们并不假定 CEO 一手包办所有的决策。虽然 CEO 们会自己提出一些倡议，但他们更多的是对别人的提案做出反应（Bower，1970；Burgelman，1983）。CEO 制定提案或者认可其他人的提案，通过建立这样的环境来影响别人。他们通过雇用、提拔和解雇他人，与他人的沟通，给予激励，以及其他的管理安排来创造这个环境。CEO 的价值观也会注入这些举措，因而从多方面影响组织的政策，而远不止他们的直接决策。

我们提出高管的政治意识形态，具体来说就是他们在保守主义—自由主义维度上的立场，会被注入到他们的管理行为中。价值观理论家曾推论保守主义—自由主义维度是考量个人核心信仰的最主要构架之一（Feather，1979；Schwartz，1996）。政治心理学家提供的证据表明，商业精英包括高级管理人员，他们的政治哲学各不相同（Tetlock，2000；Francia et al.，2005），以及这些意识形态构成了某些高管的个人信念和身份认同的核心部分。因而，CEO 的政治意识形态看起来显然很重要。

作为关于 CEO 政治意识形态意义的首个实证研究，我们提出并检验了 CEO 个人价值观（政治保守主义对自由主义）会影响他们公司的企业社会责任举措的这个想法。CSR 的概念是关于商业组织目的的重要争论的中心，尤其是关于股东还有其他利益相关方至上的问题（Bowen，1953；Friedman，1970；Margolis & Walsh，2003）。如果我们能论证 CEO 的政治意识形态影响公司处理 CSR 的方式，我们就为理解一个关键商业现象做出了贡献。虽然研究者们已经考虑过 CSR 的各种决定因素，但是在这个领域内，更深入地认识对组织和社会而言都是有益的，因为公司CSR 表现之间的差异很大。为了检验我们的想法，我们构建了一个基于捐赠的指标来测量美国大公司的 249 位 CEO 的政治意识形态。我们检验 CEO 意识形态的测量变量与他们任期内公司 CSR 之间的关系。

CEO 政治意识形态对 CSR 的影响

尽管高管在一定约束下经营公司（Lieberson & O'Connor，1972；Hannan & Freeman，1977），他们对自己的行为通常还是有相当大的自由裁量权的（Hambrick & Finkelstein，1987）。建立在有限理性的概念上（Cyert & March，1963），Hambrick 和 Mason（1984）阐述了他们的高层梯队观点，提出高管透过由他们的经历、人格和价值观形成的高度个性化的"镜头"来做选择。尤其是在复杂的以及手段和目的具有大量模糊性的决策领域中，许多战略选择和组织结果因而成为了高管们自身的映像（Mischel，1977）。因此我们预想高管的价值观，包括他们的政治意识形态，能影响组织结果。

政治意识形态作为价值观：保守主义—自由主义维度

高管的政治意识形态反映他们的价值观，政治科学和政治心理学的文献为这一前提提供了大力支持（Rosenberg，1956；Layman，1997；Barnea & Schwartz，1998；Goren，Federico & Kittilson，2009）。事实上，政治意识形态有时被作为价值观来被定义："'政治意识形态'这一术语通常被定义为关于社会的特定目标以及它们该如何达成的相互联系的一组态度和价值观……"（Tedin，1987）。如 Jost

（2006）所写的，"……意识形态有助于解释为什么人们做他们所做的事；它塑造了他们的价值观和信仰。"

研究者长期以来一直对价值观和政治意识形态的关系感兴趣。Rosenberg（1956）最先实证研究了个人的价值观和他们的政治意识形态的关系。数十年后，Layman（1997）提出个人的价值观体现在他们的政治行为上，Barnea 和 Schwartz（1998）的研究也强有力地支持了个人的价值观与他们的政治主张间存在的关系。更近一些的研究如 Feldman（2003）写道："大量证据表明价值观是政治态度建构的主要来源。"因此，很显然，个人的价值体现在他们的政治意识形态上。

问题是如何表征政治意识形态的？在一大组可能的政治光谱（例如平等主义、共产主义、法西斯主义、古典自由主义、"左倾"主义、"右倾"主义、社群主义和其他）（Slomp，2000）中，自由主义—保守主义光谱被认为对理解个人核心价值观非常重要（Poole & Rosenthal，1984；Schwartz，1996）。据 Jost（2006）所说，左派—右派或自由主义—保守主义区别（distinction）是"两百多年以来，对政治态度进行归类的最有用和简化的方法"。

一位研究价值观的杰出学者 Schwartz（1996）也提出自由主义—保守主义光谱是理解个人核心信仰的最有意义的工具之一。基于他的大量研究，他提出古典自由主义涉及公民权利，而且一般政治意识形态上更倾向于自由主义的人，很可能会对社会问题较敏感，具体议题如多元化、社会变革（social change）、人权和环境等问题。Jost 和他的同事（Jost et al.，2003；Jost，2006）同样地，将自由主义者表征为那些力求推进社会公平、经济平等、有计划的社会变革和控制市场的人。相反，保守主义者看重个人主义、产权和自由市场，而且他们相信资源应该流向最有效率和效能的资源使用者（Murtha & Lenway，1994；Roe，2003；Detomasi，2008）。保守主义者还会更强调秩序、稳定性、对权威的尊重、现状以及商业需求（McClosky & Zaller，1984；Erikson，Luttbeg & Tedin，1988；Jost et al.，2003）。

政治科学领域也一直对企业的政治活动感兴趣（Keim & Zardkoohi，1988；Grier，Munger & Roberts，1994）。然而近些年研究者们转而对管理者和商业领袖的个人政治倾向感兴趣，这与他们领导的公司的政治议程非常不一样（Tetlock，2000；Burris，2001；Francia et al.，2005）。这些研究核心的结论就是，相比公司出于企业非常实际的原因从事政治活动，包括公司高层在内的个人从事政治活动主要是他们个人信仰系统的显现。大多数企业管理者是保守主义倾向的，但是他们的意识形态，从极度自由主义到保守主义，跨度是很大的（Burris，2001；Francia et al.，2005）。而且，这些意识形态是相对根深蒂固和持久的。正如 Burris（2001）在他对商业精英的研究中得出的结论："政治意识形态……往往是早期形成的，通常是父母传输给孩子的"，以及"它们在整个人生历程中相对稳定"，导致"稳定政治认同"的形成。在他对相关研究的综述中，提到 Jost（2006）指出成人的政治意识形态根源在于包含显著遗传成分的稳定人格差异，反映了"基本的认知和动机倾向"。因此，我们将 CEO 的政治意识形态看作是一个会影响企业 CSR 举措的相对稳定和持久的个人倾向。

企业社会责任背景

CSR 的概念一直是对企业组织目的的广泛争论的焦点（Kaysen，1957；Friedman，1970；Margolis & Walsh，2003）。CSR 被定义为"似乎（appear to）能促进在企业利益以外的某些社会福利，并且是超越法律要求的活动"（McWilliams & Siegel，2001）。CSR 是一个集合了各种各样意图超越企业所有者，服务利益相关方（包括员工、顾客、社区和社会）的组织实践的伞状概念。学者通常强调相关的管理行为必须是自愿的才能被看作是 CSR（Waddock，2004；Aguilera et al.，2007；Mackey，Mackey & Barney，2007）。一个崇高的观点是，CSR 对社会福祉有所贡献（Margolis & Walsh，2003）。一个实用的观点是，CSR 相当于"经过计算地购买广告和善意"（Knauer，1994）。一个消极的观点是，CSR 是对企业资源的侵吞和错配，相当于"偷取"了企业所有者的价值（Friedman，1970）。

在大量关于 CSR 的文献当中，有两种类型的著作比较流行：大量理论上和哲学上的对其优点，或者相反，对其误导的阐述（Friedman，1970；Jones，1995；McWilliams & Siegel，2001；Mackey，Mackey & Barney，2007），以及关于 CSR 与企业财务绩效间关系的实证研究。虽然文献综述和元分析研究得到了 CSR 和财务绩效正相关（Margolis & Walsh，2001、2003；Orlitzky，Schmidt & Rynes，2003），企业不负社会责任（犯罪）与财务绩效负相关（Heugens et al.，2011）的结论，还指出了前人研究中主要的方法论问题，以及一系列可能的调节变量（例如国家层次的制度因素，利益相关方的类型），但是如果进一步考虑到 CSR 可能对企业绩效有延迟和扩散作用，比如，企业未来发生负面事件，CSR 能提供像保险一样的保护机制（Kacperczyk，2009）或者让企业对潜在雇员更有吸引力（Turban & Greening，1997），那么 CSR 和财务成功之间的关系就变得越发复杂了。

虽然一些学者呼吁要在管理上给予 CSR 更多的关注（Margolis & Walsh，2003），但是另一些学者则认为管理者常常为了维护在群体中的个人声誉，提高他们以及其他利益相关方的地位，留下股东财富之外的"遗产"，而过分强调 CSR（Hemingway & Maclagan，2004；Cespa & Cestone，2007；Barnea & Rubin，2010）。根据这个观点，对 CEO 施加规范压力要求表现得像一个好的商业政治家，会抵消或超越对要求其关注企业财务绩效的压力，因此，这些理论家认为，很多 CSR 倡议是被严重伪装或滥加实施的仪式行为（Surroca & Tribó，2008）。

CSR 的决定因素

如果 CSR 是企业可自由裁量的，并且它对企业财务健康的影响又不太明朗，那么什么能够解释公司 CSR 表现的实质性差异呢？理论家们主要强调了 CSR 的外在驱动模型（Swanson，1999；Aguilera et al.，2007；Brickson，2007），聚焦于情境的影响，例如制度环境或民族文化（Christmann & Taylor，2001；Katz，Swanson & Nelson，2001；Kolk，2005；Neubaum & Zahra，2006）、全球化的商业环境（Davis，Whitman & Zald，2010）、政府行为和规制（Aaronson & Reeves，2002；Campbell，2005）、股东积极主义（David，Bloom & Hillman，2007）、社会合法性（Bansal & Roth，2000；Livesey，2001）、公共养老基金会积极主义（Clark & Hebb，2004）、消费者积极主义（Maignan，2001；Sen，Gürhan-Canli & Morwitz，2001）、企业的可见性（Chiu & Sharfman，2011）和当地社区层面的压力（Marquis，Glynn & Davis，2007）。

学界对 CSR 的企业内在决定因素的关注明显较少（Deckop，Merriman & Gupta，2006；de Villiers，Naiker & van Staden，2011），而且研究者才刚刚开始探索 CSR 可能取决于公司最高管理者的特质及其考虑事情的优先次序（Hemingway & Maclagan，2004）这一想法。例如，Muller 和 Kolk（2010）发现，在调查中评价自己道德承诺较强的管理团队，更可能从事 CSR 活动。Waldman、Siegel 和 Javidan（2006）检验了两种变革型领导特质对企业从事 CSR 的倾向的影响。他们发现，被经理人评价为具有高智力激发（倾向于质疑假设并以创新的视角看问题）的 CEO 更可能从事"战略性的"CSR（直接关系到企业竞争战略的活动），而不是从事"社会的"CSR（显示对广大社会关心的活动）。

CEO 的政治意识形态与 CSR

在吸收高层梯队理论的基础上，我们预设 CEO 政治意识形态（潜在价值观的显现）的差异会具体反映在他们公司的 CSR 举措上。正如前面的讨论，CEO 的政治倾向会影响他们对适合于 CSR 业务状况的感知（感知过滤），以及他们对 CSR 成果的偏好（行为引导）。就是说，结合某些（不可观察到的）情形，自由主义的 CEO（相对于保守主义 CEO）可能会预想 CSR 对企业所有者有利而且相信 CSR 在本质上是可取的。如果身居某些能直接或间接影响公司政策和实践的岗位上，自由主义 CEO 会比保守主义 CEO 更能推动 CSR——增加公司 CSR 的优势和消除对 CSR 的担忧。

还有一个论据来自于 Tetlock（2000）对中层管理者做的一个调查，他根据政治保守派和自由派（或平等主义者）对可选的公司治理模式的态度，发现了两者的差异。他推论，这是因为保守派把产权看得比其他权利重要，而且他们相信聚焦于股东财富能更高效地利用资源，所以更倾向于股东治理模型（相比利益相关方模型）。相反，自由主义派相信企业应该多关注社会需要；他们更可能认可企业的社会参与多样利益主体的多元责任。因此，如果 Tetlock 取样的经理人要成为 CEO 并影响企业产出，那么我们可以预期他们的意识形态会反映在其公司的 CSR 上。

假设 1（H1）：公司的 CEO 越倾向于自由主义，公司越会推进 CSR。

CEO 权力相对董事会的调节作用

迄今为止，我们把 CEO 描绘成在商业决策中可以相对不受限制地运用个人意识形态的人。但公认的是，CEO 拥有的权力多少各不相同（Finkelstein，1992；Bebchuk & Cohen，2005）。尽管 CEO 可以从自身特质获得权力，比如具有超凡魅力或与众不同的专长（Finkelstein，1992；Flynn & Staw，2004），或者由于股权分散而拥得权力（McEachern，1975；Galaskiewicz，1997），但 CEO 权力与董事会权力存在差异这一点是公认的（Gilson & Kraakman，1991；Finkelstein，Hambrick & Cannella，2009）。相对于外部董事，CEO 们占有公司股权的大小各不相同，股权授予了他们正式投票权和合法性（Morck，Shleifer & Vishny，1988）；他们的结构性权力各不相同，有些 CEO 担任董事会主席而有些则没有（Finkelstein & D'Aveni，1994）；董事会警惕和独立的程度也各不同（Westphal & Fredrickson，2001）。

现有研究已发现 CEO 权力之间的这些差异影响 CEO—特有结果（CEO-specificoutcomes），比如报酬和解聘（Boeker，1992；Main，O'Reilly & Wade，1993）。研究发现，CEO 权力是 CEO 倾向和战略成果间关系的重要调节变量。例如，CEO 权力能够作为一个调节变量，影响 CEO 狂妄自大的各类指标与大型收购的溢价规模之间的关系（Hayward & Hambrick，1997），及其与创始人 CEO 成功抵御收购行动的倾向的关系（Gao & Jain，2012）。

这一系列的文献表明，CEO 的权力会影响其倾向反映在公司决策中的程度。因此，我们预期 CEO 会依据其相较于董事会所拥有的权力，按比例地显现个人政治意识形态。当 CEO 的权力较小时，他们的意识形态会略微（如果有的话）体现在公司的 CSR 表现上；但是当 CEO 有较大权力，对决策逻辑和产出有重大影响时，他们的个人价值观会更生动具体地反映在 CSR 举措上。因此我们提出假设：

假设 2（H2）：CEO 政治自由主义与推进 CSR 间的关系受 CEO 权力调节。特别地，CEO 权力越大，CEO 政治自由主义与推进 CSR 间的关系越强。

近期财务绩效的调节作用

前人的研究曾指出，公司近期财务绩效与随后的 CSR 举措之间存在正向关系

(Orlitzky，Schmidt & Rynes，2003)，表明公司趋向于在财务上能负担得起时才会强调 CSR。然而，我们认为，近期绩效与 CSR 举措间的关系取决于 CEO 的政治意识形态，相对而言，自由主义 CEO 会比保守主义 CEO 受近期绩效的影响小。

如果政治自由派的 CEO 在认为 CSR 具有内在价值之外，还相信 CSR 会有助于最终结果，那么在推进 CSR 时，就可以预计他们对近期财务绩效相对不敏感。当公司绩效好时，他们会推进 CSR，但绩效不好时，他们还是趋向于强调 CSR，因为他们把 CSR 看作可以改进业务的一个要素。通过这个动机认知的过程（Higgins & Molden，2003），自由派 CEO 倾向于将 CSR 看作一个提升利益相关方忠诚度的途径，而他们认为这有助于改善经营成果。在他们眼中，CSR 不是简单地做好事，而是企业转型成功的一个要素。正如一个重视技术的 CEO 会将研发费用看作是业务改进的工具，或一个有国际视野的 CEO 会把海外扩张视为开启更高绩效的钥匙，一个自由主义的 CEO 会把 CSR 看作提升财务绩效的工具。假如绩效差时，自由派 CEO 可能缺乏资源以增加 CSR 承诺，但他们并不愿意减少当前承诺。

相反，政治保守派 CEO 更倾向于不可知论（如果不是对 CSR 的商业理由表示怀疑的话），其个人价值观未必支持 CSR 的成果，他们更可能会在他们可以"支付"得起时才推进 CSR。在当代商业情景下，高管面临来自媒体、政府机构、养老基金会等各种利益相关方的制度压力，去从事针对这些相关方的社会责任实践（Chiu & Sharfman，2011）。而且，如前所述，CEO 想要通过参与 CSR 提升他们作为商业政治家的境界（Jensen，2002；Surroca & Tribó，2008）。政治保守派的 CEO 对这些压力也不能"免疫"。同样地，保守派 CEO 估计会将 CSR 当作一种企业公民的可选行为，并在条件宽裕的时候才从事。政治保守派 CEO 可能会调和个人的怀疑态度，一方面各种各样的声音呼吁他们去履行 CSR，另一方面他们又只在公司财务绩效允许的情况下才推进 CSR 举措。因此我们假设：

假设 3（H3）：CEO 政治自由主义和公司近期绩效的交互作用会负向影响CSR 推进：CEO 越倾向自由主义，近期绩效对 CSR 推进的影响越小；CEO 越倾向保守主义，近期绩效对 CSR 推进的影响越大。

方　法

样本和研究设计概述

基于多重考虑，我们的样本选取了标准普尔 1500（S&P 1500）中公司的 CEO，这些 CEO 都是在 2004~2006 年上任的。我们以这些新近上任的 CEO 作为样本，就可以从头考察他们进入公司后的 CSR 表现。与之前只适用于少数公司的 CSR 数据相比，2004 年是 CSR 数据广泛适用于公司的第一年（会在下文进行详细描述）。CEO 样本的选取截至 2006 年，因为 CSR 数据有效期只到 2009 年，而我们对每个 CEO 的观察期为至少三年[①]。对于如何选择样本，我们还有额外的三个条件。第一，为了可靠地控制行业层面的 CSR，我们只选择 CSR 数据库中至少包含五家公司数据的行业（基于两位标准行业分类系统，2-digit SICs）的 CEO；第二，由于我们对每个 CEO 政治意识形态的测量根据的是他们成为 CEO 之前的行为，因此我们排除了在其他公司已担任过 CEO 的人；第三，为至少能最低限度地观察到 CEO 的 CSR 趋向，我们选择的 CEO 至少任职过两年。根据以上三个条件，我们共收录了 249 个 CEO 作为样本。

正如下文会描述到的，我们的自变量——CEO 政治自由主义的测量是通过考查他们成为 CEO 之前 10 年内的政治捐赠（从 t-10 到 t-1，t 是开始任职的年份）。例如，对于一个在 2004 年上任的 CEO，我们需要考查的时间跨度是从 1994 年到 2003 年。对 CSR 的测量依据的是 KLD（Kinder Lydenberg Domini）数据库，该数据库每年都会对个体公司的 CSR 表现进行考查。我们用年度 KLD 分数作为 CEO 任期内每一年的（不包括上任的那一年）得分，即设计成 t+n 的形式，截至 2009 年。所以，如果一个 CEO 在 2004 年上任，一直做到 2009 年，我们就取得了这个公司 5 年（2005~2009 年）的 CSR 观察值。去除缺失数据后，在这个框架下，我们获得了 748 个企业年的合并时间序列样本以供各项检验使用。

每个 CEO 的政治自由主义得分在任职期间保持不变，这反映了政治意识形态相对稳定的假设。基于滞后的考虑，政治意识形态时间上先于 CSR 和绩效产出的测量，从而消除了意识形态测量和因变量间任何的递归关系。此外，通过专注于 CEO 上任前的捐赠，以及通过排除掉那些已在其他公司担任过 CEO 的人，我们减少了这样的可能性，即 CEO 捐赠模式反映他们代表的企业的利益而非个人价值观。

政治意识形态测量

在美国，自由主义和保守主义的区别还与两个主要的政党有关，民主党（倾向自由主义）和共和党（倾向保守主义）。按照 Goren 和他同事的说法（Goren, Federico & Kittilson, 2009），"在普通公民的信仰系统中，政党认同代表着最稳定和影响最深的政治倾向"。Pools 和 Rosenthal（1984）认为，美国国会中的大多数政治矛盾，用自由主义—保守主义即可加以概括，即民主党通常标榜自由主义立场，而

---

① 如下所述，CSR 数据取自（Kinder Lydenburg Domini，KLD）数据库。2010 年，KLD 大幅改变了它的 CSR 项目清单，使得其与前几年数据的可比性大大降低了。（作者注）

共和党则支持保守主义立场。其他的研究者（Dunlap & Allen，1976；Diaz-Veizades et al.，1995）也注意到了这一模式。

McCarty、Poole 和 Rosenthal（2006）指出保守主义和自由主义的分歧仍然很大，认为政党在自由主义—保守主义维度的立场的悬殊差异近些年来一直在扩大。这一点 Hetherington（2009）也同意，他发现美国国会成员间的党派之争愈演愈烈，共和党成员越来越倾向于保守主义，而民主党成员越来越倾向于自由主义。最后，Just（2006）注意到民意调查也反映了这些尖锐的意识形态分歧。

因此，我们通过考察每个 CEO 支持民主党（共和党）的程度来测量他们的政治自由主义，采用的是个人政治捐款的数据。虽然一些政治捐献受提高影响力的欲望驱动，但政治学家的研究结论是，个人捐款，即我们考察的内容，绝大部分是受个人意识形态驱动的（Francia et al.，2003，2005；Ensley，2009）。在对前人研究进行全面回顾的基础上，一些学者总结道："个人捐款'不应被认为是一项投资，而应该看作是消费的一种形式，或者用政治的语言来说，是一种参与'"（Ansolabehere，de Figueiredo & Snyder，2003）。因此我们相信，我们所使用的政治捐款数据，尤其是我们选取的是一个较长期间内的数据，尽管不完全准确，但是仍然能有效地反映政治意识形态。

政治捐款数据来源于美国联邦选举委员会（U.S. Federal Election Commission，FEC），它是负责监管和公开竞选财务信息的独立监督机构。FEC 会记录向独立候选人，联邦办公室竞选委员会，国家、州和地方政党，以及 PAC 捐献超过 200 美元的个人捐款。该机构会公开每个人的每份捐款，包括捐款者的姓名、所在的州和城市、街道地址、邮政编码、职业、雇主、捐款金额、日期以及对象。自 1993 年，这些信息可以直接从 FEC 的网站上获取，也可以通过一些无党派的研究机构看到，如政治响应中心（Center for Responsive Politics，www.opensecrets.org）。虽然这些机构会修改数据的格式，但他们报告的还是从 FEC 获得的准确信息。

根据从政治响应中心获得的数据，我们对这些高管成为 CEO 前 10 年的捐献记录进行了编码。这个时间跨度足以涵盖 5 次国会选举和两次总统选举，保证了对高管捐赠模式的解释有意义。为了排除与样本 CEO 名字相似的人，我们竭力核实了每个 CEO 的捐献，包括核对他们的中文名字、名字缩写、地址信息、职业和雇主信息。此外，我们还用名人姓名数据库（Notable Names Database，NNDB）、MergentOnline、HooversOnline、公司官网上的高管介绍以及其他网络资源来帮助确认每个捐款者的身份。

运用这些 CEO 捐款信息，我们计算了四种指标，它们分别代表政治捐款的不同方面，最终形成我们的政治自由主义指数：①给民主党捐款的次数除以给两个政党捐款的总次数（考虑到出现零值的情况，我们给所有分子和分母分别加上 0.1 和

0.2）；②给民主党捐款的金额除以给两个政党捐款的总金额；③给民主党捐款的总年数（在 10 年的时间框架内）除以给另一党派捐款的总年数；④明显是民主党的接受捐款者的人数除以两个党派的受捐者总人数。这四个指标分别表示了一个人的行为承诺、经济承诺、承诺的持续性、政治倾向承诺的范围。长达 10 年测量的四个指标，使得偶然的或者表象的行为对意识形态分数的影响降低到最小。

对于这些计算，我们采用的数据涵盖了对单个候选人、政党委员会的捐款以及对明显倾向民主党或共和党的 PAC 进行的捐款，对于那些倾向不明确的 PAC，我们将其排除在外。由于包含了对政党和对 PAC 的捐赠，增加了得分反映真实政治导向而非私人关系的可能性。

由于这些指标有着相似的平均值和方差，并且都是在 0~1 的区间内，我们把这四个值的简单平均作为政治自由主义指数的得分（Cronbach's alpha = 0.92）。这个指数的得分范围是从 0 到 1，如果它的值大于 0.5，代表自由主义的程度，如果小于 0.5，则代表保守主义的程度。例如，一个高管（在 10 年间）曾经 6 次捐款给民主党，两次捐给共和党；捐给民主党 2000 美元，共和党 450 美元；有三年的时间他捐给民主党，两年的时间捐给共和党；有 5 个不同的民主党受助人，仅仅一个共和党受助人。这个高管的四个指标的得分如下所示：

捐款次数代表的自由主义倾向 = (6 + 0.1) / (8 + 0.2) = 0.74

捐款金额代表的自由主义倾向 = (2000 + 0.1) / (2450 + 0.2) = 0.82

捐款年数代表的自由主义倾向 = (3 + 0.1) / (5 + 0.2) = 0.6

不同党派受助人数代表的自由主义倾向 = (5 + 0.1) / (6 + 0.2) = 0.82

取上面四个指标的平均值，该高管的政治自由主义指数的得分是 0.74，相对倾向于自由主义。

我们的样本 CEO 总体来说是倾向于保守主义的，其政治自由主义指数的平均得分是 0.39。总体的分布如图 1 所示。从图 1 中我们可以看到，大约 47% 的 CEO 位于中值附近（包括没有捐款的人），38% 的 CEO 处于保守主义这一侧，15% 的 CEO 则位于自由主义的一侧。

一个合理的疑问是：是否正如 Burris（2001）和 Jost（2006）对政治意识形态的研究中和我们使用 10 年窗口期所假设的那样，捐款模式随时间推移而保持稳定？为了探讨这个问题，我们分别计算了高管在 10 年中前五年和后五年的得分。我们将得分在 0.6 以上的视为自由主义，0.4 以下的视为保守主义，结果发现在 249 个高管中只有 9 个高管转换了类别。如果我们对自由主义和保守主义进行更严格的分类的话，比如将得分在 0.8 以上视为自由主义，0.2 以下视为保守主义，结果显示涵盖的所有高管都没有转换类别。因此，高管的捐献模式是相对稳定的。

下面我们解决 CEO 意识形态可能的内生性问题，但此时有必要提醒的是，意

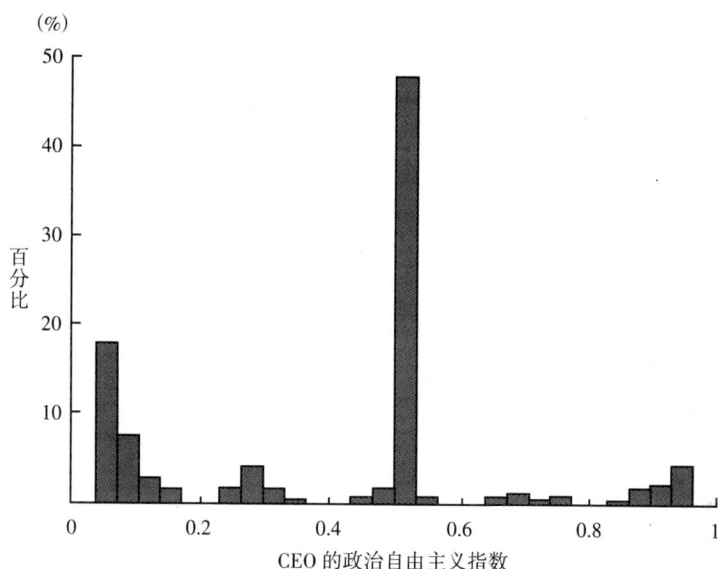

图 1　CEO 政治意识形态得分分布图

识形态得分并不存在行业系统差异。比如，石油公司的 CEO 通常被刻板地认为是保守的，但根据我们的尺度，其得分却分布分散；科技公司的 CEO 通常在人们印象中是相对自由主义的，其得分也并不集中等。另外，与政治意识形态稳定这一前提相一致，CEO 的年龄与政治意识形态的得分不相关。此外，CEO 的受教育程度与意识形态得分也不相关。

有效性检验。与任何一个间接测量心理属性的方法一样，人们有理由怀疑我们基于捐款计算出来的指数能否有效反映政治意识形态。因此，我们做了一个基于问卷调查的有效性检验。利用一所大型公立大学的校友数据库，我们向 246 位校友发送了调查问卷，他们在近三年内更新了档案，自我报告的头衔都是副总裁、高级副总裁、执行副总裁、首席财务官和首席运营官（但都不是 CEO）。我们的目的是利用他们大致模拟我们选取的样本（他们在观察捐款模式的期间都是商业高管，但还不是 CEO）。这些被选作样本的校友毕业于不同的专业（不仅仅是商学院）。我们也没有根据高管的年龄、地理位置、行业或者公司规模进行选择和划分。与目标样本相比较，我们可以认为这些校友几乎没人会成为 CEO，也可以认为他们所在公司的平均规模远小于我们主要样本选取的标准普尔 1500 公司，但是没有明显的理由说明这些因素会使这个有效性检验有偏差。

我们的调查问卷主要包含这样一个问题：你会将你的政治信仰归于哪一类？调查对象被要求圈出以下几个选项中的一个：非常保守主义、中等保守主义、轻微保守主义、介于保守主义与自由主义之间、轻微自由主义、中等自由主义、非常自由主义。在回复的邮件中，我们收到了 106 份有效问卷，回收率为 43%。

对于每个回复者，我们通过 opensecrets.org 数据库来获取他们的政治捐赠数据，并按照我们对主要样本的做法对他们最近 10 年的捐赠数据进行了编码。根据他们自己的选择，按照 7 分等距量表（1 = 非常保守主义；7 = 非常自由主义）进行打分，并将这些得分与基于捐款计算出来的指数进行相关系数分析，得出的数值是 0.51（p<0.001）。根据心理测量学中校正项的总计相关（corrected item–total correlations）方面的文献，如果单个题项（我们的单项调查）与一个复合指标（我们的政治自由主义指数）的相关系数大于 0.40 的话，就说明两者之间具有统计意义上的相关性（Nunnally & Bernstein, 1994）。因此，尽管承认基于捐赠的指数是一个不尽准确的指标，但它是一个测量政治意识形态的适度有效的指标。

因变量：企业社会责任

我们利用 KLD 得分来考察每个公司的 CSR 表现。KLD 数据由 KLD 金融咨询公司（Kinder, Lydenberg, Domini Company）提供，如今已被广泛地应用，并且被普遍认为是能够全面衡量 CSR 的最好数据（Agle, Mitchell & Sonnenfeld, 1999；Coombs & Gilley, 2005; Choi & Wang, 2009; Kacperczyk, 2009; 等）。KLD 聘请独立的分析师，他们运用多种数据来源，包括年度调查、年度报告、代理权公告以及商业杂志上的文章，以此来从多方面（如环境、人权等）对公司每年的 CSR 表现进行打分。每个类别之下，KLD 每年都会就每个公司是否具有（或缺失，因此是 0-1 变量）几个具体的"强项"（strengths）（模范品质）以及是否具有（或缺失）具体的"忧患"（concerns）（存在问题的议题）进行打分。比如，在"社区"这一类别下，其中一种强项涉及慈善捐赠，而其中一种忧患则涉及对社区造成的负面经济影响。

尽管 KLD 数据库得到学者们广泛而持续的应用，但它还是存在一定局限性。有学者质疑 KLD 数据库的主观性，遗漏难以测量的干扰项（Entine, 2003），以及掩盖行业的影响（Rowley & Berman, 2000；Chiu & Sharfman, 2011）。尽管如此，KLD 数据相比其他可用的度量，比如财富杂志的名誉排名，问题较少且较为客观（Wong, Ormiston & Tetlock, 2011），并且实证研究也支持了它的信度和效度（Sharfman, 1996；Szwajkowski & Figlewicz, 1999；Walls, Berrone & Phan, 2012）。另外，KLD 得分还被机构和个体社会投资者广泛应用，进一步说明了 KLD 得分被认为是富有意义的（www.msci.com）。

为衡量每个公司的年度 CSR 表现，我们采用六个 KLD 类别来估计企业对除股东外的利益相关方的承诺，分别是产品质量、员工关系、多元化、社区关系、环境和人权①。在这些类别之下，KLD 每年会合计 40 个强项和 34 个忧患（所有的项目都可以向作者索要）对公司进行评级。对于因变量，我们计算公司每年的净 CSR 得分，即公司强项的总数与忧患总数的差值。举个例子，如果一个公司某年内有共计 8 个强项、10 个忧患，那么其 CSR 表现的得分就是-2。

我们所使用的 CSR "净得分"（年度 KLD 中强项数与忧患数的差值）与我们的观点——自由主义 CEO 倾向于增加社会效益同时减少社会伤害是一致的。我们预想那些有意识或下意识地总体考虑 CSR "分类账"两侧的 CEO 们，会深入思考总的四种可能性：我们是否应该为增加 CSR 强项而投资？我们是否有失去已有 CSR 强项的风险？我们是否应该消除一些 CSR 忧患？我们是否有招致新忧患的风险？我们使用的 KLD 净得分也遵循了重要的传统做法，一些新近发表的文章也采用了同样的方法（Deckop, Merriman & Gupta, 2006; David, Bloom & Hillman, 2007; Choi & Wang, 2009; Wong, Ormiston & Tetlock, 2011）。

控制变量和调节变量

我们控制了一系列潜在的干扰因素。基于前人对 CSR 的研究（Matten & Moon, 2008），我们控制了 CSR 的行业平均值。这里采用与测量因变量一样的方法进行计算（每一目标年为 t+n），但基于的是与目标公司处于同样二位行业（2-digit industry）中所有公司的数据（目标公司除外）。

我们控制了每个 CEO 被任命前该公司的 CSR 表现。我们计算了变量 "CEO 上任前的 CSR"，方法是其作为 CEO 上任当年和上任前一年（即 t 和 t-1）的公司平均 CSR 得分（总强项减去总忧患）。我们把 CEO 任命年份也包含在其中，是因为该年的 CSR 得分不能归因于新任 CEO。作为对每个 CEO 上任前政治倾向的额外控制，我们还加入了一个能够反映公司 PAC 支出的变量。利用公司的 PAC 捐款记录（opensecrets.org），我们创建了 "PAC 民主党倾向"指数，它的计分方法类似于政治自由主义指数（具体细节见下文），使用 CEO 任命前两年的数据。这个指数的值的范围是 0~1。对于那些没有 PAC 捐款记录的公司，我们将其设定为 0.5；同时我们还加了虚拟标记——"PAC 虚拟"，如果公司得到了这样的中立分数，则记为 1。

我们还控制了在前人有关 CSR 的研究中常用到的几个因素，这些因素对应每个目标年的前一年（即 t+n-1）都会有一个数值，包括企业规模，以销售额计（取对数）；公司余冗，以公司长期的权益负债率（debt-to-equity）计（取对数）；绩

---

① 我们排除了 KLD 中 "公司治理"这一类别，因为这一类别主要关注对股东的责任。我们还排除了 "有争议业务"这一类别（比如，公司对军事合同、赌博或烟草的涉足），因为这些不能代表一个给定公司的可操作的决策领域。

效，以公司的账面市值比（market-to-book，MTB）与行业平均 MTB 的差值计，即所谓的行业校正 MTB（industry-adjusted MTB）（取对数）。考虑到 CEO 的政治意识形态与公司近期绩效的相互作用，行业校正 MTB 还可作为假设 3 的调节变量①。

我们还控制了公司治理情况，包括一个 CEO 相对（董事会和大股东）权力的指标（该指标在每个目标年 t+n 都会更新）。考虑到管理权力累积自多种来源这一前提（Finkelstien，1992；Adams，Almeida & Ferrira，2005），我们计算了一个合成指数（Diamantopoulos & Winklhofer，2001；McDonald，Westphal & Graebner，2008），该指数从前人研究中被广泛使用的三个变量中得到（Finkelstein，1992；Pollock，Fischer & Wade，2002；Haynes & Hillman，2010），包括 CEO 二元性的虚拟变量，CEO 兼任董事会主席记为 1；CEO 的相对所有权，即 CEO 持股百分比与外部董事持股百分比的差值；CEO 任职后任命的外部董事占比。这些变量经标准化后取平均值形成 "CEO 权力指数"（取对数）。该指数还充当假设 2 中的调节变量，即 CEO 政治自由主义与 CSR 推进间关系的调节变量。基于之前的研究，公司的持股情况会影响 CEO 行为（McEachern，1975；Galaskiewicz，1997），我们还考虑了 "大股东持股"，以个人持股 5% 以上的外部股东他们所持股份的总百分比计。我们还用简单的虚拟变量测试大股东存在的影响，以及用一些指标试验机构投资者的影响，发现我们研究的结果没有实质性的改变。权力和所有权的数据是从 Riskmetrics、Execucomp 和 FactSet 的数据库以及代理权公告中获取的。

在 CEO 层面，我们还控制了某个 CEO 的政治行动主义程度，即 "CEO 捐款全额"（上任前的 10 年）。最后，我们用一个简单计数变量来表示每个目标年（t+n）的 "CEO 任期"。

解决可能的内生性问题

由于存在自由主义（或保守主义）的 CEO 具有被选择或被吸引到特定 CEO 岗位上的可能性，我们做了两个检验来解决内生性的问题。第一个检验针对的是这样一种可能性：一个公司最近正好卷入一个明显的丑闻或劣迹需要形象修复时，董事会可能会特别倾向于任用一个自由主义 CEO。比如面对一些诸如环境问题、种族歧视、人权问题、欺诈行为、安全问题、性丑闻或其他类似的丑事时，董事会可能会尤其渴望聘请到一个能兼顾所有利益相关方的 CEO。这样的 CEO 一般倾向于自由主义（即使不是明确地因此而被选择），可能会强调 CSR，并非有意坚持，而是作为恢复企业社会名望的程序的一部分。

为了探究这种可能性，我们进行了媒体分析来识别那些在样本 CEO 上任前一

---

① 采用其他绩效指标（包括 ROE）时，检验 H3 的结果是相似的。

年卷入过各种各样丑闻或劣迹的公司。我们首先根据 Mishina 等（2010）编写的一个搜索项目列表制订了一个包含了 35 个丑闻相关术语的较综合的词典，已列在附录中（例如大灾难、欺诈、违法、不端行为），然后在《纽约时报》和《华尔街日报》中自动搜索这些术语（匹配样本公司，且于新 CEO 上任前 12 个月内）。我们检查了每个条目以确保它确实提到了该公司的污点或劣迹。比如，我们排除了"某某公司在最近几年内没有发生任何重大环境污染"这样的条目。我们发现文章中这些条目涉及了 49 家样本公司。我们有几种备选打分机制：用二元指标来衡量有无被这些文章提及；用二元指标来衡量被三个以上或五个以上条目提及或没有被提及；用数值表示被这些文章提及的次数（从 0 到 61）。我们发现，这些有关公司丑闻的指标与我们对 CEO 政治意识形态的测量没有关联。比如，那些被 5 篇及以上相关文章提及的公司，平均 CEO 自由主义得分是 0.47，而没被任何相关文章提及的公司，平均 CEO 自由主义得分是 0.39，二者没有显著差别。

第二个检验中，我们考察了一系列更广泛的可能影响任命 CEO 类型（自由主义和保守主义）的情况。我们对 CEO 政治自由主义与一系列可能的前因变量进行了回归，包括公司总部所在地、CEO 上任前的 CSR 状况、行业部门、上述的各类丑闻指标以及日历年虚拟变量。由于位于严重倾向民主党的州的公司可能会聘用自由主义 CEO 的假定，我们采用了一个虚拟变量，把总部位于 Gallup（Jones，2009）列出的 10 个民主导向最明显的州的公司编码为 1。[①] 我们还推测，一个自由主义的 CEO 更可能被那些有 CSR 缺陷的公司（或者相反，即有明显 CSR 倾向的公司）任用，因此，我们还将 CEO 上任前该公司的 CSR 得分作为一个预测变量。为了检验特定行业青睐自由派或保守派 CEO 的可能性，我们用了虚拟变量来代表不同行业：高科技行业、自然资源行业、消费品行业、公共事业、金融业以及其他服务业。最后，为了考察这些新任 CEO 的政治倾向是否会随着时间而系统地改变，我们还增加了日历年虚拟变量。在所有这些因素中，只有公司总部所在地在回归分析中是显著的。接下来，我们引入了一个内生性工具——CEO 政治自由主义的预测值到我们的主要分析中。由于这个内生性控制变量的引入并不会改变我们的任何结果，节省起见，我们把它从文章模型中省略掉了。

这些内生性分析表明，CEO 并不是因为他们的政治意识形态才被选择的。没有任何迹象表明自由派 CEO 趋向于被一个深陷丑闻或存在 CSR 缺失的公司聘用；也没有迹象表明，他们会被不成比例地选入一个 CSR 履行得很好的公司。在有关 CEO 连任的商业报道或学术文献中，基本不会出现有关 CEO 的政治倾向与其受雇

① 这些州是：罗德岛、马萨诸塞州、夏威夷州、佛蒙特州、纽约州、康涅狄格州、马里兰州、伊利诺伊州、特拉华州。

相关的内容。同样，我们的分析表明政治偏好与他们被任命为 CEO 的关系是相当偶然的，同时也没有严重的内生性。

估计方法

我们用广义估计方程（Generalized Estimating Equations，GEE）来处理因变量多个观察值的问题。GEE 源自最大似然估计而且适用于非独立观察值，所以它适用于横截面时间序列分析（Liang & Zeger，1986）。我们没有使用固定效应模型，因为当模型中包含不随时间变化的变量（比如政治自由主义）时，它是不适用的。具体而言，我们使用的是 Stata 11.0 中的"xtgee"指令，它既适用于一般线性模型，也允许我们指定面板数据的组内相关结构（StataCorp，2009）。由于我们因变量的数值既有正数也有负数，而且呈正态分布，所以我们指定了一个带有身份链接功能的高斯（正态）分布，以及一个可变更的相关结构（对所有模型）。模型中所有的回归都用了稳健性方差估计（White，1980）。

结　果

表1描述了平均值、标准差和所有变量之间的相关系数。

表 1　相关性和描述性统计

变量	平均值	标准差	1	2	3	4	5	6	7	8	9	10	11	12
1.CEO 政治自由主义	0.39	0.27												
2.CEO 捐款总次数	7.25	14.12	−0.13											
3.CEO 任期	2.51	1.23	−0.06	0.02										
4.CEO 权力指数	0.02	1.75	−0.07	0.08	0.25									
5.前年销售额	8.14	21.5	−0.11	0.41	0.07	0.03								
6.前一年行业校正 MTB	0.08	6.93	−0.02	0.01	0.09	−0.02	0.11							
7.前一年权益负债率	0.57	0.64	−0.10	0.16	0.08	0.07	0.14	0.02						
8.大股东持股	0.17	0.13	−0.03	−0.13	0.10	0.04	−0.30	−0.07	−0.04					
9.PAC 民主倾向	0.45	0.09	0.16	−0.45	−0.01	−0.03	−0.49	−0.02	−0.22	0.15				
10.PAC 虚拟	0.74	0.44	0.08	−0.48	0.00	−0.02	−0.58	−0.01	−0.22	0.18	0.89			
11.行业平均 CSR	−0.19	0.89	0.04	−0.13	−0.03	−0.08	−0.14	0.03	−0.22	−0.01	0.18	0.18		
12.CEO 上任前 CSR	−0.21	2.03	0.03	0.01	0.01	0.00	0.11	0.05	−0.10	−0.08	0.07	0.03	0.32	
13.CSR	0.06	2.89	0.13	−0.01	0.04	−0.05	0.05	0.08	−0.18	−0.08	0.06	0.04	0.27	0.74

注：这些变量在进行多变量分析前都进行了取对数处理。这里报告的平均值和标准差都是原始变量的值。

表2展示了检验 CSR 相关假设的 GEE 结果。根据沃尔德卡方检验，所有的模型都是高度显著的。其中，模型 1 只含控制变量，模型 2 检验了政治自由主义对

CSR 的主效应，并表明政治自由主义与总 CSR 显著正相关（p<0.05）（同时控制了 CEO 上任前的 CSR 和其他相关因素的情况下），这也为假设 1 提供了初步的支持。

表 2　CEO 的政治自由主义对 CSR 影响的 GEE 分析（N=748 企业一年）

预测变量	模型 1	模型 2	模型 3	模型 4	模型 5
截距	0.62 (1.33)	0.51 (1.26)	0.40 (1.26)	0.88 (1.33)	0.77 (1.33)
行业平均 CSR	0.04 (0.13)	0.03 (0.13)	0.02 (0.13)	0.03 (0.13)	0.02 (0.13)
CEO 上任前 CSR	1.07*** (0.08)	1.06*** (0.08)	1.06*** (0.08)	1.06*** (0.08)	1.06*** (0.08)
前年销售额	−0.13 (0.11)	−0.12 (0.11)	−0.11 (0.11)	−0.11 (0.11)	−0.10 (0.11)
前一年行业校正 MTB	0.02 (0.06)	0.02 (0.06)	0.02 (0.06)	0.03 (0.06)	0.03 (0.06)
前一年权益负债率	−0.87*** (0.29)	−0.84*** (0.29)	−0.85*** (0.29)	−0.82*** (0.28)	−0.83*** (0.28)
PAC 民主倾向	−0.68 (3.17)	−2.10 (3.18)	−1.92 (3.14)	−2.20 (3.18)	−2.01 (3.14)
PAC 虚拟	0.09 (0.64)	0.34 (0.61)	0.32 (0.60)	0.38 (0.61)	0.35 (0.61)
大股东持股	−0.58 (0.39)	−0.56 (0.39)	−0.57 (0.39)	−0.55 (0.39)	−0.55 (0.39)
CEO 捐款总次数	0.00 (0.01)	0.00 (0.01)	0.00 (0.01)	0.00 (0.01)	0.00 (0.01)
CEO 任期	0.12*** (0.04)	0.12*** (0.04)	0.14*** (0.05)	0.12*** (0.04)	0.14*** (0.05)
CEO 权力指数	−0.20 (0.54)	−0.18 (0.53)	−2.79* (1.50)	−0.30 (0.51)	−2.79* (1.51)
CEO 政治自由主义		1.16** (0.57)	1.11** (0.56)	1.18** (0.57)	1.12** (0.56)
CEO 政治自由主义×CEO 权力指数			3.46** (1.66)		3.30** (1.68)
CEO 政治自由主义×前一年行业校正 MTB				−0.44** (0.18)	−0.40** (0.18)
沃尔德卡方	241.79***	242.24***	251.98***	242.73***	253.20***

注：①* 表示 p < 0.10，** 表示 p < 0.05，*** 表示 p < 0.01。
②括号内是标准差。

模型 3 检验了假设 2，即 CEO 的权力会放大 CEO 政治自由主义对 CSR 的影响。结果显示，CEO 政治自由主义与 CEO 权力的交互作用显著为正（p<0.05），这也初步支持了假设 2。

模型 4 检验了假设 3，即近期绩效会负向调节 CEO 自由主义与推进 CSR 的关系，或者说，自由派 CEO 的 CSR 举措相比保守主义 CEO 的 CSR 更少依赖于近期绩效。结果显示，CEO 政治自由主义与公司最近一年的行业校正 MTB 的交互作用为负，且显著（p<0.05），为假设 3 提供了初步的支持。当这些相互作用用图形表示时，如图 2 所示，可以更直观地佐证假设 1 和假设 3：自由主义 CEO 比保守主义 CEO 表现出更高水平的 CSR（在控制了其他所有变量的前提下），而且自由主义 CEO 明显对近期绩效较不敏感。更准确地说，不管公司前一年的行业校正 MTB 是高还是低，相对偏自由主义的 CEO 所在的公司的年平均 CSR 得分都是 1.10 左右。而相比之下，保守主义 CEO 的公司的年平均 CSR 得分在近期绩效较好时是 0.30 左右，而在公司绩效不好的时候大约只有 –0.20。

最后，模型 5 包含了所有的变量，并支持了这三个假设，即 CEO 政治自由主义与 CSR 呈正相关（H1）；CEO 政治自由主义和 CEO 权力的相互作用与 CSR 呈正相关（H2）；自由主义 CEO 的 CSR 举措相比保守主义 CEO 的，更少依赖于公司的近期绩效（H3）。

作为一个灵敏度测试，我们试图检验我们的指标对于那些捐款很多的 CEO（相对于捐款很少或不捐款的 CEO）政治意识形态的测量更可靠。在初步检验中，我们重新分析表 2 中的数据，但是排除了那些没有任何捐赠的 CEO（在我们的评分系统中得分为 0.5）。我们假设的结果都没有发生变化，说明我们把没有捐赠的 CEO 取中间值的做法是合适的。在第二个测试中，我们根据 CEO 的捐赠次数来对他们的政治意识形态得分进行加权，这么做的逻辑是，意识形态得分，比如 0.2 分，如果是基于多次捐款得出的，可能会比基于少数几次捐款得出的，承载着更多的意义。当这个加权项（政治意识形态得分乘以捐款次数加 1，加 1 便于处理零值），被添加进表格 2 中的模型后，未校正的 CEO 政治意识形态得分依然高度显著，但交互项变得不显著，再一次说明了我们选取的 CEO 政治意识形态的测量方法是可靠的，至少它适用于解释 CSR 举措。我们对 CEO 价值观与 CSR 实践的关系的预期得到了稳健支持。

我们还分别检验了关于 CEO 权力各组成部分的假设：CEO 兼任、CEO 的相对所有权，以及 CEO 任职后上任的外部董事的占比。我们发现 CEO 政治自由主义与两个 CEO 权力变量的交互作用——CEO 的相对所有权和 CEO 任职后上任的外部董事占比显著为正（P<0.05）。不过 CEO 兼任（董事会主席）的调节作用不显著。总的来说，利用这些分开的权力变量进行分析的结果部分支持了假设 2。

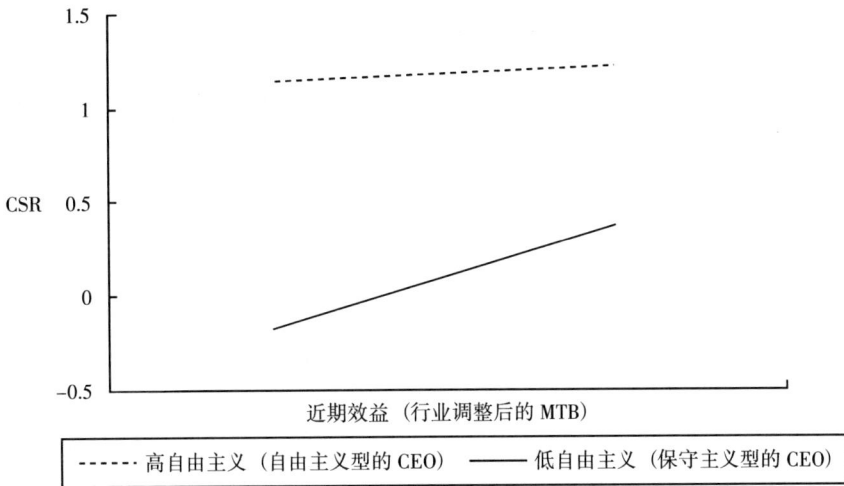

图 2　近期市值净值与 CEO 政治自由主义的相互作用对 CSR 的影响

对企业 PAC 捐赠的分析

为了保持连贯性，到目前为止，我们主要分析的是 CEO 的政治意识形态对一个特定领域——CSR 的作用。但是如果一个 CEO 的政治意识形态就像我们之前所假设的那样具有广泛意义，那么它们也会反映在其他结果上。为了验证这些更广阔的可能结果，我们进行了一个检验 CEO 政治意识形态是否会显现在公司 PAC 的捐赠模式上的补充检验。该关系若得到支持，不仅会增加对 CEO 政治意识形态具有广泛意义这种观点的支持，也间接地支持我们的另一观点，即 CEO 意识形态显现在 CSR 上是因为 CEO 个人意志的倾向，而不是为了改善 CSR 从而显性或者隐性地聘用自由主义 CEO。如果 CEO 自由地按照其意识形态采取行动，改变组织实践的方向以适应他们的价值观，那么就会在企业的 CSR 举措和 PAC 捐款中都得到体现。然而，如果任命自由主义的 CEO 和推进 CSR 只是社会纠偏运动的表现，或者企业"漂绿"行为，那么我们就将看到，即使企业 CSR 举措增加了，PAC 捐款并不会改变。

公司 PAC 收集来自个人的捐款，包括公司员工和高管的，然后把钱捐给那些候选人或政党。尽管公司 PAC 被认为是普遍存在的（Milyo, Primo & Groseclose, 2000），但并不是所有的公司都有 PAC。比如，虽然标准普尔 500 中大约有 2/3 的公司有 PAC，但我们的样本（来自标准普尔 1500）中只有 35% 的公司在 2004~2010 年有 PAC 捐款。研究者还发现，虽然公司 PAC 基金并不直接来自公司的资源，但是 CEO 在公司政治捐款方面有着相当大的影响力（Milyo, Primo & Groseclose, 2000; Aggarwal, Meschke & Wang, 2012; Coates, 2012）。然而，据我们所知，目前还没有关于 CEO 个人特质与公司 PAC 捐款间关系的研究。

为了考察这种关系，我们创建了"PAC 民主党倾向"指数，对 CEO 任期内的每一年（第一年除外）都进行测量。这个指数是来自 opensecrets.org 数据库的三项指标的年平均得分，分别是：①公司 PAC 捐款给民主党的次数除以总捐款次数；②公司 PAC 捐款给民主党的金额除以捐款总金额；③不同民主党受捐者的数量除以两党的总受捐人数。这个指数的均值是 0.44，说明了这些公司倾向于捐款给共和党；但是这个指数的标准差是 0.20，变动范围为 0.08~0.99，表明公司 PAC 的倾向具有较大异质性。

将 PAC 民主党倾向指数作为因变量，CEO 政治自由主义作为自变量，我们对全部 CEO 一年的面板数据进行了 GEE 分析。我们这里用了和 CSR 分析中一样的控制变量，包括 CEO 上任前 CSR，但是做了两个明显的调整。其中之一是加入 CEO 上任前 PAC 民主党倾向，与因变量的构建方法相同，但是用的是 CEO 上任前两年的平均值。这个变量控制了 CEO 上任前的公司 PAC 捐赠模式。另外一个调整是，取代行业平均 CSR，我们使用了日历年虚拟变量来抓住具体时间因素（目标年 t+n）。

表 3 显示了检验的结果。CEO 政治自由主义与公司 PAC 民主党倾向显著正相关（P<0.05）。在控制了 CEO 上任前公司的捐赠模式以及其他相关因素后，CEO 越倾向于自由主义，公司 PAC 捐款越向民主党倾斜。

表 3　CEO 政治自由主义对企业 PAC 自由党倾向的 GEE 分析（N=288 企业一年）

预测变量	模型 1	模型 2
截距	0.56*** (0.16)	0.55*** (0.16)
CEO 上任前 PAC 捐赠倾向	0.58*** (0.16)	0.54*** (0.14)
CEO 上任前 CSR	0.00 (0.01)	0.00 (0.01)
前年销售额	−0.01 (0.01)	−0.01 (0.01)
前一年行业校正 MTB	−0.01 (0.02)	−0.01 (0.02)
前一年权益负债率	−0.03 (0.06)	−0.02 (0.06)
大股东持股	−0.16* (0.09)	−0.12 (0.09)
CEO 捐款总次数	0.00 (0.00)	0.00 (0.00)
CEO 任期	−0.01 (0.02)	−0.00 (0.02)

预测变量	模型 1	模型 2
CEO 权和指数	0.06 (0.07)	0.07 (0.06)
2005 年	−0.27*** (0.07)	−0.26*** (0.06)
2006 年	−0.28*** (0.05)	−0.27*** (0.05)
2007 年	−0.07 (0.04)	−0.06 (0.04)
2008 年	−0.13*** (0.03)	−0.13*** (0.03)
CEO 政治自由主义		0.10** (0.05)
沃尔德卡方	213.38***	249.94***

注：①* 表示 $p < 0.10$，** 表示 $p < 0.05$，*** 表示 $p < 0.01$。
②括号内是标准差。

讨 论

我们对 249 位 CEO 的研究支持了我们的预想：CEO 的政治意识形态会显现在公司的行为和优先次序上。在本文对高管政治意识形态的理论和实践意义的首个实证研究中，我们检验了政治意识形态与 CSR 实践、企业 PAC 拨款的关系。然而，如我们以下所讨论的，人们可以容易想到这个额外的组织领域，因为在这个领域中，这个总体上有待探索的高管属性可能很重要，包括其对公司绩效的影响。

我们的项目有助于将高管价值观的重要性再度引入高层梯队理论，并且有助于对企业高管将自身价值观注入企业决策的程度进行更广泛的讨论。我们的结果显示，CEO 不只是新古典经济学预想的技术优化者；CEO 也不是如代理理论一般认为的那样，用统一方法改变公司以适应他们自己。相反，CEO 的偏好或者价值观各不相同，这些差异导致了异质的企业结果。

尽管 Hambrick 和 Mason（1984）最先强调高管价值观的重要性，但是几乎所有随后的高层梯队理论的研究检验的都是其他高管属性对组织结果的影响，尤其是高管的经历和人格。相比之下，高管价值观在实证研究中几乎没有受到关注（除了Agle，Mitchell & Sonnenfeld，1999；Simsek et al.，2005）。我们的研究从介绍 CEO 价值观的一种反映——政治意识形态（政治自由主义对保守主义）这个概念开始，并通过推导它如何影响高管决策（在某个 CEO 价值观可能有着重要影响的领域，即 CSR）来填补这个空白。我们的发现有助于强化高层梯度理论的主要原则：高管将他们的个人偏见注入到他们的战略决策和领导行为中。当面对一系列给定的情境条件，不同属性的，包括不同价值观导向的 CEO，都倾向于追求适合他们个人偏好的路径。

值得注意的是，我们引入了一个新颖的政治意识形态测量作为高管价值观的指标。理论家们评论高管价值观的重要性至少有几十年了（Andrews，1971），但是实证研究却极其稀少，毫无疑问，这是由于要构建概括性的、先验性的高管喜好衡量指标是个极大的挑战。对于政治意识形态，我们基于捐赠的测量方法，依据的是具体、透明的行为，这尤其值得注意，因为高管价值观通常被看作是相当不透明和难以观察的（相比其他的高管属性）。我们希望其他人会运用这个测量方法去深入研究高管价值观的作用。

另外，我们的研究还提供了 CSR 前因的新观点。CEO 政治意识形态显现在公司 CSR 表现以及 CEO 权力会对该关系有所放大，在对此实证分析中，本研究突出了关注企业内部因素（尤其是对 CSR 的管理解释）的重要意义。多数的研究检验了 CSR 的情境和制度驱动因素，形成了大量但不全面的观点（Bansal & Roth，2000；Sen，Gürhan-Canli & Morwitz，2001）。最近才有学者开始考虑 CSR 是一个凭意志的管理选择，某些组织会推进，而即便处于同等情境条件下，其他的组织也不会推进（Deckop，Merriman & Gupta，2006；Waldman，Siegel & Javidan，2006）。学者们可以把很多管理的和企业的属性作为 CSR 实践的解释进行考量，包括所有权、董事会、员工以及我们强调过的高管特征。

我们不仅发现，CEO 的意识形态会对 CSR 施加主要的影响（CEO 权力会放大该影响），而且我们提出假设并发现了在推进 CSR 的过程中，比之保守派 CEO，政治自由派 CEO 对公司绩效水平的反应相对不敏感；与他们的价值观相契合的是，他们甚至在企业绩效不好的时候也强调 CSR。这是在决策中高管价值观胜过情境条件的一个有趣证据。相比之下，保守派 CEO 会对当前绩效水平更敏感，尤其是绩效不好时，会减少 CSR 举措。这个结果显示，保守派 CEO 将 CSR 举措看作企业公民的可选行为，可以在当财务状况允许的情况下选择性履行。自由派 CEO 更像是CSR 的无条件支持者，而保守派 CEO 是"晴天支持者"，只在有剩余资源时才能推进 CSR。

根据我们的推理和我们使用的净 KLD 得分，我们预期自由主义 CEO 会同时聚焦于 CSR "分类账"的两边——增加强项和减少忧患，但是在补充分析中，我们对KLD 得分进行分解以探索自由主义 CEO 是否会更关心"分类账"的某一侧。结果表明，CEO 政治意识形态与 CSR 忧患显著相关，但是与 CSR 强项的关系不显著（尽管方向上符合预期）。意识形态与 CSR 忧患的显著相关表明自由派和保守派的

CEO 在对"不做坏事"的关注（相比对"做好事"的强调）上，存在的分歧更大。这最后的不对称超出了我们考虑的范围，但是看起来自由派 CEO 会尤其坚定地最小化甚至消除公司劣迹。

我们对公司 PAC 拨款的补强（corroborative）分析为多个学科（包括管理学和政治科学）提供了观点。公司 PAC 拨款和游说属于公司能参与其中的最重要的政治活动（Hillman，Keim & Schuler，2004）。然而，先前的文献主要关注公司 PAC 拨款对公司是有利还是有害（Dean，Vryza & Fryxell，1998；Aggarwal，Meschke & Wang，2012），却几乎不关注这些行为的前因。通过研究 PAC 拨款的决定因素，尤其是从一个高管决策的角度，我们的补充分析提供了研究公司政治行为的新视角。

局限性

和所有实证研究一样，我们的研究也有局限性，这反过来也可以启发多种改进和扩展。我们对 CEO 政治意识形态的测量是对心理学框架的一种不精确的估计，这一点不可避免。我们相信这个基于政治捐款记录的指标是一个对高管价值倾向有着一般性意义的指标，我们的检验结果也支持这一点，但我们可以进一步改进我们的指标或者使用其他的数据来源，也许包括 CEO 的演讲或采访、调查或媒体报道。

改进指标的一个可能方法是增加关于接受者自由主义或者保守主义程度的精确性。我们在 Poole 和 Rosenthal（1984）开发的 NOMINATE 得分（用于估计现任政客的意识形态）的基础上，对从我们的 CEO 样本中抽出的一个 30 人的子样本做了一个实验。虽然直观上可行，但是这些得分只对现任国会议员候选人有用，对政党委员会、政党附属的 PACS 或非现任的候选人（这些都包括在我们的指标中）没用。因此，这些得分只能运用于小部分捐款接受者（低于 30%）；同样地，改进后的测量与我们原来的意识形态指标相关度极高（大于 0.92）。然而在将来的研究中，我们深信任何政治意识形态的测量都应该包括对党派和 PACS 的捐款，因为相比于对候选人的捐款，它们不太可能是私人关系驱动的。

我们严格聚焦于 CEO，这也可以视为一个局限。企业决策制定是一种共同的活动（Hambrick & Mason，1984），所以以后的研究应更广泛地考虑整个高管团队（TMTs）以及董事会成员的政治意识形态对 CSR 实践和其他组织结果的影响。一个可能非常有趣的（研究）是检验企业精英政治倾向的同质性——比如，整个高管团队都是高度自由主义的——扩展本研究的发现。

作为一个档案研究，我们的项目没有阐明 CEO 意识形态转化成具体业务决策的实际心理过程。基于 England（1967）的框架，我们推测某些行为引导和感知过滤的组合在发挥作用，但我们并没有从实证上区分这两种机制。进一步的研究可以用不同的方法论，也许包括对照实验室实验或对 CEO 演讲的内容分析，以梳理个人价值观影响复杂选择的独特渠道。

我们也承认，未被发现的内生性会存在于 CEO 政治意识形态与 CSR 实践的关系中。CEO 可能并不是在意志上对他们的意识形态起作用（就如我们前面论证的一样），而是他们被选中的原因是他们的意识形态，或明或暗地，以某种方式适应手头的任务。我们已经竭力处理这种可能性：展示 CEO 意识形态和 CSR 之间的关系被 CEO 相对权力放大；展示 CEO 意识形态也显现在一个显然不同的组织结果——企业 PAC 拨款中；展示受流言困扰的公司并没有不成比例地任命自由主义（或保守主义）CEOs；以及展示一个多变量的异质性控制不改变我们的结果。而且，未来的研究可能会改进我们对异质性的检验；最起码研究者需要记住的是，高管属性不是在企业或情境中随机分布的。

未来对高管政治意识形态的研究

通过凸显高管政治意识形态的概念，我们的研究指明了许多其他研究途径。在高层梯队理论的大框架下，我们预期高管政治意识形态可能会显现在大量的组织结果中，远远不止 CSR 实践和 PAC 用款。例如，CEO 政治意识形态会显现在组织结构和系统上。作为信仰平等主义的副产品，也许高度自由主义的 CEO（相比保守主义 CEO）会建立更扁平化的组织结构，欢迎更多自下而上的沟通，为更多员工提供股票期权并与之分享利润，并且最小化他们与高管团队成员以及其他员工的薪酬差距。

研究 CEO 或整个高管团队的政治自由主义如何影响团队动力（Simsek et al.，2005）也是很有趣的。例如，高管团队成员意识形态的同质性可能造成认知的同质和/或社会整合。此外，可以考虑 CEO 和董事会间的相互作用，即当 CEO 和董事会中的强势成员有着相同政治主张时，他会获得更多的支持吗？

通过描述 CEO 价值观如何融入决策，我们的研究还提出了代理理论家感兴趣的问题。根据代理理论，CEO 应该被监督和/或被给予激励，从而被引导站在股东角度做决策；没有了适当的治理机制，CEO 会以所有者的财富作为代价，追求他们自身的利益（Rediker & Seth，1995）。我们的研究发现，CEO 做出 CSR 决策，某种程度上是基于自身价值观，更具体来说，是基于他们的政治意识形态。所以董事会应该感到担忧吗？他们应该寻找一个抵消这些作用的治理机制（例如报酬安排）吗？CEO 将他或她的价值观注入 CSR 决策中，到底是好事还是坏事？一方面，董事会也许会把自由主义 CEO 看作是不利的，因为他们的价值观会注入 CSR 决策（特别是董事会是由怀疑 CSR 好处的保守派组成的）（Jensen，2002）。另一方面，考虑到 CSR 和企业财务绩效正相关的实证数据（Orlitzky，Schmidt & Rynes，2003），或许保守派 CEO 应该受到审视，因为他们没有推进 CSR，从而可能损害了企业的绩效。

未来的研究可能会更多地检验 CEO 政治意识形态和 CSR 举措的交互作用对绩效的影响。自由派 CEO 或保守派 CEO 对 CSR 的着重强调会对企业绩效更有利（或更有害）吗？一方面，自由派 CEO 通过服务非所有者的方式来强调 CSR，由所有者来付出代价；保守派 CEO 通过旨在共同服务所有者和其他利益相关方的方式来强调 CSR。另一方面，对立的场景也不难想象：自由派 CEO 将 CSR 作为一项中心的、经过深思熟虑的、并能带来经济收益的公司战略加以强调；保守派 CEO 仅仅是为了粉饰和仪式，提升个人作为企业公民的道德高度而强调 CSR，认为其带来很少甚至不会带来企业的经济收益（Surroca & Tribó，2008）。简而言之，与 CEO 意识形态、CSR 以及它们交互作用对绩效的影响相关的一系列问题都可以进行探讨。

在更宏观的层次上，可以想象 CEO 政治意识形态和其他价值观可能会深刻地影响企业外的协会和联盟。CEO 有较强的政治意识形态，并且非常认同这些信念，而这些信念则会把他们引向志趣相投的人，影响他们对外部董事席位、公民和慈善活动的选择，以及对商业组织的参与和外部董事的聘用。政治意识形态可能是研究企业精英同质性的一个未被探讨的重要维度。

而在最宏观的层次上，商业领袖的政治意识形态可能影响公共政策。由于企业 CEO 宣称能对大量经济资源负责，包括就业岗位，以及他们能轻易地建立网络和组成"扩音器"，以便让他们的声音被听见，他们的个人意识形态可能会在多个领域影响公共政策，包括国防、医疗、教育、移民和经济。而且，CEO 运用政治影响力来支持他们的个人信仰，而不是严格遵照企业议程，从这方面可以想象，CEO 的意识形态可能——至少在边缘上——影响那些与其公司特定优先性有着间接相关甚至直接相关的公共政策。

附录：丑闻相关词的列表

Catastrophe 重大灾难；大祸

Civil penalty 民事罚款；民事处罚

Controversy 争论；辩论

Crime 犯罪

Criminal n. 罪犯 adj. 刑事的；犯罪的

Corrupt adj. 腐败的，贪污的；堕落的 vt. 使腐烂，使堕落，使恶化 vi. 堕落，腐化；腐烂

Corruption n. 贪污，腐败；堕落

Disaster 宅难

Discrimination 歧视

Environmental contamination 环境污染

Felony 重罪

Fiasco 惨败

Fraud 欺骗，诡计，骗子

Harassment 骚扰

Hazardous waste 危险废物，有害垃圾

Human rights 人权

Illegal 非法的

Kickback 回扣，佣金

Labor rights 劳动者权益

Lawsuit 诉讼

Legal action 法律诉讼

Litigation 诉讼，起诉

Misconduct 不端行为

Misdeed 罪行，犯罪

Offense 犯罪，过错，进攻

Pollution 污染

Price fixing 价格管制

Product Safety 产品安全

Prosecution 起诉

Safety 安全，保险

Scandal 丑闻

Tax dispute 税收争议

Toxic chemicals 有毒化学品

Transgression 犯罪

Violation 违规，违反，侵犯，妨碍

参考文献

[1] Aaronson, S. A., and J. T. Reeves. 2002. Corporate Responsibility in the Global Village: The Role of Public Policy. National Policy Association (U.S.).

[2] Adams, R., H. Almeida, and D. Ferreira. 2005. Powerful CEOs and their impact on corporate performance. Review of Financial Studies, 18: 1403-1432.

[3] Aggarwal, R. K., F. Meschke, and T. Wang. 2012. Corporate political contributions: Investment or agency? Paper presented at the American Finance Association Meeting, Chicago.

〔4〕Agle, B. R., R. K. Mitchell, and J. A. Sonnenfeld. 1999. Who matters to CEOs? An investigation of stakeholder attributes and salience, corporate performance, and CEO values. Academy of Management Journal, 42: 507–525.

〔5〕Aguilera, R. V., D. E. Rupp, C. A. Williams, and J. Ganapathi. 2007 "Putting the S back in corporate social responsibility: A multilevel theory of social change in organizations." Academy of Management Review, 32: 836–863.

〔6〕Andrews, K. R. 1971. The Concept of Corporate Strategy. Homewood, IL: Irwin.

〔7〕Ansolabehere, S., J. M. de Figueiredo, and J. M. Snyder, Jr. 2003 "Why is there so little money in US politics?" Journal of Economic Perspectives, 17: 105–130.

〔8〕Augier, M., and D. J. Teece. 2009 "Dynamic capabilities and the role of managers in business strategy and economic performance". Organization Science, 20: 410–421.

〔9〕Bansal, P., and K. Roth 2000 "Why companies go green: A model of ecological responsiveness". Academy of Management Journal, 43: 717–736.

〔10〕Barnard, C. I. 1938. The Functions of the Executive. Cambridge, MA: Harvard University Press.

〔11〕Barnea, M. F., and S. H. Schwartz. 1998. Values and voting. Political Psychology, 19: 17–40.

〔12〕Barnea, A., and A. Rubin. 2010. Corporate social responsibility as a conflict between shareholders". Journal of Business Ethics, 97: 71–86.

〔13〕Bebchuk, L. A., and A. Cohen. 2005. The costs of entrenched boards. Journal of Financial Economics, 78: 409–433.

〔14〕Boeker, W. 1992. Power and managerial dismissal: Scapegoating at the top. Administrative Science Quarterly, 37: 400–421.

〔15〕Bowen, H. R. 1953. Social Responsibilities of the Businessman. New York: Harper.

〔16〕Bower, J. L. 1970. Managing the Resource Allocation Process: A Study of Corporate Planning and Investment. Boston: Harvard Business School Press.

〔17〕Brickley, J. A., C. W. Smith, and J. L. Zimmerman. 1997. Managerial Economics and Organizational Architecture. Chicago: Irwin.

〔18〕Brickson, S. L. 2007. Organizational identity orientation: The genesis of the role of the firm and distinct forms of social value. Academy of Management Review, 32: 864–888.

〔19〕Burgelman, R. A. 1983. A process model of internal corporate venturing in the diversified major firm. Administrative Science Quarterly, 28: 223–244.

〔20〕Burris, V. 2001. The two faces of capital: Corporations and individual capitalists as political actors. American Sociological Review, 66: 361–381.

〔21〕Campbell, H. 2005. Business economic impacts: The new frontier for corporate accountability. Development in Practice, 15: 413–421.

〔22〕Cespa, G., and G. Cestone 2007. Corporate social responsibility and managerial entrenchment. Journal of Economicsand Management Strategy, 16: 741-771.

[23] Chiu, S., and M. Sharfman. 2011. Legitimacy, visibility, and the antecedents of corpo-rate social performance: An investigation of the instrumental perspective. Journal of Management, 37: 1558-1585.

[24] Choi, J., and H. Wang. 2009. Stakeholder relations and the persistence of corporate financial performance. Strategic Management Journal, 30: 895-907.

[25] Christmann, P., and G. Taylor. 2001. Globalization and the environment: Determinants of firm self-regulation in China. Journal of International Business Studies, 32: 439-458.

[26] Clark, G. L., and T. Hebb. 2004. Pension fund corporate engagement: The fifth stage of capitalism. Relations Industrielles/Industrial Relations, 59: 142-171.

[27] Coates, J. C. 2012. Corporate politics, governance, and value before and after Citizens United. Journal of Empirical Legal Studies, 9: 657-696.

[28] Coombs, J. E., and K. M. Gilley. 2005. Stakeholder management as a predictor of CEO compensation: Main effects and interactions with financial performance. Strategic Management Journal, 26: 827-840.

[29] Cyert, R. M., and J. G. March. 1963. A Behavioral Theory of the Firm. Englewood Cliffs, NJ: Prentice-Hall.

[30] David, P., M. Bloom, and A. J. Hillman. 2007. Investor activism, managerial responsiveness, and corporate social performance. Strategic Management Journal, 28: 91-100.

[31] Davis, G. F., M. Whitman, and M. N. Zald. 2010. Political agency and the responsibility paradox: Multinationals and corporate social responsibility. International Policy Center Working Paper, University of Michigan.

[32] Dean, T., M. Vryza, and G. Fryxell. 1998. Do corporate PACs restrict competition? An empirical examination of industry PAC contributions and entry. Business and Society, 37: 135-157.

[33] Deckop, J. R., K. K. Merriman, and S. Gupta. 2006. The effects of CEO pay structure on corporate social performance. Journal of Management, 32: 329-342.

[34] Detomasi, D. A. 2008. The political roots of corporate social responsibility. Journal of Business Ethics, 82: 807-819.

[35] de Villiers, C., V. Naiker, and C. J. van Staden. 2011. The effect of board characteris-tics on firm environmental performance. Journal of Management, 37: 1636-1663.

[36] Diamantopoulos, A., and H. M. Winklhofer. 2001. Index construction with formative indicators: An alternative to scale development. Journal of Marketing Research, 38: 269-277.

[37] Diaz-Veizades, J., K. F. Widaman, T. D. Little, and K. W. Gibbs. 1995. The measurement and structure of human rights attitudes. Journal of Social Psychology, 135: 313-328.

[38] DiMaggio, P. J., and W. W. Powell. 1983. The iron cage revisited: Institutional isomorphism and collective rationality in organizational fields. American Sociological Review, 48: 147-160.

［39］ Dunlap, R. E., and M. P. Allen. 1976. Partisan differences on environmental issues: A congressional roll-call analysis. Political Research Quarterly, 29: 384-397.

［40］ Eisenhardt, K. M. 1989. Agency theory: An assessment and review. Academy of Management Review, 14: 57-74.

［41］ England, G. W. 1967. Personal value systems of American managers. Academy of Management Journal, 10: 53-68.

［42］ Ensley, M. J. 2009. Individual campaign contributions and candidate ideology. Public Choice, 138: 221-238.

［43］ Entine, J. 2003. The myth of social investing. Organization and Environment, 16: 352-368.

［44］ Erikson, R. S., N. R. Luttbeg, and K. L. Tedin. 1988. American Public Opinion. New York: Macmillan.

［45］ Feldman, S. 2003. Values, Ideology, and the Structure of Political Attitudes. New York: Oxford University Press.

［46］ Feather, N. T. 1979. Value correlates of conservatism. Journal of Personality and Social Psychology, 37: 1617-1630.

［47］ Finkelstein, S. 1992. Power in top management teams: Dimensions, measurement, and validation. Academy of Management Journal, 35: 505-538.

［48］ Finkelstein, S., and R. A. D'Aveni. 1994. CEO duality as a double-edged sword: How boards of directors balance entrenchment avoidance and unity of command. Academy of Management Journal, 37: 1079-1108.

［49］ Finkelstein, S., D. C. Hambrick, and A. A. Cannella, Jr. 2009. Strategic Leadership: Theory and Research on Executives, Top Management Teams, and Boards. New York: Oxford University Press.

［50］ Flynn, F. J., and B. M. Staw. 2004. Lend me your wallets: The effect of charismatic leadership on external support for an organization. Strategic Management Journal, 25: 309-330.

［51］ Francia, P. L., J. C. Green, P. S. Herrnson, L. W. Powell, and C. Wilcox. 2003. The Financiers of Congressional Elections: Investors, Ideologues, and Intimates. New York: Columbia University Press.

［52］ Francia, P. L., J. C. Green, P. S. Herrnson, L. W. Powell, and C. Wilcox. 2005. Limousine liberals and corporate conservatives: The financial constituencies of the Democratic and Republican parties. Social Science Quarterly, 86: 761-778.

［53］ Friedman, M. 1970. The social responsibility of business is to increase its profits. New York Times Magazine, 13 September: 32-33.

［54］ Galaskiewicz, J. 1997. An urban grants economy revisited: Corporate charitable contributions in the twin cities. Administrative Science Quarterly, 42: 445-471.

［55］ Gao, N., and B. A. Jain. 2012. Founder management and the market for corporate control for IPO firms: The moderating effect of the power structure of the firm. Journal of Business Venturing, 27: 112–126.

[56] Gilson, R. J., and R. Kraakman. 1991. Reinventing the outside director: An agenda for institutional investors. Stanford Law Review, 43: 863–906.

[57] Goren, P., C. M. Federico, and M. C. Kittilson. 2009. Source cues, partisan identities, and political value expression. American Journal of Political Science, 53: 805–820.

[58] Grier, K. B., M. C. Munger, and B. E. Roberts. 1994. The determinants of industry political activity, 1978–1986. American Political Science Review, 88: 911–926.

[59] Hambrick, D. C. 2007. Upper echelons theory: An update. Academy of Management Review, 32: 334–343.

[60] Hambrick, D. C., and S. Finkelstein. 1987. Managerial discretion: A bridge between polar views of organizational outcomes. In L. L. Cummings and B. M. Staw (eds.), Research in Organizational Behavior, 9: 369–406. Greenwich, CT: JAI Press.

[61] Hambrick, D. C., M. A. Geletkanycz, and J. W. Fredrickson. 1993. Top executive commitment to the status quo: Some tests of its determinants. Strategic Management Journal, 14: 401–418.

[62] Hambrick, D. C., and P. A. Mason. 1984. Upper echelons: The organization as a reflection of its top managers. Academy of Management Review, 9: 193–206.

[63] Hannan, M. T., and J. Freeman. 1977. The population ecology of organizations. American Journal of Sociology, 82: 929–964.

[64] Haynes, K. T., and A. Hillman. 2010. The effect of board capital and CEO power on strategic change. Strategic Management Journal, 31: 1145–1163.

[65] Hayward, M. L. A., and D. C. Hambrick. 1997. Explaining the premiums paid for large acquisitions: Evidence of CEO hubris. Administrative Science Quarterly, 42: 103–127.

[66] Hemingway, A., and P. W. Maclagan. 2004. Managers' personal values as drivers of corporate social responsibility. Journal of Business Ethics, 50: 33–44.

[67] Hetherington, M. J. 2009. Review article: Putting polarization in perspective. British Journal of Political Science, 39: 413–448.

[68] Heugens, P., P. Vishwanathan, M. van Essen, and J. van Oosterhout. 2011. Is 'irresponsible' 'unsustainable'? A meta-analysis of the corporate social irresponsibility–performance relationship. Working paper, Rotterdam School of Management, Erasmus University.

[69] Higgins, E. T., and D. C. Molden. 2003. How strategies for making judgments and decisions affect cognition: Motivated cognition revisited. In G. V. Bodenhausen and A. J. Lambert (eds.), Foundations of Social Cognition: 211–235. Mahwah, NJ: Lawrence Erlbaum Associates.

[70] Hillman, A. J., G. D. Keim, and D. Schuler. 2004. Corporate political activity: A review and research agenda. Journal of Management, 30: 837–857.

[71] Hofstede, G. 1980. Culture's Consequences: International Differences in Work–related

Values. Lon-don: Sage.

[72] Jensen, M. C. 2002. Value maximization, stakeholder theory, and the corporate objective function. Business Ethics Quarterly, 12: 235-256.

[73] Jensen, M. C., and W. H. Meckling. 1976. Theory of the firm: Managerial behavior, agency costs and ownership structure. Journal of Financial Economics, 3: 305-360.

[74] Jones, T. M. 1995. Instrumental stakeholder theory: A synthesis of ethics and economics. Academy of Management Review, 20: 404-437.

[75] Jones, J. M. 2009. State of the states: Political party affiliation. Gallop, 28 January. http: //www.gallup.com/poll/114016/state-states-political-party-affiliation.aspx.

[76] Jost, J. T. 2006. The end of the end of ideology. American Psychologist, 61: 651-670.

[77] Jost, J. T., J. Glaser, A. W. Kruglanski, and F. Sulloway. 2003. Political conservatism as motivated social cognition. Psychological Bulletin, 129: 339-375.

[78] Kacperczyk, A. 2009. With greater power comes greater responsibility? Takeover protection and corporate attention to stakeholders. Strategic Management Journal, 30: 261-285.

[79] Katz, J. P., D. L. Swanson, and L. K. Nelson. 2001. Culture-based expectations of corporate citizenship: A propositional framework and comparison of four cultures. International Journal of Organizational Analysis, 9: 149-171.

[80] Kaysen, C. 1957. The social significance of the modern corporation. American Economic Review, 47: 311-319.

[81] Keim, G., and A. Zardkoohi. 1988. Looking for leverage in PAC markets: Corporate and labor contributions considered. Public Choice, 58: 21-34.

[82] Knauer, N. J. 1994. The paradox of corporate giving: Tax expenditures, the nature of the corporation, and the social construction of charity. DePaul Law Review, 44: 1-97.

[83] Kolk, A. 2005. Environmental reporting by multinationals from the triad: Convergence ordivergence? Management International Review, 45: 145-166.

[84] Layman, G. C. 1997. Religion and political behavior in the United States: The impact of beliefs, affiliations, and commitment from 1980 to 1994. Public Opinion Quarterly, 61: 288-316.

[85] Liang, K. Y., and S. L. Zeger. 1986. Longitudinal data analysis using generalized linear models. Biometrika, 73: 13-22.

[86] Lieberson, S., and J. F. O' Connor. 1972. Leadership and organizational performance: A study of large corporations. American Sociological Review, 37: 117-130.

[87] Livesey, S. M. 2001. Ecoidentity as discursive struggle: Royal Dutch/Shell, Brent Spar, and Nigeria. Journal of Business Communication, 38: 58-91.

[88] Mackey, A., T. Mackey, and J. Barney. 2007. Corporate social responsibility and firm performance: Investor relations and corporate strategies. Academy of Management Review, 32: 817-835.

[89] Maignan, I. 2001. Consumers'perceptions of corporate social responsibilities: A cross-

cultural comparison. Journal of Business Ethics, 30: 57-72.

[90] Main, B. G. M., C. A. O'Reilly, and J. Wade. 1993. Top executive pay: Tournament or teamwork? Journal of Labor Economics, 11: 606-628.

[91] Margolis, J. D., and J. P. Walsh. 2001. People and Profits? The Search for a Link between a Company's Social and Financial Performance. Mahwah, NJ: Lawrence Erlbaum.

[92] Margolis, J. D., and J. P. Walsh. 2003. Misery loves companies: Rethinking social initiatives by business. Administrative Science Quarterly, 48: 268-305.

[93] Marquis, C., M. A. Glynn, and G. F. Davis. 2007. Community isomorphism and corporate social action. Academy of Management Review, 32: 925-945.

[94] Matten, D., and J. Moon. 2008. 'Implicit' and 'explicit' CSR: A conceptual framework for a comparative understanding of corporate social responsibility. Academy of Management Review, 33: 404-424.

[95] McCarty, N., K. T. Poole, and H. Rosenthal. 2006. Polarized America: The Dance of Political Ideology and Unequal Riches. London: MIT Press.

[96] McClosky, H., and J. Zaller. 1984. The American Ethics: Public Attitudes toward Capitalism and Democracy. Cambridge, MA: Harvard University Press.

[97] McDonald, M. L., J. D. Westphal, and M. E. Graebner. 2008. What do they know? The effects of outside director acquisition experience on firm acquisition performance. Strategic Management Journal, 29: 1155-1177.

[98] McEachern, W. A. 1975. Managerial Control and Performance. Lexington, MA: Lexington Books.

[99] McWilliams, A., and D. Siegel. 2001. Corporate social responsibility: A theory of the firm perspective. Academy of Management Review, 26: 117-127.

[100] Miller, D., and J. Shamsie. 2001. Learning across the life cycle: Experimentation and performance among the Hollywood studio heads. Strategic Management Journal, 22: 725-745.

[101] Milyo, J., D. Primo, and T. Groseclose. 2000. Corporate PAC campaign contributions in perspective. Business and Politics, 2: 75-88.

[102] Mischel, W. 1977. The interaction of person and situation. In D. Magnusson and N. S. Endler (eds.), Personality at the Crossroads: Current Issues in Interactional Psychology: 333-352. Hillsdale, NJ: Erlbaum.

[103] Mishina, Y., B. J. Dykes, E. S. Block, and T. G. Pollock. 2010. Why 'good' firms do bad things: The effects of high aspirations, high expectations, and prominence on the incidence of corporate illegality. Academy of Management Journal, 53: 701-722.

[104] Morck, R., A. Shleifer, and R. Vishny. 1988. Management ownership and market valuation: An empirical analysis. Journal of Financial Economics, 20: 293-315.

[105] Muller, A., and A. Kolk. 2010. Extrinsic and intrinsic drivers of corporate social performance: Evidence from foreign and domestic firms in Mexico. Journal of Management Studies, 47:

1-26.

[106] Murtha, T. P., and S. A. Lenway. 1994. Country capabilities and the strategic state: How state capabilities can affect MNE decisions. Strategic Management Journal, 15 (summer special issue): 113-129.

[107] Neubaum, D. O., and S. A. Zahra. 2006. Institutional ownership and corporate social performance: The moderating effects of investment horizon, activism, and coordination. Journal of Management, 32: 108-131.

[108] Nunnally, J. C., and I. H. Bernstein. 1994. Psychometric Theory. New York: McGraw-Hill.

[109] Orlitzky, M., F. L. Schmidt, and S. L. Rynes. 2003. Corporate social and financial performance: A meta-analysis. Organization Studies, 24: 403-441.

[110] Peterson, R. S., D. B. Smith, P. V. Martorana, and P. D. Owens. 2003. The impact of chief executive officer personality on top management team dynamics: One mechanism by which leadership affects organizational performance. Journal of Applied Psychology, 88: 795-808.

[111] Pollock, T. G., H. M. Fischer, and J. B. Wade. 2002. The role of power and politics in the repricing of executive options. Academy of Management Journal, 45: 1172-1182.

[112] Poole, K. T., and H. Rosenthal. 1984. The polarization of American politics. Journal of Politics, 46: 1061-1079.

[113] Rediker, K. J., and A. Seth. 1995. Boards of directors and substitution effects of alternative governance mechanisms. Strategic Management Journal, 16: 85-99.

[114] Roe, M. J. 2003. Political Determinants of Corporate Governance: Political Context, Corporate Impact. New York: Oxford University Press.

[115] Rosenberg, M. J. 1956. Cognitive structure and attitudinal affect. Journal of Abnormal and Social Psychology, 53: 367-372.

[116] Rowley, T., and S. Berman. 2000. A brand new brand of corporate social performance. Business and Society, 39: 397-418.

[117] Schwartz, S. 1996. Value priorities and behavior: Applying a theory of integrated value systems. In U. C. Seligman, J. M. Olson, and M. P. Zanna (eds.), The Psychology of Values: The Ontario Symposium, 8: 1-24. Hillsdale, NJ: Erlbaum.

[118] Selznick, P. 1957. Leadership in Administration. New York: Harper and Row.

[119] Sen, S., Z. Gürhan-Canli, and V. Morwitz. 2001. Withholding consumption: A social dilemma perspective on consumer boy-cotts. Journal of Consumer Research, 28: 399-417.

[120] Sharfman, M. 1996. The construct validity of the Kinder, Lydenberg and Domini social performanceratings data. Journal of Business Ethics, 15: 287-296.

[121] Simsek, Z., J. F. Veiga, M. H. Lubatkin, and R. N. Dino. 2005. Modeling the multilevel determinants of top management team behavioral integration. Academy of Management Journal, 68: 69-84.

[122] Slomp, H. 2000. European Politics into the Twenty -first Century: Integration and Division. West-port, CT: Praeger.

[123] StataCorp. 2009. Stata: Release 11. College Station, TX: StataCorp.

[124] Surroca, J., and J. A. Tribó. 2008. Managerial entrenchment and corporate social per-formance. Journal of Business Finance and Accounting, 35: 748-789.

[125] Swanson, D. L. 1999. Toward an integrative theory of business and society: A research strategy for corporate social performance. Academy of Management Review, 24: 506-521.

[126] Szwajkowski, E., and R. E. Figlewicz. 1999. Evaluating corporate performance: A comparison of the Fortune reputation survey and the Socrates social rating database. Journal of Managerial Issues, 11 (2): 137-154.

[127] Tedin, K. L. 1987. Political ideology and the vote. Research in Micropolitics, 2: 63-94.

[128] Teece, D. J., and S. G. Winter. 1984. The limits of neoclassical theory in management education". American Economic Review, 74: 116-121.

[129] Tetlock, P. E. 2000. Cognitive biases and organizational correctives: Do both disease and cure depend on the politics of the beholder? Administrative Science Quarterly, 45: 293-326.

[130] Turban, D. B., and D. W. Greening. 1997. Corporate social performance and organizational attractiveness to prospective employees. Academy of Management Journal, 40: 658-672.

[131] Waddock, S. 2004. Parallel universes: Companies, academics, and the progress of corporate citizenship. Business and Society Review, 109: 5-42.

[132] Waldman, D. A., and D. Siegel. 2008. Defining the socially responsible leader. Leadership Quarterly, 19: 117-131.

[133] Waldman, D. A., D. Siegel, and M. Javidan. 2006. Components of CEO transforma-tional leadership and corporate social responsibility. Journal of Management Studies, 43: 1703 - 1725.

[134] Walls, J. L., P. Berrone, and P. H. Phan. 2012. Corporate governance and environ-mental performance: Is there really a link? Strategic Management Journal, 33: 885-913.

[135] Weick, K. E. 1979. The Social Psychology of Organizing. New York: McGraw-Hill.

[136] Westphal, J. D., and J. W. Fredrickson. 2001. Who directs strategic change? Director experience, the selection of new CEOs, and change in corporate strategy. Strategic Management Journal, 22: 1113-1137.

[137] White, H. 1980. A heteroskedasticity -consistent covariance matrix estimator and a direct test for hetero skedasticity. Econometrica, 48: 817-838.

[138] Wong, E. M., M. E. Ormiston, and P. E. Tetlock. 2011. The effects of top management team integrative complexity and decentralized decision making on corporate social performance. A-cademy of Management Journal, 54: 1207-1228.

企业多元化与企业社会绩效的关系研究*

Jingoo Kang

【摘　要】多元化影响企业对利益相关方诉求和社会议题的回应吗？尽管大量战略文献聚焦于企业多元化，但对企业多元化与企业社会绩效之间的关系鲜有研究。本研究提出，企业多元化程度与企业社会绩效之间呈现出正向相关关系。然而，如果多元化企业聚焦于短期利润，这将会阻碍企业对股东需求的回应和对社会问题的投资。因而，企业聚焦短期利益对企业多元化程度与企业社会绩效之间的正向相关关系起负向调节作用。本文以美国企业为样本进行实证研究，研究结果总体上支持了以上假设。

【关键词】企业社会绩效；产品多元化；地理多元化；利益相关方理论；利益相关方管理

引　言

在战略文献中，企业多元化往往被吹捧为企业生存、发展和获得竞争优势的解决方案（Montgomery，1994；Penrose，1959；Rumelt，1974）。因此，企业多元化是战略文献中最为热门的研究主题之一。比如，有学者研究了多元化的原因，包含从个体层面到经济层面的各种变量（Chatterjee & Wernerfelt，1991；Hoskisson & Hitt，1990；Montgomery & Hariharan，1991；Wernerfelt，1984）。但是，对多元化结果的研究仅限于多元化对企业财务绩效的影响（Markide & Williamson，1994；Palich，Cardinal & Miller，2000；Rumelt，1974）。

尽管企业财务绩效是理解企业运行如何的直观衡量指标，但财务绩效不能提供企业长期绩效和生存能力这类信息（Kaplan & Norton，1996）。近期，几位战略学

---

* Jingoo Kang. 2013. The Relationship Between Corporate Diversification And Corporate Social Performance. Straught Management Journal，34：94-109.

初译由赵嘉玉和焦豪完成。

者认为企业社会绩效能够作为衡量企业绩效的补充指标，特别是它可以预测企业长期绩效和生存能力（Kacperczyk，2009；Ogden & Watson，1999）。尽管企业社会绩效在实证研究中的作用越发突出，但战略学者还未对企业多元化与企业社会绩效之间的关联性给予深入思考。在本篇文章里，笔者检验了产品和地理多元化是如何与企业社会绩效相关联的。笔者认为，理解这一相关性将使我们更全面地理解企业多元化是如何影响企业绩效的。

理解多元化与企业社会绩效之间的关系非常重要，这不仅是因为企业社会绩效是衡量企业绩效的补充指标，更是因为多元化企业广泛影响着社会上大量利益相关方的福利。很多人认为，大型多元化企业几乎影响到每一个人"从摇篮到坟墓"的全部生活（Clinard & Yeager，1978）。另外，从利益相关方理论的角度，多元化企业对社会和广大利益相关方的广泛影响也说明了多元化是一个重要的企业现象。本研究的因变量——企业社会绩效——能够有效衡量企业对利益相关方诉求和社会问题的回应（Kacperczyk，2009），也因而能够提供一种理解多元企业回应利益相关方诉求的方式。因此，通过检验多元化企业对利益相关方诉求的回应，本文旨在解决企业利益相关方理论中基础性的问题之一（Agle，Mitchell & Sonnenfeld，1999；Freeman，1984；Kacperczyk，2009；Mitchell，Agle & Wood，1997）：为什么有些企业比其他企业更关注利益相关方的需求？

在利益相关方理论文献中，利益相关方被定义为，影响企业经营并被企业经营所影响的个人与群体（Freeman，1984；Jones，1980）。所以，根据这一定义，企业利益相关方的数量和多样性与企业经营范围息息相关。基于此可以得出，多元化水平是衡量企业经营范围的良好指标，而这一水平也可以预测出企业回应利益相关方诉求情况。然而，鲜有学者研究企业多元化是如何影响企业对利益相关方诉求和社会问题的回应的。近期只有 McWilliams 和 Siegel（2001）讨论了多元化与企业社会绩效之间相关联的可能性，但并未予以实证检验。Wang 和她的同事提出了产品多元化如何通过降低风险来使利益相关方受益这一分析模型（Wang & Barney，2006；Wang，Barney & Reuer，2003），进一步探究了这一主题。然而除了对国际多元化与企业社会绩效关系的研究外（Bansal，2005；Brammer，Pavelin & Porter，2006；Christmann，2004；Sharfman，Shaft & Tihanyi，2004），对多元化与企业社会绩效之间关系的实证研究始终有很大空白。考虑到相关和非相关（产品）多元化的差异是多元化研究的核心，而该领域只注重国际多元化和企业社会绩效之间关系的研究，这一点着实令人惊讶。另外，大多数之前的研究都集中在国际多元化与企业社会绩效子范畴之间的关系上，这一子范畴包括环境绩效和公益捐赠，鲜有例外（Bansal，2005；Strike，Gao & Bansal，2006）。考虑到多元化企业对大量社会问题和众多利益相关方的福利有广泛影响，有必要检验多元化与综合企业社会绩效之间的关系，综合企业社会绩效能够很好地衡量企业对利益相关方诉求和社会问题的回应（Bansal，2005；Brammer et al.，2006；Strike et al.，2006）。

在本文中，笔者提出推论并实证检验了为什么多元化的企业可能会更加关注利益相关方诉求和社会问题。笔者提出，多元化会增加企业经营相关的利益相关方诉求和社会问题的范围，而多元化企业也有对其进行回应的动机。其一，多元化加重了管理风险厌恶程度，因而促使管理者做出回应；其二，多元化降低了管理用工风险，因而管理者可以分配更多的精力以及企业资源；其三，多元化创造了企业社会绩效投资的范围经济，因而赋予多元化企业更强的经济诱因去投资企业社会绩效。综上，企业多元化程度与企业社会绩效之间呈现出正向相关关系。然而，当多元化企业聚焦于短期利益时，这将会阻碍企业对社会问题的投资。因而企业聚焦短期利益对企业多元化程度与企业社会绩效之间的正向相关关系起负向调节作用。

应用美国大型企业的面板数据，笔者发现非相关和国际多元化水平与企业社会绩效之间呈现正相关关系，而相关多元化水平则没有呈现出这种关系。另外，结果显示企业聚焦短期利益的行为会对企业非相关多元化程度与企业社会绩效之间的正相关关系起负向调节作用。这一正相关关系带来了对非相关多元化价值的有趣思考，因为它通常被认为对短期财务绩效产生负面作用。如果企业社会绩效能够预测长期企业绩效和生存能力，那么非相关多元化与企业社会绩效之间的正相关关系则揭示出非相关多元化能够促进长期企业绩效和生存能力，这是一个以往多元化文献忽视的好处。另外，这一正相关关系也从社会福利视角说明了非相关多元化的一些优势。结论部分讨论了这些发现的意义。

理论与假设

多元化水平与企业相关社会问题范围之间的关系

利益相关方理论核心探讨内容之一是理解为什么企业会回应利益相关方诉求（Agle et al.，1999；Freeman，1984；Kacperczyk，2009；Mitchell et al.，1997）。在利益相关方理论文献中，利益相关方被定义为，影响企业经营并被企业经营所影响的个人与群体（Freeman，1984；Jones，1980）。根据这一定义，企业利益相关方的数量和多样性与企业经营范围息息相关。考虑到企业多元化的产品和地理市场增加企业经营的范围，产品和地理多元化的水平便能够作为衡量企业经营范围的良好指标。因此，利益相关方的定义揭示出产品和地理多元化的水平与利益相关方诉求和企业相关社会问题的范围紧密相关。

衡量企业对利益相关方诉求的回应的挑战在于很难直接观察并量化这一回应。替代的方法是可以通过观察企业社会绩效获取企业对利益相关方诉求和社会问题的回应（Kacperczyk，2009），因为企业社会绩效可以衡量企业参与社会、伦理和法律议题的水平，而且企业社会绩效是一个多维的概念，包含企业对与其经营有关的广泛利益相关方诉求的回应（Carroll，1979；Rowley & Berman，2000）。例如，企业社会绩效是对企业广泛领域绩效的共同考量，这些领域包含环境保护、人道主义贡献、治理透明度、劳工政策、雇员关系、劳动力多元化以及与产品相关的责任（Bansal，2005；Brammer et al.，2006；Griffin & Mahon，1997）。[①]

处在不同产业和地理市场的利益相关方对不同的社会问题给予不同水平的重视程度（Adams & Hardwick，1998；Brammer & Millington，2008；Russo & Fouts，1997），根据这一事实可以推断出多元化水平与企业相关社会问题范围之间的正向关系。比如，化学产业的利益相关方把环境保护作为企业社会问题的重中之重，而金融服务业的利益相关方更重视治理透明度问题。因此，相比于只专注于一个产业的企业，经营化学和金融两种产业的多元化企业（例如通用电气、三菱、三星等）更可能面临多样的利益相关方诉求和社会问题的压力。这也就是利益相关方理论所说的，多元化企业将会比聚焦型企业面临更多有权力、合法性、紧迫性的重要利益相关方（Mitchell et al.，1997）。[②]

这一逻辑进一步揭示了在多元化水平与利益相关方诉求和社会问题范围之间的正向相关关系方面，非相关多元化比相关多元化更显著。非相关多元化的企业涵盖截然不同的产业，因而相比于相关多元化的企业，它们将面对更加分散的利益相关方诉求和社会问题。比如通用电气资本（金融服务）的利益相关方诉求与通用电气能源（发电/制造）和 NBC 环球（广播/娱乐）的利益相关方诉求不同，而以上三个公司都是通用电气子公司。相反，相关多元化的企业可能面临一致的利益相关方诉求，因而其注意力将集中于相对狭隘范围内的社会问题。比如可口可乐公司这一相关多元化企业，它面临的多是来自环保组织对于其碳酸饮料、运动型饮料和瓶装水的相似的需求（例如水资源保护）。监管与消费者需求在不同的相关产品市场都是类似的。因此，相比于相关多元化，非相关多元化水平与企业有关的社会问题的范围有着更强烈和更正向的相关性。

国际多元化水平与利益相关方诉求和社会问题范围之间有着类似的正向相关关系，这是因为不同国家和地区的利益相关方优先考虑不同的社会问题。这些不同往

---

① 虽然企业社会绩效一词可能用于说明企业在一个单个社会问题分类中的企业绩效（例如，环境保护或者人道主义的贡献），在这些情况下，正确做法是使用更确切的词语来说明单个社会议题的企业绩效（例如，环境绩效或者企业捐赠）。

② 感谢一位匿名评审者关于本研究论点与利益相关方理论文献的理论概念之间联系的建议。

往归结于不同的文化和宗教背景。比如，一些国家的利益相关方认为工作中男女平等是非常重要的问题，而其他国家的利益相关方可能很少考虑这一问题（Connell，2005；United Nations Development Program，2003）。再比如，一些东亚国家比西方国家更注重员工责任（比如终生雇佣）（Ahmadjian & Robinson，2001）。相关社会问题和利益相关方诉求也会因国家发展水平的不同而不同。环境保护对于发达国家是非常重要的社会问题而对于欠发达国家就没有那么重要了（Becker & Henderson，2000）。因此，如果一个企业扩张到全球市场，那它将比地区性企业面临更多的来自多样社会议题的利益相关方压力。再次地，这也就是在利益相关方理论中所说的地理多元化企业相比于本国企业将会面临更多有权力、合法性、紧迫性的重要利益相关方（Mitchell et al.，1997）。

为什么多元化企业会回应利益相关方诉求和社会议题？

尽管多元化水平可能与利益相关方诉求和企业社会问题之间呈正相关关系，但多元化水平与企业社会绩效之间并不是必然正相关。如果多元化企业忽视增长中的利益相关方诉求和企业社会问题，多元化水平与企业社会绩效之间可能是负相关。但是，根据已有多元化和企业社会绩效/利益相关方管理的文献结果，多元化企业更倾向于回应利益相关方诉求和社会问题。

首先，多元化加重了管理风险厌恶，而管理风险厌恶是决定对利益相关方诉求和社会问题关注程度的重要因素（Deckop，Merriman & Gupta，2006；McGuire，Dow & Argheyd，2003）。Hayes 和 Abernathy（1980）认为，多元化促使管理者在决策制定过程中要"极端小心"。因此，多元化促使管理者选择安全的战略决策并参与风险管理，而这两者都需要恰当地回应利益相关方诉求和社会问题（Barnett & Salomon，2006；Godfrey，2005；Godfrey，Merrill & Hansen，2009）。一些研究已经发现，管理风险厌恶和降低风险的管理目标往往能够促使企业恰当和及时地回应利益相关方诉求和社会问题，并因此显著地降低企业风险（Deckop et al.，2006；McGuire et al.，2003；Spicer，1978）。比如通过投资环保工业，劳工关系和公司治理能够显著降低来自监管、活动组织和消费者这些造成代价不菲的问题的风险（Dechant et al.，1994；Henriques & Sadorsky，1996；Shrivastava，1995）。另外，企业捐赠和慈善事业能够降低企业建立商誉的风险（Godfrey et al.，2009）。多元化对管理风险厌恶的影响说明多元化促使企业更小心地回应利益相关方诉求和社会问题。

其次，因为多元化能够有效地降低管理中的雇佣风险，所以多元化企业的管理者将更积极地回应利益相关方诉求和社会问题。通过实验数据，Kacperczyk（2009）发现了一个雇佣风险的降低会增加企业对社会问题的关注度的有力证据。她认为相比于面对高雇佣风险的管理者，面对低雇佣风险的管理者受到来自利益相关方的压力较低，因而会分配更多的企业资源回应利益相关方诉求和社会问题（Kacperczyk，2009）。[①] 这一发现揭示出多元化与对利益相关方诉求和社会问题注意力之间的另一条联系纽带。很久之前我们就已经知道多元化可以通过两种机制来降低管理中的雇佣风险。第一种是多元化可以降低企业破产风险（也因此降低雇佣风险），因为来自不同产业的现金流不完全相关，因此，多元化水平越高，管理中的雇佣风险越低（Amihud & Lev，1981；Montgomery，1994）。第二种是"管理者堑壕"（management entrenchment），正如 Shleifer 和 Vishny（1989）所说的，多元化增强了企业对于管理者特殊技能的依赖，因为多元化需要具体的管理投资，因此多元化使得利益相关方更换当前管理团队的成本提高，从而降低了管理中的雇佣风险。管理中的雇佣风险与对利益相关方诉求和社会问题关注度的负相关关系揭示出，随着多元化水平的提高管理者会更加关注利益相关方诉求和社会问题。

最后，多元化企业能够在他们的子公司范围内分散企业社会绩效相关投资的成本与收益，因此相比于聚焦型企业，它们有更强的经济动机去投资社会议题（McWilliams & Siegel，2001）。比如产生于企业社会绩效投资的一个正面的企业形象，能够在大量不同的产品与市场中产生有效的杠杆作用（Drumwright，1996；Lichtenstein，Drumwright & Braig，2004）。因此，随着多元化水平的提升，每个子公司的企业社会绩效投资减少，而公司层面上的收益增加。考虑到如今的企业面临与自己企业相关的社会问题的压力日益增大，它们已经有一定的投资社会问题的动机（Cortese，2002）。随着多元化增强了企业社会绩效相关投资的经济动机，这样的投资对于多元化企业更加有意义，因而相比于聚焦型企业，这些企业更有可能回应利益相关方诉求和社会问题。

除了建立正面的企业形象能够在子公司范围内产生杠杆作用，企业社会绩效相关投资还能增强并保护企业品牌。最近有一些研究发现，对社会问题的投资能够产生一种保险来保护有价值的企业品牌对抗负面宣传（Godfrey，2005；Godfrey et al.，2009）。这种保险效应，作为一种经济动机，尤其与企业对多元化的追求相关。[②] 随着多元化水平的增强，多元化企业将面临更加多样的利益相关方诉求和社会问题，因而也更加可能产生更多的企业社会绩效相关的负面事件。另外，对于多元化的企业，潜在的对品牌的破坏将产生更大的威胁，因为它们在子公司范围内分享这一品牌，所有分享这一品牌的子公司都将受到这一破坏的影响。因此，在某种程度上，

---

① Kacperczyk（2009）解释道，股东和利益相关方会争夺管理的注意力。竞争的结果取决于股东对雇用管理者有多大的影响。当雇佣风险高时（强大的股东影响），股东获得管理注意力，此时管理者无法适当地回应利益相关方需求和社会问题。相反，雇佣风险低时（弱小的股东影响），管理者可以平衡股东和利益相关方之间的注意力，并更加关注利益相关方需求和社会议题，带来较好的企业社会绩效。

② 感谢一位匿名审稿人关于社会绩效相关投资的保险效应是多元化企业的一种经济动机的评论。

多元化企业把品牌作为一种有价值的资源,所以多元化企业有很强的经济动机投资社会问题。

笔者预期多元化水平与企业社会绩效之间呈正相关关系,原因是:其一,多元化水平与利益相关方诉求和企业社会问题的范围之间呈正相关关系;其二,多元化企业有若干原因要去回应这些利益相关方诉求和企业社会问题。另外笔者认为,多元化水平与企业社会绩效之间的正向相关关系在非相关多元化的情况下强于相关多元化。首先,与相关多元化相比,社会问题范围与非相关多元化程度之间的正相关关系更强,因为非相关多元化的企业面对更加多样的利益相关方诉求和社会问题。其次,与相关多元化相比,非相关多元化被认为对管理风险厌恶有更强的作用(Hoskisson & Hitt,1988)。如果非相关多元化相比于相关多元化加强了管理风险回避,那么对于利益相关方诉求和社会问题,相较于后者,前者会提供更谨慎的回应。再次,与相关多元化相比,非相关多元化有效地降低了雇佣风险,因为非相关产业的现金流的相关性比相关产业要弱得多。既然低的雇佣风险会提供对社会问题更强的管理回应(Kacperczyk,2009),那么相比于相关多元化,非相关多元化会提供对社会问题更有力的管理回应。最后,非相关多元化有更强的经济动机投资社会问题,因为他们有更高的风险面临社会问题,所以保险效应对他们而言更有用处。另外,投资社会问题有助于企业建立更有象征意义、更抽象的品牌,这对于非相关多元化企业尤为重要,因为他们需要一个更易于在多样产品间转移的品牌(Park, Milberg & Lawson,1991)。考虑到以上理由,笔者认为相比于相关多元化,非相关多元化企业将会面临更加多样的利益相关方诉求和社会问题并更积极地予以回应。因此,非相关多元化水平与企业社会绩效之间呈现出更强的正相关关系。根据以上内容,可以得出如下假设:

假设1:非相关多元化水平与企业社会绩效之间呈现出正相关关系。

假设2:相比于相关多元化,非相关多元化水平与企业社会绩效之间呈现出更强的正相关关系。

国际多元化与企业社会绩效

国际多元化水平也与企业社会绩效之间呈正相关关系,原因如下:

第一,国际多元化水平与利益相关方诉求和企业社会问题的范围之间呈正相关关系。正如上文中的解释,不同的国家和地区优先考虑不同的社会问题(Becker & Henderson,2000;Connell,2005)。因此,相比于国内企业,国际多元化企业将面临更加多样的利益相关方诉求和社会问题。

第二,国际多元化将给予管理者相似的动机投资社会问题。国际多元化可以通过多样化收入的地理来源(Fatemi,1984;Levy & Sarnat,1970)和增强管理者坚壕（Shleifer & Vishny，1989）来降低雇佣风险。国际多元化深深依赖于管理者特殊的能力与经验，这也就是具体的管理资产从而导致管理者堑壕（Sambharya，1996）。因此，国际多元化给管理者减少了来自利益相关方的压力，也使得管理者能更加关注利益相关方和社会问题。

第三，国际多元化给予企业范围经济的优势。国际多元化的企业能够在它们全球子公司范围内对无形资产施加杠杆作用（Caves，1996）。投资社会问题产生的正面品牌形象，也能够传递到全球市场。因此，国际多元化也拥有范围经济优势，分散企业社会绩效相关投资的成本与收益。另外，拥有一个良好企业（或者具有社会责任的企业）的品牌形象能够帮助跨国企业克服外来者劣势。Zaheer（1995）认为，缺少本土正当性和对外国企业的敌意是跨国企业外来者劣势的重要来源，而一个具有社会责任的企业形象能够帮助企业克服这些难题。

第四，国际多元化企业处在来自利益相关方的特别强大的压力之下（Christmann，2004），这使得企业展现具有社会责任的行为更多是必尽之责而非可选之项（Henriques & Sadorsky，1996）。国际化的存在增强了影响力的监控主体对企业行为的可见度，结果是有很强国际存在感的企业往往成为国际活动群体普遍关注的目标。比如，雀巢是一个非常著名的跨国企业，它已经成为关注水资源浪费问题的国际环保群体中关注最频繁的企业（Porter & Krammer，2006）。因为国际多元化企业处在有影响力的企业监控群体（比如高知名度的非政府组织、国际媒体）的强烈压力下，展现具有社会责任的行为不是可选项，而是必选项（Christmann，2004；Henriques & Sadorsky，1996）。因此，相比于国内企业，国际多元化企业有更强的动机关注利益相关方诉求和社会问题。根据以上内容，可以得出如下假设：

假设3：国际多元化水平与企业社会绩效之间呈现出正相关关系。

企业聚焦短期利益的调节作用

多元化文献说明多元化企业往往聚焦于短期利益最大化（Baysinger & Hoskisson，1989；Hayes & Abernathy，1980；Hill，Hitt & Hoskisson，1988；Hoskisson & Hitt，1988；Hoskisson，Hitt & Hill，1991）。当一个多元化企业聚焦于短期利益最大化时，它可能减少投资于那些不会立即带来短期利益的项目。这类项目一个很好的例子是研发（R&D）投资。Hoskisson和他的同事们（Baysinger & Hoskisson，1989；Hoskisson & Hitt，1988）发现了聚焦于短期利益最大化的多元化企业会减少研发投资。

同理，多元化企业聚焦于短期利益最大化，可能对于利益相关方诉求和社会问题投资的回应产生负面影响（Hill et al.，1992）。尽管投资利益相关方诉求和社会问题能够降低风险并产生长期利益，但也可能拖累企业短期利益（Deckop et al.，

2006）。以往的一些研究已经揭示出投资社会问题可能会对短期利益产生负面影响，因为这类投资需要从其他更有实际用途的地方转移企业资源（Kacperczyk，2009；Ogden & Watson，1999）。因此，一个注重短期利益的多元化企业可能会减少投资来回应利益相关方诉求和社会问题。所以，多元化和企业社会绩效之间的正相关关系会被企业聚焦短期利益负向调节。根据以上内容，可以得出如下假设：

假设4：企业聚焦短期利益会对企业多元化程度与企业社会绩效之间的正相关关系起负向调节作用。

研究方法

样本与数据来源

本研究的样本首先源于就市值而言的 1000 个最大型的美国企业。笔者选择大型企业是因为这些企业更有可能在产品方面或者地理上追求多元化（Markides & Williamson，1996）。样本企业的社会绩效数据来源于社会评价数据库，这一数据库是学术研究中衡量企业社会绩效的常用数据源（Chatterji，Levine & Toffel，2009）。为了建立其他可解释并可控制的变量，本研究采用了 Compustat 北美数据库和 Execucomp 数据库中的数据。因为 Execucomp 数据库提供的数据是从 1993~2006 年，所以样本期间是有限的。在三个数据库搭配之后，有效样本量减至 551 个企业。在分析中使用的有效样本量包含 3044 个观察值。

本研究面板数据组合了三种不同的数据库（Compustat、KLD、Execucomp），而这些数据库并不能提供一致的公司年的观察值。进一步看这些样本数据，由于数据库报告并不完整，单独面板长度是显著差异的。比如，在区间段 1993~2006 年，Compustat 和 Execucomp 在 551 个企业样本里分别提供 6316 个（每个企业 12.36 个观察值）和 6731 个（每个企业 13.17 个观察值）观察值。然而，当这些观察值与 KLD 数据库组合时，观察值降至 3044 个，约减少一半。这一剧降说明在 KLD 数据库样本选择的过程中可能存在问题。为解决这一问题，在随后的分析部分将采用 Heckman 选择模型。

另外，本研究检验了样本企业在与 KLD 数据库匹配后是否存在不常见的短面板问题。在样本中，每个企业观察值是从 1 到 14，平均值为 5.96 年。为了比对每个企业在样本中和 KLD 数据库中的观察值长度，从 KLD 数据库中提取出所有可得企业可得年份的企业社会绩效信息。在 KLD 数据库中有完整企业社会绩效信息的企业有 5103 个，每个企业观察值是从 1 到 18，平均值为 5.20 年（标准差为 4.17）。这一对比显示出，相较于 KLD 数据库中平均企业值，本研究样本中并不是特殊的短面板。

变 量

因变量

企业社会绩效。企业社会绩效被用来衡量企业对利益相关方诉求和社会问题的回应（Kacperczyk，2009）。我们用企业所有优势（strengths）项的和减去所有隐患（concerns）项的和来计算企业社会绩效（Choi & Wang，2009；Hull & Rothenberg，2008）。本研究采用这种加总法是因为本文主要探讨多元化程度与利益相关方诉求和企业社会问题范围之间的正相关关系。因此，因变量要能够捕捉利益相关方诉求和社会问题范围。基于相同的原因，以往一些探讨国际多元化与企业社会绩效之间关系的研究也采用了加总法（Bansal，2005；Strike et al.，2006）。另外，因为企业社会绩效是一个多维的概念，所以将 KLD 数据库中所报告的所有企业社会绩效维度加以考虑可以增强社会绩效测量的结构效度（Carroll，1979；Griffin & Mahon，1997；Rowley & Berman，2000）。[①]

解释变量

相关/非相关多元化。因为已经假设的相关与非相关多元化与企业社会绩效之间的关系不同，所以需要分别测量相关与非相关多元化。多元化的熵测度（entropy measure）区分了相关与非相关多元化。因此，本文使用相关与非相关多元化的熵测度。

国际多元化。国际多元化是指企业不仅限于本国市场而且扩张到其他国家和地区。本文采用以往研究中最普遍的测量国际多元化的方法——国外销售收入比重，即企业国外的销售收入除以其全部销售收入（Geringer，Beamish & da Costa，1989）。

企业聚焦短期利益。因为不太可能直接测量企业聚焦短期利益最大化，所以将实际短期利益测量（净资产收益率）作为公司层面短期利益导向的代理。Hill 等（1988）的例子表明，企业短期利益的计算能够衡量企业聚焦短期利益的水平。

---

① 为了比较，我尝试了各种不同的因变量。首先，我使用 KLD 的各种单独类别（管理、多元化、雇员、环境、人权、产品和社区）分别对我的解释变量和控制变量做回归分析。结果显示，非相关和国际多元化策略和多个范围的企业社会绩效存在正相关关系，而相关多元化策略则没有展现这种关系。具体来说，非相关和国际多元化策略与环境、人权、产品以及社区这几个类别有统计上的显著正相关关系。其次，我把企业优势项和忧患项作为分别独立的变量。结果显示，非相关和国际多元化与企业优势项正相关，而与忧患项负相关。因此，优势项和忧患项变量的加总结果与"净变量"的结果一致。

控制变量

由于无形资产（比如研发能力、品牌实力）的存在可能影响企业社会绩效（McWilliams & Siegel，2000），本文纳入了市场账面比。之所以使用市场账面比而非诸如研发或广告开销等其他衡量指标，是因为多达 80% 的观测值都缺失这类信息。另外，还要控制企业规模和企业盈利能力（McGuire et al.，2003）。企业规模用员工人数（以千为单位）来衡量，盈利能力用净资产收益率（ROE）来衡量。另外还要控制财务杠杆和自由现金流（以百万美元为单位）。一些研究发现，CEO 薪酬结构会影响企业社会绩效（Deckop et al.，2006；McGuire et al.，2003）。因此，CEO 薪酬中奖金和股票的比重也要包含其中。最后，分行业与年份的企业社会绩效平均得分也包含在内，以控制企业社会绩效在行业中的差异。

基于以上内容估计出如下模型，表 3 展现了回归结果：

企业社会绩效 $_{it}$ = β_1 非相关多元化 $_{it}$ + β_2 相关多元化 $_{it}$ + β_3 国际多元化 $_{it}$ + $\beta_{4,5,6}$ 净资产收益率 $_{it}$ × 多元化 $_{it}$ + $Z_{it}\gamma$ + $D_{it}\delta_{it}$ + ε_{it}

其中，Z_{it} 是企业层面影响企业社会绩效的矢量，D_{it} 是企业和年份的虚拟矢量，ε_{it} 是误差项。因为假设都是相关关系而非因果关系，所以要使用同时的滞后结构。另外，我也做了一年的滞后模型。使用一年滞后结构的结果是类似的。

数据分析

表 1 展现了样本数据的描述性统计，除个别例外，相关性相对较低。

数据集可能存在的问题就是在 KLD 数据库中样本选择问题。很有可能的情况是，一些企业是优先于其他企业被挑选出来的，因此这些企业在数据库中被过度代表（overrepresented）了。尽管存在一些样本选择问题，但以下两种是看起来较为合乎情理的。第一，就规模和利润角度可能选择的突出的企业多于一般企业。第二，在特定产业和特定年份的企业更容易被选择。因此，有着规模、利润、产业、特定观测年份这些特质的企业在 KLD 数据库中是被过度代表了。如果这些企业的企业社会绩效与其他企业有显著差异，那么基于 KLD 数据库会产生样本选择偏差。

为了解决 KLD 数据库可能存在的样本选择问题，要采用 Heckman 修正法。首先，收集当前研究观测时间范围内所有在 Compustat 北美数据库中的企业信息。移除有缺失信息的观测值后有 16924 个企业，所有观测值的数目为 123914。其中，包括在 KLD 数据库中的企业有 1360 个，观测值为 7741。随后，在一阶 probit 模型中，通过对 KLD 中包含的能够捕捉的规模、财务绩效、产业、年份的变量做回归分析，估计 KLD 数据库包含（KLD inclusion）的概率。更具体地说，针对员工数量、收入、净利润、企业市场价值、73 个行业虚拟变量（前两位的标准行业分类代码）、年份虚拟变量（见表 2）对 KLD 包含概率做回归。从一阶 probit 模型中计算

表1 1993~2006年样本企业描述性统计与相关系数

变量	均值	标准差	1	2	3	4	5	6	7	8	9	10	11
1.企业社会绩效	0.0571	2.6684											
2.非相关多元化	0.2533	0.3681	-0.2009*										
3.相关多元化	0.2680	0.3884	-0.0646*	0.0902*									
4.国际多元化	0.0229	0.0826	-0.0489*	0.0578*	-0.0070								
5.企业规模	31.001	50.737	0.0018	0.2325*	0.0557*	-0.0064							
6.企业盈利能力	17.470	103.24	-0.0208	0.0182	0.0154	-0.0124	0.0090						
7.财务杠杆	0.2724	0.5352	-0.1372*	0.0899*	0.0640*	-0.0245	0.0229	-0.0528*					
8.自由现金流	192.32	965.95	0.0785*	0.0518*	-0.0114	-0.0282	0.2660*	0.0726*	-0.1076*				
9.无形资产	1.7990	1.9300	0.1749*	-0.2186*	-0.1504*	0.0170	-0.0879*	0.0895*	-0.3011*	0.2322*			
10.产业CSP	0.0325	1.4558	0.4561*	-0.1576*	0.0116	0.0041	-0.0786*	-0.0847*	-0.1044*	0.0022	0.1435*		
11.基于盈余（百分比）	0.2279	0.1791	0.0153	0.0704*	0.0169	0.0039	0.0239	0.0592*	0.0139	0.0954*	-0.0571*	-0.0480*	
12.基于股权（百分比）	0.4915	0.2891	-0.0405*	-0.0372*	0.0232	-0.0195	0.0690*	-0.0112	-0.0202	0.0068	0.1341*	-0.0425*	-0.6489*

注：显著性水平：* 表示 $p<0.05$，** 表示 $p<0.01$，*** 表示 $p<0.001$。

出来的米尔斯反比率（Inverse Mills ratios）作为选择校正参数（selection correction parameters）包含在二阶固定效应模型中。

表 2 一阶 probit 模型

因变量	KLD 包含
截距	−4.7669***
	(0.1444)
企业规模	0.4468***
	(0.0052)
企业收入	−0.00002***
	(0.0000)
企业盈利能力	0.00001**
	(0.0000)
企业市值	0.0010**
	(0.0004)
行业和年份（虚拟变量）	包含在内
N 企业年	123914
N 企业	16924
伪决定系数	0.3658

注：显著性水平：* 表示 $p < 0.05$，** 表示 $p < 0.01$，*** 表示 $p < 0.001$。

　　为了控制企业层面的非观测异质性，采用企业固定效应估计法。Hausman 检验的结果有力地表明，固定效应模型优于随机效应模型（$\chi^2 = 262.65$，$p = 0.0000$）。Hausman 检验也进一步确认在相关系数表（见表 1）和固定效应回归表（见表 3）中的相关/非相关多元化与企业社会绩效观测变量之间的关系方向是不同的。当使用企业间（between-firm）方差时（见表 1），变量之间的关系（相关系数）是负向的。相反，当仅仅使用企业内（within-firm）方差时（见表 3），关系（固定效应回归系数）是正向的。我还加入年份虚拟变量来控制时间异质性。似然比检验显示，不论是整体还是个体（$\chi^2 = 99.85$，$p = 0.0000$），年份虚拟变量都非常显著。

　　另一种可替代的可以控制时间不变的非观测异质性的方法是使用变化得分，也被称作一阶差分（Allison，1994）。尽管固定效应和变化得分两种方法都能消除时间不变的非观测异质性，本文选择固定效应法是因为变化得分法有一些问题。首先，使用变化得分法时 KLD 数据中的序列相关估计可能带来偏差。其次，变化得分和用来计算变化得分的原始变量之间的相关性可能出现问题。本文数据中变化得分与企业社会绩效原始得分之间呈显著负相关关系（$\rho = -0.1860$，$p < 0.05$）。因此本文采用固定效应法控制时间不变的非观测异质性。

结果

模型 2（见表 3）显示出非相关多元化水平与企业社会绩效在统计上显著正相关（β = 0.5442，p = 0.015）。相反，相关多元化与企业社会绩效之间没有显著关系。因此假设 1 和假设 2 得以支持。另外与早前研究结果保持一致，国际多元化与企业社会绩效之间呈显著正相关（β = 1.1537，p = 0.040，见表 3 中模型 4）。因此，假设 3 也得以支持。模型 6（见表 3）展示出企业聚焦短期利益对非相关多元化水平和企业社会绩效之间的正向相关关系（β = −0.0040，p = 0.000）起负向调节作用。然而这一调节假设对于相关和国际多元化并不能得以支持。因此，假设 4 仅仅部分得以支持。在包含的三种多元化和交互项的整体模型中（见表 3 中模型 9）显示，之前在部分模型中得到支持的所有假设在该模型中都得到支持。

研究假设非相关多元化和国际多元化都与企业社会绩效呈正相关关系。因此，企业在追求非相关多元化和国际多元化的同时可能会展现出更好的企业社会绩效。为了检验不同多元化策略之间可能的交互影响，添加国际多元化与相关/非相关多元化之间的两个乘积项。而附加测试的结果是两个乘积项均不显著。加入乘积项时，原有解释变量的方向与显著性都与原来保持一致。

为了检验是否解释变量（非相关、相关、国际多元化）与企业社会绩效之间除了时间之外具有可归纳的关系，提出三种多元化变量之间的交互项以及所有 13 个年份的虚拟变量。这一额外分析的结果显示出，在 39 个交互项之中，只有两个是统计上显著的（p < 0.05）。考虑到绝大多数多元化变量与时间虚拟变量之间的交互项都是不显著的，可以得出多元化与企业社会绩效之间关系的时间背景效应是极小的。

表 3 显示，加入解释变量时，模型 R^2 的增加值是相对较小的。为了检验多元化与交互项变量增加的模型解释力是否显著，采用似然比检验方法。首先，似然比检验展现了额外增加每一多元化变量显著增加模型适应性（非相关多元化：χ^2 = 13.49，p = 0.0002。相关多元化：χ^2 = 7.77，p = 0.0053。国际多元化：χ^2 = 8.94，p = 0.0028）。其次，似然比检验展现了额外增加每一交互项变量显著增加模型适应性（净资产收益率×非相关多元化：χ^2 = 10.63，p = 0.0011）。然而其他交互项没有显著增加模型适应性（净资产收益率×相关多元化：χ^2 = 0.77，p = 0.3812，净资产收益率×国际多元化：χ^2 = 0.23，p = 0.6295）。似然比检验显示出，尽管 R^2 的增加值相对较小，但多元化变量的确显著提高了模型解释力。

因为模型包含一些解释变量的交互项，所以在建立乘积项之前先进行了变量中心化以减少结果的多重共线性。更进一步地，本研究已经进行了多重共线性影响的检验。具体来说，建立层级嵌套模型（hierarchically nested models）并计算模型中个体变量的方差膨胀因子（VIF）。对于整个模型包含的所有交互项（见表 3 中模型 9），

表 3　企业和年份固定效应估计值及稳健标准误差

因变量：企业社会绩效	模型 1	模型 2	模型 3	模型 4	模型 5	模型 6	模型 7	模型 8	模型 9
截距	-0.0935 (0.2879)	-0.2289 (0.2896)	-0.0586 (0.2907)	-0.1342 (0.2921)	-0.2310 (0.2967)	-0.2537 (0.2946)	-0.2402 (0.2966)	-0.2318 (0.2967)	-0.2427 (0.2954)
企业规模	-0.0099* (0.0044)	-0.0108* (0.0044)	-0.0098* (0.0045)	-0.0101* (0.0044)	-0.0108* (0.0044)	-0.0106* (0.0044)	-0.0108* (0.0044)	-0.0109* (0.0044)	-0.0107* (0.0044)
企业盈利能力	-0.0004 (0.0002)	-0.0004 (0.0002)	-0.0004 (0.0002)	-0.0004 (0.0002)	-0.0004 (0.0002)	0.0018*** (0.0005)	0.0002 (0.0010)	-0.0003 (0.0002)	0.0013 (0.0007)
财务杠杆	0.0127 (0.0654)	0.0262 (0.0662)	0.0084 (0.0661)	0.0124 (0.0639)	0.0213 (0.0653)	0.0517 (0.0618)	0.0295 (0.0645)	0.0211 (0.0653)	0.0447 (0.0626)
自由现金流	0.0003** (0.0001)	0.0003** (0.0001)	0.0003** (0.0001)	0.0003** (0.0001)	0.0003** (0.0001)	0.0002** (0.0001)	0.0003** (0.0001)	0.0003** (0.0001)	0.0002** (0.0001)
无形资产	-0.0821* (0.0387)	-0.0817* (0.0388)	-0.0811* (0.0386)	-0.0839* (0.0388)	-0.0826* (0.0387)	-0.0891* (0.0385)	-0.0836* (0.0389)	-0.0821* (0.0383)	-0.0886* (0.0381)
行业 CSP	0.3332*** (0.0589)	0.3301*** (0.0574)	0.3344*** (0.0588)	0.3334*** (0.0589)	0.3316*** (0.0573)	0.3330*** (0.0575)	0.3322*** (0.0573)	0.3313*** (0.0572)	0.3319*** (0.0575)
基于盈余薪酬（百分比）	-0.1107 (0.3529)	-0.1373 (0.3512)	-0.1056 (0.3498)	-0.0853 (0.3536)	-0.1056 (0.3488)	-0.1509 (0.3475)	-0.1192 (0.3484)	-0.0963 (0.3531)	-0.1269 (0.3513)
基于股权薪酬（百分比）	-0.2327 (0.2266)	-0.2448 (0.2246)	-0.2264 (0.2234)	-0.2292 (0.2266)	-0.2334 (0.2212)	-0.2621 (0.2204)	-0.2404 (0.2202)	-0.2265 (0.2236)	-0.2495 (0.2224)
非相关多元化		0.5442* (0.2229)			0.5246* (0.2183)	0.5984** (0.2166)	0.5226* (0.2185)	0.5256* (0.2191)	0.6320** (0.2205)
相关多元化			-0.3111 (0.2053)		-0.3058 (0.2019)	-0.3098 (0.2000)	-0.2863 (0.2033)	-0.3054 (0.2023)	-0.3544 (0.2029)
国际多元化				1.1537* (0.5615)	1.1692* (0.5595)	1.1447* (0.5579)	1.1668* (0.5597)	1.3114* (0.5989)	1.3045* (0.5974)
企业盈利能力×非相关多元化						-0.0040*** (0.0009)			-0.0055*** (0.0014)

续表

因变量：企业社会绩效	模型1	模型2	模型3	模型4	模型5	模型6	模型7	模型8	模型9
企业盈利能力×相关多元化							-0.0012 (0.0019)		0.0026 (0.0016)
企业盈利能力×国际多元化								-0.0161 (0.0400)	-0.0185 (0.0397)
米尔斯反比比率（λ）	0.2688 (0.1807)	0.2642 (0.1807)	0.2674 (0.1804)	0.2621 (0.1800)	0.2563 (0.1799)	0.2611 (0.1775)	0.2605 (0.1789)	0.2534 (0.1797)	0.2500 (0.1774)
企业固定效应	包含	包含	包含	包含	包含	包含	包含	包含	包含
年份虚拟值（1994~2006年）	包含	包含	包含	包含	包含	包含	包含	包含	包含
N 企业年	3044	3044	3044	3044	3044	3044	3044	3044	3044
N 企业	511	511	511	511	511	511	511	511	511
调整的 R-squared	0.7649	0.7659	0.7654	0.7655	0.7669	0.7677	0.7669	0.7669	0.7677

注：显著性水平：* 表示 $p<0.05$，** 表示 $p<0.01$，*** 表示 $p<0.001$。

最大的方差膨胀因子值是盈利能力的 11.05。为了检验 VIF 值如何变化，排除了对整个模型并不产生显著影响的净资产收益率和国际多元化交互项，此时盈利能力变量的 VIF 值降至 2.94，远低于分界点 10。移除这一变量之后，模型 VIF 最大值降至 5.55（净资产收益率和非相关多元化交互项）。考虑到从模型 6 到模型 9，系数与 p 值保持一致，而且减少一个对整个模型并不产生显著影响的变量就能显著降低 VIF 值，所以可以得出，在回归模型中共线性问题并不严重。

结论与讨论

本研究的结果带来了值得深入讨论的问题。第一，在提出多元化和企业社会绩效之间的关系方面，本文提出了，多元化企业比聚焦型企业面临更大范围的利益相关方诉求和社会问题。多元化折价现象（Berger & Ofek，1995）可能正是由于多元化企业回应大范围利益相关方诉求带来的额外压力。这也就是说，高度多元化企业不仅面临缺乏基础资源一致性的问题（Wernerfelt & Montgomery，1988），还要处理大量利益相关方诉求带来的财政约束。尽管多元化企业面临的利益相关方诉求能带来多大财政负担还不是很明晰，但利益相关方诉求和多元化折价之间的关系还是值得进一步关注的。

第二，发现非相关多元化水平与企业社会绩效之间的正向相关关系带来了另一个有趣的问题，因为多元化文献中往往认为非相关多元化是缺乏效率的、劣等的多元化战略（Berger & Ofek，1995）。这一观点是基于非相关多元化与（短期）财务绩效之间的负相关关系（Markides & Williamson，1994；Palepu，1985；Rumelt，1974）。然而，如果企业社会绩效能够作为企业长期绩效和生存能力的预测指标（Kacperczyk，2009；Kaplan & Norton，1996；Ogden & Watson，1999），那么非相关多元化与企业社会绩效之间的正相关关系将使得非相关多元化不再是企业的劣等战略。今后对于企业社会绩效预测企业长期绩效与生存能力的有效性的更深入研究将帮助我们更好地回答这一问题。

第三，研究发现从社会福利视角也引发了一个有关非相关多元化价值的有意思的争论。经济学中的基本准则是单个企业利益最大化，这样企业便可对社会福利最大化做出贡献。根据这一逻辑，相关多元化是优于非相关多元化的，不仅从股东价值角度，而且从社会福利角度，因为相关多元化也通常与更高额的利润有关（Berger & Ofek，1995）。但是，非相关多元化与企业社会绩效之间的正相关关系带来了另一种可能，非相关多元化可能比相关多元化对社会更有益。这一发现也带来了一些质疑，我们如何定义评估企业行为创造的社会福利？我们是否应该仅仅考虑企业创造的可衡量的货币价值？是否也应该考虑企业所创造出来的那些仅仅被贬低为外部性的不可测量的定性部分。

第四，本研究对其他紧密相关的研究方向也有意义。企业犯罪文献中已经讨论了多元化与企业犯罪之间可能的相关关系。但是，以往的文献还没有发现多元化与企业犯罪之间关系的证据（Baucus，1988；Clinard & Yeager，1978；Hill et al.，1992）。在企业犯罪文献中没有发现可能归因于企业犯罪文献与本研究调查的如下不同之处。其一，企业犯罪概念比企业社会绩效概念小很多。企业社会绩效既包括企业所做的正确的事情也包括错误的事情。因此，尽管企业犯罪（错误的事情）可能影响企业社会绩效，但它不能决定企业社会绩效。其二，企业社会绩效处理与道德法律相关的企业行为，而企业犯罪仅处理与法律相关的这一部分。比如，不道德的企业行为（例如，与当地雇用童工的承包商一起工作，过多的高管薪酬）也可能负向影响企业社会绩效，而不会必然影响企业犯罪。其三，在衡量企业犯罪时并不区分相关与非相关多元化。正如多元化文献中所讲的，相关与非相关多元化在特征、动机、结果方面有着显著差异。以上这三点说明了本研究发现多元化与企业社会绩效之间清晰关系的原因，也因此补充了企业犯罪研究的内容。

本文也有助于企业社会绩效文献。大量对企业社会绩效的研究都聚焦于理解它的财务绩效，也就是企业社会绩效的结果。在这种丰富的研究中，学者发现高企业社会绩效能够作为有价值的企业资源从而产生可持续的竞争优势（Choi & Wang，2009）。这一发现揭示出理解企业社会绩效中企业的异质性（企业社会绩效的前因）也是一个同等重要的研究问题：如果高企业社会绩效是一种有价值、难以模仿的资源，那么理解企业社会绩效为什么和如何产生异质性，会对管理者和利益相关方提供有价值的信息。笔者认为，更多传统战略和管理研究课题的实践（比如企业多元化）能够提供更多有趣的研究契机。希望本研究能够为跨界研究提供一个例子，本研究包括了企业社会绩效和其他企业现象，而这一方法也会给予企业行为一个更为完整的理解。

参考文献

［1］Adams M.，Hardwick P. 1998. An analysis of corporate donations: United Kingdom evidence. Journal of Management Studies，35（5）：641-654.

［2］Agle B. R.，Mitchell R. K.，Sonnenfeld J. A. 1999. Who matters to CEOs? An investigation of stakeholder attributes and salience, corporate performance, and CEO values. Academy of Management Journal，42（5）：507-525.

［3］Ahmadjian C. L.，Robinson P. 2001. Safety in numbers: Downsizing and the deinstitutionalization of permanent employment in Japan. Administrative Science Quarterly，46（4）：622-654.

［4］Allison P. D. 1994. Using panel data to estimate the effects of events. Sociological Methods and Research, 23 (2): 174-199.

[5] Amihud Y., Lev B. 1981. Risk reduction as a managerial motive for conglomerate mergers. Bell Journal of Economics, 12 (2): 605-617.

[6] Bansal P. 2005. Evolving sustainably: A longitudinal study of corporate sustainable development. Strategic Management Journal, 26 (3): 197-218.

[7] Barnett M. L., Salomon R. M. 2006. Beyond dichotomy: The curvilinear relationship between social responsibility and financial performance. Strategic Management Journal, 27 (11): 1101-1122.

[8] Baucus M. S. 1988. Who commits corporate wrongdoing: Predicting illegal corporate behavior using eventhistory analysis. Academy of Management Best Paper Proceedings 1988, Anaheim, CA: S160-165.

[9] Baysinger B. D., Hoskisson R. E. 1989. Diversification strategy and R&D intensity in multiproduct firms. Academy of Management Journa, 32 (2): 310-332.

[10] Becker R., Henderson V. 2000. Effects of air quality regulations on polluting industries. Journal of Political Economy, 108 (2): 379-421.

[11] Berger P. G., Ofek E. 1995. Diversification's effect on firm value. Journal of Financial Economics, 37 (1): 39-65.

[12] Brammer S., Millington A. 2008. Does it pay to be different? An analysis of the relationship between corporate social and financial performance. Strategic Management Journal, 29 (12): 1325-1343.

[13] Brammer S. J., Pavelin S., Porter L. A. 2006. Corporate social performance and geographical diversification. Journal of Business Research, 59 (9): 1025-1034.

[14] Carroll A. B. 1979. A three-dimensional model of corporate performance. Academy of Management Review, 4 (4): 497-505.

[15] Caves R. E. 1996. Multinational Enterprise and Economic Analysis. Cambridge University Press: Cambridge, UK.

[16] Chatterjee S., Wernerfelt B. 1991. The link between resources and type of diversification: Theory and evidence. Strategic Management Journal, 12 (1): 33-48.

[17] Chatterji A. K., Levine D. I., Toffel M. W. 2009. How well do social ratings actually measure corporate social responsibility? Journal of Economics and Management Strategy, 18 (1): 125-169.

[18] Choi J., Wang H. 2009. Stakeholder relations and the persistence of corporate financial performance. Strategic Management Journal, 30 (8): 895-907.

[19] Christmann P. 2004. Multinational companies and the natural environment: Determinants of global environmental policy standardization. Academy of Management Journal, 47 (5): 747-760.

[20] Clinard M. B., Yeager P. C. 1978. Corporate crime: Issues inresearch. Criminology, 16 (2): 255-272.

[21] Connell R. W. 2005. Change among the gatekeepers: Man, masculinities, and gender equality in the global arena. Signs, 30 (3): 1801–1825.

[22] Cortese A. 2002. The new accountability: Tracking the social costs. New York Times, 24 March, Sec. 3, 4.

[23] Dechant K., Altman B., Downing R. M., Keeney T. 1994. Environmental leadership: From compliance to competitive advantage. Academy of Management Executive, 8 (3): 7–28.

[24] Deckop J. R., Merriman K. K., Gupta S. 2006. The effects of CEO pay structure on corporate social performance. Journal of Management, 32 (3): 329–342.

[25] Drumwright M. 1996. Company advertising with a social dimension: The role of noneconomic criteria. Journal of Marketing, 60 (4): 71–81.

[26] Fatemi A. M. 1984. Shareholder benefits from corporate international diversification. Journal of Finance, 39 (5): 1325–1344.

[27] Freeman R. E. 1984. Strategic Management: A Stakeholder Approach. Prentice–Hall: Englewood Cliffs, NJ.

[28] Geringer J. M., Beamish P. W., da Costa R. C. 1989. Diversification strategy and internationalization: Implications for MNE performance. Strategic Management Journal, 10 (2): 109–119.

[29] Godfrey P. C. 2005. The relationship between corporate philanthropy and shareholder wealth: A risk management perspective. Academy of Management Review, 30 (4): 777–798.

[30] Godfrey P. C., Merrill C. B., Hansen J. M. 2009. The relationship between corporate social responsibility and shareholder value: An empirical test of the risk management hypothesis. Strategic Management Journal, 30 (4): 425–445.

[31] Griffin J. J., Mahon J. F. 1997. The corporate social performance and corporate financial performance debate: Twenty–five years of incomparable research. Business and Society, 36 (1): 5–31.

[32] Hayes R. H., Abernathy W. J. 1980. Managing our way to economic decline. Harvard Business Review, 58 (4): 67–77.

[33] Henriques I., Sadorsky P. 1996. The determinants of an environmentally responsive firm: An empirical approach. Journal of Environmental Economics and Management, 30 (3): 381–395.

[34] Hill C. W. L., Hitt M. A., Hoskisson R. E. 1988. Declining United States competitiveness: Reflections on a crisis. Academy of Management Executive, 2 (1): 51–60.

[35] Hill C. W. L., Kelley P. C., Agle B. R., Hitt M. A., Hoskisson R. E. 1992. An empirical examination of the causes of corporate wrongdoing in the United States. Human Relations, 45 (10): 1055–1076.

[36] Hoskisson R. E., Hitt M. A. 1988. Strategic control systemsand relative R&D investment in large multiproduct firms. Strategic Management Journal, 9 (6): 605–621.

[37] Hoskisson R. E., Hitt M. A. 1990. Antecedents and performance outcomes of diversification:

A review and critique of theoretical perspectives. Journal of Management, 16 (2): 461-509.

[38] Hoskisson R. E., Hitt M. A., Hill C. W. L. 1991. Managerial risk taking in diversified firms: An evolutionary perspective. Organization Science, 2 (3): 296-314.

[39] Hull C. E., Rothenberg S. 2008. Firm performance: The interactions of corporate social performance with innovative and industry differentiation. Strategic Management Journal, 29 (7): 781-789.

[40] Jones T. M. 1980. Corporate social responsibility revisited, redefined. California Management Review, 22 (2): 59-67.

[41] Kacperczyk A. 2009. With greater power comes greater responsibility? Takeover protection and corporate attention to stakeholders. Strategic Management Journal, 30 (3): 261-285.

[42] Kaplan R., Norton D. P. 1996. The Balanced Scorecard. Harvard Business School Press: Boston, MA.

[43] Levy H., Sarnat M. 1970. International diversification of investment portfolios. American Economic Review, 60 (4): 668-675.

[44] Lichtenstein D. R., Drumwright M. E., Braig B. M. 2004. The effect of corporate social responsibility on customer donations to corporate-supported nonprofits. Journal of Marketing, 68 (4): 16-32.

[45] Markides C. C., Williamson P. J. 1994. Related diversification, core competences and corporate performance. Strategic Management Journal, Summer Special Issue, 15: 149-165.

[46] Markides C. C., Williamson P. J. 1996. Corporate diversification and organizational structure: A resourcebased view. Academy of Management Journal, 39 (2): 340-367.

[47] McGuire J. B., Dow S., Argheyd K. 2003. CEO incentives and corporate social performance. Journal of Business Ethics, 45 (4): 341-359.

[48] McWilliams A., Siegel D. 2000. Corporate social responsibility and financial performance: Correlation or misspecification? Strategic Management Journal, 21 (5): 603-609.

[49] McWilliams A., Siegel D. 2001. Corporate social responsibility: A theory of the firm perspective. Academy of Management Review, 26 (1): 117-127.

[50] Mitchell R. K., Agle B. R., Wood D. J. 1997. Toward a theory of stakeholder identification and salience: Defining the principle of who and what really counts. Academy of Management Review, 22 (4): 853-886.

[51] Montgomery C. A. 1994. Corporate diversification. Journal of Economic Perspective, 8 (3): 163-178.

[52] Montgomery C. A., Hariharan S. 1991. Diversified expansion by large established firms. Journal of Economic Behavior and Organization, 15 (1): 71-89.

[53] Ogden S., Watson R. 1999. Corporate performance and stakeholder management: Balancing shareholder and customer interests in the U.K. privatized water industry. Academy of Management Journal, 42 (5): 526-538.

［54］ Palepu K. 1985. Diversification strategy, profit performance and the entropy measure. Strategic Management Journal, 6 (3): 239–255.

［55］ Palich L. E., Cardinal L. B., Miller C. C. 2000. Curvilinearity in the diversification–performance linkage: An examination of over three decades of research. Strategic Management Journal, 21 (2): 155–174.

［56］ Park C. W., Milberg S., Lawson R. 1991. Evaluation of brand extensions: The role of product feature similarity and brand concept consistency. Journal of Consumer Research, 18 (2): 185–193.

［57］ Penrose E. T. 1959. The Theory of The Growth of the Firm. Oxford University Press: Oxford, UK.

［58］ Porter M. E., Kramer M. R. 2006. Strategy and society: The link between competitive advantage and corporate social responsibility. Harvard Business Review, 84 (12): 78–92.

［59］ Rowley T., Berman S. 2000. A brand new brand of corporate social performance. Business and Society, 39 (4): 397–418.

［60］ Rumelt R. P. 1974. Strategy, Structure and Economic Performance. Harvard Business School Press: Boston, MA.

［61］ Russo M. V., Fouts P. A. 1997. A resource–based perspective on corporate environmental performance and profitability. Academy of Management Journal, 40 (3): 534–559.

［62］ Sambharya R. B. 1996. Foreign experience of top management teams and international diversification strategies of U.S. multinational corporations. Strategic Management Journal, 17 (9): 739–746.

［63］ Sharfman M. P., Shaft T. M., Tihanyi L. 2004. A model of the global and institutional antecedents of high–level corporate environmental performance. Business and Society, 43 (1): 6–36.

［64］ Shleifer A., Vishny R. W. 1989. Management entrenchment: The case of manager–specific investments. Journal of Financial Economics, 1989 (25): 123–139.

［65］ Shrivastava P. 1995. The role of corporations in achieving ecological sustainability. Academy of Management Review, 20 (4): 122–160.

［66］ Spicer B. H. 1978. Investors, corporate social performance and information disclosure: An empirical study. Accounting Review, 53 (1): 94–111.

［67］ Strike V. M., Gao J., Bansal P. 2006. Being good while being bad: social responsibility and the international diversification of U.S. firms. Journal of International Business Studies, 37 (5): 850–862.

［68］ United Nations Development Program. 2003. Human Development Report. UNDP and Oxford University Press: New York.

［69］ Wang H. C., Barney J. B. 2006. Employee incentives to make firm–specific investments: Implications forresource–based theories of corporate diversification. Academy of Management Review, 31 (2): 466–476.

［70］ Wang H. C., Barney J. B., Reuer J. J. 2003. Stimulating firm specific investment through risk management. LongRange Planning, 36 (1): 49-59.

［71］ Wernerfelt B. 1984. A resource-based view of the firm. Strategic Management Journal, 5 (2): 171-180.

［72］ Wernerfelt B., Montgomery C. A. 1988. Tobin's q and the importance of focus in firm performance. American Economic Review, 78 (1): 246-250.

［73］ Zaheer S. 1995. Overcoming the liability of foreignness. Academy of Management Journal, 38 (2): 341-363.

南撒哈拉经济体下的财务资源可用性与企业社会责任支出：基于制度差异假说[*]

Scott D. Julian，Joseph C. Ofori-Dankwa

【摘　要】研究表明，在发达经济体中财务资源的可用性（financial resources availability）和企业社会责任之间存在正相关关系。但是，来自制度研究的假说，我们称为制度差异假说（IDH），认为发达经济体和发展中经济体之间存在的制度差异可能对企业社会责任有不同的影响。在整合制度差异假说与冗余资源理论的基础上，通过对撒哈拉以南非洲新兴经济体——加纳国内企业的研究，本文认为财务资源的可用性与企业社会责任支出之间存在着负相关关系。本文对来自加纳投资促进中心的滞后（lagged）数据进行分析，发现企业的销售收益率、净资产收益率和净利润始终与较低的企业社会责任支出相关。我们强调，我们的发现对于相关研究和管理者有着重要的意义。

【关键词】企业社会责任；冗余资源理论；制度差异假说；撒哈拉以南非洲地区；财务资源可用性

引　言

研究人员长期以来一直关注对企业社会责任（Corporate Social Responsibility, CSR）影响因素的研究（Brammer & Millington, 2008；Surroca, Tribo & Waddock, 2010；Wood, 2010）。这一领域的一著名研究流派主要探索了制度稳定、资源丰富的欧洲和北美洲中企业财务资源的可用性与企业社会责任活动和支出之间的关系（Atkinson & Galaskiewicz, 1988；Buehler & Shetty, 1976；Surroca et al., 2010；

---

* Scott D. Julian, Joseph C. Ofori-Dankwa. 2013.Financial Resource Availability and Corporate Social Responsibility Expenditures in a Sub-Saharan Economy: The Institutional Difference Hypothesis, Strategic Management Journal, 34：1314-1330.

初译由邹艳和潘丽完成。

Waddock & Graves，1997）。这些研究基于冗余资源理论，来解释当企业的财务资源可用性提高时公司会更多参与可自由支配活动（如企业社会责任）的现象（Surroca et al.，2010；Waddock & Graves，1997）。为了印证这一观点，研究人员不仅从元分析（mate-analysis）中总结出财务资源和企业社会责任之间可能存在"普遍正相关"的关系（Orlitzky，Schmidt & Rynes，2003：423），而且通过覆盖 28 个国家的样本证实了这一关系（Surroca et al.，2010）。

最近，尽管有学者呼吁学术界关注制度约束条件下的企业社会责任的研究（Matten & Moon，2008；Visser，2006），如南非地区，但是检验此条件下这种关系的研究却不多见。企业社会责任活动很可能会根据不同的环境条件而产生差异（Campbell，2007；Matten & Moon，2008），考虑到这一点，这种疏忽就显得非常重大，因此，现在的研究焦点就导致了一些潜在富有成果的研究问题仍未解决。这样的疏忽也意味着对财务资源和企业社会责任之间的正相关关系的普遍性推定可能还为时过早。

因此，本研究主要关注加纳国内企业财务资源可用性与社会参与之间的关系。在研究的过程中，本文参考了一个应用制度理论研究新兴经济体的著名研究流派的研究成果，并强调其对企业社会责任可能的启示（Amaeshi et al.，2006；Campbell，2007；Chen，Patten & Roberts，2008；Doh et al.，2010；Matten & Moon，2008）。对这些研究的回顾揭示了一系列以我们称其为"制度差异假说"（Institution Difference Hypothesis，IDH）为中心的一致的理论观点。制度差异假说强调了存在于发达经济体与发展中经济体之间的重要且跨情境的制度差异的重要性，以及这些制度差异可能会影响企业社会责任的性质、产生和结果的方式（Halme，Roome & Dobers，2009；Matten & Moon，2008；Robertson & Crittenden，2003；Visser，2008）。

本文认为，发达国家和撒哈拉以南非洲经济体（Hoskisson et al.，2000）之间制度的区别有可能会导致财务资源可用性与企业社会责任之间有不一样的关系。具体地讲，撒哈拉以南非洲新兴经济体中存在资本的可用性受到实质性约束的情况（Austin，Kresge & Cohn，1996；世界银行，2005）。制度差异假说表明，在这种情况下，加纳的企业很可能给资本保留（capital retention）设置一个高贴水，而且可能不会充分认识到企业社会责任支出所积累的潜在战略收益（Frynas，2005；Ofori & Hinson，2007）。此外，在企业社会责任方面，加纳公司很少面临来自政府或者非政府组织的压力，政府一般更关注通过市场改革来促进经济发展和创造就业机会等方面，缺少充分的社会性强制机制，而非政府组织也只是刚开始为企业社会责任制定有效的宣传战略（Amao，2008；Atuguba & Dowuona-Hammond，2006；Blowfield & Frynas，2005；Fabig & Boele，1999；Waddell，2000；Winston，2006；世界银行，2005）。最后，考虑到相对较高水平的贿赂和腐败（Ahunwan，2002；Osei，

1998），具有较丰富资金的成功企业能够更容易逃避合规行为。总之，虽然对有坚实财务制度的发达经济体的研究表明，企业的财务资源可用性与企业社会责任支出之间表现为正相关关系，但是制度差异假说的逻辑却认为该关系为负相关的。

为验证假设，本文使用来自加纳投资促进中心（GIPC）的数据对非洲加纳的企业进行检验。在某些方面，加纳是撒哈拉南部非洲新兴经济体的代表，所以选择加纳作为研究对象是合适的。本项研究使用销售收益率、净资产收益率和公司利润来衡量企业的财务资源可用性，使用CSR/员工、CSR/公司股权，以及企业社会责任支出的自然对数来衡量企业社会责任支出。本文的主要结果和敏感性测试显示出财务资源的可用性与企业社会责任支出之间表现为持续的负相关关系，从而有力地支持了本文的假设。

本项研究取得了下述的贡献成果。首先，概念性和理论性的制度差异假说（IDH）认为，考虑到现有研究基于的发达经济体的制度环境与加纳的制度环境存在差异（Campbell，2007；Matten & Moon，2008；Visser，2008），很可能导致存在不同的企业社会责任反应。本文对该观点提供了经验性支持。具体来说，如果支撑企业社会责任的制度发展比较落后，企业的财务资源可用性与企业社会责任支出之间就不会表现出其通常的正相关关系，甚至可能有负相关关系。其次，考虑到"非洲正在发展成为新的亚洲"（Guo，2010）这一发展趋势，本研究显示出特别的意义，吸引越来越多的关于企业活动和企业社会责任的研究（Acquaah，2007；Hoskisson et al.，2000；Ofori-Dankwa & Julian，2011；Wright et al.，2005）。因此，本文得到了一些关于企业社会责任非常重要的但有的学者很不感兴趣（high misery context of interest）的发现（Margolis & Walsh，2003；Ofori-Dankwa，Julian，2011；Visser，2008），本文以此开始建立一个关于南撒哈拉非洲制度环境下企业社会责任性质和意义的理论框架。

理论框架

广泛的理论观点被用来阐释企业社会责任，如代理理论、利益相关方理论、管家理论、资源基础理论、冗余资源理论和制度理论等。有人认为，企业社会责任是一项委托—代理成本，是企业收益从其合法所有者到社会用途的一种转移，这种社会用途是企业管理者被误导的偏好（Friedman，1970；McWilliams，Siegel & Wright，2006）。利益相关方理论强调，企业应重视除了股东以外其他利益相关方的需求（Donaldson et al.，1995；Freeman，1984）。不同于代理理论，管家理论将管理者视作追求社会利益的负责任的监督者，而不是最大化其自身结果的诡计多端的经营者（Davis，Schoorman & Donaldson，1997；Donaldson & Davis，1991）。基于资源的企业社会责任观点强调稀缺的、难以复制的企业资产及能力所带来的更有效的企业社会责任参与的重要性（McWilliams & Siegel，2001；Russo & Fouts，1997）。另外，冗余理论则强调了资源（如财务资源）如何使企业能够从事企业社会责任活动（Surroca et al.，2010；Waddock et al.，1997）。最近，企业社会责任的研究强调把企业嵌入制度环境的重要性以及在不同情况下制度如何影响 CSR 活动的各项要素（Campbell，2007；Matten & Moon，2008）。在这些不同的理论视角下，关于企业社会责任的研究可以分为两大学术研究视角：一种是检验企业社会责任对企业绩效的影响；另一种则是强调企业社会责任的前因（Surroca et al.，2010）。前者（一直占据企业社会责任研究的主导地位（Wood，2010））提出了是否可以"行善赚钱"的问题，并一直被视为一个找到企业社会责任"商业理由"的有效途径（Carroll & Shabana，2010）。针对后者的研究相对较少，其研究重点是查明促使企业行善的因素（Margolis & Walsh，2003）。本文定位于研究企业社会责任前因方面。

企业社会责任支出的前提：冗余资源理论

冗余资源理论一直是企业社会责任研究中的主要理论基础，并引导研究者将注意力转向有关财务资源可用性对企业社会责任开支的影响上（McGuire，Sundgren & Schneeweis，1988；Ullmann，1985）。冗余资源理论中的企业社会责任支出的重要性已经被随后的其他研究人员阐明和确认（Adams & Hardwick，1998；Brammer & Millington，2004；Preston & O'Bannon，1997；Saiia，Carroll & Buchholtz，2003；Seifert，Morris & Bartkus，2004；Waddock & Graves，1997），近期的研究仍然在用此理论的逻辑检验其提出的关系（Amato，2007；Brammer et al.，2008；Surroca et al.，2010）。当企业财务资源冗余丰富（如当利润很高）的时候，企业更可能认为企业社会责任是他们可以负担得起的一项自由决定的支出，所以企业会追求更多地参与社会活动（Adams & Hardwick，1998；Carroll，1991；Preston & O'Bannon，1997；Seifert et al.，2004）。因此，从财务资源的可用性贫乏时的企业社会责任的初始基准线起，企业对社会活动的参与能力和参与意愿是随着企业财务资源的可用性的上升而提高的。

制度差异假说

针对企业社会责任的前期研究主要是在发达经济体中进行的，因此冗余资源理论默认资源宽裕和制度发达。因此，这些企业社会责任前期研究没有经过实质性的、跨越隐性边界条件的"压力测试"。然而，理论证实这种制度条件是很重要的。回顾企业社会责任的相关文献，可以识别出一个新兴的研究理论假说，我们称其为制度差异假说（Amaeshi et al., 2006；Campbell, 2007；Chen et al., 2008；Doh et al., 2010；Matten et al., 2008；Visser, 2008）。基于制度差异假说的研究将理论制度作为其主要的理论视角（Dimaggio & Powell, 1983；Meyer & Rowan, 1977），并以成熟的新兴经济体为基础，研究发达经济体与新兴经济体之间的制度差异对战略决策的制定所产生的重大影响（Hoskisson et al., 2000；Makhija, 2003；Peng, 2003；Wright et al., 2005）。制度差异假说表明，基于企业视角，企业社会责任有可能由于经济和体制的发展水平而各不相同（Amaeshi et al., 2006；Matten et al., 2008；Robertson, 2009）。有学者认为，由于企业社会责任的情境约束性（context-bound）以及主体间的文化性质（culturally inter-subjective nature）（Amaeshi et al., 2006；Matten et al., 2008；Robertson, 2009），企业社会责任的不同方面的相对优先级也会根据制度边界条件而变动（Visser, 2006）。

然而，总体上，对新兴经济体尤其是撒哈拉以南的非洲经济体的企业社会责任的前因的检验却很少，这方面需要更多的研究（Amaeshi et al., 2006；Visser, 2006, 2008）。然而，根据制度差异假说，考虑到发达经济体与新兴经济体存在着实质性的制度差异，研究者在将针对发达经济体的已有研究的理论方法应用于南撒哈拉环境时要谨慎（Dartey-Baah, Amponsah-Tawiah, 2011）。不同于这些发达经济体，很多撒哈拉以南非洲国家的特点是市场化（promarket）改革、相对缺乏制度资源和缺少金融资本（Austin et al., 1996；Hoskisson et al., 2000；世界银行，2000, 2005）。如果这些源于相对发达和富裕国家的理论被不恰当地应用于发展中经济体，将存在概念设定错误的风险。为了反映撒哈拉南部非洲的环境，我们检验了加纳国的企业社会责任前提，它是该地区的公司所面对的独特制度环境的一个代表。

假　设

我们认为，撒哈拉南部非洲的制度条件与西方不同，这可能影响企业绩效与企业社会责任之间关系的方向。本文识别了若干制度差异，在这样的制度环境下和假设中，与原来的研究相反，加纳公司财务绩效越好，参与企业社会责任越少。

第一，与发达经济体拥有优厚的制度条件不同，撒哈拉以南非洲地区经营的公司在获取投资资金和开展经营的必要运转资金方面面临着巨大困难（Austin et al., 1996；Chu, Benzing & McGee, 2007；世界银行，2000, 2005）。股市规模小，交易量少，前景不佳，难以吸引大量股权注入（Ahunwan, 2002, Osei, 1998；Yartey & Adjasi, 2007）。相比之下，该地区的银行业相当发达，但贷款人需要提供大量的抵押品、承受高利率，并且银行倾向于提供短期借款以将违约风险最小化（ABOR & Biekpe，2005；Elkan，1988；Gwatidzo & Ojah，2009；Honohan，2000；Tagoe，Nyarko & Anuwa-Amarh，2005）。此外，由于突然的政局变动、大宗商品的波动、欠发达的制度环境和基础设施，撒哈拉以南非洲地区的商业环境没有达到历史性的有利形势（世界银行，2000）。这样的境况孕育了以财务生存、保守的财务管理以及资本金的合理积累（如果不是完全囤积）为主要特点的企业文化（Quartey，2003）。因此，面对这种保守的、风险规避的商业条件，企业内部产生的免费的、不受外界影响、没有外部义务的资金（如利润）非常珍贵，企业可能会小心谨慎地使用（Austin et al.，1996）。高利润可能与企业在那些不是很关键方面的精打细算以及在这些领域没有较大的支出压力有关。

第二，与非洲资本稀缺相伴随的是，企业没有将企业社会责任视为更大的企业目标的一部分，这一点与研究证据一致。研究表明，新兴经济体中的企业对企业社会责任及其为企业所带来的潜在利益的认知和重视程度较低（Frynas，2005）。加纳公司的一项研究表明，企业社会责任是有边际战略价值的（Ofori & Hinson，2007），其他人则指出，非洲经理人通常对企业社会责任没什么兴趣（de Jongh & Prinsloo，2005）。事实上，在加纳矿业企业中，Hilson（2007）对企业社会责任的检验结论冰冷地提醒到，矿业公司不是公益慈善机构，该企业在非洲国家所从事的活动均是严格地出于商业目的。与这些观点相一致，由于南非盈利高的企业缺少对企业社会责任活动的参与，导致政府强制要求企业对社会项目进行投资，要求企业将其盈利的一小部分用于承担企业社会责任，并公告企业的社会投资支出情况（Arya & Zhang，2009；de Jongh & Prinsloo，2005；Hamann，2004）。因此，在财务体制薄弱、资金较难获取的情况下（Austin et al.，1996；世界银行，2000，2005），企业可能不愿意发生企业社会责任支出，因为他们认为该项支出会造成利润的流失而不能为公司带来任何经济利益（Ofori & Hinson，2007）。

第三，在西非尤其是在加纳，企业社会责任几乎不存在任何来自政府方面的压力（Blowfield & Frynas，2005）。在某种程度上，这是因为处于受限制经济环境下的政府一直致力于解决有关促进市场改革的问题，如发展商业和创造就业机会（Debrah，2002；Domfeh，2004）。为了应对长期低迷的经济环境，在20世纪80年代初，几个撒哈拉以南的非洲国家接受了国际货币基金组织发起的结构调整方案，开启了强力的市场导向经济改革（Acquaah，2007；Domfeh，2004；Hoskisson et al.，2000；Awyerr，1993；世界银行，2000）。市场改革开始通过发展经济、增加市场活动以及巩固经济成果的方式来处理当务之急，即扶贫问题，而不是通过经济资产的政府所有制来解决问题（GIPC，1997；Hoskisson et al.，2000）。

加纳政府制定了一个雄心勃勃的目标：到2020年，将经济发展水平提高到一个中等收入国家水平，重点发展领域是人类发展、经济增长及农村和城市发展（加纳 2020 年远景规划，1995）。因此，政府机构越来越多地授权并奖励这些财务成功的公司。例如，加纳投资促进中心每年为那些在各部门中，在某些指标（如利润总额和销售增长率）方面表现非常突出的企业提供令人垂涎的国家级奖励，并将这些企业作为市场典范让其他公司效仿。对于这些优秀企业的评选，加纳投资促进中心最初是根据企业规模的大小选定表现最顶尖的企业的（1996~1999 年），从 2001 年开始强调利润因素。该中心只在 2005 年收集了企业社会责任支出的数据，随后的几年并未收集该项数据。为回应政府突出强调经济发展而对企业社会责任兴致不高的问题，Atuguba 和 Dowuona-Hammond（2006）对加纳投资促进中心发出告诫："加纳投资促进中心评选 100 强企业的标准中必须要包括对企业社会责任的明确规定。"

　　第四，在大多数西非国家，对于综合的企业社会责任活动，企业几乎没有任何持续的社会压力（Fabig & Boele，1999）。此外，加纳/西非的非政府组织（NGO）既没有得到有效的组织，也没有得到充分的发展，无法持续倡导企业社会责任（Atuguba & Dowuona-Hammond，2006；Fabig & Boele，1999；Waddell，2000；Winston，2006）。一个典型的例子是，在尼日利亚的依格尼兰德（Igoniland），尽管企业获得了丰厚的利润，但是企业用于企业社会责任的支出还是很低的。最近，该地区的不公正和缺乏效率的企业社会责任吸引了世界范围的注意力（Boele, Fabig & Wheeler，2001；Idemudia & Ite，2006）。Atuguba 和 Dowuona-Hammond（2006）提供了另一个例子，他们的研究注意到，加纳虽然成立了消费者协会来实施企业社会责任，但是能力不足和资金约束严重影响了协会的效果。

　　第五，在加纳几乎没有任何法律直接要求企业对社会负责，直到 2006 年才出台了一个全面的关于企业社会责任的文件（Atuguba & Dowuona-Hammond，2006）。在 2006 年推出《加纳商业守则》之前，加纳没有任何关于企业社会参与的规范、标准和期望的正式规定，甚至当时签署守则也是完全自愿的。研究表明，针对实质性的企业社会活动，通过自由意愿来遵守企业社会责任标准是一种无效的方法（Doane，2005）。毫不意外，到 2011 年只有 60 家加纳的公司签署了《加纳商业守则》（Amponsah-Tawiah & Dartey-Baah，2011）。如同尼日利亚缺乏有效的法律制度一样，加纳薄弱的监管制度反映了西非地区的基本状况（Achua，2008；Amao，2008）。

　　第六，新兴经济体中的政府，如加纳政府，只是稍微加强了处理社会投资问题的有限法律（Frynas，2004）。由于撒哈拉以南非洲地区的政府更加重视经济发展，这些国家的政府也缺乏合适的人力资源和警务设施来执行这些法律，保证企业守法合规的能力有限。这种薄弱的执法力度反映了欠发达地区的法律和政治制度的普遍情况（Visser，2006；世界银行，2000）。Atuguba 和 Dowuona-Hammond（2006）指出，加纳需要"为实施企业和职业伦理守则创造条件，因为它们与企业社会责任息息相关"。

第七，在一些国家如加纳和尼日利亚，薄弱的治理结构、落后的制度规范、散漫的政府监管和低水平的执法力度使得企业的渎职行为尤为普遍（Ahunwan，2002；Rose-Ackerman，1999；Werlin，1973）。例如，在加纳，腐败问题非常严重，以至于在1970年成立了一个由五人组成的全国咨询委员会来查明贿赂和腐败的根源，并提出管理建议来降低腐败事件发生率（Werlin，1973）。尽管政府多次试图治理国家的腐败现象，但与行贿有关的问题仍然十分严峻（Ahunwan，2002；Rose-Ackerman，1999）。同样，尼日利亚的商业环境问题也由于腐败和贿赂的政治文化背景而加剧（Ahunwan，2002）。这种较高的腐败事件发生率使得资源丰富的公司在薄弱的法律约束条件下更易于逃避企业社会责任（Achua，2008；Amao，2008）。腐败问题如此普遍，以至于 Atuguba 和 Dowuona-Hammond（2006）提到了一些本应该更加"对社会负责任"的非政府组织滥用基金的案例。

总之，企业社会责任的弱优先性地位和支持企业社会责任的薄弱制度使得成功的公司将社会参与边缘化，而资本受约束的条件促使有高利润的企业储备资金并节约那些不必要的开支。在这样的制度背景下，即资金短缺、对企业社会责任价值认识不足、社会和政府对企业社会责任压力不足、缺少适当和综合性的促进企业社会责任的法律、贿赂多发，而且腐败有利于企业逃避社会责任，具有较高的财务资源可用性的企业很可能在企业社会责任方面投入较少。因此，本文假设：

假设：在撒哈拉以南非洲企业中，财务资源可用性越高，履行社会责任越少。

研究方法

本文的研究目的地选在加纳，这是一个被国际货币基金组织列为"新兴"市场的撒哈拉以南非洲的发展中国家（Hoskisson et al.，2000；世界银行，2000）。20世纪60年代国家社会主义的尝试失败后，加纳在80年代开始了市场经济模式的实质性改革，在90年代中期辅以产业配套改革（Domfeh，2004）。这些改革的影响一直持续到现在，但在经济发展、基础设施建设和金融制度（Debrah，2002）等领域仍然滞后于发达经济体。

本研究的样本来源于加纳投资促进中心评选的加纳俱乐部100强企业。1996年，加纳政府的工业部门想建立一个结构和概念类似于世界500强的知名数据库，为此开始收集全国100强企业的数据，包括国内企业和外国企业。2000年，加纳投资促进中心对100强企业的评选标准专注于企业规模、利润总额和增长率，2005

年，企业社会责任支出的数据也首次被列入了评选标准中（尽管后来不再包含该数据）。数据采集过程中所使用的程序使数据的准确性和有效性具有较高水平的可信度。首先，加纳俱乐部100强企业的政府赞助项目具有规范合法性，同时也迫使任何故意的差错都需要面临着巨大压力。其次，数据的收集和分析是由加纳的管理咨询公司 SEM 国际协会进行的，该公司的董事们分别获得了哈佛大学、多伦多大学和罗切斯特大学的高级商业学位，其中一人在密歇根大学教授金融学（SEM 国际协会，2006）。因此，数据的收集和处理是由接受过西方经济教育的学者来承担的。再次，入选加纳俱乐部100强的企业被要求提供连续数年的经审计的账务情况。最后，评选要求还包括提供来自加纳国税局以及社会保障和国家保险信托的文件（加纳俱乐部100强企业，2009）。

从 2005 年加纳俱乐部100强名单中，我们选出那些由非洲所控制的公司，或者由加纳国内所拥有的企业，或者是撒哈拉以南非洲的跨国公司的子公司。这样做是因为那些不是非洲籍跨国公司的子公司不太可能完全嵌入到撒哈拉以南非洲的制度环境中去。从非非洲籍跨国公司总部以及跨国公司本身的角度来考虑，位于该地区的子公司只是受到了外来文化的影响。本文只保留了那些有 2003~2005 年的数据的公司（Lev，Petrovits & Radhakrishnan，2010；Surroca et al.，2010），以此来加强因果联系。这样我们得到了 41 家有完整数据的公司，来自加纳投资促进中心所划分的 12 个不同部门，分别是商业银行、社区银行、非银行金融机构、保险业、制造业、贸易行业、信息和通信技术业、建筑业、旅游服务业、汽车及设备制造业、医疗保健行业以及一般服务行业。因此，数据来源的广泛性保证了研究结果的普遍性。

因变量

CSR 的评价方式一直困扰着学者们，他们使用了一系列不同的方法来对此进行研究（Wood，2010）。考虑到本文的研究主要是探索促使企业投身到社会责任中去的关键因素，我们发现聚焦于实际责任的衡量（Carroll & Shabana，2010）是优秀的方法。在本研究的案例中，用企业花在社会导向的活动中的资金量来衡量企业社会责任。与支出相关的衡量方法具有能够提供企业客观的、货币量化的企业社会责任（Wood，2010）的优点，而且它代表着实质性的资源承诺而不是仅仅通过口头表示，或在企业社会责任网站上报道（Arya & Zhang，2009；Chapple & Moon，2005）等象征性的承诺。另外，考虑到可用的财务资源非常珍贵而且也是一种独特的竞争性因素，将这种稀缺资源用于企业社会责任支出显著说明企业社会责任的优先性。因此，在资本约束的情况下，财务资源和企业社会责任支出就特别重要。加纳投资促进中心提供的加纳俱乐部100强企业报告包含了 2005 年的企业社会责任支出数据。加纳投资促进中心将"企业社会责任"定义为，能够展示公司的领导

力、诚信以及将伦理价值观、遵守法律要求和尊重个人、社区和环境融入企业流程
的持续承诺的"项目、产品或服务"。加纳投资促进中心的数据公布了受到企业资
金支持的六大领域：①健康问题，如儿童健康、营养不良及医药研究；②教育，如
提供奖学金；③减少贫困，如提供饮用水、改善医疗、农村发展和住房建设；④环
境问题，如节能减排、可持续的做法等；⑤社会弱势群体的问题，如妇女、儿童和
残疾人问题；⑥体育事业，如体育的发展。正如 Brammer 和 Millington（2008）所
认为的那样，企业的慈善作为实现企业社会责任的方式之一有着突出的优点：它越
发被视为企业社会绩效的重要组成部分，它的使用回应了企业社会责任的研究中对
更具体研究的需要；它避免了概念和衡量上出现的难以操作的问题；并且，相对于
单一维度的研究方式，它接近更广泛的社会议题，跨越不同的利益相关方。

本文用以下三种指标对企业进行社会责任衡量，即 CSR/员工、CSR/股权以及
CSR 支出的自然对数。加纳投资促进中心提供了 2005 年企业在社会责任支出方面
的数据，通过用该项支出分别除以员工人数和股本便可以获取前两种指标。对于第
三种指标，本文通过企业社会责任支出的自然对数来获取，同时也提供了对企业社
会责任支出绝对值的评估。在学术领域，企业社会责任支出占企业规模或者股本的
比例以及企业社会责任支出的自然对数是文献中衡量企业社会责任支出的常用方式
（Amato & Amato，2007；Brammer & Millington，2004，2008；Navarro，1988；
Wang，Choi & Li，2008）。

本文使用比率的衡量方法，这是遵循了前人的观点。之前的学者认为，为了企
业间有效的比较基础，有必要用某些组织特征（如规模）来衡量慈善的贡献，我们
同意这个观点（Amato & Amato，2007；Wang et al.，2008）。标准的测评方法也能
在其他方面很好地适用于本研究及样本。有证据表明，处于推进市场改革背景下的
企业倾向于认为社会责任是与支出有关的、以公益为导向的活动（Robertson，
2009）。另外，本文与其他研究非洲企业社会责任问题的学者观点相一致，用货币
价值评估企业社会责任活动（Arya & Zhang，2009）。因变量来源于 2005 年的数据
统计，滞后于自变量（2003~2004 年）1~2 年。这段时间的数据有助于优化对假设
的检验，因为它减少了因变量影响其他超前的变量的可能性。

自变量

盈利能力和利润是直接衡量自产资金的重要指标，是资金资源（Austin et al.，
1996）供应的主要手段，它也代表了一种财务资源可用性的可见指标，这些资源可
以成为潜在的社会投资。利用加纳投资促进中心所提供的数据，本文可以用在企业
社会责任研究中长期使用的指标来衡量公司财务资源的可用性：销售利润率
（Adams & Hardwick，1998；Cochrane & Wood，1984；Stanwick & Stanwick，1998）、

净资产收益率（Johnson & Greening，1999；Waddock & Graves，1997）和公司净利润（Levy & Shatto，1978；McElroy & Siegfried，1985）。本文将净利润除以营业总额得到销售利润率。对大多数加纳俱乐部 100 强企业而言，营业额等同于企业销售收入。然而，对于银行而言，加纳投资促进中心评估的销售额是通过加总利息收入、佣金及服务费得到的。对于保险公司来说，销售额是净保费收入与投资收益的总和（GIPC 100，2005）。本文将净利润除以股本得到净资产收益率，而净利润可以直接从加纳俱乐部 100 强企业数据库中获得。

对财务资源可用性的三种评估指标能够保证假设与研究结果之间的一致性，增强了研究结果的可靠性。为了测算出单个年度的影响结果（并且加强因果关系），本文取 2003 年和 2004 年数据的平均值来计算以上三种指标（使用早于因变量两年的数据，可以更精确地关注利益变动的因果方向，从财务资源可用性到企业社会责任支出）。

控制变量

本文控制了企业和行业水平的条件。第一，对于企业特征，广告宣传支出是一项衡量企业在提高知名度方面的指标，在与企业社会责任支出相关的文献记载中也是一个重要的自变量（Amato & Amoto，2007）。企业广告宣传支出数据难以直接获得，但是企业是否在著名的加纳俱乐部 100 强出版物上购买广告权是一个有效的替代指标（1 为购买，0 为不购买）。

第二，由于各种方式的媒体报道能够提升知名度，本研究也举办了持续的网络点击投票活动。媒体点击率的高低与企业公益捐赠活动之间有着积极正向的关联关系（Maignan & Ralston，2002）。2004 年企业网络点击率的统计是由 ghanaweb.com 网站通过使用各个企业可供检索的文献数据库来获得的网络文献的统计量。

第三，另一个与企业社会责任支出潜在相关的企业特征指标是技术的应用（Maignan et al.，2002）。2004 年拥有技术支持的加纳俱乐部 100 强企业指南上，载明了企业网站的标准资源地址（URL）（假设 "1" 为拥有此项技术，"0" 为没有此项技术）。

第四，来自西方经济学的研究表明了企业声誉与企业社会责任之间的联系（Surroca et al.，2010）。为了衡量企业信誉，本文统计了 2000~2003 年各个企业出现在加纳俱乐部 100 强名单中的次数（从 0 到 4）。

第五，本文也控制了可能与更严重的企业危机相关的企业收益这一因素（Austin et al.，1996）。2004 年加纳俱乐部 100 强企业评选中使用营业额的自然对数来测算企业收益额。

第六，考虑到建立背景的差异可能会导致不同时期的公司对企业社会责任具有不同的看法，本文通过用 2005 年减去企业成立年份的方式来控制企业年龄对研究的影响。

第七，本文考虑了企业股本总额的影响。在其他条件相同的情况下，有着充足资本的企业通过增加股权投资而不是增加昂贵负债的方式来进行资本收购。这种负债会增加企业的违约风险并导致企业减少社会责任支出以弥补负债（Brammer & Millington，2004，2008）。加纳投资促进中心数据库提供了 2004 年企业的所有者权益。本研究通过用股本除以营业额的方式修正了对规模的测量。

第八，本文也考虑了企业是否上市这一因素。在类似于加纳这样的国家境内，在新成立的充满活力的股市中上市公司相对于非上市公司具有更广泛的资金获取渠道（Quartey & Gaddah，2007）。本文通过加纳证券交易所的网站（www.gse.com.gh）来统计公开交易的相关数据。所有在 2002 年 12 月 31 日之前上市交易的公司都被列示为上市公司（=1），其余的公司被视为非上市公司（=0），没有公司于 2003 年上市。

第九，最后一项与企业社会责任有关的不变的公司特征是其使命陈述的重点。公开声明对企业的义务规定有重要的意义，也与对解释企业社会责任有重要作用的因素有关（Choi & Wang，2007）。本文查阅了 2004 年加纳俱乐部 100 强企业文档中对使命陈述的描述，两位学者从以下维度对这些使命陈述进行独立的评级：①只提及股东；②提及顾客和员工等其他小股东（而不提及次级利益相关方）；③提及次要利益相关方，如社区等。通过协商和讨论解决了所有分歧。

本文控制了两个方面的行业条件，该行业状况的统计要求使用 2004 年加纳俱乐部 100 强企业完整表单。首先，本研究评估了环境不确定性的程度。源自发达经济体及新兴经济体的研究指出了在应对企业社会责任活动中组织环境的重要性（Jamali & Mirshak，2007；Matten & Moon，2008），这些研究在讨论撒哈拉以南非洲国家时使用恒定效应（Sawyerr，1993）。其次，我们沿用 Makhija（2003）所采用的方法，通过计算 2004 年各个行业企业间销售利润率的方差来衡量行业的不确定性。在一些领域，如公益捐赠领域，企业可能遵守普遍接受的商业做法，模仿其他公司（Galaskiewicz & Wasserman，1989）。因此，本文用 2004 年各个行业所有公司上述企业使命评级平均值来衡量行业企业社会责任理念。

统计分析

变量分布的检验显示，因变量比率（CSR/员工数、CSR/股本数）、自变量净利润以及对环境不确定性的指标与以往研究具有相当大的背离（峰值和正偏态）。借鉴 Hair 等（1998）的观点，本文采用自然对数转换来纠正这些偏差。这一操作将峰值和偏度控制在了可接受的范围内，在变量分析中也采用了这一转换后的变量。

表 1　描述性统计

	平均值	标准差	最小值	最大值	1	2	3	4	5	6	7	8	9	10	11	12	13	14	15	16	17
1. CSR员工数	0.24	1.53	-3.51	5.43	—																
2. CSR/股本权益	-4.88	1.59	-8.08	1.18	0.85**	—															
3. CSR 支出	5.09	1.54	0.69	9.01	0.83**	0.60**	—														
4. 销售收益率	0.13	0.10	0.00	0.34	0.06	0.06	-0.02	—													
5. 净资产收益率	0.30	0.20	0.04	0.93	0.04	0.09	-0.06	0.46**	—												
6. 净利润	8.29	1.52	5.00	11.77	-0.10	-0.47**	0.32*	0.25	0.20	—											
7. 广告投入	0.34	0.46	0.00	1.00	0.01	-0.08	0.08	-0.19	0.09	0.15	—										
8. 网站点击	7.93	14.31	0.00	62.00	-0.13	-0.31*	0.12	0.02	0.05	0.51**	-0.05	—									
9. 科技使用	0.44	0.50	0.00	1.00	0.06	-0.12	0.11	-0.26	0.02	0.25	0.02	0.10	—								
10. 企业信誉	2.42	1.38	0.00	4.00	-0.29	-0.50**	0.04	-0.34*	-0.27	0.48**	0.24	0.45**	0.14	—							
11. 企业年收入	10.71	1.42	8.19	14.46	-0.23	-0.53**	0.24	-0.39*	-0.16	0.75**	0.20	0.47**	0.35*	0.69**	—						
12. 企业年龄	21.60	13.08	5.00	80.00	-0.19	-0.18	0.05	-0.05	-0.09	0.20	-0.08	0.23	-0.15	0.42**	0.30	—					
13. 净资产	0.52	0.37	0.01	1.87	0.02	-0.23	0.02	0.52**	-0.16	0.31*	-0.11	0.14	-0.20	0.04	-0.09	0.03	—				
14. 上市	0.15	0.36	—	1.00	-0.22	0.42**	0.06	-0.03	-0.13	0.54**	0.24	0.60**	0.05	0.37*	0.52**	0.23	0.27	—			
15. 公司使命焦点	1.78	0.79	1.00	3.00	0.31*	0.27	0.32*	-0.02	-0.03	0.05	0.15	0.02	0.01	0.01	0.02	0.13	-0.06	0.25	—		
16. 环境不确定性	-5.62	0.87	-6.91	-3.69	0.35*	0.29	0.25	0.57**	0.17	0.13	-0.36*	-0.15	-0.07	-0.32*	-0.28	-0.18	0.37*	-0.03	0.03	—	
17. 行业企业社会责任理念	1.84	0.18	1.50	2.00	-0.27	-0.51**	-0.06	-0.54**	-0.25	0.35*	0.28	0.22	0.28	0.64**	0.66**	-0.05	-0.02	0.27	0.05	-0.28	—

注：显著性水平：* 表示 p = 0.05；** 表示 p = 0.01。

表 2 回归结果:财务资源的可用性对 CSR[ab] 的影响

	CSR员工数 nl					CSR/股本权益 nl				CSR 年度支出 nl		
	模型 1	模型 2	模型 3	模型 4	模型 5	模型 6	模型 7	模型 8	模型 9	模型 10	模型 11	模型 12
广告投入	0.27	0.41**	0.38*	0.41*	0.18	0.30*	0.29†	0.33*	0.28†	0.40**	0.41*	0.38*
网站点击	0.24	0.43*	0.36†	0.39†	0.18	0.34*	0.31†	0.34*	0.25	0.42*	0.40*	0.36†
科技使用	0.09	0.04	0.10	0.12	-0.03	-0.07	-0.02	0.01	-0.02	-0.06	-0.00	0.01
企业信誉	-0.08	-0.10	-0.19	-0.10	-0.08	-0.09	-0.19	-0.09	-0.05	-0.06	-0.17	-0.06
企业收入	0.28	0.36	0.29	0.96*	-0.09	-0.02	-0.08	0.65†	0.88**	0.95***	0.89**	1.38**
企业年龄	-0.14	-0.17	-0.10	-0.18	-0.05	-0.08	-0.01	-0.10	-0.12	-0.15	-0.08	-0.15
公司股权	0.10	0.42*	0.05	0.33†	-0.23	0.04	-0.29*	0.01	0.13	0.41*	0.06	0.29
上市	-0.55*	-0.73***	-0.64**	-0.66**	-0.41*	-0.57***	-0.50*	-0.52**	-0.56*	-0.72**	-0.67**	-0.64**
公司使命焦点	0.43**	0.47***	0.41**	0.48**	0.34*	0.37**	0.33*	0.39**	0.43**	0.47**	0.42**	0.47**
环境不确定性	0.36*	0.65***	0.45**	0.56**	0.30*	0.56**	0.40**	0.52**	0.37*	0.64**	0.49**	0.52**
行业企业社会责任理念	-0.33	-0.72**	-0.35	-0.53*	-0.31	-0.65**	-0.33†	-0.53*	-0.51*	-0.86**	-0.53*	-0.66*
销售收益率	—	-0.75***	—	—	—	-0.66***	—	—	—	-0.68**	—	—
净资产收益率	—	—	-0.25	—	—	—	-0.27*	—	—	—	-0.32*	—
净利润	—	—	—	-0.68*	—	—	—	-0.74**	—	—	—	-0.50
R² 变化	0.43	0.18	0.04	0.08	0.59	0.14	0.05	0.09	0.49	0.15	0.07	0.04
F-统计	2.06†	13.70***	2.39	4.48*	3.95*	14.88***	4.19*	8.08**	2.58**	11.69**	4.51**	2.48
df1, df2	11,30	1,29	1,29	1,29	11,30	1,29	1,29	12,9	11,30	1,29	1,29	1,29

注:a. β系数已被公布;

b. 显著性水平:† 表示 $p=0.10$; * 表示 $p=0.05$, ** 表示 $p=0.01$, *** 表示 $p=0.001$。

采用多元分层回归分析来检验假设。第一阶段，引入控制变量；第二阶段，引入假设变量。本文使用了 12 个不同的模型：模型 1、模型 5 和模型 9 包含了控制要素，其余模型则独立地检验了销售利润率、净资产收益率和净利润对因变量的影响。表 1 所示为描述性统计结果，表 2 所示为回归分析的结果。

通过对控制变量和自变量进行多重共线性检验发现，除了模型 4、模型 8 及模型 12 中公司的年收入因素，其他因素的检验结果中方差膨胀因子（variance inflation factors）均小于 3.5，普遍低于 Hair 等（1998）所提出的临界点 10。再次借鉴 Hair 等（1998）在检验多重共线性方面的研究结果，本文检验了模型中条件指数及方差比例系数对等式的影响。考虑到任何三个维度的比例系数没有超过 0.90，且其条件指数超过常用的阈值 30，因此多重共线性并没有影响到结论的解释能力。

结 论

关于销售利润率，研究结果显示，三个数据的回归系数均表现为显著的负相关关系，所有的系数都处于 p=0.01 或更高的水平，其中两个系数在 p=0.001 的水平上。尽管具有较高销售利润率的公司具有更丰富的财务资源，但在企业社会责任方面明显投入更少。这为本文的假设提供了有力的支持，即位于南撒哈拉以南非洲的企业具有较高的财务资源可用性、较低的企业社会责任支出。

对净资产收益率的分析结果也具有这种显著的负相关关系。CSR/股本 nl 以及净利润 nl 二者在 p = 0.05 的水平上显著，而其与"CSR/员工数"之间的关系仅仅接近显著性临界值（marginal significance）（p = 0.133）。这些结果为本文的假设提供了有力的支持。

对于公司的净利润 nl 而言，两个系数（CSR/雇员 nl 和 CSR/股本 nl）的回归系数在 p=0.05 或更高的水平上，表现为显著的负相关关系，但第三个系数（绝对支出指标）的检验仅仅接近于显著性的临界值 p = 0.126。很明显，尽管这种负相关关系在绝对支出方面并不明显，但是对加纳的非洲企业而言，更高的公司利润会导致更低的企业社会责任支出比例。这些结果再次显著地支持了本文的假设。

敏感性检验

为了检验负相关关系的稳健性，本文从以下三个维度评估结果的敏感性：因变量检验、时间范围检验、样本范围检验。

首先，评估研究结果对因变量测量差异的敏感性，将企业社会责任的支出额除以销售额和企业利润，得到两种其他的衡量比例，用这两种测算比例检验在相同或更高的显著性水平上，得到了相同的发现。因此，我们的发现对于因变量的其他衡量方法具有稳健性。

其次，评估测试结果对时间范围的敏感性，选取 2002~2004 年度的财务资源可用性测量值的平均值，把我们的分析向前回溯一年。对企业社会责任所进行的 5 个衡量中（包括上面的两个衡量），所得到的 15 个系数中有 13 个均在临界或更高的显著性水平上呈现负相关性（包括净资产收益率对 CSR/员工的显著系数）。因此，使用更长的时间范围获取利润得到本质上相同的发现。

最后，尽管同处于非洲文化背景下，但是位于非洲的跨国公司的子公司与加纳国内企业有着本质的不同，因此剔除了这 5 个非加纳企业后本文重新进行了主要的分析。所获得的 15 个系数均表现为显著负相关关系，其中只有 1 个数据刚刚超过显著性临界值，这表明本文的研究结果对样本结构的多样性是稳健的。

总之，在敏感性测试过程中所获得的 36 个系数中有 34 个系数显示企业财务资源的可用性和企业社会责任支出之间为负相关关系，其中只有 4 个数据刚刚超过显著性临界值。学者可要求任一作者提供这些检验的表格汇总。

讨　论

对企业社会责任活动因素的相关研究一直专注于发达国家的企业，主要采用冗余资源理论来解释财务资源的可用性和企业社会责任之间的正相关关系。为了扩展该项研究，本文跨越制度边界条件，整合冗余资源理论和制度差异假说来研究撒哈拉以南非洲的新兴经济体中企业的财务资源可用性与企业社会责任之间的关系。在存在资本约束条件的撒哈拉以南经济体背景下，对企业财务资源的可用性研究尤为必要。在制度差异假说的基础上，本文的研究结果表明，加纳企业的财务资源的可用性与企业社会责任支出之间存在着负相关关系。具体来说，销售收益率、净资产收益率和公司净资产报酬率与企业社会责任支出之间显示出持续的、显著的负相关关系，对因变量的多样性、时间结构及样本结构的敏感性检验结果显示，这个发现是稳健的。在加纳经营的具有较高水平的财务资源可用性的非洲（加纳或非加纳）公司，投入（或花费）在社会责任上的财务资源较少，尽管这些企业更容易得到财务资源。

本文的研究取得了一些重要的理论贡献和研究成果。首先，本文从一系列的研究中选取了制度对企业社会责任的影响这一主要理论观点，即制度差异假说（Campbell，2007；Matten & Moon，2008；Visser，2008）。通过将这些研究的概括综合作为假设，本文的研究为企业社会责任研究人员提供了统一的架构来评估近期这些研究推力，同时还提供了一个与大量用于研究发达国家的理论框架的对比研究。此外，考虑到与企业社会责任相关的制度差异假说的研究主要是理论和概念的研究（Campbell，2007；Matten & Moon，2008；Visser，2008），本文通过提供实证支持来扩展相关研究。

因此，本文采用制度差异假说为财务资源可用性（financial resource availability）与企业社会责任支出之间的负相关关系提供了环境敏感的论点。具体而言，本研究注意到，置身于撒哈拉以南非洲地区背景条件下的企业面临着金融资本受约束的问题（Austin et al.，1996；世界银行，2000，2005）；对企业社会责任的战略价值持怀疑态度（de Jongh & Prinsloo，2005；Frynas，2005；Ofori & Hinson，2007）；面临着无监管、无执法、无企业社会责任倡议的现状（Achua，2008；Ahunwan，2002；Amao，2008）；可以利用腐败的环境逃避守法行为（Atugub et al.，2006；Blowfield & Frynas，2005；Fabig & Boele，1999）。研究结果支持了本文的理论，即撒哈拉以南非洲地区的制度条件对企业社会责任因素具有十分重大的影响（Matten & Moon，2008；Visser，2006），以致通常假设的企业的财务绩效与企业社会责任之间的"普遍正相关关系"（Orlitzky et al.，2003）变为负相关关系。

沿着这个思路，本文注意到冗余资源理论对财务资源可用性与企业社会责任之间的正相关关系预测在发达国家情况下进行了广泛的检验，并在一些研究中得到了支持（Adams & Hardwick，1998；Orlitzky et al.，2003；Preston，O'Bannon，1997；Seifert et al.，2004；Surroca et al.，2010；Waddock & Graves，1997）。然而，冗余资源理论缺乏对环境背景的考虑，而且它暗含了不同制度条件下管理者看待和处理财务资源可用性是相似的，该理论被默认为构建于通用的条件中（Surroca et al.，2010；Waddock & Graves，1997）。本项研究的结果进一步证实了以下观点，即如果要发展一种对环境是稳健的企业社会责任理论，那么有必要跨越体制边界条件，正如本文在实证研究中所做的一样（Campbell，2007；Matten & Moon，2008）。因此，本文回应了对在更稳健的制度和条件敏感模式下研究企业社会责任的要求（Campbell，2007；Margolis & Walsh，2003；Matten & Moon，2008；Visser，2008），并通过提供和检验不同背景下对企业社会责任支出的制度情境解释填补了重要的文献空白。

其次，在资源有限的国家所进行的企业社会责任检验让我们从经验上观察到了Margolis 和 Walsh（2003）的担忧并将焦点放在重要的管理含义上，Margolis 和 Walsh（2003）认为企业的作用是减轻人类的痛苦（世界银行，2000）。虽然我们的研究以某种方式突出了 de Jongh 和 Prinsloo（2005）的警示，即非洲企业可能对企业社会责任不会特别感兴趣，但是这给高层管理决策制定者发出了警告。那些更赚钱的企业如果不参与企业社会责任的慈善活动来回馈社会，而且他们因此而被认为是有失公平的，那么政府将可能强制规定有关企业的社会责任开支和活动。这种情况在南非比较具有代表性，南非运营出色的企业并不必然在企业社会责任上花费更多的资金，这可能最终导致法律强制规定企业这么做（Arya & Zhang，2009；Hamann，2007）。政府强制规定和私人导向这两种方式对引领社会行为的相对有效性一直备受争议，目前尚未得到有效解决。那些强烈支持后者的非洲管理者们可能需要采取更积极有效的措施来维护他们在这个领域的自主权。

同时，本文也认识到研究中存在潜在的局限性。具体而言，本研究只着眼于一个国家，这些研究结论可能只适用于该国特殊的环境条件而在多数发展中国家并不具有普遍性。因此，针对这些地区进行更广泛的统计研究是必要的。另一个局限性是，政府仅收集了一年的企业社会责任支出的数据，而对于研究分析来说多年的数据更可取。类似加纳这样的国家并不具备详尽的多年的数据库，如在对发达国家研究中普遍应用的 Compustat 和 KLD 数据库，从而限制了研究分析。此外，尽管本文将支出作为衡量企业社会责任的重要因素（Brammer & Millington，2008），但是企业社会责任是一个多层面的概念，如员工的需求和对环境污染的担忧等，因此针对企业社会责任的其他方面进行进一步的研究是必要的。

总之，本研究结果向人们提出了警示，将已有研究文献的理论天真地应用于不同制度环境中，可能对企业社会责任支出的因素产生严重的误判。在撒哈拉以南非洲发展中国家的背景下，预期较丰富的财务资源能够引导企业增加社会参与，可能带来令人失望的结果。与其他大量研究强调冗余资源理论的作用不同，本文的研究将制度差异假说与背景制度理论相结合，从而取得了相应的研究成果。在此过程中，本研究质疑了目前的结论所依赖的"普遍性"这一隐性假设，因而需要对情境敏感性进行解释。

参考文献

［1］Abor J.，Biekpe N. 2005. What determines the capital structure of listed firms in Ghana? African Finance Journal，7（1）：37-45.

［2］Achua J. K. 2008. Corporate social responsibility in Nigerian Banking system. Society and Business Law，3（1）：55-71.

［3］Acquaah M. 2007. Managerial social capital，strategic orientation，and organizational performance in an emerging economy. Strategic Management Journal，28（12）：1235-1256.

［4］Adams M.，Hardwick P. 1998. An analysis of corporate donations：United Kingdom evidence. Journal of Management Studies，35（15）：641-654.

［5］Ahunwan B. 2002. Corporate governance in Nigeria. Journal of Business Ethics，37（3）：269-287.

［6］Amaeshi K. M., Adi B. C., Ogbechie C., Amao O. O. 2006. Corporate social responsibility in Nigeria. Journal of Corporate Citizenship, 24: 83-99.

［7］Amao O. O. 2008. Corporate social responsibility, multinational corporations and the law in Nigeria: Controlling multinationals in host states. Journal of African Law, 52 (1): 89-113.

［8］Amato L. H., Amato C. H. 2007. The effects of firms size and industry on corporate giving. Journal of Business Ethics, 72 (3): 229-241.

［9］Amponsah-Tawiah K., Dartey-Baah K. 2011. Corporate social responsibility in Ghana. International Journal of Business and Social Science, 2 (17): 107-112.

［10］Arya B., Zhang G. 2009. Institutional reforms and investor reactions to CSR announcements: Evidence from an emerging economy. Journal of Management Studies, 46: 1089-1112.

［11］Atkinson L., Galaskiewicz J. 1988. Stock ownership and company contributions to charity. Administrative Science Quarterly, 33 (1): 82-100.

［12］Atuguba R., Dowuona-Hammond C. 2006. Corporate Social Responsibility in Ghana. Friedrich Ebert Foun-dation (FES): Accra, Ghana.

［13］Austin J. A. Q., Kresge S. S., Cohn W. 1996. Pathways to business success in sub-Saharan Africa. Journal of African Finance and Economic Development, 2 (1): 56-76.

［14］Blowfield M., Frynas J. G. 2005. Setting new agendas: Critical perspectives on corporate social responsibility in the developing world. International Affairs, 81 (3): 499-513.

［15］Boele R., Fabig H., Wheeler D. 2001. Shell, Nigeria and the Ogoni. A study in unsustainable development: Corporate social responsibility and stakeholder management versus a rights based approach to sustainable development. Sustainable Development, 9 (3): 121-135.

［16］Brammer S., Millington A. 2004. The development of corporate charitable contributions in the UK: A stakeholder analysis. Journal of Management Studies, 41 (8): 1411-1434.

［17］Brammer S., Millington A. 2008. Does it pay to be different? An analysis of the relationship between corporate social and financial performance. Strategic Management Journal, 29 (12): 1325-1343.

［18］Buehler V. M., Shetty Y. K. 1976. Managerial response to social responsibility challenge. Academy of Management Journal, 19 (1): 66-78.

［19］Campbell J. L. 2007. Why would corporations behave in socially responsible ways? An institutional theory of corporate social responsibility. Academy of Management Review, 32(3): 946-967.

［20］Carroll A. B. 1991. The pyramid of corporate social responsibility: Toward the moral management of organizational stakeholders. Business Horizons, 34: 39-48.

［21］Carroll A. B., Shabana K. M. 2010. The business case for corporate social responsibility: A review of concepts, research and practice. International Journal of Management Reviews, 12 (1): 85-105.

［22］Chapple W., Moon J. 2005. Corporate social responsibility (CSR) in Asia: A sevencountry study of CSR web site reporting. Business and Society, 44 (4): 415–441.

[23] Chen J. C., Patten D. M., Roberts R. W. 2008. Corporate charitable contributions: A corporate social performance or legitimacy strategy? Journal of Business Ethics, 82 (1): 131–144.

[24] Choi J., Wang H. 2007. The promise of a managerial values approach to corporate philanthropy. Journal of Business Ethics, 75 (4): 345–359.

[25] Chu H. M., Benzing C., McGee C. 2007. Ghanaian and Kenyan entrepreneurs: A comparative analysis of their motivations, success characteristics and problems. Journal of Developmental Entrepreneurship, 12 (3): 295–322.

[26] Cochrane P. L., Wood R. A. 1984. Corporate social responsibility and financial performance. Academy of Management Journal, 27 (1): 42–56.

[27] Dartey-Baah K., Amponsah-Tawiah K. 2011. Exploring the limits of western corporate social responsibility theories in Africa. International Journal of Business and Social Science, 2 (18): 126–137.

[28] Davis J. H., Schoorman F. D., Donaldson L. 1997. Toward a stewardship theory of management. Academy of Management Review, 22 (1): 20–47.

[29] Debrah Y. 2002. Ghana. Thunderbird International Business Review, 44 (4): 495–513.

[30] Dimaggio P., Powell W. 1983. The iron cage revisited: Institutional isomorphism and collective rationality in organization fields. American Sociological Review, 48 (2): 147–160.

[31] Doane D. 2005. Beyond corporate social responsibility: Minnows, mammoths and markets. Futures, 37 (2/3): 215–229.

[32] Doh J. P., Howton S. D., Howton S. W., Siegel D. S. 2010. Does the market respond to an endorsement of social responsibility? The role of institutions, information, and legitimacy. Journal of Management, 36 (6): 1461–1485.

[33] Domfeh K. A. 2004. Managing the environment in a decade of administrative reforms in Ghana. International Journal of Public Sector Management, 17 (7): 606–620.

[34] Donaldson L., Davis J. H. 1991. Stewardship theory or agency theory: CEO governance and shareholder returns. Australian Journal of Management, 16 (1): 49–64.

[35] Donaldson T., Preston L. 1995. The stakeholder theory of the corporation: Concepts, evidence, and implications. Academy of Management Review, 20 (1): 65–91.

[36] Elkan W. 1988. Entrepreneurs and entrepreneurship in Africa. Finance and Development, 25 (4): 20–22.

[37] Fabig H., Boele R. 1999. The changing nature of NGO activity in a globalizing world: Pushing the corporate social responsibility agenda. IDS Bulletin, 30 (3): 63.

[38] Freeman R. E. 1984. Strategic Management: A Stakeholder Perspective. Prentice Hall: Englewood Cliffs, NJ.

[39] Friedman M. 1970. The social responsibility of business is to increase its profits. The New York Times Magazine 13 September: 33.

［40］Frynas J. G. 2004. Social and environmental litigation against transnational firms in Africa. Journal of Modern African Studies, 42（3）: 363–388.

［41］Frynas J. G. 2005. The false development promise of corporate social responsibility: Evidence from multinational oil companies. International Affairs, 81（3）: 581–598.

［42］Galaskiewicz J., Wasserman S. 1989. Mimetic processes within an interorganizational field: An empirical test. Administrative Science Quarterly, 34（3）: 454–479.

［43］Ghana Club 100. 2009. http: //www.gipc.org.gh/gc100/edition2009_intro.asp （accessed April 2011）.

［44］Ghana Vision. 2020. 1995. Presidential Report on Coordination Programme of Economic and Social Development Policies. National Development Planning Commission: Accra, Ghana.

［45］GIPC. 1997, 2003, 2004, 2005. Ghana Club 100. Ghana Investment Promotion Centre Publication: Accra, Ghana.

［46］Guo J. 2010. How Africa is becoming the new Asia. Newsweek 19 February.

［47］Gwatidzo T., Ojah K. 2009. Corporate capital structure determinants: Evidence from five African countries. African Finance Journal, 11（1）: 1–23.

［48］Hair J. F. Jr, Anderson R. E., Tatham R. L., Black W. C. 1998. Multivariate Data Analysis （5th edn）. Prentice Hall: Upper Saddle River, NJ.

［49］Halme M., Roome N., Dobers P. 2009. Corporate responsibility: Reflections on context and consequences. Scandinavian Journal of Management, 25（1）: 1–9.

［50］Hamann R. 2004. Corporate social responsibility, partnerships and institutional change: The case of mining companies in South Africa. Natural Resources Forum, 28（4）: 278–290.

［51］Hamann R. 2007. Is corporate citizenship making a difference? Journal of Corporate Citizenship, 28: 15–29.

［52］Hilson G. 2007. Championing the rhetoric: Corporate social responsibility in the Ghanaian mining sector. Greener Management International, 53: 43–56.

［53］Honohan P. 2000. How interest rates changed under financial liberalization: A cross country review, Working Paper 2313, World Bank Policy Research, Washington, D. C.

［54］Hoskisson R. E., Eden L., Lau C. M., Wright M. 2000. Strategy in emerging economies. Academy of Management Journal, 43（3）: 249–267.

［55］Idemudia U., Ite U. 2006. Corporate –community relations in Nigeria's oil industry: Challenges and imperatives. Corporate Social Responsibility and Environmental Management, 13（4）: 194–206.

［56］Jamali D., Mirshak R. 2007. Corporate social responsibility （CSR）: Theory and practice in a developing country context. Journal of Business Ethics, 72（3）: 243–262.

［57］Johnson R. A., Greening D. W. 1999. The effects of corporate governance and institutional ownership types on corporate social performance. Academy of Management Journal, 42（5）: 564–576.

[58] de Jongh D., Prinsloo P. 2005. Why teach corporate citizenship differently? Journal of Corporate Citizenship, 18: 113–122.

[59] Lev B., Petrovits C., Radhakrishnan S. 2010. Is doing good good for you? How corporate charitable contribution enhance revenue growth. Strategic Management Journal, 31 (2): 182–200.

[60] Levy F. K., Shatto G. M. 1978. The evaluation of corporate contributions. Public Choice, 33: 19–28.

[61] Maignan I., Ralston D. A. 2002. Corporate social responsibility in Europe and the U.S.: Insights from businesses'self-presentations. Journal of International Business Studies, 33 (3): 497–514.

[62] Makhija M. 2003. Comparing the resource-based and market-based views of the firm: Empirical evidence from Czech privatization. Strategic Management Journal, 24 (1): 433–451.

[63] Margolis J. D., Walsh J. P. 2003. Misery loves companies: Social initiatives by business. Administrative Science Quarterly, 48 (2): 268–305.

[64] Matten D., Moon J. 2008. 'Implicit' and 'explicit' CSR: A conceptual framework for a comparative understanding of corporate social responsibility. Academy of Management Review, 33 (2): 404–424.

[65] McElroy K. M., Siegfried J. J. 1985. The effect of firm size on corporate philanthropy. Quarterly Review of Economics and Business, 25 (2): 18–26.

[66] McGuire J. B., Sundgren A., Schneeweis T. 1988. Corporate social responsibility and firm financial performance. Academy of Management Journal, 31 (4): 854–872.

[67] McWilliams A., Siegel D. 2001. Corporate social responsibility: A theory of the firm perspective. Academy of Management Review, 26 (1): 117–127.

[68] McWilliams A., Siegel D. S., Wright P. M. 2006. Corporate social responsibility: Strategic implications. Journal of Management Studies, 43 (1): 1–18.

[69] Meyer J. W., Rowan B. 1977. Institutional organizations: Formal structure as myth and ceremony. American Journal of Sociology, 83 (2): 340–363.

[70] Navarro P. 1988. Why do corporations give to charity? Journal of Business, 61 (1): 65–93.

[71] Ofori D, Hinson R. E. 2007. Corporate social responsibility (CSR) perspectives of leading firms in Ghana. Corporate Governance, 7 (2): 178–193.

[72] Ofori-Dankwa J., Julian S. D. 2011. Utilizing an integrative, multi-lens model to explain firm performance in "double void" emerging economies. International Studies in Management and Organization, 41 (2): 5–25.

[73] Orlitzky M., Schmidt F. L., Rynes S. L. 2003. Corporate social and financial performance: A meta-analysis.Organization Studies, 24 (3): 403–441.

[74] Osei K. A. 1998. Analysis of factors affecting the development of an emerging capital market: The case of the Ghana stock market. AERC paper 76, African Economic Research Consor-

tium, Nairobi, Kenya.

[75] Peng M. W. 2003. Institutional transitions and strategic choices. Academy of Management Review, 28 (2): 275–296.

[76] Preston L. E., O'Bannon D. P. 1997. The corporate social–financial performance relationship. Business and Society, 36 (4): 419–429.

[77] Quartey P. 2003. Financing small and medium enterprises (SMEs) in Ghana. Journal of African Business, 4 (1): 37–55.

[78] Quartey P., Gaddah M. 2007. Long run determinants of stock market development in Ghana. Journal of African Business, 8 (2): 105–125.

[79] Ramasamy B., Ting H. W. 2004. A comparative analysis of corporate social responsibility awareness. Journal of Corporate Citizenship, 13: 109–123.

[80] Robertson D. C. 2009. Corporate social responsibility and different stages of economic development: Singapore, Turkey, and Ethiopia. Journal of Business Ethics, 88 (Suppl. 4): 617–633.

[81] Robertson C. J., Crittenden W. F. 2003. Mapping moral philosophies: Strategic implications for multinational firms. Strategic Management Journal, 24 (4): 385–392.

[82] Rose–Ackerman S. 1999. Corruption and Government: Causes, Consequences and Reform. Cambridge University Press: Cambridge, UK.

[83] Russo M. V., Fouts P. A. 1997. A resource–based perspective on corporate environmental performance and profitability. Academy of Management Journal, 40 (3): 534–559.

[84] Saiia D. H., Carroll A. B., Buchholtz A. K. 2003. Philanthropy as strategy: When corporate charity begins at home. Business and Society, 42 (2): 169–201.

[85] Sawyerr O. O. 1993. Environmental uncertainty and environmental scanning activities of Nigerian manufacturing executives: A comparative analysis. Strategic Management Journal, 14 (4): 287–299.

[86] Seifert B., Morris S. A., Bartkus B. R. 2004. Having, giving and getting: Slack resources, corporate philanthropy, and firm financial performance. Business and Society, 43: 135–161.

[87] SEM International Associates. 2006. http://www.semfinancial.com/Associates/brochures/Statement%20of%20Capabilities.pdf (accessed April 2011).

[88] Stanwick P. A., Stanwick S. D. 1998. The relationship between corporate social performance, and organizational size, financial performance, and environmental performance: An empirical examination. Journal of Business Ethics, 17 (2): 195–204.

[89] Surroca J., Tribo J. A., Waddock S. 2010. Corporate responsibility and financial performance: The role of intangible resources. Strategic Management Journal, 31 (5): 463–490.

[90] Tagoe N., Nyarko E., Anuwa–Amarh E. 2005. Financial challenges facing urban SMEs under financial sector liberalization in Ghana. Journal of Small Business Management, 43 (3): 331–

343.

[91] Ullmann A. A. 1985. Data in search of a theory: A critical examination of the relationships among social performance, social disclosure, and economic performance of U.S. firms. Academy of Management Review, 10 (3): 540-557.

[92] Visser W. 2006. Revisiting Carroll's CSR pyramid.In Corporate Citizenship in Develop Countries: New Partnership Perspectives, Hunuche M., Pedersen R (eds). Copenhagen Business School Press: Copenhagen: 29-56.

[93] Visser W.. 2008. Corporate social responsibility in developing countries. In The Oxford Handbook of Corporate Social Responsibility, Crane A., McWilliams A., Matten D., Moon J., Siegel D. S (eds). Oxford University Press: Oxford: 473-499.

[94] Waddell S. 2000. Complementary resources: The win=win rationale for partnerships with NGOs. In Terms of Endearment: Business, NGOs and Sustainable Development, Bendell J (ed). Greenleaf Publishers: Sheffield: 193-206.

[95] Waddock S. A., Graves S. B. 1997. The corporate social performance-financial performance link. Strategic Management Journal, 18 (4): 303-319.

[96] Wang H., Choi J., Li J. 2008. Too little or too much? Untangling the relationship between corporate philanthropy and firm financial performance. Organization Science, 19 (1): 143-159.

[97] Werlin H. H. 1973. The consequences of corruption: The Ghanaian experience. Political Science Quarterly, 88 (1): 71-85.

[98] Winston M. 2006. NGO strategies for promoting corporate social responsibility. Ethics and International Affairs, 16 (1): 71-87.

[99] Wood D. J. 2010. Measuring corporate social performance: A review. International Journal of Management Reviews, 12 (1): 50-84.

[100] World Bank. 2000. Can Africa Claim the 21st Century? World Bank: Washington, D. C..World Bank. 2005. Report on the observance of Standards and Codes (ROSC): Corporate governance country assessment–Ghana. http: //www.worldbank.org/ifa/Ghana%20ROSC%20final%20 (formtted). pdf (accessed July 2011).

[101] Wright M., Filatotchev I., Hoskisson R. E., Peng M. W. 2005. Guest editors' introduction strategy research in emerging economies: Challenging the conventional wisdom. Journal of Management Studies, 42 (1): 1-33.

[102] Yartey C. A., Adjasi C. K. 2007. Stock market development in sub–Saharan Africa: Critical issues and challenges. IMF Working Paper WP/07/209, International Monetary Fund, Washington, D. C.

企业社会责任与股东反应：投资者的环境意识 *

Caroline Flammer

【摘　要】本研究检验股东对企业环境足迹是否敏感的问题。具体而言，本研究针对 1980~2009 年公布的所有美国上市公司与环境有关的新闻做了事件研究。与企业环境社会责任可以为企业创造新的竞争资源的观点相一致，笔者发现，对环境采取负责任行为的企业，其公司股价有显著性的上升，而对环境不负责任的公司其股价则有显著性的下降。对"环境责任是一种竞争资源"的观点做进一步拓展，笔者断定企业环境责任的价值取决于内部和外部的调节因素。首先，笔者认为，要求企业履行环境责任的外部压力在近几十年里剧增，加重了对企业生态危害行为的惩罚，且减少了对企业环境友好行为的奖励。这一观点得到了数据的支持：股市对生态危害行为的负面反应越来越强烈，而对生态友好举措的正面反应越来越弱。其次，笔者认为，企业环境社会责任是一种边际收益递减的竞争资源，且有着类似保险的特性。笔者还发现，与前述观点相一致，那些有着较高水准企业环境责任的公司，股市对其环境友好事件（危害事件）的正向（负向）反应较小。

引　言

在过去的几十年里，企业社会责任无论是在实践层面还是在学术研究领域，都受到越来越多的关注。虽然企业社会责任的最初关注点是"社会"责任（例如，给员工支付公平合理的工资、关注社区的项目），一个最近的发展是企业的环境责任（例如，二氧化碳的减排）开始被纳入企业社会责任。"企业的环境责任"正成为企业社会责任的一个有机组成部分，并且在企业生态（Corporate Landscape）中扮演

---

* Caroline Flammer. 2013. Corporate Social Responsibility and Shareholder Reaction：The Environmental Awearness of Investors. Academy of Management Journal，56（3）：758–781.

初译和第一轮校审由钱小军完成。

着越来越重要的角色。举例来说，最近由埃森哲（Accenture）和联合国全球契约（United Nations Global Compact，UNGC）完成的一项调查显示，参加调查的 766 位 CEO 中有 93%认为可持续发展对于他们公司未来的成功至关重要，91%表示他们的公司在接下来的五年中将采用新技术（如可再生能源）来应对可持续发展问题（Accenture & UNGC，2010）。受到企业人士越来越多重视的企业环境社会责任也正在受到学术界的广泛关注。越来越多的学术文献分析了企业履行环境责任的原因以及企业环境社会责任与公司绩效相联系的方式（最近的研究成果参见 Ambec & Lanoie，2008；Berchicci & King，2007；Etzion，2007）。特别是 Hamilton（1995）、Klassen 和 McLaughlin（1996）以及 Shane 和 Spicer（1983）研究了企业环境绩效与股价表现的关系。虽然这些文章指出了在企业环境责任与股价之间的正相关关系，但对这种关系是否以及如何随时间变化却知之甚少。

关于股市对企业环境社会责任的反应，最突出的例子或许就是发生在 2010 年 4 月的英国石油公司石油泄漏事件。这次石油泄漏事件污染了墨西哥湾的大片海域，也是到目前为止美国历史上最大的近海石油泄漏事件。事发当日，英国石油公司的股价是 59.5 美元。到 2010 年 6 月底，它的股价跌至 28.9 美元——仅为事发前的一半。这个事例表明，环境问题对股价可以产生极大的影响。然而，很多其他实例却表明事情并非全部如此，或者起码在程度上并不如此惊人。例如，1989 年 3 月发生的埃克森（Exxon）石油泄漏被认为是环境破坏最严重的事件之一。然而，埃克森的股价却只跌了一点点，从事发当日的 44.5 美元跌至 4 月的 41.75 美元，并且在 6 月很快就回升到了事发前的水平。人们可能争辩说英国石油和埃克森是很不一样的公司，它们之间的差异或许可以部分地解释二者遭遇的不同股市反应（例如，它们在危机公关处理能力上的差异或者在环境管理强度上的不同）。而且，英国石油公司的石油泄漏在危害和污染程度上更大，由此可能引发了更强的股市反应。无论如何，这些观点尚不足以解释如此大的差异。这两个例子反倒表明了股东对公司环境相关行为的看法随着时间发生了相当大的变化。

本研究扩展现有理论，推导出企业环境社会责任与股价关系或许随时间发生了变化的假设。然后，笔者系统地考察了股东是否对企业的环境行为进行奖惩，以及这些奖励和惩罚在过去的几十年里是如何变化的。

为查找与企业环境责任事件相关的信息，笔者搜索了《华尔街日报》（*Wall Street Journal*）的相关报道，范围涵盖了所有美国上市公司 1980~2009 年与环境有关的负责任和不负责任的行为。随后笔者用事件分析方法，对这些报道发布日期前后的股价反应做了分析，对生态友好企业举措报道（如循环回收项目的引进）和生态危害企业行为报道（如有毒废弃物的直接排放）分别进行了分析。

笔者的概念框架建立在企业履行环境社会责任能为企业创造新的竞争优势这一

观点基础之上。这个观点已经获得诸多例证，如迈克尔·波特（1911）、工具性利益相关方理论（Jones，1995）、基于企业自然资源的观点（Hart，1995；Russo & Fouts，1997），以及有关商业可持续发展的最新文献（Clelland，Dean & Douglas，2000；Rusinko，2007；Russo & Harrison，2005）。与上述观点一致，笔者发现股市对于环境友好型举措的发布有正面反应，对生态危害行为的曝光有负面反应。

随后，笔者对上述框架进行了扩展，假设"环境作为一种竞争资源"的价值取决于企业环境社会责任的外在规范以及企业内部环境社会责任水平。

首先，从外部视角看，笔者认为，要求绿色发展的外部压力（如环境管理条例、媒体对环境问题的关注、消费者对环境议题的敏感度）给企业环境责任设置了制度性规范。要求绿色发展的制度性规范越多，负面新闻对企业看法的负面影响就越大，因为企业将因未遵守规范而受到惩罚。同样，企业制定的绿色发展制度规范越多，股东对生态友好举措的发布越不敏感。笔者提供了若干典型化事实，说明外部压力——因而也包括绿色发展的规范——在过去的数十年里剧增。与上述观点一样，笔者还发现，对环境友好举措的股市积极反应随着时间而下降，对生态破坏行为的负面反应则随时间而变得越加严重。

其次，从内部视角看，笔者认为企业的环境社会责任是一项边际效益递减的竞争资源。企业拥有该资源的"存量"越多，对企业环境责任追加投资所产生的额外效益就越少，因此股东对生态友好举措的奖赏也越少。类似地，企业环境责任资源的存量越多，对生态危害行为的惩罚就越小；较大存量的环境责任资源可作为一种"保险"，用来缓和股东对于企业生态破坏行为的负面反应。作为对上述观点的支持，笔者发现，以金德·莱登伯格·多米尼研究分析公司（Kinder, Lydenberg, Domini Research & Analytics，KLD）的企业层面环保强项和忧患（Environmental Strengths and Concerns）指数为度量标准，有较佳环境绩效的公司在发布环境友好举措的信息之后会经历较小的股价上升，在环境负面消息曝光之后的股价下跌也会较小。

总之，本研究的发现支持了环境责任是一种竞争资源的观点，并且揭示了其价值如何依赖于内外部调节因素。在本文接下来的部分，将详细展开笔者的理论论证，描述笔者的研究方法，并展示实证结果，最后讨论本研究的启示和局限。

理论与假设

企业环境责任与股东反应

环境与管理之间的关联一直是活跃的学术研究领域。与弗里德曼"企业的社会责任就是为企业创造利润"的观点（Friedman，1962、1970）一致，早期的研究文献将企业社会责任看作是一项成本。企业社会责任的履行将减少利润，从而违背与股东的契约关系。例如，一个回收计划的引进将需要新的物质资本的安装、对员工进行培训等，所有的一切都将是企业不菲的成本。

随后研究对这个观点进行了挑战。弗里曼（Freeman，1984）的利益相关方理论指出，公司应该关注更大范围内的利益相关方群体，即任何可以对公司福利产生实质性影响，或被公司福利所实质性影响的人。有关利益相关方的理论已经得到一些拓展（Agle，Donaldson，Freeman，Jensen，Mitchell & Wood，2008）。特别地，Jones（1995）的工具性利益相关方理论认为，公司在社会责任方面的努力被认为在获得必要资源或股东支持方面具有潜在的工具性。例如，引进新的回收计划可能会提升公司的声誉并且吸引关心环境的新客户和其他利益相关方。类似地，在前面提到的由埃森哲与联合国全球契约组织的调查中，有72%的CEO认为，"品牌、信任和声誉"是驱使他们在可持续性议题上采取行动的主要因素（2010）。Orlitzky、Schmidt 和 Rynes（2003）在对文献进行元分析的基础上进一步强调，声誉可能是企业社会责任和财务绩效之间一个重要的中介变量。

相关的管理学文献对弗里德曼的观点提出了进一步的挑战。特别是，迈尔克·波特（1991）认为，盈利能力与降低污染不一定是互相排斥的目标。在他看来，污染是对资源的浪费（例如，能源和材料）。因此，降低污染的努力（如通过产品或流程的改善）不仅能减少公司的环境足迹，还可以增强其竞争能力。在与此相关的论述中，波特（1991）以及波特和范·德·林德（Porter & van de Linde，1995a，1995b）指出，合理设计的环境监管制度可以刺激创新并且增强竞争力。这个广为人知的理论被称作"波特的假设"（Porter Hypothesis），引发了一场有关环境监管的大争论（近期综述见 Ambec，Cohen，Elgie & Lanoie，2011）。

越来越多的文献进一步扩展了波特的观点（有关这些文献的详细评论可以参见Ambec & Lanoie，2008；Berchicci & King，2007；Etzion，2007）。例如，关于商业可持续性的文献研究了公司如何变得更具有可持续性（即绿色发展）的途径，以及这些绿色发展举措如何影响财务绩效。具体来说，研究显示，公司可以利用提高效率和废弃物管理等容易实现的目标，与获得显著财务效益之间的杠杆作用来提高自己的可持续发展水平（Clelland et al.，2000；Rusinko，2007；Russo & Harrison，2005）。研究得到的更复杂的建议包括努力将可持续发展融入产品设计中（Lenox，King & Ehrenfeld，2000；Waage，2007），建设环境管理系统（Melnyk，Sroufe & Calantone，2003；Sroufe，2003），以及"绿化"供应链（Linton，Klassen & Jayaraman，2007）。

上述复杂举措最显而易见的实例之一应该是沃尔玛（Walmart）。2005年10月，沃尔玛启动了一个雄心勃勃的可持续发展计划，包含三项清晰目标：①100%使用可再生能源；②零废弃；③只出售使人类和环境持续发展的产品（Walmart，2009）。这个举措的潜在收益正如《纽约时报》（*New York Times*，2010）所强调的那样："该项目在对环境有利的同时，也会对沃尔玛有利。降低供应链环节的成本将使沃尔玛节省成本，从而使消费者受益——能让沃尔玛保持提供最低价商品的名声。"关于如何以及为何企业会追求环境责任的一个解释来自基于自然资源的企业观（Hart，1995；Hart & Dowell，2011；Russo & Fouts，1997）。该理论认为，企业的资源异质性是行业内部竞争差异的动力，在支持环境意识方面投入资源的公司更可能获得竞争优势，从而获取更高利润。

笔者在本文中将论证，一个公司对环保的积极参与将会为其创造新的竞争资源。因此，笔者假设在企业的环境社会责任和股价之间存在正相关关系：

假设 1：股东会对企业生态友好举措做出正面反应。

反之，企业对环境的负面影响则会减少其竞争资源。与前述一致，生态危害行为将浪费企业的宝贵资源（如能源或材料）。除此之外，企业还将遭遇名誉损失，进而丧失消费者和其他战略伙伴。而且，与生态危害事件相关的法律和清理成本可能是巨额的。例如，在上述的英国石油公司石油泄漏事件中，《华尔街日报》报道："到目前为止，它（英国石油公司）已经花费了 220 亿美元来清理污染和赔偿受泄漏影响的个人与企业，而且已经达成另一项将耗资 78 亿美元的民事和解"（2012）。基于所有这些理由，生态破坏行为将减少公司的竞争资源。这引出了下面的假设：

假设 2：股东会对企业生态危害事件报道做出负面反应。

"环境是一种竞争资源"的观点是笔者的基础分析框架。接下来，笔者会扩展此框架，提出环境作为竞争资源的价值取决于企业环境社会责任的外部规范和内部水平。

外部压力

企业面临要求其对环境负责的外部压力，这反过来会影响企业环境社会责任的价值。这样的外部压力来自诸多不同的利益相关方，举例来说，这些利益相关方包括环境管制、媒体对企业环境责任履行情况的关注以及消费者对环境问题的敏感度。

要求企业履行环境责任的外部压力在过去的数十年里剧增。在下文中，笔者列出了若干典型化事实来佐证这个趋势。

环境管制：在 Allen 和 Shonnard（2011）关于环境管制的分析中指出，美国联邦环境法案和修正案的数量在过去的几十年里几乎一直在增加。具体来说，他们报告，这个数字已经从 20 世纪 80 年代的 70 个左右上升到 21 世纪初的近 120 个。

媒体对企业环境责任履行情况的关注：企业对环境的行为越来越受到媒体的严密监督。为寻找媒体关注度的一个代表性量化指标，笔者对道琼斯路透商业资讯系统（Factiva）进行了搜索，并细数每年来自五份阅读量最大的报纸（《纽约时报》、《华盛顿邮报》、《今日美国》、《华尔街日报》和《金融时报》）涉及 "环境"（Environment）和 "企业社会责任"（Corporate Social Responsibility）两个关键词的报道数量。样本年份（1980~2009 年）中各年文章数量的统计请见图 1（用实线表示）。可以看出，这些年来关于企业环境社会责任的文章数量有显著性的增加，20世纪 80 年代的平均文章数量是 20 篇，而 21 世纪初各年文章数量则比 20 世纪 80年代多近 6 倍（117 篇）。

环境绩效：外部压力不断增加的同时，企业似乎也在采取更多的绿色措施。这个趋势与坊间传闻（Economist，2011）和调查证据（Accenture & UNGC，2010）相一致。为了更细致地证明这一不断加强的趋势，笔者审视了样本中 KLD 环境责任强度细分指数的演变（在下面数据与方法部分进行说明）。具体地说，企业环境责任强项的平均数从 20 世纪 90 年代的 0.62 提高到 21 世纪初的 1.02。64% 的增长在所有适当的显著性水平意义上都是显著的（p=0.000）。

股东对企业环境责任的提案：量化股东环境意识的一个更直接方法是看股东有关环境提案的数量。为此，笔者从 RiskMetrics 数据库里收集了标准普尔 1500 家公司自 1997 年以来所有关于公司治理或企业社会责任的股东提案。对每一个提案，数据都包含了一段简短的描述（"决议类型"），笔者借此来判断一个给定的提案是否与企业环境责任有关（而不是社会责任）。然后笔者统计出历年这样的提案数量，并将其表示为占总提案数的百分比，见图 1（用虚线表示）。图 1 显示，提案数量的百分比在研究区间内有了大致 4 倍的实质性增长（从 RiskMetrics 数据库开始年份 1997 年到笔者的样本最后一年的 2009 年）。

除了上述典型化事实，最新的一些进展也说明了企业环境责任意识的增强。一个例子是 "绿色消费者"（即环保事业的支持者，纵然需要付出高昂成本也要改变对某个产品的忠诚度）以及与此对应的 "绿色营销" 文献的出现（如 Miles &Covin，2000）。并且，企业社会责任开始涵盖环境责任（而不是仅针对社会责任）这一情况也是最近才发生的，说明环境责任意识的重大变化。在社会企业家相关的研究文献中，环境管理越来越被视为一种社会活动（Hall，Daneke & Lenox，2010），这也是环境责任意识趋势变化的一个例证。

正如这些例子所显示的，在过去的几十年里，环境意识的持续增强是一个总体趋势。企业采纳更绿色的环境措施以应对越来越大的外部压力，这一事实符合制度理论，即企业会按照本行业最合法化的要求来行动，以及制度条件（的变化）会促

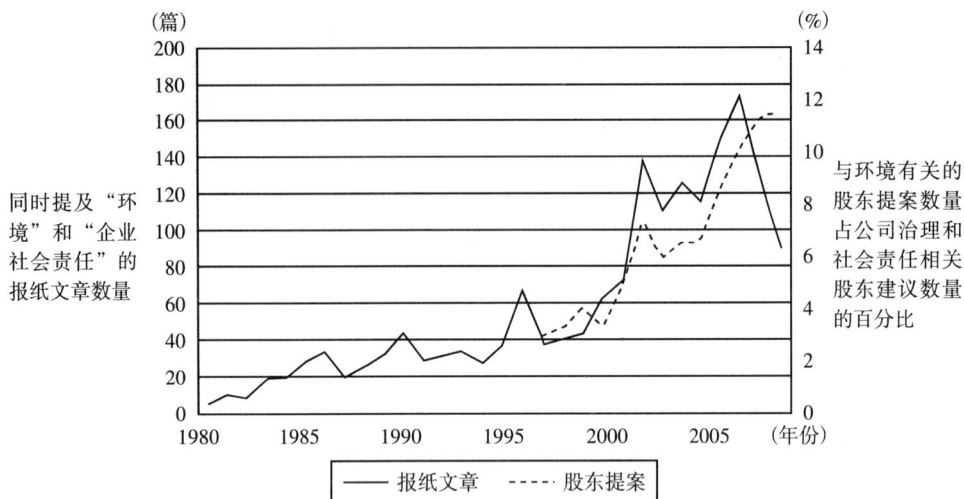

图1　媒体关注和与企业环境责任相关的股东提案数量变化

使企业履行环保责任（Bansal，2005；Bansal & Roth，2000；Barnett & King，2008；Chatterji & Toffel，2010；Delmas & Toffel，2004；Hoffman，1999，2001；Jennings & Zandbergen，1995）。同样，利益相关方理论的研究也认为，利益相关方的压力会促使公司变得更加环保（Kassinis & Vafeas，2006；Sharma & Henriques，2005）。尽管这些研究的重点关注企业的环保动机，但关于外部压力是否影响企业环境责任与股价的关系我们还知之甚少。环境责任是竞争资源的观点对描述这个关系有所助益。可以论证，外部压力会影响企业环境责任的价值，特别是较大的外部压力会增强股东对生态破坏行为报道的负面反应；在较强环境意识氛围之下，那样的行为将更有可能恶化企业的声誉并吓跑消费者、供应商、战略合作伙伴和其他人。换句话说，环境责任的体制规范越强，企业生态行为越普遍，股东对企业生态危害行为的惩罚就越厉害。这引出了下述假设：

假设3：股东对企业生态破坏事件曝光的负面反应随时间增强。

类似地，越多的企业颁布环保制度规范，生态环境保护举措的竞争价值就越低，股东对生态环境保护行为的奖赏就越少。因此，笔者提出如下假设：

假设4：股东对企业生态环境保护举措报道的正向反应随时间减弱。

环保强项与忧患

可以论证，环境责任是竞争资源的价值不仅取决于企业环境社会责任的外部规范，也取决于公司内部的环保绩效水平，这个表现水平可以用环保强项（Strengths）和忧患（Concerns）的KLD来衡量。笔者采用新古典经济学的观点来说明这样做的理由。标准新古典经济学模型的一般假设是生产要素（如资本和劳动力）的边际收益递减。同理，环境资源也呈现出边际收益递减的特征：随着公司不断为环保措施"投资"，新增加的环保措施所带来的边际效益递减。以减少污染为例，刚开始的时候，通过解决容易处理的问题，改善环境绩效既不困难，费用也不高。然而，随着企业环境足迹的改善，减少污染就会逐渐变得越来越困难，成本也会越来越高。

因此，环保绩效越好的公司（即拥有较大环境资源存量的公司）从新增的环保措施中获得的收益会越少。反之，存在严重环境问题的公司可能会从环保措施的引进中获得更多好处。由此，笔者提出如下假设：

假设 5a：环保表现较好公司的股东对生态环境保护措施发布的积极反应较小。

假设 5b：股东对有严重环境问题公司的生态环境保护措施发布有更为积极的反应。

类似地，有较佳环保表现公司的股东对生态危害行为曝光做出的消极反应会较小。较大环境资源存量是安抚投资者的一种保险，投资者会认为这个生态破坏行为只是异常个案而并非常态，从而减弱股东的消极反应。这个逻辑与企业社会责任是一种保险的观点非常一致（Fombrun, Gardberg & Barnett, 2000; Godfrey, 2005; Peloza, 2006）。根据这一理论，企业社会责任能够培养良好信誉和信任感以帮助公司减轻对社会不负责任行为所带来的负面影响。① 相反，对于环境资源存量少的公司，因为他们缺少这样的保险，其股东对公司生态破坏行为的曝光会做出更大的负面反应。这引出了如下假设：

假设 6a：有较佳环保表现的公司的股东对生态危害行为的曝光有较小的消极反应。

假设 6b：有严重环境问题的公司的股东对生态危害行为的曝光有较大的负面反应。

数据和方法

企业生态友好事件和企业生态危害事件

本研究考察股市对于企业环境相关信息报道的反应。为此，笔者采用主要的报

---

① 也有一些研究文献（Baron, 2009; Baron & Diermeier, 2007）的结论与此相反：企业社会责任可能会让企业变得更脆弱，因为它必须应对日益提高的公众要求和苛刻审视，因而提高了不能满足公众期望的风险。

纸数据库之一，即 Factiva 来搜索《华尔街日报》的相关报道，并从证券价格研究中心（Centre for Research in Security Prices，CRSP）获取股市数据。样本区间为 1980 年 1 月 1 日到 2009 年 12 月 31 日。选择这个区间是出于这个数据库数据可获得范围：1980 年是 Factiva 拥有《华尔街日报》全部信息的第一年，2009 年则是证券价格研究中心拥有数据的最后一年。

为找出《华尔街日报》与环境有关的企业报道，三位研究生助理和笔者用如下关键词对 Factiva 做了检索（该词汇的其他说法列示在括号里）："污染"(Pollution, Contamination)["辐射"(Radiation)]、"石油泄漏"（Oil Spill）、"危险废弃物"（Hazardous Waste）["有毒废弃物"（Toxic Waste）]、"生态系统保护"（Ecosystem Preservation）、"回收利用"（Recycling）、"排放"（Emission）["碳排放"（Carbon）]、"全球变暖"（Global Warming）["气候变化"（Climate Change）]。对每一个关键词，我们还考虑了基本变化（例如，相对于作为名词的"污染"，我们还搜索了作为动词的"污染"[Pollutes]，以及词汇的时态变化[Polluted]）。在 Factiva 里使用万用符号"*"很容易做到（例如，采用"Pollut*"进行搜索，其中"*"就是万用符号）。然后我们逐一阅读每一篇文章以确保其是关于公司环境行为的。①

与所有的关键词搜索一样，这种分析方法的一个潜在问题是我们的关键词列表范围太狭窄。然而，没有理由认为我们的关键词选择会给我们的研究带来任何系统偏差，唯一的可能是减弱了我们的检验能力（因为有些相关的文章可能会被遗漏），导致无法得到显著性的结果。

被挑选出来的文章可能是关于生态危害行为的，也可能是关于生态友好行为的。例如，危险废弃物通常被认为对环境有害。但是，如果某公司决定减少危险废弃物，这个事件则被认为是生态友好的。因此，阅读这些文章时，我们将其分类为"生态友好事件"或"生态危害事件"。同时报道两类事件的文章则被剔除。②

为获得最终的数据集，笔者运用了标准的数据过滤。具体来说，下列文章会被剔除：①提及其他显著活动（如领导人变化、收入发布）的（McWilliams & Siegel, 1997）；②被报道的公司不在美国上市交易的；③在样本区间内缺少股市信息的；④早已在《华尔街日报》上发表过的文章（笔者将在稳健性检验里展示，用其他数据过滤方法过滤的话，结果也是稳健的）。采用这些标准之后，笔者获得了一个有

---

① 数据收集过程中，每一个关键词都由至少两位研究者进行处理，评判者间一致性达到 99%。在几乎所有情况下，文章相关性的评估都非常简单明了。文章被排除的原因一般是：其一，关键词使用的场合不对（例如，"污染"一词用在医学污染情形下）；其二，文章不是关于某一企业，而是关于政府（例如，关于立法）、社会、某一特定行业等。

② 文章分类的评判者间一致性达到 96%。对于所有的文章，笔者也得到了类似的结果，包括那些一致性达到 100% 的事件。

273 篇报道企业环境相关事件的《华尔街日报》文章样本，其中 117 篇是关于生态友好事件的，156 篇是关于生态危害事件的。附录 A 列示了所有这些事件以及相应的关键词类别。

得到了相关的文章之后，笔者从这些文章里摘取出公司名字，并与证券价格研究中心（CRSP）中的公司名称进行匹配。随后笔者用证券价格研究中心的公司代码将笔者的数据集与其他数据库（Compustat、IBES & KLD）相对接，这些将在回归分析部分做具体描述。

事件研究

事件研究方法检验股价对新闻或事件的反应。股市反应由一个"事件窗口期"内的平均累计异常收益（Cumulative Abnormal Return，CAR）来表述。累计异常收益是对一个事件窗口期内股价波动偏离预期值的度量。累计异常收益计算在附录 B 中做了说明。

金融领域有大量的文献使用事件研究方法来量化分析股市对《华尔街日报》中公司新闻报道的反应。这些文献考察的新闻报道议题范围很广，包括股票拆分、权益、债券评级下调等（评论文章可以参见 Kothari & Warner，2007；MacKinlay，1997）。这些文献的通常做法是将《华尔街日报》文章发表的日期设定为事件发生日（即第 0 天），但这样做的一个不足是发表日期不一定是事件发生的实际日期，因为它可能发生在前一天（在股票市场关闭之前）。这个问题在金融学文献里被称作"事件不确定性"（Event Uncertainty）。处理这种问题的通常做法是将事件窗口扩展为两天（第 –1 天和第 0 天），认为事件窗口为一个包含两天的区间（–1，0）（相关讨论见 MacKinlay，1997）。还有一种方法是考虑三天的区间（–1，1）。本文分析中，笔者将主要使用两天窗口期的方法，同时笔者将证明采用三天窗口期得到的结果与采用两天窗口期实际上没有差别。笔者还试验了更长的窗口期，当使用（–1，2）或（–1，3）时结果是稳健的（尽管会弱一些）。延长事件窗口期是为了说明，确定某个特定事件（如生态危害事件）的性质可能需要一定的时间，因此市场在事件发生后的若干天里还可能会继续收到信息（Barnett & King，2008：1169 有类似的论述）。[1]

---

① 进一步延长事件窗口期可能会有问题。金融领域中的若干研究证明，使用更长窗口期将严重影响事件研究——如 z-检验——的检验能力（Brown & Warner，1980、1985；Campbell，Lo & MacKinlay，1997；Kothari & Warner，2007；MacKinlay，1997）。类似地，在管理学研究文献中，McWilliams 和 Siegel（1997）也主张使用尽量短的窗口期，他们认为股价事实上可能在几分钟或者几小时内就已经得到充分调整了（1997）。他们那篇文章的一个关键论点是（类似于金融学文献中所强调的检验能力问题），较长的事件窗口期所得到的很可能是混合效应，从而难以获得可靠的统计推论。

回归分析详细说明

为实证检验股市对企业生态友好或生态危害行为的反应是否随时间变化，笔者报告了样本涵盖的三个 10 年（1980~1989 年、1990~1999 年和 2000~2009 年）里企业的平均累计异常收益。为完善分析——更重要的是，排除不符合要求的情况——笔者也采用了基于回归的方法。具体来说，笔者估计了如下回归（分别针对生态友好和生态危害事件）：

$$CAR_{ijst} = \alpha_j + \alpha_s + \beta \times trend_t + r'X_{ijst} + \varepsilon_{ijst}$$

其中，i 代表企业，j 代表事件，s 代表行业，t 代表年份。事件和行业的固定效应分别用 α_j 和 α_s 表示；CAR 是两天事件窗口期（–1，0）内的累计异常收益；trend 是线性时间趋势（即 trend = 1980，1981，…，2009）；X 是控制变量矩阵；ε 是误差项。采用了异方差稳健标准误差（如果标准误差按行业或者事件聚类的话，得到的结果也类似）。分析所关注的是系数 β，它度量股市反应随时间的变化。

X 中包括的控制变量有企业规模、经营年数、盈利能力、市值账面比（Market-to-Book Ratio）以及跟踪该公司的分析员数量。这些变量来源于标普 Compustat 数据库，只有分析员数量的数据来源于汤森路透的 IBES 数据库。企业规模是企业总资产的对数；经营年数是第一次在 Compustat 出现到现在的年数的对数；盈利能力用资产回报率（ROA）表示，即净收入比总资产；市值账面比是股价市值与账面值的比率；跟踪分析员数量是 IBES 数据库里跟踪分析员数量的对数。

给定 117 个生态友好事件和 156 个生态危害事件的样本数量，包括行业固定效应，这需要一个很大的行业细分。为此，笔者采用标准行业划分（Standard Industry Classification，SIC）的划分方式。[①] 最后，笔者还考虑了"环境问题"事件的固定效应（见附录 A）。加入事件固定效应可以减弱事件层面不可观测的异质性对结果的干扰。更重要的是，固定效应变量可以控制不同事件类型之间的规模差异（如石油泄漏对环境的影响要大于污染，因而会产生更多负面的累计异常收益）。[②]

最后，为了检验假设 5a、假设 5b、假设 6a 和假设 6b，笔者在上述分析中加入了企业层面环境绩效作为一个解释变量。KLD 数据库提供了企业环境绩效的两种指

---

① 标准行业划分方式（SIC Divisions）比两位数标准行业划分编码更宽泛些。10 个标准行业划分的行业如下（两位数标准行业划分编码显示在括号中）：农业、林业和渔业（01~09），矿业（10~14），建筑业（15~17），制造业（20~39），运输业、通信业及公共事业（40~49），批发贸易（50，51），零售业（52~59），金融、保险和房地产（60~67），服务业（70~88），公共管理（91~99）。

② 加入时间固定效应可以控制不同事件类型之间的规模差异。如果能够控制每一类型内部事件之间的规模差异会更好，但是，根据新闻报道所提供的信息难以对这样的样本构造一个客观的、适当的生态危害或生态友好行为数量型度量。

数："环境强项"（Environmental Strengths）和"环境忧患"（Environmental Concerns）。环境强项指数的范围从 0~7，共有七种能力，每一种 1 分；环境忧患指数也类似，范围从 0~7，共有七种能力，每一种 1 分。具体的环境强项和环境忧患基于 KLD（2006）的描述见附录 C。为保证 KLD 指数不受事件影响，笔者将 KLD 指数推后了一年。因为 KLD 数据从 1991 年开始并且其数据只包括样本公司的一个子集，因而将笔者的数据与 KLD 数据合并之后，样本数量减少到 55 个生态友好事件和 47 个生态危害事件。[①]

表 1 给出了本部分所有变量的综述性统计（均值、标准差和变量之间的相关系数），这些统计分别按 117 个生态友好事件（表格上半部分）和 156 个生态危害事件（表格下半部分）进行报告。可以看出，综述性统计支持笔者的六个假设。特别是，生态友好事件报道的平均累计异常收益是正的，而生态危害事件曝光的平均累计异常收益是负的，符合股东奖励公司的环境友好措施，而惩罚生态危害行为（即支持假设 1 和假设 2）。更进一步地说，无论对于生态友好事件还是生态危害事件，累计异常收益与时间趋势的相关系数是负的，说明生态友好事件的奖赏在减少而生态危害事件的惩罚在增加（即支持假设 3 和假设 4）。最后，累计异常收益与 KLD 环境强项指数和环境忧患指数的相关系数，符合企业环保责任是一种边际收益递减的竞争资源，并且具有类似保险特征的说法（即支持假设 5a、假设 5b、假设 6a 和假设 6b）。下面，笔者将使用上文提及的事件研究和基于回归的方法对笔者的假设进行更严格的检验。

表 1 描述性统计及相关系数 [a]

变量	均值	标准差	1	2	3	4	5	6	7	8
生态友好事件 [b]										
1. 累计异常收益（-1, 0）	0.84	1.96								
2. 时间趋势	1997.45	8.41	-0.37							
3. 企业规模 [c]	10.24	1.91	-0.29	0.52						
4. 经营年数 [c]	3.59	0.44	-0.20	0.14	0.40					
5. 盈利能力	0.05	0.05	-0.01	0.04	0.08	0.07				
6. 净值率	2.51	2.28	0.10	0.07	-0.05	-0.09	0.58			
7. 分析员数量 [c]	2.02	1.41	0.02	0.19	0.14	0.19	0.20	0.19		
8. KLD 环境强项	0.95	1.03	-0.24	0.35	0.01	0.19	0.04	0.21	-0.07	

① 在 1991~2009 年，有些企业环境强项和忧患调查数据并不是每年都有，这会导致环境绩效随时间变化的度量不一致。不过，笔者验证了，如果不用全部的指标，只采用那些所有年份都有数据的强项和忧患指标，得到的结果也是类似的。

续表

变量	均值	标准差	1	2	3	4	5	6	7	8
9. KLD 环境忧患	2.49	1.73	0.16	0.03	0.03	0.26	0.02	−0.19	0.10	0.07
生态危害事件 [d]										
1. 累计异常收益（−1，0）	−0.65	2.42								
2. 时间趋势	1991.73	6.06	−0.21							
3. 企业规模 [c]	9.75	2.00	0.23	0.31						
4. 经营年数 [c]	3.57	0.47	0.14	0.18	0.54					
5. 盈利能力	0.04	0.07	−0.05	0.24	0.21	0.35				
6. 净值率	2.10	1.53	−0.12	0.29	0.18	0.12	0.40			
7. 分析员数量 [c]	1.25	1.50	0.06	0.35	0.01	0.13	0.12	0.23		
8. KLD 环境强项	0.75	1.01	0.19	0.17	0.01	0.10	0.02	0.18	−0.07	
9. KLD 环境忧患	2.74	1.57	−0.27	0.06	0.15	0.24	0.04	−0.14	0.11	0.13

注：a. "CAR"是累计异常收益，"KLD"代表 Kinder、Lydenbery、Domini Research & Analytics。

b. n=117（对于生态友好事件的第 8 行和第 9 行，n=55），所有绝对值大于 0.18 的相关系数（第 8 行和第 9 行大于 0.27）在 $p < 0.05$ 的显著性水平下都是显著的（双尾检验）。

c. 自然对数。

d. n=156（对于生态危害事件的第 8 行和第 9 行，n = 47），所有绝对值都大于 0.16 的相关系数（第 8 行和第 9 行大于 0.29）在 $p < 0.05$ 的显著性水平下都是显著的（双尾检验）。

结　果

股市对环境问题的反应

笔者的事件研究分析从假设 1 的检验开始，假设 1 关注股东是否对企业生态友好措施报道做出积极的反应。检验的结果见表 2 的左半部分。针对每一个事件窗口期，都报告了平均累计异常收益的百分比（括号里是相应的 z 值），以及分别统计了正的累计异常收益和负的累计异常收益的个数（括号里是相应的广义符号 z 统计值）。两天事件窗口期的平均累计异常收益是 0.84%，并且在 1% 的水平上显著（z = 3.57），支持假设 1。此外，117 个事件的大部分累计异常收益都是正的（79 正，38 负）。两天窗口期前后其他区间的累计异常收益都很小并且不显著，这说明上述结果不是事件日前后不相关的趋势造成的。

相反地，企业生态危害行为的曝光导致负的异常收益。表 2 右半部分显示，平均累计异常收益是负的（−0.65%），并且在 1% 的水平上显著（z = −3.49）。而且，156 个事件里有 96 个异常收益是负的。负的平均累计异常收益支持了假设 2，即股东对企业生态危害行为的曝光会做出负面反应。最后，两天窗口期前后区间的累计

表 2 生态友好行为和生态危害行为报道窗口期的累计异常收益 ᵃ

事件时间	生态友好事件				生态危害事件			
	累计异常收益		正：负		累计异常收益		正：负	
(−40, −21)	0.17	(0.12)	64：53	(1.43)	−0.88	(−0.92)	73：83	(−0.41)
(−20, −11)	0.32	(0.62)	60：57	(0.69)	0.75	(0.39)	72：84	(−0.57)
(−10, −6)	−0.45	(−1.18)	55：62	(−0.23)	0.05	(−0.12)	79：77	(0.55)
(−5, −2)	−0.20	(−0.77)	57：60	(0.14)	−0.12	(−0.86)	75：81	(−0.09)
(−1, 0)	0.84**	(3.57)	79：38**	(4.21)	−0.65**	(−3.49)	60：96*	(−2.49)
(1, 5)	0.16	(0.38)	59：58	(0.51)	−0.15	(−0.47)	74：82	(−0.25)
(6, 20)	−0.49	(−1.21)	54：63	(−0.42)	−0.04	(−0.26)	73：83	(−0.41)

注：a. 对于生态友好事件，n=117；对于生态危害事件，n=156。事件时间单位为"天"；累计异常收益用百分比表示。*p<0.05，**p<0.01，双尾检验。

异常收益都很小且不显著。

笔者还针对一些潜在的问题做了一系列稳健性检验，结果见表3。接下来笔者会对它们一一进行简要讨论。

表 3 稳健性检验 ᵃ

变量	生态友好事件		生态危害事件	
	累计异常收益		累计异常收益	
1. 截面相关系数	0.84**	(3.81)	−0.65**	(−3.01)
2. 精度加权的累计异常收益	0.65**	(3.27)	−0.57**	(−2.82)
3. 去除埃克森石油泄漏事件	0.89**	(3.50)	−0.61*	(−2.49)
4. Fama 和 French 的三因子模型	0.91**	(4.70)	−0.70**	(−3.47)
5. Carhart 的四因子模型	0.89**	(4.60)	−0.69**	(−3.41)
6. 行业调整后的累计异常收益	0.82**	(3.89)	−0.61**	(−3.73)
7. 去除干扰事件	0.82**	(3.83)	−0.60**	(−3.59)
8. 窗口期：(−1, 1)	0.83**	(2.88)	−0.76**	(−3.83)
9. 窗口期：(−1, 2)	0.67*	(2.13)	−0.78**	(−3.17)
10. 窗口期：(−1, 3)	0.66†	(1.93)	−0.62*	(−2.48)

注：a. 对于生态友好事件，n=117（第3行 n=105，第7行 n=115）；对于生态危害事件，n=156（第3行 n=120，第7行 n=152）。累计异常收益用百分比表示。†p < 0.10，*p < 0.05，**p < 0.01，双尾检验。

截面相关系数：标准的事件研究方法假设样本由独立的事件组成。因为有些事件集中发生在某个特定日期附近，这个假设可能不成立。然而，如表3第1行所示，如果 z 值用 Brown 和 Warner（1980，1985）的"原始相关调整"（Crude Dependence Adjustment）计算的话，笔者的结果是稳健的。

精度加权的累计异常收益：计算平均累计异常收益时，每只股票都用同样的权重。也可以采用精度加权来计算累计异常收益（Precision-Weighted Average CAR），这个方法赋予波动性较小的（即更准确估计的）异常收益更大的权重。如表 3 第 2 行所示，使用精度加权平均累计异常收益的结果是稳健的。

埃克森公司石油泄漏事件：从附录 A 的事件列表中可以看出，埃克森公司自 1989 年石油泄漏事件后受到了大量的与其环境足迹有关的媒体报道。因此，人们可能会有样本受这样一个公司事件严重干扰的担忧。还有一个相关的担忧是，虽然这些文章传递了关于埃克森公司的一些新信息，但它们或多或少都同当初的石油泄漏事件有关。为保证结果不受这些文章干扰，笔者将有关埃克森的所有文章剔除后，重新估计了累计异常收益。如表 3 第 3 行所示，剔除埃克森公司对结果的影响很小。

其他资产定价模型：到目前为止，笔者都是用市场模型来估计异常收益的（见附录 B）。这样做的一个担忧是异常收益可能反映的是同期其他因素（如规模、账面市值比或过去的表现）。然而，如表 3 第 4 行和第 5 行所显示的，笔者用 Fama 和 French（1993）的三因子模型和 Carhart（1997）的四因子模型均得出了与市场模型非常类似的结果。[①]

行业调整后的累计异常收益：为保证分析结果不受行业效应影响，笔者采用三位数标准行业划分（SIC）编码标准对行业调整后的收益重新做了事件研究（通过减去特定交易日、特定三位数标准行业划分的行业内所有股票的平均收益得到行业调整后的收益）。如表 3 第 6 行所示，累计异常收益与之前所得结果非常类似。笔者也验证了，如果采用两位数标准、四位数标准的行业编码以及 Fama 和 French（1997）的 48 个行业划分来计算，结果都是稳健的。

干扰事件：使用事件研究的一个担忧是干扰事件会使统计推断产生偏差（McWilliams & Siegel，1997）。两个原因使得这个因素的影响在本研究中被最小化了：首先，在挑选《华尔街日报》文章时，笔者剔除了反映其他公司重要事件的报道（如领导人变动、收益发布等，见"数据和方法"部分）。其次，较短的事件窗口期（两天）降低了产生干扰事件的可能性。然而，还有一个可能存在的问题，即未被《华尔街日报》提及的干扰事件可能对结果有影响。为解释这个问题，笔者使用了证券价格研究中心（CRSP）公布的分红数据，IBES 公布的收益信息发布和汤森路透 SDC Plantium 数据库公布的并购信息发布。剔除信息发布与事件窗口期重合的事件，重新估计了累计异常收益。如表 3 第 7 行所示，结果几乎是一样的。

其他事件窗口期：在笔者的主分析说明里，笔者沿用金融学普遍的做法，采用

---

① 除了市场因子以外，Fama-French 三因子模型还包含规模因子（小的减去大的，或表示为 SMB）以及账面市值比因子（高的减去低的，或表示为 HML）。Carhart 的四因子模型是对 Fama-French 三因子模型的拓展，增加了动量因子（上升的减去下降的，或表示为 UMD）。加入这些因子类于在截面回归中控制规模、账面市值比和过去的绩效。笔者从 Kenneth French 网站上获得了 SMB、HML 和 UMD 因子数据。

了两天事件窗口期（MacKinlay，1997）。但是，表3第8行到第10行说明了使用三天（–1，1）、四天（–1，2）或五天（–1，3）事件窗口期时，结果都是稳健的。

股东对环境问题的反应随时间变化

为研究企业环境社会责任与股价的关系如何随时间变化，笔者将表2的分析方法应用于样本第一个10年（1980~1989年）、第二个10年（1990~1999年）以及第三个10年（2000~2009年）中的事件。

分析结果见表4。1980~1989年的10年间，两天窗口期生态危害事件的平均累计异常收益是–0.42%，且不显著（z = –1.11）。生态危害事件的负面效应随时间变得越来越强、越来越显著：1990~1999年10年间的平均累计异常收益是–0.66%，且在5%的水平上显著（z = –2.53）。对于最近的10年（2000~2009年），平均累计异常收益是–1.12%，且在1%的水平上显著（z = –2.69）。该模式支持了假设3，即随着时间的推移，企业将会因不负责任的环境行为受到股东更为严厉的惩罚。

表4　各10年（–1，0）窗口期累计异常收益 a

时段	生态危害事件		生态友好事件	
1980~1989年	–0.42	（–1.11）	1.19**	（2.72）
1990~1999年	–0.66*	（–2.53）	0.89*	（2.04）
2000~2009年	–1.12**	（–2.69）	0.68†	（1.76）

注：a. 对于生态友好事件，n=117；对于生态危害事件，n=156。†p < 0.10，*p < 0.05，**p < 0.01，双尾检验。

对于生态友好事件，股价上涨在1980~1989年10年间最为强劲。具体来说，平均累计异常收益是1.19%，且在1%的水平上显著（z = 2.72）。这种正的股市反应随时间单调递减：1990~1999年10年间的平均累计异常收益是0.89%（z = 2.04），2000~2009年10年间的平均累计异常收益是0.68%（z = 1.76）。有趣的是，尽管股市对于生态友好措施的报道反应越来越小，但显著的正效应依旧存在。这与假设4一致，即对生态友好行为的奖赏随时间减少。①

为评价这些分析结果的稳健性——特别是排除结果的其他可能含义，笔者运用了在"方法"部分描述的基于回归的方法，换句话说，笔者将两天期累计异常收益对时间趋势和控制变量做回归。对上述三个回归模型的分析结果见表5。模型1中，笔者只加入了企业层面的控制变量。模型2中，笔者又加入了行业固定效应。

① 为简洁起见，笔者没有在表4中报告两天事件窗口期之前和事件窗口期之后的累计异常收益。不过，笔者检验并得到了这些累计异常收益都很小且不显著的结果。笔者还验证了表3那样的稳健性检验对于表4也是稳健的。

最后在模型 3 中，笔者再加入事件固定效应。加入企业控制变量减轻了忽略控制因素的时间趋势会影响结果的担忧。加入行业和事件固定效应则是为了解决行业和事件层面的异质性。

生态危害事件的结果见表 5 左半部分。可以看出，模型 1 中时间趋势的系数是-0.04%，并且高度显著（t = 3.52）。这个系数说明，累计异常收益每 10 年下降0.4%（-0.04% × 10），与表 4 中跨时间比较结果大体一致。[1] 时间趋势的系数在模型2 和模型 3 中也非常类似。

表 5　窗口期（-1，0）累计异常收益的回归分析

变量	生态危害事件						生态友好事件					
	模型 1		模型 2		模型 3		模型 1		模型 2		模型 3	
时间趋势	-0.040**	(3.52)	-0.043**	(3.69)	-0.049**	(3.90)	-0.025**	(3.23)	-0.021*	(2.49)	-0.026**	(3.15)
企业规模	0.410**	(3.57)	0.403**	(3.21)	0.634**	(4.22)	-0.069	(0.60)	-0.147	(1.09)	-0.224	(1.53)
经营年数	0.125	(0.25)	0.235	(0.46)	0.416	(0.78)	-0.526	(1.22)	-0.481	(1.02)	-0.579	(1.19)
盈利能力	-0.067	(0.21)	-0.059	(0.16)	0.326	(0.82)	-0.284	(0.69)	0.048	(0.11)	0.210	(0.44)
净值率	-0.173	(1.28)	-0.212	(1.52)	-0.235	(1.27)	0.124	(1.32)	0.036	(0.38)	0.057	(0.60)
分析员数量	0.103	(0.77)	0.183	(1.20)	0.176	(1.07)	0.085	(0.69)	0.028	(0.20)	0.033	(0.23)
行业固定效应	否		是		是		否		是		是	
事件固定效应	否		否		是		否		否		是	
观测	156		156		156		117		117		117	
R^2	0.15		0.20		0.34		0.18		0.26		0.36	

注：*p < 0.05，**p < 0.01，双尾检验。

笔者在表 5 的右半部分报告了对生态友好事件做同样分析的结果。证据表明，不论是哪一个模型，时间趋势的系数都是负的且都显著。这里的经济量级与表 4 中累计异常收益的结果是一致的。以模型 1 为例，时间趋势的系数是-0.025%，这意味着每 10 年累积异常收益减少-0.25%，这与表 4 跨时间比较的结果是一致的。

环境强项和环境忧患

表 6 显示了控制环境绩效之后结果如何变化，其中环境绩效用事件前一年 KLD环境强项和忧患指数来代表。因为在 1991 年只有部分企业有这些指数，所以样本量比之前的分析要小。[2]

---

① 如果不使用时间趋势作为外部压力的替代变量，而使用提及企业环境责任的新闻数或者与环境相关的股东提案数（来自图 1）进行检验时，笔者得到了类似的定量结果。

② 如果不使用时间趋势作为外部压力的代表，使用涉及企业环境责任的媒体文章数量或者与环境相关的股东提案数量，也得到同样的定性结果（见图 1）。

表6　窗口期（–1，0）累计异常收益的回归分析，控制环境强项和环境忧患 a

变量	生态危害事件				生态友好事件			
	模型 1		模型 2		模型 1		模型 2	
时间趋势	–0.052**	(3.10)	–0.038*	(2.18)	–0.034**	(2.79)	–0.023†	(1.89)
KLD 环境强项			0.259†	(1.75)			–0.206†	(1.90)
KLD 环境忧患			–0.286*	(2.31)			0.128†	(1.85)
企业规模	0.294	(0.99)	0.518	(1.64)	0.073	(0.45)	0.069	(0.42)
经营年数	1.093	(1.45)	1.407	(1.53)	0.277	(0.42)	0.343	(0.47)
盈利能力	0.552	(0.64)	1.506	(1.60)	–0.110	(0.23)	–0.426	(0.81)
市值账面比	–0.344	(1.24)	–0.384	(1.40)	0.172	(1.38)	0.210	(1.42)
分析员数量	–0.001	(0.00)	0.050	(0.20)	0.065	(0.33)	–0.020	(0.10)
观测值	47		47		55		55	
R²	0.29		0.40		0.24		0.30	

注：a.“KLD”代表 Kinder，Lydenberg，Domini Research & Analytics。†p < 0.10，*p < 0.05，**p < 0.01，双尾检验。

生态友好事件的分析结果显示在表6的右半部分。模型1重复了表5中模型1的分析，但样本量较小。模型2中加入了两个KLD指数作为解释变量。这个分析区分了外部因素与内部因素的调节作用（分别用时间趋势和两个KLD指数来表示）。可以看到，模型1中时间趋势的系数与表5模型1中全样本的结果是类似的。模型2的数值虽然小了，但还是显著的。更重要的是，环境强项的系数显著为负，同时环境忧患的系数显著为正。这些结论支持假设5a和假设5b的预期，即拥有较佳环境绩效和较少环境忧患的公司的股东对企业的生态友好事件会做出较小的积极回应。

在表6的左半部分，笔者对生态危害事件重复了上述分析。模型1中时间趋势的系数还是与表5模型1的全样本分析结果相似。这一系数在模型2加入KLD环境指数作为解释变量之后仍然是显著为负的。重要的是，环境强项的系数显著为正，环境忧患的系数显著为负。这些发现与假设6a和假设6b一致，即拥有较佳环境绩效和较少环境忧患的公司的股东对企业的生态危害事件曝光会做出较小的消极反应。

讨论与结论

股东对企业生态危害行为的曝光和生态友好措施的发布是否敏感？如果是，他们的态度是否会随时间发生变化？笔者的发现认为答案是肯定的。本研究中，笔者认为企业对环保事业的积极参与能为企业创造新的竞争资源。基于环境是一种资源的观点，笔者进一步指出，企业环境社会责任的价值既取决于外部规范，也依赖于内部环境责任水平。通过建立这样一个框架和实证检验这个框架的假设，笔者得出了三个主要结论：

第一，与企业环境社会责任是企业的一种资源的观点一致，笔者发现股东对生态友好举措的报道有正面的反应，对生态危害行为的曝光有负面的反应。

第二，笔者认为，要求企业更环保的外部压力正在为企业的环境社会责任设立制度规范。环保要求越多地通过体制化成为规范，生态危害行为对企业声誉的负面影响就越大，因为企业将会因未遵守规范而受到更严厉的惩罚。类似地，企业颁布的环保制度规范越多，股东对其生态友好措施的奖励就越少。笔者的证明支持了这些假设，即随着时间的推移，对生态友好措施的积极反应显著减少，对生态危害行为的负面反应则显著增加。

第三，笔者提出企业的环境社会责任是一种边际效益递减的资源，具有较大环境资源存量的公司从新增的绿色措施中获益相对较小。同时，这些公司一旦有生态破坏事件发生也会损失较少，因为它们对这样的事件有更好的保险。与这些观点相一致，笔者发现，企业环境责任存量越高，股东对其生态友好举措的奖励越少，同时对其生态危害行为的惩罚也越小。

笔者的发现为本领域的研究做出了若干贡献。就笔者的知识所及，本研究是第一个理论化并且实证检验了企业环境责任与股价的关系是如何随时间变化的。笔者的数据涵括了从 1980~2009 年的三个 10 年，这个数据集的广泛性使得笔者的分析成为可能。此外，这也是第一个对股东反应如何依赖企业环境绩效（采用 KLD 环境强项指数和环境忧患指数度量）的研究。关于企业环境社会责任类似保险的特征，则与一般性企业社会责任的最新研究相关。特别是这些发现还与 Godfrey、Merill 和 Hansen（2009）的研究结论一致，他们发现，股市对公司不利官司（如专利侵权、质量控制问题以及贿赂）媒体曝光做出的消极反应可以被公司体制性的社会责任行为显著弱化。Bansal 和 Clelland（2004）则为基于保险的观点提供了进一步的证据，他们证明了环境行为正当的公司比不正当的公司更少发生非系统性风险。

至于对生态危害事件和生态友好事件媒体报道的平均股东反应（即所有研究年份中的平均累计收益）的分析，笔者的结果与四篇相关论文一致。首先，Klassen和 McLaughlin（1996）检验了环保奖项的公布是否对股价有影响。利用 1987~1991年由 140 个奖项公布组成的样本，他们发现了正向的股市反应，与笔者关于股市对生态友好措施报道的积极反应相类似。其次，Hamilton（1995）研究了股市如何对1989 年 6 月环保局（Environment Protection Agency，EPA）公布有毒化学物排放数据做出反应。他发现的股价下降的结论与本研究得到的股市对生态危害行为曝光做出消极反应的结论一致。相似地，Shane 和 Spicer（1983）检验了股市如何对经济优先权委员会（Council on Economic Priorities）在 1970~1977 年针对公司污染控制的八项研究结果的发布做出反应，发现了污染与股价之间存在负相关关系，并且对污染控制更好的公司这种相关会更弱。最后，Gunthorpe（1997）研究了公司的违法活动是否对股价产生影响的问题，她以 1988~1992 年的 69 个报道（包括 3 个环保局违法案例）为样本，结果证明存在着负相关关系，与本研究的结论相一致。但是，对违法活动（其中主要是公司欺诈和行贿等白领犯罪）的股东反应可能无法代表对公司（合法或违法的）生态破坏事件的股东反应。

本研究的分析局限之一——同所有的事件研究一样——这些结果只说明了股市的短期反应。与此相关的问题是，企业环境责任对股东价值和公司绩效的影响是否是长期的？为考察这个问题，可以将公司市值（如 Tobin's Q 值）和公司绩效的长期度量（如资产回报率、净利率等）对企业环境责任或者更一般地对企业社会责任的代表变量做回归（关于企业社会责任与公司绩效的会计度量之间关系的文献综述见 Margolis，Elfenbein & Walsh，2007；Margolis & Walsh，2001、2003）。但是，企业社会责任相对于公司价值和公司绩效来说可能是内生的，这对此类研究造成了一定困难。克服这个挑战将为后续研究提供一条有意思的途径。

另一个有趣的研究路径是，本文的框架概念是否适用于一般的企业社会责任？特别是股东对企业社会责任的态度如何随时间变化？以及企业社会责任会不会呈现出边际效益递减的特征？

笔者的研究发现可能对很多管理学领域——包括战略、创新、内部企业家精神和公司风险投资——有重要的启示。例如，既然股东的短期反应表明他们看重生态友好行为并视企业环境责任为一种有价值的资源，管理者和董事会就会认为公司应该设计并执行有效的环境责任措施以追求公司的长期目标。这同样适用于旨在提高环境绩效的创新和研发项目。更进一步，既然生态友好和生态危害的商业策略对股东是重要的，管理科学的研究应该能够从将环境因素明确地融入管理决策的做法中受益。最后，从政策角度来看可能是最重要的，立法者会从与公司合作进行环境监管中受益。既然立法者与股东在对待环境上有相同的基本观点，那么加强他们之间的合作将是有百利而无一害的。

附录 A　按类型列示的事件

附表 A1　生态友好事件

公司	环境问题	发布日期
Inco Ltd.	Emission	2/11/1980
Southern Co.	Contamination	4/21/1981
Stauffer Chemical Co.	Hazardous waste	5/26/1982
Stanadyne Inc.	Emission	3/1/1983
Du Pont E I De Nemours & Co.	Global warming	8/24/1983

续表

公司	环境问题	发布日期
Monsanto Co.	Recycling	9/17/1984
United States Steel Corp.	Recycling	5/31/1985
Canadian Pacific Ltd.	Pollution	9/18/1985
Alcan Aluminum Ltd.	Recycling	12/15/1987
Scott Paper Co.	Recycling	9/13/1988
Dow Chemical Co.	Recycling	9/27/1988
Procter & Gamble Co.	Recycling	10/27/1988
Exxon Corp.	Oil spill	3/27/1989
British Petroleum PLC	Oil spill	4/12/1989
Church & Dwight Inc.	Emission	4/14/1989
Exxon Corp.	Oil spill	4/20/1989
Procter & Gamble Co.	Recycling	4/21/1989
Browning Ferris Industries Inc.	Recycling	5/3/1989
British Petroleum PLC	Emission	8/16/1989
Southern Co.	Emission	8/17/1989
Exxon Corp.	Oil spill	10/24/1989
Du Pont E I De Nemours & Co.	Recycling	12/13/1989
Monsanto Co.	Hazardous waste	2/13/1990
Eastman Kodak Co.	Emission	3/30/1990
Heinz H J Co.	Recycling	4/9/1990
Exxon Corp.	Oil spill	4/12/1990
Royal Dutch Petroleum Co.	Emission	4/12/1990
Mobil Corp.	Recycling	5/16/1990
Colgate Palmolive Co.	Recycling	5/18/1990
Unilever PLC	Recycling	5/18/1990
Browning Ferris Industries Inc.	Recycling	6/8/1990
James River Corp. Va.	Recycling	6/15/1990
Browning Ferris Industries Inc.	Recycling	6/27/1990
Stone Container Corp.	Recycling	7/17/1990
Fuji Photo Film Ltd.	Recycling	9/25/1990
Acme United Corp.	Recycling	12/4/1990
Asarco Inc.	Recycling	2/7/1991
Exxon Corp.	Oil spill	2/14/1991
Cooper Industries Inc.	Pollution	2/22/1991
Coca Cola Co.	Recycling	3/13/1991
Weyerhaeuser Co.	Emission	6/5/1991
Mobil Corp.	Emission	6/21/1991
Du Pont E I De Nemours & Co.	Emission	7/3/1991

续表

公司	环境问题	发布日期
Coca Cola Co.	Recycling	8/28/1991
Ohio Edison Co.	Emission	9/13/1991
Sears Roebuck & Co.	Recycling	11/14/1991
American Cyanamid Co.	Emission	1/29/1992
Ashland Oil Inc.	Emission	1/31/1992
First Brands Corp.	Recycling	2/27/1992
New England Electric System	Ecosystem preservation	8/4/1992
Allied Signal Inc.	Emission	3/3/1993
Equitable Resources Inc.	Emission	3/3/1993
International Paper Co.	Recycling	5/24/1993
International Paper Co.	Recycling	12/2/1993
Texaco Inc.	Pollution	2/16/1994
Crown Cork & Seal Co. Inc.	Recycling	3/30/1994
Dell Computer Corp.	Recycling	11/5/1996
Cinergy Corp.	Emission	9/24/1997
Mobil Corp.	Emission	5/24/1999
B P Amoco PLC	Global warming	5/4/2000
Toyota Motor Corp.	Emission	10/2/2000
International Business Machs Co.	Recycling	11/14/2000
Dominion Resources Inc. Va.	New emission	11/17/2000
U S X Marathon Group	Hazardous waste	5/14/2001
Eog Resources Inc.	Global warming	1/15/2002
Domtar Inc.	Ecosystem preservation	4/25/2002
Ford Motor Co. Del.	Emission	8/20/2002
Corning Inc.	Emission	10/2/2002
Staples Inc.	Recycling	11/13/2002
Exxon Mobil Corp.	Oil spill	12/9/2002
Ford Motor Co. Del.	Emission	5/8/2003
United Technologies Corp.	Emission	6/27/2003
Exxon Mobil Corp.	Oil spill	8/25/2003
K B Home	Ecosystem preservation	8/25/2003
Staples Inc.	Ecosystem preservation	8/25/2003
Intel Corp.	Global warming	2/26/2004
Toyota Motor Corp.	Emission	7/7/2004
Sony Corp.	Global warming	7/28/2004
General Motors Corp.	Emission	10/12/2004
Cinergy Corp.	Emission	12/2/2004
Ford Motor Co. Del.	Global warming	3/31/2005

续表

公司	环境问题	发布日期
JP Morgan Chase & Co.	Global warming	4/25/2005
Exxon Mobil Corp.	Emission	10/12/2005
Ford Motor Co. Del.	Emission	12/20/2005
Smithfield Foods Inc.	Pollution	1/23/2006
Weyerhaeuser Co.	Emission	6/22/2006
Ford Motor Co. Del.	Emission	7/18/2006
Wal-Mart Stores Inc.	Recycling	8/21/2006
Caterpillar Inc.	Recycling	9/15/2006
Ciba Specialty Chemicals Hdg. In.	Contamination	10/2/2006
Exxon Mobil Corp.	Global warming	11/8/2006
Nissan Motor Co. Ltd.	Emission	12/12/2006
Exxon Mobil Corp.	Global warming	1/11/2007
Du Pont E I De Nemours & Co.	Emission	2/6/2007
JP Morgan Chase & Co.	Global warming	2/27/2007
Conocophillips	Emission	4/11/2007
Nissan Motor Co. Ltd.	Emission	4/19/2007
Citigroup Inc.	Global warming	5/9/2007
Dell Inc.	Emission	6/6/2007
Ford Motor Co. Del.	Emission	7/10/2007
Morgan Stanley Dean Witter & Co.	Emission	8/15/2007
Citigroup Inc.	Recycling	9/5/2007
Coca Cola Co.	Recycling	9/6/2007
Chevron Corp.	New global warming	10/18/2007
Daimler A G	Emission	11/13/2007
General Motors Corp.	Emission	1/14/2008
Nokia Corp.	Recycling	2/13/2008
Environmental Power Corp.	Emission	2/27/2008
Wal-Mart Stores Inc.	Emission	3/24/2008
Anheuser Busch Cos. Inc.	Recycling	4/22/2008
Exxon Mobil Corp.	Global warming	4/30/2008
Wal-Mart Stores Inc.	Ecosystem preservation	10/22/2008
Coca Cola Co.	Recycling	4/8/2009
Royal Dutch Shell PLC B	Emission	4/21/2009
Exxon Mobil Corp.	Global warming	7/15/2009
Exelon Corp.	Emission	10/19/2009
American Electric Power Co. Inc.	Emission	12/9/2009

附表 A2　生态危害事件

公司	环境问题	发布日期
Allied Products Corp. De.	Hazardous waste	6/2/1980
Dart Industries Inc.	Hazardous waste	6/2/1980
Allied Corp.	Hazardous waste	8/11/1982
General Electric Co.	Hazardous waste	9/21/1982
R S R Corp.	Pollution	5/3/1983
Dow Chemical Co.	Hazardous waste	3/2/1984
Nissan Motors	Emissions	3/13/1984
Du Pont E I De Nemours & Co.	Contamination	3/27/1984
Westinghouse Electric Corp.	Hazardous waste	4/16/1984
Todd Shipyards Corp.	Hazardous waste	5/1/1984
Ethyl Corp.	Emissions	5/16/1984
Aluminum Company American	Hazardous waste	6/4/1984
General Motors Corp.	Emissions	6/22/1984
General Motors Corp.	Pollution	6/29/1984
Diamond Shamrock Corp.	Hazardous waste	9/10/1984
L T V Corp.	Emissions	9/19/1984
Standard Oil Co. Ind.	Oil spill	3/5/1985
Rohm & Haas Co.	Hazardous waste	5/22/1985
British Petroleum PLC	Recycling	8/9/1985
Beatrice Company	Hazardous waste	8/28/1985
General Motors Corp.	Emissions	5/8/1986
Ashland Oil Inc.	Pollution	6/26/1986
Phelps Dodge Corp.	Emissions	7/10/1986
Kerr Mcgee Corp.	Contamination	8/25/1986
Union Carbide Corp.	Hazardous waste	11/3/1986
Xerox Corp.	Hazardous waste	11/21/1986
Mapco Inc.	Hazardous waste	5/18/1987
Atlantic Richfield Co.	Hazardous waste	5/29/1987
United Technologies Corp.	Hazardous waste	7/22/1987
International Technology Corp.	Hazardous waste	9/14/1987
Chrysler Corp.	Emissions	12/24/1987
Commercial Metals Co.	Hazardous waste	6/28/1988
Ashland Oil Inc.	Oil spill	7/7/1988
Commercial Metals Co.	Hazardous waste	7/29/1988
Chevron Corp.	Hazardous waste	9/2/1988
General Host Corp.	Pollution	11/25/1988
Tenneco Inc.	Contamination	12/8/1988

续表

公司	环境问题	发布日期
Exxon Corp.	Oil spill	3/28/1989
Exxon Corp.	Oil spill	3/30/1989
Exxon Corp.	Oil spill	3/31/1989
Exxon Corp.	Oil spill	4/5/1989
Exxon Corp.	Oil spill	4/11/1989
Exxon Corp.	Oil spill	5/3/1989
Exxon Corp.	Oil spill	5/17/1989
Exxon Corp.	Oil spill	5/19/1989
British Petroleum PLC	Pollution	7/6/1989
Exxon Corp.	Oil spill	7/7/1989
Exxon Corp.	Oil spill	7/26/1989
Exxon Corp.	Oil spill	7/31/1989
Exxon Corp.	Oil spill	8/16/1989
Exxon Corp.	Oil spill	8/17/1989
Exxon Corp.	Oil spill	9/5/1989
Exxon Corp.	Oil spill	9/15/1989
Detrex Corp.	Pollution	10/24/1989
Diceon Electronics Inc.	Hazardous waste	11/2/1989
Exxon Corp.	Oil spill	1/5/1990
Exxon Corp.	Oil spill	1/8/1990
British Petroleum PLC	Oil spill	2/5/1990
Exxon Corp.	Oil spill	2/5/1990
Exxon Corp.	Oil spill	2/8/1990
Exxon Corp.	Oil spill	2/14/1990
Exxon Corp.	Oil spill	2/28/1990
Exxon Corp.	Oil spill	3/5/1990
Diceon Electronics Inc.	Hazardous waste	3/26/1990
Bethlehem Steel Corp.	Pollution	4/6/1990
Chrysler Corp.	Emissions	5/8/1990
Coors Adolph Co. B	Pollution	6/20/1990
Exxon Corp.	Oil spill	9/10/1990
Occidental Petroleum Corp.	Hazardous waste	9/13/1990
Exxon Corp.	Oil spill	10/1/1990
Rockwell International Corp.	Hazardous waste	11/28/1990
Coca Cola Co.	Recycling	12/5/1990
Exxon Corp.	Oil spill	1/31/1991
Exxon Corp.	Oil spill	2/8/1991

公司	环境问题	发布日期
Du Pont E I De Nemours & Co.	Emissions	2/25/1991
General Motors Corp.	Emissions	3/7/1991
General Electric Co.	Pollution	3/15/1991
Chemical Waste Mgmt Inc.	Hazardous waste	3/19/1991
General Motors Corp.	Contamination	3/19/1991
Coastal Corp.	Contamination	4/19/1991
Exxon Corp.	Oil spill	5/3/1991
United Technologies Corp.	Hazardous waste	5/15/1991
Wheeling Pittsburgh Corp.	Pollution	5/16/1991
Eljer Industries Inc.	Contamination	6/4/1991
Ford Motor Co. Del.	Emissions	6/25/1991
International Paper Co.	Hazardous waste	7/5/1991
Unifirst Corp.	Hazardous waste	7/9/1991
Dial Corp Arizona	Pollution	7/10/1991
United Technologies Corp.	Pollution	7/24/1991
Boeing Co.	Hazardous waste	7/29/1991
Westinghouse Electric Corp.	Contamination	7/30/1991
Intermet Corp.	Hazardous waste	8/8/1991
Merck & Co. Inc.	Pollution	8/9/1991
British Petroleum PLC	Pollution	8/23/1991
Exxon Corp.	Contamination	8/23/1991
Coors Adolph Co. B	Pollution	10/4/1991
Bristol Myers Squibb Co.	Emissions	10/11/1991
American Cyanamid Co.	Emissions	10/23/1991
Stone Container Corp.	Hazardous waste	11/6/1991
Ford Motor Co. Del.	Emissions	11/26/1991
Mobil Corp.	Oil spill	1/10/1992
Amoco Corp.	Oil spill	1/27/1992
Ford Motor Co. Del.	Emissions	1/27/1992
United Technologies Corp.	Hazardous waste	2/5/1992
Corning Inc.	Emissions	3/13/1992
General Motors Corp.	Emissions	3/30/1992
Ford Motor Co. Del.	Emissions	4/10/1992
Rockwell International Corp.	Hazardous waste	6/2/1992
Monsanto Co.	Pollution	6/17/1992
Kinark Corp.	Hazardous waste	10/8/1992
Texaco Inc.	Oil spill	2/11/1993

续表

公司	环境问题	发布日期
Georgia Pacific Corp.	Contamination	3/10/1993
Asarco Inc.	Pollution	4/27/1993
Chevron Corp.	Oil spill	5/21/1993
Allied Signal Inc.	Hazardous waste	6/18/1993
Sherwin Williams Co.	Hazardous waste	7/19/1993
General Electric Co.	Contamination	8/16/1993
C S X Corp.	Pollution	9/28/1993
Unocal Corp.	Hazardous waste	10/8/1993
Coors Adolph Co. B	Emissions	2/22/1994
Sun Inc.	Emissions	5/27/1994
Tenneco Inc.	Hazardous waste	8/12/1994
Exxon Corp.	Oil spill	9/19/1994
Cambrex Corp.	Hazardous waste	10/24/1994
Texas Industries Inc.	Hazardous waste	9/18/1995
Publicker Industries Inc.	Hazardous waste	1/11/1996
Weirton Steel Corp.	Pollution	10/31/1996
Smithfield Foods Inc.	Pollution	12/18/1996
Viacom Inc. A	Hazardous waste	3/4/1997
Buffton Corp.	Pollution	7/15/1997
Cinergy Corp.	Emissions	5/20/1998
Exxon Mobil Corp.	Global warming	1/10/2000
Wal-Mart Stores Inc.	Hazardous waste	5/3/2000
Coastal Corp.	Emissions	6/5/2000
Willamette Industries Inc.	Emissions	7/21/2000
Wal-Mart Stores Inc.	Pollution	6/8/2001
Exxon Mobil Corp.	Hazardous waste	12/14/2001
Chevrontexaco Corp.	Pollution	1/9/2003
Toyota Motor Corp.	Emissions	3/10/2003
General Motors Corp.	Emissions	5/8/2003
General Motors Corp.	Emissions	5/19/2003
Exxon Mobil Corp.	Oil spill	12/9/2003
Ford Motor Co. Del.	Hazardous waste	3/2/2004
ChevronTexaco Corp.	Oil spill	8/20/2004
ConocoPhillips	Emissions	1/28/2005
First Energy Corp.	Pollution	3/21/2005
Exxon Mobil Corp.	Global warming	3/28/2005
Newmont Mining Corp.	Pollution	4/4/2005

续表

公司	环境问题	发布日期
Exxon Mobil Corp.	Contamination	6/1/2005
Wal-Mart Stores Inc.	Pollution	8/16/2005
Wal-Mart Stores Inc.	Hazardous waste	12/21/2005
Dow Chemical Co.	Emissions	7/17/2006
Du Pont E I De Nemours & Co.	Contamination	10/2/2006
Exxon Mobil Corp.	Global warming	1/4/2007
Dow Chemical Co.	Contamination	6/4/2008

附录 B　累计异常收益的计算

事件研究方法检验股价对事件报道的反应。笔者遵循常用做法，以《华尔街日报》文章发表日作为事件日（第 0 天）。此外，考虑到事件有可能发生在《华尔街日报》报道日的前一天，笔者也将前一个交易日纳入事件窗口期（第-1 天）（MacKinlay，1997）。用（-1，0）代表两天窗口期。为了了解事件在两天窗口期之前和之后的影响，笔者也考虑了如下的时间区间：两天窗口期之前的（-40，-21）、（-20，-11）、（-10，-6）、（-5，-2），以及两天窗口期之后的（1，5）、（6，20）。做稳健性检验时，笔者采用了（-1，1）、（-1，2）和（-1，3）等事件窗口。

笔者用市场模型计算了每一个企业 i 的异常收益。市场模型中的系数 α_i 和 β_i 根据第一个事件区间前的 200 个交易日（即区间［-240，-41］内的 200 个交易日），采用证券价格研究中心（CRSP）数据库中的日收益数据，用普通最小二乘进行估计。笔者对下列模型进行估计：

$R_{it} = \alpha_i + \beta_i \times R_{mt} + e_{it}$

其中，R_{it} 是公司股票 i 在第 t 天的收益率，α_i 是截距，β_i 是股票 i 的系统性风险，R_{mt} 是等权重 CRSP 市场组合的日收益率，e_{it} 是公司 i 的日风险调整后残差。对应的第 t 天公司 i 的股价收益估计为：

$\hat{R}_{it} = \alpha_i + \beta_i \times R_{mt}$

公司 i 第 t 天的异常收益（Abnormal Returns）为：

$AR_{it} = R_{it} - \hat{R}_{it}$

最后，通过对特定窗口期内（例如［-1，0］）的所有异常收益求和，得到累计异常收益（CARs）。

为了研究人们对生态友好行为和生态危害行为是否有不同的看法，笔者将样本按生态友好行为和生态危害行为划分为两个事件类型。同样，笔者按事件类型分别计算了它们的累计异常收益。为了检验股东的态度是否随时间而发生了变化，笔者进一步将样本按三个 10 年（1980~1989 年，1990~1999 年和 2000~2009 年）做了划分，并分别计算了每一个 10 年的累计异常收益。

附录 C　KLD 的环境强项和环境忧患

KLD 的环境强项指数由以下方面组成（KLD，2006）：

●有益的产品和服务。公司从创新式的产品改进、环境服务，或者促进能源高效利用的产品中获得可观的收益，或者开发出对环境有益的创新式产品（这里的"环境服务"不包括环境影响有争议的活动，如填埋、焚烧、垃圾发电厂以及深井注入等）。

●防止污染。公司有很强力的防止污染计划，包括减少排放和减少有毒物品使用的计划。

●回收利用。公司大力回收材料将其作为原料用于其生产过程，或者公司是回收利用行业中的主要因素。

●清洁能源。公司在采用可再生能源和清洁能源或提高能源效率方面有重大措施，以减少对气候变化和空气污染的影响。公司表现出在自身经营范围外，对推广环境友好政策和实践的承诺。

●沟通。公司是 CERES① 原则的签约组织，发布实质性的环境报告，或者设有实质性的有关环境最佳实践的内部沟通系统。

●财产、工厂和设备。公司以高于行业环境绩效平均水平的标准维护自己的财产、工厂和设备。

●其他强项。公司对管理系统、薄弱项目或者其他环境主动行为表现出超强的承诺。

KLD 的环境忧患指数由以下方面组成（KLD，2006）：

●危险物废弃。公司危险物废弃场地处理责任金额超过 500 万美元，或者近期因违反废弃物管理规定支付了高额罚金或者行政罚款。

●监管问题。公司近期因违反空气、水或其他环境规定支付了高额罚金或者行政罚款，或者公司有违背清洁空气法案、清洁水源法案或者其他主要环境法规要求的习惯行为。

●破坏臭氧层化学品。公司是破坏臭氧层化学品——如含氢氯氟烃、三氯乙烷、二氯甲烷或溴——的主要生产厂家。

●大量排放。根据 KLD，公司各工厂合法向空气和水排放的有毒化学品（根据

---

① CERES 是一家以"动员投资者和商界领袖，发展繁荣且可持续的全球经济"为使命，专注于促进可持续发展领导力的非营利组织。——译者注

环保局规定并向环保局报告）排放量属于最高的公司之一。

●农用化学品。公司是农用化学品（即杀虫剂或者化肥）的主要生产厂家。

●气候变化。公司直接或间接从煤炭或者石油以及石油衍生燃料产品销售或使用中大量获益。这样的公司包括电力企业、交通运输企业、轿车和卡车生产厂家，以及其他运输设备公司。

●其他忧患。公司曾经涉入未列入 KLD 评级的其他环境争议事件。

企业社会绩效中企业的异质性（企业社会绩效的前因）也是一个同等重要的研究问题：如果高企业社会绩效是一种有价值、难以模仿的资源，那么理解企业社会绩效为什么和如何产生异质性，会对管理者和利益相关方提供有价值的信息。笔者认为更多传统战略和管理研究课题的实践（如企业多元化）能够提供更多有趣的研究契机。希望本研究能够为跨界研究提供一个例子，本研究包括企业社会绩效和其他企业现象，而这一方法也会给予企业行为一个更为完整的理解。

参考文献

［1］Accenture & UNGC. 2010. A new era of sustainability：UN Global Compact-Accenture CEO study 2010. New York：United Nations Global Compact and Accenture.

［2］Agle, B. R., Donaldson, T., Freeman, R. E., Jensen, M. C., Mitchell, R. K., & Wood, D. J. 2008. Dialogue：Towards superior stakeholder theory. Business Ethics Quarterly, 18 (2)：153-190.

［3］Allen, D. T., & Shonnard, D. R. 2011. Sustainable engineering：Concepts, design and case studies. Upper Saddle River, NJ：Prentice Hall.

［4］Ambec, S., Cohen, M. A., Elgie, S., & Lanoie, P. 2011. The Porter hypothesis at 20：Can environmental regulation enhance innovation and competitiveness? Discussion Paper 11 -01. Washington, D. C.：Resourcesfor the Future.

［5］Ambec, S., & Lanoie, P. 2008. Does it pay to be green? Asystematic overview. Academy of Management Perspectives, 22 (4)：45-62.

［6］Bansal, P. 2005. Evolving sustainably：A longitudinal study of corporate sustainable development. Strategic Management Journal, 26：197-218.

［7］Bansal, P., & Clelland, I. 2004. Talking trash：Legitimacy, impression management, and unsystematic risk in the context of the natural environment. Academy of Management Journal, 47：93-103.

［8］Bansal, P., & Roth, K. 2000. Why companies go green：A model of ecological responsiveness. Academy of Management Journal, 43：717-736.

［9］Barnett, M. L., & King, A. A. 2008. Good fences make good neighbors：A longitudinal analysis of an industry self-regulatory institution. Academy of Management Journal, 51：1150-1170.

［10］Baron, D. 2009. A positive theory of moral management, social pressure, and corporate social performance. Journal of Economics and Management Strategy, 18: 7–43.

[11] Baron, D., & Diermeier, D. 2007. Strategic activism and nonmarket strategy. Journal of Economics and Management Strategy, 16: 599–634.

[12] Berchicci, L., & King, A. A. 2007. Postcards from the edge: A review of the business and environment literature. In J. P. Walsh & A. P. Brief (Eds.), Academy of Management Annals, 1: 513–547. Essex, UK: Routledge.

[13] Brown, S., & Warner, J. 1980. Measuring security price performance. Journal of Financial Economics, 8: 205–258.

[14] Brown, S., & Warner, J. 1985. Using daily stock returns: The case of event studies. Journal of Financial Economics, 14: 3–31.

[15] Campbell, J., Lo, A., & MacKinlay, A. C. 1997. The econometrics of financial markets. Princeton, NJ: Princeton University Press.

[16] Carhart, M. M. 1997. On persistence in mutual fund performance. Journal of Finance, 52: 57–82.

[17] Chatterji, A. K., & Toffel, M. W. 2010. How firms respondto being rated. Strategic Management Journal, 31: 917–945.

[18] Clelland, I. J., Dean, T. J., & Douglas, T. J. 2000. Stepping towards sustainable business: An evaluation of waste minimization practices in U.S. manufacturing. Interfaces, 30 (3): 107–124.

[19] Delmas, M., & Toffel, M. W. 2004. Stakeholders and environmental management practices: An institutional framework. Business Strategy and the Environment, 13: 209–222.

[20] Economist. 2011. Why firms go green. November 12. http: //www.economist.com/node/ 21538083.

[21] Etzion, D. 2007. Research on organizations and the natural environment, 1992–present: A review. Journal of Management, 33: 637–664.

[22] Fama, E. F., & French, K. R. 1993. Common risk factors in the returns on stocks and bonds. Journal of Financial Economics, 33: 3–56.

[23] Fama, E. F., & French, K. R. 1997. Industry costs of capital. Journal of Financial Economics, 43: 153–193.

[24] Fombrun, C. J., Gardberg, N. A., & Barnett, M. L. 2000. Opportunity platforms and safety nets: Corporate citizenship and reputational risk. Business and Society Review, 105: 85–106.

[25] Freeman, R. E. 1984. Strategic management: A stakeholder approach. Boston: Pitman.

[26] Friedman, M. 1962. Capitalism and freedom. Chicago: University of Chicago Press.

[27] Friedman, M. 1970. The social responsibility of business is to increase its profits. New York Times Magazine, September 13.

[28] Godfrey, P. C. 2005. The relationship between corporate philanthropy and shareholder value: A risk management perspective. Academy of Management Review, 30: 777–798.

［29］ Godfrey, P. C., Merrill, C. B., & Hansen, J. M. 2009. The relationship between corporate social responsibility and shareholder value: An empirical test of the risk management hypothesis. Strategic Management Journal, 30: 425–445.

［30］ Gunthorpe, D. L. 1997. Business ethics: A quantitative analysis of the impact of unethical behavior by publicly traded corporations. Journal of Business Ethics, 16: 537–543.

［31］ Hall, J., Daneke, G., & Lenox, M. J. 2010. Sustainable development and entrepreneurship: Past contributions and future directions. Journal of Business Venturing, 25: 439–448.

［32］ Hamilton, J. 1995. Pollution as news: Media and stock market reactions to the TRI data. Journal of Environmental Economics and Management, 28: 98–113.

［33］ Hart, S. L. 1995. A natural resource–based view of the firm. Academy of Management Review, 20: 986–1014.

［34］ Hart, S. L., & Dowell, G. 2011. A natural resource–based view of the firm: Fifteen years after. Journal of Management, 37: 1464–1479.

［35］ Hoffman, A. J. 1999. Institutional evolution and change: Environmentalism and the U.S. chemical industry. Academy of Management Journal, 42: 351–371.

［36］ Hoffman, A. J. 2001. Linking organizational and field level analyses: The diffusion of corporate environmental practice. Organization and Environment, 14: 133–156.

［37］ Jennings, P., & Zandbergen, P. 1995. Ecologically sustainable organizations: An institutional approach. Academy of Management Review, 20: 1015–1052.

［38］ Jones, T. M. 1995. Instrumental stakeholder theory: Asynthesis of ethics and economics. Academy of Management Review, 20: 404–437.

［39］ Kassinis, G., & Vafeas, N. 2006. Stakeholder pressuresand environmental performance. Academy of Management Journal, 49: 145–159.

［40］ Klassen, R. D., & McLaughlin, C. P. 1996. The impact of environmental management on firm performance. Management Science, 42: 1199–1214.

［41］ KLD. 2006. Getting started with KLD stats and KLD's ratings definitions. Boston: KLD Research & Analytics.

［42］ Kothari, S. P., & Warner, J. B. 2007. Econometrics of event studies. In B. E. Eckbo (Ed.), Handbook of corporate finance: Empirical corporate finance: 3 –36. North Holland: Elsevier.

［43］ Lenox, M. J., King, A. A., & Ehrenfeld, J. R. 2000. An assessment of design–for–environment practices inleading U.S. electronics firms. Interfaces, 30 (1): 83–94.

［44］ Linton, J. D., Klassen, R., & Jayaraman, V. 2007. Sustainable supply chains: An introduction. Journal of Operations Management, 25: 1075–1082.

［45］ MacKinlay, A. C. 1997. Event studies in economics and finance. Journal of Economic Literature, 35: 13–39.

［46］Margolis, J. D., Elfenbein, H. A., & Walsh, J. P. 2007. Does it pay to be good? A meta-analysis and redirection of research on the relationship between corporate social and financial performance. Working Paper, Harvard Business School. Cambridge, MA.

［47］Margolis, J. D., & Walsh, J. P. 2001. People and profits: The search for a link between a company's social and financial performance. Mahwah, NJ: Erlbaum.

［48］Margolis, J. D., & Walsh, J. P. 2003. Misery loves companies: Rethinking social initiatives by business. Administrative Science Quarterly, 48: 268-305.

［49］McWilliams, A., & Siegel, D. 1997. Event studies in management research: Theoretical and empirical issues.Academy of Management Journal, 40: 626-657.

［50］Melnyk, S. A., Sroufe, R. P., & Calantone, R. 2003. Assessing the impact of environmental management systems on corporate and perceived environmental performance. Journal of Operations Management, 21: 329-351.

［51］Miles, M. P., & Covin, J. G. 2000. Environmental marketing: A source of reputational, competitive, and financial advantage. Journal of Business Ethics, 23: 299-312.

［52］New York Times. 2010. Wal-Mart unveils plan to make supply chain greener. February 26: B3.

［53］Orlitzky, M., Schmidt, F. L., & Rynes, S. L. 2003. Corporate social and financial performance: A meta-analysis. Organization Studies, 24: 403-441.

［54］Peloza, J. 2006. Using corporate social responsibility as insurance for financial performance. California Management Review, 48 (2): 52-73.

［55］Porter, M. E. 1991. America's green strategy. Scientific American, 264: 168.

［56］Porter, M. E., & van der Linde, C. 1995a. Towards a new conception of environment-competitiveness relationship. Journal of Economic Perspectives, 9: 97-118.

［57］Porter, M. E., & van der Linde, C. 1995b. Green and competitive: Ending the stalemate. Harvard Business Review, 73 (5): 120-134.

［58］Rusinko, C. A. 2007. Green manufacturing: An evaluation of environmentally sustainable manufacturing practices and their impact on competitive outcomes. IEEE Transactions on Engineering Management, 54: 445-454.

［59］Russo, M. V., & Fouts, P. A. 1997. A resource-based perspective on corporate environmental performance and profitability. Academy of Management Journal, 40: 534-559.

［60］Russo, M. V., & Harrison, N. S. 2005. Organizational design and environmental performance: Clues from the electronics industry. Academy of Management Journal, 48: 582-593.

［61］Shane, P. B., & Spicer, B. H. 1983. Market response to environmental information produced outside the firm. Accounting Review, 58: 521-538.

［62］Sharma, S., & Henriques, I. 2005. Stakeholder influences on sustainability practices in the Canadian forest products industry. Strategic Management Journal, 26: 159-180.

［63］Sroufe, R. P. 2003. Effects of environmental management systems on environmental management practices and operations. Production and Operations Management，12：416-431.

［64］ Waage，S. 2007. Re -considering product design：A practical "road -map" for integration of sustainability issues. Journal of Cleaner Production，15：638-649.

［65］ Wall Street Journal. 2012. U.S. nears BP settlements.June 28. http：//online.wsj.com/ article/SB10001424052702304830704577494864058303808.html.

［66］ Walmart. 2009. Walmart 2009 global sustainability report. Bentonville，AR：Walmart.

第三部分　责任领导力与道德决策

导　读

　　企业是一系列契约的联结体。为实现企业的目标，企业员工根据契约的安排而分工协作。其中，一些契约表现为正式的制度，如公司章程、行为守则、各类制度和流程，另一些契约表现为非正式制度，如企业文化、不成文的规定等。两类制度相互补充，共同发挥作用，对企业员工的行为进行了规范性的限定。然而，由于契约的不完全性和信息不对称性，在企业日常运营中，人们仍然不可避免要面对道德选择。其中，相当一部分选择具有明显的对错性，即在规范性方面，不同选择之间对错分明。在存在制度漏洞或者信息不对称等情况下，机会主义行为变成一种有利可图的选择。如果人们选择对自己有利而对企业有害的不道德行为，那么长此以往，企业将会蒙受巨大的损失，甚至可能倒闭。因此，对道德决策的影响因素进行研究具有十分重要的理论和现实意义。

　　现有文献主要从环境特点（例如，奖罚、道德强度、领导类型等）和个人特点（例如，年龄、性别等）两个层面对道德决策的影响因素进行了研究。本部分选择了三篇文献分别从环境因素、个人因素以及环境与个人因素结合方面，讨论了不同变量对道德决策的影响。在环境影响因素方面，领导力对追随者道德行为的影响是一个研究热点。特别是伦理型领导作为一个相对新颖的领导力概念被提出以后，伦理型领导对员工道德决策的影响缺少实证研究。第一篇文献《谁展现出伦理型领导力？这为何重要？——伦理型领导力的前因变量和结果变量研究》对此开展了实证研究。在个人特点对道德决策的影响研究方面，学者发现，组织内部人员的道德决策会受到组织环境的影响，但一些员工会忽略其所处的环境，根据自身的喜好做出道德或不道德的行为。为了解释此现象，第二篇文献《思考和对话：对道德决策的微妙影响》则同时探讨了个人和环境的因素，即思考和对话对道德决策的影响。第三篇文献《兼容的罪人，固执的圣人：权力和自我聚焦如何决定社会影响在道德决策方面的有效性》对此问题进行了讨论。

　　第一篇是 David M. Mayer、Karl Aquino、Rebecca L. Greenbaum 和 Maribeth Kuenzi 的《谁展现出伦理型领导力？这为何重要？——伦理型领导力的前因变量和结果变量研究》。领导力对追随者的行为影响很大程度上取决于领导力的类型。伦理型领导是一个相对新颖的领导力概念。关于伦理型领导的前因变量为何、伦理型领导对伦理结果变量有何影响，以及伦理型领导概念是否具有独特性等，这些问题还缺少实证研究。该文对以上问题进行了实证检验。首先，结合道德身份理论和社会学习理论的已有研究，作者提出：①道德身份是伦理型领导力的前因变量。道德身份的两个维度，即符号化和内在化，与伦理型领导力正相关（假设 1a 和假设 1b）；②团队内的不道德行为和人际冲突是伦理型领导的结果变量，与伦理型领导负相关（假设 2 和假设 3）；③伦理型领导在道德身份与团队内不道德行为和人际冲突之间起部分的中介作用（假设 4）。其次，作者运用两个跨行业的团队（分别为 115 个团队和 195 个团队）问卷调查数据，结合已有研究的测量量表，对道德身份、伦理型领导力、团队内不道德行为和人际冲突变量，以及理想化的影响力、人际公正和信息公正这些与伦理型领导有概念重叠的变量进行了测量。在此基础上，作者进行了两项研究。在第一项研究中，作者使用结构方程模型和 LISREL 效应分解统计进行了检验，结果支持了所有假设。其中，关于假设 4，伦理型领导力在符号化的道德身份和不道德行为之间的中介作用得到证实，而伦理型领导力在符号化的道德身份和人际冲突之间以及内在化的道德身份和两个结果变量间的中介作用没有被证实。在第二项研究中，作者控制了理想化影响、人际公正和信息公正这些与伦理型领导力概念内涵有重叠的变量，使用同样的方法进行了检验。所有假设同样得到了支持。其中，对于假设 4，伦理型领导力在内在化和符号化的道德身份与两个结果变量之间的中介作用得到了证实。最后，作者进行了一项补充分析，将伦理型领导力变量替换为道德的管理者、理想化影响力、人际公正和信息公正变量作为主要中介变量，在控制和不控制其他领导力概念的情况下分别进行了检验，以验证道德的管理者作为伦理型领导概念的独特性和其他领导力概念对伦理型领导概念的可替代性。结果显示，道德的管理者、人际公正以及一定程度上的信息公正可以替代伦理型领导。研究最终得到的结论是道德身份是伦理型领导的前因变量，不道德行为和人际冲突是伦理型领导的两个结果变量。此外，伦理型领导与其他领导力概念相比有一定的独特性。

第二篇是 Brian C. Gunia、Long Wang、Li Huang、Insead、Jiunwen Wang 和 J. Keith Murnighan 的《思考和对话：对道德决策的微妙影响》。关于对错选择，正确判断对错并不困难，但是当错误选择极具诱惑性，对错选择就变得困难了。长期的非道德决策可能给企业带来巨大损失。然而，关于对错的研究并不多，大量的问题有待解决。道德决策的影响因素包括个人和环境两个方面。该文通过验证思考和对话这两个先于道德决策的关键个人和环境过程来补充之前的研究。此外，解释作为道德决策的第三个关键因素，本文还检验了事前和事后的解释与决策的关系。首先，结合关于道德决策已有研究，作者提出：①思考和对话比即时决策有利于道德决策（假设 1 和假设 2）；②道德对话比对照对话，以及对照对话比自利对话有利于道德决策（假设 3 和假设 4）；③个体的解释与其做出的决定及相应的情形规范相一致（假设 5 和假设 6）。其次，作者设计了一个清晰的对错实验情境，即故意撒谎（以提高自己的报酬）或者实话实说（可能导致自己的报酬减少），来测试参与者在思考、即时选择、道德对话、利己对话和对照对话这五种独立情境下的道德决策，以此观察这些因素对道德选择的影响。其中，思考组参与者比即时选择组参与者获得更长的决策时间以充分思考。道德对话、利己对话和对照对话三组参与者则分别被置于道德、利己或者无明显规范倾向的对话环境中。在五组实验中，参与者要就说实话还是撒谎做出决定，并立即回答一些与他们做出决策的解释有关的问题。参与者来自美国中西部一所重点大学的 146 名本科生。最后，结果显示，除假设 2（即对话比即时选择更能促进道德决策）外，其他假设都得到了实验支持。相较于即时选择和自利对话，思考和道德对话更能促使人们做出道德的决策。无论被试者讲了真话还是假话，他们都做出了事先或事后的与其实际行为一致的解释。

第三篇是 Marko Pitesa 和 Stefan Thau 的《兼容的罪人，固执的圣人：权力和自我聚焦如何决定社会影响在道德决策方面的有效性》。组织内部人员的道德决策会受到组织（道德）环境的影响，但一些员工会忽略其所处的环境，根据自身的喜好做出道德或不道德的行为。在道德伦理决策的理论研究方面，还没有能对此现象进行解释的理论。该文结合了关于权力的研究，对此现象进行了检验，并解释了员工何时及为何会忽视他们所处的组织环境，转而跟随自身的道德偏好。首先，基于关于权力的研究和自我聚焦理论，作者提出了一个解释道德决策的理论模型，该模型认为，如果决策者在特定环境下拥有权力，那么权力引起的个人自我聚焦会导致社会影响力降低，使权力拥有者做出与自身的偏好更加一致的决策。因此，作者假设：①权力会削弱社会影响力在道德决策方面的影响；②个人的自我聚焦对社会影响的道德决策起调节作用。其次，该研究应用了实验法和现场研究法，使用赋予、结构性操纵和测量等不同的方式操纵权力，使用不同的参与人员样本进行了四个实验研究，检验权力和自我聚焦在三种不同的社会影响力下的作用，即信息性社会影响（研究 1 和研究 2）、规范社会影响（研究 3）和合规影响（研究 4）。研究 1 设计了一个将参与者置于一个没有规范标准的道德困境中，检验当道德决策动机是信息性社会影响（即从众）时，权力是否减弱了社会影响在道德决策中的作用。参与者是 256 个来自不同班级的学生。研究 2 将参与者同样置于一个没有规范标准的道德困境中，通过对参与者的自我聚焦水平的操控，检验权力对信息性社会影响在道德决策中的弱化作用。参与者是 91 个学生。研究 3 将参与者置于一个有明确规范标准的环境中重复研究 1 和研究 2，以检验权力对道德决策中不同的社会影响的调节作用。参与者是 260 个学生。研究 4 采取了现场研究法，随机选择了一个国际机场的个体样本，并用已有研究的量表对组织道德合规压力、道德偏好、权力感、私人自我聚焦、（非）伦理行为等变量进行了测量，以检验权力对合规影响力在道德决策中的弱化作用。最后，结果显示，四个研究为权力在道德决策方面减弱了社会影响的作用假设提供了趋向性的证据。

谁展现出伦理型领导力？这为何重要？

——伦理型领导力的前因变量和结果变量研究*

David M. Mayer，Karl Aquino，Rebecca L. Greenbaum，Maribeth Kuenzi

【摘　要】本研究运用社会学习和道德身份理论，检验了伦理型领导力的前因（变量）和结果（变量）。除此之外，本研究还实证检验了伦理型领导力框架与理想化影响力、人际公正、信息公正等相关领导框架之间的区别。两项针对工作团队（样本分别为 115 个团队和 195 个团队）的研究结果基本支持我们提出的理论模型，与先前提出的理论假设相一致。第一项研究显示出伦理型领导力与领导者的"道德身份符号化"和"道德身份内在化"之间接近显著的正向关联，以及伦理型领导力与团队内不道德行为和人际冲突之间的负向关联。在第二项研究中，领导者的"符号化的道德身份"和"内在化的道德身份"与伦理型领导力正相关，同时，在控制了理想化影响力、人际公正和信息公正之后，伦理型领导力与团队层面结果变量负相关。两项研究中，伦理型领导力均部分调解了领导者道德身份的影响作用。

长久以来，管理者、员工、商学院学生以及社会大众一直在问一个问题：领导力对于追随者的行为到底有什么影响？迄今为止，管理学者们已经知道，这个问题有确切的答案，但是这些答案很大程度上取决于相关的领导力变量和追随者行为。两种追随者的伦理相关行为以及人际冲突会受领导力的影响，这一点已经得到证明（Brown & Treviño，2006a；Ehrhart，2004）。重要的是，这两种追随者行为都与最低绩效直接相关（Detert，Treviño，Burris & Andiappen，2007；LePine，Piccolo，Jackson，Mathieu & Saul，2008）。这篇文章将讨论伦理型领导力（Brown，Treviño & Harrison，2005）这个新的领导力概念是否尤其适合解释工作团队中的不道德行为和人际冲突。

Brown 等（2005）最近提出了一个新的概念：伦理型领导力。他们突出强调了伦理型领导力的三个基础构成要素：做一个道德榜样；公正地对待每一个人；积极

---

* David M. Mayer Et A. 2012. Who Displays Ethical Leadership, and Why Does It Matter? An Examination of Antecedents and Consequences of Ethical Leadership, Academy of Management Journal, 55（1）：151–171.
初译由周扬业完成，第一轮校审由周祖城完成，第二轮校审由郑若娟完成。

地对道德进行管理。前两个构成要素反映在伦理型领导力中道德的个人（Moral Person）部分，即道德的领导者具有公正、值得信赖等品德。最后一个构成要素与道德的管理者（Moral Manager）有关，即道德的领导者通过伦理沟通以及惩罚不道德行为等措施，鼓励下属从事合乎伦理的行为，反对其从事不道德行为（Brown & Treviño，2006a）。过往的研究已经为伦理型领导力作为一个独特的领导行为框架提供了概念上的依据（Brown et al.，2005），但是至今很少有实证研究直接检验了伦理型领导力与其他领导行为框架不同的独特的影响。不仅如此，由于这个框架比较新，很少有研究检验了伦理型领导力和伦理相关的结果变量之间的关系（Brown et al.，2005；Detert et al.，2007；Mayer，Kuenzi，Greenbaum，Bardes & Salvador，2009；Piccolo，Greenbaum，den Hartog & Folger，2010；Walumbwa，Mayer，Wang，Wang，Work-man & Christensen，2011；Walumbwa & Schaubroeck，2009）。最后，我们注意到，对伦理型领导力的前因变量的研究也很少。我们的研究将针对上述研究不足，讨论为什么伦理型领导力是重要的，谁从事伦理型领导力，以及伦理型领导力是否具有尚未被其他领导概念所涵盖的独特方面。

在本研究中，为了检验伦理型领导力的前因变量，我们检验了让领导者从事合乎道德行为的一种动机是否来源于被很多学者定义为道德身份（Moral Identity）（例如，Aquino & Reed，2002；Blasi，1983、2004；Damon & Hart，1992；Lapsley & Narvaez，2004）的一种自我定义型的知识结构。我们的理论模型假设道德身份会驱使领导者对他人的需求和利益做出响应，这种取向被很多哲学家（Kant，1948）和心理学家（Eisenberg，2000；Gilligan，1982）认为是道德行为的关键特征。我们还根据社会学习理论（Bandura，1977、1986）在团队层面探索了伦理型领导力的结果变量。我们将关注点放在团队层面的结果变量是因为团队成员从环境中接受了相似的关于适当行为的规范，因而他们的行为方式也应该是相似的（Salancik & Pfeffer，1978）。我们所讨论的结果变量包括不道德行为（即对于一个更大的群体而言道德上不可接受的行为，参见 Jones，1991）以及人际冲突（即因性格不合或与工作无关的事情引发的人际纠纷，参见 Jehn，1995）。

理论背景

道德身份和伦理型领导力

这篇文章中，我们引入了道德身份的社会认知概念来解释道德身份和伦理型领导力之间的关联。道德身份被定义为一种围绕着一系列道德特质（例如，诚实、关爱、同情)而组成的自我架构 (Self-Schema) (Aquino & Reed, 2002)。学者们 (Aquino & Reed, 2002; Blasi, 1980、2004; Lapsley & Lasky, 2001) 认为,个人在道德身份对其自我定义 (Self-Definition) 的重要性程度上存在差异。站在社会认知的视角,这些差异意味着一些人比另一些人更可能意识到道德的自我。根据 Lapsley 和 Lasky 的观点,一个具有道德身份的人,其道德角色在 (大脑) 一直存在,在处理信息的过程中随时可以启动且容易被激活。同样地,Aquino 和 Reed (2002) 提出,道德身份对不同的人具有不同的重要性,这意味着这一特定的知识结构是其自我认知 (Self-Conception) 的核心,使它更容易去指导信息处理和规范行为。基于架构 (Schema) 的对道德身份的理解已在其他领域中被用于解释道德的各种作用 (Aquino & Freeman, 2009; Aquino & Reed, 2002; Lapsley & Lasky, 2001; Lapsley & Narvaez, 2004; Reed & Aquino, 2003)。但是直到最近,道德身份才被引入管理学文献中 (Detert, Treviño & Sweitzer, 2008; Reynolds & Ceranic, 2007)。

新出现的实证研究为基于框架的道德身份的概念提供了证据 (Aquino, Freeman, Reed, Lim & Felps, 2009; Aquino & Reed, 2002; Aquino, Reed, Thau & Freeman, 2007; Olsen, Eid & Johnsen, 2006; Reed & Aquino, 2003; Reed, Aquino & Levy, 2007; Reynolds & Ceranic, 2007; Skarlicki, Van Jaarsveld & Walker, 2008),但对于理解为什么道德身份应该会与伦理型领导力相关,很重要的是这些研究也表明了这种身份对个人的各种道德行为的自我预测的重要性 (Shao, Aquino & Freeman, 2008)。比如说,研究已经表明道德身份与慈善等亲社会行为正相关 (Aquino & Reed, 2002; Reed et al., 2007),而与说谎等不道德行为负相关 (Aquino et al., 2009; Reynolds & Ceranic, 2007)。

Aquino 和 Reed (2002) 提出,道德身份作为一种来源于人们内心关于对错观念的自我调节机制影响道德行为。道德身份的驱动力量来自人们对于自我一致性的向往 (Blasi, 1983、2004)。换句话说,那些自视道德身份很重要的人会因此被驱使去按照他们所理解的道德的人的标准 (即对他人的需求和利益做出响应) 来行动,否则他们内心会产生不和谐以及自我谴责 (Aquino et al., 2009; Aquino & Reed, 2002)。如果道德身份确实作为一个促进道德行为的自我调节机制而起作用的话,那么道德身份和伦理型领导力之间可能存在的关系就非常明确了:自视道德身份对其很重要的领导者会按照普遍理解的有道德的人的标准去行动,从而使其被视为有道德的领导者。

Aquino 和 Reed (2002) 提出的道德身份的概念有两个维度:一个是对外的方面,被称作“符号化” (Symbolization);另一个是内在的方面,被称作“内在化” (Internalization)。这两个维度符合假设自我意识可被表征为外在的、活跃的会影响他人的社会存在物以及内在的个人思想和情感的意识（Fenigstein，1975）的自我理论。在符号化的道德身份的测量中获得高分的个人（即符号化的道德身份较强）会通过道德行为展示他们的道德特质（Aquino & Reed，2002）。我们预期符号化的道德身份会与伦理型领导力正向关联，因为这些领导者更有可能展现出道德上来说正面的行为，从而展现出伦理型领导力。对于那些符号化的道德身份较强的领导者来说，表现得与他们所认为的自己一致是很重要的，所以他们更有可能会对他们的员工做出道德的行为。早先的研究证明了符号化对宗教的虔诚度、志愿行为、慈善行为，以及帮助团体外人员有促进作用（Aquino & Reed，2002；Reed & Aquino，2003；Reynolds & Ceranic，2007）。因此，我们预测领导者符号化的道德身份和伦理型领导力之间存在正向关联。

内在化的道德身份反映了个体的自我概念中的道德特质。那些内在化的道德身份较强的人更有可能避免那些被认为是不道德的行为，因为那些行为会挑战他们的自我概念。内在化的道德身份较强的领导者更有可能去关注、纠正、惩罚不道德的行为。他们也更有可能不仅仅根据结果并且还根据获得结果的方式来定义成功。如果不这样做，那些内在化的道德身份较强的人就会感到虚伪。以往关于内在化的道德身份的研究已经将其与道德推理、志愿者行为、从志愿者行为中获得的满足以及向穷人捐赠罐装食物等联系起来（Aquino & Reed，2002；Reynolds & Ceranic，2007）。因此，我们预测领导者内在化的道德身份会与伦理型领导力正相关。

假设 1a：领导者的道德身份符号化与伦理型领导力正相关。

假设 1b：领导者的道德身份内在化与伦理型领导力正相关。

伦理型领导力与团队层面的结果

除了讨论谁有可能会被看作是道德的领导者外，我们还将讨论伦理型领导力与不道德行为以及人际冲突这两个团队层面的结果变量之间的关系，以便更好地理解伦理型领导力的重要性。

伦理型领导力与不道德行为。正如 Brown 等（2005）做过的那样，我们根据社会学习理论（Bandura，1977、1986）来解释伦理型领导力的影响。社会学习理论认为，个体通过对他人行为的观察，即树立榜样的方式来学习适当的行为（Bandura，1977、1986）。在选择适当行为的榜样时，个体更有可能去关注、模仿那些可信任的、有魅力的榜样的行为。考虑到主管在组织中的地位，他们经常会被认为是合乎规范行为的榜样。除了直接的观察之外，员工也会因为主管有权决定他们的奖励和惩罚而受到主管的影响。也就是说，道德的领导者会奖励道德的行为，惩罚不道德行为，因而可以促使员工做出期望的行为。最后，除了以领导者的行为为榜样的直接影响以及对行为的奖惩外，社会学习理论同样强调了间接学习的影响，这种观念指的是个体不单单通过自身的经验，也会通过观察别人来领会自己被期待的行为以及行为的规范（Bandura，1977、1986）。因此，在一个工作团队中，团队成员的社会学习既可以直接地学习，也可以通过团队其他成员的经验间接地学习。当领导者合乎道德地行事、与员工谈论道德的重要性并使用奖惩措施来鼓励道德的行为时，就会形成关于正当行为的团队内规范并且团队内的员工也不太可能会从事不道德行为。

假设 2：伦理型领导力与团队内不道德行为负相关。

伦理型领导力与关系冲突。我们预期伦理型领导力会影响工作场所的人际关系。根据定义，道德的领导者会通过他们的行为以及在工作场所与员工的关系来展现出符合规范的适当行为（Brown et al.，2005）。他们还会强调双向沟通的重要性，表明他们不仅仅只考虑表达自己的意见，还会倾听他人的意见，并与他人关系融洽（Brown et al.，2005）。此外，道德的领导者会通过向员工表达出他们首要关心的是员工的最佳利益，从而展现出他们的社会反应和关怀（Brown et al.，2005）。社会学习的原则认为，道德的领导者所展示出的行为会渗透到员工层面，鼓励那些见证这些行为的员工对他们的同事也展现出相似的行为（Mayer et al.，2009）。道德的领导者会推动形成最终影响团队关系的关于如何与他人相处的准则。研究者发现，当团队中的员工展现出诸如分享、忠诚、拥护、关爱等良好的互动性行为，他们对互相的好感度、承诺、参与度、信任和合作都会有所提升（Koys，2001；Walz & Niehoff，2000）。因此，在一个道德的领导者手下工作，员工会变得更愿意倾听他人的观点，避免对同事的人身攻击，也会更愿意展现出对同事的需要的尊重和体贴。通过以道德的领导者所展现的积极的人际交往行为为榜样，员工更有可能建设性地，而非破坏性地处理在与团队成员的接触中不可避免出现的人际冲突。通过模仿道德的领导者的积极的人际交往行为，员工能够减少与人际冲突相关的对立和摩擦，从而加强他们的人际关系（Bateman & Porath，2003）。

假设 3：伦理型领导力与团队内的人际冲突负相关。

我们已经假设了领导者的道德身份与伦理型领导力正相关，而伦理型领导力与团队层面的不道德行为以及人际冲突负相关。为了完善我们的理论模型，我们还推断伦理型领导力将会在领导者的道德身份和团队层面的结果变量的关系中起到调节作用。我们认为领导者的身份只能通过其对领导者行为的影响来影响员工行为。换句话说，我们预计仅仅是领导者的道德身份是不会影响到员工行为的，而以道德的领导者的行为这种形式表现的身份才能够解释这其中的关联。事实上，道德身份很强的领导者会努力保持自我一致性，并且除非他们实践道德的领导者行为（如以身作则以及通过奖惩制度来减少不道德行为），否则会感到虚伪。这些领导者的行为会通过社会学习的过程来影响员工的行为。员工很有可能会观察到道德的领导者的行为，并且去试着以他们的领导者为榜样，从而避免不道德行为以及团队内的人际冲突。

尽管我们期望领导者的道德身份对员工行为的影响通过伦理型领导力来实现，但是其他类型的领导者的行为也有可能帮助解释道德身份和员工行为之间的关系。例如，领导者的道德身份可能会影响领导者组织和规范员工间互动的方式，这可能是道德身份影响团队层面的结果变量的一种行为机制。另一种可能是领导者的道德身份对于员工行为的影响是领导者和员工的价值观之间一致程度的结果。先前的研究也已经发现了社会化的魅力型领导通过共同价值观对团队层面人际关系的和组织的异常行为产生影响（Brown & Treviño，2006b）。对于在工作中遵守道德的重要性，领导者和员工可能会有相似的判断。这种价值观念的相似性会驱动员工的行为。因此，我们推断伦理型领导力会作为领导者的道德身份和员工的团队行为的中介变量，考虑到有可能存在能够解释这种关系的其他机制，我们认为部分中介的假设是更可靠的。

假设 4：伦理型领导力部分中介领导者道德身份与团队层面的不道德行为以及团队内人际冲突的关系。

研究一

方法

参与者和程序：我们从美国东南部不同组织中的 254 个团队中招募参与者。行业包括科技、政府部门、保险、金融、法律、零售、制造业以及医药业。来自东南部一所规模较大的大学的工商管理学生联系了这些组织。学生们去各个组织内参与研究的部门递送了调研材料包。这些材料包包括 5 份员工问卷和 1 份领导者问卷，附有详细的指示说明每份问卷该由谁来填写，包裹内还有写好地址、贴好邮票的信封以便参与者将他们完成的问卷寄回给我们。此外，问卷的填写说明中还写明了 5 个同意参加调研的员工的领导者也必须是同意参与调研的。我们告知了这些参与者他们的问卷将会被完全保密。

问卷的开头是我们所写的一段文字介绍，随后是如何填写问卷的说明。作为下属的参与者回答了一系列有关部门管理者的伦理型领导力问题。作为管理者的参与者回答了有关他们的道德身份以及部门的不道德行为和人际冲突的问题。发放给下属和管理者的问卷的最后部分是人口统计信息问题（例如，年龄、种族）。我们从 254 个部门中回收了 137 个部门的问卷，总体回收率是 54%。其中，85 个部门提交了 5 份员工问卷，18 个部门提交了 4 份，15 个部门提交了 3 份，17 个部门提交了 2 份，以及 2 个部门提交了 1 份员工问卷。已有文献指出部门内的三个样本就可以聚合成部门水平的变量（Colquitt，Noe & Jackson，2002；Mayer et al.，2009；Richardson & Venberg，2005；Schneider，White & Paul，1998；Tracey & Tews，2005）。因此，我们仅采用了提交了 3 份及以上员工问卷的部门，一共 118 个部门具有可用的员工问卷。我们还从 134 个部门中回收了管理者的问卷。将员工和管理者的问卷配对后产生了 115 个拥有配对数据的部门。因此，这 115 个部门（包括542 名受访员工和 115 名受访管理者）最终被用来检测研究所提出的假设。

关于人口统计特征，受访员工平均年龄为 28 岁（s.d. = 10.5），其中 54% 是女性。这些员工在组织中的平均工作年限为 3.1 年（s.d. = 4.1），而在部门内的工龄平均为 2.5 年（s.d. = 2.2）。56% 的受访员工是全职（44% 为兼职）。根据这些受访者所填写的种族，8.6% 的受访者是非裔，3.2% 为亚裔，61.6% 为高加索人，20.2% 为拉美裔，1.9% 为原住民，1.9% 的受访者填写为双种族（Biracial），还有 2.6% 的受访者为"其他"。

受访管理者的平均年龄为 35 岁（s.d. = 10.9），其中 39% 为女性。他们在组织中的平均工作年限为 7.4 年（s.d. = 6.9），在其部门的工作年限为 5.1 年（s.d. = 5.0）。89% 的受访管理者为全职（11% 为兼职）。在种族构成上，3.1% 的受访管理者为非裔，6.9% 为亚裔，71% 为高加索人，15.2% 为拉美裔，1.5% 为原住民，2.6% 为"其他"。

图 1 为局部调整的结构方程模型的结果。

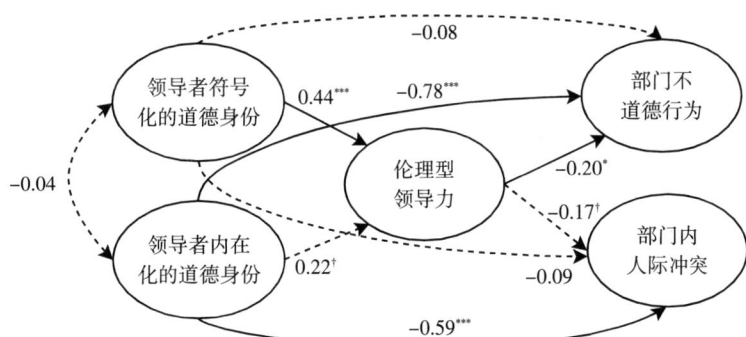

图 1 局部调整的结构方程模型的结果 [a]

注：[a] 标准化通道的系数已经标在图中，不显著的用虚线表示。*p≤0.05，**p≤0.01，***p≤0.001。

测量

所有问题都采用了 1~5 的评分制，1 表示"强烈反对"，5 表示"强烈赞同"。

道德身份：我们使用了 Aquino 和 Reed（2002）提出的 10 个题项的量表来衡量道德身份。

伦理型领导力：我们使用了 Brown 等（2005）提出的 10 个题项的量表衡量伦理型领导力。

就像近期的一些伦理型领导力的研究（Deterl et al.，2007；Mayer et al.，2009）所做过的那样，我们将员工对伦理型领导力的评分聚合成工作团队伦理型领导力。我们计算了 r_{wg} 统计指标来评估工作团队内对伦理型领导力的认同程度（George & James，1993）。r 值为 1 则表示组内 100%一致。伦理型领导力的平均 r_{wg} 为 0.93。此外，ICC1 为 0.34，这说明工作团队中对于伦理型领导力的认同存在极高的一致性，同时也说明将个人数据加总成为团队层面数据的合理性（Bliese，2000）。

不道德行为：部门经理使用了 Akaah（1996）的 17 个题项的不道德行为量表来对部门不道德行为打分。

人际冲突：部门经理使用了 4 个人际冲突测量题项（Jehn，1995）来对部门内发生人际冲突的数量打分。

结果和讨论

描述性统计：表 1 涵盖了本研究中主要变量的平均值、标准差和相关系数。

测量模型：我们使用了结构方程模型，利用了 LISREL 8.8（Jöreskog & Sörbom，2006）来验证我们的假设。在验证我们假设的结构模型之前，我们检验了该测量模型的拟合优度（Anderson & Gerbing，1988），评价了有 5 个潜变量（领导者符号化的道德身份、领导者内在化的道德身份、伦理型领导力、部门不道德行为、部门内人际冲突）以及 25 个指标（符号化以及内在化的道德身份各有 5 个条目，伦理型领导力有 5 组问题，组内不道德行为有 6 组问题，组内人际冲突有 4 个条目）的模型。我们将一些题项组合起来维持指标对样本量的最佳比例（Bagozzi & Edwards，1998；Bagozzi & Heatherton，1994）。测量伦理型领导力的 10 个题项被随机组成 5 个组，每组 2 个题项。测量部门不道德行为的 17 个题项被随机组成 6 个组，其中 5 组含 3 个题项，最后一个组含 2 个题项。该测量模型的拟合度是可以接受的（χ^2 = 472.01，df = 265，p ≤ 0.001；χ^2/df = 1.78；RMSEA = 0.08；CFI = 0.94。参见 Arbuckle，1997；Bollen，1989；Browne & Cudeck，1993），统计意义上，所有的指标对其所要指示的概念都有显著的载荷，平均因子载荷为 0.81。为了确定所研究的变量的区分度，我们还进行了一系列的验证性因子分析，结果发现所测量的模型比替代模型有更好的拟合度（Schumacker & Lomax，1996）。

表 1 描述性统计数据[a]

Variables	Means	s.d.	1	2	3	4	5	6
1. 领导者道德身份符号化	3.50	0.76	(0.83)					
2. 领导者道德身份内在化	4.10	0.80	0.17[†]	(0.87)				
3. 伦理型领导力	3.82	0.50	0.37***	0.12	(0.96)			
4. 道德的管理者	3.78	0.49	0.34***	0.11	0.95	(0.90)		
5. 不道德行为	2.02	0.84	−0.12	0.41***	0.24*	0.27**	(0.96)	
6. 部门内关系冲突	2.23	1.01	−0.12	0.37***	0.19*	0.23*	0.65***	(0.94)

注：[a]n = 115 groups，†p≤0.10，*p≤0.05，**p≤0.01，***p≤0.001。

假设模型：在确认了测量模型具有较好的拟合度之后，我们进行结构模型检验。分析结果显示，所提出的模型对数据有较好的拟合度（χ^2 = 480.98，df = 266，p≤0.001；χ^2/df = 1.81；RMSEA = 0.08；CFI = 0.94。参见 Arbuckle，1997；Bollen，1989；Browne & Cudeck，1993；Hox，2002）。我们将这个部分中介模型和完全中介模型进行了比较（χ^2 = 539.01，df = 270，p≤0.001；χ^2/df = 2.00；RMSEA = 0.09；CFI = 0.93。参见 James，Mulaik & Brett，2006），部分中介模型与完全中介模型相比，确实提升了模型的拟合度（Chi-Square Difference Test：$\Delta\chi^2$ = 58.03，df = 4，p≤0.001）。这说明部分中介模型确实更适合来检验这些数据。假设 1a 和假设 1b 分别提出领导者的符号化和内在化的道德身份与伦理型领导力正向相关。假设 1a 得到了证实，而假设 1b 也接近显著（b = 0.22，p≤0.10）。伦理型领导力和组内不道德行为之间的路径系数显著为负，证实了假设 2（b = −0.20，p≤0.05）。而伦理型领导力和人际冲突之间的路径系数也为负，并接近显著（b = −0.17，p≤0.10）。此外，这个部分中介模型显示出内在化的道德身份和不道德行为（b = −0.78，p≤0.001）及人际冲突（b = −0.59，p≤0.001）之间的负向的直接关联，但是符号化的道德身份和这些结果之间没有直接关联（b = −0.08，n.s.；b = −0.09，n.s.）。

假设 4 提出伦理型领导力部分调节了领导者的道德身份和组内不道德行为以及人际冲突之间的关系。为了检验调节作用，我们采用了 James 等（2006）所提出的两点建议：①前因变量和中介变量之间的关系必须是统计意义上显著的；②调节变量和结果变量之间的关系必须是统计意义上显著的。最后，我们进行了拟合度检验来验证是否前因变量和结果变量之间的关系是通过中介变量而产生。为了检验伦理型领导力作为符号化的道德身份和结果变量之间的中介变量的拟合优度，我们采用了 MacKinnon、Lockwood、Hoffman、West 和 Sheets（2002）提出的建议，使用了 LISREL 的效应分解统计（Jöreskog & Sör-bom，2006）来计算相关系数的乘积（Product of Coefficient）。统计意义上显著的间接效应则表明前因变量和结果变量之间的联系是通过中介变量产生的。符号化的道德身份和部门不道德行为之间的间接效应是显著的（b=-0.09，p≤0.05），但是和人际冲突之间却不显著（b=-0.07，n.s.）。而内在化的道德身份和不道德行为（b=-0.04，n.s.）以及人际冲突（b=-0.04，n.s.）之间的间接效应都是不显著的。因此，相关系数乘积的结果部分支持了假设4，伦理型领导力在符号化的道德身份和不道德行为之间起中介作用，而伦理型领导力在符号化的道德身份和人际冲突之间，以及内在化的道德身份和两个结果变量间的中介作用没有被证实。

研究二

尽管伦理型领导力与其他领导力概念有一些重叠的要素（Brown & Treviño, 2006a），如理想化的影响和互动公正，但这些概念之间还是存在着很多显著的差异。也许比较这些领导风格的测量工具的最好方式是考虑伦理型领导力的构成部分：作为道德的榜样，公正地对待他人，以及积极地对道德进行管理。伦理型领导力中道德的榜样这个要素与理想化的影响力有着概念上以及实践上的重叠。而伦理型领导力中公正地对待他人这个要素（例如，倾听员工，公正公平，时刻想着员工的最佳利益）明显地与互动公正重叠。

这些概念的定义进一步反映了它们的相似和不同之处。伦理型领导力被定义为"通过个人活动以及人际交往中展现出符合规范的行为，并且通过双向沟通、强化以及决策行为促进下属从事此类行为"（Brown et al., 2005）。理想化影响力也许是最接近于伦理型领导力的概念，同时也代表了领导者做出的能够使下属认同领导者行为的令人尊敬的程度（House, 1977）。互动公正被定义为一种对人际互动过程中受到的对待的感知（Bies & Moag, 1986）。互动公正又包括人际公正和信息公正。人际公正是指人们对来自能左右过程和结果的权威或第二方的一种尊重人的对待方式的感知，信息公正指的是个人感受到的对于采用特定的程序和特殊方式的结果分布的原因的解释（Colquitt, 2001；Greenberg, 1993）。正如这些定义所示，伦理型领导力与理想化影响力、互动公正之间既有相似之处，又有不同之处。

图2为局部调整的结构方程模型的结果。

伦理型领导力最独特的构成部分莫过于Brown等（2005）和Treviño、Hartman和Brown（2000）提出的"道德的管理者"。伦理型领导力的道德的管理者维度指的是领导者为影响下属减少从事不道德行为或不利于人际关系的行为所做出的努力。这些努力包含一些行为，如管教违背了道德准则的员工，关注成果也关注取得成果的过程，在遵守伦理准则方面以身作则，在做决定时扪心自问"怎样做才是正

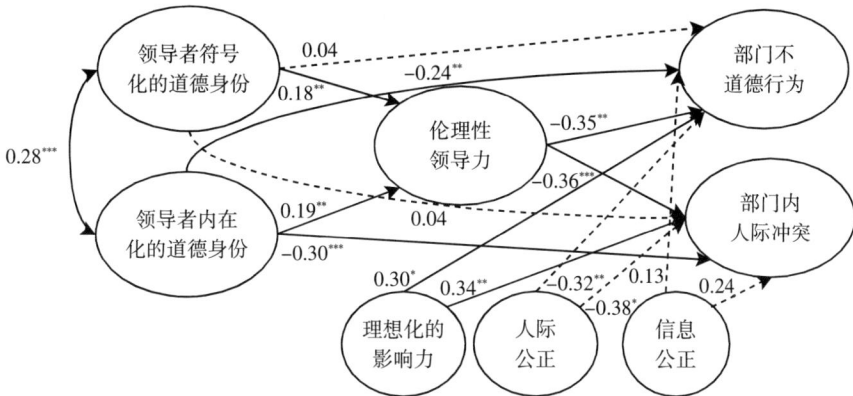

图 2　局部调整的结构方程模型的结果 [a]

注：[a] 标准化通道的系数已经标在图中，不显著的用虚线表示。* $p \leqslant 0.05$，** $p \leqslant 0.01$，*** $p \leqslant 0.001$。

确的"，以及和员工讨论企业伦理和价值观。因为伦理型领导力是一个很宽泛的概念，其中一些题项与其他已有的领导力的量表有所重叠（例如，理想化影响力和互动公正）。但是，道德的管理者的题项并没有被理想化影响力和互动公正等其他概念所涵盖，所以它代表了伦理型领导力最独特的构成部分。尽管我们已经讨论了很多伦理型领导力相较于其他相关概念的独特性，但我们的研究所关注的一个重心就是去检验这个概念的独特性是否能够得到实证的支持（研究二的核心）。为了检验这一点，在第二项研究中，我们评估了理想化影响（Avolio & Bass，2004）、互动公正（Bies & Moag，1986；Colquitt，2001），并在我们的模型中控制了这些概念。

方法

程序和参与者：我们在第一项研究和第二项研究中都使用了相同的程序。我们的数据来自 383 个部门中的 203 个部门，回复率为 53.0%。其中，132 个部门提交了 5 份员工问卷，40 个部门提交了 4 份，23 个部门提交了 3 份，还有 8 个部门只提交了 1 份或 2 份。正如在第一项研究中所做的，我们只分析了来自提交了 3 份及以上员工问卷的部门的数据（Colquitt et al.，2002；Richardson & Venberg，2005；Schneider et al.，1998；Tracey & Tews，2005），这使得总共能够使用的员工数据的部门为 195 个。我们同时拥有这 195 个部门相应的管理者问卷。因此，最终这 195 个部门（包含 891 名员工和 195 名管理者）被用来检验这项研究的假设。

这部分问卷的人口统计信息如下：受访的员工平均年龄为 30 岁（s.d. = 11.8），其中 54% 为女性。这些受访员工在组织内的平均工龄为 3.9 年（s.d. = 5.3），而在该部门内的平均工龄为 3.0 年（s.d.= 4.1），其中 63% 为全职（37% 为兼职）。种族信息方面，11% 的受访员工为非裔，4.2% 为亚裔，57.8% 为高加索人，22.1% 为拉美裔，

2.2%为原住民，0.9%为双种族，而1.4%填写了"其他"。

受访的管理者平均年龄为38岁（s.d. = 12.2），其中43%为女性。这些受访的管理者在组织内的平均工龄为8.3年（s.d. = 7.5），在该部门中的平均工龄为5.9年（s.d. = 6.4），其中95%为全职。在种族信息方面，7.6%为非裔，1.5%为亚裔，76%为高加索人，12.7%为拉美裔，1.5%为原住民，0.5%为双种族，0.5%填写为"其他"。

测量

我们的第二项研究使用了和第一项研究一样的答题形式。

道德身份：管理者使用了第一项研究中所使用的量表（Aquino & Reed，2002）来评价自己的道德身份。

伦理型领导力：员工使用了与第一项研究相同的量表来测量伦理型领导力（Brown et al.，2005）。正如在第一项研究中所做的，我们聚合了员工在伦理型领导力量表中的回答来获得工作团队中伦理型领导力的评价。伦理型领导力 r_{wg} 的平均值为0.96，说明部门内员工的评价具有较高的共识度，从而证明了员工的分数加总代表团队内的水平的合理性（George & James，1993）。还有，ICC1的数值是0.25，这个数据同样说明了工作团队内对于伦理型领导力的认识有很高的一致性，以及将个人回答加总成为团队层面数据的合理性（Bliese，2000）。

理想化的影响力：员工使用了 Avolio 和 Bass（2004）提出的四条目理想化影响力量表来评价管理者的理想化影响。我们聚合了员工对理想化影响力的评价，r_{wg} 的数值（0.91）和ICC1的数值（0.26）均证明了此做法的合理性。

人际公正：员工用 Colquitt（2001）提出的4个题项的人际公正量表给人际公正评分。我们聚合了员工的评分，r_{wg}（0.92）和ICC1（0.26）的数值均证明了此做法的合理性。

信息公正：员工用 Colquitt（2001）提出的5个题项的信息公正量表对信息公正进行评分。我们加总了员工的评分，r_{wg}（0.85）和ICC1（0.26）数值证明了此做法的合理性。

不道德行为：部门经理用第一项研究中所使用的量表（Akaah，1996）来对部门内的不道德行为进行评价。

人际冲突：部门经理用第一项研究中所使用的量表（Jehn，1995）来测量部门内的人际冲突数量。

结果与讨论

描述性统计数据：表2陈列了各个变量的平均数、标准差和相关系数。

表 2   描述性统计数据 ª

Variables	Means	s.d.	1	2	3	4	5	6	7	8	9
1. 领导者道德身份符号化	3.66	0.66	(0.84)								
2. 领导者道德身份内在化	4.26	0.68	0.08	(0.78)							
3. 伦理型领导力	3.73	0.49	0.17*	0.18*	(0.96)						
4. 道德的管理者	3.69	0.52	0.21*	0.15*	0.97***	(0.94)					
5. 领导者理想化的影响力	3.59	0.56	0.21**	0.08	0.86***	0.86***	(0.95)				
6. 人际公正	3.92	0.61	0.14†	0.22**	0.74***	0.70***	0.67***	(0.95)			
7. 信息公正	3.72	0.60	0.18*	0.19*	0.78***	0.76***	0.73***	0.83***	(0.94)		
8. 部门内不道德行为	1.88	0.77	−0.02	−0.37***	−0.25**	−0.21***	−0.15*	−0.25***	−0.21**	(0.95)	
9. 部门内人际冲突	2.26	0.96	−0.03	−0.40***	−0.22**	−0.19***	−0.09	−0.27**	−0.18**	0.48***	(0.94)

注：ª n = 195 groups，†p≤0.10， * p≤0.05， ** p≤0.01， *** p≤0.001。

测量模型：我们建立了结构方程模型，采用 LISREL8.8（Jöreskog & Sörbom，2006）软件来检验我们的假设。在检验假设的结构模型之前，我们检验了这个测量模型是否有较好的拟合度（Anderson & Gerbing，1988）。我们评估了含有 8 个潜变量（分别为领导者符号化的道德身份、领导者内在化的道德身份、伦理型领导力、理想化影响力、人际公正、信息公正、团队内不道德行为、团队内人际冲突）以及 41 个指标（其中，符号化和内在化的道德身份分别有 5 个题项，伦理型领导力有 10 个题项，理想化影响力有 4 个题项，人际公正有 4 个题项，信息公正有 5 个题项，组内不道德行为有 4 个题项，组内人际冲突有 4 个题项）的模型。我们将衡量组内不道德行为的 17 个题项随机组成 4 个组，其中 3 个组包含 4 个题项，1 个组包含 5 个题项。如表 3 所示，这些测量模型具有足够的拟合度（Arbuckle，1997；

表 3   验证性因子分析的结果 ª

Model	伦理型领导力与其他相关领导力概念比较					
	χ²	df	Δχ²	Δdf	CFI	SRMR
测量值	1477.15*	751			0.97	0.07
伦理型领导力和理想化的影响力	1686.36*	758	209.21*	7	0.96	0.08
伦理型领导力和人际公正	2166.46*	758	689.31*	7	0.95	0.10
伦理型领导力和信息公正	2031.38*	758	554.23*	7	0.96	0.10
伦理型领导力、理想化的影响力、人际公正、信息公正	3047.02*	769	1569.87*	18	0.93	0.13

注：ª CFI 比较拟合指数（Comparative Fit Index），SRMR 残差均方根（Standardized Root Mean Square Residual），* p < 0.001。

Bollen，1989；Browne & Cudeck，1993），所有题项都对其所指的概念有着统计意义上显著的载荷，平均载荷值为 0.82。除了检验测量模型之外，我们还做了验证性因子分析，从而检验当与其他领导力概念（例如，理想化影响力、人际公正以及信息公正）相比较时，伦理型领导力的独特性。表 4 中 CFA 的结果提供了证据（基于卡方检验的结果），说明伦理型领导力与其他概念存在差异（Schumacker & Lomax，1996）。

我们同样想要了解我们所认为的反映伦理型领导力的道德的管理者维度的 5 个题项是否与伦理型领导力量表的其他题项确有区别。伦理型领导力的题项反映"道德的管理者"，这个概念代表了伦理型领导力中互动的部分。从概念出发，其他题项更可能与其他的伦理型领导力概念相关（如理想化影响力和活动公正）。因此，我们检验了一个含有 9 个因素的测量模型，它将道德的管理者的题项和其他概念上更模糊的伦理型领导力题项区分开来（$\chi^2 = 1274.54$，df = 743，$p \leqslant 0.001$；$\chi^2/df = 1.72$；RMSEA = 0.06；CFI = 0.97）。我们将这个 9 因素模型和合并了最早衡量伦理型领导力的所有 10 个题项的 8 因素模型做了比较（参考测量模型）。卡方差测试表明 9 因素模型比 8 因素模型有更好的拟合度（$\Delta\chi^2 = 202.61$，df = 8，$p \leqslant 0.001$）。这些结果表明，不管其他多余的道德领导力条目而单独检验道德的管理者这个维度是有意义的。我们还检验了反映伦理型领导力中道德的管理者维度的题项的 r_{wg}（0.96）和 ICC1（0.24），结果显示加总成为团队层面是可接受的。

假设模型：在确认了测量模型有足够的拟合度之后，我们检验了假设的结构模型。对假设模型的结构分析的结果显示，数据具有足够的拟合度（$\chi^2 = 1621.11$，df = 755，$p \leqslant 0.001$；$\chi^2/df = 2.15$；RMSEA = 0.08；CFI = 0.96。参见 Arbuckle，1997；Bollen，1989；Browne & Cudeck，1993；Hox，2002）。部分中介的模型相比完全中介的模型有更好的拟合度（$\chi^2 = 1647.89$，df = 759，$p \leqslant 0.001$；$\chi^2/df = 2.17$；RMSEA = 0.08；CFI = 0.96；$\Delta\chi^2 = 26.78$，df = 4，$p \leqslant 0.001$）。

假设 1a 和假设 1b 分别预测了领导者符号化以及内在化的道德身份与伦理型领导力正向相关。我们的结果支持了假设 1a（b = 0.18，$p \leqslant 0.01$）和假设 1b（b = 0.19，$p \leqslant 0.01$）。在控制了领导者的理想化影响力、人际公正和信息公正之后的分析中，伦理型领导力和团队内不道德行为（b = −0.35，$p \leqslant 0.001$）以及人际冲突（b = −0.36，$p \leqslant 0.001$）之间的路径系数显著为负，假设 2 和假设 3 成立。

此外，部分中介的模型也表明了内在化的道德身份与团队内不道德行为（b = −0.24，$p \leqslant 0.01$）和人际冲突（b = −0.30，$p \leqslant 0.001$）之间显著的直接关系，但是符号化的道德身份和结果变量之间不存在这样的联系（b = 0.04，n.s.；b = 0.04，n.s.）。出人意料的是，领导者的理想化影响力与不道德行为（b = 0.30，$p \leqslant 0.05$）和人际冲突（b = 0.34，$p \leqslant 0.01$）有直接的显著的正向关联。人际公正与不道德行

为 (b = 0.30, p≤0.05) 和人际冲突 (b = 0.34, p≤0.01) 直接关联, 而信息公正与结果变量间不存在这样的联系 (b = 0.13, n.s., b = 0.24, n.s.)。

假设4提出伦理型领导力部分地中介领导者道德身份和团队内不道德行为以及人际冲突之间的关系。正如我们在第一项研究中所做的, 我们根据 James 等 (2006) 所提出的建议检验了中介关系。我们使用了 LISREL 的效应分解统计来检测伦理型领导力作为符号化以及内在化的道德身份分别与结果变量之间的中介的拟合度。内在化的道德身份和不道德行为 (b = –0.07, p≤0.05) 以及人际冲突 (b = –0.07, p≤0.05) 之间的间接效应显著, 而符号化的道德身份与结果变量间的间接效应 (b = 0.06, p≤0.10; b = –0.06, p≤0.10) 则接近于显著。因此, 效应分解统计为前因变量和后因变量通过中介产生联系的观点提供了支持。

补充分析: 我们还将作为中介的伦理型领导力从理论模型中去除, 换成伦理型领导力中的道德的管理者维度进行分析。正如之前所述的, 道德的管理者维度因为其概念上的出发点被认为是伦理型领导力最独特的部分, 它似乎不与其他类似的领导力概念相重叠。为了进一步检验其他领导力概念对伦理型领导力的可替代性, 我们还检验了理想化影响力、人际公正以及信息公正作为主要的中介变量的模型。我们分别在控制或不控制其他领导力变量的情况下检验了这些模型。表4总结了两套结果 (控制和不控制)。接下来我们比较了不包含控制变量的模型的分析结果。

表4 不同中介下的 LISREL 模型估计 [a]

中介和路径描述	b	χ^2	df	χ^2/df	RMSEA	CFI
伦理型领导力		855.69***	341	2.51	0.09	0.94
道德身份符号化到伦理型领导力	0.15†					
道德身份内在化到伦理型领导力	0.17*					
道德身份符号化到不道德行为	0.09					
道德身份符号化到关系冲突	0.10					
道德身份内在化到不道德行为	–0.30***					
道德身份内在化到关系冲突	–0.37***					
伦理型领导力到不道德行为	–0.23**					
伦理型领导力到关系冲突	–0.17*					
道德的管理者		486.44***	221	2.20	0.08	0.94
道德身份符号化到道德的管理者	0.21*					
道德身份内在化到道德的管理者	0.12					
道德身份符号化到不道德行为	0.10					
道德身份符号化到关系冲突	0.10					
道德身份内在化到不道德行为	–0.32***					
道德身份内在化到关系冲突	–0.39***					

续表

中介和路径描述	b	χ^2	df	χ^2/df	RMSEA	CFI
道德的管理者到不道德行为	−0.21*					
道德的管理者到关系冲突	−0.15*					
理想化影响力		524.41***	200	2.62	0.10	0.92
道德身份符号化到理想化影响力	0.21*					
道德身份内在化到理想化影响力	0.09					
道德身份符号化到不道德行为	0.08					
道德身份符号化到关系冲突	0.09					
道德身份内在化到不道德行为	−0.33***					
道德身份内在化到关系冲突	−0.40***					
理想化影响力到不道德行为	−0.14+					
理想化影响力到关系冲突	−0.07					
人际公正		483.54	200	2.42	0.09	0.93
道德身份符号化到人际公正	0.09					
道德身份内在化到人际公正	0.21*					
道德身份符号化到不道德行为	0.07					
道德身份符号化到关系冲突	0.09					
道德身份内在化到不道德行为	−0.28**					
道德身份内在化到关系冲突	−0.36***					
人际公正到不道德行为	−0.26**					
人际公正到关系冲突	−0.21**					
信息公正		513.95***	221	2.33	0.09	0.93
道德身份符号化到信息公正	0.16+					
道德身份内在化到信息公正	0.15+					
道德身份符号化到不道德行为	0.09					
道德身份符号化到关系冲突	0.09					
道德身份内在化到不道德行为	−0.31***					
道德身份内在化到关系冲突	−0.39***					
信息公正到不道德行为	−0.20*					
信息公正到关系冲突	−0.12					
伦理型领导力（含控制变量）		1621.11***	755	2.15	0.08	0.96
道德身份符号化到伦理型领导力	0.18**					
道德身份内在化到伦理型领导力	0.19**					
道德身份符号化到不道德行为	0.04					
道德身份符号化到关系冲突	0.04					
道德身份内在化到不道德行为	−0.24**					
道德身份内在化到关系冲突	−0.30***					
伦理型领导力到不道德行为	−0.35***					

续表

中介和路径描述	b	χ^2	df	χ^2/df	RMSEA	CFI
伦理型领导力到关系冲突	−0.36***					
理想化影响力到不道德行为	0.30*					
理想化影响力到关系冲突	0.34**					
人际公正到不道德行为	−0.32**					
人际公正到关系冲突	−0.38*					
信息公正到不道德行为	0.13					
信息公正到关系冲突	0.24					
道德的管理者（含控制变量）		1121.83***	570	1.97	0.07	0.95
道德身份符号化到道德的管理者	0.24**					
道德身份内在化到道德的管理者	0.13					
道德身份符号化到不道德行为	0.06					
道德身份符号化到关系冲突	0.06					
道德身份内在化到不道德行为	−0.26**					
道德身份内在化到关系冲突	−0.32***					
道德的管理者到不道德行为	−0.28***					
道德的管理者到关系冲突	−0.30***					
理想化影响力到不道德行为	0.27*					
理想化影响力到关系冲突	0.31**					
人际公正到不道德行为	−0.37*					
人际公正到关系冲突	−0.43**					
信息公正到不道德行为	0.14*					
信息公正到关系冲突	0.25					
理想化影响力（含控制变量）		1612.01***	755	2.14	0.08	0.96
道德身份符号化到理想化影响力	0.23**					
道德身份内在化到理想化影响力	0.10					
道德身份符号化到不道德行为	0.04					
道德身份符号化到关系冲突	0.03					
道德身份内在化到不道德行为	−0.22**					
道德身份内在化到关系冲突	−0.28***					
理想化影响力到不道德行为	0.28***					
理想化影响力到关系冲突	0.33***					
伦理型领导力到不道德行为	−0.36**					
伦理型领导力到关系冲突	−0.39**					
人际公正到不道德行为	−0.29*					
人际公正到关系冲突	−0.34*					
信息公正到不道德行为	0.16					
信息公正到关系冲突	0.27+					

中介和路径描述	b	χ^2	df	χ^2/df	RMSEA	CFI
人际公正（含控制变量）		1601.69***	755	2.12	0.08	0.96
道德身份符号化到人际公正	0.11					
道德身份内在化到人际公正	0.24**					
道德身份符号化到不道德行为	0.04					
道德身份符号化到关系冲突	0.04					
道德身份内在化到不道德行为	−0.24**					
道德身份内在化到关系冲突	−0.30***					
人际公正到不道德行为	−0.29***					
人际公正到关系冲突	−0.32***					
伦理型领导力到不道德行为	−0.52*					
伦理型领导力到关系冲突	−0.55*					
理想化影响力到不道德行为	0.43*					
理想化影响力到关系冲突	0.47*					
信息公正到不道德行为	0.15					
信息公正到关系冲突	0.24*					
信息公正（含控制变量）		1619.38***	755	2.14	0.08	0.96
道德身份符号化到信息公正	0.18*					
道德身份内在化到信息公正	0.18*					
道德身份符号化到不道德行为	0.04					
道德身份符号化到关系冲突	0.03					
道德身份内在化到不道德行为	−0.24**					
道德身份内在化到关系冲突	−0.30***					
信息公正到不道德行为	0.12					
信息公正到关系冲突	0.21**					
伦理型领导力到不道德行为	−0.49*					
伦理型领导力到关系冲突	−0.50*					
理想化影响力到不道德行为	0.43*					
理想化影响力到关系冲突	0.47*					
人际公正到不道德行为	−0.28*					
人际公正到关系冲突	−0.32**					

注：^{a}n=195. 中介变量为斜体，$^†p \leqslant 0.10$，*$p \leqslant 0.05$，**$p \leqslant 0.01$，***$p \leqslant 0.001$。

正如在表4中所显示的，符号化和内在化的道德身份分别与道德的管理者之间的路径系数（b=0.21，$p \leqslant 0.05$；b=0.12，n.s.）和伦理型领导力作为中介时的路径系数（b=0.15，$p \leqslant 0.10$；b=0.17，$p \leqslant 0.05$）不同。当理想化影响力作为主要中介变量时，路径系数与道德管理者作为中介时的路径系数相似（b=0.21，$p \leqslant 0.05$；b=

0.09，n.s.）。当人际公正作为主要的中介变量之后，符号化的道德身份和人际公正之间的路径系数统计上并不显著（b=0.09，n.s.），但是内在化的道德身份与人际公正的路径系数是显著的（b=0.21，p≤0.05）。最后，在信息公正作为主要中介变量的情况下，符号化和内在化的道德身份与信息公正的关联接近显著（b=0.16，p≤0.10；b=0.15，p≤0.10）。

用各领导力中介变量替换其他领导力中介变量之后在对结果变量的分析上显现出相似的结果。当伦理型领导力作为主中介变量，它和不道德行为（b=-0.23，p≤0.01）以及人际冲突（b=-0.17，p≤0.05）都有着统计上显著的关系。当道德的管理者（b=-0.21，p≤0.01；b=-0.15，p≤0.05）和人际公正（b=-0.26，p≤0.01；b=-0.21，p≤0.01）作为主中介变量时，结果仍是相似的。当理想化影响力作为主中介变量时，其与不道德行为（b=-0.14，p≤0.10）和人际冲突（b=-0.07，n.s.）之间的关系相较其他领导中介变量要弱。最后，当信息公正作为主中介变量时，其与不道德行为之间的关联（b=-0.20，p≤0.05）与其他中介变量相似，而与人际冲突之间的关联（b=-0.12，n.s.）相较其他中介变量要弱。这些结果说明，至少根据其与特定结果变量之间的关系，道德的管理者、人际公正以及一定程度上的信息公正可以替代伦理型领导力。然而，理想化影响力似乎与不道德行为和人际冲突的关联更轻微。当在各个模型中加入了控制变量后，结果仍是相似的（见表4）。

总体讨论

理论启示

我们的研究对有关领导力、道德行为以及在组织中身份的作用的研究有理论上的启示。我们的研究结果显示，Aquino 和 Reed（2002）所提出的道德身份的两个维度与伦理型领导力正相关。研究结果验证了伦理型领导力的一个前因变量，其在许多已有的研究中被认为是与伦理相关的行为的前因变量，从而填补了针对伦理型领导力研究的一个空缺。从结论上说，我们的数据证明了道德身份可以促使领导者做出与这种自我框架相一致的行为，这种自我框架是由一系列特质（例如，诚实、关爱、同情心、努力工作）组成的。我们的结果将针对道德身份的研究（Aquino & Reed，2002；Aquino et al.，2007；Reed & Aquino，2003；Reed et al.，2007）延伸到了有关组织的领域，并展示出了这个变量对于伦理的结果变量的强大的预测作用。需要指出的是，Aquino 和 Reed（2002）的道德身份量表所测量的符号化行为并不只局限于组织层面的行为。因此，似乎人们在组织外部表现他们道德身份的倾向也可以预测他们在组织内是否会按照他们的道德身份来行动。如果这一点成立，我们可以推断出道德身份是一种自我定义的框架，它会在多个社会领域产生影响。

我们预测道德身份的两个维度都与伦理型领导力正相关。尽管我们的研究为我们的假设提供了支持，符号化的道德身份必须通过伦理型领导力才与团队层面的结果变量相关。然而内在化的道德身份展现出了与团队层面的结果变量直接的负相关关系。道德身份的这两个维度和我们所测量的结果变量之间的不同关系也与之前使用 Aquino 和 Reed 的测量工具的实证研究结果相一致。回顾这些研究，我们发现内在化和符号化并不总是与伦理相关的结果变量有相同程度的关联。例如，研究发现内在化和符号化的道德身份都与自我报告的志愿者行为（Aquino & Reed，2002；Reynolds & Ceranic，2007）、慈善捐赠行为（Reynolds & Ceranic，2007）以及对于以慈善为目的的事件更倾向于付出时间而不是金钱（Reed et al.，2007）等变量显著相关。然而，只有内在化这个维度被证明与实际的类似向穷人捐助食物（Aquino & Reed，2002），或者捐钱给组织外的穷人（Reed & Aquino，2003）等亲社会行为显著相关。Reynolds 和 Ceranic（2007）还发现，内在化这个维度比符号化在伦理判断（即形式主义对结果论）和各种各样的道德的或不道德的行为（如捐助、欺骗、说谎）的关系中更能起到调节作用。总体来说，这些结果显示，对于预测实际的行为以及不道德的行为，相较于符号化，内在化也许是一个更加可信的前因变量。Aquino 和 Reed（2002）还提出了另一个内在化和符号化的重要区别，即后者更直接地揭示出自我作为一个社会存在物的普遍的敏感性。这意味着符号化的道德身份对于涉及外部的行为有更强的预测作用。由于在我们的研究中伦理型领导力是由下级评价的，这些下级是基于他们的领导者在公开场合展现出的行为来进行打分的。因此，符号化的道德身份比内在化的道德身份展现出更高的关联度并不令人惊讶。

此外，如现有的研究所述，如果内在化比符号化更能够有效地预测积极的和负面的行为，这就有可能解释为什么我们发现内在化与团队层面的人际冲突和不道德行为直接相关。这有可能是因为领导者内在化的道德身份预示了一些没有纳入我们伦理型领导力测量中的其他行为类型，但这些行为却可能对团队层面的结果变量产生影响。例如，使用内在化的分量表研究发现，它预示了在谈判中的说谎行为以及在面对社交两难局面时的合作行为（Aquino et al.，2009）。它同时被证明可以预示合理化有害行为的意愿（Aquino et al.，2007；Detert et al.，2007），从而使人们更容易从事这种行为。尽管这些行为会对团队绩效产生影响，但可能并不总会被下级发现。事实上，可能正是那些内在化的道德身份很强的领导者会默默地做出许多合作的、慷慨的、自我牺牲的行为，或是不去做会损害团队和谐和合作氛围的行为。下属虽然并不一定会见证这些行为，但是它们对于建立一种道德的、没有破坏性冲突的团队文化至关重要。未来应该进一步研究是否内在化而非符号化与公开场合可见度较低的行为有更强的联系。

领导者处理社会信息的方式不同也许是另一个能够解释为什么那些内在化的道德身份更强的领导者会更少地被报告有不道德行为以及人际冲突。也许他们比内在化的道德身份弱的领导者更可能去关注并回忆起他们的追随者们的道德行为和积极的人际交往模式。由于团队层面的结果是由领导者评价的,第二个解释说明了道德身份的内在化维度也许可以解释人们对自身所在的社会环境的不同解读。Reed 和他的同事们的研究 (2007) 为这种可能性提供了一些证据。他们证明了内在化而非符号化会促使人们形成这样的想法,即相较于投入金钱,对于一个慈善事业投入时间是更加富有爱心、更具有道德、更具有社会责任感,并且更加诚挚的行为。对于这一发现的一个解释是:内在化道德身份程度不同的领导者赋予同一种行为的意义、重要性以及道德价值各异。检验这种可能性超出了本研究的范围,我们的数据也不允许我们去检验可能解释我们的研究结果的认知过程。我们提出这个解释是想要表明存在这样的可能性,即作为内在化道德身份的一种应用,信息处理的不同方式能够部分地解释领导者感受到的团队结果的差异。

我们针对道德身份的研究结果同时对领导力的研究做出了贡献。在领导力研究领域,实证检验领导力和身份认同的相互影响 (van Knippenberg, van Knippenberg, De Cremer & Hogg, 2004) 有不断发展的趋势。这类研究在解释追随者的身份认同如何作为领导力影响的边界条件,以及领导者如何直接影响追随者的自我认知这两个方面收获颇丰。然而,少有研究检验领导者的身份认同是如何影响领导行为,进而影响追随者的行为的。我们的研究采用了以领导者为中心的视角研究了身份认同对群体过程的影响,从而展现出理论上和实践上的价值。

此项研究的另一个启示与伦理型领导力这个框架的独特性有关。研究一个新的框架的效用,首要步骤就是去研究它是否与重要的结果变量相关。我们的研究结果使得我们能够解释过去对于伦理型领导力的研究结果的不一致。Mayer 等 (2009) 发现伦理型领导力与团队层面的组织偏差行为负相关,Walumbwa 和Schaubroeck (2009) 发现了伦理型领导力和建言行为的关系,而 Detert 等 (2007) 发现了伦理型领导力和店铺层面 (Store-Level) 的反生产性行为 (Counterproductivity)(操作化为实际食物支出和预计的食物支出之间的差距)之间的不显著关系。我们的研究结果与 Mayer 等 (2009) 以及 Walumbwa 和 Schaubroeck (2009) 的结果相一致,但与 Detert 等 (2007) 的结果不同。对于这种不一致的可能解释是情境不同。Detert 和他的同事们提出,由于低收入和低技能在他们所调研的组织中是非常普遍的,而在那些餐厅工作的员工面临的是很明确的伦理问题,这样就不难理解伦理型领导力并不显著地与反生产性行为相关。我们的研究响应了他们关于"未来应开展不同组织情境下的研究"的建议,探索了不同行业、不同组织的团队中伦理型领导力的影响

（Detert et al., 2007）。

除了研究伦理型领导力与结果变量的直接关联外，为了更加明确伦理型领导力框架的独特性，我们在第二项研究中控制了相关的领导行为框架（即理想化影响力、人际公正、信息公正）。我们发现即使控制住那些相关的领导行为概念，伦理型领导力仍然与团队结果负相关。有意思的是，尽管其他领导行为框架与两个结果变量有显著的负向关联，但人际公平的影响是显著负向的，信息公正的影响不显著，而理想化影响力的影响是显著正向的。理想化影响力的正向影响和信息公正的影响不显著可能是由于统计上高共线性所导致的。这些结果为伦理型领导力框架的独特性和效用提供了支持。

我们所做的验证性因子分析的结果也为伦理型领导力框架的独特性提供了支持。需要指出的是，尽管几个领导行为概念之间的相关性系数很高，我们的数据是聚合到团队层面的，而这种聚合会增加框架之间的关联度（Kozlowski & Klein, 2000）。例如，在个人层面的伦理型领导力和人际公正（r = 0.62）、信息公正（r = 0.68）以及理想化影响力（r = 0.78）之间的关联系数虽然也相当高，但是比团队层面的关联系数要低。此外，道德的管理者和人际公正之间的关联系数（r = 0.70）下降了，而其与信息公正的关联系数（r = 0.76）维持不变。最后，尽管这些框架之间的关联系数偏高，这并非是伦理型领导力研究所特有的问题。例如，Piccolo 和 Colquitt（2006）就发现在个人层面的领导成员交换与变革型领导的相关系数为 0.70。Judge 和 Piccolo（2004）发现，变革型领导与权变式奖赏通过元分析修正的相关系数达到 0.80。本项研究中框架间的高相关度可能由于理想化影响力和人际公正反映了部分（而非全部）的伦理型领导力框架，因而我们在概念上以及实证中都强调了伦理型领导力所特有的部分。因此，尽管相关性很高，但在程度上与已有的领导力研究中的其他框架是相似的。

伦理型领导力和人际冲突之间显著的负向关联显示出道德的领导者的行为也许不仅会使下属去从事道德的行为，而且还会影响到更普遍的指导人们如何能够以一种支持性的、互相尊重的以及公平的方式去与他人交往的社会规范。我们的研究结果与以下观念一致：道德的领导者所展示出的高尚行为会在工作场所产生溢出效应，在我们的研究中这种影响体现为更低的人际冲突。Cameron 和他的同事（Cameron, Bright & Caza, 2004）指出，组织成员观察到高尚的行为会帮助他们去激活人类所具有的利他行为的倾向。Brown 等（2005）所描述的以及在我们的研究中所测量的伦理型领导力的行为可以被包括在高尚的员工行为这个更大的概念之下，后者能够促进个人成长，赋予高贵的品性，提供意义，提升适应力（Cameron et al., 2004）。如果这个假设能被接受的话，那么我们的研究为高尚的领导者行为能够对其下属产生正面的影响，使他们更少地陷入人际冲突的困境提供了支持。

尽管这并非是我们研究的主要贡献，但道德的管理者的测量为我们的研究结果提供了补充性的思路。考虑到伦理型领导力是个相对新颖的框架，把这个框架分解成几个组成要素，以便在概念上、操作层面上，以及实证层面上把这个框架与其他相关的领导行为框架区分开来是至关重要的。我们发现，实证数据支持由 5 个题项构成的道德的管理者的量表的独特性。我们认为这个结果是重要的，因为它们提供给对研究伦理型领导力感兴趣的学者更多的自由度：他们可以根据具体的研究问题选择采用 10 个题项的伦理型领导力的量表或是 5 个题项的伦理型领导力中道德的管理者维度。

管理实践的启示

此项研究有若干实践启示。首先，伦理型领导力很重要。当一个领导者在道德上以身作则，并使用奖励和惩罚来确保下属的行为是正当的，员工就会更少地从事不道德行为，并更少与同事发生冲突。考虑到领导者的重要作用，组织有必要运用人力资源管理举措增强伦理型领导力的水平。可以通过评估候选人的品德和道德发展水平的甄选方法来完成。除此之外，向管理者提供道德的领导者所从事的行为类型的伦理培训会是有效的，因为他们会因此接收到什么是正当行为的一致的行为规范信息。有一点需要注意，我们只检验了一些不道德行为，所以对未来工作很重要的是在给出确定的管理建议之前，还需要检验伦理型领导力对于其他不道德行为的影响。

我们的研究还表明，找到能够加强和激活领导者的道德身份的途径或许是一个促进组织内道德行为的方式。促进道德身份的一种方式可以是使用环境中的暗示，如凸显道德概念和道德关怀的海报、标语或者实物标志（Aquino et al., 2009; Aquino & Freeman, 2009）。除此之外，似乎做道德的人是很多人自我界定的核心（Aquino & Reed, 2002; Blasi, 1984），因为很多人想要认为自己是好人（Taylor & Brown, 1988），人们会被激励去谨守自己的道德身份以免感受到虚伪（Skitka, 2002）。因此，在道德身份的测量中得分高的领导者会展现出与他们的道德身份相一致的行为，其中便包括伦理型领导力。否则，他们会感受到不安和自我谴责（Aquino & Reed, 2002）。从实践角度来说这很重要，因为道德身份强的领导者更能够抵御竞争压力（例如，为完成业绩而无所不为），这些压力很容易会导致一些领导者不再展现出道德的行为，或者不再惩罚不道德行为。换句话说，具有较强道德身份的领导者会可靠地展示出与他们自我定义相一致的伦理型领导力的行为，而不是那些轻易向压力屈服导致他们感受到极大不安的行为（如不道德行为）。与上文所提出的其他观点一样，这一点同样可以作为选择那些致力于实现道德目的的领导者的理由，而这一点，根据其他学者的研究，恰恰表明道德身份是领导者自我定义的核心（Colby & Damon，1993）。

优点、局限性和未来研究

本项研究有以下几个优点：第一，我们检验了伦理型领导力对于团队层面重要的组织的（即不道德行为）以及人际的（即人际冲突）结果变量的影响。第二，我们在控制其他相关领导行为概念的同时检验了伦理型领导力的效应。第三，我们通过验证领导者道德身份作为伦理型领导力的一个前因变量填补了伦理型领导力研究的一个空白。第四，我们检验了领导者的道德身份影响员工的不道德行为以及人际冲突的路径。第五，我们的数据是从两个大样本的团队层面的田野调查中获取的，样本有着多重来源，涵盖了不同行业的不同组织，我们利用了这些数据，通过简约结构方程模型（Parsimonious Structural Equation Models）验证了我们的理论模型。第六，考虑到使用自我报告的方式测量不道德行为可能出现社会称许性偏差，我们选择了领导者报告团队内不道德行为以及人际冲突的方式。

尽管有以上一些长处，本研究也存在一些不足。其中之一便是，尽管我们使用了社会学习理论来解释伦理型领导力与结果之间的联系，但我们并没有真正检测任何榜样示范（Role Modeling）的变量。尽管加入这些变量可能会使我们的理论模型变得繁杂，但我们仍然认为这对于检验伦理型领导力产生影响的路径是非常重要的。另一个不足是，我们仅仅关注了那些负面的结果（即不道德行为和人际冲突），但是 Mayer 等（2009）、Walumbwa 和 Schaubroeck（2009）以及 Piccolo 等（2010）的研究都提出了伦理型领导力与积极的行为，如"组织公民行为"和"建言行为"相关。在未来的研究中，通过考虑伦理型领导力的诸如合作和业绩等积极结果来拓展潜在的结果变量的理论框架是很重要的（Walumbwa et al.，2011）。此外，我们采用了领导者打分方式来评估团队内的不道德行为，尽管先前的研究表明，员工和领导者报告的组内异常行为有高相关性（Mayer et al.，2009），但当团队内只有一个或两个员工有不道德行为时，领导者会如何报告，我们并不清楚。今后的研究或许可以通过定性研究来发现领导者是如何评估团队行为的。

还有一个不足是，虽然领导者的符号化道德身份必须通过伦理型领导力对团队内的结果产生影响，但内在化道德身份也表现了对团队层面结果变量的直接影响。尽管我们推测了一些可能的解释这种直接关联的机制，但在本项研究中我们仅仅检验了伦理型领导力。未来检验领导者的内在化道德身份影响下属行为的机制的研究会是有价值的。此外，我们并没有去控制团队内如"同质性"以及时间等变量，我们建议今后的研究者这样去做。最后，需要指出的是，领导者道德身份与团队结果变量有直接关联的一个解释是领导者填写了两套问卷，这可能会带来同源误差。

结 论

出于道德的和实用的目的，组织非常关心减少不道德行为和人际冲突。本研究认为，领导者在减少负面结果的过程中可以起到关键性的作用。领导者定下了组织内伦理的基调，并能对鼓励下属从事道德的行为、减少人际冲突产生影响。更重要的是，我们的研究结果表明，领导者不仅应当是有道德的人，还应该更进一步在从事道德行为方面率先垂范，并建立奖惩制度去影响下属的行为。因此，那些能够雇用到或是能够训练出道德领导者的公司更有可能创造出道德的、人际和谐的工作环境。

参考文献

［1］Akaah，I. P. 1996. The influence of organizational rank and role on marketing professionals' ethical judgments. Journal of Business Ethics，15：605-614.

［2］Anderson，J.，& Gerbing，D. 1988. Structural equation modeling in practice：A review and recommended two-step approach. Psychological Bulletin，103：411-423.

［3］Aquino，K.，& Freeman，D. 2009. Moral identity in business situations：A social-cognitive framework for understanding moral functioning. In D. Narvaez & D. K. Lapsley（Eds.），Moral personality，identity，and character：375-395. New York：Cambridge University Press.

［4］Aquino，K.，Freeman，D.，Reed，A.，II，Lim，V. K. G.，&Felps，W. 2009. Testing a social-cognitive model of moral behavior：The interactive influence of situations and moral identity centrality. Journal of Personality and Social Psychology，97：123-141.

［5］Aquino，K.，& Reed，A. 2002. The self-importance of moral identity. Journal of Personality and Social Psychology，83：1423-1440.

［6］Aquino，K.，Reed，A.，Thau，S.，& Freeman，D. 2007. Agrotesque and dark beauty：How moral identity and mechanisms of moral disengagement influence cognitive and emotional reactions to war. Journal of Experimental Social Psychology，43：385-392.

［7］Arbuckle，J. L. 1997. Amos users' guide. Chicago：SmallWaters Corporation.

［8］Avolio，B. J.，& Bass，B. M. 2004. Multifactor leadership questionnaire manual. Redwood City，CA：Mind Garden.

［9］Bagozzi，R. P.，& Edwards，J. R. 1998. A general approach to representing constructs in organizational research. Organizational Research Methods，1：45-87.

［10］Bagozzi，R. P.，& Heatherton，T. F. 1994. A general approach to representing multi-faceted personality constructs：Application to state self-esteem. Structural Equation Modeling，1：35-67.

[11] Bandura, A. 1977. Self-efficacy: Toward a unifying theory of behavioral change. Psychological Review, 84: 191–215.

[12] Bandura, A. 1986. Social foundations of thought and action. Englewood Cliffs, NJ: Prentice-Hall.

[13] Bateman, T., & Porath, C. L. 2003. Transcendent behavior. In K. Cameron, J. Dutton & R. Quinn (Eds.), Positive organizational scholarship: 403–425. San Francisco: Berrett-Koehler.

[14] Bies, R. J., & Moag, J. F. 1986. Interactional justice: Communication criteria of fairness. In R. J. Lewicki, B. H. Sheppard, & M. H. Bazerman (Eds.), Research on negotiations in organizations, 1: 43–55. Greenwich, CT: JAI Press.

[15] Blasi, A. 1980. Bridging moral cognition and moral action: A critical review of the literature. Psychological Bulletin, 88: 1–45.

[16] Blasi, A. 1983. Moral cognition and moral action: A theoretical perspective. Developmental Review, 3: 178–210.

[17] Blasi, A. 1984. Moral identity: Its role in moral functioning. In W. M. Kurtines & J. L. Gewirtz (Eds.), Morality, moral behavior, and moral development: 128–139. New York: Wiley.

[18] Blasi, A. 2004. Moral functioning: Moral understanding and personality. In D. K. Lapsley & D. Narvaez (Eds.), Moral development, self, and identity: 335–348. Mahwah, NJ: Erlbaum.

[19] Bliese, P. 2000. Within-group agreement, non-independence, and reliability: Implications for data aggregation and analysis. In K. J. Klein & S. W. J. Kozlowski (Eds.), Multilevel theory, research and methods in organizations: 512–556. San Francisco: Jossey-Bass.

[20] Bollen, K. A. 1989. Structural equations with latent variables. New York: Wiley.

[21] Brown, M. E., & Treviño, L. K. 2006a. Ethical leadership: A review and future directions. Leadership Quarterly, 17: 595–616.

[22] Brown, M. E., & Treviño, L. K. 2006b. Socialized charismatic leadership, values congruence, and deviance in work groups. Journal of Applied Psychology, 91: 954–962.

[23] Brown, M. E., Treviño, L. K., & Harrison, D. A. 2005. Ethical leadership: A social learning perspective for construct development and testing. Organizational Behavior and Human Decision Processes, 97: 117–134.

[24] Browne, M. W., & Cudeck, R. 1993. Alternative ways of assessing model fit. In K. A. Bollen & L. J. Scott (Eds.), Testing structural equation models: 136–162. Newbury Park, CA: Sage.

[25] Cameron, K. S., Bright, D., & Caza, A. 2004. Exploring the relationships between virtuousness and performance. American Behavioral Scientist, 47: 766–790.

[26] Colby, A., & Damon, W. 1993. The uniting of self and morality in the development of extraordinary moral commitment. In G. Noam & T. Wren (Eds.), The moral self: 149–174. Cambridge, MA: MIT Press.

[27] Colquitt, J. A., Noe, R. A., & Jackson, C. L. 2002. Justice in teams: Antecedents

and consequences of procedural justice climate. Personnel Psychology, 55: 83–109.

[28] Colquitt, J. A. 2001. On the dimensionality of organizational justice: A construct valida-tion of a measure. Journal of Applied Psychology, 86: 386–400.

[29] Damon, W., & Hart, D. 1992. Self–understanding and its role in social and moral de-velopment. In M. Bornstein & M. E. Lamb (Eds.), Developmental psychology: An advanced text-book, 3: 421–464. Hillsdale, NJ: Erlbaum.

[30] Detert, J. R., Treviño, L. K., Burris, E. R., & Andiappen, M.2007. Managerial models of influence and counter productivity in organizations: A longitudinal business–unit–level in-vestigation. Journal of Applied Psychology, 92: 993–1005.

[31] Detert, J. R., Treviño, L. K., & Sweitzer, V. L. 2008. Moral disengagement in ethical decision making: A study of antecedents and outcomes. Journal of Applied Psychology, 93: 374–391.

[32] Ehrhart, M. G. 2004. Leadership and procedural justice climate as antecedents of unit-level organizational citizenship behavior. Personnel Psychology, 57: 61– 94.

[33] Eisenberg, N. 2000. Emotion, regulation, and moral development. In J. T. Fiske, D. L. Schacter, & C. ZahnWexler (Eds.), Annual review of psychology, 51: 665–697. Palo Alto, CA: Annual Reviews.

[34] Fenigstein, A. 1975. Public and private self–consciousness: Assessment and theory. Journal of Consulting and Clinical Psychology, 43: 522–527.

[35] George, J. M., & James, L. R. 1993. Personality, affect, and behavior in groups re-visited: Comment on aggregation, level of analysis, and a recent application of within and between analysis. Journal of Applied Psychology, 78: 798–804.

[36] Gilligan, C. 1982. In a different voice. Cambridge, MA: Harvard University Press.

[37] Greenberg, J. 1993. Stealing in the name of justice: Informational and interpersonal moderators of theft reactions to underpayment inequity. Organizational Behavior and Human Decision Processes, 54: 81–103.

[38] House, R. J. 1977. A 1976 theory of charismatic leadership. In J. G. Hunt & L. L. Larson (Eds.), Leadership: The cutting edge: 189–207. Carbondale: Southern Illinois University Press.

[39] Hox, J. 2002. Multilevel analyses: Techniques and applications. Mahwah, NJ: Erlbaum.

[40] James, L. R., Mulaik, S. A., & Brett, J. M. 2006. A tale of two methods. Organizational Research Methods, 9: 233–244.

[41] Jehn, K. A. 1995. A multimethod examination of the benefits and detriments of intragroup conflict. Administrative Science Quarterly, 40: 256–282.

[42] Jones, T. M. 1991. Ethical decision making by individuals in organizations: An issue-contingent model. Academy of Management Review, 16: 366–395.

[43] Jöreskog, K. G., & Sörbom, D. 2006. LISREL for Windows. Lincolnwood, IL: Scien-tific Software International.

[44] Judge, T. A., & Piccolo, R. F. 2004. Transformational and transactional leadership: A

meta-analytic test of their relative validity. Journal of Applied Psychology, 89: 755-768.

［45］Kant, I. 1948. Groundwork of the metaphysics of morals ［H. J. Patton, trans.］ New York: Harper & Row.

［46］Koys, D. J. 2001. The effects of employee satisfaction, organizational citizenship behavior, and turnover on organizational effectiveness. Personnel Psychology, 54: 101-114.

［47］Kozlowski, S., & Klein, K. 2000. A multilevel approach to theory and research in organizations: Contextual, temporal, and emergent processes. In K. J. Klein &S. W. J. Kozlowski (Eds.), Multilevel theory, research, and methods in organizations: 3-90. San Francisco: Jossey-Bass.

［48］Lapsley, D. K., & Lasky, B. 2001. Prototypic moral character. Identity, 1: 345-363.

［49］Lapsley, D. K., & Narvaez, D. 2004. A social-cognitive approach to the moral personality. In D. K. Lapsley &D. Narvaez (Eds.), Moral development, self, andidentity: 189-212. Mahwah, NJ: Erlbaum.

［50］LePine, J., Piccolo, R. F., Jackson, C., Mathieu, J., & Saul, J. 2008. A meta-analysis of teamwork processes: Tests of a multidimensional model and relationships with team effectiveness criteria. Personnel Psychology, 61: 273-307.

［51］MacKinnon, D. P., Lockwood, C. M., Hoffman, J. M., West, S. G., & Sheets, V. 2002. A comparison of methods to test mediation and other intervening variable effects. Psychological Methods, 7: 83-104.

［52］Mayer, D. M., Kuenzi, M., Greenbaum, R., Bardes, M., &Salvador, R. 2009. How low does ethical leadership flow? Test of a trickle-down model. Organizational Behavior and Human Decision Processes, 108: 1-13.

［53］Olsen, O. K., Eid, J., & Johnsen, B. H. 2006. Moral behavior and transformational leadership in Norwegiannaval cadets. Military Psychology, 18 (3): 37-56.

［54］Piccolo, R. F., & Colquitt, J. A. 2006. Transformational leadership and job behaviors: The mediating role of job characteristics. Academy of Management Journal, 49: 327-340.

［55］Piccolo, R. F., Greenbaum, R., den Hartog, D. N., & Folger, R. 2010. The relationship between ethical leadership and core job characteristics. Journal of Organizational Behavior, 31: 259-278.

［56］Reed, A., & Aquino, K. F. 2003. Moral identity and the expanding circle of moral regard toward out-groups.Journal of Personality and Social Psychology, 84: 1270-1286.

［57］Reed, A., Aquino, K., & Levy, E. 2007. Moral identity and judgments of charitable behaviors. Journal of Marketing, 71 (1): 178-193.

［58］Reynolds, S. J., & Ceranic, T. L. 2007. The effects of moral judgment and moral identity on moral behavior: An empirical examination of the moral individual. Journal of Applied Psychology, 92: 1610-1624.

［59］Richardson, H., & Vandenberg, R. 2005. Integrating managerial perceptions and transformational leadership into a work-unit level model of employee involvement. Journal of Organizational Behavior, 26: 561-589.

[60] Salancik, G. R., & Pfeffer, J. 1978. A social information processing approach to job attitudes and task design.Administrative Science Quarterly, 23: 224-253.

[61] Schneider, B., White, S. S., & Paul, M. C. 1998. Linking service climate and customer perceptions of service quality: Test of a causal model. Journal of Applied Psychology, 83: 150-163.

[62] Schumacker, R. E., & Lomax, R. G. 1996. A beginner's guide to structural equation modeling. Mahwah, NJ: Erlbaum.

[63] Shao, R., Aquino, K., & Freeman, D. 2008. Beyond moral reasoning: A review of moral identity research and its implications for business ethics. Business Ethics Quarterly, 18: 513-540.

[64] Skarlicki, D. P., Van Jaarsveld, D. D., & Walker, D. D.2008. Getting even for customer mistreatment: The role of moral identity in the relationship between customer interpersonal injustice and employee sabotage. Journal of Applied Psychology, 93: 1335-1347.

[65] Skitka, L. J. 2002. Do the means always justify the ends, or do the ends sometimes justify the means? A value protection model of justice reasoning. Personality and Social Psychology Bulletin, 28: 588-597.

[66] Taylor, S. E., & Brown, J. D. 1988. Illusion and well-being: A social psychological perspective on mental health. Psychological Bulletin, 103: 193-210.

[67] Tracey, J. B., & Tews, M. 2005. Construct validity of ageneral training climate scale. Organizational Research Methods, 8: 353-374.

[68] Treviño, L. K., Hartman, L. P., & Brown, M. E. 2000.Moral person and moral manager: How executives develop a reputation for ethical leadership. California Management Review, 42 (4): 128-142.

[69] van Knippenberg, D., van Knippenberg, B., De Cremer, D., & Hogg, M. A. 2004. Leadership, self, and identity: A review and research agenda. LeadershipQuarterly, 15: 825-856.

[70] Walumbwa, F. O., Mayer, D. M., Wang, P., Wang, H., Workman, K., & Christensen, A. L. 2011. Linking ethical leadership to employee performance: The roles of leader-member exchange, self-efficacy, and organizational identification. Organizational Behavior and Human Decision Processes, 115: 204-213.

[71] Walumbwa, F. O., & Schaubroeck, J. 2009. Leader personality traits and employee voice behavior: Mediating roles of ethical leadership and work group psychological safety. Journal of Applied Psychology, 94: 1275-1286.

[72] Walz, S. M., & Niehoff, B. P. 2000. Organizational citizenship behaviors: Their relationship to organizational effectiveness. Journal of Hospitality and Tourism Research, 24: 301-319.

333 ▌‖‖‖‖‖

思考和对话：对道德决策的微妙影响[*]

Brian C. Gunia, Long Wang, Li Huang, Insead, Jiunwen Wang,
J. Keith Murnighan

【摘　要】这篇论文探讨了思考（contemplation）、对话（conversation）（作为群体性思考的概念）和解释在对错决策中的作用。一些理论认为思考或者道德导向的对话有利于道德决策，而即时选择或者自利的对话则不利于道德决策，另一些理论认为个体的解释会增强他们的决策。一项诱使人们讲假话的实验任务证实了以上这些理论。此外，无论是决策前还是决策后，讲真话者认为他们处于道德的情形下，而讲假话者认为他们处于自利的情形下。这项发现为建立新的道德决策过程模型提供了依据。

各行各业都面临着道德决策：建筑商要对持久耐用或廉价的材料进行决策；销售者选择向购买者透露或者隐藏折扣信息；会计选择创造性做账或者是做假账。近期关于 Goldman Sachs、Satyam Computers、Siemens 和 Societe Generale 的丑闻证明了道德选择对于管理者、企业员工、顾客和股东的重要性（Ashforth, Gioia, Robinson & Trevino, 2008），而这只是众多企业案例中的一小部分。日益增多的企业非道德决策问题引发了学者们对这些决策的内在动机的思考。

Jones（1991）和 Kidder（1996）提出道德决策是以价值基础为特征、与意志选择相互作用的结果，在企业中是显著的特征。目前，有学者研究了一种在企业环境中普遍存在而且至关重要的道德决策问题：对错选择（Ashforth et al., 2008; Beauchamp, Bowie & Arnold, 2008; Brief, Buttram & Dukerich, 2000; Darley, Messick & Tyler, 2001; Jones, 1991; Tenbrunsel & Smith-Crowe, 2008）。尽管大多数人认为自己能正确判断对与错，但有时错误的事情极具诱惑性，使对错选择变得困难。然而，非道德决策的长期结果会给企业带来巨大的损失（Beauchamp et al., 2008; Brief et al., 2000），如对 Goldman Sachs 的指控使其不仅名誉受损，还

---

* Brian C. Gunia, Long Wang, Li huang, Insead, Jiunwen Wang, J. Keith Murnighan. 2012. Contemplation and Conversation: Subtle Influences on Moral Decision Making. Academy of Management Journal, 55（1）: 13–33.

初译由王晓光完成。

面临着 5.5 亿美元的巨额罚款（Guerrera，Sender & Baer，2010）。令人惊讶的是，对于对错选择的研究并不多：许多理论和实践问题有待解决，包括关于直接影响个体道德决策的基本心理认知过程问题（Darley et al.，2001；Trevino，Weaver & Reynolds，2006）。

对于道德决策的研究，包括"对错选择"和"对对选择"，探讨了许多的个人因素和环境因素对道德决策的影响，这些因素包括性别（Brady & Wheeler，1996；Whipple & Swords，1992）、奖惩（Flannery & May，2000；Hegarty & Sims，1978）、道德强度（Jones，1991）、道德哲学（Cyriac & Dharmaraj，1994；Hegarty & Sims，1978；Hunt & Vasquez–Parraga，1993）、年龄（Ruegger & King，1992；Stevens，Harris & Williamson，1993；White & Dooley，1993）、伦理规范（Trevino & Young-blood，1990；Weaver，Trevino & Cochran，1999）。2008 年，Ashforth 在他的文章中将影响道德决策的个人因素和环境因素分别描述为"坏苹果"和"坏桶"，即有腐败个体的组织和腐败的组织。

我们的研究通过验证两个先于道德决策的关键个人和环境过程来补充之前的研究：思考（个体主导的道德思考，参见 Kohlberg，1969）和对话（两个以上的集体之间的相关情况声明的交换，参见 Schegloff，1984，1987）。这种对决策之前的即时过程的聚焦反映了如下假设，即个体如何决策是他们决策结果的重要决定因素（Keeney & Raiffa，1993；Lange，2008）。比起其他潜在的影响因素，人们会更多地控制其自身的决策过程（Lange，2008）。如人们在面临道德决策时，相较于性别和企业的伦理规范，他们更容易控制的是自己的思考。我们的研究排除了这两个道德决策前的基本过程，直接关注于道德决策的直接因素，并强调了潜在的有效干预的重要性。

同时，我们的研究还探讨了"解释"——伴随组织道德决策的第三个关键因素。解释被定义为个体对社会解释他们的决策（Scott & Lyman，1968；Shaw，Wild & Colquitt，2003）。我们基于几个假定将解释作为一个影响因素：组织中的参与者通常需要决策者对某些重要的决定做出解释（Shaw et al.，2003），对话和思考经常导致解释的形成，而对话是解释的典型环境（例如，"因果性解释发生于对话中且以对话的形式出现"，参见 Hilton，1990）。因此，我们认为解释是企业组织中做出对错决策的重要组成部分。因为个人通常是在他们做决策时（Beach，1998）或者做出决策之后（Cushman，Young & Hauser，2006；Haidt，2001；Shaw et al.，2003）进行解释的，我们的实证方法对这两种可能性都进行了探讨：我们评估了事先的解释和决策（通过分析对话内容）之间的关系，以及决策和事后的解释之间的关系（Kelley，1967）。因为很难准确地测定个体是何时进行决策的，这里所说的"事先"和"事后"指的是解释相对于可观测到的做出决策行为"事件"的先后位置。

如同思考和对话，解释也符合个体和环境二分法，因为做出对错决策的个体通常需要解释说明他们自己的决定以及是在怎样的情形下做出决定的（Scott & Lyman，1968）。总之，我们的目的是探究思考、对话与解释的作用和三者的联系。最后，我们希望能提出一种促使组织做出道德选择的指导方案。

对错决定

对错决定代表道德决定中尤其重要的一个小子集，因为它们在组织和一般情况下是常见且重要的（Beauchamp et al.，2008；Brief et al.，2000；Jones，1991；Margolis & Molinsky，2008）。例如，据欺诈鉴别者协会估计，仅2008年，美国商业就因员工欺诈损失了9940亿美元。

与常规的日常决策不同，道德决策必定与价值有关。与"对对决定"要在相互矛盾的道德价值（例如，公平和怜悯，参见Kidder，1996）之间做出艰难选择不同，"对错决定"则将道德价值（例如，诚实）与个人基本利益（例如，通过欺骗走在他人前面）相抗衡。因此，对错决定包括两种选择：一种是明显符合道德的（反映出规范性价值）；另一种是明显不道德的（反映出想要违反规范性价值获取个人利益的欲望）。①虽然在对错决定中很容易判定什么是对的，什么是错的，但是做决定绝非这么容易。一方面，组织和个人往往做"正确的事"（例如，强生公司1982年紧急召回非处方感冒药泰诺）；另一方面，做"错误的事"又十分有诱惑力。许多公司传出丑闻的深层原因并不是人们没有认识到自己的行为是错误的，例如，安然公司几乎十分肯定其会计实务是不规范的（McLean & Elkind，2004）。社会和组织的问题说明即使人们知道自己的行为是错误的，他们还是仍然做错事（Brief et al.，2000）。

对错决定的标准化明晰度，即符合道德的"正确的事"清晰明了地区别于违背道德的"错误的事"，使得开展心理历程和道德性之间联系的直接测试成为可能（Tenbrunsel & Smith-Crowe，2008）。相反地，"对对决定"是十分模糊的，因为两种选择（例如，公平和怜悯）都是符合规范，可以接受的，甚至是值得赞扬的。同时，过去关于对对决定的研究已经取得了促进分析对错决定背后的动态力研究的重要理论洞见——尤其是相关的道德价值的认知意识是道德决策的重要先决条件的见解。因为关于对错决定的实证研究范围相对较狭隘（Tenbrunsel & Smith-Crowe，

---

① 我们明确地（categorically）使用"道德的"来描述一种特定类型的决策，例如，一个人关心价值（one concerning values）。我们评价性地（evaluatively）使用"伦理的"来描述符合规范的决策（反义是"不伦理的"）。

2008)，我们以对对决定和对错决定两方面为模型建立我们的假说。

心理过程

合理的道德理论模型认为在道德情境下，思考是道德决策的必要因素（例如，Etzioni，1988；Keeney & Raiffa，1993；Kohlberg，1969；Murnighan，Cantelon & Elyashiv，2001；Piaget & Gabain，1966），而其他的模型认为思考是次要的（Haidt，2001），甚至适得其反的，它促成道德分离，做出利己选择（Bandura，Barbaranelli，Caprara & Pastorelli，1996）。

完全脱离社会环境的纯粹思考在现实中是不太可能的（Allport，1968），尤其在组织中（Darley et al.，2001；Kahn，Wolfe，Quinn，Snoek & Rosenthal，1964）。因此，我们也评估了对话的影响，我们使之概念化成社会思考。因为就定义来看，对话涉及交换（即独白不属于对话，参见 Schegloff，1984，1987），它允许个人非系统性、非科学性的评价至少一个其他个体是如何看待情况及其相关规范的（Bettenhausen & Murnighan，1991）。对话也允许人们系统地阐释自己的解释和决定。对话明显可以有多种形式（Goodwin & Heritage，1990），当演讲者见多识广、能言善辩、对话内容引人入胜并且有中心思想时，它尤其具有影响力（例如，Hovland，Janis & Kelley，1953）。我们通过将我们的分析限定为真正最小对话完成了关于对话的影响的保守测试，即暗示情形规范的匿名陌生人互换简单邮件。

正如指出的那样，其他的组织活动者的必然在场就意味着第三个心理过程解释也是同样相当重要的。因为人们被要求或感觉被迫去解释他们的决定（Festinger，1957；Lewicki，1987），所以解释在组织中是尤其常见的（Shapiro，1991）。在解释变得大众化之后，它也可以随着其他组织的启示作为未来对话和思考的素材。

思考

学者们长期以来一直认为思考可以帮助人们解决道德冲突。柏拉图（1909）和亚里士多德（1972）认为说理是相互冲突的价值之间的仲裁者；其他哲学家（Aquinas，1274、1947；Bentham，1823、2005；Kant & Ellington，1785、1983；Rawls，1971）也假定价值和规则的意识考虑之间有直接联系。最近的道德说理模型（Kohlberg，1958、1969；Piaget & Gabain，1966）和基于价值的决策（Etzioni，1988；Keeney & Raiffa，1993）认为思考使得决策者接入、考虑、整合道德价值，从而增加了做出符合道德决定的可能性。

发展理论家（Kohlberg，1958、1969；Piaget，1932）将思考表征为道德说理的基石，将说理表征为道德决策的本质，尤其是对对决定。例如，科尔伯格（1958）通过询问人们当一个丈夫无力支付药费时是否应该偷药来救患病妻子的生命来让人们在忠于家庭与社会公正之间做出选择。皮亚杰和科尔伯格认为，要解决类似这样的困境，个人必须与自身道德说理系统相呼应：这些作者将思考视为接近道德价值的重要方法，最终，人们会因思考做出合理的道德决定。

广泛范围的道德决策的模型和相关研究表明思考可以促进接近道德价值，促进伦理性。例如，琼斯（1991）强调伦理决定需要道德意识，而道德意识是思考的可能产物（Cushman et al., 2006）。道德想象理论（Werhane, 1999）指出人们需要从几个方面考虑一个情形以达到道德意识，包括道德角度。艾奇厄尼（1988）、基尼、雷发（1993）的经济方法认为决定前思考可以帮助个人平衡个人价值和经济考虑，比奇（1998）的图像理论认为个人通过"寻找异议"，即寻找那些与自己的价值、目标和计划相一致的其他说法，从而做出艰难的、高风险的选择。最后，最近的关于"必要的作恶"（Margolis & Molinsky, 2008；Molinsky & Margolis, 2005）研究表明每天做出艰难的道德选择的个人（如警官），当他们认知性地思考自己选择中的对错元素时是最有效率的。

道德决策的模型也将缺少思考作为侵蚀伦理性的基础的表征。例如，Murnighan 和同事（2001）的有限个人道德模型认为个人对诱惑的即时反应是典型的利己的，反映出深层的根深蒂固的渐进动机。琼斯（1991）在强调道德意识时也暗示快速做出决定可能阻止个人鉴别形势的道德强度，钝化他们接近高级的道德说理。最后，摩尔和路文斯坦（2004）认为利己是自动被迫的，在最低限度上，人们在能现实地考虑道德义务之前需要时间思考。综上所述，这些模型表明即刻做出的决定在道德上是危险的，思考可以通过促进接近道德价值促使做出伦理决定。然而，思考和伦理性关联的实证测试相对较少（Tenbrunsel & Smith-Crowe, 2008）。这部分地反映出对对决定的不确定性（即哪一个"对"是更符合伦理的），在本文中我们通过研究相对不模糊的对错选择避免了这一问题。例如，无论它们的经济优劣是什么，诚实和说谎的道德优劣很容易区分（Haidt, 2001）。我们认为思考在做出对错决定中是尤其有价值的，因为它给人们时间积极考虑那些不太吸引人的"正确"决定的价值。实质上，思考使得决策者权衡他们的道德原则和自利欲望孰重孰轻。这些表明思考后的选择比即时选择（即有足够时间加工情形，但没足够时间思考做出的选择）更加具有伦理。

但是，道德直觉模型（Greene & Haidt, 2002；Haidt, 2001；Haidt & Hersh, 2001；Haidt, Koller & Dias, 1993；Tetlock, Kristel, Elson, Green & Lerner, 2000）和道德分离模型（Bandura, 2002；Bandura et al., 1996；McAlister, Bandura & Owen, 2006）质疑思考的重要性。道德直觉模型探讨了那些激发强烈负面情绪，

尤其是厌恶（如是否要吃掉宠物来避免饥饿，参见 Haidt，2001）的"错误"决定。Haidt（2001）论证这些充满情感的决定激发自动的容易的情绪性反应（即道德直觉）导致人们快速做出决定。换句话说，人们无须思考就可立即知道哪种选择是正确的。事实上，思考只在事后有必要，那就是帮助个人建立起社会可接受的解释。道德直觉模型与自然的决策模型是一致的（Dane & Pratt，2007；Zsambok & Klein，1997），它认为人们无须思考就可立即做出许多选择。

道德分离模型认为一些"错误"决定虽然很明显是错的，但是可以被刻画成"正确"的（如说谎"来使你的朋友远离麻烦"，参见 Bandura et al.，1996）。Bandura 和他的同事（1996）将分离定义为似乎是需要思考的重构框架（Reconstrual）过程的结果。换言之，道德分离模型认为思考通过帮助人们找到本来是错误的行为的创造性重新构念来将人们从道德约束中解放。总之，道德直觉和道德分离模型质疑了思考的重要性。

虽然引发厌恶或要求重新界定的"错误"是重要的，我们认为活动组织者面临的大部分对错决定不包括这两种。许多组织决策关心金钱而不是"厌恶的"禁忌。此外，许多组织决定是刻板的——将明显正确与明显错误并置——使得再阐释道德义务和将"错误"重新界定为正确变得困难。因此，虽然我们认识到思考可以用于道德的或利己的行动中，我们预测对组织内部的对错决定而言，思考鼓励对道德价值的考虑并增加道德决策的可能性。因此：

假设 1：与即时选择相比，思考引起更道德的决定。

对话

组织的社会属性意味着组织决策模型必须考虑社会环境。一些研究与道德相关的决策的文献探讨了社会环境的心理影响（Haney，Banks & Zimbardo，1973；Latané & Rodin，1969；Milgram，1963），最近的道德决策模型至少暗含了尊重社会互动的重要性（Brown，Trevino & Harrison，2005；Cohen，Gunia，Kim & Murnighan，2009；Gino，Ayal & Ariely，2009）。但是，情境相关的陈述的社会互换（即对话）还没有一个基本角色（Darley et al.，2001；Trevino et al.，2006）。因此，我们认为对话是道德决策探究中重要的舞台。

我们将对话概念化为社会思考，因为它允许人们在他人的帮助下思考。尤其是，对话允许人们将自己对情形的阐释与他人的阐释相对比（Festinger，1954）。因为对话是"在特定语境之内并对这些语境有特定的关注"（Goodwin & Heritage，1990），它们可以帮助人们理解清楚什么是合适的或不合适的（Bettenhausen & Murnighan，1991；Cialdini，Reno & Kallgren，1990；Milgram，1963）。因为人们可能"不知道他们的想法直到他们说出来"（Weick，1995），因为他们尽力保持一致

(Festinger，1957)，人们说的和他们听到的同样重要。

如果对话近似于社会思考，那么会话（即双方互换相关情形信息）的影响也应同思考的影响相似，则：

假设 2：与即时决定相比，对话造成更多道德决定。

假设 1 和假设 2 表明思考和对话有相似影响。概念化地来说，两者均为未明确指定内容的"黑匣子"。然而，我们对思考的分析表明，思考由于突出了抵消最初的即时利己倾向的道德价值而鼓励了伦理性。因此，思考因为它的内容可以导致道德决策。这表明对话的内容也可塑造它的影响。从方法论出发，研究对话内容比研究思考内容要容易，因为对话内容容易观察。人们的想法大部分是内在的，但是他们讨论的内容却是公开的（Schegloff，1984、1987），这使得我们可以打开对话的"黑匣子"并考虑它的内容的影响。虽然对话内容可以无限变化（Goodwin & Heritage，1990），但我们在实验中创造出强有力的对话限制，将人们限制在单一、简短的邮件互换中。这种限制允许我们关注对话的中心属性：它们的规范内容（Bettenhausen & Murnighan，1991；Pillutla & Chen，1999；Sherif，1936）。

因为规范帮助人们理解清楚模糊情形，所以我们预测规范内容会影响对话对伦理性的影响。在对错情形中，两种规范尤其突出并且很可能从对话中体现：那些支持什么是"正确"的和那些支持什么是"错误"的规范（Etzioni，1988；Tenbrunsel & Messick，1999）。关于一个情形的道德问题的评论可以突出什么是正确的，强调道德规范，促进道德意识，表明道德行动是合适的（Etzioni，1988）。相对地，关于某些情形的经济特点的评论可以突出利己规范，表明道德意识并非十分重要并且经济结果是可接受的和合适的（Miller，1999；Ratner & Miller，2001）。

因此，我们预测引发道德规范的对话，甚至在最低限度形式（最小"道德对话"）可以促进产生对道德价值的考虑，压制利己并提供其他人认为道德行动合适的社会证据（Cialdini et al.，1990）。相对地，引发利己规范的最小对话（最小"利己对话"）可以促进产生利己，压制道德意识并提供其他人认为利己行为合适的社会证据。[①] 我们通过操纵来引发没有规范内容的对照对话逻辑上应该有中间效应：

假设 3：对照对话比利己对话更能导致伦理决定，道德对话比对照对话更能导致伦理决定。

之前的研究并没有区分各种提升道德意识的方法。例如，琼斯（1991）认为，只要意识被激活，就更有可能做出伦理决定。假设 3 表明道德对话会提升道德意识并促进伦理性，而利己对话则不会。如果思考可以提升意识并促进与即时选择相关的伦理性（假设 1），那么思考和道德对话应该有相似的影响，如同即时选择和利

---

① 虽然谈话中包含两种规范的因素，但是我们严格地界定了理论和实证之间的区别。

己对话一样：

假设 4：道德对话和思考有相似的影响，比利己对话和即时选择更能导致伦理决定。

解释

在组织中工作的人们有许多理由关心他们自己的和他们同事的解释（Shaw et al.，2003），因为解释像对话一样，可以作为"明智选择"的设备，帮助个人理解复杂情形（Weick，1995）。尤其在对错决策风险高时，解释变得重要并且很有必要（Lewicki，1987；Scott & Lyman，1968）。因此，组织中的任何对错决策模型都应包含解释。此外，思考和对话可以帮助个人建立解释，并且对话允许他们测试或分享他们的解释（Festinger，1954）。

可以很容易看清解释如何与道德直觉和道德说理模型相联系：道德直觉模型认为对错决定引起直接的道德上的二分的（Dichotomous）反应：人们立即知道什么是对，什么是错（Haidt，2001）。道德说理模型认为需要思考来鉴别对和错（Kohlberg，1969）。无论哪种，最初已经有倾向的人们可以接着寻找能帮助转变决策倾向或证明已经做出的决策的异议（Beach，1998）或正当理由（Bandura et al.，1996）——或者通过自己（通过更深的思考）或者通过社会（通过对话）。因此，人们在表达他们的决定之前或之后开始寻找解释。①事实上，Cushman 和同事（2006）认为人们尝试在决策前后都会用相似的理由和证明解释他们的决策。无论哪种，解释通常支持决定（Festinger，1957），即使以伦理性为代价（Zhong，Ku，Lount & Murnighan，2010）。

当个人做出经不起推敲的决定时，他们通常将之归结于当前的情形和规范；当他们做出值得赞赏的决定时，他们通常将之归结为个人因素（Bandura et al.，1996；Milgram，1963）。但是归因和解释并不相同：解释是为受众特定设置的且解释必须预测受众的可能反应（Hilton，1990）。因此，人们通常将解释构造为社会可接受方式的对话原因，"人们谈论给予因果解释而并非归因"（Hilton，1990；Emphasis Inoriginal）。

具有讽刺意味的是，当说服几乎不需要解释的受众时解释是最容易被接受的——也就是说，存在争议的行为反映理所当然的设想并且任何面对这种情形的人

---

① 有道德直觉的决策者会有不假思索的直接倾向（Immediate Inclinations）。他们大部分的思考会在之后形成事后解释（à la Haidt，2001）。使用道德推理的决策者会在他们做出道德决策之前先思考片刻（à la Kohlberg，1969）。我们不会将他们这个时候的思考视为解释，因为他们的思考先于任何重大的决策。我们将这些想法归类为先验的（a priori），因为他们在决定付诸行动之前就已经出现了。

都会做同样的事（Bettenhausen & Murnighan，1991；Miller，1999；Sherif，1936）。因此，当解释关注某一情形和规范时，它往往会成功。虽然归因理论暗示只有做错事者应该将情形归在原因内，但我们认为那些行为伦理的人也会将情形归在他们的解释中。伦理选择的情形解释提供了一个社会可接受的论据（每个人面临这种情形都会做出同样的事）；它们也避免自我吹捧的出现。此外，非伦理选择的情形解释可以提供一个可接受的论据且避免责备。因此，情形的关注规范的解释应在伦理的和非伦理的两个情况中都有影响力（注意，人们仍可以私下做出个人归因）。

正如指出的那样，道德的和利己的两类标准经常在对错情形中出现。像对话一样的情形的关注规范的解释将会关注这两类相同的标准是有道理的。换言之，在对错决定中期或后期的决策者倾向于将它解释为道德或利己规范的一种功能——无论哪个支持他们的决定。道德和利己解释都不是天然的道德的或不道德的，因为后者可能与道德无关，而非不道德的。

我们的实证环境允许我们测试道德决策者在事前和事后是否使用了情形解释。虽然不显眼地评估思考者事先的解释是不可能的，但是人们在对话中所说的话提供了事先解释的来源。在本研究的语境中，人们听到对话伙伴的声明，回复然后再做出他们自己的决定。如果他们的回复与伙伴的声明和他们自己的决定都保持一致，这就表明人们在模仿实施他们伙伴的观点。如果他们的回复相较于自己最终的决策更多地与伙伴的声明一致，这就表明他们在模仿但不执行伙伴的观点。如果他们的回复和自己最终的决定更一致，而并非和他们伙伴的观点一致，这就表明他们已经做出初步倾向，且使用解释为事前即决策前进行证明。

正如指出的那样，我们将事先解释阐释为辩护机制。归因理论（Kelley，1967）表明个人为同样目的的倾向使用事后解释。因此，对事先和事后解释提出：

假设 5：个人的解释和自己的决定更一致，而并非和他们对手的对话声明一致。

假设 6：做出伦理（非伦理）决定的个人在解释中强调他们的情形道德（利己）规范。

当前调查研究

当前调查研究为参与者提供了一个清晰的对错决定：是否要故意撒谎（为了提高自己的报酬）或说出事实（结果是可能得到更少的报酬）。为了排除其他可能影响他们决定的因素并关注于基本的心理历程，我们开展了一个对照实验室实验。它使得我们可以分离且比较思考、即时选择和包括三种不同类型内容的对话的影响。

因此，我们建立了五种独立的实验组来观察思考、即时选择和道德、利己、对照三种形式的对话的影响。我们请在思考组的个人对他们的决定"认真考虑"并且给了他们三分钟的时间做出决定。在即时选择组的个人被要求在更短的时间内做出决定，这限制了他们思考的机会。因此，即时选择组是思考组的对照组。

对话组提供了我们预测的保守测试，因为他们是真正的最低限度：参与者与某个和他们进行同样决策的被称为匿名随机挑选的伙伴的人交换简单的邮件。因此，对话伙伴与参与者的决定没有利害关系，也没有任何特殊的专长。事实上，这些伙伴是虚构的，参与者收到提前预设好的表明道德或利己是行动的合适基础或规范基础不清晰（对照对话）的信息。在收到其中一封邮件时，对话组的参与者发送一个回复邮件，我们将之编码为事先解释。在所有五组实验中，参与者就是否说实话或撒谎做出决定，并立即回答一系列关于他们的解释、他们对对话伙伴的评价、他们的归因和其他基本反应的开放和封闭问题。

方　法

参与者

来自美国中西部一所重点大学的 146 名本科生[①]（62 名男性，76 名女性，8 名未知人士，年龄阶段为 17~24 岁；mean = 19.94，s.d. = 1.38）报名参与决策实验。参与者是表明了对参与实验感兴趣的商学院受实验者群体的成员，并在邮件中回复他们提供 5 美元或根据他们的选择另外多付 10 美元。所有参加者最终均收到 15 美元。

实验中的参与者选择本科生是方法论的需要，这种选择关注细心而并非便利。在当前研究中，我们选择实验方法以增加对照和测试特定的理论假说。替代（田野法）方法几乎必定会受到决定环境、社会互动内容、参与者决定耗时方面多变的困扰。我们也发现那些有明显道德后果的对错决定并不是特别依赖于经验：当个人上大学之后，他们可以分清对错，做出周全的决定。道德说理研究也说明并非所有人，但大多数人在青少年后期达到道德发展的顶峰（Kohlberg，1958）。因此，本科生是合适的样本人群，而且他们可能会被我们预算能提供的有限的回报所吸引。

---

① 这个数字不包括因故退出的 9 个人——其中 6 个因为电脑故障，1 个因为超时，还有 2 个对实验过程表示怀疑。

程序

每个参与者或者处在单间或者在小隔间内坐在一台电脑终端前，他们在签署同意书之后被随机分配到五个实验组的其中一个。第一组屏幕表明参与者会和其他人合作完成决策任务。这些合作者是在参与者中随机选择的，并且在实验中和实验后均不会见面。参加者明白自己的决定会确定每个组得到额外10美元中的多少。

参与者被告知每个两人组的成员都会被随机指派为角色1和角色2。但是，电脑通常会将参与者指派为角色1，这是Gneezy（2005）的"欺骗游戏"的改进版。参加者被告知15美元会在他们和角色2之间被分配，根据以下选项之一：选项A会支付角色1资金10美元，角色2资金5美元；选项B会支付角色1资金5美元，角色2资金10美元。

参加者被告知角色2会在两个选项中选择，但是只有角色1知道每个选择对应的金钱价值。因此，角色2只能依靠角色1（参加者）发送给他们的信息在选项AB中选择。虽然没有提到"事实"和"谎言"这两个词，但是参加者只有两种选择：发送真实信息"选项B比选项A赚的钱多"或发送谎言"选项A比选项B赚的钱多"。之前的研究（Cohen et al., 2009; Gneezy, 2005）表明大多数参加者（>80%）期望对方相信自己，即他们预料正确的信息减少他们的报酬，谎言增加报酬。一些参加者明确表明他们告诉真相但希望对方不要相信自己。我们进行了有这些参与者和没有这些参与者的分析，排除他们并没有改变结果。因此，我们在最终分析中包含了所有数据。

操作

在读完最初指示后，思考组的参与者来到有详细报酬信息的第二个屏幕，并且指示他们"请非常认真地考虑发送哪条信息"。这个屏幕在整整3分钟时间内是可见的，底部有计时器。下一个屏幕重复报酬信息，显示："现在该选择了。你有30秒钟的时间做决定。点击你想发送的信息。"在即时选择组，参与者直接来到写着"现在选择吧"指示的屏幕。

思考组的参与者迅速做出他们的决定（mean = 5.85 seconds, s.d. = 3.85 seconds），决策用时比可用的30秒钟短得多。即时选择组既没有时间也没有受到鼓励去思考，但组内有30秒决定的屏幕，因为预调查显示参加者需要最多30秒才能明白程序和报酬信息。没有任何思考时间，即时选择参加者做出决定的时间要更长（mean = 11.41, s.d. = 7.03 seconds; t [62] = 3.85, p < 0.001），这表明他们需要较多的时间或者他们在和选择做斗争。在分析中控制他们的反应时间没有改变任何结果。

在最初指示后，对话组的每个参与者得知他/她和另一个随机选择的匿名"参加者"会互发邮件。指示强调这个对话伙伴并非角色 2 对应的人，而是另一个与不同的角色 2 对应的和参加者做同样决策的角色 1。换言之，对话伙伴被说成是和参加者处在相同情形下的。虽然两封邮件的顺序是表面上随意的，但是这位虚构的对话伙伴总是首先发出邮件。

当参加者处在道德对话组，伙伴的信息表明大多数人在像当前这样情形下会真诚相对，所以伙伴打算发送正确信息；当参加者处在利己组，信息表明大多数人在类似情形下认为利己是合适的，所以伙伴打算发送可以使自己利益最大化的信息；在对照组，信息表明大多数人在这样的情形下会很难抉择，所以伙伴不知道如何做才好。这三条信息是经过预测试使得尽可能并行和可信的。在收到这些信息之一时，参加者回复且做出他/她的信息决定。因此，所有人都参与到相关情形声明的交换中。在预测试中，他们的对话持续时间和思考组做决定的时间几乎完全相同（184 vs 180 seconds；t [79] = 1.01，p = 0.32）。三个对话组的参加者平均决策时间为 10 秒（s.d. = 5.28），和即时选择者的时间相似（t [113] = 0.84，p = 0.40）。

在所有组中，在参加者做出决定之后，在提交之前，他们得知自己可以选择是否要在信息中加上一条："这是事实"。在做出第二次决定后，参加者回答了一系列关于他们对情形的认知、他们的伙伴和他们自己的决定的实验后问题。最后，我们单独对参与者表示感谢、询问和支付报酬，并就存疑部分深入探讨。

衡量方法

准备方法和操作检查。我们用几个方法来检测人们是否尝试利用通过讲出事实并希望对方怀疑的"逆反心理"。因此，参加者表示出他们希望角色 2 相信他们的程度，以及角色 2 确实相信他们的程度。这些问题的答案是高度关联的，所以我们将它们结合得出一个"信赖指数"（α = 0.90）。此外，两个独立的编码者无视假说，对参加者的邮件和参加者认为自己会被相信的预期以及他们是否尝试使用逆反心理做出的开放式回复进行评级。最后，检查对话操作，参加者指出他们的邮件伙伴鼓励他们讲实话或说谎的程度（1 = "完全没有"，7 = "非常"）。

伦理性。主要依靠的方法是参加者是否发送谎言（编码 1）或真实信息（编码 2）。参与者在他们的决策中增加了是否说"这是事实"的选择：他们可以说谎但称为事实、只是说谎、只是讲事实、讲事实并称为事实。但是因为这四类不能被认为是顺序的，所以我们仅仅只是计算每组中有人加上"这是事实"这句话的频率。

解释。我们用三个方面衡量了参加者的解释（道德规范 vs 利己规范）：通过编码他们的邮件（只针对对话组）、通过他们对开放式问题的回复以及通过对一组封闭名目的回应。两个编码员无视假说，阅读参加者的邮件并用三个规格对其评级：他们将情形解释为"道德"、"商业"和"经济"的频率。在 82 封邮件中，79 封是可编码的。在编码 20 个随机选择的回复后，编码员见面讨论并调解他们的异议，每个人接着独立评级剩余的邮件。三个评级在编码员之间相互高度关联（mean r = 0.40），评级同样也是互相高度关联的（mean r = 0.54），所以我们将后两者进行反向计分并将三者结合得出"事先道德解释指数"（α = 0.79），捕捉与利己规范相对的隐性道德。在做出他们的决定之后，参加者回答一个关于自己最终选择的原因的开放式问题。在编码 50 个这些回复后（使用相同的道德/商业/经济编码），两名编码员讨论调解异议后，再单独评级剩余的回复。这些评级也是在编码员中关联（mean r = 0.38），评级自身也是如此（mean r = 0.54），他们结合后（同事先一样）得出"事后道德解释指数"（α = 0.79）。然后参加者回应两个询问是否大多数人"会觉得发送信息 1 完全合适"和"会觉得发送信息 2 完全合适"的名目。他们的回复结合后得出了可靠性偏低的"自我报告道德规范指数"（α = 0.61）。参加者还回答了额外两个询问他们认为这种情形是道德主导的还是商业主导的问题。

实验后感知。在探究基础上，参加者也使用 7 级量表记录他们对对话伙伴的评价（如果有对话伙伴的话）、他们的内在归因、他们的后悔、做决定的困难程度，以及他们的人口信息。在对话组，"伙伴尊重指数"（α = 0.84）是五个问题回答的平均值，包括他们多大程度同意伙伴的观点，以及他们的伙伴多么具有说服力、聪明、有能力以及理智。"伙伴伦理指数"（α = 0.90）是关于他们伙伴的诚实、合作、伦理以及可信任度问题的回答的平均值。"内在归因指数"（α = 0.77）是参加者对关于他们的决定多大程度上反映出"你是谁"、"你的对错感"、"关怀度"和"你的宗教（或精神）观"问题的回答的平均值。两个单项名目衡量评价他们的后悔和做决定的困难程度。

结　果

相较于即时选择和自利的对话，思考和道德性的对话更易于促使人们做出道德决策。无论被试者在讲真话或者讲假话，他们都做出了事先的或事后的、与他们的实际行为相一致的解释。

初步分析和操纵检验

表 1 展示了各因变量的相互关系。性别和年龄对我们的实验结果没有影响，对此我们没有再深入讨论。被试者对于获得同伴信任的预期没有差异（均值为 4.04，标准差为 1.38），F [4, 141] = 0.98，p = 0.42，无论是通过电子邮件发布信息还是开放式回答，这两种形式都不会影响他们对自己的信息会被相信的预期（F

[2，79] = 1.36，p = 0.26 和 F [4，139] = 0.36，p = 0.84）。此外，在开放式回答中，利用逆反心理的被试者不会对被试者产生影响（F [4，139] = 0.73，p = 0.58）。编码后的数据表明，87%的反馈不包含对逆反心理的暗示。因此，在不同条件下的被试者似乎不会利用逆反心理，而且逆反心理也不会对实验结果产生影响。

在对话中信息的操控是成功的：在道德环境下的被试者表示他们的同伴鼓励其讲真话（均值为 6.19，标准差为 1.33），远大于在自利环境下（均值为 1.86，标准差为 1.3）和在对照环境下（均值为 1.82，标准差为 1.28）（F [2，80] = 99.68，p = 0.001），而相反的模式导致鼓励讲假话的比率与之相似（F [2，80] = 50.26，p = 0.001）。

伦理性

思考比即时决定更容易让人们讲真话。即使只有很少的道德对话的被试者也明显比那些对话中强调自利的被试者更容易讲真话。与我们的预期一样，不同的设计情况使得讲真话的比率具有显著性差异（χ^2 = 12.89，p = 0.01，见表 1）。不过，令人宽慰的是，在五种设计情况下，讲真话者的人数都是大于或等于讲假话者。

我们的假设 1 认为思考会比即时选择更能促进道德决策，这样的假设得到了证实：在思考后几乎 90%的被试者表达了真实的信息，相比之下，即时选择环境下仅过半数的被试者选择讲真话（n = 26 of 30 [86.67%] vs. n = 19 of 34 [55.88%]）。Logistic 回归的 OR 值为 5.13，说明在道德对话情况下讲真话者的比例是即时选择情况下讲假话者的比例的 5 倍（β = 1.64，s.e. = 0.64，Wald χ^2 = 6.56，p = 0.01）。加入反应时间作为协变量对以上结果无影响，反应时间本身也不具有统计学差异（p = 0.91）。在思考的情况下，没有被试者讲假话还声称自己所说属实，但是在即时选择情况下，18%的被试者讲了假话而声称自己所说属实。相似的结果是，进行即时选择的被试者讲假话的次数更多，讲真话的次数更少，并且在讲真话的时候不会再强调"这是真实的"（见图 1）。

表 1 初级独立变量的协相关关系

变量	1	2	3	4	5	6	7	8	9	10	11
1. 选择											
2. 事前道德解释指数	0.45***										
3. 事后道德解释指数	0.47***	0.41***									
4. 自陈道德规范指数	0.28**	0.14	0.20*								
5. 道德情形分级	0.36***	0.41***	0.50***	0.12							
6. 商业情形分级	−0.34***	−0.46***	−0.35***	−0.11	−0.33***						
7. 同伴尊敬指数	−0.15	−0.01	0.06	−0.21+	0.06	−0.01					

续表

变量	1	2	3	4	5	6	7	8	9	10	11
8. 同伴道德指数	0.03	−0.10	0.09	0.30**	−0.06	0.13	0.27*				
9. 内部归因指数	0.49***	0.52***	0.61***	0.14+	0.70***	−0.35***	0.19+	0.05			
10. 反悔	−0.29***	−0.07	−0.23**	−0.08	−0.11	0.19*	0.10	−0.08	−0.21*		
11. 对 5 美元酬劳的满意程度	0.30***	0.11	0.28***	0.20*	0.23**	−0.07	−0.12	0.03	0.22**	−0.25**	
12. 决策的困难程度	0.15	0.01	0.13	0.03	−0.02	−0.04	−0.06	0.14	0.10	−0.28**	0.17*

注：$^+p < 0.10$，$* p < 0.05$，$** p < 0.01$，$*** p < 0.001$。

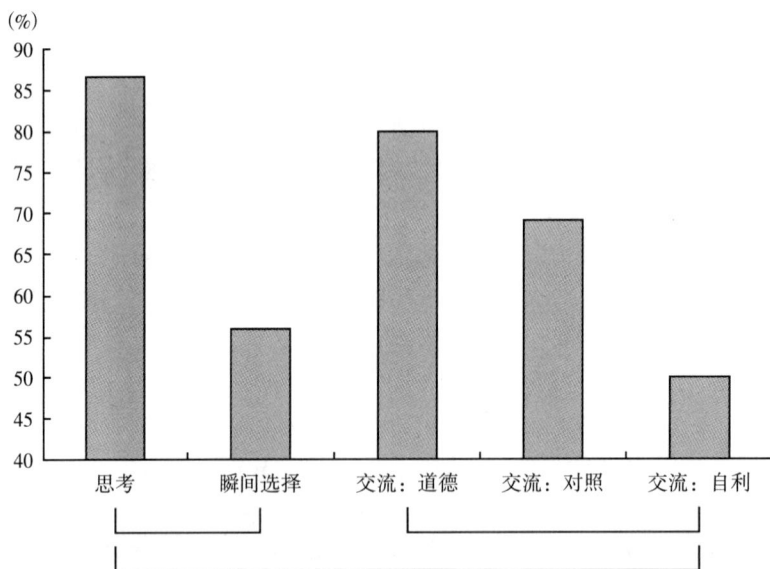

图 1　在不同情况下讲真话的比例 [a]

注：[a] 大括号表示两者具有统计学差异。

假设 2 认为对话会比即时选择更能促进道德决策。为了检验这一假设，我们比较了三种对话情况和即时选择情况下的道德决策。尽管在对话的情况下讲真话者的比例更高（n = 54 of 82［65.85%］vs. n = 19 of 34［55.88%］），几乎没有被试者讲了假话并称自己所说属实，但是 Logistic 回归表明两种情况下实验结果并没有统计学差异（$β = 0.42$，s.e. = 0.42，Wald $χ^2 = 1.02$，$p = 0.31$），因此假设 2 并不成立。

我们的假设 3 认为对话对于道德决策的影响取决于对话的内容，这一假设得到了证实：进行道德对话的被试者中有 80% 表达了真实的信息，相较之下，在自利环境下的被试者中表达真实信息的仅为 50%（n = 20 of 25 vs. n = 14 of 28）。尽管这两组具有显著统计学差异（$β = 1.39$，s.e. = 0.63，Wald $χ^2 = 4.89$，$p = 0.03$），但分别和对照组相比时都不具有统计学差异（道德：β = 0.59，s.e. = 0.64，Wald χ² = 0.84，p = 0.36；自利：β = 0.80，s.e. = 0.55，Wald χ² = 2.10，p = 0.15）。进行道德对话的被试者中讲真话者的比例比自利对话的被试者中讲真话者的比例高出 4 倍。同在思考情形下的结果相似，进行道德对话的被试者中没有一位讲了假话还声称自己所说属实，但在自利对话情形下，有 7% 的被试者这么做了（见表 2）。

表 2 不同条件下的选择

条件	说谎+声称所说属实	说谎	讲真话	讲真话+声称所说属实
思考 (n = 30)	0 (0%)	4 (13.3%)	16 (53.3%)	10 (33.3%)
即时选择 (n = 34)	6 (17.6%)	9 (26.5%)	7 (20.6%)	12 (35.3%)
道德对话 (n = 25)	0 (0%)	5 (20.0%)	9 (36.0%)	11 (44.0%)
对照 (n = 29)	3 (10.3%)	6 (20.7%)	16 (55.2%)	4 (13.8%)
自利对话 (n = 28)	2 (7.1%)	12 (42.9%)	7 (25.0%)	7 (25.0%)

假设 4 认为道德对话和思考比即时选择和自利对话更容易使人们做出道德决策，我们的实验对此加以了证实。在思考或者道德对话情形下，83.64% 的被试者选择讲真话，相较之下，即时选择或者进行自利对话的被试者中只有 53.23% 选择讲真话（β = 1.50，s.e. = 0.45，Wald χ² = 11.42，p = 0.001）。在前一种情形下讲真话的比例是后一种情形下的 4.49 倍。在思考和道德对话两种情形下，讲真话的频率并没有统计学差异（β = 0.49，s.e. = 0.73，Wald χ² = 0.44，p = 0.51），同样在即时选择和自利对话中讲真话的频率也无差异（β = 0.24，s.e. = 0.51，Wald χ² = 0.21，p = 0.64）。被试者认为在思考和道德对话情形下做选择的难度（均值 = 5.15，标准差 = 1.63）大于在即时选择和自利对话情形下做选择的难度（均值 = 4.34，标准差 = 1.50；t [115] = 2.79，p = 0.006）。

解释

假设 5 认为个体的决策和他们的解释之间的关联性强于环境（即他们同伴对话时所体现的规范准则）与解释之间的关联性。假设 6 认为在进行解释时讲真话者会强调环境的道德规范，而讲假话者会强调环境中的自利准则。对编码的电子邮件、开放式回答和被试者的自评报告进行分析，都证实了这两条假设的正确性。

被试者事先或者事后的解释均不受环境的影响（F [2，79] = 2.06，p = 0.1；F [4，136] = 1.10，p = 0.36），但是与他们选择讲真话或者讲假话显著相关（β = 0.76，s.e. = 0.17，p = 0.001；β = 1.17，s.e. = 0.19，p = 0.001）。此外，讲真话者比讲假话者体现出更加道德、更加利他的行为规范。这在事前（means=4.00 vs3.24；s.d.'s = 0.70 and 0.79；t [80] = 4.47，p < 0.001）和事后道德解释指数中都得到了证

明（均值 = 4.19，s.d. = 1.01 vs 均值 = 3.02，s.d. = 1.08；t［139］= 6.34，p = 0.001）。

被试者的实验后自我报告也与这些发现相一致。同讲假话者相比，讲真话者认为行为规范的约束使得他们更倾向于讲真话而不是讲假话（均值 = 3.94 s.d.'s = 1.15；均值=3.21s.d.=1.2，t［144］=3.51，p=0.001）。也就是说，他们认可道德规范的约束。同时，讲真话者也比讲假话者更多地认为这些情形具有更强的道德导向（均值 = 4.86，标准差 = 1.99 vs 均值 = 3.30，标准差 = 1.67；t［144］= 4.66，p = 0.001）以及较少的商业导向（均值 = 4.51，标准差 = 1.83 vs 均值 = 5.74，标准差 = 1.09；t［144］= 4.29，p = 0.001）。这些情况有一个显著的影响：进行道德对话的被试者（均值 = 4.36，标准差 = 0.97）比进行自利对话的被试者（均值 = 2.95，标准差 = 1.13；Bonferroni F［4，141］= 5.12，p = 0.001）更加感受到行为规范使他们倾向于发出真实信息。

因此，讲真话的行为和被试者所处的道德环境相一致，讲假话的行为也与被试者所处的自利环境一致。这些数据同样也说明个人事先的电子邮件解释、他们的决策以及他们实验后自陈报告的解释是一致的，并且彼此存在正相关，而相对来说他们的解释不受实验设计情况的影响。因为实验设计的环境对电子邮件和事后的解释影响较小，我们的实验结果认为在三个对话组的被试者可能在发电子邮件之前或当时就已经做出了实际决策。

实验后感知

对其他实验后衡量的分析更加说明了被试者进行决策时具有感知性、情感性和社会性。首先，他们对对话对象的评价取决于对话的内容。与对照相比（均值 = 3.44，标准差 = 1.15；t［79］= 5.10，p = 0.001），道德对话和自利对话的被试者之间互动会带来更多的尊敬（均值 = 4.62，标准差 = 1.11；均值 = 4.76，标准差 = 0.89）。此外，如预期所料，道德的同伴比对照被认为更具有道德性（均值 = 5.42，标准差 = 0.90），而对照又比自利的同伴更具有道德性（均值 = 3.54，标准差 = 1.19；所有的F's > 3.50，all p's < 0.01）。

其次，除了被试者的解释会根据设计情况有不同外，他们的个人反应也有所不同。不同的环境对内部归因指数不产生影响（F［4，141］= 0.99，p = 0.42），但是讲真话者的内部归因指数（均值 = 4.80，标准差 = 1.44）高于讲假话者（均值 = 3.24，标准差 = 0.95；t［144］= 6.75，p < 0.001）。另外，讲假话者对自己的选择表示出了更强的后悔（均值 = 2.62，标准差 = 1.45 vs. 均值 = 1.82，标准差 = 1.12；t［144］= 3.65，p < 0.001），说明他们意识到并且可能后悔自己以自我为中心的选择。

讨　论

　　这篇研究对思考、对话和解释这三种以哲学为中心、以心理学为基础、与组织学相关的道德决策过程提出了新的观点和证据。我们整合了一系列文献来探究一类重要的道德决策过程。我们的目的是梳理那些常常被日常经验所困扰的道德决策的影响。研究结果发现思考和对话能影响人们的对错选择：思考和道德对话会促使人们进行道德决策，而即时决定和自利的对话可能起相反的作用。此外，我们的研究还表明，无论是事前还是事后，被试者都会说出和他们的决策一致的情形解释。

　　如同道德归因和其他道德决策模型 (Kohlberge，1969) 的结论，我们的研究结果明确阐明了思考对于道德决策的重要性。同时，实验中的被试者并不存在做出相对快速决定的困难，支持了道德直觉模型的中心假设 (Haidt，2001)。然而，我们的数据并不支持他们关于思考仅发生在决策后的争论。相较于即时选择，思考能促进而不是妨碍道德决策，因此我们的结论也不支持道德脱离模型。尽管传统认为人们用思考为自己的不道德行为做开脱，但在我们的研究中并未观察到这一现象。因此，接下来的研究可能会继续探讨"不道德的思考是何时发生的"。

关于认知过程模型

　　我们的研究为对错选择的认知过程模型提供了依据（见图 2）。考虑到在这一

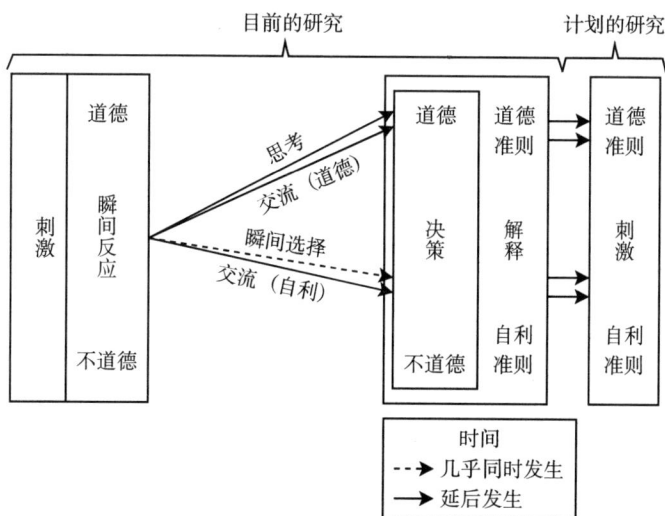

图 2　设想的对错选择的认知过程

领域的实践研究的状况，我们的研究仅仅是初步的结论。同时，对错选择模型简明地概括了我们的研究内容，也为今后的研究提供了依据。

总之，模型描述了可能的对错情况、个体的即时反应、紧接着的心理过程、决策和解释之间的联系。研究认为，决策者在这些情况下有即时的倾向，而思考和对话的过程可能影响和改变这些倾向，紧接着决策者会做出解释，解释又可能促进他们的决策。

当被试者进行思考和对话时，他们的决策需要时间。对此，我们在图中用实线箭头描述了这一过程，同时用虚线箭头描述了瞬时决定的过程。因为思考和道德对话可能通过促使人们对道德价值的反思而有利于道德的选择，我们用向上的斜线表示这一作用。道德归因研究者可能会将这些数据作为思考和道德允许人们的道德归因系统积极参与其中的证据。瞬时决策和自利的对话会妨碍道德决策，可能是由于抑制了道德价值观，因此我们用向下的斜线表示自利的对话可能促使人们说假话。向下的斜线的斜率绝对值小于向上的斜线，因为即使是在瞬时决策和自利对话的情况下仍有一半左右的被试者讲真话。①

每位被试者都能毫不费劲、快速地为他们的决定进行直接相关的解释。诚然我们很难判定被试者做出选择和解释的确切时间，但目前的研究数据说明二者是相近的。严格来讲，事前的解释先于决策，事后的解释则是紧随决策的。然而，事先的和事后的解释与人们决策之间的紧密联系说明了解释和决策过程是密不可分的，无论是决策之前、决策当时还是决策之后，并且内心的决策可能先于个人的邮件解释。对于事实是否如此，可能需要未来使用神经影像学方法进行研究。因此，我们根据实验结果，在图表中将解释描绘为相关决策。

我们使用电子邮件反馈、开放式回答、一系列自陈报告项目的回答来评定被试者的解释，三种方法得到的结论是一致的，并且结论不受实验设计情形的影响。在所有三种解释方式中，讲假话者认为他们所处的环境具有自利的特点，而同样的环境讲真话者则认为具有道德的特点。因为解释和决策之间的关系如此一致，我们的模型认为道德决策与道德的解释紧密相关，而不道德的决策与自利的解释紧密相关。从某种意义上来讲，思考和对话决定了个体的决策，而个体的决策决定了相应的解释。

因为个体可能直到他们看见自己所说的事情，才意识到自己所想的事情（Weick，1995），以及他们努力使个人态度和他们的公开声明保持一致（Festinger，1957），个体的解释也可能影响接下来的道德归因和道德决策。因此，尽管我们的研究只做到了如图 2 所示的程度，但我们推测当前的解释也许会影响接下来的思考

---

① 为了表述简便，该图没有包括控制组的谈话。

和对话。举个例子，能够促进自利的解释的自利行为也许会在未来的对错选择中很容易强调自利为一种常态，而这会更加促使人们认为自利行为是正当合理的。因此，我们用直线将解释和相应的背景情况联系起来。尽管这个推测跟随了在认知一致性上的研究（Festinger，1957），但却与目前新的研究相悖。目前的研究认为道德行为会使个体降低他们接下来的道德标准；反之亦然（Zhong et al.，2010）。这些冲突为将来的研究提供了多种方向。此外，如果决策者如同我们的实验被试者所做的那样，在对话中对他们的决策进行了解释，那么当前的解释可能会影响未来的对话，而这又可能影响他人接下来的道德决策。因此，集中解释的对话方式对道德和利己规范的传播可能性提供了另一个研究方向。

对慎重选择的微妙影响

尽管这项研究采用的是不那么强有力操作的研究手段——要求被试者三分钟做出道德决策、瞬时决策或者与陌生人单一邮件的交换，但作用确实是显著的。我们的研究发现了思考对于决策的惊人作用，同时还强调了少量的社会对话对于道德决策的重要作用（Tetlock et al.，2000）。虽然实验中对话的形式简单，作用却不可忽视。考虑到如今电子邮件和短信的普遍性，这项发现不禁让人担忧。换言之，这些研究说明了对错决策可使人们保持中立，对道德和诱惑持观望态度，以及微小的影响过程也能产生巨大的作用。这也说明了对错决定的认知过程还需要更多的研究。因此，未来的研究可能主要致力于识别各种先于决策的认知过程组合能否促进道德决策或者探究思考和对话的作用的约束条件。

这项实验也提出了一个直接问题：为何人们因为 5 美元就改变了他们的道德标准？事实上，之前的研究认为 5 美元已经很慷慨了，Greezy（2005）关于决定讲真话或者假话的研究发现，36%的被试者仅仅因为 1 美元就讲了假话。Cohen 等（2009）观察到因为 1 美元而说谎的比例在个体和群体中分别为 50%和 80%。Pillutla 和 Murnighan（2005）同样也发现人们毫无疑问地会选择不公平的结果以获取额外的金钱。尽管我们有以上推理，但仍然发现实验中素未谋面且选择不受别人影响的被试者之间发出的电子邮件对他人的道德决策会产生显著的作用。至于对话是否会促进道德决策，我们发现轻度的对话也会对人们产生影响，这一现象让我们有一些不安，因为它说明了在日常生活中，他人甚至陌生人会对我们的道德选择产生直接影响。

尽管我们的研究结果支持道德归因模型对思考的关注，但人们道德标准的"社会可塑性"对于稳定模型、完美推理道德系统并不是一个好兆头（Kohlberg，1969）。这些数据说明了正如道德对话可以加强道德归因一样，自利的对话会减弱道德归因。因此，我们的结论是每个人的道德归因是多种多样的，且具有社会性和偶然性。通过强调假设2并不成立来说明以上观点的合理性十分有必要。对话本身似乎并不能明显地改变人们的即时反应。事实上，对话的内容才是最重要的。思考似乎也是同样的情况，因为我们关于天气的思考不可能对道德决策产生太大的影响。将来的研究可能会一前一后探究思考和对话的内容，以及使其内容获得或失去相关性的限制条件。

组织的决策者总是会有意或无意地选择支持他们直觉偏好的同伴，知道这一点对我们很有必要。他们也可能会根据偏好寻找不同类型的对话。按照这样的逻辑，组织中以对话为基础的决策就会比在我们实验中的决策更加稳定。然而，在我们的瞬时选择情形下说真话者和说假话者的比例接近1∶1，说明对错选择的决策者会被这两个对立的选择分为两派，这就使决策者无法清楚地认识到应该找谁去进行咨询。同样，企业顾问也会站成两派，这可能促使他们提出意料之外的相互冲突的建议（Kidder，1996）。持久的相互试探就会变得同实验室里一样常见。

对组织和管理的意义

我们的研究结果说明了组织领导者可以改变自己和同伴的道德表现。因此，对错选择的认知过程具有了理论和研究意义。企业领导者可有意识地设计道德决策过程，使之与培训相结合，并通过政策、奖惩实施制度。要求对重要决策有"冷却期"或多级审批的政策，例如，提供类似于思考的制度以及相当于对话的伦理咨询，而实施和改善这些程序的机会比比皆是。

我们的研究进一步建议某些组织文化可以鼓励道德或者不道德的行为。有对快速决策进行奖励、不鼓励决策前思考和对话的传统的企业可能会遭受道德惩罚。花时间去思考和对话——尤其是和其他道德的同伴对话——的企业可能会从道德行为中受益。同样地，有工作流程相互依赖的鼓励对话的企业，可能会有比独立工作流程的企业更多的道德行为。

简单来讲，组织成员支持和拥护的准则十分重要。若组织里全是向经济效益看齐、只追求经济利益的员工，那么可能会产生自利的行为准则（Miller，1999）。相较之下，那些赞同并将道德价值融入日常工作程序中的企业会产生道德的行为规范（Elster，1989）。因此，企业既要关注体现道德的态度，又要奖励道德角色模范（Brown et al.，2005），以及提供以价值为基础的决策框架（Keeney & Raiffa，1993）。我们的研究结果建议面临对错选择的企业领导者三思而后行或者向道德的同伴进行咨询，因为这样可以提高可能在瞬时选择和自利的对话中无法体现的道德认知。前两种行为只需花费很低的成本就会对道德行为产生巨大的影响。

局限性、未来的方向和结论

这项研究中的数据提示我们思考和道德对话可能增强道德行为，但是瞬时选择和自利的对话会削弱道德性。人们的解释（无论何时发生、何种心理来源）都是直接支持他们的决定。通过这些发现我们展示出了初级的道德决策认知模型。我们认识到其有局限性，但同样为其未来的研究感到欣喜。

我们在实验室里进行的这项实验既有优点又有局限性。尽管实验手段让我们将心理因素对于道德决策的细微作用分离出来，以及提供了田野方法中无法做到的不同程度的控制，但仍然有局限性。我们的样本包括了作为被试者存在明显局限性的本科生，因此研究如果采用其他来源的样本可能更丰富。我们的研究采用了设计的简单场景。尽管研究者（Cohen et al.，2009；Gneezy，2005）认为欺骗游戏的简单性有利于普遍推广，但是在其他的背景下可能引发别的决策过程。

将来还有很多可研究的方向（Tenbrunsel & Smith-Crowe，2008），包括：最初的对话和决策是如何影响后续的决策的；道德情感是否必要，思考和对话是如何激发它们的；思考性决策过程的不足；思考和对话是如何结合起来的；最优的道德决策过程；无意识思考的影响（Dijksterhuis，2004）。未来的研究还可以通过跟踪人们对决策者、同伴以及整个企业已有解释的行为线索，进一步探究道德决策过程。最后，实验还可以探究在更加实际化的设定下，人们是何时以及为何寻求对话、与谁对话以及对话的内容。

许多其他的研究方向也是可能的。事实上，在当前企业不法行为很普遍的社会大背景下，这样的研究会很受欢迎。我们欢迎其他研究者拓展我们对于对错选择的心理学基础的探究。揭示如何增加"对"的选择、减少"错"的选择的研究将会给企业、企业股东、企业成员带来巨大的好处。

参考文献

［1］Allport，G. W. 1968. The historical background of modern social psychology. In G. Lindzey & E. Aronson（Eds.），Handbook of social psychology，1（2nded.）：1-80. Reading，MA：Addison-Wesley. Aquinas，T. 1274/1947. Summa theologica. New York：Benziger Bros.

［2］Aristotle. 1972. Nicomachean ethics：Book V. In S. E.Frost（Ed.），Masterworks of philosophy，1：135-140. New York：McGraw-Hill.

［3］Ashforth，B. E.，Gioia，D. A.，Robinson，S. L.，& Trevino，L. K. 2008. Re-viewing organizational corruption—Introduction. Academy of Management Review，33：670-684.

［4］Bandura，A. 2002. Selective moral disengagement in the exercise of moral agency. Journal of Moral Education，31（2）：101-119.

［5］Bandura，A.，Barbaranelli，C.，Caprara，G. V.，& Pastorelli，C. 1996. Mechanisms of moral disengagement in the exercise of moral agency. Journal of Personality and Social Psychology, 71: 364-374.

[6] Beach, L. R. 1998. Image theory: Theoretical and empirical foundations. Mahwah, NJ: Erlbaum.

[7] Beauchamp, T. L., Bowie, N. E., & Arnold, D. 2008. Ethical theory and business (8th ed.). Englewood Cliffs, NJ: Prentice Hall.

[8] Bentham, J. 1823/2005. An introduction to the principles of morals and legislation. Boston: AdamantMedia Corporation.

[9] Bettenhausen, K., Murnighan, J. K. 1991. The development of an intragroup norm and the effects of inter-personal and structural challenges. Administrative Science Quarterly, 36: 20-35.

[10] Brady, F. N., & Wheeler, G. E. 1996. An empirical study of ethical predispositions. Journal of Business Ethics, 15: 927-940.

[11] Brief, A. P., Buttram, R. T., & Dukerich, J. M. 2000.Collective corruption in the corporate world: Toward a process model. In M. E. Turner (Ed.), Groupsat work: Advances in theory and research: 471-500. Hillsdale, NJ: Erlbaum.

[12] Brown, M. E., Trevino, L. K., & Harrison, D. A. 2005. Ethical leadership: A social learning perspective for construct development and testing. Organizational Behaviorand Human Decision Processes, 97: 117-134.

[13] Cialdini, R. B., Reno, R. R., & Kallgren, C. A. 1990. A focus theory of normative conduct: Recycling the concept of norms to reduce littering in public places.Journal of Personality and Social Psychology, 58: 1015-1026.

[14] Cohen, T. R., Gunia, B. C., Kim, S. Y., & Murnighan, J. K. 2009. Do groups lie more than individuals? Honesty and deception as a function of strategic self interest. Journal of Experimental Social Psychology, 45: 1321-1324.

[15] Cushman, F., Young, L., & Hauser, M. 2006. The role of conscious reasoning and intuition in moral judgment: Testing three principles of harm. Psychological Science, 17: 1082-1089.

[16] Cyriac, K., & Dharmaraj, R. 1994. Machiavellianism in Indian management. Journal of Business Ethics, 13: 281-286.

[17] Dane, E., & Pratt, M. G. 2007. Exploring intuition and its role in managerial decision making. Academy of Management Review, 32: 33-54.

[18] Darley, J. M., Messick, D. M., & Tyler, T. R. 2001. Social influences on ethical behavior in organizations.Mahwah, NJ: Erlbaum.

[19] Dijksterhuis, A. 2004. Think different: The merits of un-conscious thought in preference development and decision making. Journal of Personality and Social Psychology, 87: 586-598.

[20] Elster, J. 1989. Social norms and economic theory. Journal of Economic Perspectives, 3 (4): 99-117.

[21] Etzioni, A. 1988. The moral dimension: Toward a new economics. New York: Free Press.

[22] Festinger, L. 1954. A theory of social comparison processes. Human Relations, 7: 117–140.

[23] Festinger, L. 1957. A theory of cognitive dissonance. Evanston, IL: Row Peterson.

[24] Flannery, B. L., & May, D. R. 2000. Environmental ethical decision making in the U.S. metal-finishing industry. Academy of Management Journal, 43: 642–662.

[25] Gino, F., Ayal, S., & Ariely, D. 2009. Contagion and differentiation in unethical behavior: The effect of one bad apple on the barrel. Psychological Science, 20: 393–398.

[26] Gneezy, U. 2005. Deception: The role of consequences.American Economic Review, 95 (1): 384–394.

[27] Goodwin, C., & Heritage, J. 1990. Conversation analysis.In Annual review of anthropology, 19: 283–307. Palo Alto, CA: Annual Reviews.

[28] Greene, J., &Haidt, J. 2002. How (and where) does moral judgment work? Trends in Cognitive Sciences, 6: 517–523.

[29] Guerrera, F., Sender, H., & Baer, J. 2010. Goldman Sachssettles with SEC. Financial Times, http: //www.ft.com/cms/s/0/4bd43894-904c-11df-ad26-00144feab49a.html.

[30] Haidt, J. 2001. The emotional dog and its rational tail: Asocial intuitionist approach to moral judgment. Psychological Review, 108: 814–834.

[31] Haidt, J., &Hersh, M. A. 2001. Sexual morality: The cultures and emotions of conservatives and liberals. Journal of Applied Social Psychology, 31: 191–221.

[32] Haidt, J., Koller, S. H., & Dias, M. G. 1993. Affect, culture, and morality, or is it wrong to eat your dog? Journal of Personality and Social Psychology, 65: 613–628.

[33] Haney, C., Banks, C., & Zimbardo, P. 1973. Study of prisoners and guards in a simulated prison. Naval Research Reviews, 26(9): 1–17.

[34] Hegarty, W. H., & Sims, H. P. 1978. Some determinants of unethical decision behavior: Experiment. Journal of Applied Psychology, 63: 451–457.

[35] Hilton, D. J. 1990. Conversational processes and causal attribution. Psychological Bulletin, 107: 65–81.

[36] Hovland, C. I., Janis, I. L., & Kelley, H. H. 1953. Communications and persuasion: Psychological studies in opinion change. New Haven, CT. Yale UniversityPress.

[37] Hunt, S. D., & Vasquez-Parraga, A. Z. 1993. Organizational consequences, marketing ethics, and sales force supervision. Journal of Marketing Research, 30: 78–90.

[38] Jones, T. M. 1991. Ethical decision-making by individuals in organizations: An issue-contingent model.Academy of Management Review, 16: 366–395.

[39] Kahn, R. L., Wolfe, D., Quinn, R., Snoek, J., &Rosenthal, R. 1964. Organizational stress: Studies in role conflict and ambiguity. New York: Wiley.

[40] Kant, I. Ellington, J. W., trans. 1785/1983. Ethical philosophy: The complete texts of grounding for the Metaphysics of Morals, and "metaphysical principles of virtue," part II of the Metaphysics of Morals.Indianapolis: Hackett.

[41] Keeney, R. L., & Raiffa, H. 1993. Decisions with multiple objectives: Preferences and value tradeoffs. Cam-bridge, U.K.: Cambridge University Press.

[42] Kelley, H. H. 1967. Attribution theory in social psychology.In D. Levine (Ed.), Nebras-ka symposium on motivation. Lincoln: University of Nebraska Press.

[43] Kidder, R.M. 1996. How good people make tough choices: Resolving the dilemmas of ethical living. NewYork: Simon & Schuster.

[44] Kohlberg, L. 1958. The development of modes of thinking and choices in years 10 to 16. Unpublished doctoral dissertation, University of Chicago.

[45] Kohlberg, L. 1969. Stage and sequence: The cognitive developmental approach to social-ization. In D. A.Goslin (Ed.), Handbook of socialization theory: 347–480. Chicago: Rand McNally.

[46] Lange, D. 2008. A multidimensional conceptualization of organizational corruption con-trol. Academy of Management Review, 33: 710–729.

[47] Latané, B., & Rodin, J. 1969. A lady in distress: Inhibiting effects of friends and strangers on by stander intervention. Journal of Experimental Social Psychology, 5: 189–202.

[48] Lewicki, R. J. 1987. Lying and deception: A behavioral model. In M. H. Bazerman& R. J. Lewicki (Eds.), Negotiating in organizations: 68–90. Beverly Hills, CA: Sage.

[49] Margolis, J. D., & Molinsky, A. 2008. Navigating the bind of necessary evils: Psycho-logical engagement and the production of interpersonally sensitive behavior.Academy of Management Journal, 51: 847–872.

[50] McAlister, A. L., Bandura, A., & Owen, S. V. 2006. Mechanisms of moral disengage-ment in support of military force: The impact of Sept. 11. Journal of Socialand Clinical Psychology, 25: 141–165.

[51] McLean, B., & Elkind, P. 2004. The smartest guys in the room: The amazing rise and scandalous fall of Enron. New York: Portfolio.

[52] Milgram, S. 1963. Behavioral study of obedience. Journal of Abnormal & Social Psychol-ogy, 67: 371–378.

[53] Miller, D. T. 1999. The norm of self-interest. American Psychologist, 54: 1053–1060.

[54] Molinsky, A., & Margolis, J. 2005. Necessary evils and interpersonal sensitivity in or-ganizations. Academy of Management Review, 30: 245–268.

[55] Moore, D. A., & Loewenstein, G. 2004. Self-interest, automaticity, and the psycholo-gy of conflict of interest. Social Justice Research, 17: 189–202.

[56] Murnighan, J. K., Cantelon, D. A., &Elyashiv, T. 2001.Bounded personal ethics and the tap dance of real estate agency. In J. A. Wagner III, J. M. Bartunek, & K. D. Elsbach (Eds.), Advances in qualitative organizational research. New York: Elsevier/JAI.

［57］Piaget，J. 1932. The moral judgment of the child. Paris：Alcan.

［58］Piaget，J.，& Gabain，M. 1966. The moral judgment of the child. New York：Free Press.

［59］Pillutla，M. M.，& Chen，X. P. 1999. Social norms and cooperation in social dilemmas：The effects of con-text and feedback. Organizational Behavior and Human Decision Processes，78：81-103.

［60］Pillutla，M. M.，& Murnighan，J. K. 1995. Being fair or appearing fair：Strategic behavior in ultimatum bargaining. Academy of Management Journal，38：1408-1426.

［61］Pinto，J.，Leana，C. R.，&Pil，F. K. 2008. Corrupt organizations or organizations of corrupt individuals? Two types of organization-level corruption. Academy of Management Review，33：685-709.

［62］Plato. 1909. The republic ［J. Adam，Ed.］. Cambridge，U.K.：Cambridge University Press.

［63］Ratner，R. K.，& Miller，D. T. 2001. The norm of self interest and its effects on social action. Journal of Personality and Social Psychology，81：5-16.

［64］Rawls，J. 1971. A theory of justice. Cambridge，MA：Belknap.

［65］Ruegger，D.，& King，E. W. 1992. A study of the effect of age and gender upon student business ethics. Journal of Business Ethics，11：179-186.

［66］Schegloff，E. A. 1984. On some questions and ambiguities in conversation. In J. M. Atkinson & J. Heritage（Eds.），Structures of social action：28-52. Cambridge，U.K.：Cambridge University Press.

［67］Schegloff，E. A. 1987. Analyzing single episodes of inter-action：An exercise in conversation analysis. SocialPsychology Quarterly，50：101-114.

［68］Scott，M. B.，& Lyman，S. M. 1968. Accounts. American Sociological Review，33：46-62.

［69］Shapiro，D. L. 1991. The effects of explanations on negative reactions to deceit. Administrative Science Quarterly，36：614-630.

［70］Shaw，J. C.，Wild，E.，& Colquitt，J. A. 2003. To justify or excuse? A meta-analytic review of the effects of explanations. Journal of Applied Psychology，88（3）：444-458.

［71］Sherif，M. 1936. A study of some social factors in perception. Archives of Psychology，27：187.

［72］Stevens，R. E.，Harris，O. J.，& Williamson，S. 1993. Acomparison of ethical evaluations of business school faculty and students：A pilot study. Journal of Business Ethics，12：611-619.

［73］Tenbrunsel，A. E.，& Messick，D. M. 1999. Sanctioning systems，decision frames，and cooperation. Admin-istrative Science Quarterly，44：684-707.

［74］Tenbrunsel，A. E.，& Smith-Crowe，K. 2008. Ethical decision-making：Where we've been and where we'regoing. In J. P.Walsh & A. P. Brief (Eds.), Academy of Management annals, 2: 545–607. Essex, U.K.: Routledge.

[75] Tetlock, P. E., Kristel, O. V., Elson, S. B., Green, M. C., & Lerner, J. S. 2000. The psychology of the unthinkable: Taboo trade-offs, forbidden base rates, and heretical counter-factuals. Journal of Personality and Social Psychology, 78: 853–870.

[76] Trevino, L. K., Weaver, G. R., Reynolds, S. J. 2006. Behavioral ethics in organizations: A review. Journal of Management, 32: 951–990.

[77] Trevino, L. K., & Youngblood, S. A. 1990. Bad apples inbad barrels: A causal analysis of ethical decisionmaking behavior. Journal of Applied Psychology, 75: 378–385.

[78] Weaver, G. R., Trevino, L. K., & Cochran, P. L. 1999. Corporate ethics programs as control systems: Influences of executive commitment and environmental factors.Academy of Management Journal, 42: 41–57.

[79] Weick, K. E. 1995. Sensemaking in organizations.Thousand Oaks, CA: Sage.

[80] Werhane, P. H. 1999. Moral imagination and management decision making. New York: Oxford University Press.

[81] Whipple, T. W., & Swords, D. F. 1992. Business ethics judgments: A cross-cultural comparison. Journal of Business Ethics, 11: 671–678.

[82] White, C. S., & Dooley, R. S. 1993. Ethical or practical: An empirical study of students' choices in simulated business scenarios. Journal of Business Ethics, 12: 643–651.

[83] Zhong, C. B., Ku, G. L., Lount, R. B., &Murnighan, J. K.2010. Compensatory ethics. Journal of Business Eth-ics, 92: 323–339.

[84] Zsambok, C. E., & Klein, G. A. 1997. Naturalistic decision making. Mahwah, NJ: Erlbaum.

兼容的罪人，固执的圣人：权力和自我聚焦如何决定社会影响在道德决策方面的有效性[*]

Marko Pitesa，Stefan Thau

【摘　要】在此研究中，我们主要检验了雇员在应对道德问题时，何时受到组织环境的影响，以及为何会受组织环境的影响。过去的研究是针对社会在组织方面的影响会影响雇员的道德决策这一问题，但是并没有解释何时以及为何有些人会受组织环境的影响，而有些人却忽视这一影响。为了解决这一问题，作者借鉴了权力的研究，认为权力会使人们更加以自我为中心，进而使得人们更倾向于根据自己的喜好来做出反应，并忽视了（非）道德的社会影响。本文同时采用实验法和实地考察法，在社会影响的三种主要范式中检验我们的模型：信息效应（研究1、研究2），规范效应（研究3），合规性（研究4），结果为我们的理论提供大量的证据。

组织中的成员经常面临道德问题，该问题被定义为"当一个人的行为不受任何约束时，此行为可能会损害或者有利于他人的情况"（Jones，1991）。有些雇员可能会被怂恿夸大在一个项目上所花费的时间以获得更高额的奖金，而不是如实申报；另一些雇员可能得决定在合作时是否要欺骗对方以获得更有利的回报。在决定道德问题时，员工们也身处会影响他们的道德决策的社会影响中。这些社会影响包括明确的组织道德标准，以及在他们组织中作为可接受行为的间接标准的他人的（非）道德行为（Kish-Gephart，Harrison & Treviño，2010）。道德决策理论（Sonenshein，2007；Treviño，1986）和相关研究（Gino，Ayal & Ariely，2009；Pierce & Snyder，2008；Treviño，Butterfield & McCabe，1998）均认为员工们的道德决策与他们所受的社会影响是一致的。那些身处具有行为道德准则的组织中的工作者更有望做出合乎道德的决策（Treviño et al.，1998），同时那些身处不道德行为普遍存在的组织中的工作

---

* Marko Pitesa & Stefan Thau. Compliant Sinners, Obstinate Saints: How Power and Self-Focus Determine the Effectiveness of Social Influences in Ethical Decision Making, Academy of Management Journal, 2013, Vol. 56, No. 3, 635-658.

初译由郑若娟完成。

者便更容易做出不道德的决策（Pierce & Snyder，2008）。

尽管社会影响对于个人决策有很大的影响（Cialdini & Goldstein，2004；Turner，1991），但在面对道德问题时，并不是所有的员工都会被他们的周边氛围所左右。例如，新闻会报道在一个组织里出现了作弊员工，但该组织里的其他成员基本上不会作弊（Weisman，2007）。类似地，有些员工会做出道德决策，但是他们的同事却根据自身的喜好做出决策（Russell，2011）。这表明一些员工会忽略他们的周边环境（或好或坏），并根据自身的喜好做出道德或者不道德的行为。到目前为止，过去的关于道德决策的理论研究仍然没有对该现象给出解释（Jones，1991；Sonenshein，2007；Treviño，1986）。在本研究中，我们提出并实证检验和解释了何时以及为何员工们会忽视他们所处的组织环境，转而遵从自身的道德偏好的模型。

我们的模型开始于对不同等级团体的决策者的观察，这些团体具有不同水平的社会权力。我们预测，拥有更大权力的决策者更有可能忽视组织中的社会影响（不论是道德的还是不道德的），并且行为会与他们自身的（非）道德偏好更加一致。模型假设是基于权力的情境聚焦理论（Guinote，2007b），该理论指出，拥有权力会导致个人自我意识的增强，这意味着拥有权力的后果就是人们会将更多的注意力转移到自身以及自身的个人偏好上。因此，我们预测社会影响的互动效应和道德决策方面的权力效应会被个人的自我聚焦所调节。我们通过一系列的实验和实地考察来检验我们的模型，包括不同的措施，如操控社会影响力、权力、自我聚焦、道德偏好、（非）道德决策和行为。

此研究通过提升和检验能够预测组织环境何时以及为何影响雇员做出道德决策的理论模型，有助于理解雇员在组织中如何对（非）道德的社会影响做出反应，如组织道德文化（Treviño et al.，1998），来自不道德同事的同辈压力（Ashforth & Anand，2003）和依赖于他人的反应来理解组织中复杂的道德问题（Sonenshein，2007）。本研究作为第一个检验自我聚焦作为权力对于个人对社会影响敏感度的影响的解释，也对过去关于权力和社会影响的社会心理学的研究进行了扩展（Briñol，Petty，Valle，Rucker & Becerra，2007；Galinsky，Magee，Gruenfeld，Whitson & Liljenquist，2008；Guinote，2008；See，Morrison，Rothman & Soll，2011；Tost，Gino & Larrick，2011）。最后，这些工作也将会为从业者更好地了解如何在组织中管理（非）道德社会流程提供参考。

组织环境中的道德决策

组织环境中的各个方面（包括道德守则、组织文化和同事行为）通过施加社会影响，来左右员工如何对道德问题做出反应（Kish Gephart et al.，2010；Treviño，1986）。当人们改变他们的思维、情感或行为以应对他们所处的环境时，社会影响的效力便会显现（Allport，1954；Turner，1991）。人们为了适应周遭环境会有不同的决策动机，大致可以分为三类：一是服从直接的请求，即顺从；二是模仿他人，因为他们的行为被推定为在此情况下是正确的反应，即信息从众；三是做别人所做的事来适应环境，即规范从众（Cialdini & Goldstein，2004）。我们为模型提供了一个在三种不同类型的社会影响下的全面测试，以下我们将会对这三种不同类型的社会影响做更为细致的说明。

当一个有目的性的请求在预期方向上产生行为反应时，即为顺从（Cialdini & Goldstein，2004）。这种引发顺从行为的影响可能会以多种形式出现：它可以是"明确的，如基金会为了慈善捐款而上门宣传直接游说的形式；或者是含蓄的，如在政治广告中吹捧炒作竞选者而不是直接拉票的形式"（Cialdini & Trost，1998：168）。很多组织依靠他们的行为准则（McCabe，Treviño & Butterfield，1996；Schwartz，2001）、激励体制（James，2000），或者他们明确的价值传播（Treviño et al.，1998），来确保顺从行为符合道德标准。例如，Treviño 等（1998）发现明确的道德行为标准（如道德文化）能够使员工顺从，这降低了组织中不道德行为的水平。

与顺从不同，从众并不需要对一个特定行为做出直接的请求；相反，个体会从心底想要模仿他人的决定（Cialdini & Goldstein，2004；Crutchfield，1955）。例如，一个人在一个给定的环境中不确定怎样做才是最合适的决定，并且最后跟从了别人的决定，这便是所谓的信息从众（Deutsch & Gerard，1955）。Sonenshein（2007）指出组织中的很多道德问题都是模棱两可的，这使得人们更有可能借用社会影响来建立对于道德问题的理解，并且做出合适的决定。例如，Tang 和 Farn（2005）的研究表明，信息从众（获知他人的决定）解释了为什么一些人更愿意从事软件盗版行业。

最后，员工可能会为了获得社会认可而选择从众（如规范从众，Deutsch & Gerard，1955）。Cialdini、Petrova 和 Goldstein 认为，"诚实的员工可能会以各种各样的方式最终成为一个做坏事的人，但是这个过程通常是以同辈施加压力开始的"（2004）。那些描述组织中腐败的原因和后果的模型也强调了，"需要被认可"是腐败的组织环境激发不道德行为的动机（Ashforth & Anand，2003；Pinto，Leana & Pil，2008）。Gino 等（2009）为这些论点提供了实证支持，他们发现当组织中的一个成员表现出不道德行为时，整个组织中不道德行为出现的频率也会增加。

尽管证据表明人们在做道德决策时会受组织环境的影响，但是很多人还是很抗拒社会影响的，他们更愿意根据自身的偏好做出决策。例如，员工不一定会遵从组织守则中关于道德行为的明确规定，他们可能会听从自身的偏好，通过欺骗或是操纵他人的手段以获取个人利益。可以说，并不是所有员工的（非）道德决策都会受组织环境中（非）道德氛围的影响。然而当前关于道德决策的所有工作并没有解释何时以及为何员工的决策与社会影响相一致，以及什么时候员工的决策与其自身偏好相一致。这个问题的解释限制了对很多组织中与道德相关现象的理解。例如，学者们知道道德文化可以提升道德行为（Treviño et al.，1998），但是却不知道何时以及为何会发生。我们也知道有不道德行为的同事可能影响其他员工表现出不道德行为（Ashforth & Anand，2003；Pierce & Snyder，2008），但同样地，我们也不知道这何时以及为何会发生。在接下来的部分，我们会建立一个理论模型来解释决策者的社会权力和自我聚焦是如何帮助我们回答这些问题的。图 1 为该理论模型。

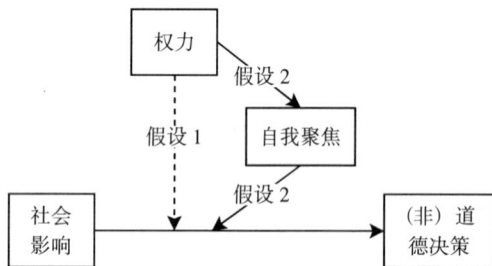

图 1　理论模型概览

道德决策中的权力和自我聚焦

社会权力可以定义为"个人所拥有的通过提供或扣缴资源或施行惩罚来改变他人境况的能力"（Keltner，Gruenfeld & Anderson，2003）。权力的来源多种多样，包括角色差异、专业知识、与其他强者的联系（Brass，1984；French & Raven，1959），以及我们使用的定义所包含的所有可能的来源。最后，这种定义也将权力的语境现象考虑在内，即一个人可能会在一个特定关系、群体或情景中拥有权力，而在其他地方却没有（Anderson & Berdahl，2002；Emerson，1962；Thibaut & Kelley，1959）。

理论和研究表明，拥有权力对于人们对外界刺激的关注有重要作用。权力的情境聚焦理论（Guinote，2007b）认为，由于拥有权力者更少依赖于其他人来获得自己想要的结果，因此他们的注意力更多地集中于他们自身（Fiske，1993；Fiske & Dépret，1996）。与之相反，由于无权者更多地依赖于外部环境并且需要增加他们周边环境的可预测性，因此无权者会将他们的注意力更多地集中于背景式的刺激（Contextual Stimuli）。而将更多的注意力转移到自身会导致拥有权力者更加在意自身的想法和感受。例如，Weick 和 Guinote（2008）发现，当人们正在形成价值观时，权力使得人们对于他们自身的主观经验更加敏感。

这种意识到个人的思想和情感的状态早已被概念化为个人的自我聚焦（Fenigstein，1979）。强烈的自我聚焦使得人们更多地意识到自身的偏好，从而导致人们更容易根据自身偏好行事（Froming Walker & Lopyan，1982；Scheier & Carver，1980）。例如，当一个员工在一个具有强烈道德文化的组织里工作，自我聚焦将会导致更低水平的服从，这是因为员工会将更多的注意力放在他们自身的偏好上而不是周边环境上。Froming 等（1982）的观点与之相一致，他们发现，被试验性加强了个人自我聚焦的参与者不太可能答应会给同盟者带来冲击的要求。因此，若一个决策者在特定环境下拥有权力，则由权力引起的强烈的个人自我聚焦会使得拥有权力者所做出的决策与自身的偏好更加一致（即使这意味着要忽略他们的社会环境）。我们预测：

假设 1：权力削弱了社会影响对道德决策的影响。

假设 2：个人的自我聚焦能够缓和权力对于社会影响在道德决策中的调节作用。

这与本文中理论模型的基本假设相关。为了达到预期，我们假设个人在面对道德问题时，他们有确定的偏好（道德的和非道德的）。因为当做出道德决策时拥有确定的偏好可以解释为什么权力会导致对社会影响力的敏感度时而较高时而较低（Galinsky et al.，2008）。过去的研究已经证明在更多的情况下，当一个人在给定的环境中没有个人偏好而是根据情境需求做出反应时，权力就会促使个人做出与情境更加一致的行为（Guinote，2007a，2008）。与之相比，另一些研究证明了，在权力者先形成其个人偏好的情形下（例如，对一个问题的态度或判断，然后才受到他人的影响），个人更不容易被随着权力变化的社会影响所左右（Briñol et al.，2007；Galinsky et al.，2008；See et al.，2011；Tost et al.，2011）。

在研究与道德决策相关的问题时，道德心理学领域的理论与研究表明，当面对道德问题时，个人总是有明确的（非）道德偏好来影响他们的道德决策，这些偏好是自动激活的（Cushman，Young & Hauser，2006；Haidt，2001），甚至不考虑和优先于有意识的反应和深思熟虑（Haidt，2001；Haidt & Hersh，2001）。如果人们在决定道德问题时确实有一定的偏好，那么拥有权力的决策者会遵从自身的偏好而更少地受社会影响所左右，因为由权力带来的自我聚焦的增加会使道德偏好在决策者的脑海里更加突出。

研究概述

本文根据四个实验研究来检验我们的猜想，并采用了实验法和实地考察法。正如本文的理论所预测的，由于权力对自我聚焦的影响，导致社会影响在道德决策方面的作用被削弱，因此我们为我们的模型提供了一个在三种不同类型的社会影响下的谨慎且全面的测试（信息从众、规范从众和顺从）。研究1~3使用实验的方式来测试当存在信息从众（研究1和研究2）以及规范从众（研究3）时，权力（不管是初始的还是经过结构操控的）是否会改变社会影响在道德决策中的作用。在研究4中，我们对经理人做了一项调查，测试当社会影响是基于对个人行为施加直接压力（组织中的顺从压力）时，他们对权力的主观意识是否会调节社会影响在道德决策中的作用。最后，在所有的研究中，我们通过测量个人自我聚焦这个调节因素（研究1、研究3、研究4）或是操控这个因素来测试个人自我聚焦这个假设的角色（研究2，参见Spencer, Zanna & Fong, 2005）。

研究1：方法

研究1测试了当正确性是从众的主要动机时（信息从众），权力是否会减弱社会影响在道德决策中的作用。以下的研究指出，模棱两可的情况有利于信息从众（Sherif, 1936），我们要求研究1中的参与者对没有明确解决方法的道德困境做出反应。在实验组中，我们给予参与者关于其他决策者的（虚假的）信息，这些信息向参与者暗示了在这个模棱两可的道德困境中其他所有人偏爱某一特定的解决方法。在这种模棱两可的情况下，显而易见的共识会对参与者制造必须与其他人行为一致的压力（Festinger, 1954; Sherif, 1936）。在控制组中，参与者没有接收关于他人决定的信息。

作为第二个实验因素，参与者的权力意识在他们对道德困境做出反应之前通过启动程序进行操控。一些参与者被赋予了或高或低的权力，另外一些参与者则没有被赋予权力意识（控制）。我们预测当参与者没有接收到关于别人决策的信息时，权力不会影响他们的决定。然而，与控制组不同的是，我们预测在这种情形的社会影响下（意识到自己是有权力的参与者从众性更低，而意识到自己是无权力的参与者从众性更高），权力会显著地影响参与者的决策反应。因此，我们预测低权力与高权力（与控制组相比）以这样的方式调节社会影响在道德决策中的作用：低权力加强社会影响的作用，高权力削弱社会影响的作用。最后，我们也测量了参与者的自我聚焦来测试它是否能够缓和高权力和低权力对社会影响在道德决策中的调节作用。

参与者

这些参与者由 256 个课后自愿参与实验的学生组成。这些学生的平均年龄是23.16 岁（标准差=1.50），其中有 55.6%是女性。我们遵循关于教室数据收集的建议（Loyd，Kern & Thompson，2005），并且让参与者使用笔和纸对一组实验内容进行单独回应。这些实验内容都是基于 3（权力：高、低、控制）× 2（社会影响与无社会影响）的被试间（Between–Persons）实验设计而事先随机排序和分配的。

程序和材料

权力操控：参与者关于权力的意识是通过启动程序进行操控的（Galinsky，Gruenfeld & Magee，2003）。参与者写一篇文章叙述他们生活中的一个事件，表面上是作为一个重点关注过去经历的研究的一部分。在高权力条件下，参与者回想起来的事件中他们拥有比别人更大的权力；而在低权力条件下，参与者回想起来的事件中其他人比自己拥有更大的权力；在控制组中，参与者回想起了一次去一家杂货店的经历。

个人自我聚焦的测量：我们使用一种由 Govern 和 Marsch（2001）创造的，包含三项个人自我意识程度的方法来测量个人自我聚焦。参与者用 1（完全不同意）~7（完全同意；$\alpha = 0.86$）的等级评定每个项目（例如，现在，我意识到我的内在感受；现在，我知道我内心的想法）。

道德决策情境：在完成权力的操控和自我聚焦的测量后，参与者要阅读改编自 Flynn 和 Wiltermuth（2010）的一个道德困境。这个困境没有正确的答案，因为它涉及了很多道德价值观的冲突问题（Badaracco，1997）。参与者阅读以下文字：

你管理着一家小公司，此时正试图确保获得新一轮风险资本融资。公司总共雇用了五个人，每个人都有不可替代的技能。若五个人中有一个人离开，则公司便很难获得融资。一个你视之为朋友的员工最近通知你说有一家更有希望成功的公司给他提供了一个极具吸引力的工作机会，他必须在接下来的两天内给出答复。出于对你的尊重，这个员工说只有在得到你的祝福下他才会另一家公司就职。

在提前测试了一个相互独立的样本（n = 51）后，发现对于这一个道德困境的反应最接近于两个选项的中心值，这意味着这是一项真正的模棱两可的道德决策任务，从而非常容易在道德决策中出现信息从众的现象（Festinger，1954；Sherif，1936；Sonenshein，2007），于是我们便从类似的道德困境中选择了这一个（Flynn & Wiltermuth，2010）。

社会影响的操控：社会影响是通过给处于社会影响中和不处于社会影响中的参与者提供不同的答题表进行操控的（Epley & Gilovich，1999）。对于这两种情况，答题表都提供了足够 10 个参与者回应的空间。对于无社会影响力的情况，答题表不包含更早的回应，因此，参与者对于道德决策情况的回应是表格中的第一项。在社会影响的情况下，参与者的答题表上已经包含了7个其他参与者的虚假答案。与预先测验的结果（人们趋向于选取中心值4）不同的是，那7个参与者的虚假回应都是高于4的，因此在此道德困境中，其他参与者倾向于不阻止那个有价值的员工离开。在模棱两可的情况下，如此明显的社会共识是有效选项的一个强有力的指标（Festinger, 1954; Sherif, 1936）。然而，由于当人们面对的大多数观点与他们自身最开始的观点大相径庭时，他们会觉得很诧异（Baker & Petty, 1994），因此，为了让虚假回应显得更加真实，答案中包含的高数值（5、6、7）以6为均值。

道德决策的措施：在了解道德决策情境之后，参与者使用上述的答题表表明他们是否会阻止这个员工离开（1="肯定会阻止"；7="肯定不会阻止"）。

最后，参与者对若干探测他们是否心存怀疑的问题做出回应，然后对参与者进行了询问。

研究1：结果

由于有4个参与者表达出了他们对虚假回应的权威性的怀疑，所以他们被排除。所有分析都是以剩下的252个参与者为基础的。将上述情况排除在外并没有对结果造成影响。最后，研究者用最初的分析来测试性别不同是否会影响反应，发现性别对结果并无影响，在接下来的研究里，所有的分析中性别这个因素便不考虑在内了。

操控检查

组均值已经列在图2中。无社会影响的参与者的反应结果倾向于以4为中心值（均值为3.92，标准差为1.03），与预先测试的结果一致。与我们预期的一样，该道德困境给出了一个模棱两可的决策任务，这一点得到了确认。为了检验社会影响的操控的有效性，我们采用了过去的研究方法（Griffin & Buehler, 1993; McFerran, Dahl, Fitzsimons & Morales, 2010），检验了参与者改变其"行为以与其他人的回应相匹配"的程度（Cialdini & Goldstein, 2004）。在社会影响条件下的反应值显著更高（均值 = 5.18，标准差 = 0.90，t [250] = 10.35，p < 0.001），这确认了社会影响的操控的有效性，说明参与者遵从了给出的虚假回应。

为了检测权力本身是否影响参与者在道德困境里的反应（而不仅仅是调节了社会影响的作用），研究者检验了权力在每种社会影响情况下的作用。当参与者面对社会影响时，我们预计权力会有显著的影响（说明权力改变他们对社会影响的反应方式），但是当他们不面对社会影响时，权力没有影响（这说明权力本身对道德困境里的偏好并无影响）。与我们的预期一致，权力和社会影响之间的相互作用是显著的（F [2, 246] = 7.80，p = 0.001，η_p^2 = 0.060）。简单效应分析表明，在处于社影响力的条件下，权力的影响是显著的（$F [2，246] = 9.27$，$p < 0.001$，$\eta_p^2 = 0.070$），但无社会影响时却并非如此（$F [2，246] = 0.82$，$p = 0.441$，$\eta_p^2 = 0.007$）。

假设 1 检验

假设 1 预计在道德决策时，高（低）权力会削弱（增强）社会影响的作用。因此，当人们受社会影响时，高权力者的回应与控制组的参与者相比会与其他人的反应更加不同。相反，低权力者与控制组的参与者相比会更接近其他人的答案。

为了检验假设 1，在社会影响的前提下，我们进行了三个级别权力之间的简单比较（见图 2 的右半部分）。从样本之间的对比中看出，在社会影响的前提下，高权力（均值 = 4.73，标准差 = 0.77）和控制组（均值 = 5.19，标准差 = 0.99）这两种条件下的结果是有显著差异的（$F [1，246] = 4.89$，$p = 0.028$，$\eta_p^2 = 0.019$）。因此，当参与者受社会影响左右时，与控制组的参与者相比，高权力者会更少地跟从他人的回应。对于低权力者，情况则恰恰相反：在受社会影响的情况下，低权力者（均值 = 5.62，标准差 = 0.70）与控制组（均值 = 5.19，标准差 = 0.99）两者间的差异也是显著的（$F [1，246] = 4.39$，$p = 0.037$，$\eta_p^2 = 0.017$）。在这种情况下，与控制组相比，低权力者选择的值更接近于其他人的反应（这说明低权力者具有更高的跟从性）。

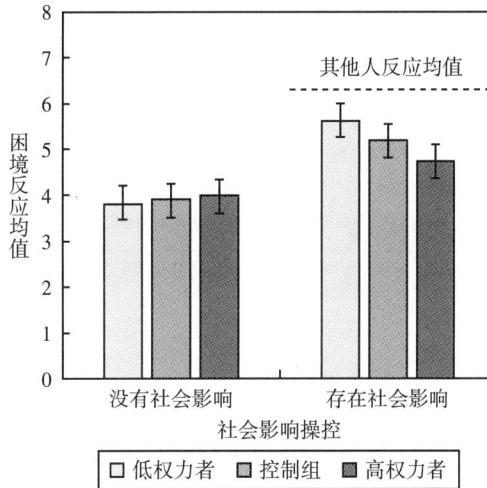

图 2 分组的包含标准误差的得分均值

假设 2 测试

假设 2 指出，个人的自我聚焦能缓和权力对社会影响在道德决策中的影响的调节作用。在研究 1 中，这意味着在道德决策方面，个人的自我聚焦会调节有权力和无权力（与控制组相比）与社会影响间的相互作用。

研究者使用温和的分析方法来测试这个猜想（Edwards & Lambert，2007）。

为了给在假设 2 中预测的温和调节的类型提供支持，以下部分必须得到确认：首先，高（低）权力对个人的自我聚焦具有积极（消极）作用。其次，个人的自我聚焦会削弱社会影响对参与者决策的作用。最后，这两种路径所产生的结果应当是显著的。

从表 1 的模型 1 中可以看出，高权力和低权力对个人的自我聚焦有显著的作用（与控制组相比）。这些影响与研究者的猜想是一致的。高权力提高了个人的自我聚焦力 [b = 0.53，s.e.（标准误）= 0.16，t [246] = 3.42，p < 0.001]，低权力则反之 [b = −0.62，s.e.（标准误）= 0.16，t [246] = −3.98，p < 0.001]。而且，模型 3 说明个人的自我聚焦和社会影响之间的相互作用能显著地预测参与者的道德决策。这种相互作用的性质与研究者的预测相一致：个人自我聚焦的标准差在均值 [5.08；b = 0.47，s.e.（标准误）= 0.12，t [244] = 4.08，p = 0.001] 之上，与标准差在均值 [2.86；b = 0.83，s.e.（标准误）= 0.12，t [244] = 7.04，p < 0.001] 之下相比，社会影响力对参与者决策具有更弱的作用。接下来，我们测试从高（低）权力到个人自我聚焦的路径结果的意义和从与社会影响相互作用的个人自我聚焦到道德决策的路径结果的意义。使用先前分析中的系数，我们采用引导方法来构造置信区间，在间接影响的基础上，从 10000 个样本中随机更换偏差修正的置信区间。间接影响的大小 95% 的偏差修正置信区间排除零 [表明一个重要的与社会影响的相互作用产生的低权力（0.023~0.218）和高权力（−0.188~−0.021）的间接作用]。总而言之，我们的结果支持了我们关于个人的自我聚焦能缓和高低权力对社会影响在道德困境中的影响的调节作用的假设。

表 1　假设 2 检验的回归分析结果 [a]

变量	模型 1：个人的自我聚焦			模型 2：道德决策			模型 3：道德决策		
				步骤 1			步骤 2		
	b	LLCI	ULCI	b	LLCI	ULCI	b	LLCI	ULCI
常数	4.00**	3.78	4.22	4.56**	4.36	4.76	4.58**	4.38	4.77
低权力 [b]	−0.62**	−0.92	−0.31	0.14	−0.14	0.43	−0.02	−0.30	0.26
高权力 [b]	0.53**	0.22	0.84	−0.17	−0.45	0.12	−0.05	−0.33	0.23
社会影响 [c]	0.06	−0.15	0.28	0.63**	0.43	0.83	0.65**	0.46	0.84
低权力×社会影响	−0.15	−0.46	0.16	0.29*	0.01	0.57	0.15	−0.13	0.43
高权力×社会影响	−0.03	−0.34	0.27	−0.29*	−0.57	−0.01	−0.21	−0.49	0.07
自我聚焦 [d]							−0.22**	−0.34	−0.11
自我聚焦×社会影响							−0.16**	−0.27	−0.05
R^2	0.19**			0.35**			0.41**		

变量	模型1：个人的自我聚焦			模型2：道德决策			模型3：道德决策		
				步骤1			步骤2		
	b	LLCI	ULCI	b	LLCI	ULCI	b	LLCI	ULCI
ΔR^2							0.06^{**}		

注：a. LLCI=95%置信区间下限；ULCI=95%置信区间上限；b. 本研究的关注点是相对于控制组的高（低）权力的作用，因此这两个变量都是用了虚拟编码；c. 社会影响操控按作用编码；d. 以均值为中心；$*p < 0.05$；$**p < 0.01$。

研究1：讨论

研究1的结果给我们的模型提供了支持。当对于道德困境的反应根据权力的变化而变化时，高权力会导致对社会影响更少的遵从，低权力则会导致更多的遵从（与控制组情况相比）。特别地，当处于社会影响中时，与控制组的参与者相比，高权力者会倾向于更少地遵从。与之相反，与没有被赋予权力的人相比，赋予低权力的人会更倾向于遵从别人的反应。这些研究结果还表明，这种影响会随着权力存在而持续：在进行道德决策时，高权力者相对而言更少受到社会影响的左右，而低权力者则对社会影响是特别敏感的。最后，研究1表明由于个人自我聚焦的不同，这种现象是会发生的。调节分析显示，在道德决策时，个人自我聚焦调节了低/高权力对社会影响在道德决策中的影响的作用。

研究2：方法

研究2的首要任务是建设性地复制研究1的结果和通过对心理进程的操作（而不是测量）来测试已提出的原理（个人的自我聚焦）。这种测试策略在一个完全交叉设计下同时操控自变量和假设心理机制，这种设计允许观察这两个因素是否以以下方式相互作用，即只有当假设心理机制不是独立激活时，自变量才是显著的（Spencer et al.，2005）。这种模式的结果为假设心理机制提供了实验性的证据，这种机制比其他依赖变量测量的检验更加谨慎（因此关键性地组成相关证据）。因此，在权力操控下，我们通过询问他们在写作任务中使用自相关的词汇或者中性词来操纵他们的自我聚焦水平。参与者被困于一个同研究1一样的模棱两可的道德困境中，所有的参与者都受社会影响的作用（使用与研究1一样的虚假回应）。

我们预测，当参与者的自我聚焦没有被实验性提高时，与低权力相比，高权力会减少从众性。如果权力在道德决策中减弱了从众性是因为它使得人们更加以自我为中心，那么当个人自我聚焦水平足够高时它将会没有影响。相较之下，对于个人聚焦水平并没有被实验性提高的参与者而言，高权力者（相对于低权力者）应当会表现出更高的自我聚焦和更少的从众性。

研究者也会在研究 2 中使用不同的操控权力的方法。参与者会被赋予高权力（经理）或是低权力（下属）。我们在研究 2 中使用结构性操控权力（给参与者分配不同的角色）而不采用赋予（Priming）的方式的理由是增加对不同实质权力的结果的普遍性的信心。

参与者

91 个学生有报酬地参与到实验中来，平均年龄为 19.32 岁（标准差为 1.10），其中 62.6%是女性。参与者单独面见实验者，实验者告诉他们将参加一些不相干的研究活动。他们被随机分配到 2×2 的两者间（Between-Person）设计（权力：高 vs 低；自我聚焦 vs 控制组）。

程序和材料

权力操控：通过宣布即将到来的任务来操控权力，参与者要么成为监督下属或者做出可以影响他们下属的决定的经理，要么成为没有权力做决定的下属。为了加强操控，我们提供参与者徽章、文件夹以及虚拟的任务报告，所有这些指出了他们在即将到来的任务中的职位（经理或者下属），同时也强调了他们的决定权如何（例如，你是掌权者或者你是服从命令者）。

个人自我聚焦操控：操控权力之后，参与者被告知他们将参与几个短任务，同时等待其他参与者加入他们的组任务。首先，他们会被要求用与自身相关的词（例如，我、我的）或者使用相似长度或使用频率的中性词（例如，一个、一些）来写一个故事。这样的程序由 Fenigstein 和 Levine（1994）创造，并且过去的研究被成功地使用在操控自我聚焦上（Fransen，Fennis，Pruyn & Vohs，2011；Goukens，Dewitte & Warlop，2009）。

道德决策情境和测量：接下来，参与者将要回应研究 1 中使用的道德困境，即他们是否会阻止一个有价值的员工离开公司。我们向所有的参与者提供了一张答题表，在答题表上有来自其他七个参与者的虚假答案。因此，处于社会影响下的参与者所使用的答题表和研究 1 中的是一样的。在实验的最后，对参与者进行了猜疑和盘问。

研究 2：结果

假设 1 检验

图 3 中显示出了组均值。权力对参与者针对道德困境做出的反应具有重大影响（F [1, 87] = 16.31，p < 0.001，η_p^2 = 0.158），以至于高权力条件下（均值 = 4.78，标准差 = 0.79）的参与者比低权力条件下（均值 = 5.39，标准差 = 0.74）的参与者更不会去跟从其他人的反应。

假设 2 检验

个人自我聚焦操控对从众性有显著作用（F [1，87] = 9.85，p = 0.002，η_p^2 = 0.102），以至于更高的个人自我聚焦力降低了从众性：使用与自身相关的词语的参与者（均值 = 4.85，标准差 = 0.76）比使用中性词的参与者（均值 = 5.33，标准差 = 0.83）更不具有从众性。

与假设 2 一致，权力和自我聚焦间的相互作用很明显（F [1，87] = 4.12，p = 0.045，η_p^2 = 0.045），当参与者的自我聚焦没有被实验后天提高时，高权力降低了从众性（使用中性词：F [1，87] = 18.64，p < 0.001，η_p^2 = 0.176）；而当参与者的自我聚焦被实验后天提高时，高权力对于从众性没有影响（使用自相关的词：F[1，87] = 2.04，p = 0.157，η_p^2 = 0.023）（见图 3）。具体来说，低权力条件（均值 =5.78，标准差 = 0.52）和高权力条件（均值 = 4.86，标准差 = 0.83）的区别在控制条件内是很显著的，但是在个人自我聚焦条件下（低权力：均值 = 5.00，标准差 =0.74；高权力：均值 = 4.70，标准差 = 0.76）区别并不大。这些结果显示出权力对于从众性的影响取决于个人自我聚焦——权力导致不同水平的从众性完全是因为它导致不同水平的个人自我聚焦。结果，当个人自我聚焦水平在两个组里都处于高水平时，权力的不同对道德决策并没有影响。

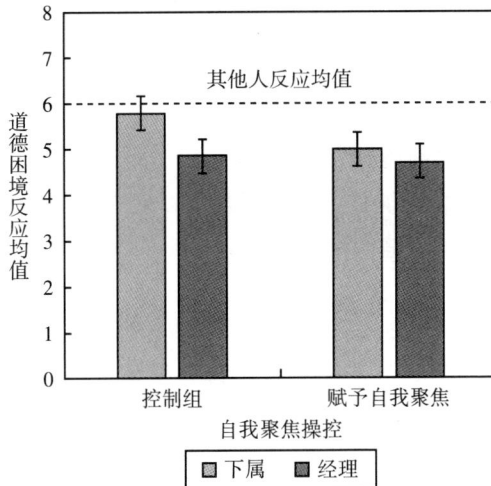

图 3　分组的包含标准误差的得分均值

不同的解释是，这种相互作用的模式显示出，与高权力条件下区别不明显相比，使用自我相关词语的参与者和使用中性词的参与者在低权力条件下的区别更大。这说明了高权力者是自我聚焦的，所以自我聚焦操作并不影响他们的从众性。对比而言，自我聚焦操控减少了低权力参与者们的从众性，这些人从一开始自我聚焦程度很低，而在经过自我聚焦的后天操控之后（但不是在使用中性词后）他们的自我聚焦程度才增加，从而降低了他们的从众性。

研究2：讨论

研究2所提供的进一步证明表明，个人自我聚焦解释了在进行道德决策时权力对社会影响的敏感性的影响。与研究1中的发现相一致，在进行道德决策时，权力降低了社会影响的作用，但是当个人自我聚焦被后天赋予时，这个作用被消除了。这个结果表明，在道德决策时，权力减少社会影响的作用必须得与增加的个人自我聚焦一样多。通过操控心理机制，并指出权力操控的效果取决于对个人自我聚焦的操控，研究2给由我们理论的一个谨慎实验组成的心理机制提供了实验证据（Spencer et al.，2005）。

另外，在研究2中，权力是通过给参与者在组内任务中分配不同角色的方式来进行操控的。尽管我们对权力进行了结构操控，但是权力的作用与研究1中观察到的结果类似，这增加了对我们研究的普遍性的信心。

研究3：方法

在研究3中，我们试图在一个规范从众情况下建设性地借鉴研究1和研究2的研究结果。虽然不同类型的社会影响往往交织在一起，但是通常也能确定占主导地位的驱动从众性的动机（Cialdini & Goldstein，2004；Cialdini & Trost，1998）。在模棱两可的情况下，如参与者在研究1和研究2中所面临的那样，以准确性为动机的从众行为往往起着关键的作用；在不那么模糊的情况下，融入他人的动机更重要。在Asch（1995）传统的研究中，人们之所以从众并不是因为他们认为群体的共识更为准确（证据来自于他们单独回应时给出的答案），而是因为对他们来说，与不这样做的社会后果相比，使自己与多数人保持意见一致显得更容易（Crutchfield，1955；Janes & Olson，2000）。研究1和研究2中并没有考虑融入的动机，这是因为参与者除了知道其他人的反应外并没有与他们接触。然而，与不同类型的社会影响相联系的不同目标可能会改变权力的影响（Overbeck & Park，2001，2006）。考虑到这种可能性，在研究3中我们将在以规范从众为主要影响因素的情况下测试这个假设的关系。

我们赋予了参与者或高或低的权力，然后通过在他们做出决定之前，将他们放在明确的规范社会标准之下，再让他们随后与同龄人进行讨论（意在加强他们融入群体的动机）的方式来操控规范从众。与之相比，我们不对控制组中的参与者施加社会影响。随后，所有的参与者都有一次在谈判中欺骗他们对手的机会。

我们预测，与低权力相比，高权力会削弱规范从众对参与者表现得不道德的影响，并且使得参与者更倾向于遵从自身的偏好。由于任务涉及明确的道德与不道德的决定，我们可以通过测量他们在马基雅维利主义等级中的得分来推断参与者的偏好。马基雅维利主义是一种强调偏好自利行为的人性构想（Christie & Geis，1970），先前已经用于预测不道德决策（Kish–Gephart et al., 2010）。因此，那些高（低）马基雅维利主义会更（不）愿意在谈判中欺骗对方——除非他们屈从于社会的压力。

测量一个人在多大程度上被社会影响动摇的另外一种方式便是测试他的行为与没有社会影响作用情况下的表现的一致性程度（Cialdini & Trost，1998；Madden，1960）。如果一个人本来可能会选择欺骗，但是由于来自其他人的压力而并没有这么做，此时社会影响便出现了。社会影响因此可以定义为个人多大程度上屈从于社会压力或者在面对社会压力时他（她）多大程度上遵从他（她）的个人偏好。在研究 3 中，我们通过这两个角度测量社会影响来检验我们的理论——个体遵从他们自身偏好的倾向和跟从社会影响的倾向。根据我们的理论，我们预测权力增加了参与者自身偏好影响他们在谈判时进行欺骗的意愿程度（使用马基雅维利主义进行测量），同时权力能减小社会影响动摇他们进行欺骗的意愿程度。我们预测个人自我聚焦能够协调这种相互作用。

参与者

260 个学生自愿参加"在组织环境中决策"的实验，平均年龄为 21.59 岁（标准差=1.36），有 65.8%是女性。研究者要求参与者用纸和笔对实验材料做出回应。实验材料事先随机分配，而且基于 2×2（权力：高 vs 低；社会影响：道德组织氛围 vs 无社会影响）的人与人之间设计。

程序和材料

道德偏好：为了检测参与者在进行（非）道德决策时遵从自身偏好的程度，我们使用 20 项马赫Ⅳ等级来测量马基雅维利主义中的个体差异（Christie & Geis，1970）。受访者对每一个项目从 1（"强烈不同意"）~7（"强烈同意"）（α＝0.75）评分（例如，"在没有偷工减料的情况下很难继续前进"，"大多数罪犯和其他人之间最大的区别是，犯罪分子竟然愚蠢到被逮住"）。经过对相关项目的反向计分（Reverse-Scoring），我们为每个参与者平均分配项目，最终获得更高得分的反映出对马基雅维利主义行为更强的偏好。

权力操控：在参与者对马基雅维利主义等级做出反应之后，我们采用一个与研究 1 相类似的写作的启动程序来操控权力。参与者需要回想自己有权力（高权力状态）或无权力（低权力条件下）的经历，作为独立研究的一部分。

个人自我聚焦的测量：个人自我聚焦通过与研究 1 相同的研究方式进行测量（Govern & Marsch，2001）（α＝0.77）。

道德决策任务与测量：在对个人自我聚焦测量做出反应后，参与者参与了一个改编自 Schweitzer、DeChurch 和 Gibson（2005）的模拟谈判任务。这个任务是基于"囚徒困境"的原则。所有的参与者都被分配了相同的角色并阅读以下文字：

你最近晋升为巡回之旅公司最重要的部门之一 ——中美洲分部的领导人。这个部门对公司其余的部门有很大影响，你被要求必须尽可能多地增加利润。为了增加利润，应当尽可能多地增加巡回旅游团的数量。然而，一个竞争对手天涯之旅也位于中美洲相同的位置。如果两个公司都增加到这个地方的旅游团数量，就会使得这个地方的异国情调大打折扣。因此，理想的结果是，你的竞争对手经营最少的旅游团，而你经营最多的旅行团。你收到一份来自天涯之旅的电邮说这块区域需要削减旅游团数量，然后问你打算为即将到来的淡季安排多少旅游团（介于1~7）。你的对手说会匹配你的旅游团数量。

参与者需要指出巡回之旅将在接下来的旅游季中实际运营的旅游团数量（1~7），以及他们打算报告给天涯之旅他们安排多少旅游团（1~7）。我们给参与者提供了一个传统的"囚徒困境"收益表（Schweitzer et al.，2005）以及告知他们，作为他们竞争对手的另一个参与者只能获悉他们提供的旅游团数字，并且根据这个数字进行决策（有误导的可能性）。因此，与"囚徒困境"的原理一致，参与者有动力经营更多的业务，也有动力让其他对手经营更少的业务。为了达到这个目标，他们必须歪曲他们原本计划的数字并期望竞争对手会匹配这个歪曲的数字。为了更加刺激参与者歪曲他们的信息，我们决定奖励给能做到最多巡回之旅的人 50 欧元。在这项研究中，具体的回报是无关紧要的，因为利益的唯一变量就是实际旅游团数和报告的旅游团数之差——有目的欺骗，即不道德决策（Strudler，1995）。实际上没有其他竞争对手，而 50 欧元的接受者是随意选择的。

社会影响操控：为了操控规范社会影响，我们采用了 Aquino 和 Becker 设计的道德氛围操控方式（2005）。道德氛围，或者"有道德内涵的典型组织的做法和程序"（Victor & Cullen，1988），是由通过规范社会压力来影响个人道德行为的社会行为标准组成的。这在参与者的谈判任务指导的结尾处有说明。道德氛围条件下的参与者阅读以下内容：

巡回之旅在它的业务处理中以公平和诚实著称。结果，像这样的隐瞒事实或曲解真相违背了巡回之旅的标准。实际上，你知道已有几个经理因为不诚实而被行业里的人排斥。

在控制组条件下（无社会影响），上面这一段是被省略的。为了加强操控，所有的参与者都被告知他们要代表巡回之旅在完成谈判任务后和同辈商讨决策。当其他人的意见已经被证实加强了规范从众的影响时，亟须一场即时的讨论（Cialdini，Levy，Herman & Evenbeck，1973；Wood & Quinn，2003）。

道德氛围操控的有效性是通过让参与者表态诚信经营对于巡回之旅经营业务有多重要来检验（1 = "不重要"；7 = "非常重要"）。另外，参与者需要表态当他们做出决定时，他们是否相信要和别人商讨他们的决策（1 = "完全相信"；7 = "完全不相信"）。

控制变量：研究指出权力能够影响情绪（Keltner et al.，2003），而情绪能够同时影响个人如何谈判（Bazerman，Curhan，Moore & Valley，2000）以及他们如何对道德问题做出反应（Wheatley & Haidt，2005）。因此，为了控制情绪可能的影响，我们让参与者指出（1 = "完全不同意"；7 = "完全同意"）在实验期间他们感受如何（"幸福"、"高兴"、"满意"、"伤心"、"不开心"、"垂头丧气"；α = 0.89）。

另外，研究者控制了参与者的谈判经验，因为经验丰富的谈判者更倾向于采用欺骗的手段（Murnighan，Babcock，Thompson & Pillutla，1993）。研究者让参与者指出他们有多少谈判经验（1= "无"；7= "很多"）

最后，参与者要被调查是否心存怀疑和接受盘问。

研究 3：结果

操控检验

道德的氛围操控是成功的。在道德氛围之下（均值 = 6.28，标准差 = 0.92）的参与者比在没有社会影响下（均值 = 4.41，标准差 = 0.96，t [258] = 16.10，p < 0.001）的参与者认为，对巡回之旅来说，道德经营更重要。另外，当参与者回答他们是否期待与同行就其谈判的决定进行讨论时，所有的参与者都选择一个高于规模中点的值。最后，简单效应的分析发现，在没有社会影响的情况下，权力操控并不影响在无社会影响下的参与者的决策反应（F [1，256] = 0.69，p = 0.406，η_p^2 = 0.002），排除了权力操控影响参与者本身个性的可能性。

假设 1 检验

使用回归分析法，我们检验了在谈判决策上权力是否削弱了社会影响的作用和是否加强了个人偏好的作用（马基雅维利主义）。表 2（模型 2）的结果显示权力显著地调节了道德氛围的影响 [b = 0.16，s.e.（标准误）= 0.07，t [252] = 2.20，p = 0.028]，同时也调节了马基雅维利主义的影响 [b = 0.20，s.e.（标准误）= 0.10，t [252] = 2.11，p = 0.036]。我们分析条件效应来理解这种相互影响。首先，道德氛围的影响在高权力条件下 [b = −0.28，s.e.（标准误）= 0.10，t [252] = −2.75，p = 0.006] 比在低权力条件下 [b = −0.59，s.e.（标准误）= 0.10，t [252] = −5.90，p < 0.001] 更微弱，这支持了我们对于权力减弱了社会影响在道德决策中的影响的预测。其次，马基雅维利主义的影响在高权力条件下 [b = 0.47，s.e.（标准误）= 0.14，t [252] = 3.43，p < 0.001] 比低权力条件下 [b = 0.07，s.e.（标准误）= 0.14，t [252] = 0.48，p = 0.628] 更加强势，这支持了我们对于权力能够增加个人偏好在

道德决策中的影响的预测。

假设 2 检验

为了检验个人的自我聚焦是否能够调节权力对社会影响和道德品格的调节作用，有必要证明个人自我聚焦同时调节了权力对道德氛围和马基雅维利主义在参与者的（非）道德决策中的影响的调节作用。

正如在研究 1 中所做的，我们采用调节路径分析来检验这种预测（Edwards & Lambert，2007）。为了支持假设 2，权力应当对个人自我聚焦有一个积极影响。另外，个人自我聚焦应当减弱社会影响在谈判决策中的作用（加强马基雅维利主义的影响）。最后，这两条路径的结果应当是很显著的。

与预期一致，表 2 的模型 1 显示出权力正向影响个人自我聚焦 [b = 0.31，s.e. (标准误) = 0.06，t [252] = 5.28，p < 0.001]。另外，表 2 的模型 3 显示出了个人自我聚焦削弱了道德氛围的影响和加强了马基雅维利主义的影响。具体来说，个人自我聚焦和道德氛围的相互作用是显著的 [b = 0.27，s.e. (标准误) = 0.08，t [249] = 3.43，p = 0.001]，并且当个人自我聚焦在均值一个标准差之上时 [5.10；b = −0.21，s.e. (标准误) = 0.10，t [249] = −2.08，p = 0.038]，比当个人自我聚焦在均值一个标准差之下时 [3.12；b = −0.65，s.e. (标准误) = 0.10，t [249] = −6.30，p < 0.001]，道德氛围的影响更微弱。个人自我聚焦和马基雅维利主义的相互作用也是显著的 [b = 0.27，s.e. (标准误) = 0.09，t [249] = 3.02，p = 0.003]，并且比起当个人自我聚焦低于均值一个标准差时 [3.12；b = −0.03，s.e. (标准误) = 0.14，t [249] = −0.26，p = 0.796]，个人自我聚焦高于均值一个标准差时 [5.10；b = 0.53，s.e. (标准误) = 0.12，t [249] = 4.34，p < 0.001]，马基雅维利主义具有更强的作用。

表 2　研究 3 中假设 1 和假设 2 检验的回归分析结果 [a]

变量	模型 1：个人的自我聚焦			模型 2：欺骗步骤 1			模型 3：欺骗步骤 2		
	b	LLCI	ULCI	b	LLCI	ULCI	b	LLCI	ULCI
常数	4.11**	3.99	4.23	2.57**	2.43	2.71	2.55**	2.41	2.68
心情	0.03	−0.06	0.12	−0.04	−0.15	0.06	−0.04	−0.15	0.06
谈判经验	0.03	−0.08	0.15	0.08	−0.06	0.22	0.05	−0.08	0.19
权力	0.31**	0.19	0.43	0.06	−0.08	0.20	0.06	−0.09	0.20
道德氛围	0.06	−0.05	0.18	−0.43**	−0.57	−0.29	−0.43**	−0.57	−0.30
马基雅维利主义	−0.01	−0.16	0.16	0.27**	0.08	0.46	0.25**	0.06	0.44
权力×道德氛围	−0.01	−0.12	0.11	0.16*	0.02	0.30	0.09	−0.05	0.24
权力×马基雅维利主义	−0.01	−0.17	0.15	0.20*	0.01	0.40	0.14	−0.06	0.34
自我聚焦							0.03	−0.11	0.18
自我聚焦×道德氛围							0.27**	0.11	0.42

续表

变量	模型 1：个人的自我聚焦			模型 2：欺骗步骤 1			模型 3：欺骗步骤 2		
	b	LLCI	ULCI	b	LLCI	ULCI	b	LLCI	ULCI
自我聚焦×马基雅维利主义							0.27**	0.09	0.44
R^2	0.11**			0.19**			0.24**		
ΔR^2							0.05**		

注：a. LLCI = 95%置信区间下限；ULCI = 95%置信区间上限。在本研究中所有分类变量按作用编码，所有连续变量以均值为中心。* $p < 0.05$；** $p < 0.01$。

接下来，我们测试从权力到个人自我聚焦的路径和从与道德氛围相互影响的个人自我聚焦到（与马基雅维利主义相互作用的自我聚焦）欺骗的路径的结果的显著性。我们使用前述分析的系数，并应用自举（Bootstrap）的方法来构造基于 10000 个来自样本总体的随机替代品的间接影响的偏差校正置信区间。间接影响的 95%的偏差校正置信区间排除了零值（表明一个显著间接影响），包含了与道德氛围相互作用（0.025~0.160）的权力的间接影响和与马基雅维利主义相互作用（0.016~0.193）的权力的间接影响。因此，个人自我聚焦调节了权力对道德氛围和马基雅维利主义在（非）道德决策的影响的调节作用。

研究 3：讨论

参考研究 1 和研究 2 的结果的模式，研究 3 证明了权力决定了道德决策时社会影响的有效性。研究 3 检验了权力在不同的社会影响范式（规范从众）中的作用，这进一步增强了对我们研究结果的普遍性的信心。权力意识被实验增强的参与者，相对于权力意识被实验减弱的参与者，在道德决策时更不容易受社会影响左右，同时也会更多地遵从自身的偏好（以马基雅维利主义来衡量）。最后，调节分析显示权力减弱了社会影响的作用，这是因为它增强了个人的自我聚焦，让个人更少地集中于他们的环境而更多地集中于他们自身的偏好。

研究 4：方法

研究 4 测试了当社会影响是基于对行为的目的性压力而不是决策者从众的内在动力时，权力是否减弱了社会影响的作用。Cialdini 和 Trost（1998）指出，从众行为往往依赖于大多数现实世界的因素，所以为了增加研究的生态有效性，我们试图用实地研究来补充实验结果。通过询问一个样本里的经理关于他们组织中的道德文化来评估组织的从众压力（Treviño et al., 1998）。道德文化由"旨在控制行为的正式和非正式组织系统"组成（Kish-Gephart et al., 2010），因此也就与默认为一种有意影响的从众概念保持一致（Cialdini & Trost，1998）。

在研究 4 中，我们测量各种不道德行为来检验权力在道德决策中的行为结果。最后，我们用不同的方法测量了权力、道德偏好和个人的自我聚焦。与先前的研究一样，我们预测在非道德行为方面权力可以减弱社会影响的作用（从而使得个人更可能依赖他们自身的偏好），而个人自我聚焦可以调节这种相互作用的影响。

样本和程序

我们在一个国际机场找了一些人，告诉他们我们正在进行一项关于经理工作经验的研究。在这些自称是经理的人中，30.38%的人（n=312）同意参加这个研究。由于这个研究主题带有敏感性，我们向他们保证完全匿名并且除了人口统计信息外不要求提供任何个人资料。另外，为了降低顺序的影响，每个参与者的测量顺序都是随机的（Podsakoff, MacKenzie, Lee & Podsakoff, 2003）。参与者的平均年龄为 43 岁（标准差 = 10.25），他们平均有 18.80 年的工作经验（标准差 = 10.36）。在这些人当中，有 12.2%的人是一级或者稍低一层；27.2%的人是中层经理；35.9%的人是上层经理；24.7%的人是主管经理。受访者中有 37.5%是女性。

测量

组织道德从众压力：我们通过测量感知组织的道德文化来操控强制道德行为的组织从众压力（Treviño et al., 1998）。我们使用 14 项道德氛围测量方法中的道德环境分量表（Subscale）来评估在何种程度上受访者的组织惩罚不道德行为和奖励道德行为，在何种程度上他们的领导人担任道德榜样，等等。受访者从 1（"完全错误"）~7（"完全正确"）来对他们组织的描述赋值（例如，"组织中的不道德行为是要被惩罚的"和"组织中的管理降低了不道德行为发生的概率"）。

道德偏好：我们使用 Aquino 和 Reed（2002）的道德五个项目内化分量表来衡量一个人表现道德与不道德的偏好，这衡量了道德一致性对自身的重要性。内化分量表检测道德特点联系是否被嵌入在一个人的自我概念中。过去的研究表明，内化分量表预测了道德决策和道德行为（Aquino & Reed, 2002; Aquino, Reed, Thau & Freeman, 2007）。参与者指出（1 = "强烈不同意"；7 = "完全同意"）特点（例如，"关心"、"富于同情心的"、"公平"等）对他们有多重要（例如，有这些特征让我觉得很开心）。项目被平均成一个单一尺度（α = 0.78）。

权力意识：受访者的权力意识是用权力意识的范围来衡量的（Anderson & Galinsky，2006）。受访者指出他们对八个项目的同意程度（1 = "完全不同意"；7 = "完全同意"）（例如，在我与其他人的关系中，我认为我有很多的权力，只要我想要，我就能做出决定）（α = 0.88）。

个人自我聚焦：我们使用个人自我聚焦规模来衡量受访者关注自身的性格倾向（Fenigstein, Scheier & Buss, 1975）。受访者指出范围（例如，我很注意我的内心感受和我不断检查我的动机）中描述的十个行为者是否符合他们的特征（1="完全不符合"；7="完全符合"）（α = 0.72）。

（非）道德行为：我们借鉴过去研究使用的违反组织道德规范的七个项目（Bennett & Robinson，2000；Treviño & Weaver，2001）："未经允许从工作中拿走财产"、"伪造收据来报销比你花在业务支出上更多的钱"、"享受了额外休息时间或休息了比可接受的更多的时间"、"故意降低工作效率"、"与未经授权的人讨论公司的机密信息"、"在工作时使用毒品或者喝酒"、"为了加班费而故意拖沓工作"。该方法要求参与者指出他们从事这些行为的频率（1 = "从未"；7 = "日常"），较高的值反映出工作中的不道德行为更加频繁。

非道德行为项目的提前测试：为了确认这七个我们用来描述行为的项目可被认定为是不道德的，我们对一个成年雇员的独立样本进行了提前预测（n = 94）。我们让参与者指出每一项描述的行为有多道德（1 = "完全道德的"；7 = "完全不道德的"）。在道德决策的研究下，我们将不道德行为定义为"不合法或者不被大众的道德准则所接受的"（Jones，1991）。所有的项目都是以 5 为均值（"有点不道德"）或者更高（均值为 5.84，标准差为 0.89），从而确认所描述的项目为不道德行为，并增加我们生态效度的衡量。

控制变量：尽管我们保证了参与者的完全匿名，但是我们使用来自社会称许性均衡表的印象管理分量表（Paulhus，1984）控制了参与者使用社会理想的方式来回应的倾向。受访者被要求指出（1 = "不确定"；7 = "十分正确"）他们对于陈述（例如，我曾经因为一个下流的笑话而笑了）的同意程度，然后我们将这些反应平均成单一连续尺度反应（Stöber，Dette & Musch，2002）（α = 0.76）。

均值、标准差、测量的内部一致性和变量的相关性，这些变量都呈现在表 3 中。

表3　研究4中均值、标准差、内部一致性和相关性 [a]

变量	均值	标准差	1	2	3	4	5	6	7
年龄	43.00	10.25							
印象管理	3.48	0.65	0.01	(0.72)					
道德氛围	4.15	1.13	−0.02	−0.04	(0.92)				
道德一致性	6.08	0.88	0.13	0.19	−0.01	(0.83)			
权力意识	4.53	1.02	−0.01	−0.01	−0.04	−0.02	(0.90)		
自我聚焦	3.59	0.63	0.01	0.02	0.02	0.03	0.18	(0.73)	
不道德行为	2.05	0.76	−0.11	−0.14	−0.06	−0.12	−0.03	0.03	(0.91)

注：[a] n = 312。所有大于 |0.12| 的值都是显著的。Cronbach's 的 α 系数表示在对角线上。

研究 4：结果

假设 1 检验

假设 1 的检验采用回归分析法。正如在表 4（模型 2）中总结的那样，权力和道德文化间的相互作用是显著的 [b = 0.08，s.e.（标准误）= 0.04，t [304] = 2.17，p = 0.031]。当权力低于均值一个标准差时 [3.51；b = −0.13，s.e.（标准误）= 0.05，t [304] = −2.33，p = 0.021]，道德文化显著减少了不道德行为；但是当权力高于均值一个标准差时则没有影响 [5.55；b = 0.04，s.e.（标准误）= 0.05，t [304] = 0.73，p = 0.463]。因此，权力显著地削弱了组织道德文化的从众性。

表 4　研究 4 中假设 1 和假设 2 检验的回归分析结果 [a]

| 变量 | 模型 1：自我聚焦 | | | 模型 2：不道德行为 | | | 模型 2：不道德行为 | | |
| | | | | 步骤 1 | | | 步骤 2 | | |
	b	LLCI	ULCI	b	LLCI	ULCI	b	LLCI	ULCI
常数	3.59	3.52	3.66	2.47	2.10	2.83	2.41	2.06	2.77
年龄	0.01	−0.01	0.01	−0.01*	−0.02	−0.01	−0.01*	−0.02	−0.01
印象管理	0.02	−0.09	0.13	−0.14*	−0.27	−0.01	−0.14*	−0.27	−0.01
权力	0.11**	0.04	0.18	−0.04	−0.12	0.04	−0.06	−0.14	0.02
道德氛围	0.01	−0.05	0.08	−0.04	−0.12	0.03	−0.05	−0.12	0.02
道德一致性	0.02	−0.06	0.10	−0.09	−0.19	0.01	−0.09	−0.18	0.01
权力×道德氛围	0.05	−0.01	0.11	0.08*	0.01	0.15	0.05	−0.03	0.12
权力×道德一致性	−0.02	−0.09	0.05	−0.10*	−0.19	−0.02	−0.06	−0.15	0.03
自我聚焦							0.06	−0.08	0.19
自我聚焦×道德氛围							−0.20*	−0.36	−0.05
自我聚焦×道德一致性							0.18*	0.05	0.30
R^2	0.05*			0.08**			0.12**		
ΔR^2							0.04**		

注：a. LLCI = 95% 置信区间下限；ULCI = 95% 置信区间上限。在本研究中所有连续变量以均值为中心。
* p < 0.05；** p < 0.01。

另外，权力和道德一致性的相互作用是显著的 [b = −0.10，s.e.（标准误）= 0.04，t [304] = −2.42，p = 0.017]，并且当权力小于均值一个标准差时 [3.51；b = 0.01，s.e.（标准误）= 0.07，t [304] = 0.15，p = 0.887]，道德一致性对非道德行为没有影响；但是当权力大于均值一个标准差 [5.55；b = 0.20，s.e.（标准误）= 0.06，t [304] = −3.21，p = 0.001] 时，道德一致性会减少非道德行为。因此，当从事不道德行为时，权力显著加强了个人对于自身偏好的依赖。

假设 2 检验

为了检验假设 2，我们采用与研究 1 和研究 3 一样的调节路径分析。根据前文所述，权力应当对个人自我聚焦有积极作用。而且，个人自我聚焦会减弱道德文化对不道德行为的影响（加强道德一致性）。最后，这两条路径的结果都应该是显著的。

与预期相一致，表 4 的模型 1 显示，权力对个人自我聚焦有正向影响作用 [b = 0.11，s.e.（标准误）= 0.03，t [304] = 3.13，p = 0.002]。而且，模型 3 显示出个人自我聚焦减弱了道德文化的影响，增强了道德一致性的影响。具体来说，个人自我聚焦和道德文化间的相互作用是显著的 [b = 0.18，s.e.（标准误）= 0.06，t [304] = 2.80，p = 0.006]。当个人自我聚焦低于均值一个标准差时，道德文化减弱了非道德行为 [2.96；b = −0.16，s.e.（标准误）= 0.05，t [304] = −2.98，p = 0.003]；但当个人聚焦高于均值一个标准差时，道德文化并无影响 [4.22；b = 0.07，s.e.（标准误）= 0.06，t [304] = 1.18，p = 0.239]。另外，个人自我聚焦和道德一致性间的相互作用也是显著的 [b = −0.20，s.e.（标准误）= 0.08，t [304] = 2.58，p = 0.010]。当个人自我聚焦高于均值一个标准差时，道德一致性显著减少了非道德行为 [4.22；b = −0.21，s.e.（标准误）= 0.07，t [304] = −3.05，p = 0.003]，而个人自我聚焦低于均值一个标准差时，道德一致性对非道德行为则无影响 [2.96；b = 0.04，s.e.（标准误）= 0.07，t [304] = 0.58，p = 0.565]。

接下来，研究者测试了从权力到个人自我聚焦的路径和从与道德文化相互作用的个人自我聚焦（与道德一致性相互作用的个人自我聚焦）到非道德行为的路径的结果的意义。研究者使用先前分析的系数，并应用自举（Bootstrap）的方法来构造基于 10000 个来自样本总体的随机替代品的间接影响的偏差校正置信区间。间接影响的 95% 的偏差校正置信区间排除了零值（表明一个显著间接影响），包含与道德文化相互作用的权力（0.006~0.042）和与道德一致性相互作用的权力（−0.053~ −0.005）。因此，个人自我聚焦能够调节权力对道德文化和道德一致性对参与者的不道德行为的影响的调节作用。

研究 4：讨论

研究 4 指出当社会影响是基于从众压力时，权力调节了社会影响在非道德行为方面的作用，权力再次减弱了社会影响的作用（道德文化），使得个人更有可能遵从自身的偏好（道德一致性），而个人自我聚焦调节了这种作用。研究 4 通过检测不同种类经理样本的权力的调节作用增加了研究的生态有效性。

一般讨论

四个研究检验了权力减弱社会影响的作用，并使得个人在回应道德问题时更有可能跟从自身的偏好这个设想。通过社会影响的三种主要模式对这种效应进行测试：信息从众（研究 1 和研究 2）、规范从众（研究 3）、顺从（研究 4）。我们用不同的方式（赋予、结构性操控、测量）对权力进行操控，使用不同的设计检验我们的理论。所有的四个研究提供了大量的证据证明权力减弱了社会影响在道德决策中的作用。

在研究 1 中，与控制组相比，当陷入模棱两可的道德困境时，被赋予了高权力的参与者更少地跟从他人的反应。相反，与控制组相比，被赋予低权力的参与者更容易跟从他人的反应。个人自我聚焦调节了权力对社会影响的调节作用。研究 2 通过直接操控个人自我聚焦提供了一个更加严格的假设心理机制的测试。我们发现在实验控制条件下权力（已进行结构操控）减弱了社会影响的作用，但是当参与者个人自我聚焦被实验性提高时，权力的作用消失了，这说明权力的作用依赖于它提高决策者个人自我聚焦的能力。在研究 3 中，与那些被赋予低权力的参与者相比，被赋予高权力的参与者更少地被规范从众影响（道德氛围）。而且，当决定在谈判中是否欺骗他们的对手时，那些被赋予高权力的人更有可能按照自身的偏好（根据马基雅维利主义进行操控）做出决策，个人自我聚焦解释了这些影响。最后，我们在一个经理样本中进行一项调查，研究 4 认为由于经理人对权力的主观意识的增加，从众压力（道德文化）的影响下降；相反，个人偏好（道德一致性）对非道德行为的影响增加。个人自我聚焦再一次调节了这个影响。

理论影响

这项工作对几个研究领域都有重要启示。首先，我们的研究通过将出权力导致的自我聚焦作为组织环境何时以及为何影响员工进行（非）道德决策的解释，对道德决策文献做出了贡献。大多数研究集中于对在组织中进行道德决策的理解（Kish-Gephart et al.，2010），本研究则指出组织环境的特征对个人行为有重大影响（Gino et al.，2009；Pierce & Snyder，2008；Treviño，1986；Treviño et al.，1998）。然而，并不是所有的员工都会和社会影响表现得一致，过去的研究并没有解释何时以及为何组织环境会影响员工。这个解释问题已经将对一系列组织环境更深层次的理解排除在外，包括道德氛围（Victor & Cullen，1988）、道德文化（Treviño et al.，1998；Treviño，1986）和对（非）道德同事的跟从性（Gino et al.，2009；Pierce & Snyder，2008）。本研究强调了道德决策发生在权力差异的环境下，并且我们将权力的差异作为对组织环境何时和为何影响员工的道德决策的一个简洁（Parsimonious）的解释。我们证明了权力使得人们更加关注他们自身的偏好，这使他们在面对道德问题时更不会受组织环境的影响。

通过首次发展和测试权力作为社会影响有效性的解释，本研究对关于权力的社会心理学研究也做出了贡献。我们在四个研究中假设并验证了以社会影响为代价，权力增强了个人自我聚焦，而个人自我聚焦决定了个人根据自身偏好行动的可能性。这个发现通过给权力在个人对社会影响的敏感性中的角色提供一个更加全面的考虑，拓展了过去在权力和社会影响方面的研究（Galinsky et al.，2008；Guinote，2008）。通过这么做，我们的工作可以更详细地预测有或没有能力是如何以及何时影响个体对于社会影响的敏感性的。例如，在研究 2 中，我们分析了与拥有权力相比，当个人自我聚焦被提高时，低权力并没有增加对社会影响的敏感性。未来的研究可以以一种类似的方式对权力和自我聚焦的文献进行整合，来探索个人自我聚焦在权力和社会影响交互作用中所扮演的角色的额外意义。过去的研究已经说明与个人自我聚焦相比，公众自我聚焦使得个人更加关注行为守则（Fenigstein，1979；Froming & Carver，1981）。提升公众的自我意识是有可能减轻权力潜在的消极影响的，如无视组织道德标准或者忽视有用的建议（See et al.，2011；Tost et al.，2011）（像研究 4 所证明的那样）。未来的研究需要探索这样的可能性。

本研究也拓展了关于权力研究的管理文献。管理研究普遍认为，权力对于员工对他人的行为产生负面影响（Dubin，1982；Kipnis，Castell，Gergen & Mauch，1976；Kochan，2002）。例如，评论了近年来企业实例中的众多问题后，Kochan 总结道："权力高度集中于组织的高层，'权力导致腐败，绝对的权力导致绝对的腐败'的格言再次被证明是正确的。"（2002）然而，我们的研究结果给权力的角色提供了一个更微妙的解释（Chen，Lee-Chai & Bargh，2001；Overbeck & Park，2001）。权力本身并不是腐败，但是它确实使得员工更加以自我为中心。反之，以自我为中心会减弱组织中社会影响的作用，使得有权者更有可能根据他们自身的偏好（无论是有道德还是无道德的）来做出决策。

局限和未来研究方向

我们为组织环境何时以及如何影响员工的道德决策提供了一个简洁的解释。未来的研究可以检测更多复杂的理论模型。例如，当他们在做出（非）道德决策时，其他因素影响员工对社会影响的敏感性也是可能的，如员工对后代的需要（Cialdini & Trost，1998；McGhee & Teevan，1967）或者社会影响来源的性质（Cialdini & Goldstein，2004；Gino et al.，2009）。类似地，未来的研究能够检测是否记录除自我聚焦之外的权力的心理后果，如自信（参见 Briñol et al.，2007；Tost et al.，

2011），来解释为什么有权力的人做出的决定与他们的偏好更加一致。

我们并没有系统检测道德问题的不同是否影响权力在道德决策中的角色。不同特征的道德问题会有所不同，如后果的严重性或者受影响的决策者的相近性（Jones，1991）。然而，我们相信我们所记录的权力的作用适用于各种类型的道德问题。特别地，社会心理研究已经表明不管眼前的决策问题是什么，提高自我聚焦会减少对社会影响的敏感性（Froming et al.，1982；Gibbons & Wright，1983；Hutton & Baumeister，1992；Pryor，Gibbons，Wicklund，Fazio & Hood，1977）。由于权力明显增加自我聚焦，就像此研究中所记录的和其他研究中所说明的那样（Guinote，2010；Weick & Guinote，2008），我们相信这些发现可以适用于不同类型的道德问题。然而，更一般地来说，道德决策方面的偶然议题观点确实与我们的研究有重要的联系。例如，Jone 认为当社会共识，或者说"一个行为被社会认为是差的（好的）程度"（1991）的水平很低时，模棱两可的道德决策情境便产生了。过去的研究认为模棱两可使得员工更有可能去观察和模仿其他人的决策（Sherif，1936；Sonenshein，2007），这使得权力的作用更加突出。因此，道德社会影响中作用更多（更少）的道德问题的特征使得权力的作用具有更多（更少）的相关性。未来的研究需要探索道德问题的特征和道德决策中的权力两者之间的相互作用。

一个相关的点是作者以相似的方式对待道德和不道德的社会影响，以及个人道德的和不道德的行为。本文的理论假设是不管影响是否道德，权力都减弱了社会影响的有效性。而且，关于决策者的偏好是否是道德的或者不道德的行为，本文理论属于不可知论。尽管我们在不同类型的社会影响和不同操作化的道德偏好预测方面得到了支持，但文中所记录的影响不同于根据特定组合不同类型的社会影响力和个人偏好，这是有可能的。未来的研究可能会系统性地探索操控社会影响内容（道德与不道德的）以及决策者偏好的可能性。

未来的研究可能使用不同的（非）道德决策和行为的测量，包括道德的与不道德的行为的针对性指标，从而重复本文的结果［Kish-Gephart et al.（2010）中对不同（非）道德决策和行为的测量的途径］。尽管我们使用的不同的道德决策和行为的操控支持了我们的理论，但是未来研究可以使用更客观的针对非道德行为的指标来拓展我们的工作（Detert，Treviño，Burris & Andiappan，2007；Gino et al.，2009）。

最后，以后的工作可以更详尽地探讨权力和社会影响在道德决策中相互作用的结果。本文中的模型可以引出很多有趣的预测——例如，考虑这样一种情况，一个有较强的不道德偏好的人在一个强调道德行为和积极推行道德政策的组织工作。权力应该会使得这个人无视这样的组织环境并且表现得不道德。反之，这种无视将会以牺牲个人的兴趣为代价，因为这违反了组织的道德政策，并且这个员工很可能会受到惩罚。因此，从本文模型出发，权力在某些确定情况下可能具有讽刺意味的后果，会使员工损害他们的最佳利益，并且影响他们在组织中的地位。

管理的影响

组织使用各种系统来提升员工的道德行为，从正式的政策，如激励和授权系统（James，2000；McCabe et al.，1996；Schwartz，2001），到更多非正式的系统，如价值观理念和同龄社会化（Treviño et al.，1998），这些系统有一个共同的特点，就是它们依靠社会影响的逻辑来影响道德决策。因此，本文中的发现可以让组织中的决策者知道什么时候这些系统有用或者没用。例如，我们的结果认为在组织中占据高权力的人对社会影响不会有什么反应——基本系统。与无权力的员工相比，有权力的员工可能需要更多的刺激（回报或者惩罚）才会关注这些系统。我们的研究结果的另一个实际意义是如果组织中有权力的成员有不道德的偏好，那么在这些成员中培养道德行为对组织来说将是一个不小的挑战。这个发现强调了选择"正确"的人掌握组织权力的重要性。

文章结果也说明了缺乏权力的员工可能会对不道德社会影响特别敏感，组织可以努力引导他们防止不道德行为扩散到权力差异显著的组织关系中（例如，上司和下属）。缺乏权力的员工可能会特别敏感，也会更容易被高权力的组织成员怂恿加入到非道德行为中（Treviño & Brown，2005）。本文研究结果表明，提高员工自我聚焦的组织干预措施可以减少缺乏权力的员工的敏感度。例如，在研究2中，被分配到低权力职位上的人（下属）比被分配到高权力职位上的人（经理）对社会影响更加敏感。提高低权力者个人的自我聚焦可以抵消低权力者所增加的对社会影响的敏感度。这意味着，意在防止不道德行为的组织需要通过训练员工无论何时在面对道德问题时要回想起个人行为标准来提高他们的自我聚焦。关于落实建议的研究认为只有一种方式可以切实做到这点：通过实行所谓的"如果—然后"计划，当员工在工作中面临道德问题时，他们会倾向于聚焦他们个人关于道德行为的标准。

结　论

我们已经证明，由权力引发的个人自我聚焦解释了何时以及为何员工会无视他们的组织环境，而遵从自身的（非）道德偏好。这些发现对理解组织中各种道德的和非道德的社会进程是非常重要的（从道德组织政策的有效性到组织中的腐败现象），这些都有助于对道德决策形成一个整体的和更全面的理解。

参考文献

[1] Allport, G. W. 1954. The historical background of social psychology. In G. Lindzey & E. Aronson (Eds.), Handbook of Social Psychology, 1: 1–46. New York: Random House.

[2] Anderson, C., & Galinsky, A. D. 2006. Power, optimism, and risk taking. European Journal of Social Psychology, 36: 511–536.

[3] Anderson, C., & Berdahl, J. L. 2002. The experience of power: Examining the effects of power on approach and inhibition tendencies. Journal of Personality and Social Psychology, 83: 1362–1377.

[4] Aquino, K., & Becker, T. E. 2005. Lying in negotiations: How individual and situational factors influence the use of neutralization strategies. Journal of Organizational Behavior, 26: 661–679.

[5] Aquino, K., & Reed, A. 2002. The self-importance of moral identity. Journal of Personality and Social Psychology, 83: 1423–1440.

[6] Aquino, K., Reed, A. II, Thau, S., & Freeman, D. 2007. A grotesque and dark beauty: How moral identity and mechanisms of moral disengagement influence cognitive and emotional reactions to war. Journal of Experimental Social Psychology, 43: 385–392.

[7] Asch, S. E. 1955. Opinions and social pressure. Scientific American, 193: 31–35.

[8] Ashforth, B. E., & Anand, V. 2003. The normalization of corruption in organizations. In B. M. Staw & R. Sutton (Eds.), Research in organizational behavior, 25: 1–52. Greenwich, CT: JAI.

[9] Badaracco, J. 1997. Defining moments: When managers must choose between right and right. Boston: Harvard Business Press.

[10] Baker, S. M., & Petty, R. E. 1994. Majority and minority influence: Source-position imbalance as a determinant of message scrutiny. Journal of Personality and Social Psychology, 67: 5–19.

[11] Bazerman, M. H., Curhan, J. R., Moore, D. A., & Valley, K. L. 2000. Negotiation. In S. T. Fiske, D. L. Schacter, & C. Zahn-Wexler (Eds.), Annual Review of Psychology, 51: 279–314. Palo Alto, CA: Annual Reviews.

[12] Bennett, R. J., & Robinson, S. L. 2000. Development of a measure of workplace deviance. Journal of Applied Psychology, 85: 349–360.

[13] Brass, D. J. 1984. Being in the right place: A structural analysis of individual influence in an organization. Administrative Science Quarterly, 29: 518–539.

[14] Briñol, P., Petty, R. E., Valle, C., Rucker, D. D., & Becerra, A. 2007. The effects of message recipients' power before and after persuasion: A self-validation analysis. Journal of Personality and Social Psychology, 93: 1040–1053.

[15] Chen, S., Lee-Chai, A. Y., & Bargh, J. A. 2001. Relationship orientation as a moderator of the effects of social power. Journal of Personality and Social Psychology, 80: 173–187.

[16] Christie, R., & Geis, F. 1970. Studies in Machiavellianism. New York: Academic Press.

[17] Cialdini, R. B., & Goldstein, N. J. 2004. Social influence: Compliance and conformity. In S. T. Fiske, D. L. Schacter, & C. Zahn-Wexler (Eds.), Annual Review of Psychology, 55:

591–621. Palo Alto, CA: Annual Reviews.

[18] Cialdini, R. B., Levy, A., Herman, C. P., & Evenbeck, S. 1973. Attitudinal politics: The strategy of moderation. Journal of Personality and Social Psychology, 25: 100–108.

[19] Cialdini, R. B., Petrova, P. K., & Goldstein, N. J. 2004. The hidden costs of organizational dishonesty. MIT Sloan Management Review, 45: 67–74.

[20] Cialdini, R. B., & Trost, M. R. 1998. Social norms, conformity, and compliance. In D. T. Gilbert, S. T. Fiske, & G. Lindzey (Eds.), Handbook of Social Psychology, 2: 151–192. Boston: McGraw-Hill.

[21] Crutchfield, R. S. 1955. Conformity and character. American Psychologist, 10: 195–198.

[22] Cushman, F., Young, L., & Hauser, M. 2006. The role of conscious reasoning and intuition in moral judgment: Testing three principles of harm. Psychological Science, 17: 1082–1089.

[23] Detert, J. R., Treviño, L. K., Burris, E. R., & Andiappan, M. 2007. Managerial modes of influence and counterproductivity in organizations: A longitudinal business –unit –level investigation. Journal of Applied Psychology, 92: 993–1005.

[24] Deutsch, M., & Gerard, H. 1955. A study of normative and informational social influences upon individual judgment. Journal of Abnormal and Social Psychology, 51: 629–636.

[25] Dubin, R. 1982. Management: Meanings, methods, and moxie. Academy of Management Review, 7: 372–379.

[26] Edwards, J. R., & Lambert, L. S. 2007. Methods for integrating moderation and mediation: A general analytical framework using moderated path analysis. Psychological Methods, 12: 1–22.

[27] Emerson, R. 1962. Power–dependence relations. American Sociological Review, 27: 31–41.

[28] Epley, N., & Gilovich, T. 1999. Just going along: Nonconscious priming and conformity to social pressure. Journal of Experimental Social Psychology, 35: 578–589.

[29] Fenigstein, A. 1979. Self–consciousness, self–attention, and social interaction. Journal of Personality and Social Psychology, 37: 75–86.

[30] Fenigstein, A., & Levine, M. P. 1984. Self–attention, concept activation, and the causal self. Journal of Experimental Social Psychology, 20: 231–245.

[31] Fenigstein, A., Scheier, M. F., & Buss, A. H. 1975. Public and private self–consciousness: Assessment and theory. Journal of Consulting and Clinical Psychology, 43: 522–527.

[32] Festinger, L. 1954. A theory of social comparison processes. Human Relations, 7: 117–140.

[33] Fiske, S. T. 1993. Controlling other people: The impact of power on stereotyping. American Psychologist, 48: 621–628.

[34] Fiske, S. T., & Dépret, E. 1996. Control, interdependence and power: Understanding social cognition in its social context. European Review of Social Psychology, 7: 31–61.

[35] Flynn, F. J., & Wiltermuth, S. S. 2010. Who's with me? False consensus, brokerage, and ethical decision making in organizations. Academy of Management Journal, 53: 1074–1089.

[36] Fransen, M. L., Fennis, B. M., Pruyn, A. T. H., & Vohs, K. D. 2011. When fit fosters favoring: The role of private self–focus. Journal of Experimental Social Psychology, 47: 202–207.

[37] French, J., & Raven, B. H. (Eds.). 1959. The bases of social power. Ann Arbor, MI: Institute for Social Research.

[38] Froming, W. J., & Carver, C. S. 1981. Divergent influences of private and public self–consciousness in a compliance paradigm. Journal of Research in Personality, 15: 159–171.

[39] Froming, W. J., Walker, G. R., & Lopyan, K. J. 1982. Public and private self–awareness: When personal attitudes conflict with societal expectations. Journal of Experimental Social Psychology, 18: 476–487.

[40] Galinsky, A. D., Gruenfeld, D. H., & Magee, J. C. 2003. From power to action. Journal of Personality and Social Psychology, 85: 453–466.

[41] Galinsky, A. D., Magee, J. C., Gruenfeld, D. H., Whitson, J. A., & Liljenquist, K. A. 2008. Power reduces the press of the situation: Implications for creativity, conformity, and dissonance. Journal of Personality and Social Psychology, 95: 1450–1466.

[42] Gibbons, F. X., & Wright, R. A. 1983. Self–focused attention and reactions to conflicting standards. Journal of Research in Personality, 17: 263–273.

[43] Gino, F., Ayal, S., & Ariely, D. 2009. Contagion and differentiation in unethical behavior. Psychological Science, 20: 393–398.

[44] Gollwitzer, P. M. 1999. Implementation intentions: Strong effects of simple plans. American Psychologist, 54: 493–503.

[45] Goukens, C., Dewitte, S., & Warlop, L. 2009. Me, myself, and my choices: The influence of private self–awareness on choice. Journal of Marketing Research, 46: 682–692.

[46] Govern, J. M., & Marsch, L. A. 2001. Development and validation of the situational self–awareness scale. Consciousness and Cognition, 10: 366–378.

[47] Grant, A. M., & Berry, J. W. 2011. The necessity of others is the mother of invention: Intrinsic and prosocial motivations, perspective taking, and creativity. Academy of Management Journal, 54: 73–96.

[48] Griffin, D., & Buehler, R. 1993. Role of construal processes in conformity and dissent. Journal of Personality and Social Psychology, 65: 657–669.

[49] Guinote, A. 2007a. Power and goal pursuit. Personality and Social Psychology Bulletin, 33: 1076–1087.

[50] Guinote, A. 2007b. Behaviour variability and the situated focus theory of power. Euro–

pean Review of Social Psychology, 18: 256–295.

[51] Guinote, A. 2008. Power and affordances: When the situation has more power over powerful than powerless individuals. Journal of Personality and Social Psychology, 95: 237–252.

[52] Guinote, A. 2010. In touch with your feelings: Power increases reliance on bodily information. Social Cognition, 28: 110–121.

[53] Haidt, J. 2001. The emotional dog and its rational tail: A social intuitionist approach to moral judgment. Psychological Review, 108: 814–834.

[54] Haidt, J., & Hersh, M. A. 2001. Sexual morality: The cultures and emotions of conservatives and liberals. Journal of Applied Social Psychology, 31: 191–221.

[55] Hutton, D. G., & Baumeister, R. F. 1992. Self-awareness and attitude change: Seeing oneself on the central route to persuasion. Personality and Social Psychology Bulletin, 18: 68–75.

[56] James, H. S. 2000. Reinforcing ethical decision making through organizational structure. Journal of Business Ethics, 28: 43–58.

[57] Janes, L. M., & Olson, J. M. 2000. Jeer pressure: The behavioral effects of observing ridicule of others. Personality and Social Psychology Bulletin, 26: 474–485.

[58] Jones, T. M. 1991. Ethical decision making by individuals in organizations: An issue-contingent model. Academy of Management Review, 16: 366–395.

[59] Keltner, D., Gruenfeld, D. H., & Anderson, C. 2003. Power, approach, and inhibition. Psychological Review, 110: 265–284.

[60] Kipnis, D., Castell, P. J., Gergen, M., & Mauch, D. 1976. Metamorphic effects of power. Journal of Applied Psychology, 61: 127–135.

[61] Kish-Gephart, J. J., Harrison, D. A., & Treviño, L. K. 2010. Bad apples, bad cases, and bad barrels: Meta-analytic evidence about sources of unethical decisions at work. Journal of Applied Psychology, 95: 1–31.

[62] Kochan, T. A. 2002. Addressing the crisis in confidence in corporations: Root causes, victims, and strategies for reform. Academy of Management Executive, 16: 139–141.

[63] Loyd, D. L., Kern, M. C., & Thompson, L. 2005. Classroom research: Bridging the ivory divide. Academy of Management Learning and Education, 4: 8–21.

[64] Madden, J. M. 1960. Personal preferences and conformity. Journal of Social Psychology, 52: 269–277.

[65] McCabe, D., Treviño, L., & Butterfield, K. 1996. The influence of collegiate and corporate codes of conduct on ethics-related behavior in the workplace. Business Ethics Quarterly, 6: 461–476.

[66] McFerran, B., Dahl, D. W., Fitzsimons, G. J., & Morales, A. C. 2010. I'll have what she's having: Effects of social influence and body type on the food choices of others. Journal of Consumer Research, 36: 915–929.

[67] McGhee, P. E., & Teevan, R. C. 1967. Conformity behavior and need for affiliation.

Journal of Social Psychology, 72: 117–121.

[68] Murnighan, J. K., Babcock, L., Thompson, L., & Pillutla, M. M. 1993. The information dilemma in negotiations: Effects of experience, incentives, and integrative potential. International Journal of Conflict Management, 10.

[69] Overbeck, J. R., & Park, B. 2001. When power does not corrupt: Superior individuation processes among powerful perceivers. Journal of Personality and Social Psychology, 81: 549–565.

[70] Overbeck, J., & Park, B. 2006. Powerful perceivers, powerless objects: Flexibility of powerholders' social attention. Organizational Behavior and Human Decision Processes, 99: 227–243.

[71] Paulhus, D. L. 1984. Two-component models of socially desirable responding. Journal of Personality and Social Psychology, 46: 598–609.

[72] Pierce, L., & Snyder, J. 2008. Ethical spillovers in firms: Evidence from vehicle emissions testing. Management Science, 54: 1891–1903.

[73] Pinto, J., Leana, C. R., & Pil, F. K. 2008. Corrupt organizations or organizations of corrupt individuals? Two types of organization–level corruption. Academy of Management Review, 33: 685–709.

[74] Podsakoff, P. M., MacKenzie, S. B., Lee, J. Y., & Podsakoff, N. P. 2003. Common method biases in behavioral research: A critical review of the literature and recommended remedies. Journal of Applied Psychology, 88: 879–903.

[75] Pryor, J. B., Gibbons, F. X., Wicklund, R. A., Fazio, R. H., & Hood, R. 1977. Self-focused attention and selfreport validity. Journal of Personality, 45: 513–527.

[76] Russell, J. 2011. Olympus reveals details of accounting scandal. http://www.telegraph.co.uk/finance/news bysector/mediatechnologyandtelecoms/electronics/ 8875766/Olympus –reveals –details–of–accounting–sca ndal.html. Accessed November 8.

[77] Scheier, M. F., & Carver, C. S. 1980. Private and public self–attention, resistance to change, and dissonance reduction. Journal of Personality and Social Psychology, 39: 390–405.

[78] Schwartz, M. 2001. The nature of the relationship between corporate codes of ethics and behaviour. Journal of Business Ethics, 32: 247–262.

[79] Schweitzer, M. E., DeChurch, L. A., & Gibson, D. E. 2005. Conflict frames and the use of deception: Are competitive negotiators less ethical? Journal of Applied Social Psychology, 35: 2123–2149.

[80] See, K. E., Morrison, E. W., Rothman, N. B., & Soll, J. B. 2011. The detrimental effects of power on confidence, advice taking, and accuracy. Organizational Behavior and Human Decision Processes, 116: 272–285.

[81] Sherif, M. 1936. The psychology of social norms. New York: Harper.

[82] Shrout, P. E., & Bolger, N. 2002. Mediation in experimental and nonexperimental studies: New procedures and recommendations. Psychological Methods, 7: 422–445.

[83] Sonenshein, S. 2007. The role of construction, intuition, and justification in responding

to ethical issues at work: The sensemaking-intuition model. Academy of Management Review, 32: 1022–1040.

[84] Spencer, S. J., Zanna, M. P., & Fong, G. T. 2005. Establishing a causal chain: Why experiments are often more effective than mediational analyses in examining psychological processes. Journal of Personality and Social Psychology, 89: 845–851.

[85] Stöber, J., Dette, D. E., & Musch, J. 2002. Comparing continuous and dichotomous scoring of the Balanced Inventory of Desirable Responding. Journal of Personality Assessment, 78: 370–389.

[86] Strudler, A. 1995. On the ethics of deception in negotiation. Business Ethics Quarterly, 5: 805–822.

[87] Tang, J. H., & Farn, C. K. 2005. The effect of interpersonal influence on softlifting intention and behaviour. Journal of Business Ethics, 56: 149–161.

[88] Thibaut, J. W., & Kelley, H. H. 1959. The social psychology of groups. New York: Wiley.

[89] Tost, L. P., Gino, F., & Larrick, R. P. 2011. Power, competitiveness, and advice taking: Why the powerful don't listen. Organizational Behavior and Human Decision Processes, 117: 53–65.

[90] Treviño, L. K. 1986. Ethical decision making in organizations: A person-situation inter-actionist model. Academy of Management Review, 11: 601–617.

[91] Treviño, L. K., & Brown, M. E. 2005. The role of leaders in influencing unethical behavior in the workplace. In R. E. Kidwell & C. L. Martin (Eds.), Managing organizational deviance: 69–87. London: Sage.

[92] Treviño, L. K., Butterfield, K., & McCabe, D. 1998. The ethical context in organizations: Influences on employee attitudes and behaviors. Business Ethics Quarterly, 8: 447–476.

[93] Treviño, L. K., & Weaver, G. R. 2001. Organizational justice and ethics program "follow-through": Influences on employees' harmful and helpful behavior. Business Ethics Quarterly, 11: 651–671.

[94] Turner, J. C. 1991. Social influence. Pacific Grove, CA: Thomson Brooks/Cole.

[95] Victor, B., & Cullen, J. B. 1988. The organizational bases of ethical work climates. Administrative Science Quarterly, 33: 101–125.

[96] Weick, M., & Guinote, A. 2008. When subjective experiences matter: Power increases reliance on the ease of retrieval. Journal of Personality and Social Psychology, 94: 956–970.

[97] Weisman, S. R. 2007. Bank's report says Wolfowitz violated ethics. New York Times, May 15. http://www.nytimes.com/2007/05/15/washington/15wolfowitz.html? scp_5&sq_Wolfowitz &st_cse.

[98] Wheatley, T., & Haidt, J. 2005. Hypnotic disgust makes moral judgments more severe. Psychological Science, 16: 780–784.

[99] Wood, W., & Quinn, J. M. 2003. Forewarned and forearmed? Two meta-analytic syntheses of forewarnings of influence appeals. Psychological Bulletin, 129: 119–138.

第四部分　利益相关方期望与压力回应

导　读

　　利益相关方理论最早出现在战略管理领域，但被引入企业社会责任研究领域以后，逐渐发展成为后者的一个重要的理论基础，对企业社会责任理论和实践的发展起到了重要的推动作用。企业的利益相关方是可以影响到企业目标的实现或受其实现影响的群体或个人（Freeman，1984）。根据利益相关方理论，利益相关方会根据其与企业的关系，对与其利益相关的议题向企业提出利益诉求，期望企业在运营中充分考虑并以实际行动予以回应。然而，由于各类利益相关方所持有的资源与企业的利益关系存在较大差异，他们对同一企业提出的诉求也往往具有多样性和冲突性的特征。然而，企业是以盈利为主要目的的经济实体，企业如何充分利用相对有限的资源，对利益相关方的多样和冲突的诉求进行回应，以实现企业的长期可持续发展就成为一个值得研究的主题。

　　已有的利益相关方理论主要聚焦于企业的外部环境因素对企业回应的作用。显然，企业的环境因素能够对企业回应行动提供一定的解释力，但是无法解释相似环境中的企业回应的差异性。事实上，企业对利益相关方期望和压力的回应是企业外部压力与内部情况相互作用的结果。然而，当前关于企业内部变量对企业回应的影响的研究较少。本部分着重选取了四篇聚焦企业内部变量与企业回应关系的文献，分别从企业逻辑、管理者对利益相关方议题的认知过程、管理者共识，以及不负责任实践的内部转移等角度讨论了企业内部变量对企业回应的影响。

　　第一篇是 Donal Crilly 和 Pamela Sloan 的《企业逻辑："由内而外"解释企业的利益相关方关注》。传统的利益相关方理论聚焦于外部环境变量，无法解释运营于同等环境中的企业对利益相关方的关注的差异。对利益相关方的关注不仅是外部影响的结果，也取决于管理者如何理解企业与社会的关系，即管理者如何对其所在的环境进行认知的解释。认知的结果决定企业管理者对利益相关方及外部压力作何种解读。然而，关于管理者如何理解企业与社会的关系以及处理多方利益相关方关注的研究比较欠缺。该文提出一个异质性的、由内而外的解释来理解企业绩效的差异。首先，基于利益相关方理论和主导逻辑概念，作者提出，利益相关方关注是一个需要解释的战略问题，企业主导逻辑将有利于解释企业为处理利益相关方关系所付出努力的过程。通过将企业置于一个包括经济、社会、政治行动者的环境中，作者扩展了主导逻辑的概念，并使用"企业逻辑"来表示主导逻辑，认为不同的企业逻辑导致企业对利益相关方关注程度的不同。其次，作者利用案例研究法和分析归纳法，对四个行业的八个总部地点和规模相似的全球化企业进行了多方法配对研究，包括88次高层访谈、广泛的档案文本分析和认知测评技术。再次，作者发现，一些公司更高效地解决利益相关方关注的议题是因为企业管理者对企业及企业与社会之间关系的理解方式有着根本差异。作者进一步确定了三个不同的企业逻辑，即把利益相关方看作合同交易方的"以企业为核心"的企业逻辑、将利益相关方关系视为复杂交互网络的行业网络逻辑，以及强调与利益相关方的相互依存关系与企业可持续发展的"扩展"逻辑。最后，作者将主导逻辑、个人以及组织关注和战略问题的分类整合到一个模型中，这个模型不仅解释了不同企业在类似环境下的异质性，也为思考企业的社会目标（尤其是有争议的股东与非股东利益议题）提供了新的思路。

第二篇是 Jonathan Bundy、Christine Shropshire 和 Ann K. Buchholtz 的《战略认知和议题凸显度：针对企业回应利益相关方关注的一种解释》。关于公司对利益相关方议题进行回应的原因和方式，已有研究主要聚焦于公司的外部因素，很少有研究直接考察管理者对具体议题的解读、理解和回应的认知程序。考虑到公司管理者不是对利益相关方和环境特点本身做出回应，而是对利益相关方提出的具体议题进行回应，管理者如何解读议题并对议题进行优先排序的战略认知程序就显得非常重要。该文提出了一个议题凸显度的战略认知视角来理解公司回应，从而用战略认知程序将议题凸显度和公司回应直接联系起来。首先，作者将组织身份的认知结构和战略架构作为议题解读程序中不可或缺且相互联系的组成部分，作者认为，组织身份通过表达性的逻辑来指导议题解读，而公司的战略架构通过工具性的逻辑来进行议题解读。两种认知结构在议题解读的同时发挥作用。管理者基于议题与每种认知结构的逻辑关系来解释利益相关方议题的凸显性。当管理者感知到与两种结构的核心逻辑具有一致性（如实质性的支持、加强或者确认）或者冲突性（如实质性的挑战或者威胁）时，凸显度高；反之，管理者感到与两种逻辑不相关时，凸显度低。其次，作者根据利益相关方议题与战略架构和组织身份两个维度所具有的一致性、冲突性和不相关三种关系，形成了一个 3×3 的分类矩阵。其中，在组织身份和战略架构维度中都处于一致性或冲突性关系中的议题具有高凸显度；一个维度处于一致性或冲突性关系，而另一个维度处于不相关关系中的议题具有中等的凸显度；两个维度都处于不相关关系中的议题则具有低凸显度。最后，作者运用这个分类工具讨论了公司各种可能的回应类型。作者认为，回应的本质性是象征性或者实质性的，而回应的一般形式则是防御性或者适应性的。根据分类矩阵，作者提出，所有议题可分为九类，即真正的机会、真正的威胁、身份冲突、构架冲突、工具性机会、工具性威胁、表达性机会、表达性威胁和非议题，对不同议题的回应方式包括实质性适应、实质性防御、实质性协商、象征性适应、象征性防御和无回应六种。

第三篇是 Donal Crilly、Maurizio Zollo 和 Morten T. Hansen 的《做假还是应付了事？理解回应利益相关方压力时的脱节现象》。企业在面对相同的制度压力时的回应会有所不同。在同行企业忠实地实施企业社会责任政策时，另一些企业则会采取政策与实际行动脱节的行为。该文对企业采取脱节行为的原因进行了探讨。首先，作者提出，现有关于脱节的主流理论主要聚焦于企业的外部因素，如利益相关方期望的不一致或者利益相关方与企业管理者的信息不对称。但作者认为，这种观点在很大程度上忽视了潜在的外部环境和内部组织之间复杂的相互影响，外部因素确实为企业脱节行为提供了理由，但这些外部因素不足以完全解释企业的脱节行为，企业内部的管理者对企业社会责任的认知一致程度（即管理共识的程度）和企业利益也是重要的内部影响因素。其次，为了进一步理解企业脱节行为，作者设计了一个现场研究，考察了 17 家企业，根据所在行业和地理，将这些企业或两个或三个地分组，每组企业实施社会责任政策的程度有所不同。作者采访了这些企业的 190 个利益相关方和 169 个公司高管，并结合访谈和档案数据证据，建立了 17 家企业的 CSR 相关政策、实践和管理者用于解释回应的基本原理的账目。作者用模糊集合定性比较分析法分析了这些案例的政策与实践脱节的情况。最后，作者得到了引起脱节和实施的因果情况布局，并根据脱节—实施的程度由高到低将最典型的 11 家企业分成四类，即逃避型脱节、突发型脱节、战略型实施和日常型实施。当信息不对称作为外围条件，缺少企业利益和管理共识时，企业倾向于采用逃避型脱节行为；利益相关方缺少共识作为外围条件，没有信息不对称但内部高管缺少共识的情况下，企业倾向于采取突发型脱节行为；在存在信息不对称而且企业有实施社会责任的利益，但高管缺乏共识的情况下，企业倾向于采取战略型实施行为；当高管形成共识时，即使利益相关方没有形成共识，企业也倾向于采取日常型实施行为。

第四篇是 Jordi Surroca、Josep A. Tribó 和 Shaker A. Zahra 的《利益相关方对跨国公司的压力以及跨国公司不负责任的社会实践向其子公司的转移》。利益相关方对企业的社会责任压力不一定会导致企业更负责任；相反，它可能造成企业不负社会责任。该文就以跨国公司为研究对象对这个明显的悖论进行了分析和检验。首先，基于企业合法性理论、制度理论和污染避难假说的相关研究，作者认为跨国企业面临利益相关方压力时，会设法将自身不负责的实践转移到那些信息不容易获得、结构与总部分离而且跨国公司可以通过董事会连锁施加控制的小股权海外子公司，以牺牲子公司利益为代价实现跨国公司总体利润最大化、总体合法性最大化（假设 1 和假设 2）。在这个过程中，母国和东道国及相应的公民社会监管程度起到了调节作用（假设 3）。其次，作者根据研究假设建立了一个检验模型，在控制了公司、行业和国家层面的变量情况下，检验母国利益相关方对跨国公司总部压力、连锁和小股权的子公司，以及制度监管三个变量及其交互项对企业不负社会责任实践的转移变量的作用。作者使用了多个数据库提供的 110 家跨国公司的 269 个公开上市的子公司面板数据。其中，子公司社会责任数据来自 Sustainalytics 数据库。这些跨国公司总部分布在 22 个国家，跨国公司及其子公司覆盖多个行业。主要研究方法是回归分析法。此外，作者还进行了一系列的稳定性检验和补充分析。最后，研究结果显示，作者提出的假设得到了研究结果的支持。跨国公司对母国利益相关方之间不断上升的压力的回应是，通过将企业不负社会责任的实践转移到某些子公司，从而退出存在强大压力的领域。通过应用这种战略，跨国公司能够将它们合规的结构（总部）与那些对技术活动负责的结构（子公司）相分离。这样，跨国公司就能在表面上从事"装点门面"的活动。对于总部利益相关方，这些活动给予了跨国公司一致性的表象并获得组织合法性，同时，跨国公司在国外机构却从事着不负社会责任的活动。因此，不当行为没有得到制止，而只是转移到被选中的子公司来实施。此外，当子公司松散地附属于跨国公司，同时被跨国公司通过董事会连锁控制时，企业不负社会责任实践的转移概率更高。这些子公司对跨国公司总体合法性造成负面的合法性溢出的潜能更小。

企业逻辑："由内而外"解释企业的利益相关方关注[*]

Donal Crilly，Pamela Sloan

【摘　要】为什么有些企业比其他企业对利益相关方关注处理得更好？传统的利益相关方理论聚焦于外部环境变量，并不能充分地解释同等情况下不同企业运行的差异性。通过对八个全球化企业就企业利益相关方关注中的角色认知进行深入研究，本文发现，高层管理者对企业与社会关系（企业逻辑）的理解，与单个企业在同时处理多个利益相关方关系时对于关注点和潜在约束差异程度密切相关。这些发现在解释有些企业比其他企业能够更有效地解决利益相关方关注时，从管理认知层面强调了"由内而外"视角的价值。

引　言

为什么有些企业比其他企业对利益相关方的关注处理得更好？尽管在利益相关方管理（Freeman，1984）、组织理论（Mitchell，Agle & Wood，1997）和伦理领域（Jones，Felps & Bigley，2007）中，企业对广泛利益相关方群体的关注是一个频频出现的话题，但它正越来越多地与可持续竞争优势联系起来（Kacperczyk，2009）。

利益相关方是任何能够影响或者被组织目标的实现所影响的团体或个人（Freeman，1984）。而为什么某些利益相关方得到突出关注的解释主要聚焦于外部因素，如法律或其他制度安排（Kacperczyk，2009）或利益相关方对资源的控制能力（Pfeffer & Salancik，1978；Sharma & Henriques，2005）？换句话说，这个解释是由外而内的。然而，当本文将解释聚焦于外部影响时，如何解释与利益相关方差异有关的变量？运行环境相似的企业面临类似的利益和制度安排，用外部影响因素来解释

---

[*] Donal Crilly & Pamela Sloan. 2012. Enterprise Logic：Explaining Corporate Attention to Stakeholders From the "Inside-out"，Strategic Management Journal，33：1174-1193.

初译由张吉辉完成。

利益相关方关注的范围没有考虑到企业的异质性，这是战略文献中的一个重要疏忽。

本文的目的是针对企业关注并拓展到企业绩效表现的差异，提出一个考虑异质性的、由内而外的解释。本文探索这样一种可能的解释——利益相关方关注不仅是客观外在影响的结果，同时也取决于管理者如何理解企业与社会的关系。这需要一个立足于"企业行为由管理者如何构思他们的环境所决定"的认知解释（Porac、Thomas & Baden- Fuller，1989）。认知一般用于研究各种与战略相关的问题，包括对竞争对手的识别（Porac、Thomas & Baden-Fuller，1989）、定位（Reger & Huff，1993）以及工业和技术的变更（Barr，Stimpert & Huff，1992；Kaplan，2008a，2008b）。除此之外，认知也适用于理解管理者如何理解交易伙伴和潜在的、更为广泛的利益相关方。管理者解读利益相关方的有关信息（Henriques & Sadorsky，1999）以及利益相关方的解读歧义，如外部环境压力给企业带来机遇还是威胁（George et al.，2006）。

本文认为，企业的主导逻辑（Prahalad & Bettis，1986）在决定利益相关方关注方面扮演着关键角色。主导逻辑是一种反映高层管理者如何理解自身经营的集体认知结构。它影响着战略决策和直接关注（Bettis & Prahalad，1995）。主导逻辑通常被用来解释企业战略的变化（Prahalad & Bettis，1986）。然而，企业在维系各个利益相关方关系时需要处理各种问题，面临各种外部威胁。本质上，这些威胁涉及"如何了解特定公司作为一个整体及其与其他社会机构之间的关系的定位"（Freeman，1984）和制定企业战略（阐述了公司与社会的关系）（Schendel & Hofer，1979）。到目前为止，鲜有关于管理者如何理解企业与社会关系以及处理多方利益相关方关注的研究。

本文将努力进一步填补这一空白。具体来说，本文通过将企业置于一个包括经济、社会、政治行为者的环境中来扩展主导逻辑的概念（Post，Preston & Sachs，2002）。承袭早期研究人员的研究（Freeman，1984；Schendel & Hofer，1979），本文使用术语"企业逻辑"来表示这种情形的主导逻辑，并且认为不同的企业逻辑导致企业对利益相关方关注程度的不同。我们也解决了企业逻辑如何融入利益相关方关注中的问题。利用案例研究法和分析归纳法（Bansal & Roth，2000；Becker，1958），本文对四个行业的八个全球化企业进行了包括88次高层访谈、广泛的档案文本分析、认知测评技术在内的多方法配对研究（Barr et al.，1992；Huff，1990；Tyler & Gnyawali，2009）。

本文的主要发现是，一些公司更高效地解决利益相关方关注的问题是因为企业管理者对企业及企业与社会之间关系的理解方式有着根本差异。本文确定了三个不同的逻辑，从"把利益相关方看作合同交易方的'以企业为核心'的逻辑"，到"强调利益相关方利益的相互依存关系以及企业的可持续性发展"的"扩展的"企业逻辑。本文将主导逻辑（Prahalad & Bettis，1986）、个人以及组织关注（Cho & Hambrick，2006；Nadkarni & Barr，2008）和战略问题的分类（Dutton & Jackson，1987）连接到一个模型中，这个模型不仅解释了不同企业在相似环境下的异质性，也为关于企业的社会目标的思考（尤其是有争议的股东与非股东利益问题）提供了一种新的思路。本文的认知方法为一些管理者将之与利益相关方之间的关系视为风险、冲突和取舍，而另一些管理者却视之为机会、相互依存和互利的现象提供了另一种解释。

理论索引

关注表示"注意、编码、解释和从问题（a）与解决方案（b）两个方面聚焦于组织决策者所付出的时间和努力，其中问题是指对于环境有意义的可行条目：问题、机遇和威胁，解决方案是指可行的、可供选择的行为条目：提议、程序、项目、指令和流程"（Ocasio，1997）。在利益相关方的背景下，企业关注是指企业为支持员工、客户、社区或自然环境等股东和非股东所做出的努力（Kacperczyk，2009）。

在本文研究的初期，通过建立两个理论假设来开展工作。首先，本文认为利益相关方关注是一个需要解释的战略问题。其次，企业主导逻辑将有利于解释并最终反映于企业为处理利益相关方关系所付出努力的过程中。

利益相关方和战略问题

关注利益相关方对于企业来说是一个战略问题。战略问题是一系列事件的集合或者代表了一种趋势，对组织目标的达成具有潜在的影响（Dutton & Jackson，1987）。战略问题涉及困难、机遇及威胁（通常是结构不良、模糊不清和需要解释的问题）。

利益相关方在一个企业中同时扮演着机遇和威胁双重战略性角色（Frooman，1999）。威胁可能源自对资源的控制（Henriques & Sadorsky，1999；Pfeffer & Salancik，1978），并且事关企业的生存和绩效。机会可能表现为社会资本（Krause、Handfield & Tyler，2007）和知识创造的形式（Dyer & Hatch，2006）。具体利益相关方的影响不都是明确的（Coff，1999）。为便于明晰歧义，高管往往趋向于将情境分为机遇或威胁（Chattopadhyay，Glick & Huber，2001；Dutton & Jackson，1987），这也将在决策过程中成为被考虑的显著因素（Jackson & Dutton，1988）。威胁是指损失可能出现并超过管理者控制范围的一种消极情境，而机遇则是指增益可能出现并在可控范围内的一种积极情境（Dutton & Jackson，1987）。与利益相关方有关的文献侧重于研究利益相关方引起的机遇和威胁。截至目前，利益相关方理论界尚未关注到战略问题的分类如何对利益相关方关注形成直接影响。相反，研究利益相关方的学者强调将利益相关方的权力、合法性和紧迫性等特质（Mitchell et al.，1997）视为使利益相关方对于管理者而言更加显著的关键因素。同时，他们也承认归因的凸显最终取决于管理层的判断（Mitchell et al.，1997），这一认识也是本文的基本出发点。

利益相关方和主导逻辑

我们借鉴的第二个理论资源是主导逻辑。主导逻辑是"一个思维定式或世界观或以主导联盟中共同的任职地图（或模式）存储的概念化的业务和完成目标、决策的管理工具"（Prahalad & Bettis，1986）。它作为一个过滤器，使管理者能够处理大量的信息（Reger & Huff，1993）和复杂的战略问题（Lampel & Shamsie，2000）。主导逻辑源自企业内部，反映管理者的性格特征（Ginsberg，1990）、共同经验和组织发展历史（Von Krogh & Roos，1996）等各种内部因素，即使处于同一行业中的企业在这些维度也会有所差异。主导逻辑的早期研究主要集中于理解业务范围。通过减少战略种类，主导逻辑可能会限制企业成长以及企业多元化发展的可能性（Ginsberg，1990；Grant，1988）。最近的相关研究涵盖了主导逻辑如何参与合资企业和联营企业（Lampel & Shamsie，2000；Lane & Lubatkin，1998），以及市场和等级制度关系。本文为了解管理者如何认知企业与其他社会角色之间的关系开启了一扇门。

本文通过高层管理者对企业及其与公司经济、社会环境因素的关系的理解来定义企业逻辑。在这种情况下，本文将主导逻辑的关注点转移到企业范围之外。利益相关方理论界非常关注企业环境中不同部分的价值创造和分配。他们的出发点是将企业描述为一个"具有潜在价值的合作和利益竞争共同体"（Donaldson & Preston，1995）。一些理论家设想了股东优先的、层次化的利益相关方结构（Jensen，2002）。另外，公司可以被视为向多个利益相关方承担义务的（Freeman，1984）、拓展的企业（Post et al.，2002）。股东至上原则支持者聚焦于为股东创造经济价值。"公司是拓展的企业"的支持者聚焦于为广泛的利益相关方创造经济和社会价值（Kacperczyk，2009）。社会价值包括通过健康、教育、环境管理增加社会资本，或通过如人权倡议等减少社会灾难（Margolis & Walsh，2003）。

方法和数据

由于现有理论难以解释企业在相同环境条件下的利益相关方关注却存在差异这

一现象，而案例研究法能厘清在现有理论并不适合的情况下某些现象如何发生和为什么发生（Eisenhardt，1989），因此本文采用这一方法进行研究。本文采用由理论研究和归纳推理结合而成的分析归纳法（Bansal & Roth，2000；Becker，1958）。分析归纳法能够与现有理论相互融合（Manning，1982），并且可以涉及枚举和临时测试。

样本选择

本文采用配对设计（Martin & Eisenhardt，2010）来控制如行业和利益相关方特征等主导地位的外部影响。我们选择了八个分布于化工、采掘、食品和高技术四大产业的案例。在每一对中，两家公司都活跃于同一产业，有着相同的总部选址和相似的企业规模。两对总部位于欧洲北部，两对位于盎格鲁—撒克逊国家。

本文的样本选择借鉴了创新社会评级成果。社会评级结果来自企业利益相关方关注的不同模式（Kacperczyk，2009）。创新评级的绩效评定领域包括劳动力、供应商关系、人权、社区发展和自然环境。在每一对中，表现较好的评定为 AAA，最高数据出现在 2006 年。在样本中评级分数较低的，平均给予 BBB 评级。关于案例具体情况如表 1 所示。本文注意到，每一对有一个公司社会绩效较高而另一个较低。

表 1　案例

行业	公司	总部	营业额 （10 亿美元，2007 年）	访谈者数量	社会业绩评级
化工	酸腐蚀性化工	北欧	1~20	10	高
	基础化工			14	低
食品	食盐	北欧	20~50	17	高
	辣椒			13	低
采掘	钻探	盎格鲁—撒克逊	>50	9	高
	挖掘			10	低
高新技术	数字化	盎格鲁—撒克逊	>50	8	高
	有线			7	低

数据来源

本文的数据来源于档案文件和管理层访谈两个途径。档案文件主要来源于年度报告，用于识别和制定企业逻辑。年度报告反映高管集体对环境的理解（Barr et al.，1992；Cho & Hambrick，2006），并为了解组织认知提供有价值的数据（Kaplan，2008；Nadkarni & Barr，2008）。由于主导逻辑是一个组织的知识结构，因此这些数据都是适合于本文的（Schneider & Angelmar，1993）。

本文对 88 个管理者进行了访谈（每个公司采访人数为 7~14 人），以获得与利益相关方关注、战略问题分类相关的数据，以及在这一领域的公司的历史情况、处理利益相关方关系的政策和程序。

本文通过塑造主导逻辑、解释环境和引导关注（Cho & Hambrick，2006；Nadkarni & Barr，2008；Ocasio，1997）来证明聚焦高层管理的合理性（Prahalad & Bettis，1986）。高管们是以功能性和地理性标准为基础而被选择出来的。本文采访了每个公司的执行董事、负责可持续发展工作的董事或高管及负责北美、欧洲和亚洲国家及地区的管理者。访谈采取半结构式，每次持续时间 60~200 分钟，集中于 2005 年底至 2007 年中期，其中 82 个形成了记录或者转录，其他访谈形成了详细的笔记。

方法

通过分析归纳（Bansal & Roth，2000），本文将数据和文献进行迭代以改善结构并构建出模型。研究的第一阶段分析了公司的年度报告，这些年度报告以形成于文献的编码方案为基础。研究的第二阶段对管理者的访谈结果进行了分析，以形成利益相关方关注的相关措施。利用这些数据，本文对八个案例进行了分析，以建立每家公司的逻辑并评估任何环节的管理关注和社会绩效。然后，通过每对企业和四对对比的跨个案分析方式来评估这些公司企业利益相关方关注的模式。本文利用每家公司年度报告数据来构建该公司的企业逻辑认知地图。认知地图呈现环境要素如何进行分类和评估（Huff，1990）和概念的因果关系（Tyler & Gnyawali，2009）。认知地图允许在内容、象征的意义、构造及其复杂性等方面进行认知分析（Calori，Johnson & Sarnin，1994）。本文使用一种可以用来编制报告的（Barr et al.，1992）、涉及标准化概念的常规方法（Tyler & Gnyawali，2009）来制作认知地图。这种地图是一组将关键断言从处理因果关系、存在或分类的文档中分离出来的内容进行分析形式的概念（Barr et al.，1992）。

编制逻辑图的方法包括归纳和演绎两种。这与本文的分析归纳法是契合的（Manning，1982）。在现有文献的指导下，本文得出了初步构建清单。这一清单围绕战略意图和与利益相关方的互动模式两个关键的构建元。战略意图是指长期管理目标（Lovas & Ghoshal，2000）和反映公司利益相关方核心前提的企业意图（Kacperczyk，2009）。在战略意图的标题下，本文识别出了与经济价值夺取（Lepak，Smith & Taylor，2007）、经济价值创造（Amit & Zott，2001）和社会价值创造（Margolis & Walsh，2003）相关的结构。初步构建清单的第二个构建元是利益相关方的互动模式。Post 等（2002）对互动的交易模式和关系模式进行了区分。"交易涉及直接的报偿，也可以是一次性的"（Post et al.，2002）。一种相关观点认为，企业利益相关方的关系是一个复杂的、涉及开放式合作伙伴关系合作安排的交互网络（Post et al.，2002）。

本文将初步清单放到两个不在样本范围内的公司中来实践，所得结果用于改进逻辑图结构并形成条目融合清单（Barr et al.，1992）。这一实践结果导致了第三个构建元的出现，即遵纪守法、诚信责任、经营许可等代表着影响战略意图和交互模式的外部约束。经过反复的理论与实践检验，形成了包括 20 个构建元组成的清单。通过两个编码器运用上述清单独立分析了样本中八家公司 2007 年的年度报告。对包含上述构建元的认定（如地图节点）以及它与其他节点之间的因果关系进行了鉴定。间信度为 93.2%，这一数据与前期研究成果一致（Barr et al.，1992），并通过讨论解决了存在的分歧。本文为每一家公司创建了一个邻接矩阵（Langfield-Smith & Wirth，1992），将定性的证据转化为定量方法，以+1 代表积极的因果关系，以-1 代表消极的因果联系，以 0 代表结构元之间没有因果关系。

本文使用 UCINET 6.0（Borgatti，Everett & Freeman，1999）来确定中心节点，为每个逻辑图计算全面性和连通性的措施。度中心性（Freeman，1979），即联系到既定节点和从该点延伸出的关系，衡量节点对其他节点的直接影响。全面性是指出现在公司逻辑图中的预定义节点数量。由于全面性描述了如何区分逻辑图的内容，它代表着认知复杂性的一个维度（Calori et al.，1994）。连通性，即在地图上实际连接数量除以最大可能连接数量，由于它描述了如何整合地图元素，代表着认知复杂性的第二个维度（Calori et al.，1994）。地图表示、中央节点识别和连通性措施共同为企业逻辑的内容和复杂性提供了指示（Calori et al.，1994）。本文通过访谈来获取关注利益相关方的措施。访谈内容要求受访者确认他们认为与公司长期绩效相关的利益相关方。管理者可以随意选择多少个他们认为重要的利益相关方。该过程的目标是取得显著利益相关方的首要考虑名单，本文不提供利益相关方的具体定义。这种方法与前期通过要求管理者在无提示前提下定义现象所获得关注的结果一致（Walsh，1988）。

然后，将独立清单进行合并，以确保特异反应（例如，命名一个特定的客户）或特定利益相关方可互换的标签（例如，客户/消费者）不影响本文研究的措施。根据全球报告倡议组织的分类原则，利益相关方包括股东、客户、员工、供应商、社区、政府和公民社会组织。通过汇总管理者的分数来计算组织的利益相关方关注措施。高分数意味着一家公司的管理者平均而言致力于许多不同的利益相关方。除了这个简单的汇总，本文也将管理者的关注度分配情况纳入考虑范围。

本文认为，以上对利益相关方的关注是一个战略问题，而管理者倾向于将其视为机会之源或管理潜在威胁的途径。与分析归纳法一致，本文采用访谈法来收集管理者对风险和机会的感知数据。我们给受访者提供了四个与利益相关方潜在威胁和机会相关的表格，并请他们按照个人感知将 10 分分配到这些表格中。其中，两个表格聚焦于机会获取（"销售更多获得更高的利润"、"开拓新的市场"），另外两个表格聚焦于减少威胁和资源压力（"减少公司风险"、"降低成本"）。本文将每个公司管理者的分数进行汇总，并将其转换为威胁与机会的比值。此外，本文也请管理者在访谈中为他们的选择提供例子和依据。

基于逻辑的企业利益相关方关注模型

有证据表明，企业逻辑（高层管理者对他们本企业及其与社会关系的理解逻辑）在解释企业对利益相关方关注的范围中起着关键的作用。

企业逻辑通过两个相关机制发挥影响力。首先，通过塑造管理者对利益相关方关注的分类来影响关注。其次，企业逻辑影响公司内利益相关方关注的分化程度。一些逻辑与限制分化的认知控制密切相关。其他逻辑与导致个体水平、组织水平和参与到外部环境不同部分的各种利益相关方能力的专业化的自治管理相一致。总之，该机制反映出了企业逻辑和利益相关方关注的范围与分化之间的关系。由于关注是行动的先导（Ocasio，1997），本文认为企业逻辑在公司的社会绩效水平方面发挥重要作用。该模型如图 1 所示，从以下几个方面展开。

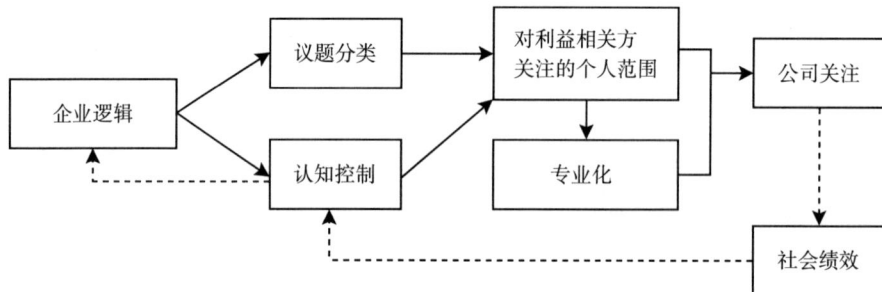

图 1　企业利益相关方关注模型

企业逻辑

模型的绘制过程成为识别不同企业逻辑的起点。表 2 介绍了汇总的结果和措施，从表 2 中可看出每对公司间在内容和复杂性方面的回执逻辑差异（Calori et al.，1994）。这些公司在全面性上同样存在差异，它们在特定中心节点、节点之间的连通性、代表着权衡感知的消极关系发生率等各方面存在着重要差异（例如，社会价值和经济增长之间）。化工行业两家公司的认知图如图 2 所示。

表2 认知地图的措施

行业	公司	综合性	连通性	负连接	中心节点
化工	酸腐蚀性化工	17	0.166	3	环境；创新；社会发展；可持续发展；协作
	基础化工	18	0.118	10	经济增长；效率；可持续性；依从性；市场支配力
食品	食盐	17	0.132	2	声誉；经济增长；社会发展；可持续发展；规范
	辣椒	18	0.105	7	经济增长；依从性；节点；社会发展；效率
采掘	钻探	20	0.147	2	经济增长的可持续性；竞争优势；节点；通信
	挖掘	19	0.113	8	经济增长；节点；环境；社会发展；依从性
高新技术	数字化	19	0.153	3	社会发展；经济增长；合作创新；效率
	有线	17	0.132	5	经济增长；知识创新；市场；合作；竞争优势

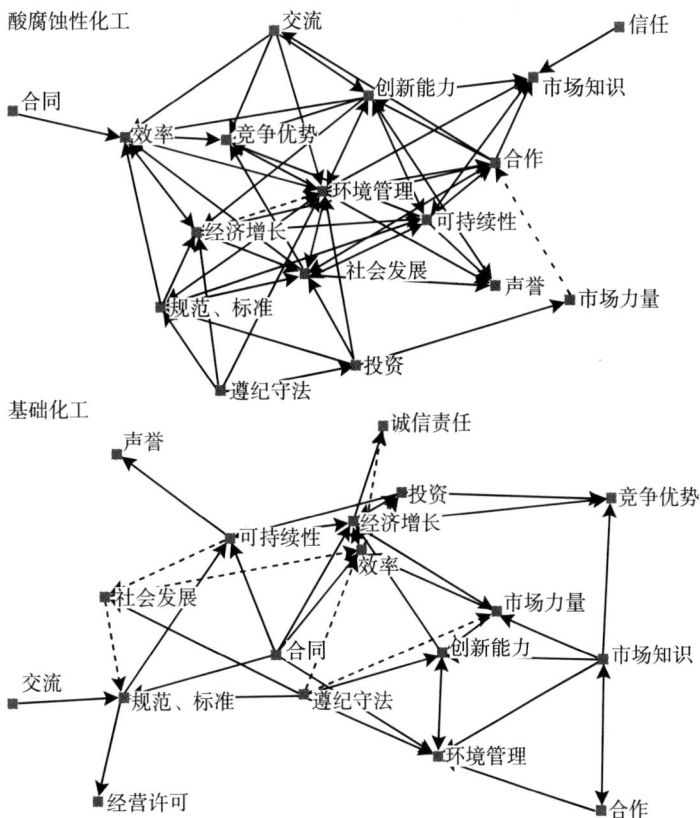

图2 酸腐蚀性化工和基础化工认知地图

本文关于地图的分析揭示了三个不同的理解企业及其与社会关系的企业逻辑。表3呈现了企业逻辑的总体概况，包括描述战略意图（Lovas & Ghoshal, 2000）、利益相关方交互的支持模式（Post et al., 2002）及反映不同组件如何连接的逻辑结构。

表3　企业逻辑

描述	以公司为中心	产业网络	扩展企业
	生产函数概念化	商业生态系统概念化	相互依存概念化
战略意图	捕捉价值（Lepak et al., 2007） 执行计划会降低我们对环境的影响，但同时也会增加我们的成本……任何事物都是两者之间的均衡（辣椒）	通过关系租金创造价值（Amit & Zott, 2001） 为了经商，人们需要相信你和你的产品。如果我们和利益相关方共同协作，我们就有办法满足他们的需求（有线）	给公司和利益相关方创造利益的正和策略（Post et al., 2002），我们有责任为了公共利益而施展我们的能力。如果你改善了一个国家的教育环境，你就对提升它的经济活力做出了一份贡献（数码）
	交易型	交易相关型	相关型
交互模式	利益相关方是在你所做的事情中有既得利益的人。那是一个股东……其拥有明文规定的权力。一个雇员有一份合同……非政府组织提供了一项规范……但是他们没有明文规定任何东西（基础化工）	合伙是形容它的一种方式。我们和第三方做的很多事情都是关于某种合伙的形式。我们可以通过一种能够持续支持可持续性和商业模式发展的方式来对他们正在从事的事情做出贡献（食盐）	从事商业不仅仅是关于交易的，还是关乎人际关系的。你需要赢取别人的信任，需要与政府、社区、供应商紧密联系和合作，并且了解他们的想法。你要帮助他们实现他们的目标，而不仅仅是你自己的（数码）
逻辑结构	展现了经济与社会价值之间均衡的、稀少的、消极的联结 我们建立了一个审核经营中议题的标准方法以及识别关键利益相关方和评估本地管理者是否意识到利益相关方关注点的方法（挖掘）	强调了伙伴在创造经济价值中作用的中等程度的联结 如果没有消费者，那么股东将得不到任何东西。我们的宗旨声明中提到了利益相关方，但是我们没有给他们划分等级。利益相关方在目的上保持一致	强调了公司和利益相关方的共同利益的紧密的、积极的联结 人际关系蕴含了相互理解和相互依存。在未来，利益相关方之间将会联系得更紧密（钻探）

第一个逻辑涉及企业的以公司为中心的概念。基础化工、挖掘和辣椒三家公司表现出这种逻辑。较之与它们配对的同行，这些公司的企业逻辑相对比较简单，且连通性措施始终低于同行：视觉上（从图2的化工行业配对中可以看出来），在地图上有更大的空白。最核心的节点代表基础化工和辣椒两家企业的经济增长和效率排名较高。为股东创造价值（Lepak et al., 2007）是一个关键问题。突出的社会价值结构与经济增长之间为负相关关系。例如，在挖掘和辣椒两家企业，环境管理和社会发展都与经济增长呈负相关关系。对于基础化工企业，社会发展和效率之间存在着一个负相关关系。

商业压力与社会参与压力之间的平衡很难把握。我们不能同时满足所有利益相关方的需求（辣椒企业，年度报告）。

限制其他战略目标的外部要求和义务在这个逻辑图里很重要。在基础化工的逻辑图中,遵守法律与市场力量和效率呈负相关。在挖掘和辣椒公司,遵守法律与经济增长预期呈负相关。企业与利益相关方之间的主要互动模式是事务性的(Post et al.,2002),反映了公司的"传统生产函数视图"(Agle,Mitchell & Sonnenfeld,1999)。按照合同、规范和标准工作对于三家公司来说都是很重要的。

第二个逻辑涉及企业战略意图(聚焦于通过关系租金实现价值创造)(Amit & Zott,2001)。从结构上看,这种逻辑较之以公司为中心的逻辑更为复杂,节点之间有更多的联系。重要的是,有更多的双向连接和更少的表明公司目标追求中的战略相互依存的负相关关系,食盐和有线企业就表现出这种逻辑。基本的战略意图是通过与利益相关方的合作创造价值,以获得竞争优势(有线公司)、声誉(食盐公司)和创新能力(有线公司)。互动模式是比简单的合同约束更适合的处理利益相关方关注的方式。在食盐和有线公司与合作伙伴开展正式合作时,它们也同时追求联盟关系以获取计划外的好处。管理者强调的是与利益相关方之间的连续性的、协作的和可能的冲突(Post et al.,2002),而不是一次性的交易。利益相关方是合作伙伴而不是单纯的承包商。

我们通过与公共和私营组织的伙伴关系来推进社会与经济进步。我们支持扩大访问技术的相关努力,给予人们在如今的经济社会中持续发展的能力的相关培训,并且培养本地软件经济来促进繁荣(有线公司,年度报告)。

图2中稳健的连通性反映了一种相互依存的意识,意味着企业与利益相关方正在进行的合作可能是持续利益创造的前提(Wang,He & Mahoney,2009)。这种观点与延伸企业和超越二元维度利益相关方之间关系的组织网络意见是一致的。关联关系引导利益相关方之间的资源流动。对于管理者来说,面临的主要挑战是处理相互关系(Rowley,1997)。

本文识别出来的第三个逻辑涉及对企业的扩展化理解,基本的战略意图同时关注企业和社会中其他角色的价值创造。社会价值创造(Kacperczyk,2009;Margolis & Walsh,2003)是它的一个鲜明特点。从结构上看,由于具有最多的节点间关系和最少的负相关关系,因此,这是最复杂的逻辑关系。社会和经济价值创造之间的双向的、积极的关系体现着企业福祉和社会福祉之间的相互依存关系。一位管理者将之表述为"我们荣辱与共"。数字化、钻探和酸腐蚀性化工公司呈现出这种逻辑。战略意图明确地将社会价值创造与包括社会发展(数字化公司)、环境管理(酸腐蚀性化工公司)和长期可持续性(钻探公司)在内的最中心节点结合了起来。社会价值创造本身(不只是有助于企业的经济目标)将企业逻辑和产业网络逻辑区分开来。

钻探公司的可持续发展是与社会福祉紧密相连的。我们的决定影响我们的投资者、员工、合作伙伴以及我们在世界各地的社区。历史上，我们一直强调将社会福祉纳入考虑内容（钻探公司，年度报告）。

这一观点与将公司利益相关方关系视为复杂交互网络的概念理解是一致的（Post et al.，2002）。在交易关系的背景下，管理者面临的挑战是理解这种关系的整体设置并以创造协同效应的方式来进行管理（Post et al.，2002）。与企业核心逻辑中内在的利益相关方关系的法律基础相反，企业逻辑中的关系超越了商业交易并延伸至广泛的利益相关方关系。

商业是超越交易的一种关系。你不得不深入参与，并且必须赢得信任。你必须努力整合，与供应商、政府和社区密切合作，并理解他们的观点。你要帮助他们推进他们的议程，而不只是你自己的（数字化公司，年度报告）。

本文注意到战略意图、交互模式和公司利益相关方关系结构三个基本维度是密切相关的。企业核心逻辑在三个逻辑中有最少的连接和最多的权衡，因此是最简单的一个逻辑。企业被视为处于一种独立于社会的约束环境中，其中的关系是交互的。战略意图旨在吸引和保持经济价值；社会价值创造被视为不利于战略意图的实现。产业网络将企业放置于一个更加复杂的、企业与利益相关方相互作用的系统中。与利益相关方之间的互动为经济价值创造是核心这一理论提供了依据。扩展的企业理论将公司放置于一个更复杂的系统中，在公司和广泛的经济、社会和政治角色间存在显著的相互依存关系。战略意图不仅聚焦于经济价值创造，同时也聚焦于社会价值创造。宽松的和更不确定的联系使得企业和利益相关方之间的多种不同关系成为可能，这些关系有利于促使两种价值创造的共同实现。

企业对利益相关方的关注

本文接下来评估不同的企业逻辑如何促进不同的关注范畴。关注范畴是指被确定为显著的利益相关方的数量。表4提供了这八家公司的企业关注措施，并将之与企业逻辑联系了起来。图3显示了公司对利益相关方关注的盒状图，描述了各公司的四分位数间距。我们发现了行业差异：高技术产业呈现出更广的关注范围，而化工产业呈现出最低的关注范围。这并不奇怪：各产业的结构或推进不同利益相关方关注的监管要求不同（Daft，Sormunen & Parks，1988）。然而，行业的影响难以解释配对样本中的关注差异和性能异质性。

以公司为中心的逻辑平均关注范围较之行业网络、扩展企业逻辑更狭窄，后两者平均关注范围更广泛。受限于利益相关方尤其是股东和员工的生产函数，基础化工和挖掘公司的大多数管理者关注范围比较狭窄。在钻探、数字化等呈现为扩展企业主导逻辑的公司中的管理者，倾向于关注社会和政治领域的利益相关方，如政府和社区。这种差异在四对样本中的三对中呈现得很明显（见表4）。

表4 公司对利益相关方的关注

行业	公司	逻辑	平均关注范围	差异比较	普遍参与的利益相关者	关注的分化
化工	酸腐蚀性化工	扩展企业	5.3	酸腐蚀性化工高于基础化工(p<0.01)	我们有客户、雇员、股东、当局、非政府组织、政治家、社会,当然还有大学。所有的利益相关方都是重要的	高
	基础化工	公司	3.7		股东是最重要的利益相关方。如果让我考虑社会、客户和雇员,股东有可能是较强的经济因素	低
食品	食盐	网络	6.3	食盐公司高于辣椒公司(p<0.01)	如果没有股东,那么就没有公司。如果没有雇员就没办法给予股东回报。所以两者是同等重要的。当然,社会与当地社区、供应商和交易伙伴也很重要	高
	辣椒	公司	4.2		消费者是第一位的,而股东很明显是需要取悦的	高
采掘	钻探	扩展企业	5.8	钻探公司高于挖掘公司(p<0.05)	公司是由雇员组成的,但是股东才是公司的拥有者。顾客是我们要服务的对象,而我们在当地社区经营。这里的家庭和其他人从商业中获益,而且还需要把供应商考虑进去	高
	挖掘	公司	5.0		我还没见过在年度股东大会上对股东说"我很抱歉,我没有达成我的经营目标是因为我之前把资金和施加投资在了社会责任或者环保上了"的人	低
高新技术	数字化	扩展企业	6.2	没有显著差异	一切要从股东和雇员、顾客和供应商开始,是他们让我们有能力给我们的顾客提供终端解决方案。也是这个国家、这个社区的所有人,这个范围非常广	高
	有线	网络	5.3		股东要优先于社会利益相关方。然而,你的经营活动必须符合现存的监管着你所从事的行业的规则	中等

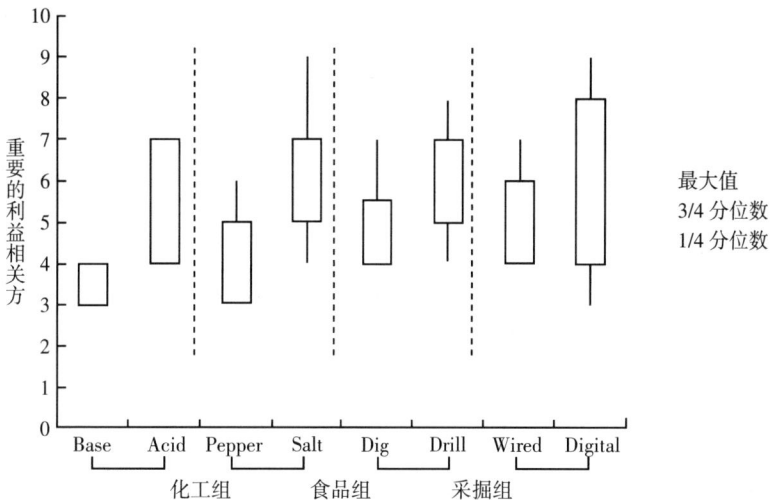

图3 公司对利益相关方关注的盒状图

本文在基础化工和挖掘公司也发现了这样的现象：它们的大多数管理者关注于相同的、小范围的利益相关方——主要股东、员工和客户。相比之下，在酸腐蚀性化工和钻探公司中，本文聚焦于关注的实质性分化。一般来说，本文观察到了总范围和区别之间的正相关关系。这些相关性形成了一个初步结论：企业逻辑在不考虑为什么在这样的情况下会影响利益相关方关注。本文现在将注意力转向将企业逻辑转化为企业利益相关方关注的机制。

问题分类和关注的范围

本文的一个前提是企业逻辑就像一个主导逻辑，将塑造利益相关方对风险和机遇的看法（Lampel & Shamsie，2000）。数据表明，利益相关方关注范围相对广泛的企业更倾向于重视机会，而关注范围相对狭窄的企业更强调减少威胁。所有的企业都觉得减少威胁很重要，但是平衡点难以把控。

表5提供了这八个案例的概况，包括每家公司中的管理者分类利益相关方关注问题和这样做的主要方式。各种证据表明公司中心逻辑与威胁减少密切相关，进而与少数利益相关方关注相关，尤其是与股东、员工、客户及一定程度上与供应商等企业生产函数相关的对象（Agle et al.，1999）。产业网络和扩展企业概念则与围绕协同优势创造方面的机会理论联系得更为密切。这些公司的管理者普遍倾向于关注大量的利益相关方，包括社会政治环境中的利益相关方，如政府、社区和非政府组织等。

表5 议题分类

行业	公司	逻辑	风险—机会比率	关注利益相关方关注点的普遍理论
化工	酸腐蚀性化工	扩展企业	1.75	是的，它降低了风险，但是有一个好处就是，我们可以把公司建设成为特定类型的公司，而不是表面上的……它是我们动力的源泉和吸引优秀人才的好机会
	基础化工	公司	2.22	任何事物都是有代价的。我是股东价值的坚定拥护者，我们经商就是为了给股东创造回报……认为顾客会因为公司"善良"而付出更多是一种错误观念
食品	食盐	网络	0.92	如今年代的人会给那些设置了那种类型标准的公司工作。因此利益比成本重要，并且挑战更多来自如何更好地激发他们和他们交流
	辣椒	公司	3.17	我对那些商业案例表示怀疑，因为所有的大公司都遵循这种方式。这根本就不存在一个选择。如果你没有它，就是一种劣势，但是拥有它也不代表拥有竞争优势
采掘	钻探	扩展企业	1.43	如果一家高排放标准的公司正在引进最好的科技，它将变得更有效率。更高的排放标准会将负担转变为一种竞争优势

续表

行业	公司	逻辑	风险—机会比率	关注利益相关方关注点的普遍理论
采掘	挖掘	公司	1.67	我们持续关注着避免灾难发生。驱使着我们心态的部分原因是,我们的生产可能会给环境、社会和人们带来严重的损害。我们的竞争对手正在遭受沉重打击,因为已经发生了好几起生产事故
高新技术	数字化	扩展企业	0.86	我们的股东最终会收回所有的投资。如果你行为得当,那么它将会影响你的购买过程,而这个过程总是会包含情绪化行为的元素
	有线	网络	1.04	通过给中小企业提供信息技术培训,我们能够扩展我们的伙伴网络,而这又反过来帮助我们减少分销链中的问题带来的成本

本文认为,战略分类问题在将公司的企业逻辑转化为利益相关方关注中扮演着中介的角色。具体而言,不同的企业逻辑对管理者给出的导致集体风险态度(Kahneman & Lovallo,1993)以及后续利益相关方关注有不同影响。公司在企业逻辑中的位置越趋于中心,管理者越倾向于将利益相关方分类视为管理威胁的方式。有限的控制感在这个分类中起着关键的作用,笔者注意到外部约束(如合规)是公司中心逻辑的一个重要维度(见表2)。在采访中笔者强调在利益相关方的某些问题上缺乏控制,尤其是对那些在社会政治环境中的利益相关方。以挖掘公司管理者为例,指责性地将控制环境维权积极分子的困难描述为"他们只是喊我们,不会听我们的"。不确定性和潜在冲突恶化了对不可控性和威胁的看法。

(发生之前的丑闻后)我们与记者之间产生了问题。调查记者将任何他们找到的"污垢"都写了出来。在欧盟和美国,我们被禁止与媒体交流三个月,因为所说的一切都可能用来攻击我们(基地,采访)。

管理者们认为影响或控制能力越大,通过分红、工资或竞争性定价等方式实现合作和参与的传统利益相关方数量就越多。基础化工、辣椒和挖掘公司的管理者们强调致力于利益相关方利益获取的重要性:

重要的利益相关方从消费者开始。然后,当然需要满足股东们的需求(辣椒公司,采访)。股东是非常相关的,我们不希望任何人有不同的看法。很明显,员工也是重要的(基础化工,采访)。

这些研究结果与之前在威胁分类和风险规避方面的工作结论是一致的,管理者们把注意力转向他们认为有更好的控制措施的内部问题(Chattopadhyay et al.,2001;Nadkarni & Barr,2008)。这包括为获取经济价值提供基础的利益相关方(Lepak et al.,2007),如股东(提供资金)、员工(提供劳动、技能和知识)和客户(提供收入)等。相反,当企业被概念化为更深入的与社会融合的组织,管理者们可能会将关注利益相关方作为获得机会的方式。对机会的看法，就是管理者们控制力度的提升和潜在利益的提升（Dutton & Jackson，1987）以及对外部因素形成更多的关注（Chattopadhyay et al.，2001），这些都是与本文的发现，即对于机会的看法促使更广泛的利益相关方关注相一致的。本文强调更广泛的利益相关方，延伸到了更广泛的经济和政治环境，包括供应商、政府、社区和公民社会组织。

与强调企业和其他角色之间的相互依存关系一致，产业网络概念突出了与其他成员之间的相互影响，这种相互影响可以在合同中超越传统的规定，包括创建共享资产。行业内关系，如公司和供应商之间（Dyer & Hatch，2006），或联盟伙伴之间（Tyler & Steensma，1995），可以通过共享资产促进创新和创造财富，从而打开机会之门。食盐公司经理宣称：

在发展中国家，我们通过发展供应商和经销商来发展我们的业务。人们不顾风险而这样做，是因为这给我们在商业机会方面带来了相对于其他忽略这方面的企业的竞争优势（食盐公司，采访）。

扩展型企业的概念淡化了具体的交易关系或产业网络关系。在钻探、酸腐蚀性化工、数字化行业的管理者们对利益相关方可能带来的经济和社会风险比较留意，更倾向于将与利益相关方的合作视为提供创新机会的途径。与聚焦于企业竞争优势的产业网络概念相反，扩展企业逻辑强调为利益相关方带来福祉的解决方案，反过来，有助于契合社会的长期可持续发展。

我们曾经忽略的因素已经成为了问题的关键。竞争力不仅仅是市场过程的结果，而且更依赖于社会。我们开展活动所处的社会和环境已上升为战略性因素（DIGITAL，年度报告）。

关注的分化

管理者们的利益相关方关注的平均范围充分解释了一些公司成功高效处理多方利益相关方需求的原因。然而，在分析中我们注意到一些企业有高度分化的关注，而其他公司的关注分化程度明显较低（见图3），这也是令研究人员困惑之处，同样令人困惑的还有关注范围广泛的公司里的分化程度更大。一个可能的解释是大型跨国公司的高管要面临不同的环境，并且受当地环境影响（Elsbach，Barr & Hargadon，2005），本文的配对分析也对这一点进行了控制设计。本文利用文献和数据来理解这些发现的意义。

基于此，本文发现了一个联系企业逻辑与不同社会绩效层级的第二机制。本文认为一些逻辑比其他逻辑适应更大的关注分化。分化关注（不同的管理者关注不同的利益相关方）使劳动专业化、认识分化并同时关注大量的利益相关方成为可能，而且他们中的一些人可能会有目标冲突。这种专业化可能是一个或多个利益相关方问题的有效解决方案（Postrel，2002）；反过来，有助于实现较高的社会绩效。

这些逻辑在关键性结构、复杂性和管理者们的认知控制程度上（Gavetti，2005）存在差异。认知控制是指在管理者接受前提下的组织控制能力，而管理者的自主性反映了组织控制的缺乏（Gavetti，2005）。本文认为，公司基础逻辑不太复杂的逻辑较之基础更为广泛的逻辑需要更大的认知控制。本文把这种认知控制机制和管理关注的分化联系起来。表3和图3显示，关注范围相对窄的、公司中心逻辑的特点是利益相关方关注管理时的分化相对较少。在基础化工和挖掘公司中的大多数管理者聚焦于一个类似的、范围较窄的利益相关方群体。相反，在酸腐蚀性化工、钻探和数字化公司，一些管理者还致力于类似的相对狭窄的利益相关方，但是很明显，在这些公司里的其他管理者们聚焦于如政府、社区和激进团体等社会政治环境中的范围相对较为广泛的角色。

证据表明公司基础逻辑的外部约束和低连通性不仅显著缩小了利益相关方的范围，也促进这一显著性在公司内达成共识。这样的共识让各种角色对威胁性环境的可预测性和可控性更强（Hardin & Higgins，1996）。有冲突的地方就有共识，不同角色之间会合理化（Jost et al.，2003）。聚焦于减少威胁可能促使专制领导风格的形成（De Luque，Washburn & Waldman，2008），这可能会进一步加强认知控制。

具备公司中心逻辑和关注分化度低的三家公司，在此研究开展前很多年就已经成为利益相关方积极性研究的目标。在遭受一个广为人知的腐败丑闻后，基础化工公司制订了制度合法合规计划，从而加强了利益相关方关系是基于法律的公司中心逻辑的内在定义。同样在挖掘公司，增加利益相关方压力的一个主要环境的失败导致经营自主权向内部共识需求转变。

太多的人负责意味着没有人负责。那时你有多个管理机构在管理同一个问题，你没有一个统一的管理结构……（现在）我们有一个统一的指挥结构。这意味着一个决策就是决策，它是一个统一的决策（挖掘公司，采访）。

总的来说，本文建议窄关注范围逻辑中外部约束的突出表现加上低连通性有助于控制管理者们对显著利益相关方的认识。低连通性意味着较低的综合复杂性（Calori et al.，1994），这可能会导致围绕单个观点的教条主义，而不是支持相反的观点（Tetlock，1983）。简单逻辑限制了多重解读的可能，因为歧义较少（Jost et al.，2003）。相对简单的公司中心逻辑具有最严格的规定，公司和利益相关方之间的模糊关系最少，是在优先级方面的实质性共识。如挖掘公司的高级管理人员，以公司中心逻辑为特征，认识到了提供给他的下属对外界的广义解释的目的。

关键信息是由公司最高层领导认可的。这些消息被传递下来并融入我们的教育和培训中。它们被融入内部媒体中，并被反复播放。这有点像任何大型机构……如政府向公民公布信息（挖掘公司，采访）。

相比之下，逻辑越复杂，其被解读的可能性越大。在联系纽带中具有更多联系和更可能的多样性，这些公司里的单个管理者可能会以不同方式解释多样性关系。在组织层面，对不同观点包容的可能性更大。更复杂也更便于自主性管理（Gavetti, 2005），这也是与不专制的领导风格相关的（De Luque et al., 2008）。证据表明，对多样性关注的包容能使整个高层管理团队形成认知分化，并且在组织的其他层面也可能出现。食盐公司—— 一个具备行业网络概念的公司，证实了经营自主权的重要性。

我们的成功取决于创新，所以我们尽力来确保我们雇用的有进取心的人有行为自由，给他们所需要的所有支持和鼓励。同时，我们要允许他们做出艰难的决定、实施新的想法、发挥主动性（食盐公司，年度报告）。

本文注意到对利益相关方关注的认知控制和多样性包容与组织结构是脱离不开的（Gavetti, 2005）。采用扩展企业逻辑的钻探公司，在其组织结构里明确估计专业化，这样使具体的单位能够聚焦于不同利益相关方的期望。

依据利益相关方的不同，有不同的渠道（确定预期），因此，对于不同的利益相关方，需要一个合适的渠道来识别需求（钻探公司，访谈）。

本文在这方面的研究结果是初步的，也被利益相关方行为的潜在矛盾因素所影响。有证据表明利益相关方的积极行为（往往旨在关注更广泛的利益相关方）（Frooman, 1999）没有预期的效果。这三个采用狭义逻辑的公司在其最近的历史中存在对抗性的利益相关方关系，企业已经陷入更专制的领导（De Luque et al., 2008）、有限经营自主权（Gavetti, 2005）的风险厌恶逻辑。这种控制问题可以通过设计以扩大 CEO 对下属决策权的限制来解决。复杂动荡的环境可以促使中央集权（Siggelkow & Rivkin, 2005），也可以使企业逻辑和组织结构相辅相成。对这些企业来说，以前的事情嵌入企业逻辑会缩小企业的关注范围、增加冗余、弱化社会绩效。

讨论和启示

本文探讨企业解决为什么在同样的环境下运行，利益相关方关注却有差异，而且它们的社会绩效有所差异。本文在流行的"由外而内"的企业利益相关方关注的解释角度之外提出了替代性解读，认为利益相关方关注是管理和组织认知的结果，在公司的企业逻辑中起着重要的解释作用。这种"由内而外"的视角为利益相关方理论持续最久的问题提供了一种新的调查方式，即"谁或什么真的很重要吗"，并且响应最近管理认知和显著利益相关方关系的研究需求（Laplume, Sonpar & Litz, 2008）。

“由内而外”的解释

本文的模型是基于两个因果机制的，这两个机制都强调利益相关方理论和战略管理之间的联系。第一个机制聚焦于关注的范围，揭示机会和威胁分类在引导利益相关方关注中的角色。第二个机制聚焦于关注的分化，呈现不同的逻辑如何影响经营自治权，并且通过管理者促进或制约关注的专业化的方式，加强战略领导过程，以强化经营自主权。第二个机制为企业如何竞争利益相关方期望和如何权衡取舍提供了应对措施。高管们塑造组织环境来应对目标冲突（Gibson & Birkinshaw，2004），他们必须首先评估同时追求多个目标的价值。

这两个机制在单独解释利益相关方关注方面是很重要的，其作用更加重要。本文认为管理者有更高程度的自治的、扩展的、更开放的企业逻辑以创造一个虚拟的利益相关方和社会绩效关注周期。具备这些逻辑的公司更可能在通向加强经济和社会绩效的新商业模式的道路上衡量风险、抓住机遇和实现创新（Porter & Kramer，2006）。具备更多约束逻辑的公司专注于威胁管理和对工作在逻辑边界以外的管理者的低容忍度。关注狭窄与缺乏创新力有关（Runco，2004），这些公司不太可能追求应对利益相关方的新方法。

认知视角也有助于解释社会绩效的持续低迷，特别是在大范围利益相关方关注与财务绩效是正相关关系时（Kacpercyzk，2009）。一种解释是社会绩效和财务绩效之间的任何关系只有中度正相关（Margolis & Elfenbein，2008），弱的市场选择通过低于社会平均绩效对公司形成影响。另一种解释，与本文的研究结果一致的是心理模型模式与确定性证据是冲突的（Huff A.，Huff J. & Barr P.，2000），而且可能持续存在，即使对非股权利益相关方的关注是有利可图的（Tetlock，2000）。本文提出，一旦到达临界点，心理模式就具有进行间断性改变的可能性（Huff et al.，2000），并期待进一步的研究。

本文对于逻辑和关注的聚焦源于之前显示公司间逻辑差异和解释利益相关方关注与绩效关系的研究。企业逻辑是一个组织的知识结构，因此本文在认知地图中利用了档案数据。其他类型的认知是存在的。未来的研究可能通过将管理者引入认知地图来获得心理模型的直接措施（Tyler & Gnyawali，2009）。直接措施将可能深入了解逻辑是在高层管理团队中共享的共识。差异化关注增加了协调矛盾的需求，令人感到奇怪的是更开放的逻辑管理共识却促进关注的分化。

企业逻辑和利益相关方多样化

战略多样化是主导逻辑学者关注的核心问题。Prahalad 和 Bettis（1986）引入这一问题并聚焦于企业内部经济特征来解释公司战略和多样化的限制。自此，研究人员对不同商业模式的研究兴趣日益增长，包括商业生态系统（Christensen & Rosenbloom，1995）和扩展的企业（Post et al.，2002）。在扩大主导逻辑结构来覆盖理解公司及其与社会关系的过程中，本文认为逻辑在决定企业利益相关方关注的多样性中起着关键作用。具体而言，企业逻辑可能会制约或促进企业应对利益相关方多样性和同时关注多个利益相关方的能力。

本文适应主导逻辑结构早期振兴的努力需要明晰企业的角色定位及其与社会关系的方式（Freeman，1984）。主导逻辑文献一直专注于企业级，一个迫切的问题是要了解企业如何与其他社会角色进行互动（Mahoney & McGahan，2007）。管理者如何想象他们的社会关系不是公司级而是企业级问题（Schendel & Hofer，1979）。针对企业级问题，本文的目标之一是扩大主导逻辑构造以探索当今管理者心目中的商业形式的范围。

本文提出一个企业逻辑不仅可以容纳更多的传统观念和企业的经济学概念，还需要考虑更多近期从更广泛的经济社会环境中来审视企业的观点（Post et al.，2002）。本文提供三种不同的企业逻辑，并对它们的特征进行了丰富描述，不仅充实了它们的属性，也有助于解释为什么有些管理者将它们与利益相关方的关系视为涉险、冲突和取舍，而其他人却将之视为机会、依存和互利。

本文希望通过企业逻辑概念促进关于为什么有些企业强调经济环境而别的企业强调企业扩展视图的研究。本文没有明确解决企业逻辑的来源，但有前期研究表明，主导逻辑产生于共同的经理和组织历史（Tripsas & Gavetti，2000；Von Krogh & Roos，1996），并且发现了由负面事件和利益相关方积极性带来的反馈所形成的初步证据。本文欢迎纵向研究来测试在模型中提出的因果机制。特别是，以调查公司历史和与利益相关方的前期实验研究，来揭示企业逻辑及其演化的起源等方面，有很多需要深入研究的问题。

参考文献

[1] Agle B. R., Mitchell R. K., Sonnenfeld J. A. 1999. Who matters to CEOs? An investigation of stakeholder attributes and salience, corporate performance, and CEO values. Academy of Management Journal, 42: 507-525.

〔2〕Amit R., Zott C. 2001. Value creation in e-business.Strategic Management Journal, June-July Special Issue, 22: 493-520.

〔3〕Bansal P., Roth K. 2000. Why companies go green: A model of ecological responsiveness. Academy of Management Journal, 43: 717-736.

〔4〕Barr P. S., Stimpert J. L., Huff A. S. 1992. Cognitive change, strategic action, and organizational renewal. Strategic Management Journal, Summer Special Issue, 13: 15-36.

〔5〕Becker H. S. 1958. Problems of inference and proof in participant observation. American Sociological Review, 23: 652-660.

〔6〕Bettis R. A., Prahalad C. K. 1995. The dominant logic: Retrospective and extension. Strategic Management Journal, 16 (1): 5-14.

〔7〕Borgatti S. P., Everett M. G., Freeman L. C. 1999. UCINET6.0 Version 1.00 . Analytic Technologies: Natick, MA.

〔8〕Calori R., Johnson G., Sarnin P. 1994. CEOs' cognitive maps and the scope of the organization. Strategic Management Journal 15 (6): 437-457.

〔9〕Chattopadhyay P., Glick W. H., Huber G. P. 2001. Organizational actions in response to threats and opportunities. Academy of Management Journal, 44: 937-955.

〔10〕Cho T. S., Hambrick D. 2006. Attention as the mediator between the top management team characteristics and strategic change: The case of airline deregulation. Organization Science, 17 (4): 453-469.

〔11〕Christensen C. M., Rosenbloom R. S. 1995. Explaining the attacker's advantage: Technological paradigms, organizational dynamics, and the value network. Research Policy, 24 (2): 233-257.

〔12〕Coff R. 1999. When competitive advantage doesn't lead to performance: The resource-based view and stakeholder bargaining power. Organization Science, 10: 119-133.

〔13〕Daft R. L., Sormunen J., Parks D. 1988. Chief executive scanning, environmental characteristics, and company performance: An empirical study. Strategic Management Journal, 9 (2): 123-139.

〔14〕De Luque M. S., Washburn N. T., Waldman D. A. 2008. Unrequited profit: How stakeholder and economic values relate to subordinates' perceptions of leadershipand firm performance. Administrative Science Quarterly, 53: 626-654.

〔15〕Donaldson T., Preston L. E. 1995. The stakeholder theory of the corporation: Concepts, evidence and implications. Academy of Management Review, 20: 65-91.

〔16〕Dutton J. E., Jackson S. E. 1987. Categorizing strategic issues: Links to organizational action. Academy of Management Review, 12: 76-90.

〔17〕Dyer J. H., Hatch N. W. 2006. Relation-specific capabilitiesand barriers to knowledge transfers: Creating advantage through network relationships. Strategic Management Journal, 27 (8): 701-719.

［18］ Eisenhardt K. M. 1989. Building theories from casestudy research. Academy of Management Review, 14: 532–550.

［19］ Elsbach K. D., Barr P. S., Hargadon A. B. 2005. Identify ingsituated cognition in organizations. Organization Science 16, （4）: 422–433.

［20］ Freeman L. C. 1979. Centrality in social networks: I: Conceptual clarification. Social Networks, 1: 215–239.

［21］ Freeman R. E. 1984. Strategic Management: A Stakeholder Approach. Pitman: Boston, MA.

［22］ Frooman J. 1999. Stakeholder influence strategies. Academy of Management Review, 24: 191–205.

［23］ Gavetti G. 2005. Cognition and hierarchy: Rethinkingthe microfoundations of capabilities' development. Organization Science, 16 (6): 599–617.

［24］ George E., Chattopadhyay P., Sitkin S., Barden J. 2006. Cognitive underpinnings of institutional persistenceand change: A framing perspective. Academy of Management Review, 31 (2): 347–365.

［25］ Gibson C. B., Birkinshaw J. 2004. The antecedents, consequences, and mediating role of organizational ambidexterity. Academy of Management Journal, 47 (2): 209–226.

［26］ Ginsberg A. 1990. Connecting diversification to performance: A sociocognitive approach. Academy of Management Journal, 15: 514–535.

［27］ Grant R. M. 1988. On "dominant logic", relatedness and the link between diversity and performance. Strategic Management Journal, 9 (6): 639–642.

［28］ Hardin C. D., Higgins E. T. 1996. Shared reality: Howsocial verification makes the subjective objective. In Handbook of Motivation and Cognition: The Interpersonal Context, Higgins ET, Sorrentino RM (eds). Guildford Press: New York; 28–84.

［29］ Henriques I., Sadorsky P. 1999. The relationship between environmental commitment and managerial perceptions of stakeholder importance. Academy of Management Journal 42 (1): 87–99.

［30］ Huff A. S. 1990. Mapping Strategic Thought . Wiley: New York.

［31］ Huff A. S, Huff J. O., Barr P. S. 2000. When Firms Change Direction. Oxford University Press: New York.

［32］ Jackson S., Dutton J. 1988. Discerning threats and opportunities. Administrative Science Quarterly, 33: 370–387.

［33］ Jensen M. C. 2002. Value maximization, stakeholder theory, and the corporate objective function. Business Ethics Quarterly, 12: 235–256.

［34］ Jones T. M., Felps W., Bigley G. A. 2007. Ethical theoryand stakeholder-related decisions: The role of stakeholder culture. Academy of Management Review, 32: 137–155.

［35］ Jost J. T., Glaser J., Kruglanksi A. W., Sulloway F. 2003. Political conservatism as motivated social cognition. Psychological Bulletin, 129 (3): 339–375.

[36] Kacperczyk A. 2009. With greater power comes greater responsibility? Takeover protection and corporate attention to stakeholders. Strategic Management Journal, 30 (3): 261–285.

[37] Kahneman D., Lovallo D. 1993. Timid choices and boldforecasts: A cognitive perspective on risk taking. Management Science, 39 (1): 17–31.

[38] Kaplan S. 2008a. Cognition, capabilities, and incentives: Assessing firm response to the fiberoptic revolution. Academy of Management Journal, 51: 672–695.

[39] Kaplan S. 2008b. Framing contests: Strategy making under uncertainty. Organization Science, 19: 729–752.

[40] Krause D., Handfield R. B., Tyler B. B. 2007. The relationship between supplier development, commitment, social capital accumulation and performance improvement. Journal of Operations Management, 25 (2): 528–545.

[41] Lampel J., Shamsie J. 2000. Probing the unobtrusive link: Dominant logic and the design of joint venturesat General Electric. Strategic Management Journal, 21 (5): 593–602.

[42] Lane P. J., Lubatkin M. 1998. Relative absorptive capacityand interorganizational learning. Academy of Management Journal, 19: 461–477.

[43] Langfield–Smith K., Wirth A. 1992. Measuring differences in cognitive maps. Journal of the Operational Research Society, 43 (12): 1135–1150.

[44] Laplume A., Sonpar K., Litz R. 2008. Stakeholder theory: A longitudinal review of a theory that moves us. Journal of Management, 24 (6): 1152–1189.

[45] Lepak D. P., Smith K. G., Taylor M. S. 2007. Value creationand value capture: A multilevel perspective. Academy of Management Review, 32 (1): 180–194.

[46] Lovas B., Ghoshal S. 2000. Strategy as guided evolution. Strategic Management Journal, 21 (9): 875–896.

[47] Mahoney J. T., McGahan A. M. 2007. The field of strategic management within the evolving science of strategic organization. Strategic Organization, 5: 79–99.

[48] Manning P. K. 1982. Analytic induction. In A Handbook of Social Science Methods, Manning p.k., Smith RB (Eds.), Balinger: Cambridge, MA; 273–302.

[49] Margolis J. D., Elfenbein H. A. 2008. Do well by doing good? Don't count on it. Harvard Business Review, 86: 19–20.

[50] Margolis J. D., Walsh J. P. 2003. Misery loves company: Rethinking social initiatives by business. Administrative Science Quarterly, 48: 268–305.

[51] Martin J. A., Eisenhardt K. M. 2010. Rewiring: Cross–business collaboration and performance in multibusiness organizations. Academy of Management Journal, 53 (2): 265–301.

[52] Mitchell R. K., Agle B. R., Wood D. J. 1997. Toward a theory of stakeholder identification and salience: Defining the principle of who and what really counts. Academy of Management Review, 22: 853–886.

[53] Nadkarni S., Barr P. S. 2008. Environmental context, managerial cognition, and strate-

gic action: An integrated view. Strategic Management Journal, 29（13）: 1395-1427.

［54］ Ocasio W. 1997. Towards an attention-based view of the firm. Strategic Management Journal, Summer Special Issue, 18: 187-206.

［55］ Pfeffer J., Salancik G. R. 1978. The External Control of Organizations. Harper & Row: New York.

［56］ Porac J. F., Thomas H., Baden-Fuller C. 1989. Competitive groups as cognitive communities: The case of Scottishknitwear manufacturers. Journal of Management Studies, 26（4）: 397-416.

［57］ Porter M. E., Kramer M. R. 2006. Strategy and society: The link between competitive advantage and corporate social responsibility. Harvard Business Review, 84: 78-92.

［58］ Post J. E., Preston L. E., Sachs S. 2002. Managing the extended enterprise: The new stakeholder view. California Management Review, 45: 6-28.

［59］ Postrel S. 2002. Islands of shared knowledge: Specialization and mutual understanding in problem-solving teams. Organization Science, 13（3）: 303-320.

［60］ Prahalad C. K., Bettis R. A. 1986. The dominant logic: A new linkage between diversity and performance. Strategic Management Journal, 7（6）: 485-501.

［61］ Reger R. K., Huff A. S. 1993. Strategic groups: A cognitive perspective. Strategic Management Journal, 14（2）: 103-124.

［62］ Rowley T. J. 1997. Moving beyond dyadic ties: Anetwork theory of stakeholder influences. Academy of Management Review, 22: 887-910.

［63］ Runco M. A. 2004. Creativity. Annual Review of Psychology, 55: 657-687.

［64］ Schendel D., Hofer C. 1979. Introduction. In Strategic Management: A New View of Business Policy and Planning, Schendel D, Hofer C（Eds.）, Little Brown: Boston, MA; 1-22.

［65］ Schneider S. C., Angelmar R. 1993. Cognition in organizational analysis: Who's minding the store? Organization Studies, 17（2）: 347-374.

［66］ Sharma S., Henriques I. 2005. Stakeholder influenceson sustainability practices in the Canadian forestproducts industry. Strategic Management Journal, 26（2）: 159-180.

［67］ Siggelkow N., Rivkin J. W. 2005. Speed and search: Designing organizations for turbulence and complexity. Organization Science, 16（2）: 101-122.

［68］ Tetlock P. E. 1983. Cognitive style and political ideology. Journal of Personality and Social Psychology, 45: 118-126.

［69］ Tetlock P. E. 2000. Cognitive biases and organizational correctives: Do both disease and cure depend on the politics of the beholder? Administrative Science Quarterly, 45: 293-326.

［70］ Tripsas M., Gavetti G. 2000. Capabilities, cognition, and inertia: Evidence from digital imaging. Strategic Management Journal, October-November Special Issue, 21: 1147-1161.

［71］ Tyler B. B., Gnyawali D. R. 2009. Managerial collective cognitions: An examination of similarities and differences of cultural orientations. Journal of Management Studies, 46（1）: 93-126.

［72］ Tyler B. B., Steensma H. K. 1995. Evaluating technological collaborative opportunities: A cognitive modeling perspective. Strategic Management Journal, Summer Special Issue, 16: 43-70.

［73］ Von Krogh G, Roos J. 1996. A tale of the unfinished.Strategic Management Journal, 17 (9): 729-737.

［74］ Walsh J. P. 1988. Selectivity and selective perception: An investigation of managers' belief structures and information processing. Academy of Management Journal 31 (4): 873-896.

［75］ Wang H. C., He J., Mahoney J. T. 2009. Firm-specific knowledge resources and competitive advantage: The roles of economic-and relationship-based employee governance mechanisms. Strategic Management Journal, 30 (12): 1265-1285.

战略认知和议题凸显度：针对企业回应利益相关方关注的一种解释

Jonathan Bundy，Christine Shropshire，Ann K. Buchholtz

【摘　要】作为一个理解公司对利益相关方关注进行回应的新视角，我们提出一个战略认知的观点：议题凸显度，即利益相关方议题与管理层发生共鸣以及被管理层优先重视的程度。具体而言，我们解释了一家公司组织身份和战略架构的认知结构是如何运用不同的核心逻辑来影响管理层对某一议题凸显度的理解的。随后，我们提出了公司回应的分类，我们认为，公司会更实质性地回应那些在两种认知逻辑上都被认为是凸显的议题，而更象征性地回应那些仅在一种逻辑上被认为是凸显的议题。本文通过聚焦于议题凸显性并引入战略认知作为一种关键的中介机制，填补了我们对公司如何管理和回应利益相关方的理解空白。

公司回应一直以来备受组织研究学者的关注。我们将公司回应定义为一家公司愿意对利益相关方关注提供深思熟虑的反馈并承诺对该议题持续跟进的程度（David, Bloom & Hillman, 2007；IRRC, 1993）。早期的利益相关方理论研究通过发展总的利益相关方管理战略（Freeman, 1984）、概括公司对利益相关方的广泛责任（Carroll, 1979），以及分析利益相关方的特点以决定哪些利益相关方值得管理层关注（Mitchell, Agle & Wood, 1997），以此来处理公司回应议题。基于这些模型和分类，学者们开始强调利益相关方关注的异质性以及利益相关方和目标公司之间的特殊交互作用（de Bakker & den Hond, 2008）。事实上，利益相关方的多样性概念。或者说"利益相关方对一个组织的多元、冲突、互补或者合作的诉求的程度"已经根深蒂固。研究者们现在将更多的注意力放在利益相关方议题的多样性和管理层解读、平衡、回应这些诉求的程序上（Eesley & Lenox, 2006；Mitchell, Agle, Chrisman & Spence, 2011；Row-ley, 1997），利益相关方议题即能够影响公

---

　　* Jonathan Bundy, Christine Shropshire, Ann K. Buchholtz. 2013. Strategic Cognition and Issue Salience：Toward an Explanation of Firm Responsiveness to Stakeholder Concerns. Academy of Management Review, 38（3）：352–376.
　　初译由闫涛完成。

司或受公司影响的某一个体或者群体所提出的明确关注和诉求（Freeman，1984）。

关于公司回应利益相关方议题的原因和方式，大量现有研究从利益相关方角度或者聚焦于外部驱动力，如环境和利益相关方特征，来解决这个问题（David et al.，2007；Eesley & Lenox，2006；Reid & Toffel，2009）。例如，有一群学者通过探寻哪些利益相关方群体受到管理层重视来检验利益相关方的特点（Agle，Mitchell & Sonnenfeld，1999；David et al.，2007；Mitchell et al.，1997）。还有一些研究者着重考察制度性、竞争性和个体的激励因素的影响（Bansal & Roth，2000），或网络影响力（Reid & Toffel，2009；Rowley，1997）。然而，尽管有这些研究，对于公司对利益相关方关注做出实际回应的驱动机制依然存在大量争论（Laplume，Sonpar & Litz，2008）。此外，鲜有研究尝试检验管理者和决策者用以对考虑中的实际议题进行解释、理解和反应的认知程序。

我们提出了一个理解公司回应利益相关方关注的新角度。我们发展了议题凸显度的战略认知视角，并将其定义为利益相关方议题产生共鸣和管理层重视的程度。我们将议题凸显度界定为公司回应的核心驱动因素。公司和管理者不是对利益相关方和环境特点本身做出反应的。相反，他们回应的是利益相关方关注的具体议题，例如，环境利益相关方提倡减排、股权所有者主张管理变革、员工提倡公平的劳务实践。在提出这个观点时，我们承认此前公司回应研究的价值，这些研究强调各种议题的特征，例如，议题由谁提出（Agle et al.，1999；Mitchell et al.，1997），议题受到了多大程度的制度性关注（Bonardi & Keim，2005；Reid & Toffel，2009），以及议题对组织和利益相关方的潜在影响（Jones，1991）。但是，我们也认为，对于理解回应的一个重要的缺失因素是管理层对议题的解读及其作为公司的重要事项而值得回应的特征。我们还阐释了一个战略认知程序（Narayanan，Zane & Kemmerer，2011），管理层利用这个战略认知程序将议题凸显度定义为议题解读的产出。进而，考虑到公司回应已经被广泛地理解为就某一要求和需求采取的行动（David et al.，2007；Eesley & Lenox，2006），我们用这一战略认知程序表明议题凸显度和公司回应之间的直接关系。

我们的核心目的是呈现一个议题凸显度的视角，来审视公司对利益相关方议题的回应。在这方面，我们有两个主要贡献。第一，我们将组织认同的战略认知结构（Albert & Whetten，1985；Dutton & Dukerich，1991）和战略框架（Huff，1982）作为议题解读程序中不可或缺并相互联系的因素。组织认同通过表达性的逻辑来指导议题解读，这涉及公司如何定义和展示自身概念，而公司的战略框架通过工具性的逻辑来促进议题解读，这基于组织目标的理性追求（Polletta & Jasper，2001；Rowley & Moldoveanu，2003）。这两种认知结构同时影响着议题解读。管理者在解读利益相关方议题的凸显度时基于其与每种认知结构的逻辑关系。议题被认知为与每种结构的核心逻辑一致（如实质性的支持，加强或者确认）或者对抗（如实质性的挑战或者威胁）的时候，凸显度就高；反之，当其被认知为无关联度（如和认知结构无实质联系）的时候，凸显度就低。

第二，我们全方位运用议题凸显度和议题认知解读的本质（即议题是否被认知为一致性或者对抗性）对利益相关方议题加以分类。然后运用这些议题种类讨论了公司可能的回应。通过这些我们判断回应的实质，是象征性的还是实质性的，以及回应的一般形式，是防御性的还是接纳性的。我们还探索了认知不一致（Festinger，1957）的后果。认知不一致，就是同一个议题在一个逻辑中解读为一致性，而在另外一个逻辑中解读为对抗性的情况产生。

在追求这些目标时，我们通过发展战略认知的角度来理解管理者是如何依照程序回应利益相关方支持的日益广泛的议题丰富了文献（Laplume et al.，2008）。我们的理论利用战略认知和议题凸显度的组织角度，进一步提出了作为输入的议题特点和作为输出的公司回应之间的媒介程序。我们兼顾了表达逻辑和工具逻辑对塑造利益相关方议题的管理学解释的共同影响，回应了研究这两种逻辑间的动态关系的诉求（Rowley & Moldoveanu，2003）。因此，我们的框架针对应关注谁、关注什么样的公司（Ocasio，1997），以及它们如何回应受到的关注等问题提供了一个更为完整的理解角度。

思考一个沃尔玛的例子，这个例子将环境的可持续性作为利益相关方的议题。尽管沃尔玛是利用规模经济优势降低价格的榜样，但公司长期以来因不注重环保而被诟病。然而最终，沃尔玛高层认识到他们的规模经济在可持续发展上有着战略性的优势。"在沃尔玛，我们认识到，也明白了人们批评我们的地方恰恰也是我们的最大机遇之一，那就是我们的规模"，沃尔玛战略和可持续发展部高级董事隆多·瓦杜普斯这样说道（Truini，2008）。2005 年 10 月，沃尔玛宣布了内容广泛的可持续计划，原因是这些投入将帮助沃尔玛有别于竞争对手，获得继续扩大的资质，让其供应链更高效。换言之，一个好的商业可持续计划将帮助沃尔玛达到更好的状况：成本下降，利润上升（Plambeck & Denend，2008：54）。

仅仅是环境议题的特性并不能激发沃尔玛对可持续发展议题的进一步关注，很大程度上是因为此类议题的本质并没有改变，利益相关方涉及的权力、合法性或者说紧急性也没有改变（Mitchell et al.，1997）。相反，沃尔玛管理层开始认知性地解读该议题，让其与自己低成本领跑者的身份一致，并与其利用规模经济的战略框架相统一。我们利用了战略认知的文献解释像沃尔玛这类公司的管理者如何运用组织身份认知结构和战略框架来处理并重视自身面临的利益相关方议题的价值。

本文结构如下：首先，我们简要回顾了议题凸显度研究文献，突出前人对如何利用表达逻辑和工具逻辑来理解利益相关方议题。接着我们正式定义并呈现了议题凸显度的战略认知构架，从而讨论了议题的不同特征如何影响对议题凸显度的看法。其次，我们阐释了议题凸显度如何引导公司行动和公司回应，并划分了利益相关方议题及公司反应的类型。最后，我们讨论了本理论模型的应用及未来研究的计划。

利益相关方议题凸显度

关注议题凸显度的研究出现在多种组织研究流派文献中，它们既强调利益相关方角度，又强调公司角度。从利益相关方角度出发的学者们往往聚焦于一个议题同利益相关方群体的共鸣程度，他们认为利益相关方集中于某一议题，往往是由于身份（Rowley & Moldoveanu，2003）、文化（Jones，Felps & Bigley，2007）以及情绪纽带（Bansal & Roth，2000）等因素驱动下的批判而形成的集合认知。这种社会身份和情感视角能解释为什么某些利益相关方提倡激进议题或注定要失败的努力，例如，"牛虻"式利益相关方提出极端解决方案（Rowley & Moldoveanu，2003）。议题对于利益相关方团体的凸显度取决于它们在更深层次上界定该团体并使其独一无二的事物的关联度，社会运动中的集体身份研究将这种身份特征寓意为一种表达逻辑，认为身份驱动下的行动服务于向外部选民和利益相关方表明身份（Polletta & Jasper，2001）。例如，Scot 和 Lane 使用了表达逻辑来论证"身份"通过管理者和利益相关方间往来交流的竞争和妥协得以被充分理解。如此一来，一个组织向相关的利益相关方明确表达身份的意愿会影响外部议题的表达凸显度（Ashforth，Harrison & Corley，2008）。

议题凸显度的利益相关方观点强调从身份角度出发的表达逻辑，而议题凸显度的战略性观点聚焦于公司层面如何解读该议题对公司实现自身目标时的潜在影响（Dutton & Jackson，1987；Jackson & Dutton，1988；Thoms，Clark & Gioia，1993）。例如，战略性议题管理研究者调查了一个议题"可能对企业实现其目标具有重要影响"（Ansoff，1980）的程度。因此，议题凸显度感知是一家公司战略性结构化议题的一种功能。管理者基于对议题如何与战略决策和目标相关的感知来排列议题的优先顺序，并根据这个优先排序采取相应的管理措施。本文的一个重要结论是对战略目标产生影响的议题没有被结构化因而不能得到优先关注（Ansoff，1980）。因此，相比组织身份的表达逻辑，战略框架是由理性追求组织目标的工具逻辑所驱动的（Polletta & Jasper，2001）。如果管理者将某一议题解读成为实现战略目标的工具性凸显，他们会给予该议题优先的关注。

基于上述两个视角，我们正式将议题凸显度定义为利益相关方议题与管理层发生共鸣以及被管理层优先重视的程度。定义隐含的意思为议题凸显度的特征化是战略认知过程中感知的结果。我们认为组织身份和战略框架的表达和工具的认知结构各自驱动了这一感知。议题的凸显度是感知每一个认知结构的解读逻辑关系的一种功能（Ashforth & Mael，1996）。基于上述所强调的利益相关方文献，我们认为如果一个议题被感知为对一个组织的核心价值和信仰表达有影响或者重要，这个议题就符合组织的表达逻辑。类似地，基于战略议题管理的研究，我们提出如果一个议题被感知到可以实质性地支持或帮助组织实现战略目标，它就符合组织的工具逻辑。对比而言，一个议题如果被解读为对组织的身份或战略框架有实质性挑战或威胁时，它就与相应结构是对立的。最后，一个议题也可能被感知为与组织的表达或工具逻辑是毫不相关的。这些情形中，议题往往被看作与组织目标的实现或身份的表达没有关联性。

议题凸显度的主要框架如图1所示。那些被认为与两种认知逻辑有实质性关联的议题，无论一致性的或矛盾性的，对管理者而言都是高凸显度的（见图1深色阴影部分）。那些被认为仅与一种逻辑有实质关联的，一致性或者矛盾性的议题，是中等凸显度议题（见图1浅色阴影部分）。最后，被感知为和两种认知逻辑都毫无关联的议题则是低凸显度的（见图1右下角）。

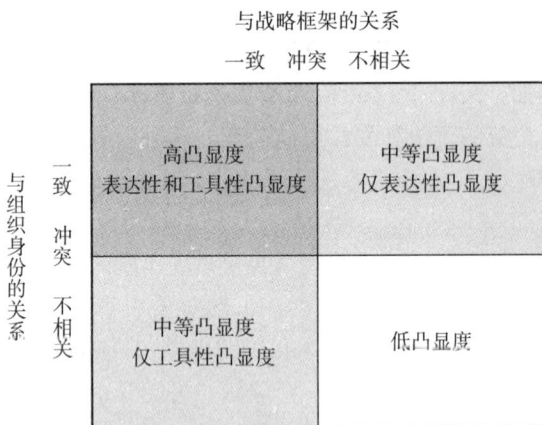

与战略框架的关系

一致　冲突　不相关

高凸显度 表达性和工具性凸显度	中等凸显度 仅表达性凸显度
中等凸显度 仅工具性凸显度	低凸显度

与组织身份的关系　一致　冲突　不相关

图1　议题凸显度的一个战略性框架

需要注意该框架的以下要点：第一，和此前研究成果一致，我们认为每个认知结构在同时作用于影响解读和凸显度时，它们是相互独立的（Ashforth & Mael，1996）。我们在接下来的部分讨论每种结构的实质以及相互关系。第二，我们对凸显度的概念化区别于正面或者负面式的议题解读，是从一致性或对立性方面来审视议题。战略议题管理研究者常常强调议题既是机遇又是威胁（Dutton & Jackson，1987；Jackson & Dutton，1988），并且组织身份研究者常常将除了身份机遇表达之外的均归为身份威胁表达（Dutton & Dukerich，1991）。因此，与此前学者在该领域的研究保持一致，我们既考虑正面的凸显度议题，又考虑负面的凸显度议题。从上述角度看待议题允许我们考虑认知混乱的案例，即一个议题被感知为与一个逻辑一致，而与另一个逻辑对立。我们将在公司回应章节中详细探讨认知混乱的应用。关于议题凸显度的当下讨论，我们认为不一致的议题将会和一致性议题，或者和两个逻辑一致/矛盾的议题一样拥有高凸显度。

如上所言，此前许多针对利益相关方议题的公司反应的研究聚焦于外在议题特点的影响上。例如，一个发起人利益相关方有多少权利或合法性（Mitchell et al.，1997），或者一个议题是如何在组织环境中植入的（Reid & Toffel，2009）。本文则集中探索公司如何认知性地对待这些特征——管理者如何解读议题对组织的核心逻辑有意义。对议题做出反应不是自发的，而是源于对议题的解读和感知（Dutton & Dukerich，1991；Dutton & Jackson，1987；Jackson & Dutton，1988）。我们的论述基于战略认知角度（Narayanan et al.，2011），它强调认知结构的角色，包括战略构架和组织身份。我们现在将注意力转向战略认知并讨论每种认知结构在决定议题凸显度中的角色。当我们关注对解读过程的解释的同时，我们认可此前的研究成果，并重视可以影响议题解读的潜在外部特征。

议题凸显度的战略认知和感知

战略认知研究组织的认知结构和试图理解战略决策制定的决策过程（Narayanan et al.，2011；Porac & Thomas，2002）。行为偏见和解读框架限制了管理者做出复杂决策的能力（Finkelstein，Hambrick & Cannella，2009；Kabanoff & Brown，2008；Walsh，1995）。这些偏见部分决定了哪些信息得到了管理层的关注以及管理者如何解读这些信息。因此，战略认知描述了信息渗透或战略议题被解读的感知过程（Finkelstein et al.，2009）。

解释战略认知让我们打开管理决策的"黑箱"来理解公司如何用解读机制获得并处理工利益相关方议题（Daft & Weick，1984）。战略认知是一项职能，涉及组织特征（历史、规模）、高层管理者特点（职能背景或教育背景）以及价值（Daft & Weick，1984；Finkelstein et al.，2009；Hambrick & Mason，1984）。如此一来，与此前战略认知的成果一致（Daft & Weick，1984；Dutton & Dukerich，1991；Gioia & Thomas，1996；Pratt & Foreman，2000），我们采用了管理角度。此外，利益相关方管理被当作一种典型的企业层面的战略（Schendel & Hofer，1979）。因此，我们的理论不仅仅局限于聚焦单个对象，而是基于组织层面来理解战略认知机制是如何影响利益相关方议题进程的。

尽管有些研究者论及了公司利益相关方的互动议题（Brickson，2005；Scott & Lane，2000），战略认知研究往往聚焦在传统的战略议题，譬如，行业定义和竞争边界（Porac & Thomas，2002），或者是战略变革的本质（Nadkarni & Narayanan，2007）。但是，问题议题依旧存在：即"公司是如何认知性地处理利益相关方议题，决定议题的凸显性并采取进一步反应的"，为了回答这一问题，我们聚焦于公司的认知结构，因为认知结构往往代表了一种相对稳定的特征以及/或者用于解读战略信息行为的重复模式（Kabanoff & Brown，2008；Narayanan et al.，2011）。认知结构是机制和偏见，指导着"信息搜集、内涵归属和行动"的感知进程（Thomas et al.，1993）。如果战略认知是感知进程，认知结构则代表这一进程推进的工具。

公司一般面临大量且不同的利益相关方关注。对一个受到关注并得到公司反馈的外部议题，它必须被解读为和公司有某种意义上的关联。如前所述，此前的议题凸显度研究已经聚焦于组织身份下的认知结构和其战略构架上，并把每一方面当作处理外部信息、指导公司认知和决策的一种机制（Ashforth & Mael，1996；Narayanan et al.，2011）。每一认知结构都能获得议题解读的独特视角，并能独立地影响利益相关方关注点的凸显度。Ashforth 和 Mael（1996）把组织身份和战略构架间的关系当作"不是相互决定却又相辅相成"的。因此，与 Donaldson 和 Preston 所述的核心规范与利益相关方理论的工具性视角的区分类似，战略认知研究也区分了组织身份固有的表达逻辑和战略构架的工具逻辑（Ashforth & Mael，1996；Narayanan et al.，2011；Polletta & Jasper，2001）。这两种不同的逻辑让每一种结构影响公司对利益相关方议题关注的程度也不同。

身份常常体现于组织如何"希望"被感知，用于构建一个合适的自我（Polletta & Jasper，2011）。Rowley 和 Moldoveanu（2003）讨论了利益相关方群体的认知角度，认为身份驱动下的行动"不一定被团体接纳以满足成员的合理利益，而是强化了团体成员的集体身份"。因此，议题常常由于其规范或表达性价值变得凸显起来，不一定是因为其工具性价值。源于身份的表达逻辑聚焦于一个议题作为身份构建声明的能力，不一定涉及议题的战略性意义（Albert & Whetten，1985；Ashforth & Mael，1996）。

另外，战略构架反映有效的战略行为可以达到组织目标的因果信仰（Chattopadhyay，Glick，Miller & Huber，1999），而身份常常与情感共鸣和内在价值相联系（Albert et al.，1998；Weick，1999）。这样的工具逻辑常常被基于成本效益的考虑计算，而未隐含身份或表达性关注（Polletta & Jasper，2011；Rowley & Moldoveanu，2003）。因此，凸显度和关注度也可能成为议题，因为它服务于工具性目的，且独立于其与身份的关系。

总之，身份与组织性修辞和期望印象的表现相联系，而战略框架与以达到绩效结果为目标的计算性行为相联系。我们将在下文关注不同的利益相关方议题特征怎样影响凸显度的管理视角，进一步探索每一种认知结构。

组织身份和议题凸显度

组织身份的构建反映了关于一个组织，什么才是与众不同且持久的（Albert & Whetten，1985）或一个组织如何看待和定义自己。从感知角度看（Weick，1979），组织身份是组织成员解读世界的关键视角。身份反映了集体理解，代表着有别于其他公司的根源。组织身份被当作"基础建筑"来框定认知程序和感知（Albert，Ashforth & Dutton，2000；Ashforth et al.，2008）。

我们认为一个利益相关方议题被感知为对公司的核心价值观和信仰有实质影响时——组织身份的基本内容——将产生表达凸显度（Ashforth，2001；Ashforth et al.，2008）。在考虑议题怎样被感知为表达凸显度时，许多利益相关方和议题关联因素变得非常重要。但是，将所有可能渲染凸显度的议题外部特征进行详尽说明，超出了本文的探讨范围。相反，我们提炼了三个可能影响管理者认知进程的宽泛的以议题为核心的特征，即投资者利益相关方特征、现行的要求或被考虑到的议题的特征、公共机构或环保类背景特征（Mitchell et al.，1997；Reid & Toffel，2009；Rowley & Berman，2000）。

关于投资者利益相关方，管理者在理解和表达组织身份时，认知点是谁提出了具体需求或关注。凸显型的利益相关方的对议题的支持可以影响或加强一个组织感知自身的方式，尤其是那些利益相关方群体或其衍生的议题对组织身份来说十分关键时。例如，关于组织身份的理论解释，一家公司在肯定或否定其与利益相关方的集体身份时，其对议题的感知就会使该议题有意义并得到优先关注（Brickson，2005、2007）。因此，由与特定利益相关方的关系所定义的组织身份将把这种关注解读为利益相关方对身份有实质影响，并因此会表达性地凸显。考虑强生公司的案例，其宗旨和行为准则偏重对消费者的责任和承诺。任何由利益相关方群体提出的关注很可能被感知为和公司的身份一致，因而被纳入考虑范围。类似地，任何威胁强生和消费者关系的议题将会和公司身份对立，因而也将要表达性地凸显。

和身份定位一样，相关性他人（Referent Others）的概念为身份认知程序提供了一种环境。相关性他人是那些对自我定义程序产生很大影响的利益相关方（Greenwald & Breckler，1985；Scott & Lane，2000）。任何影响和利益相关方关系的议题将被感知为与公司的表达逻辑相关联。类似地，利益相关方合法性的观点常常暗示某些特定利益相关方要有道德或规范的义务（Jones et al.，2007；Mitchell et al.，1997；Phillips，2003）。由利益相关方关系定义的身份可以对利益相关方形成规范义务，因此由这些利益相关方提出的议题将被看作对某一组织核心价值观有重要影响的议题。

利益相关方议题需要管理层关注，并非因为议题提出者，而是因为被提出的某一个特定的议题。例如，一个组织身份深深根植于公平或者公正的概念，这种组织身份可能影响企业的管理者对利益相关方的与公平相关的请求给予凸显度（Logsdon & Van Buren，2008）。正如一个利益相关方基于某一表达身份的愿望提出一个议题（Rowley & Moldoveanu，2003），一家公司基于和组织身份的关系来处理该议题，决定议题是否值得关注。像巴塔哥尼亚或赫曼米勒那样的组织，其价值观强调环保及可持续，这些组织很可能将潜在的表达组织身份的环保议题视为凸显的。

Aflac Duck 公司发布声明解雇喜剧明星吉尔伯特·高特弗雷德，这显示了那些与公司核心价值观和身份相对立的议题特征也可以引起高度的表达凸显。在 2011年日本发生毁灭性的地震和海啸后不久，高特弗雷德发布了一系列关于这场灾难的玩笑。喜剧演员常常是无国界的，当其代言人使用引起公愤的素材时，公司往往需要做出回应。但是高特弗雷德发布的素材和 Aflac 公司的核心价值观间的冲突放大了 Aflac 公司侧的凸显度感知。Aflac 信奉的核心理念是仆人领导，连续荣登福布斯"最值得尊敬公司"以及道德村杂志"世界最具道德公司"榜单（Grillo，2010；Washington，Sutton & Field，2006）。嘲笑而不是关心日本人民，这与 Aflac 公司的身份属性形成了鲜明的对比。由于该议题对 Aflac 是高凸显度的，公司不得不迅速做出反应，解雇高特弗雷德，撤掉其所有的电视广告，在报纸上表示哀悼，并为救灾工作慷慨解囊（Belson，2011）。

最后，更为广泛的公共机构类和环保角度的议题可能影响其表达凸显度。组织身份属性的一个重要功能是表达自身的唯一性；组织身份作为彰显差异的工具而存在（Ashforth & Mael，1996；Rowley & Moldoveanu，2003）。不能使企业得到机会以表达其独特身份属性的利益相关方议题常常被认为和组织身份属性无关。例如，作为一家在董事选举中较早采取多数投票制的企业，因特尔公司原本可以在表达核心价值观时让自己有别于其他竞争者，成为公司治理和问责制的领导者（Allen，2007；Intel，2006）。随着因特尔公司的采用，近 3/4 的标普 500 企业也采用了多数投票制，使得该议题在表达独特身份时对后来企业的实质效应越来越小。因此，议题的时机和制度化程度会影响一个议题的表达性解读。

总而言之，我们认为组织身份属性引导管理层注意力，提高议题凸显度。因为身份主要是基于表达逻辑理解的，被感知为实质性地支持或挑战公司向利益相关方表达身份的能力时，这样的议题将会具有表达凸显度，即和管理层产生共鸣并得到优先关注。许多利益相关方类、环保类、细节类的特征会影响公司对表达凸显度的感知，包括发起人利益相关方的向心性，或者公司身份的议题主题，或者议题在环保范畴内表达公司独特身份的能力。管理者从与组织身份表达的实质关系的角度入手，解读利益相关方关注。因此，我们认为：

命题 1：如果利益相关方议题被感知为与企业的组织身份既一致又冲突，那么该议题对于管理层具有表达凸显度。

战略构架和议题凸显度

组织身份属性反映了一个公司如何定义自身和表达企业宗旨，而战略构架则是将宗旨变为战略行动的认知机制（Daft & Weick，1984；Nadkarni & Narayanan，2007）。它是"形成战略决策的知识结构，是一个个人对信息环境施加影响并给予其形式和意义的认知模式"（Narayanan et al.，2011）。换言之，战略构架将环境背景进行解读和翻译并塑造为有竞争力的决策。战略构架运用工具逻辑，作为滤波器、路径或参照点，遵照成功的必备要素，提供一个信息或行动的焦点（Huff，1982）。Finkelstein 及其同事（2009）曾认为构架影响并决定了哪些信息值得关注的过滤进程（如在愿景领域）。因为利益相关方议题被当作工具性凸显度，它必须首先进入战略愿景，克服其他因素。Ashforth 和 Mael（1996）解释说"要被界定为战略议题，有些事情必须被注意并且被认为与组织形象和业绩潜在相关"。那些被解读为对组织的目标追求没有工具意义的议题几乎没有得到管理者的关注（Barr，Stimpert & Huff，1992；Narayanan et al.，2011）。

至于身份属性，公司使用战略构架来解读和理解利益相关方议题（Dutton，Fahey & Narayanan，1983；Dutton & Jackson，1987；Jackson & Dutton，1988；Thomas et al.，1993）。关于战略议题管理的研究往往引出战略性构架的概念来描述分类和议题解读的反馈模式。管理者运用战略构架来分类某一议题并决定其优先关注的层次（Ansoff，1980），尽管这些构架也是社会构建和影响的一种产品（Porac & Thomas，2002）。因此，此前关于引起公司反馈的与议题特征的研究可以为认知进程的输入因素提供更深入的了解。换言之，与组织身份属性类似，一个议题的发起者、结果以及背景均影响了管理者对议题是否和组织的战略构架有实质性的关系的认知解读。

如上所述，管理者意识到他们面临的议题的根源，并可能根据一个议题的发起者来投入他们的注意（Dutton，Walton & Abrahamson，1989）。研究者已经提出许多基于利益相关方的框架，这些框架聚焦于利益相关方和公司之间的工具性关系。例如，早期研究不但强调利益相关方和公司的合约性关系，还强调利益相关方相对于公司的内部或外部立场（Freemam，1984），往往被区分为第一和第二层面（Clarkson，1995）。议题网（Frooman，2010）的观点也强调带着对议题的兴趣考虑利益相关方之间互动网的重要性。Mitchell 及其同事（1997）开发出了也许是最有名气的利益相关方特征的工具性构架，他们聚焦于利益相关方凸显度——基于利益相关方属性对不同利益相关方群体予以不同程度的关注。按照其分类，利益相关方凸显度是利益相关方群体的权力、紧急性和合法性的函数。一些实证检验给予了利益相关方凸显度模型部分支撑（Agle et al.，1999；David et al.，2007；Eesley & Lenox，2006），实证结果表明管理者的确在做决策时关注了凸显的利益相关方。因此，议题拥护者的特征会影响公司运用战略构架进行的认知进程。

管理者往往是利益相关方关注的充满竞争和制度的环境中的感知者。当某一议题引起了制度性关注，公司就会在持续增长的压力中考虑其战略框架中的议题（DiMaggio & Powell，1983；Scott，1995）。有关公司政治行为的研究表明，公司面临"广泛的凸显性"议题时会发觉抵抗困难，并面临持续压力（Bonardi & Keim，2005）。当企业意识到同等的公司反应时，它们可能更倾向于做出相似的选择（Abrahamson & Rosenkopf，1997；Haveman，1993）。无论是重要的政府行为（King & Lenox，2009），还是对利益相关方议题集中的媒体关注（Deephouse，2000；Desai，2011；Pollock & Rindova，2003），制度环境都能帮助建立生成利益相关方议程（McCombs，1981；Rogers，Dearing & Bregman，1993），这也提升了管理层自觉性，并形成了议题的工具性解读。

利益相关方议题的强度或本质也影响着工具性解读。对公司和其他利益相关方有影响的决策在影响和议题强度的伴随层次上是多样的，这是在这种情况下"议题相关的需要"（Jones，1991）超越了战略性和道德性议题的考虑。例如，产品召回的结果可能是道德层面的（Cheah，Chan & Chieng，2007），也可能是财务层面的（Thirumalai & Sinha，2011）。在其道德强度的偶然议题框架中，Jones（1991）考虑到一个议题的多元构成因素，从结果度量和社会舆论，到时间上的即时性和接近度，他还探究了这些因素如何影响管理层决策的制定。因此，议题本身对组织的影响也可以形成工具性凸显度的视角。

前文提及的 Aflac 公司解雇喜剧演员吉尔伯特·高特弗雷德事件作为 Aflac Duck 的发声，也解释了如何基于工具角度运用战略框架来解读某一议题。社会舆论根据事件的危害性和影响的即时性来判断事件的重要性，并且危害性和即时性共同产生了一个高层次的道义强度。此外，由于 Aflac 公司在日本有大约 4000 名雇员和超过公司 70% 的收入比重，因此，那些攻击性言论是非常近距离的（Belson，2011）。关注的本质和议题的集中强度同 Aflac 公司的战略构架产生了冲突，使其具有工具性凸显度。

总而言之，战略构架代表了组织基于工具性逻辑在竞争环境下对因果关系的理解。被理解为和战略目标关联的议题，无论是一致性的还是对抗性的，都会得到关注和考虑。因此，我们认为通过公司战略构架感知与竞争优势和绩效有关的利益相关方议题将是工具性凸显的，而那些被解读为和战略构架无关的议题将不会凸显。利益相关方和具体议题的特征，包括赞成型利益相关方的凸显性、公共机构对议题的关注以及议题结果的强度，会影响议题凸显度对战略框架的解读。

命题 2：无论感知为与公司战略构架一致或对抗型的利益相关方议题，对管理者来说均具有工具凸显性。

组织身份和战略构架共同的议题凸显度

前面我们描述了组织身份和其战略构架在决定表达和工具凸显度时的功能。延续这一战略认知研究——这一研究认为每一种结构都是孤立的（Narayanan et al.，2011），我们讨论了每一个认知结构作为独立元素在公司感知程序中的影响。但是我们认为一个仅有表达或工具凸显度而不是两者兼而有之的议题，将仅仅具有中等水平的总凸显度。我们现在阐述一个议题如何通过强调两种认知结构间的互动关系来获得高凸显度。

在服务于区别表达性和工具性功能时，组织身份和战略框架是松散结合的，相互关联的，彼此强化或彼此偏差的认知结构（Ashforth & Mael，1996；Dutton & Penner，1993；Gioia & Thomas，1996；Narayanan et al.，Polletta & Jasper，2001）。例如，基于 Dutton 和 Penner 的研究，Ashforth 和 Mael 认为战略构架聚焦于一个企业基于工具型重要性、合法性和可能性角度对表达型凸显议题的关注。组织常常通过各种各样不相关的议题，寻找表达身份属性的机会，战略构架则通过引导管理者关注那些对组织具有战略重要性的议题来过滤或限定议题范围。类似地，组织身份属性可以引导战略构架聚焦于与更宽泛的组织价值观有关的议题。最终，这些"直指组织本质和核心价值观"的议题将被认为对组织更有吸引力（Ashforth & Mael，1996），并作为行动更具合法性的目标（Dutton & Penner，1993）。因此表达性议题也含有工具性意义；反之亦然——工具性议题也包含身份表达，这类议题将会得到管理者的最优先关注。

关于战略议程制定的研究有助于解释这一观点（Dutton，1997；Dutton & Dukerich，1991；Dutton & Penner，1993）。战略性议程是排列管理层关注的议题优先度的工具，反映了管理者面对诸多需要被优先关注的议题时的有限能力。议题细节和公司细节因素可以对一个议题在战略议程中的位置产生影响，包括议题感知到的工具价值，和共同的组织原则的一致性，以及内部和外部的规则与期望（Dutton，1997）。满足了这些因素的议题很可能在战略议程中的位置更突出。一个例子是Dutton 和 Dukerich 关于纽约和新泽西港口管理局的研究。无家可归者的管理对港口管理局而言已经作为工具性凸显度议题存在多年。但是该议题一直没有在港口管理局的战略议程上占据优先位置，直到该议题通过全国范围内的关注和社会合规性地位的不断提升，进而获得表达性凸显度（Dutton，1997；Dutton & Dukerich，1991）。因此，和组织身份的感知冲突成为了催化剂，将中等凸显度议题提升为具有工具性和表达性双重凸显度的高凸显度议题。

鉴于身份和构架间的关系得到了加强，我们认为议题凸显度通过其与表达性和工具性逻辑的集合关系被进一步提高。相比仅仅具有单一的认知机制的议题，对组织身份表达（因而表达性凸显）和战略目标的取得（因而工具性凸显）均有影响的议题将获得管理者的完全关注、具有更强烈的共鸣程度和优先地位。类似地，与身份或战略构架缺乏联系的议题将弱化管理层的关注度，无法和组织决策者产生共鸣。

命题3：和公司的组织身份以及战略构架均被感知一致或对立的利益相关方议题对管理者来说将具有高凸显度。

命题4：和公司的组织身份以及战略构架均无关联的利益相关方议题对管理者来说将具有低凸显度。

鉴于这样一种理解，凸显度和公司反馈之间的关系依然存在许多问题。例如，当一个利益相关议题是高凸显度，且两种解读逻辑均一致（或对立）时，公司如何反应？相反地，当一个议题之于每一逻辑都是凸显的，但是与每一个关系的本质是矛盾的，例如，议题被感知为和身份一致，但是和战略构架对立，或者相反的情况，公司如何反应？公司对中等凸显议题或者说仅与一种逻辑凸显的议题怎么采取行动？为了回答这些问题，我们提出了战略认知、议题类型以及反应分类。如此一来，我们阐述了认知结构间的互动关系的实质影响着从防御型回应到接纳型回应的一般形式下，总的议题凸显度如何影响从防御型回应到适应性回应的一般本质。

图2描述了我们的分类法，将图1中表述的议题凸显度框架做了扩展。在高凸显度议题中，我们首先探讨了协调性的认知互动关系，即一个议题在两种认知结构中均被感知为统一——致性或对抗性。这些议题位于图2中左上角和右下角的深色阴影部分。协调性的议题在协调一致的情况下可能引发实质性的接纳反应，在协调性的对立情况下可能引发实质的防御反应。接下来我们致力于不协调的认知情景——当一个议题和一种结构是一致的而和另一种结构是对立的情况。这类议题见于图2的右上和左下角的深色阴影部分。这类议题会产生以实质性协商为形式的独一无二的反应类型。接下来我们讨论了对中等凸显议题，或者说仅仅和一种认知结构相关联的议题的公司回应，见图2中浅色阴影部分。最后，我们讨论了对两种认知结构均非实质性且无关联的议题，见图2右下角部分。

与战略框架的关系

	一致	冲突	不相关
一致	真正的机遇 实质性接纳	构架冲突 实质性妥协	表达性机遇 象征性接纳
冲突	身份冲突 实质性妥协	真实的威胁 实质性防御	表达性威胁 象征性防御
不相关	工具性机遇 象征性接纳	工具性威胁 象征性防御	非议题 无回应

与组织身份的关系

图 2 战略性认知、议题种类和回应

议题凸显度及回应

上述命题通过探讨管理者解读利益相关方议题中的认知程序，详细说明了议题凸显度的本质和层次。我们将议题凸显度假设为认知解读——一个表达重要性或工具影响的认知——的产物，而不是基于公司行动（Eesley & Lenox，2006）界定议题凸显度。然而，概念本身并不能详细说明行动。相反，认知结构和解读逻辑"建立了行为参数"（Ashforth & Mael，1996）。根据凸显度的认知，回应可以获取公司的承诺和行动计划。如果议题凸显度代表了议题在感知过程中的共鸣和优先权，回应也就反映了基于议题凸显度的行为。

对利益相关方议题的公司内和公司间回应往往非常复杂。考虑一个使用具体利益相关方——公司股东的例子。基于代理考虑，证券和交易法允许有资格的股东提交包括社会和治理政策议题在内的任何数量议题的方案。在近来的代理案中，迪斯尼公司收到了八个股东方案，发起人范围从"牛虻"型自然人股东到如加州公务员退休基金、纽约市退休基金等主要公共基金。这些方案触及各类议题，譬如国际劳工标准、CEO 和董事长二元性、股东对代理材料的权限等。迪斯尼用大相径庭的方式回应了这些诉求：有些有效无视，有些赞同，有些直接抵制。一些被迪斯尼拒绝的方案得到了公众的广泛支持并由主要股东提出。另外，面临类似方案的其他公司也做出了差别很大的回应，在许多案例中这些公司接受了迪斯尼拒绝的方案，也有相反的情况。解释这种公司反应的差异一直是利益相关方研究的一个目标。这些外部因素是非常重要的，而受限于利益相关方和环境特征的模型提供不了足够的解释：为什么有些议题得到了支持，而有些受到了强烈反对。因此，我们对认知和凸显度的关注，通过考虑利益相关方议题解读的逻辑和结构以及回应与行动的联系度，推动了关于回应的研究工作。

我们将回应定义为一家公司愿意提供深层回应并承诺持续致力于利益相关方关注的程度（David et al.，2007；IRRC，1993）。该定义隐含了行动但是又不限于一个离散的结果，即公司要么回应，要么不回应。回应也不意味着严格接受或拒绝利益相关方的具体诉求，而是根据公司对利益相关方议题的行为来合并一些潜在的结果。Wood（1991）认为，回应包括公司回答利益相关方议题的社会影响、计划和政策等内容。类似地，作为"管理的行动阶段"，Carroll（1979）认为，回应可以多种多样，从不做什么（如无反应）到做很多（如实质反应）。因此，我们感受到的反应是一系列的以议题凸显度为特征的行为选择。

与 Doty 和 Glick 的建议（1994）相符，基于凸显度和认知的一致或不一致，我们对回应的分类表明了议题类型间的特定关系，并依据其实质和形式，表明了公司所期待的回应。回应实质是对议题反馈采取的实质行动的程度，常常导致公司"目标、结构和流程"的重大变化（Ashforth & Gibbs，1990；Ashforth & Mael，1996；David et al.，2007）。Ashforth 及其同事（2008）曾认为行为是身份属性的可能结果，因此强调身份和实质行动之间的正向关系。身份提供了行动的轨迹，由于和组织身份的关系，它们使得行动或多或少更为可行。对战略构架也是同理，战略构架使得管理层聚焦注意力并形成管理行为（Dutton & Jackson，1987）。被解读为高凸显性的议题将会产生一个实质性的表达和工具关系，将更有可能获得一个实质性回应。Dutton 和 Ashford（1993）用了类似逻辑说明"管理者在议题上分配的注意力是对他们议题采取实质性行动的必要先导"。因为议题被感知和公司认知结构的关系是实质性的，公司将用实质性的方式回应，对议题付出实质性的资源、时间、精力和努力。

对比而言，对更低凸显度的议题的回应可能在本质上更具有象征性，即公司或许对外部诉求寻求合规信号，而在现实中继续维护自身的现有利益（Aliver，1991）。公司将通过象征行动描绘出一致性，而不是采取真正符合外部标准的行动，这使得他们在几乎没有为改变公司程序和认知做出努力的同时，获取合法性和别的好处（DiMaggio & Powell，1993；Suchman，1995）。确实，象征性回应被看作是公司巧妙利用外部期望以更贴近公司目标的一种积极尝试（Oliver，1991）。因此，公司常常用象征性管理应对那些与公司的表达或工具性目标不一致的外部期望。另外，由于处理和回应包括利益相关方议题在内的外部刺激的能力有限（Cyert & March，1963；Daft & Weick，1984；Finkelstein et al.，2009），管理者必须对议题进行排序，实质性地回应那些对组织最关键的议题，象征性地回应那些次重要的议题。被感知为中性凸显度的利益相关方议题尽管享有某种程度上的优先关注，但是还不能获得与高凸显度议题一样的关注度和回应。

除了回应的实质性，我们也要考虑其形式。我们借鉴了战略议题管理、印象管理和身份管理的研究（Dutton & Jackson，1987；Elsbach，2003；Elsbach & Kramer，1996），认为回应在本质上可能是防御性或适应性的，这分别取决于议题是一致性的还是对抗性的。被认为和公司认知结构实质性一致的议题会得到适应性回应，而对立性议题则产生防御性回应。如果用负面角度来看待这些议题，公司则采用防御性回应以远离议题，坚持现有认知结构，尝试消除所感知的议题威胁（Dutton & Jackson，1987；Elsbach & Kramer，1996）。相反，公司接纳性回应直面议题时，则是用正面角度看待议题。从这一意义上看接纳性回应类似于对话的概念（Logsdon & Van Buren，2008，2009），以及利益相关方融合的概念（Heugens，2002），它凸显了一家焦点公司以积极开放的方式和发起人利益相关方协作的意愿。

现在我们讨论图 2 的每一个部分，从与两种认知结构均一致的高凸显度议题开始。

高凸显度和实质性回应

认知一致：那些被解读为和组织身份及战略构架均一致的议题被看作真正的机会，而那些被解读为和两种结构均对立的议题则被当作真正的威胁。这些议题位于图 2 中左上和右下角深色阴影部分。代表着真正机会的议题允许组织表达其身份，促使其采取符合战略成功的工具性逻辑的行动。在这种条件下，议题具有高凸显度，并和公司的认知结构产生共鸣，得到管理在表达性机会和工具性机会的优先关注。公司会迎合这样的议题，引起实质性的适应性回应。例如，在对碳排放和使用煤炭作为能源的关注回应上，新比利时啤酒公司将其当作真正的机会予以支持，成为了美国第一家使用风能生产的啤酒公司（Bundy，2012）。环境保护和促进可持续的变革是新比利时啤酒公司身份属性中的核心价值，因此将煤炭改为风能以减少碳排放和公司的表达性逻辑高度吻合。另外，作为行业中第一家依赖风能的公司，新比利时啤酒得以区别于其竞争者。通过这一转变，新比利时啤酒公司利用了公共舆论，现在已经家喻户晓，并被当作了一家可持续发展的企业。因此，从战略构架的角度，该举动对公司获得声誉建立品牌也是有益的（Ferrell & Hartline，2011）。

对比而言，代表着真正威胁的利益相关方议题与公司身份属性及公司战略构架均是冲突的。与真正的机会一样，真正的威胁在管理者评估其挑战的本质和程度以及做潜在回应时，将是高凸显度的。为了最大限度降低这一危害，公司的回应将是防御性和实质性的。一个最近的例子就是谷歌对美国"禁止网络盗版法案"（SOPA）的回应。SOPA 挑战了谷歌作为自由言论和信息推动者的身份属性，同时威胁到了谷歌的战略构架，因为遵循这一法案将会给谷歌及类似公司带来极大的负担。谷歌通过从事大量反对法案的游说活动，运用大规模的公共舆论战，甚至威胁关闭网页对此法案做出了回应（Lyons，2012）。

新比利时啤酒和谷歌的案例代表了焦点公司的实质性行动和回应，表明了它们应对利益相关方议题的参与意愿和严肃承诺。这些公司选择的回应是高度公开的，代价高昂的，显示出对高凸显度议题的实质性回应。在两者的认知结构中，基于议题一致性或冲突性的感知，回应分别采取了接纳或防御性形式。因此，我们有了如下观点：

命题 5a：被感知为单纯的机会型的利益相关方议题将会引起管理层实质性的适应性回应。

命题 5b：被感知为单纯的威胁型的利益相关方议题将会引起管理层实质性的防御性回应。

认知不一致：对两个认知结构都有实质意义的议题也许是矛盾的，例如，某一被认为与一个结构一致的议题也许被视为与另一个结构相对立。这样的解读就让管理者在试图决定适当的回应方式时，产生了认知上的不协调。被感知为与组织身份属性对立却与组织构架一致的议题是身份属性对立议题。和组织构架对立却又与组织身份一致的议题属于构架对立议题。这些议题见图 2 左下角和右上角的深色阴影部分。表达和工具逻辑之间的不一致已被商业道德研究学者所熟悉。这种道德困境的基础源于自身身份或其自身概念——与价值观及道德信仰有关的核心概念——和实现这一身份的路径相对立（Carroll & Buchholtz，2009）；换言之，"我是谁/我重视什么"和"什么指向成功"相互对立。

通过对组织身份的研究进行回顾，Ashforth 和其同事（2008）发现有多种因素影响公司身份和战略行为之间的不一致程度，这些因素包括"情景限制、竞争识别、印象管理的关注等"。具体议题的特点，包括发起人利益相关方的凸显度、围绕议题的制度环境、议题本身的强度，也能限制和影响对一个议题的感知。考虑一个与身份一致却与战略构架对立的议题，譬如身份属性相关的利益相关方对与公司现有战略构架不协调的战略主动权的需求。考虑到对公司的潜在影响，这类议题会被实质性地优先关注。Ashforth 和 Mael 认为大部分凸显性议题属于引起公司认知结构模糊或不一致的议题。但是，似乎很明显，认知不一致的议题要求的凸显度、实质性回应以及回应方式可能既不是接纳性的，也不是防御性的。

利益相关方议题已经被认为是一种"制度秩序的社会性破坏"或试图影响社会环境的参与者们在感知与被感知之间进行的一场战斗（Lamertz，Martens & Heugens，2003）。那些引起身份或构架对立的议题代表了一种特别强大的秩序破坏——一种"感知破坏"或"定位错误"事件，这类事件会引发对自身意识的实质性质疑（Ashforth et al., 2008；Ashforth & Mael, 1996；Pratt & Foreman, 2000）。这些事件形成了一种明显的"转化，即从沉浸于计划中的经验到某种程度上已经变得莫名其妙的行动飘移"（Weick, Sutcliffe & Obstfeld, 2005）。在回应由对立引起的认知不协调中，管理者将努力在竞争构架内形成一致或联盟（Festinger, 1957；Jackson, 2002；Strauss, 1978；Swann, 1987）。换言之，在公司理解自己及其战略目标时，感知不协调会要求对现状再次妥协（Strauss, 1978）。因此，我们认为在对身份和构架对立回应时，公司将进行实质性妥协，我们将其定义为焦点公司将一致性引入用来理解议题的解读逻辑的努力。

谷歌的身份对立涉及向中国的境外扩张，这凸显了感觉破坏型妥协回应。致力于自由表达和信息公开的谷歌，承认服务于世界最大经济体的可能性的同时，和中国政府的审查制度展开了斗争（Levy, 2011）。谷歌管理层在政府限制的条件下依旧重视将搜索引擎引入中国的价值，因为这与其战略目标一致。但是谷歌内部存在这一举措和公司身份冲突的争论。在和中国当局多轮角力后，谷歌宣布：

不再愿意继续审查谷歌中国网站的搜索结果，并因此将在接下来的几周内和中国政府讨论在法律范围内运行这一无过滤搜索引擎的基础条件。我们知道这很可能意味着谷歌在中国要关闭，可能还要关闭我们在中国的办公室（Drummond, 2010）。

谷歌创始人和当前的管理层之间形成文件的内部争论预示着继续顺从政府，协调业务增长，最终谷歌从中国撤离，结束了资金在审查制度上的尝试（Levy, 2011）。

构架对立的例子是新比利时啤酒将产品的玻璃瓶换成铝罐的举动，它是基于对铝罐更环保的认知（Bundy, 2012）。这一战略和新比利时啤酒作为环境友好型企业的身份认知是一脉相承的。但是消费者表达了对这一变化的不满，声称新包装降低了产品质量。新比利时啤酒面临着因消费者广泛拒绝的风险所导致的构架对立。作为回应，公司展开了广泛的外部协调，发行新闻传播和报道，强调铝罐的环保性，反驳关于其产品质量的说法。

就在新比利时啤酒公司试图解决因可持续的包装盒引起的构架对立时，谷歌做出了广泛的谈判努力，解决其因中国审查制度导致的身份对立。组织在面临身份或构架对立时可能会采取实质性妥协来回应，理想的结果是将议题对于一种或两种认知结构变得一致或非实质。

命题6：仅仅和身份或架构对立的利益相关方议题将会从管理者那边获得明确的有实质意义的妥协。

总之，高凸显度的利益相关方议题会从管理者方面得到实质性回应。按照定义，这类议题有着高度的共鸣性和优先权，因此以有意义且至关重要的方式得到了管理者的关注。因为利益相关方的关注类型繁杂，且源源不断地被传达到公司，公司对每一个议题的反应能力面临着认知和资源的限制，我们接下来强调仅仅对一种认知结构凸显的议题。这些议题位于图2的浅色阴影部分。

中等程度的议题凸显度和象征性的回应

有些议题被感知为仅仅对一种认知结构有实质影响。如上所述，议题凸显度的身份定义要素是和组织的表达逻辑有感知关系的，以至于议题对公司表达或体现身份的能力表现出显著影响。我们也认为有些表达身份属性的尝试和战略绩效或目标几乎没有关系（Rowley & Moldoveanu，2003）。战略构架与此同理；尽管被感知为工具性凸显，但有些议题不能和身份属性相联系。和公司身份相一致（或对抗性），却与公司战略构架无关联的议题，是表达性机会（或表达性威胁），而仅仅和战略构架一致（或对抗性）的议题是工具性机会（或工具性威胁）。这四种议题类型鼓励公司做出本质上象征性的回应。

我们已经确立了的是和战略构架有实质关联的利益相关方议题遵循工具逻辑。两种涉及股东改革的公司治理改革方案勾画出了公司是如何回应这类工具性议题的。2005~2009年，强大的投资顾问服务和公司治理监守团体发起了规模庞大的运动，支持两个独立的治理改革：股东代理准入和在董事会选举中采用多数投票标准。除了给予首批提议人的优势外，这些倡议作为组织身份的事件对大部分公司没有实质意义。但是在多数投票标准的案例中，政策很快扩散并得到了公共机构的广泛支持。作为结构合法性的来源（DiMaggio & Powell，1983），政策很快被认为和战略构架一致，为机构投资者和股东创造了工具性机会。然而，对这些议题的反馈大部分是象征性的。事实上，机构投资者理事会，多数投票标准最有力的推动者，近来已经表示对这种象征方式的关注，这表示政策似乎已经被采纳（CII，2010；Lublin，2009）。Westphal和Zajac（1994，1998，1995）在其管理者长期激励计划接受度调查中发现了类似的效应。早期的采纳者急切地执行了该计划，而后期采纳者的执行在很大程度上具有象征性，因为公司试图获得合法性，而维持严格控制又超出了他们的结构和过程。没有和身份产生紧密关联度，公司没有动力实质性地执行该政策，尤其是因为利益相关方似乎被简单的采纳所抚慰，让已采纳公司利用了工具性机会。

对比而言，股东完全获得代理权会让公众交易企业的公司治理发生实质性变化，这一提议会受到广泛抵制。因此，由于议题与战略框架对立，所以作为股东议题的代理参与成了一种工具性威胁。公司通常通过让代理投票成为无约束性投票方式做出回应，因此它们仅仅作为一种议题的考量信号没有引发真正的改革。议题设法获得了一些关注，但是最终没有对组织决策的制定者产生持续效果。Dutton和Dukerich在研究纽约及新泽西港口管理局案例中描述了对工具性威胁的类似回应。港口当局对辖区内单个无家可归者现象的最初解读很大程度上是工具性的，当局对议题和自身身份属性的解读没有关联度。组织象征性地做出了回应，让外部合作方处理该议题，而不是亲自实质性地处理该议题。直到议题演化，港口当局将其解读为和自身身份属性相关联时，它才做出了象征性和防御性的回应。

相比战略构架的工具性逻辑，对组织身份凸显却又和组织战略构架无关联的利益相关方议题遵循表达逻辑。我们再次提供例子来描述与身份属性一致，而在战略决策制定中无法得到优先关注的情况。慈善和社区参与诉求常常为公司提供表达机会，推行根深蒂固的价值观，而不对战略目标的追求产生实质性影响（Margolis & Walsh，2003）。例如，Moir 和 Taffler 认为 IBM 给非营利机构"艺术技能"的捐赠很大程度上是无私心的，即捐赠和 IBM 的商业战略或利益相关方关系无任何关联。因此这一捐赠很大程度上是象征性的，且与工具逻辑无关，仅仅服务于表达目的。

另外，积极反对核心信仰和自我概念却与战略构架没有关系的诉求代表了一种表达威胁。要考虑到如动物协会、绿色和平组织这类利益相关方活动家，他们常常对被认为违反动物或环境权利的公司发动极端抹黑的运动。这类运动在公众眼中缺乏合法性（Mitchell et al.，1997），通常对目标公司的战略绩效没有影响。和战略输出或目标没有固定联系度的议题常常和战略构架没有关联，因此公司的反应也往往是象征性和防御性的。例如，星巴克会在其某些咖啡和冰沙中加入一种红色添加剂，这种添加剂是从压碎的昆虫中提取而来的。善待动物组织和严格的素食主义者极为关注此事，并组织了反对星巴克的改变运动，他们声称使用这种添加剂对严格的素食主义者是欺诈性的、不自然的和不友好的。星巴克最初的回应是召开新闻发布，解释说添加剂是天然的，经过联邦食品药品监管局批准，且已经在食物制作中广泛使用以避免人工添加剂。因此使用该添加剂维护了星巴克提供安全和自然产品的承诺。最后，星巴克转向了从西红柿中提取产品，尽管有人依然认为该举措还是欺骗性的（Mestel，2012）。无论如何，星巴克起初更多是从表达上来感知该议题的，它的回应大体上也是象征性和防御性的。

简而言之，象征性回应代表公司解决仅与单一认知结构实质性相关的议题的尝试，因此仅仅是中等凸显度的。仅与战略构架一致或对立的议题是工具性机遇或威胁，仅与身份属性一致或对立的议题是表达性机遇或威胁。回应的形式对应着相应的议题类型。一个一致性的议题对象征性适应性回应释放出机遇信号，而对立性议题对象征性防御回应释放出威胁信号。

命题 7a：仅仅感知为工具性或表达性机会的议题将获得管理者明确的象征性适应性回应。

命题 7b：仅仅感知为工具性或表达性威胁的议题将获得管理者明确的象征性防御性回应。

低凸显度议题和无回应

最后，有些议题被感知为非实质性的。也就是说，和组织身份和战略构架均无关联的议题。这些非议题位于图 2 右下部分。扩展前述的利益相关方行动的案例，有些活动涉及范围广泛的运动，这些运动没有意义明确的目标，或者说在议题及焦点公司间不存在关联性。利益相关方可能对议题有热情，但是与战略认知却是相矛盾的，导致议题轻易被忽视或错过（Marens，2002；Rowley & Moldoveanu，2003）。一个非议题的例子是推动北达科塔州公司再合并的事件，该州通过了美国对股东最为友好的公司治理法案（Tuna，2008）。从此，一群投资活动家，包括著名的股东活动家卡尔·伊坎，将目标对准几家大变革的公司，敦促其在北达科塔州进行合并。5 年后，仅有美国轨车工业公司被伊坎控股，并得到批准（Marketwatch，2009）。根据美国联邦、县、市雇员退休基金投资和公司治理主管 Richard Ferlauto 所说，"这与其说是北达科塔州吸引投资的重要尝试，不如说是特拉华州现代化觉醒的号召"（Tuna，2008）。当然，如股东诉讼之类的事件可以将非议题变成真实的或工具性的威胁，但是只要这种关注和组织身份以及战略构架均无关联，对管理者而言他们很大程度上只会是非议题。

被感知为与战略认知无关的议题——对组织身份或战略构架无实质影响——将缺乏凸显性，因此，按照定义，不可能和管理者产生共鸣并得到优先关注。低凸显度也意味着很少或无回应，这类议题也许是种类繁多的利益相关方诉求中的一种暂时性消遣行为。这种非议题在公司解读外部环境、管理利益相关方关系上既不重要也无意义。

命题 8：被感知为非议题的利益相关方议题将从管理者处得到很少的回应，或者没有回应。

表 1 总结了我们关于公司回应和议题凸显度的论述和例子。

表 1　公司回应及其例子

议题类型	预期回应	例子
真正的机会	实质性接纳	新比利时啤酒和风能
真正的威胁	实质性防御	谷歌和"禁止网络盗版法案"
身份冲突	实质性妥协	谷歌和中国
构架冲突	实质性妥协	新比利时啤酒和铝罐
工具性机会	象征性接纳	大多数投票和长期激励计划的采纳
工具性威胁	象征性防御	代理参与和纽约、新泽西港口管理局
表达性机会	象征性接纳	利他性慈善：IBM 和 ArtSkills
表达性威胁	象征性防御	极端激进主义：善待动物组织和星巴克
非议题	无回应	"牛虻"型股东方案：北达科塔州的再合并

讨论与结语

我们表达议题凸显度认知理论的终极目标是为探索公司回应利益相关方关注建立新的研究议程。我们通过提出议题凸显性概念，作为议题认知解读驱动下的一种清晰概念，推进了对利益相关方关注的理论理解。对比前人的研究，我们将议题凸显性塑造成公司回应利益相关方关注的关键前项。通过将议题凸显性定位为调解性概念、公司对议题特征的感知结果以及解读外部因素的认知程序，我们对该项研究做出了贡献。此外，我们将组织身份属性和战略构架作为同时而又独一无二的概念推进了战略认知方面的研究，打破了传统上将战略认知作为一种结构或将两种结构混为一谈的影响（Narayanan et al., 2011）。因此，在发觉议题凸显性的双重性的过程中，我们推进了关于管理者在回应利益相关方需求的多元化动机的研究。

通过详细考察议题凸显性如何与公司回应相关联，我们也做出了贡献。我们不仅考察了管理者注意力是如何被认知性组织起来的，也提出了议题类型和将注意力转化为行动的回应分类说。通过对公司回应的实质和形式做出认知性解释，加深了我们对公司回应和象征性管理的理解。我们还谈及认知不一致的例子，引入了妥协的概念，把其作为对这种情况的离散回应。通过这些我们加深了对利益相关方和他们捍卫的议题怎样引起改变或改变公司的认知。

当我们将议题凸显度作为焦点时，我们认识到公司同时管理多重议题，而议题是随时间演化的。管理者如何感知议题是动态的，我们的分类说将凸显度水平进行了分类，并讨论了预期回应、类别和象限的划分也可能是肤浅的。因此，与 Doty 和 Glick 的建议一样，我们提出了多个体现复杂概念的议题类型，提供了未来测试时抽象可检验的模型。未来我们研究大有可为的领域是议题凸显度和回应的周期性或重复性本质。从凸显度的特征背景到对议题的认知理解，回应可能改变后来的诉求和议题凸显度感知的输入。凸显度和回应的关系可能会加强；起始凸显度影响起始回应，而这又将影响未来的凸显度。未来工作可以提炼这种反复性模型，辨明其他重要维度，考察议题凸显性影响的潜在边界。如 Proffitt 和 Spicer（2006）所述，我们认为找到议题全生命周期是有价值的，包括其最早的孕育，从而全面理解到议题的意义和解读的演化。

我们的理论也提供了研究战略认知协调本质的机会，以及提升对战略结果的理解的机会。学者们从各个角度对战略变革进行了解释，运用理性视角考察了诸如不确定性、竞争或监管等环境条件的直接影响（Haeman, 1992；Wiersema & Bantel, 1993），或运用认知视角透视了环境背景如何通过管理层认知影响战略（Barr et al.,

1992；Brown & Blackmon，2005）。Rajagopalan 和 Spreitzer（1997）将这些不同视角整合起来提出了战略变革的多视角框架，其中环境条件通过管理层认知影响着战略。我们的议题凸显性理论模型对反映环境前项和管理层认知的战略变革研究号召做出了回应，我们的逻辑认为机构性和利益相关方效应可能直接影响战略认知的结构，因此非直接地影响议题凸显度。换言之，战略认知代表了外部因素转化为内部凸显度的关键协调程序。此前的研究注意到外部刺激很可能被认为强化而非改变了认知结构（Barr et al.，1992；Gary & Wood，2011）。因此，探索议题特征可能是未来研究的兴趣点，譬如，公共机构注意力或利益相关方凸显度很可能挑战或推进战略构架和身份属性变革的情况。

从社会和财务层面来说，我们的理论将利益相关方激进主义的主体研究和公司绩效联系起来。对利益相关方理论的回顾表明恰当的利益相关方管理应该和增长的财务绩效、声誉、信任、效率、创新以及灵活性联系起来；应该和风险及不确定性呈负相关（Parmar et al.，2010）。相似地，单独看利益相关方激进主义文献资料，支持公司回应和短期财务绩效之间的正向关系（Gillan & Starks，2007），而经验主义研究则报告了公司回应和社会效益间的反向关系（David et al.，2007）。我们认为议题凸显度研究尤其有利于利益相关方和绩效间关系的研究，采用我们模型的实证研究可能会为以后的研究提供结果。通过聚焦议题凸显度，研究者们可以更好地理解公共机构、利益相关方和认知力量是如何联合起来影响公司成果的。

目前理论没有解释公司如何在两个竞争性的利益相关方诉求间做决定（Kaler，2006），或者说公司在面临多个、对立的诉求时如何有效地回应单个诉求（Hadani，Goranova & Khan，2011）。议题凸显度模型让研究者们可以应对这些令人烦恼的议题。更多的理论发展可能进一步探索最高管理者团队之外的组织决策制定者的影响力，以及决策层内部代理议题的可能性。高层决策者角度的研究者认为高层决策者的背景和经历深刻地影响到了组织成果（Hambrick & Mason，1984）；因此，管理者认知的视角或别的"微观"方法可能进一步丰富我们对利益相关方关注的管理和回应现状的理解。

组织身份和战略构架各自代表着广泛的研究主体，聚焦于议题一致性或对立性关系的分类法，在勾勒战略认知程序和相应议题凸显度复杂性上，仅仅是第一步。我们没有尝试对战略认知结构的每一个方面进行探索，为未来留下深化理解这些机制和潜在的仲裁者影响之间互动关系并加以理论化研究的机会。我们认为身份属性和战略构架之间关系是独立的又是相互的，我们鼓励未来研究中能探索影响这种关系的偶然性和缓和因素。

例如，组织身份研究学者讨论了诸如多维性、鉴别力等偶然性因素，这可能会进一步推进我们理论中的公司，尤其是在认知不一致的情况下，如何处理和排序利益相关方关注的内容。拥有强势身份属性的公司常常会将一些和组织身份一致的议题框定为有战略意义的议题（Ashforth & Mael，1996；Gioia & Thoms，1996）。因此，像强生这样的公司，将服务消费者作为中心身份属性，就会将利益相关群体议题战略性地框定为工具性的议题，仅仅是因为它们和身份属性的接近度和关联度。换言之，和一个特殊利益相关方有关系的组织身份表达对实现组织目标是工具性的。类似地，一个议题和战略构架的关系可能被公司的战略灵活性所影响（Nadkarni & Narayanan，2007），包括它的观测方向或控制议题的能力（Thomas et al.，1993）。此外诸如议题的时效、利益相关方诉求的紧急程度，甚至信息处理的随机性本质等动态因素，也可能影响一个议题是否要求高凸显度和如何要求高凸显度。

如果议题凸显度影响公司回应，一般来说，我们也期待其对绩效结果有影响。但是这种关系非常复杂，例如，基于和组织身份非常一致的议题的回应可能会伤害到绩效，譬如一家公司为了维持慈善身份的自我界定而向某一具体行业捐出大部分利润。承认一系列与决定议题凸显度的认知程序一致的公司回应，包括实质性、象征性和妥协性回应，让学者们在探索公司回应和公司绩效间实质关系时的机会大大增加。

对议题凸显性的关注也特别活跃了关于象征性管理的研究潮流（Meyer & Rowan，1977；Westphal & Zaja，1998）。高凸显性的议题基于其与组织身份属性和战略构架的一致性，可能引起管理者的实质性回应。但是，我们的分类法也描述了仅仅和一种认知结构有本质性的关系是如何让公司更象征性或充分地回应的。进一步的研究可以聚集于象征性管理和弱化以及议题凸显性之间的互动。议题凸显度水平和本质如何影响公司回应的重要性和规模？存在对凸显性议题象征回应的反弹吗？公司表达性或工具性机会，以及表达性和工具性威胁会做出不同的回应吗？将议题凸显度和象征性管理联系起来可以深化我们对象征性回应的前项和结果的理解。

我们也认识到在我们模型内各个角度存在额外的驱动因素的可能性，议题凸显度可能是第二顺位甚至第三顺位的概念。我们知道利益相关方凸显度自身是一个多维度概念（Agle et al.，1999；Crawford，Williams & Berman，2011；Mitchell et al.，1997），公司内部因素、公司间因素，以及外部因素可能影响议题凸显性和公司回应。此前的大部分研究已经讨论了议题和利益相关方特征驱动公司回应，我们聚焦于典型利益相关方、具体议题和环保议题的特征如何影响凸显度的解读。我们的意图不是形成全饱和的回应模型。相反，我们发出了第一步号召，号召将战略认知作为协调程序来关注，将战略凸显度作为影响回应的感知结果。在平衡多元视角的挑战中，我们提供了一种小的理论模型，希望我们的第一步能为未来组织和利益相关方研究推进提供广阔和多样的空间。

我们承认议题凸显度概念为实证检验提出了特别的挑战。也许此前的研究集中于单一的环境因素或利益相关方变量，将其作为公司回应的驱动力，因为它们更易被接受且档案完备。如果没有基础数据，战略认知、解读和感知很难引起注意，因此我们的模型发展能从案例研究中或别的定性研究中获益，这将促进归纳理论的建设。研究者们已经运用了类似方法考察复杂的认知程序，譬如，身份变化和演化（Clark，Gioia，Ketchen & Thomas，2010）。内容分析技术也使测试我们模型的机会大增（Duriau，Reger & Piarrer，2007），这些技术包括语言统计、计算机手段下的内容分析以及其他分析公司沟通决策认知导向的方法（Cho & Hambrick，2006；Kaplan，2008）。另外，认知地图作为内容分析的一种方式已经成为获取战略框架的普遍方法（Huff，1990）。但是，这些研究主要集中在非评估变量，如标志战略焦点和管理关注的关键词统计（Kabanoff & Brown，2008）。因为我们将议题凸显度定位为认知解读，简单的公共呈报可能被组织印象管理试图复杂化（Abrahamson & Hambrick，1997）。

我们鼓励用多方法研究来探索我们模型中建立的关系，质疑学者们从那些研究方案中得到的丰硕成果，一脉相承地用定性和定量的研究方法来评估管理者在认识威胁和机会中所采取的认知程序（Gregoire，Barr 和 Shepherd，2010）。用多种方法进行有效研究不仅丰富了普遍性证据，而且更可能长期被引用，影响深远（Malina-Azorin，2012）。一个使用多种方法前景设置存在于股东方案的现象中（David et al.，2007，Logsdon & Van Buren，2008）。未来研究可以用定性的内容分析技术，譬如认知地图，来分析利益相关方诉求和公司回应的文本。这种分析，适用于研究股东方案的传统定量回应变量（David et al.，2007），可以揭示身份属性和战略构架如何影响公司对利益相关方议题优先排列的顺序，以及公司回应的本质。实证研究也适用于一家公司内的多个议题，涉及多公司的一个议题，甚至议题凸显度的演进，因为议题和认知结构的关系会发生变化，如沃尔玛在可持续性上的投资。无论实证研究如何挑战我们的模型，我们希望对议题凸显度的关注有助于我们弄清先前的研究成果，也有助于提高我们对利益相关方议题回应的理解，便于我们了解组织和其利益相关方之间的复杂关系。

总之，我们认为议题凸显度角度在学术和实践的很多方面做出了贡献。我们将战略认知的协调角色发展为议题凸显度，认识到组织身份和战略构架在理解利益相关方议题如何与组织决策制定者产生共鸣中的重要性。这一贡献也体现在组织对利益相关方回应的实践应用上。别的研究者考量的是利益相关方或其针对公司的诉求模式，而我们则聚焦于公司以及议题如何凸显的认知程序上。我们认为管理层必须在回应任何议题诉求前辨明、理解和制定出优先顺序，这种回应包括解决议题的众多行动选择，和公司意愿或承诺一致的约定。我们研究的亮点在于我们的理论模型可以帮助公司更好地管理利益相关方关系，更有效地回应多种诉求和偏好。

我们发展了针对公司对利益相关方议题感知的认知基础上的理论模型，我们认为这一模型有着现实的应用性。公司管理者和利益相关方仅仅需要审视内部和检验公司的身份属性和战略构架，就可以明白公司应该怎么回应议题。基于这种认识，管理者可以从认知结构的核心特征上审视利益相关方议题，并做出合适的回应。类似地，外部利益相关方可以尝试框定出和公司认知结构一致的关注，从而实现目的，让目标组织给出承诺。无论公司是否有意识或下意识管理利益相关方关系，我们都可以展望公司应用本理论的前景结果，如财务绩效和社会效益。我们就进一步理论化和经验性测试指出了许多路径，希望这一模型能设立出意义深远的研究议程，丰富我们对利益相关方关注和公司回应间关系的理解。

参考文献

［1］Abrahamson, E., & Hambrick, D. C. 1997. Attentional homogeneity in industries: The effect of discretion. Journal of Organizational Behavior, 18: 513-532.

［2］Abrahamson, E., & Rosenkopf, L. 1997. Social network effectson the extent of innovation diffusion: A computer simulation. Organization Science, 8: 289-309.

［3］Agle, B. R., Mitchell, R. K., & Sonnenfeld, J. A. 1999. Whomatters to CEOs? An investigation of stakeholder attributes and salience, corporate performance, and CEOvalues. Academy of Management Journal, 42: 507-525.

［4］Albert, S., Ashforth, B. E., & Dutton, J. E. 2000. Organizationalidentity and identification: Charting new waters and building new bridges. Academy of Management Review, 25: 13-17.

［5］Albert, S., Ashforth, B. E., Gioia, D. A., Godfrey, P. C., Reger, K., & Whetten, D. A. 1998. What does the concept of identity add to organization science? In D. A. Whetten &P. C. Godfrey (Eds.), Identity in organizations: Building theory through conversations: 273-294. Thousand Oaks, CA: Sage.

［6］Albert, S., & Whetten, D. 1985. Organizational identity. Research in Organizational Behavior, 7: 263-295.

［7］Allen, C. H. 2007. Study of majority voting in director elections. Chicago: Neal, Gerber & Eisenberg.

［8］Ansoff, H. 1980. Strategic issue management. Strategic Management Journal, 1: 131-148.

［9］Ashforth, B. E. 2001. Role transitions in organizational life: Anidentity-based perspective. Mahwah, NJ: Lawrence Erlbaum Associates.

［10］Ashforth, B. E., & Gibbs, B. 1990. The double edge of organizational legitimation.

Organization Science, 1: 177-194.

[11] Ashforth, B. E., Harrison, S. H., & Corley, K. G. 2008. Identification in organizations: An examination of four fundamental questions. Journal of Management, 34: 325-374.

[12] Ashforth, B. E., & Mael, F. A. 1996. Organizational identityand strategy as a context for the individual. Advances in Strategic Management, 13: 19-64.

[13] Bansal, P., & Roth, K. 2000. Why companies go green: A model of ecological responsiveness. Academy of Management Journal, 43: 717-736.

[14] Barr, P. S., Stimpert, J. L., & Huff, A. S. 1992. Cognitive change, strategic action, and organizational renewal. Strategic Management Journal, 13: 15-36.

[15] Belson, K. 2011. After the disasters in Japan: A stoic response from Aflac. New York Times, April 16: B4.

[16] Bonardi, J., & Keim, G. 2005. Corporate political strategies forwidely salient issues. Academy of Management Review, 30: 555-576.

[17] Brickson, S. L. 2005. Organizational identity orientation: Forging a link between organizational identity and organizations' relations with stakeholders. Administrative Science Quarterly, 50: 576-609.

[18] Brickson, S. L. 2007. Organizational identity orientation: The genesis of the role of the firm and distinct forms of social value. Academy of Management Review, 32: 864-888.

[19] Brown, S., & Blackmon, K. 2005. Aligning manufacturing strategy and business level competitive strategy in new competitive environments: The case for strategic resonance. Journal of Management Studies, 42: 793-815.

[20] Bundy, J. 2012. New Belgium Brewery: Defining a business on sustainability. In A. Carroll & A. K. Buchholtz (Eds.), Business and society: Ethics, sustainability and stake-holder management (8th ed.): 688-691. Mason, OH: South-Western Cengage Learning.

[21] Carroll, A., & Buchholtz, A. K. 2009. Business and society: Ethics and stakeholder management (7th ed.). Mason, OH: South-Western Cengage Learning.

[22] Carroll, A. B. 1979. A three-dimensional conceptual model of corporate performance. Academy of Management Review, 4: 497-505.

[23] Chattopadhyay, P., Glick, W. H., Miller, C. C., & Huber, G. P.1999. Determinants of executive beliefs: Comparing functional conditioning and social influence. Strategic Management Journal, 20: 763-790.

[24] Cheah, E., Chan, W., & Chieng, C. 2007. The corporate social responsibility of pharmaceutical product recalls: An empirical examination of U.S. and U.K. markets. Journal of Business Ethics, 76: 427-449.

[25] Cho, T. S., & Hambrick, D. C. 2006. Attention as the mediator between top management team characteristics and strategic change: The case of airline deregulation. Organization Science, 17: 453-469.

[26] CII. 2010. Majority voting for directors. Washington, DC: Council for Institutional Investors Press Release.

[27] Clark, S. M., Gioia, D. A., Ketchen, D. J., Jr., & Thomas, J. B. 2010. Transitional identity as a facilitator of organizational identity change during a merger. Administrative Science Quarterly, 55: 397–438.

[28] Clarkson, M. B. E. 1995. A stakeholder framework for analyzing and evaluating corporate social performance. Academy of Management Review, 20: 92–117.

[29] Crawford, E. P., Williams, C. C., & Berman, S. 2011. Stakeholder salience revisited: Enlightening, balancing, and transcending. Academy of Management Annual Meeting Proceedings. Briarcliff Manor, NY: Academy of Management.

[30] Cyert, R. M., & March, J. G. 1963. A behavioral theory of the firm. Upper Saddle River, NJ: Prentice Hall.

[31] Daft, R., & Weick, K. 1984. Toward a model of organizations as interpretation systems. Academy of Management Review, 9: 284–295.

[32] David, P., Bloom, M., & Hillman, A. J. 2007. Investor activism, managerial responsiveness, and corporate social performance. Strategic Management Journal, 28: 91–100.

[33] de Bakker, F. G. A., & den Hond, F. 2008. Introducing the politics of stakeholder influence: A review essay. Business & Society, 47: 8–20.

[34] Deephouse, D. 2000. Media reputation as a strategic resource: An integration of mass communication and resource-based theories. Journal of Management, 26: 1091–1112.

[35] Desai, V. M. 2011. Mass media and massive failures: Determining organizational efforts to defend field legitimacy following crises. Academy of Management Journal, 54: 263–278.

[36] DiMaggio, P. J., & Powell, W.W. 1983. The iron cage revisited: Institutional isomorphism and collective rationality inorganizational fields. American Sociological Review, 48: 147–160.

[37] Donaldson, T., & Preston, L. 1995. The stakeholder theory ofthe corporation: Concepts, evidence, and implications. Academy of Management Review, 20: 65–91.

[38] Doty, D. H., & Glick, W. H. 1994. Typologies as a unique form of theory building: Toward improved understanding andmodeling. Academy of Management Review, 19: 230–251.

[39] Drummond, D. 2010. A new approach to China. Mountain View, CA: Google Press Release. Available at http://googleblog.blogspot.com/2010/01/new-approach-to-china.html.

[40] Duriau, V., Reger, R., & Pfarrer, M. 2007. A content analysis ofthe content analysis literature in organization studies: Research themes, data sources, and methodological refinements. Organizational Research Methods, 10: 5–34.

[41] Dutton, J., & Jackson, S. 1987. Categorizing strategic issues: Links to organizational action. Academy of Management Review, 12: 76–90.

[42] Dutton, J., Walton, E., & Abrahamson, E. 1989. Important dimensions of strategic issues: Separating the wheat from the chaff. Journal of Management Studies, 26: 379–396.

［43］Dutton, J. E. 1997. Strategic agenda building in organizations. In Z. Shapira（Ed.）, Organizational decision making: 81-106. Cambridge: Cambridge University Press.

［44］Dutton, J. E., & Ashford, S. J. 1993. Selling issues to top management. Academy of Management Review, 18: 397-428.

［45］Dutton, J. E., & Dukerich, J. M. 1991. Keeping an eye on themirror: Image and identity in organizational adaptation. Academy of Management Journal, 34: 517-554.

［46］Dutton, J. E., Fahey, L., & Narayanan, V. K. 1983. Toward understanding strategic issue diagnosis. Strategic Management Journal, 4: 307-323.

［47］Dutton, J. E., & Penner, W. J. 1993. The importance of organizational identity for strategic agenda building. In J. Hendry, G. Johnson, & J. Newton（Eds.）, Strategic thinking: Leadership and the management of change: 89-113.Hoboken, NJ: Wiley.

［48］Eesley, C., & Lenox, M. 2006. Firm responses to secondary stakeholder action. Strategic Management Journal, 27: 765-781.

［49］Elsbach, K. 2003. Organizational perception management. Research in Organizational Behavior, 25: 297-332.

［50］Elsbach, K. D., & Kramer, R. M. 1996. Members' responses to organizational identity threats: Encountering and countering the Business Week rankings. Administrative Science Quarterly, 41: 442-476.

［51］Ferrell, O. C., & Hartline, M. D. 2011. Marketing strategy（5th ed.）. Mason, OH: South-Western Cengage Learning.

［52］Festinger, L. 1957. A theory of cognitive dissonance. Stanford, CA: Stanford University Press.

［53］Finkelstein, S., Hambrick, D. C., & Cannella, A. A., Jr. 2009. Strategic leadership: Theory and research on executives, top management, and boards. Oxford: Oxford University Press.

［54］Freeman, R. 1984. Strategic management: A stakeholder approach. Cambridge, MA: Cambridge University Press.

［55］Frooman, J. 2010. The issue network: Reshaping the stakeholder model. Canadian Journal of Administrative Sciences, 27: 161-173.

［56］Gary, M. S., & Wood, R. E. 2011. Mental models, decisionrules, and performance heterogeneity. Strategic Management Journal, 32: 569-594.

［57］Gillan, S., & Starks, L. 2007. The evolution of shareholder activism in the united states. Journal of Applied Corporate Finance, 19: 55-73.

［58］Gioia, D. A., & Thomas, J. B. 1996. Identity, image, and issue interpretation: Sensemaking during strategic change inacademia. Administrative Science Quarterly, 41: 370-403.

［59］Greenwald, A. G., & Breckler, S. J. 1985. To whom is the selfpresented? In B. R. Schlenker（Ed.）, The self and sociallife: 126-145. New York: McGraw-Hill.

［60］Gregoire, D. A., Barr, P. S., & Shepherd, D. A. 2010. Cognitive processes of opportunity recognition: The role of structural alignment. Organization Science, 21: 413–431.

[61] Grillo, J. 2010. The duck stops here. Georgia Trend, 25 (9): 18–23.

[62] Hadani, M., Goranova, M., & Khan, R. 2011. Institutional investors, shareholder activism, and earnings management. Journal of Business Research, 64: 1352–1360.

[63] Hambrick, D. C., & Mason, P. A. 1984. Upper echelons: The organization as a reflection of its top managers. Academy of Management Review, 9: 193–206.

[64] Haveman, H. A. 1992. Between a rock and a hard place: Organizational change and performance under conditions of fundamental environmental transformation. Administrative Science Quarterly, 37: 48–75.

[65] Haveman, H. A. 1993. Follow the leader: Mimetic isomorphism and entry into new markets. Administrative Science Quarterly, 38: 593–627.

[66] Heugens, P. 2002. Strategic issues management: Implication for corporate performance. Business & Society, 41: 456–468.

[67] Huff, A. 1982. Industry influences on strategy reformulation. Strategic Management Journal, 3: 119–131.

[68] Huff, A. 1990. Mapping strategic thought. San Francisco: Wiley.

[69] Intel. 2006. Intel board adopts majority vote standard for election of directors. Santa Clara, CA: Intel Press Release.

[70] IRRC. 1993. Church activists offer thoughts on withdrawals: Look for "Good Faith" for the corporate community. News for Investors, October: 1–10.

[71] Jackson, R. L. 2002. Cultural contracts theory: Toward an under standing of identity negotiation. Communication Quarterly, 50: 359–367.

[72] Jackson, S., & Dutton, J. 1988. Discerning threats and opportunities. Administrative Science Quarterly, 33: 370–387.

[73] Jones, T. M. 1991. Ethical decision making by individuals inorganizations: An issue-contingent model. Academy of Management Review, 16: 366–395.

[74] Jones, T.M., Felps, W., & Bigley, G. A. 2007. Ethical theory and stakeholder-related decisions: The role of stakeholder culture. Academy of Management Review, 32: 137–155.

[75] Kabanoff, B., & Brown, S. 2008. Knowledge structures of prospectors, analyzers, and defenders: Content, structure, stability, and performance. Strategic Management Journal, 29: 149–171.

[76] Kaler, J. 2006. Evaluating stakeholder theory. Journal of Business Ethics, 69: 249–268.

[77] Kaplan, S. 2008. Cognition, capabilities, and incentives: Assessing firm response to the fiber-optic revolution. Academy of Management Journal, 51: 672–695.

[78] King, A., & Lenox, M. 2000. Industry self-regulation without sanctions: The chemical industry's responsible care program. Academy of Management Journal, 43: 698–716.

[79] Lamertz, K., Martens, M., & Heugens, P. 2003. Issue evolution: A symbolic interac-

tionist perspective. Corporate Reputation Review, 6: 82–93.

[80] Laplume, A. O., Sonpar, K., & Litz, R. A. 2008. Stakeholder theory: Reviewing a theory that moves us. Journal of Management, 34: 1152–1189.

[81] Levy, S. 2011. In the plex: How Google thinks, works, andshapes our lives. New York: Simon & Schuster.

[82] Logsdon, J., & Van Buren, H., Ⅲ. 2008. Justice and large corporations: What do activist shareholders want? Business & Society, 47: 523–548.

[83] Logsdon, J., & Van Buren, H., Ⅲ. 2009. Beyond the proxy vote: Dialogues between shareholder activists and corporations. Journal of Business Ethics, 87: 353–365.

[84] Lublin, J. 2009. Directors lose elections, but not seats. Wall Street Journal, September 28: B4.

[85] Lyons, D. 2012. Google gets grumpy: Tech giants square offagainst Congress. Newsweek, January 23: 15.

[86] Marens, R. 2002. Inventing corporate governance: The midcentury emergence of shareholder activism. Journal of Business and Management, 8: 365–389.

[87] Margolis, J. D., & Walsh, J. P. 2003. Misery loves companies: Rethinking social initiatives by business. Administrative Science Quarterly, 48: 268–305.

[88] Marketwatch. 2009. Ichan firm reincorporates in North Dakota. http: //www.marketwatch.com/story/icahn-firm-reincorporates-in-north-dakota-2009-06-12, accessedJune 12.

[89] McCombs, M. E. 1981. The agenda-setting approach. In D. D.Nimmo & K. R. Sanders (Eds.), Handbook of political communication: 121–140. Thousand Oaks, CA: Sage.

[90] Mestel, R. 2012. Cochineal and Starbucks: Actually, the dyeis everywhere. Los Angeles Times, April 20: http: //articles.latimes.com/2012/apr/20/news/la-heb-cochineal-starbucks-20120420.

[91] Meyer, J., & Rowan, B. 1977. Institutionalized organizations: Formal structure as myth and ceremony. American Journal of Sociology, 83: 340–363.

[92] Mitchell, R. K., Agle, B. R., Chrisman, J. J., & Spence, L. J. 2011. Toward a theory of stakeholder salience in family firms. Business Ethics Quarterly, 21: 235–255.

[93] Mitchell, R. K., Agle, B. R., &Wood, D. J. 1997. Toward a theoryof stakeholder identification and salience: Defining the principle of who and what really counts. Academy of Management Review, 22: 853–886.

[94] Moir, L., & Taffler, R. J. 2004. Does corporate philanthropyexist? Business giving to the arts in the U.K. Journal of Business Ethics, 54: 149–161.

[95] Molina-Azorin, J. F. 2012. Mixed methods research in strategic management: Impact and applications. Organizational Research Methods, 15: 33–56.

[96] Nadkarni, S., & Narayanan, V. K. 2007. Strategic schemas, strategic flexibility, and firm performance: The moderating role of industry clockspeed. Strategic Management Journal, 28: 243–270.

[97] Narayanan, V. K., Zane, L. J., & Kemmerer, B. 2011. The cognitive perspective in strategy: An integrative review. Journal of Management, 37: 305–351.

[98] Neville, B., & Menguc, B. 2006. Stakeholder multiplicity: Toward an understanding of the interactions between stakeholders. Journal of Business Ethics, 66: 377–391.

[99] Ocasio, W. 1997. Towards an attention–based view of the firm. Strategic Management Journal, 18: 187–206.

[100] Oliver, C. 1991. Strategic responses to institutional processes. Academy of Management Review, 16: 145–179.

[101] Parmar, B. L., Freeman, R. E., Harrison, J. S., Wicks, A. C., Purnell, L., & de Colle, S. 2010. Stakeholder theory: Thestate of the art. Academy of Management Annals, 4: 403–445.

[102] Phillips, R. 2003. Stakeholder theory and organization ethics.San Francisco: Berrett–Koehler.

[103] Plambeck, E. L. & Denend, L. 2008. Wal–Mart. Stanford Social Innovation Review, 6 (2): 53–59.

[104] Polletta, F., & Jasper, J. M. 2001. Collective identity and social movements. Annual Review of Sociology, 27: 283–305.

[105] Pollock, T., & Rindova, V. 2003. Media legitimation effects inthe market for initial public offerings. Academy of Management Journal, 46: 631–642.

[106] Porac, J., & Thomas, H. 2002. Managing cognition and strategy: Issues, trends and future directions. In A. Pettigrew, H. Thomas, & R. Whittington (Eds.), Handbook of strategy and management: 165–181. London: Sage.

[107] Pratt, M. G., & Foreman, P. O. 2000. Classifying managerial responses to multiple organizational identities. Academy of Management Review, 25: 18–42.

[108] Proffitt, W. T., Jr., & Spicer, A. 2006. Shaping the shareholder activism agenda: Institutional investors and global social issues. Strategic Organization, 4: 165–190.

[109] Rajagopalan, N., & Spreitzer, G. M. 1997. Toward a theory of strategic change: A multilens perspective and integrative framework. Academy of Management Review, 22: 48–79.

[110] Reid, E. M., & Toffel, M. W. 2009. Responding to public and private politics: Corporate disclosure of climate change strategies. Strategic Management Journal, 30: 1157–1178.

[111] Rogers, E. M., Dearing, J. W., & Bregman, D. 1993. The anatomy of agenda–setting research. Journal of Communication, 43: 68.

[112] Rowley, T. J. 1997. Moving beyond dyadic ties: A networktheory of stakeholder influences. Academy of Management Review, 22: 887–910.

[113] Rowley, T. J., & Berman, S. 2000. A brand new brand of corporate social performance. Business & Society, 39: 397–418.

[114] Rowley, T. J., & Moldoveanu, M. 2003. When will stakeholder groups act? An inter-

est-and identity-based model of stakeholder group mobilization. Academy of Management Review, 28: 204-219.

[115] Schendel, D. E., & Hofer, C. W. (Eds.). 1979. Strategic management: A new view of business policy and planning. Boston: Little, Brown.

[116] Shute, N. 2012. Is that a crushed bug in your frothy Star-bucks drink? http://www.npr.org/blogs/thesalt/2012/03/30/149700341/food-coloring-made-from-insects-irks-some-starbucks-patrons. Washington DC: National Public Radio.

[117] Scott, S., & Lane, V. 2000. A stakeholder approach to organizational identity. Academy of Management Review, 25: 43-62.

[118] Scott, W. R. 1995. Institutions and organizations. Thousand Oaks, CA: Sage.

[119] Strauss, A. 1978. Negotiations: Varieties, contexts, processes, and social order. San Francisco: Jossey-Bass.

[120] Suchman, M. C. 1995. Managing legitimacy: Strategic and institutional approaches. Academy of Management Review, 20: 571-610.

[121] Swann, W. B. 1987. Identity negotiation: Where two roadsmeet. Journal of Personality and Social Psychology, 53: 1038-1051.

[122] Thirumalai, S., & Sinha, K. K. 2011. Product recalls in themedical device industry: An empirical exploration of thesources and financial consequences. Management Science, 57: 376-392.

[123] Thomas, J. B., Clark, S. M., & Gioia, D. A. 1993. Strategic sensemaking and organizational performance: Linkages among scanning, interpretation, action, and outcomes. Academy of Management Journal, 36: 239-270.

[124] Truini, J. 2008. Wal-Mart applies itself toward global citizenship. Waste News, June 23: 12.

[125] Tuna, C. 2008. Shareholders ponder North Dakota law. Wall Street Journal, December 8: B6.

[126] Walsh, J. 1995. Managerial and organizational cognition: Notes from a trip down memory lane. Organization Science, 6: 280-321.

[127] Washington, R. R., Sutton, C. D., & Field, H. S. 2006. Individual differences in servant leadership: The roles of values and personality. Leadership & Organization Development Journal, 27: 700-716.

[128] Weick, K. 1979. The social psychology of organizing. Berkeley, CA: Addison-Wesley.

[129] Weick, K. 1995. Sensemaking in organizations. Thousand Oaks, CA: Sage.

[130] Weick, K. 1999. That's moving: Theories that matter. Journal of Management Inquiry, 8: 134-142.

[131] Weick, K. E., Sutcliffe, K. M., & Obstfeld, D. 2005. Organizingand the process of sensemaking. Organization Science, 16: 409-421.

［132］ Westphal, J. D., & Zajac, E. J. 1994. Substance and symbolism in CEOs' long-term incentive plans. Administrative Science Quarterly, 39: 367-390.

［133］ Westphal, J. D., & Zajac, E. J. 1998. The symbolic management of stockholders: Corporate governance reforms and shareholder reactions. Administrative Science Quarterly, 43: 127-153.

［134］ Wiersema, M. F., & Bantel, K. A. 1993. Top management team turnover as an adaptation mechanism: The role of the environment. Strategic Management Journal, 14: 485-504.

［135］ Wood, D. J. 1991. Corporate social performance revisited. Academy of Management Review, 16: 691-718.

［136］ Zajac, E. J., & Westphal, J. D. 1995. Accounting for the explanations of CEO compensation: Substance and symbolism. Administrative Science Quarterly, 40: 283-308.

做假还是应付了事？理解回应利益相关方压力时的脱节现象 *

Donal Crilly，Maurizio Zollo，Morten T. Hansen

【摘　要】本文提出了一个多层次的观点，对企业回应制度压力的现有解释进行了挑战和证明。通过对 17 个不同国家的 359 名企业内外部受访者进行深度研究，我们发现企业在面对相同的制度压力时，会出于不同的理由、以不同的方式使政策与实践脱节。如果公司回应发生在局部，在缺少公司范围内的协调一致的情况下，其回应可能是有意的或者是突发的。在企业与其利益相关方之间存在信息不对称时，本文发现企业管理者的回应是有意的（"做假"），且取决于他们如何看待利益。在利益相关方期望存在冲突时，回应是突发的（"应付了事"）（Muddling），且取决于管理者们对于环境解读的共识程度。这些发现表明脱节理论需被扩展到"应付了事"的作用、内部管理层的相互影响以及外部利益相关方的动力。

　　我们的行业在一个多样的环境中经营，这种分裂状况让经营变得困难。不同的需求带来了价值上的冲突，而我们不能统一管理所有事情。

——跨国化学品企业高管

　　为什么很多企业不实施已经采纳的政策？现有的脱节理论勾画出一幅企业界的讽刺景象。宏观理论设想环境因素——如冲突的利益相关方期望——导致企业采纳它们不能同时实施的不一致的标准（Meyer & Rowan，1977）。这篇文献的重点在于把脱节作为企业和利益相关方之间的一种便利安排，后者对企业内部实践情况视而不见（Meyer & Rowan，1977）。当然，不是所有企业对于相同的环境压力都有同样的回应（Fiss & Zajac，2006）。鉴于此，战略学者已经使用公司层面的变量来解释为什么在同样的环境下，一些企业将其实践与政策脱节，而它们的同行企业并没有这样做（Westphal & Zajac，1994）。这篇文献的重点在于把脱节作为一种有计划的

　　* Donal Crilly，Maurizio Zollo，Morten T. Hansen. 2012. Faking it or Muddling through? Understanding Decoupling in Response to Stakeholder Pressures. Academy of Management Journal，55（6）：1429-1448.
　　初译由韩露完成。

欺骗。例如，在强权 CEO 一定会因执行政策带来损失时，企业有可能对其利益相关方隐瞒计划（Westphal & Zajac，2001）。

尽管聚焦企业层面的变量在解释为什么企业在面对利益相关方压力时采用不同的方式进行回应有了重要的发展，但这些在现有理论中强调的变量（如 CEO 的权力和关注点）只有在单个行动者指挥企业回应时才最有意义。然而，企业却是由具备不同观点和利益的个体构成的。企业高管不总是行动一致的（Pratt & Foreman，2000），这会导致脱节是协调一致的回应的主流理解的怀疑。个人决策者要了解公司面临的环境压力（George，Chattopadhyay，Sitkin & Barden，2006），因此无法保证在外部支持者推行不同政策时，他们的观点仍能趋于一致（Fiss & Zajac，2004）。因此，本文需要打开"黑匣子"，对脱节这一现象做出有力解释，考虑企业的内部组织和外部环境在面对利益相关方压力时如何相互影响并形成回应。

本文试图回答这样一个问题：为什么企业会以不同的方式回应相同的制度压力？在摆出这个问题时，目的是同时在单一背景（即为什么一些企业在它们的同行实施政策时采取脱节行动）和不同背景下（即解释脱节的因素是否会根据企业面临的外部压力而有所不同）解释这种不同。因此我们对"因果方法"（Ragin，2008）感兴趣：无法由单一层面的孤立分析充分解释的回应是如何由公司内部和制度层面的力量共同塑造的。

为了探究这个问题，本文设计了一个现场调查，调查了 17 家企业，按照行业和地域将两个或三个企业分为一组，但每组企业对社会责任的实践都不相同。本文采访了 190 个利益相关方来理解外部压力，采访了 169 个公司管理者来理解公司的管理理念。

本文的贡献是一个多层次框架，强调对制度层面压力的回应取决于组织内部和外部环境。结合这些层面的分析，我们证明了脱节不一定是管理者有意为之。然而，脱节可能是组织性学习的结果，这种学习充满了不一致的情形下的复杂性，以及迅速的变化和利益相关方压力。

对外部利益相关方压力的不同回应

本文讨论两种环境特点，这两种特点在现有脱节理论中扮演着重要角色：不同的利益相关方对企业的期望是如何保持一致的（利益相关方共识）以及利益相关方是如何得知企业内部实践情况的（信息不对称）。这两个特点都不能独自预测企业对利益相关方压力的回应。如下所述，我们同时会关注外部环境和公司内部的组织承诺，提供更有力的解释并产生新的理论认识（Thornton & Ocasio，2008）。

利益相关方共识和管理共识

Meyer 和 Rowan（1977）在其原创性研究中解释了脱节产生于不一致的利益相关方期望。当不同的利益相关方迫切需求相互不能并存的政策时，脱节使管理者能够缓和与利益相关方的冲突（George et al.，2006）。相互矛盾的利益相关方期望也弱化了企业服从政策的压力，由此增加了它们在回应时的自行决定权（Purdy & Gray，2009）。有证据证明，当对环境解读不确定时，管理者最初的回应旨在适应环境中不同的派系。例如，甚至在支持 Java 软件技术之后，太阳微系统公司又赞助了其他可选标准的发展（Garud，Jain & Kumaraswamy，2002）。

然而企业可以不用考虑环境的多样化，因为对合法性的理解也是在内部形成的（Basu & Palazzo，2008；Battilana & Dorado，2010）。例如，Novo Nordisk（2011）挑选病人作为它们的终极利益相关方，解决了病人、保健提供者、监管机构、供应商和社区等利益相关方相互矛盾的期望带给管理者的不确定性。管理者可以通过正式政策或处罚建立共识。通过限制次要相关方的影响来进行资源配置，他们减少了管理的自主性并潜在地拉近了政策和实践的距离（Gamoran & Dreeben，1986）。尽管在没有官方控制的情况下，使用共同价值观和有力的领导来联结组织注意力可以让组织成为一体（Pratt & Foreman，2000）。这样的联结体说明在面对不一致的利益相关方期望时脱节并不是不可避免的。

面对相互矛盾的利益相关方期望时，如果企业采取与实践脱节的政策，那就有理由注意它们的内部组织。大多数说法将脱节描述为管理者有意为之，但是太多的选择使管理者产生困惑，而向中层管理者授予权力则看起来是个明智的解决方式（世界银行，2003）。一个组织不同层级管理者的自主裁量权也许是导致对总部政策执行不一致的原因。在不确定如何回应最好时，组织会对关注的问题进行探究（Cyert & March，1963），这使得企业内部多样化增强，因为个人单元会搜寻不同的局部解决方式（Leifer，1988）。此外，即使个人单元发现了适用于企业其他地方的解决方案，一知半解也会妨碍方案的复制（Winter & Szulanski，2001）。从这个角度来说，脱节也可能更多缘于企业内部的不同，而不是上层的决策。

信息不对称和组织利益

一项原创性的关于脱节研究断言，利益相关方经常与企业的脱节做法沆瀣一气，并有目的地把他们对企业的监督最小化（Meyer & Rowan，1977），信息不对称，即当管理者更了解企业的实践时，企业管理者和利益相关方掌握信息的差距（Akerlof，1970；Kulkarni，2000）是近期脱节理论的核心。利益相关方有时难以观察到企业的内部实践（Christmann & Taylor，2001）。在这种情况下，管理者可以就企业的内部实践情况欺骗利益相关方，以获取追求他们的个人或企业利益时的正当性。例如，英美烟草公司的官方健康安全政策与其在巴西和肯尼亚的工人缺乏保护的工作着装之间的矛盾，原因就在于利益相关方在获取当地信息时受到限制（Christian Aid，2004）。

然而，这种对企业面对压力时的机会主义回应的描绘不知不觉地淡化了企业对不断发展的、富有成效的外部利益相关方关系的需要。企业的自利很少像个人 CEO 对保持自身薪酬的利益那样清楚明确，它可以超越遵守社会期望的成本最小化的要求。更确切地说，当意识到这是公司的机会或威胁时（George et al.，2006），管理者可以通过不同方式将合规的压力内部化（Sonenshein，2006）。威胁包括企业的合法性和资源风险，而机会则包括获取物质资源的渠道。

管理者如何理解制度压力至关重要，因为这些认知很可能影响他们做出的回应。尽管企业利用信息不对称来隐藏其不合规的行动，有时也从事一些没有明显制裁的象征性行为，但是信息不对称并不是绝对的福音（Nayyar，1990）。信息不对称限制了对利益相关方可信任的企业伙伴的识别，阻碍了利益相关方与企业的合作（Axelrod，1984）。认为遵从制度压力是一种机会的决策者可能有意减少与利益相关方的信息不对称，鼓励更紧密的合作，潜在地使企业受益（Jones，1995）。

对制度压力的回应的解释必须考虑企业对不断发展的利益相关方关系的需求。企业的日常公开披露可能是缺乏效率的（Leland，1979），因为利益相关方可能无法领会或信任企业发布的数据，这削弱了可信度。一个可选的方法就是与利益相关方进行紧密合作，允许利益相关方参与、直接观察企业的内部运作（Sivaramakrishnan，1994）。紧密合作可能牵涉私人信息交换和"新的合作机会"（Uzzi & Gillespie，1999）。还有一个可选的方法是通过有意义的第三方评价来进行合规性沟通（King，Lenox & Terlaak，2005）。因此，认为企业总是试图利用利益相关方无知的假设是有争议的。

总的来说，关于脱节的主流理论在很大程度上忽视了潜在的外部环境和内部组织之间复杂的相互影响。本文的论点是两个层面的分析力量结合塑造了企业对制度压力的回应。

实证分析

根据我们的理论推导，本文设计了一项调查来理解为什么企业在相似环境中对制度压力的回应有所不同。聚焦于企业社会责任（CSR）的制度压力，本文把企业社会责任界定为一个企业"考虑并回应那些超越了狭义的经济、技术和法律要求的问题，以实现社会效益"（Davis，1973）。遵循近来学者的研究途径，我们把考虑"社会（效益）"的概念扩展到了环境上（Aguilera，Rupp，Williams & Ganapathi，2007）。

CSR 为理解不同企业回应提供了一个合适的平台。一些企业采用 CSR 政策，但在企业活动中脱节（Weaver，Treviño & Cochran，1999），把资源转移到公共关系和政府关系上（David，Bloom & Hillman，2007）。相反地，其他企业改变运营方式，在各级管理中增加社会和环境维度，从实质上遵照执行企业社会责任（Greening & Gray，1994）。

在分析社会数据的基础上，本文选择了在 7 个工业领域中的 17 家公司。这些中等规模的样本允许我们将个体案例的深度知识和不同环境的变化相结合（Cress & Snow，1996），案例请见表 1。本文将两个或三个企业分为一组，每组企业的行业、规模和地理分布的程度相同，但对政策的执行不同。每两个或三个企业中至少有一家综合企业，其特点是高度实质性的行动（即拥护并实施 CSR 政策），有一家是脱节的企业，特点是高度象征行动（拥护 CSR 政策但实施程度有限或者实施不一致）。①

表 1　17 个研究案例的描述

公司	行业	实施程度	总部位置 ª	访谈管理者人数	访谈非管理者人数	访谈利益相关方人数
SMART	高技术	高	盎格鲁—撒克逊	12	6	8
TECHNIC	高技术	中/低	北欧	8	2	10
SILICON	高技术	低	盎格鲁—撒克逊	7	4	16
NUCLEUS	化学品	高	北欧	10	2	8
FUSION	化学品	中/低	北欧	15	5	8
SCIENTIFIC	化学品	低	北欧	10	2	11
EXCAVATION	采掘业	高	盎格鲁—撒克逊	10	2	18
RESOURCE	采掘业	低	盎格鲁—撒克逊	9	4	13
MINER	采掘业	低	盎格鲁—撒克逊	7	2	9
POWER	能源	高	南欧	12	0	9
ENERGETIC	能源	中/低	南欧	7	0	12
HIGHFINANCE	银行业	高	南欧	8	0	11
CAPITAL	银行业	中/低	南欧	7	0	11
EDIBLE	食品和饮料	高	北欧	13	4	12

---

① 企业也被按照总部地理位置匹配（北欧、南欧、盎格鲁—撒克逊国家），除了医药组和高科技组，每组都有一个企业来自北欧，而其组员来自盎格鲁—撒克逊地区。如果我们在样本中去除医药组和北欧高科技企业，我们的结论大体上保持一致，匹配标准（一致性和覆盖范围）在报告的整个样本标准的 5% 以内。

公司	行业	实施程度	总部位置	访谈管理者人数	访谈非管理者人数	访谈利益相关方人数
CONSUMPTION	食品和饮料	低	北欧	14	5	17
DRUG	医药	高	盎格鲁—撒克逊	7	2	7
MEDICAL	医药	低/中	北欧	13	1	10

注：a. "盎格鲁—撒克逊"指英国和北美，"北欧"表示斯堪的纳维亚、比荷卢经济联盟国家和德语国家，"南欧"指意大利和西班牙。

数据

本文数据来自四个方面：①三个评级机构的社会绩效数据；②来自 17 个企业 169 名高管的访谈；③来自 7 个部门的 190 名外部利益相关方的访谈；④档案数据。

社会绩效数据。为了指导本文的样本选择，研究人员获得了三家社会评级机构的数据：Innovest、e-Capital Partners 和 Vigeo。①这些机构评价与政策相关的行为（例如，CSR 文件的可见性、环境和社会标准的采用）以及真实行动（例如，对标准的遵守）。本文使用了 2005 年的评级结果，研究人员检查了 2006 年底相应的数据以保证连贯性。为了确定企业的实践程度，研究人员将评级信息与从管理者访谈和档案证据获得的信息进行了三角比对。

高管访谈。高管人员在他们的社会政治环境中做出回应，也把环境压力转变成组织行为（Kaplan，2008a）。2005~2007 年，研究人员进行了 169 个半结构化访谈，把监管 CSR 的管理者作为进入企业的入口。在每个企业，研究人员都访谈 CEO 或者董事长以及负责公司主要运行（财务、市场、人力）的管理人员。研究人员也访谈了大多数企业的地区负责人；有四家主要在国内经营的能源和财务类企业被排除在外，表 1 提供了被采访者的明细。本文进行了 110 场次现场访谈，其他访谈通过电话完成。每个访谈持续 50~125 分钟（平均 78 分钟），141 个访谈中的绝大多数都被录音并转录下来。详细记录在剩余的访谈中。

访谈着重关注对 CSR 的理解以及不同回应方式的基本论据。之后本文把范围缩小到 CSR 相关实践上，包括投资决策、运营、激励和学习。

利益相关方访谈。本文通过现场和电话访谈了 190 个利益相关方，访谈时间从 2005 年底到 2007 年初，每次访谈持续 35~120 分钟（平均 60 分钟）。与对管理者的访谈相同，大多数与利益相关方的访谈都被研究人员录音并转录，其余的访谈都有详细记录。本文使用了 Post、Preston 和 Sach（2002）的分类法来对利益相关方进

① KLD 评价在这里不适用，因为它排除了总部不在北美的企业。

行分类：58%的被访谈者代表社会政治利益相关方（例如，非政府组织、维权组织以及社区机构等）；18%的被访谈者代表资源背景利益相关方（例如，消费者协会和社会性的责任投资基金）；24%的被访谈者代表了行业体系利益相关方（例如，监管机构和工会等）。鉴于监督企业实践功能（Fedderson & Gilligan，2011）以及影响政策采纳（den Hond & de Bakker，2007）的区别，本文认为聚焦在社会政治利益相关方和利益集团比特定事务性利益相关方更适合。相关管理人员帮助我们列表识别利益相关方，并提供是否发生相互交流等信息。但是，最终是由我们选择的，我们尽可能确保跨企业和行业的利益相关方在数量和类型上是一致的。

本文对利益相关方的访谈着重于他们在特定领域对 CSR 的理解，以及他们对该领域企业应该履行的社会责任实践的期望。每个访谈都聚焦在一家企业。利益相关方描述了相互影响的历史，研究人员就利益相关方对企业经营实践的了解情况进行了提问。

书面证据。本文收集了大量的文献证据，包括公开报告、内部战略文件和人力资源手册。我们使用这些证据来进行社会评级数据的三角测量和确认 17 家企业的实施程度。

研究方法

本文建立了 17 个案例记载，结合访谈和档案数据证据，建立了 CSR 相关政策、实践和管理者用于解释回应的基本依据的条目，以这些案例为基础，并求助于模糊集合定性比较分析（fsQCA）来分辨与实施和脱节有关的情况。使用 fsQCA 类集合论工具的前提是在社会学中因果关系经常同时发生（Ragin，2008）：多种情况结合产生结果。这种因果关系观点与以变量为导向的研究截然不同，以变量为导向的研究是识别相关关系的一般模式，并找寻那些适用于各种背景的因果关系。fsQCA 使用布尔代数（Boolean Algebra）识别那些与利益结果相关的情形。直观地，本文把一个企业看作多样集合的一员（例如，对 CSR 有着高度共识的企业集合），并使用 fsQCA 技术同识别集合成员一样识别企业的回应。

这类分析在当前研究中具有一系列优点。尽管最近一些 fsQCA 研究采用演绎的方法（Fiss，2011），但是这种方法有助于使用较小的数据集合达到阐述理论的目的（Redding & Viterna，1999）。通过分辨各种因素如何结合并产生结果，fsQCA 尤其适合构建多层次理论（Lacey & Fiss，2009）。因此，这种方法的使用与研究人员希望了解企业内部和制度层面的因素如何相互影响并产生回应的目的是一致的。最后，fsQCA 允许推动脱节者和推动实施者之间存在不平衡（Fiss，2011）。这使得一种比传统使用回归函数分析实施和脱节的方法更为微妙的分析成为可能。

集合成员不需要是二进制的（0/1）。更确切地说，fsQCA 的目的是校准集合成员，使各层次的集合成员体现有意义的编组（Ragin，2008）。层级可以是 0、0.33、0.66 和 1，其中 0 代表非成员，1 代表正式成员，0.33 和 0.66 代表中间层级；0.33 的数值说明案例距离集合更远，而不是更近，而 0.66 则表示案例离集合更近。例如，如果只有消息灵通的利益相关方准确确定企业内部的实践情况，这个企业就可能被认为距离潜在的不实施政策的企业集合更近一些。与此相反，如果更多的——不是所有的——利益相关方准确确定了企业的实践情况，这个企业就可能被认为距离潜在的不实施政策的企业集合更远一些。层级可能基于理论上的智慧或对案例的了解程度（Rihoux & Ragin，2008）。本文下面讨论校准的结果和解释条件。

对制度压力的回应

凭借对社会评级数据、研究人员与高管的访谈以及书面证据等资源的三角测量法，研究人员识别出在履行 CSR 政策时具有高水平且持续的实质性行动特点的企业和具有低水平实质性行动特点的企业。

本文使用社会评级数据对企业进行初步筛选。在每个 2~3 家企业组成的小组中，有一家企业在实施的多个维度上比同组企业更持续一些。

所有样本企业都实施 CSR 相关政策。本文专注于 CSR 政策实施的四个方面：在企业使命中提到社会利益，发布道德准则，根据全球报告倡议（GRI）要求披露社会和环境绩效，以及是否加入联合国全球契约（www.unglobalcompact.org）。利益相关方认为这些实践容易采用但没有强制实施。根据 Weaver 等（1999）的建议，准则和政策沟通不一定意味着内部行为的改变。尽管 GRI 准则规定企业要对 24 个社会和环境方面的指标披露其绩效，但企业会监控它们的绩效（GRI，2000）。同样地，尽管全球契约签署者统一实施一系列责任实践，但“这并不意味着全球契约承认这些企业已经履行了全球契约的各项原则或对此进行了审验”（全球契约，2000）。本文样本中的所有企业都在企业使命中提到了社会利益，都发布了道德准则，也都根据 GRI 准则（至少部分地）披露了社会和环境绩效。其中 16 家企业是全球契约的成员，而其中非全球契约成员的那一家企业（SMART）在实施 CSR 政策方面获得了高分。

在评估实际行动时，本文的切入点是 CSR 对企业经营优先性、权力结构、决策制定和运营的影响。选择这些维度是因为它们是一个组织的核心（Hannan & Freeman，1977）。更具体地，本文评估的企业层面的绩效目标包含社会责任相关标准的程度（以及 2005~2006 年这些目标的进程情况）；在个体经理人绩效评估中纳入社会责任相关标准的情况（目标和评估系统比企业使命更能准确地反映组织的潜在目标）；以及在战略决策制定和经营过程中 CSR 的融入情况（见表 2）。

表 2　实质性行动的证据

公司	CSR 相关绩效目标	CSR 相关绩效评估标准	CSR 融入战略决策制定	CSR 融入运营过程
SMART	高：环境、社会目标；进度已跟踪	中：按照范围应用	高：与职能高度融合（如创新、采购）	高：与职能高度融合（如人力资源、供应商关系）
TECHNIC	中：环境、社会目标；指标较少	中：只在特定 CSR 职权单位应用	中：影响产品市场战略（发展、品牌）	中：部分职能融合（如人力资源、环境、采购）
SILICON	低：几乎没有绩效目标（只存在于国家层面）	中：CSR 标准只被用于评估国家管理者	低：CSR 单元影响有限，战略上作为法律事务的一部分	低：融入程度低但发展成为法律事务影响的结果
NUCLEUS	高：可持续目标；进度跟踪并决算	中：部分联系（程度取决于职能）	高：战略制定含有社会和环境标准	高：在采购和制造方面高度融合
FUSION	高：环境、健康和安全目标	中：生产线经理目标至少有一项与 CSR 相关	中：环境和社会因素影响重大决策	中：部分，但不平衡地融合在财务和购买中
SCIENTIFIC	中：健康、环境和安全目标	低：目前没有	低：融入有限	中：融入范围狭窄（污染和排放监控）
EXCAVATION	中：部分目标；进度已跟踪	中：环境、健康和安全标准（程度不同）	高：对竞争和公司策略有强烈影响	高：全公司范围的社会和环境标准
RESOURCE	低：部分目标（利益相关方松弛评判）	低：只对少数雇员有环境标准	中：特定融入；影响部分产品市场战略	中：努力（公司内不平衡）融入环境和安全政策
MINER	中：环境和社会目标	低：只对少数雇员	低：CSR 对战略决策影响有限	中：不同地点实施情况不同
POWER	高：绩效目标（环境和社会）	高：大多数雇员的薪水与社会绩效有关	高：聚焦在可再生能源；承诺并完成	高：每个职能都有可持续相关责任
ENERGETIC	高：绩效目标（尤其是环境和社会）	中：部分薪水与社会绩效有关	中：影响部分产品市场战略	低：集中的 CSR 办公室；有限地融入公司经营
HIGHFINANCE	中：环境和社会目标；部分发布	中：对绩效评估有部分影响	高：通过地方委员会融入，根据利益相关方需求调整实践	高：借款时考虑客户行为对社会的影响
CAPITAL	中：范围目标；进度未发布	低：目前没有	中：CSR 功能有限；经营单位有 CSR 代表	高：借款时考虑客户行为对社会的影响
EDIBLE	中：大范围目标；进度已跟踪	低：大多数管理者奖金与 CSR 无关	高：融入产品开发、采购、合作	高：融入采购、人力等；各单位标准一致
CONSUMPTION	低：无环境、健康或安全目标	低：补偿金与社会绩效无关	中：在制定战略时有作用，但对品牌作用很大程度上受限	中：50%的单位有环境、健康和安全系统；几乎没有审核

续表

公司	CSR 相关绩效目标	CSR 相关绩效评估标准	CSR 融入战略决策制定	CSR 融入运营过程
DRUG	中：健康、卫生、环境目标；进度已发布	高：与管理者奖金有关	高：对研发、投资、产品和地理扩张有影响	高：CSR 高度融入到临床试验、经营和市场
MEDICAL	中：健康和安全目标；部分跟踪	中：无普遍联系（除特定职位）	低：低回收期标准（2 年）成为障碍	中：不同地点不一致

表 2 显示出 17 家企业的社会责任在这些维度上的影响。社会表现好的企业比脱节型企业在企业核心业务上显示出更好的适应性。融合者则比脱节者有着与社会责任相关的更严格的企业层面目标。社会责任相关的管理评估标准在融合者身上得到更广泛的应用。

本文将正式成员（1）分配给那些持续实施且在所检验的各维度有较高平均分的企业，尤其是这些企业在 CSR 融入经营方面都获得了高分。研究将非成员（0）分配给没有持续实施政策且在各维度获得低分的企业。但是，脱节不一定是二进制的（Yoshikawa, Tsui-Auch & McGuire, 2007），有 5 家不完全地实施了社会责任政策，企业社会责任不均衡地融入经营的企业，本文将不完全成员（0.5）分配给它们。

解释性条件

基于我们的理论推导，本文考虑了四种可能影响公司回应的情况。信息不对称和利益相关方共识这两种情况反映了公司面临的环境，本文对这两个变量在行业层面进行了测量。在政策实施过程中的管理者共识和觉察到的利益这两种情况与公司特性有关。

潜在的信息不对称。本文比较了企业隐瞒其未实施情况的可能性。不同行业行为的企业报告存在差别（Global Reporting Initiative, 2000），本文希望了解哪些行业中企业最有机会隐瞒不合规情况。

利益相关方识别了他们较熟悉部门的企业，并对他们的社会绩效进行了 1~10 等级的分级。本文收到了 420 份评估，其中 302 个是被 Innovest 评估过的企业。本文将 Innovest 的社会绩效分数转变成同样的 1~10 的等级，用各领域同一企业获得的利益相关方的分级分数减去 Innovest 转变后的分数来比较差异，大的正数差距说明利益相关方比那些能够获得更客观数据的评级机构更宽宏大量。

如同社会评级所测评并证实的，银行和食品行业的企业始终从利益相关方那里获得比其实际绩效更高的评价。在解释他们的评价时，利益相关方关注了各种标准和框架，如全球契约，其签署者监督其自身的合规。在这些领域的企业容易在其内部实践周围建立起烟幕。它们的可持续报告几乎不包含定量数据以防止比较。相应地，我们认为这些领域提供了信息不对称的高度可能性，我们将正式成员（1）分配给这些领域的企业。

在另一个极端，利益相关方在化学品和高科技行业拥有最多的企业信息。这些数据与关注环境排放的化学品行业的社会绩效最相关，数据可以被公众获得并在不同企业间进行比较。在高科技行业，利益相关方消息灵通，利用科技手段获取和交换信息。这两个领域都有机构来评价其社会效益，制约企业进行印象管理的自由度。相应地，发生信息不对称的可能性低，我们把非成员（0）分配给这些领域的企业。

剩下的领域中，利益相关方同时使用主观和客观标准对组织进行评价。在制药行业，报告要求高，利益相关方评估和 Innovest 等级评定差距小。因此，我们将低程度成员（0.33）分配给制药业，代表一种正的但微小的信息不对称可能性。与此相反，在利益相关方评估和 Innovest 等级评定差距大的自然资源和能源行业，信息不对称的可能性更大。在这两个行业，受访者几乎没有考虑其在母国之外的实践。平均来看，利益相关方没有区分这些企业社会效益的高低，我们将不完全成员（0.66）分配给这些领域的企业，代表一种相对较高的迷惑利益相关方的可能性。

利益相关方共识。在研究中我们对利益相关方对各行业企业社会参与的期望进行了评估。

"在×领域企业的企业责任是什么？"通过对利益相关方对访谈问题的回答的编码，我们获得了关于社会责任的三种不同观点。利益相关方对企业参与范围的期望有所不同，有的聚焦在诚信责任和法律义务等狭义假设的参与，有的聚焦在健康和贫穷等社会问题的广义假设的参与。在这两端之间，也有支持企业适度参与来为其直接影响的顾客创造财富或最小化伤害的。本文在表 3 中展示了这三种观点，并将它们与现存的 CSR 文献观点对应起来。

本文发展了一种详细的编码词汇，是表 3 内容的浓缩版本。两个研究者各自就强调对利益相关方的诚信责任和遵守法律的要求的陈述编码为法律—经济（例如，"主要责任是要对利益相关方负责"）。强调企业行为对利益相关方造成影响的责任的陈述被编码为对应—中心（例如，"企业应关注客户、员工、社区和其他被企业行为影响对象的利益"）。强调更广泛责任的陈述，如社会环境污染问题、贫困和教育问题，被编码为市民—中心（例如，"企业的角色之一是通过推进环境改善等方式为社会改善做出贡献"）。当利益相关方表达出多种观点时，本文聚焦在利益相关方首先提出的观点上。本文使用 Krippendorff 的 Alpha 法评估了评判间信度，控制巧合发生的几率（Krippendorff，2004）。Alpha 系数是 0.81，高于 Krippendorff 最保守的可信度界限。本文通过讨论解决了分歧。

　　本文在比较每个领域利益相关方差别之前给每个领域中利益相关方对企业的适当的社会参与程度进行了打分。经济—法律陈述代表企业参与最狭窄的方式，其分数为 1。对应—中心陈述的分数为 2。市民—中心代表企业参与最宽泛的方式，其分数为 3，然后比较了各领域利益相关方之间的差别。

　　采掘业（0.40）和能源行业（0.42）之间的差别最小，这反映了对广泛参与的共识，我们将这些领域中面对高度利益相关方共识的组织组合编码为（1）。根据本文的受访者反映，资源密集型领域的负外部性使得其利益相关方能够协调主动性设定企业议程，加强行动的集体框架。高科技行业（0.73）、银行业（0.73）和食品行业（0.72）的差别最大，说明这些领域存在社会责任模糊不清的情况。我们将这些领域中完全不面对企业利益相关方共识的企业组合编码为（0）。利益相关方在这些领域中的行为常常表出正外部性，例如，容易获得教育和健康服务。对企业"做好事"的责任共识比最小化伤害的共识更弱。其他领域的差别处于这两个极端之间，我们对这些面对不高也不低的利益相关方共识的企业进行了校正（0.5）。

　　组织兴趣。一些企业发表社会改善政策的承诺以保护其正当性，这可能包含印象管理（Bansal & Celland，2004）。另一些企业认为参与社会改善行为能够强化企业竞争力（Bansal & Roth，2000）。这些动机都可能影响管理者如何表现从满足利益相关方需求的行动获得的回报。在访谈中，管理者解释了他们对社会参与的基本理论，并将 10 分分配给 4 个陈述。两个陈述包含了风险降低和成本减少（"它降低风险"和"它减少成本"），而另外两个陈述包含了机遇最大化（"它帮助提高销量"和"它提供新的机会"）。

　　本文通过总结每个企业管理者基本理念的反馈，计算了机遇最大化和风险降低的比例。5 家企业的管理者主要把 CSR 看作创造商业机会的工具。这些企业被编码为（1），即推进 CSR 聚焦企业机遇最大化的完全会员组合。4 家企业聚集在另一端，对风险降低的强调是对机遇最大化的两倍，是被编码为（0）的非会员组合。剩下的企业中，有两家对机遇最大化的优先次序稍差，将它们归类为基本会员组合，编码为（0.66）。6 家企业强调风险降低，属于基本非会员组合，编码为（0.33）。

表 3　企业社会参与的不同观点

特点和例子	Jensen & Meckling（1976）	Freeman（1984）	Margolis & Walsh（2003）
企业社会责任的逻辑	法律—经济：责任被定义为法律和经济对行为的约束	对应—中心：责任被定义为对直接被企业行为影响的利益相关方的义务	市民—中心：责任被定义为社会影响，涉及企业中没有经济或法律权利的人
目标	在社会和环境约束下最大化股东价值	扩展到与企业有关联的周边网络的不同参与者	责任进一步扩展，潜在地干涉政府作用区域

特点和例子	Jensen & Meckling（1976）	Freeman（1984）	Margolis & Walsh（2003）
管理者陈述	"我们的责任和税务机关是开放和透明的关系。" "一个企业的责任就是创造财富，而不是提高社会福利。其责任就是生存下去"	"我们在满足股东期望的同时应兼顾所有利益相关方的期望。" "企业被要求对内部和外部利益相关方需求做出回应"	"我们的责任是使用我们的知识和技能来推动人类生活进步。我们希望影响全世界。" "建立一个像千禧发展目标一样的框架，我们因完成服务社会的项目而做出了贡献"
利益相关方陈述	"责任就是最大化股东财富并遵守国家规定。" "这与遵守、服从法律和透明化有关"	"企业就其产品质量对其经营地的社区、股东、员工和公众负有责任。" "企业就是一个对多个利益相关方负责的组织"	"企业应该努力使世界变得更好——通过环境修复和提供生计。" "企业有政治责任。社会问题需要通过企业、非政府组织和政府来管理"
陈述编码（浓缩）	最优化税收支付 遵守法律 竞争力/发展 不要提高社会福利 最大化/创造股东价值 赚钱 管理生意/交付产品 透明度	满足所有利益相关方期望 与利益相关方沟通 减少环境影响/管理生态风险 最小化对直接利益相关方的影响 提供稳定的就业 向员工提供合理工资	改善生活/安宁/社会价值 减少贫困 服务社会 改善环境（不仅仅限制本企业的破坏） 改善健康 贡献教育 满足发展中国家需求

管理共识。我们衡量了管理者在如何表达其企业的社会责任方面的共识。我们使用对利益相关方提出的同样的问题（上文提到的）以及编码程序。Krippendorff 的 Alpha 系数是 0.80。企业聚集成三个组，7 家企业的差距低于 0.3 并被归类于高共识度的组合，编码为（1）。NUCLEUS 的管理者们的共识度稍低于 0.3，表达了基本一致的社会责任定义。尽管对 CSR 政策（如健康和安全、环保或教育）的优先关注顺序不同，但他们共同强调了理解和分享公司目标的重要性（例如，"认同重要的事不能以分散的方法来做，要以顶层为中心来做，一旦被同意了，就可以纳入组织"）。在另一个极端，6 家企业的差距高于 0.6 并被归类于低共识度的非会员组合（0）。DRUG 的管理者们共识度稍高于 0.6，表现出共同理解的缺乏（例如，"我们的单位都非常分散，我们突然发现利益相关方关系需要进一步和谐，因为世界并不以分散的职能来看待我们"）。剩下的企业被编码为不完全会员（0.5）。在研究人员对公司高管进行采访的过程中，既不统一也不分散的职责是企业管理者传达出的主题。

表 4 展示了所有 17 个案例结果和情况解释的校准。

表 4　模糊集定性分析校准表

企业	信息不对称可能性	利益相关方共识	组织兴趣	管理共识	实质性行为
SMART	0	0	1	1	1
TECHNIC	0	0	1	0.5	0.5
SILICON	0	0	0.66	0	0
NUCLEUS	0	0.5	0.33	1	1
FUSION	0	0.5	0.33	1	0.5
SCIENTIFIC	0	0.5	0.33	0	0
EXCAVATION	0.66	1	0.33	1	1
RESOURCE	0.66	1	0.33	1	0
MINER	0.66	1	0	0.5	0
POWER	0.66	1	1	0.5	1
ENERGETIC	0.66	1	0.33	0	0.5
HIGHFINANCE	1	0	0.33	1	1
CAPITAL	1	0	0.66	0.5	0.5
EDIBLE	1	0	1	0	1
CONSUMPTION	1	0	0	0	0
DRUG	0.33	0.5	1	0	1
MEDICAL	0.33	0.5	0	1	0.5

注：我们在输入 fsQCA 软件程序时将 0.5 输入为 0.499（Ragin，Drass & Davey，2006）。这是必要的，因为情形数据为 0.5 的案例会在分析时被自动去除。

分析

执行 fsQCA 的第二步包括建立一个真相表格来辨认与总结相关联的情况布局。这个真相表格列出了所有 2^4 个逻辑上可能的布局，研究删除了与这 17 个企业都无关的布局，然后制定了一个一致的门槛来选择与某个结果有可靠关联性的布局。一致性范围为从 0 到 1，衡量"结果的情形与展现的原因条件一致的程度"（Ragin，2008）。一个指导方针就是在一致性分数的分布中选择一个类似于间歇作为门槛（Schneider，Schulze-Bentrop & Paunescu，2010）。根据这个方法，本文使用了 0.748 作为门槛。

下一个步骤包括使用一种算法来简化布局并达到一种更加简洁的理解，我们使用真实表格算法（Ragin，2008），即使用反事实分析来推测不存在数据组合里但逻辑上可能组合的看似真实合理的结果。①最简洁的解决方案只包括一个拥有最有力证据与结果相联系的核心条件。这个简洁解决方案是一个中间解决方案的一部分。

① 更多关于反事实分析的信息请参照 Ragin（2008）或 Fiss（2011）。

这个中间解决方案更加保守，因为其只利用看似合理的简单假设（Ragin，2008），除了核心情形，还包括一些外围的情形。

结　果

我们在表5展示了CSR实践与政策脱节的结果以及持续实施CSR政策的预计结果相关联的条件布局。每一栏表示一种不同的布局。表格沿用Ragin和Fiss（2008）的方法，展示了由核心条件和外围条件组成的中间解决方案。外围条件用相对于核心条件较小的符号表示。

表6显示了集合理论关系的证据。解释脱节的整体解决方案的一致性为0.87，而解释实施的解决方案的一致性为1。前人的研究认为一致性在0.8以上的可以被接受（Fiss，2011）。覆盖范围从0到1（Ragin，2008），衡量解决方案对所有案例脱节和实施的解释程度。解释脱节的方案的覆盖范围（0.58）比解释实施的覆盖范围（0.67）低，说明实施的解决方案从实际上来说更有力。本文也报告了每一个布局的一致性和覆盖率。

表5　引起脱节和实施的因果情况布局

因果情况	脱节的布局		实施的布局		
	1	2	3	4a	4b
外部环境					
信息不对称的可能性	φ	○	Φ	O	
利益相关方共识		O		○	○
企业					
组织兴趣	○		Φ		O
管理共识	○	○	O	Φ	Φ
连贯性	0.94	0.80	1.00	1.00	1.00
原始覆盖率	0.31	0.27	0.28	0.32	0.26
唯一覆盖率	0.31	0.27	0.24	0.16	0.07
总解决方案连贯性	0.87		1.00		
总解决方案覆盖率	0.58		0.67		

注：符号φ＝核心因果情形（存在的），Φ＝边缘因果情形（存在的），○＝核心因果情形（缺乏的），O＝边缘因果情形（缺乏的）。这种体现QCS结果的方式是根据Ragin和Fiss（2008）的研究。

表 6　定性证据

组织	管理证据	利益相关方证据
	布局 1：逃避型脱节	
CONSUMPTION	用机会主义的角度来看待。我们有好的沟通部门。我们获得过名誉奖励但需要改变内部行为	如果他们聪明的话就应该剥离包装，不是为了公关目的，而是为了现实
MINER	我们几乎不重视健康、安全和环境。钟摆正在摆动但速度很慢，因为我们的市场没有鼓励我们积极做出改变	他们正在做很多恐怖的事和一些好一点的事。但他们对微小的好事小题大做，其实就是在瞎说
ENERGETIC	利用这句话来表达："我做得很好，说得更好"	对他们来说，CSR 是一个沟通选择。公司内部没有参与这些事务，但 ENERGETIC 的沟通非常有效
	布局 2：突发型脱节	
SILICON	不同员工有不同的动机和理解……你必须不停进行内外部测评来了解什么时候做得够了或者太多了	这确实取决于和你打交道的个人。SILICON 被他们自己的管理者限制。我遭遇了他们对责任理解的不同丰富程度
TECHNIC	你永远不会听到任何 TECHNIC 内部的人说我们做得足够了。社会在变化，规范在变化。企业必须不停进化并看到社会的需求	我们不知道他们是否在海外执行他们的经营原则。我参观了他们在中国的工厂。甚至他们自己也对那里的环境缺乏了解
SCIENTIFIC	共识是一个大问题：人们很清楚他们想要什么。我们的活动应该聚焦社会还是生意？这是个概念上的挑战。对提供方来说更容易，如果你清楚需求方想要的是什么	SCIENTIFIC 言行不一致。决策制定者对他们的行为后果没有推断，反馈机制由于个人机动性效果较差。没有责任链
	布局 3：战略性实施	
EDIBLE	你需要在过程中建立确定性长期进程——发展下一代，保有材料，或管理你的足迹。那些事都在公司有兴趣时更好管理	他们确实思考自己在做什么，这不是事后想起的，他们与客户有紧密的关系。这就是 CSR
POWER	除了遵守法律，你还必须考虑其他团体的利益，如客户、股东、环境、员工、供应商、公共管理、社会	我们与能源领域的很多企业相互交往。POWER 是最努力深化关系的一家，也是为我们提供信息最多的一家。我们与他们的关系比和其他能源提供者的关系更深远
	布局 4：常规实施	
SMART	从我加入的那天起它就在我们的文化中根深蒂固。这不是我们会质疑的事。这里总是有为社区提供协助的项目，提供人才为社区工作	在 SMART，就像很多确实做 CSR 的企业，总经理相信（CSR）。这不是沟通部门的任务。你需要权力去影响。当你加入，你必须签订行为协议并按要求行动
HIGHFINANCE	CSR 对创造同质性非常重要，在很多不同存在时把集体团结在一起。所以在参与 CSR 时有一种激发身份（认同）的背景	这家企业在用忠于 CSR 的方式经商。它有着很长的 CSR 历史。在顶层有方向，也有共享的行为标准
NUCLEUS	认同重要的事不能以分散的方法来做。要以顶层为中心来做。一旦被同意了，就可以纳入组织	他们缺乏战略性要求。（但）看到他们的做事方法，他们做得很好。他们在处理供应商方面做得好，他们在强调相关问题上有积极的文化

注：归属在布局中的案例在他们的会员集合中至少得到 0.5 分。

本文发现两个布局与脱节有关，两个布局与实施有关。为了阐明回应的本质，我们识别了最一致地展示每个布局的特征的企业，并在表6中提供了从与管理者和利益相关方的访谈中获得的证据，最终选择了在各自布局中会员分数在0.5分以上的企业。在一个布局中的会员分数与在任何条件下贡献给布局的最小隶属度相等。大体上说，没有案例在一个布局中可以得到超过0.5的会员分数（Ragin，2008）。

解释脱节

本文的分析显示出两条通向脱节的途径。每个布局的总体和唯一覆盖率分数是可分辨的（表5），说明每条途径的唯一性。

逃避型脱节。布局1说明，当企业能够隐瞒实施不足，且它们的管理者试图以降低风险来构建CSR基本理论时，它们不会持续贯彻政策。进一步讲，这些脱节的案例发生在管理者之间共识度低的情形中，但不一定发生在利益相关方共识度低的情形中。

三个案例属于这一布局：CONSUMPTION、ENERGETIC和MINER。本文的访谈证据充分表明它们对CSR政策的不实施是经过深思熟虑的。利益相关方指责这些企业"玩CSR游戏"并意图隐瞒其不实施的情况。

具备优秀的社会形象是CONSUMPTION的市场战略。其目的是获得较为宽松的销售、贸易、市场规则条件并维持它们。

一项针对MINER的批评就是它们使用典型的"分而治之"的策略来对待一个社区中的特定人群，聪明地获得他们的支持。它们只从社区中的一部分人中获取支持……它们使用草签协定来降低其他原住民的抵抗力。

这一有意识的政策采用以说服外部支持者的方式与三家企业中CSR单位的外部形象角色是一致的。在ENERGETIC，CSR单位属于沟通部门的一部分。在CONSUMPTION和MINER，CSR被列入缓和公司关系单位。

我们注意到尽管不同利益相关方对企业有相似的期望，但管理者共识依然较低。希望推动实施的个人管理者被CSR资源缺乏所制约，因为CSR支出被视为一项非必需支出。MINER公司负责遵守（制度）的管理者解释了他所面临的限制是，管理团队整体视CSR投入对公司的财务情况有害："我必须鼓励同事对安全和环境更负责任。我非常希望能看到（这种情形），但因为公司严格的财务基本要求，这些关心超越了范围。"

突发型脱节。布局2预测当管理者对CSR的理解不同且面对利益相关方相冲突的期望时，脱节可能发生。因为这种脱节甚至在企业无法隐瞒它们的不实施情况时也会发生，这与传统的将脱节与战略选择相关联的情况不同。利益相关方共识较低，例如，在高科技和食品行业，较低的共识度使得管理者在评估不同反馈时产生不确定性。但是，这种不确定性并不能有效解释脱节现象。更确切地说，这些脱节的案例同时包含管理者间共识度低的情况。相冲突的利益相关方需求反映到管理者团队之间的意见不合，而这种内部的意见不合加大了实施阻力和对局部解决方案的寻找。

三个案例——SILICON、TECHNIC 和 SCIENTIFIC 属于第二种布局。我们注意到这些企业将它们的 CSR 功能安排在不同的单位中。在 SILICON，每个区域都有 CSR 职能。在 TECHNIC，产品、经营和各区域都有自己的职能。在 SCIENTIFIC，个人经营单位高度自主，而主要的 CSR 部门职责就是发布社会和环境效益报告。这样带来的一个结果就是尽管每个公司都有全公司范围的政策，但具体实施就经常取决于营业单位和生产线管理者的自行决定。

除了这些结构上的安排，本文几乎没有在这些企业中找到有意将脱节作为一种回应的证据。表 6 显示，这些企业领导并非有目的地避免实施或欺骗利益相关方。与其说这是有意造成的结果，不如说在这些案例里脱节是局部行为与官方政策相悖造成的结果。一个 SCIENTIFIC 的利益相关方对比了"漂亮的、长发的（中层）人员"和"那些在基层的人"。相似地，TECHNIC 的利益相关方经常比总部管理者对欧洲之外的实施情况更清楚。一位参观过 TECHNIC 在中国的工厂环境保护组织代表评论道："甚至是他们（总部员工）也对这里的制造业环境不甚了解。"

尽管所有三家企业都符合同样的布局，我们发现了一个不同之处。在 SILICON，地区管理者负责监管实施，其不一致看起来是由各地自行诠释政策所引起的。利益相关方对信息技术领域的不一致的期望让管理者强调相应的压力。例如，SILICON 一个地区领导强调"对企业不同的理解和不同期望取决于他们经营的市场环境"，能够撤回一个与教育部合作的项目，这样决策的理由是缺乏当地认可。与此相反，在 SCIENTIFIC 和 TECHNIC，决策的不一致缘于在分裂环境中对 CSR 实践的不完善复制。SCIENTIFIC 负责 CSR 的管理者强调要保证对制度标准的服从："我不能在一个跨国公司中使用两套不同的标准，因此我的目标是在不同经营模式中提高标准意识。"但是当企业扩张并面对新的利益相关方时，政策的一致性受到挑战。一个 TECHNIC 的利益相关方描述了在政策讨论和培训中经常被排除在外的中层管理者面临的重要挑战：

TECHNIC 意识到了 CSR 问题，但管理者技能关系更大——不是制定政策的顶层管理者，而是实施政策的中层管理者。那些负责日常经营的人需要意识到并具备更多管理技能来理解如何评估在这些议题上的表现。

解释实施

本文执行的第二个分析是分辨与政策的一致实施相关的条件。本文的分析显示在表5中，揭示了两条路径。

战略性实施。布局3强调了与CSR相关的组织兴趣。当管理者将CSR与潜在的商业机会相联系，以及信息不对称可能阻碍利益相关方的亲密关系的建立时，他们会一致地实施CSR政策。EDIBLE和POWER属于这一布局。两个企业都强调在确保利益相关方能够获取资源（包括供应商诀窍和社区及政府发放的经营许可）的假设前提下，CSR是潜在机会的来源。EDIBLE管理者认为"参与CSR有着令人信服的理由，如吸引和留住那些你希望可以为你工作和合作的人，企业还可以与NGO分享专业技术"。尽管信息不对称的可能性有时会引起博弈，因为企业可以隐藏它们的实施不足，信息不对称也可能增加利益相关方的不信任。在这种情况下，利益相关方不愿意与公司接洽，因为他们无法区分好坏而且可能给予实施得不到位的企业以正当的借口。

表6的证据强调了EDIBLE和POWER已经从它们的外部利益相关方中获取了信任。这看起来对富有成效的企业——利益相关方关系很关键。在食品和能源领域，组织可以轻易隐瞒它们的真实实践情况。因此利益相关方评价那些他们怀疑采用CSR政策作为市场手段的企业正当性时小心翼翼。一个社区团体代表评论了CONSUMPTION（EDIBLE的竞争者）的实践情况：

我们不是审计员，我和企业总部层面谈过他们的政策，但我不敢想象它们的实施……当我和一些企业交谈时，我必须小心。这总是一种战略博弈。

常规实施。我们的第二条实施路径（布局4a和4b）不取决于对政策实施的战略兴趣，反而依靠公司社会责任的管理共识。当利益相关方不同意公司社会参与的适当扩展，并因公司的不服从而减少合作行为时，内部共识就变得重要。这说明在这些案例中，政策实施的推动力是从企业内部而不是外部压力中产生的，组织价值或特征决定了组织对环境反应的不确定性。尽管布局4a将信息不对称的缺失作为外围条件，但与企业隐瞒其不实施的情况是不同的，布局4b将组织兴趣的缺乏与CSR政策实施相联系作为外围条件。外围条件显示对结果的因果关系较弱的证据（实施），但组织兴趣的缺乏特别有启发作用，因为它与在布局3中的存在形成对比。

SMART、HIGHFINANCE和NUCLEUS属于这一布局。SMART管理者连续提到实施的内部推动力。管理者们将实施描述为被内部行为准则所推动，且适当地不考虑其对财务绩效的直接影响。一位同样面对利益相关方对企业社会参与期望较弱的SMART管理者描述了实施并不只是面对外部压力的一种顺从。

　　它（CSR）从一开始就在我们的文化中根深蒂固。（我们的创立者）致力于将社会价值深深印入头脑中，并以身作则告诉员工重要的不只是有一份工作，而是努力影响社会议题……从我来到 SMART 的第一天我们就开始学习这些，我们从没质疑过。

　　类似地，一位 NUCLEUS 管理者强调了机制压力导致了 CSR 政策的采纳，这建立在公司多年来司空见惯的实践基础上：

　　我们来自一家在这方面的很多领域中拥有较强声誉的企业。在我的记忆中，我们被公认为内部待遇好、员工社会行为得体的一家公司。这已经是多年的价值信念。在某一阶段它被决定正式作为三重底线，因为我们被要求披露报告这一内容。

　　这三家企业都在内部解决了外部环境固有的不确定性。负责 CSR 的单位具有综合职能，在每个企业内部制定政策。HIGHFINANCE 拥有一个负责 CSR 的单独单位，维持对所有核心商业职能的联系。SMART 有一个单独委员会联结 CSR 单位代表和核心商业职能。CSR 项目预算集中制定。NUCLEUS 有一个 CSR 多职能团体，包括不同职能和地域的管理者，确定"全球指导方针、全球标准以及对所有人都适用的最低要求"。

　　在解释实施时，我们发现不同布局的唯一覆盖率（0.28，0.32，0.26）和它们的整体覆盖率（0.24，0.16，0.07）之间的差距，这说明本文对实施的解释不是互斥的。同一家企业在实施政策上一致可能既因为它们的管理者认同这样做在战略上是合理的，也因为其强大的内部日常管理支持实施。

　　最后，CAPITAL 这家企业是个有意思的例外。在访谈中，CAPITAL 在实施上表现平庸，社会效益评价较低，但其拥有战略性实施布局的特点（见表4）。本文发现 CAPITAL 直到 2004 年都没有正式支持 CSR 政策，大体上比样本中其他企业都晚。尽管根据利益相关方描述，其实施"还没有完全融入组织和其经营"，之后的社会效益数据表明了该企业实施的增加。这说明尽管表达和实施政策的行动意向需要时间来给出结果，但实施能够潜在地使进行中的努力改变组织的进程。

讨　论

　　这次研究的目的是理解为什么企业在相同环境中对 CSR 制度压力的回应不同。不是所有脱节和实施的案例都可分辨。企业将它们的行为和其做出的承诺脱节，不只是因为有意的、利用的原因，也是在回应多元化和矛盾的需求时不协调的、探索性尝试的结果，而这种"应付了事"的初衷大体是好的。实施政策的企业不是管理者一致将这样做看作工具性利益，就是通过发展形成面对全球系统问题的组织视野并协调政策实施来解决外部环境带来的不确定性。

对制度回应的多层级解释

本文对制度理论的第一个贡献是提供了一个对利益相关方压力回应的多层级解释和对现有理论描述的改进。当不同回应发生且当它们是突发而不是有意的战略意图的体现以利用利益相关方的无知或赢取利益相关方好感时，一个企业的内外部因素就会结合并产生影响。

大多数对脱节的解释不是企业的外部环境就是其内部组织。很多研究已经强调过企业的外生因素，如有分歧的利益相关方期望（Meyer & Rowan，1977）和行业受制于理念和价值而不是市场力量的程度（Scott & Meyer，1983）。其他研究则强调了企业内部管理者兴趣（Westphal & Zajac，1994）。但是，本文的结果表明从任何单独层面分析导致脱节发生的原因都是有问题的。例如，只有当企业管理者明确地拒绝实施政策时，利益相关方无法了解企业实践情况才能预期脱节。这被CONSUMPTION 和 EDIBLE 的案例所证明，两家企业在面对相似的利益相关方压力时回应不同。

外部环境和内部组织的相互作用对企业实施脱节政策以及它们应如何去做很重要。比起实施和逃避来说，脱节可能是更微妙的选择（Fiss & Zajac，2006）。尽管在利益相关方期望不一致的情况下，现有的脱节理论未在组织研究中被提起，一些参与困境研究（Cyert & March，1963）的企业在不同的实践中看起来发生了脱节。出现脱节并不意味着这些实践是完全无意识的（例如，地方管理者可能故意选择这些实践），但尽管如此，它们不是领导班子有意为之或与官方政策不一致（Mintzberg & Waters，1985）。实施的不一致可能是对制度压力的不同理解所得出的，也可能是从实践在全公司范围复制的困难中得出的（Winter & Szulanski，2001）。从这个角度来说，脱节可能不仅使企业调和它们环境中相冲突的力量，也可以调节内部斗争（Li & Hambrick，2005；March，1962）。不同实践的发生是不同观点和理念之间博弈的结果，这与由 SILICON、TECHNIC 和 SCIENTIFIC 这三个案例得到的证据一致。

本文也发现在相似的分裂环境中对实施的解释。一致的 CSR 政策实施与企业社会责任的管理共识相关。可以想象，脱节不会在对获得认同的动力大于发现问题和不完美学习时发生，因为共同的理念能够解决不确定性并促进合作和对实践的回应（Hardin & Higgins，1996）。共同理念可以支持企业中不被表面利己主义激励的行为。

本文对脱节发生形式和实施的内部驱动力的分辨不能取代战略方面的解释。更确切地说，信息不对称可以看作一种应更可能被战略所推动的情形。进一步地，本文的行为解释与 Meyer 和 Rowan（1977）的经典文章中对于脱节的描述有差异，因为本文的发现不依靠忽略企业的真实实践的共谋利益相关方。但是，解决方案的覆盖率（0.58）说明本文的体系不能解释脱节的所有例子。脱节的其他形式或驱动因素也可能存在。

制度回应的微观基础

本文的第二个贡献是对新兴学术领域中的微观基础的制度性回应的研究成果（George et al.，2006；Tilcsik，2010），特别是关于制度压力和认知的相互作用（Kenned & Fiss，2009）。关注个体管理者和利益相关方的配套研究发现脱节的社会政治维度集中在权力和主观兴趣方面（Westphal & Zajac，1998）。

鉴别制度压力回应的微观基础对解释企业的异质性很重要。本文着眼于企业的两个属性：管理者们如何看待他们对 CSR 的兴趣，以及他们对 CSR 的理解是否一致。本文研究的企业是综合的，它们对制度压力的回应是非机械的（Delmas & Toffel，2008；Hambrick，Finkelstein，Cho & Jackson，2005）。但是，最终个体参与者将行使公司的自由裁量权（Crilly，Schneider & Zollo，2008）。由于企业制度理论和行为理论关于参与者有限理性共同使用一些类似的假设（Argote & Greve，2007），可能性仍将这些研究趋势与制度压力的微观基础的鉴别联系起来。

企业制度理论和行为理论的一个重要联系是对组织内和组织间形成回应时联合的角色考虑（March，1962）。之前的研究评估了内部参与者对回应的影响（Westphal & Zajac，1994）以及管理者在为其下属塑造环境时的角色（Kaplan，2008b）。本文由 HIGHFINANCE 和 NUCLEUS 示例的常规实施布局强调了内部共识对于回应的重要性。由 SILICON、TECHNIC 和 SCIENTIFIC 示例的突发—脱节布局把注意力转移到利益相关方通过传达清楚的期望来推动实施的角色。可以想象，缺乏利益相关方共识会妨碍利益相关方和风险之间的协调，向管理者发出迷惑的信号。

在观察到的模式基础上，本文期望进行因果关系的研究。尽管 fsQCA 工具可以鉴别与脱节和实践有关情形的"因果配方"（Ragin，2008），但是它无法简单地提供长期数据（Lacey & Fiss，2009）。要探知鉴别的模式是否确实有因果关系，长期的和经验的数据是必不可少的。特别是长期研究可以阐明利益相关方共识、企业的压力和企业层面共识或意见不合之间的相互作用。例如，尽管管理者共识预示着无利益相关方共识时的实施，当利益相关方齐心协力提出期望时，管理者共识和实施之间的关系可能出现分歧。RESOURCE 企业的数据显示其管理者对狭义企业社会责任有一定认识，并只分配有限的资源实施 CSR 政策。尽管本文的解释是暂时性的，但 RESOURCE 已经被一个激进活动组织列为永久目标。管理团队的完全一致与个体面对共同敌人时的凝聚性（Allport，1958）以及面对外部威胁时催化出的内部一致性（Sherif，1966）是类似的。

对 CSR 研究的含义

本文的研究对 CSR 的探讨具有一定的影响，主要是对管理者意图的研究，并联系到对政策和实践的支持。尽管意图可以被局部实践割裂（Orlikowski，2000），尤其当实施政策的方法不清楚时（Goodrich & Salancik，1996）。

其中两个布局表明一些实施和脱节的例子是源于企业进行中的过程而不是战略性决策。尽管这些回应不一定是有意的，这一发现不意味着活跃的管理或组织设计没有起作用。本文对企业中一般结构的发现与强调在分散组织中官方控制影响资源配置的布局一致（Gamoran & Dreeben，1986）。非正式组织也起到一定作用。管理者的认识和动力代表了实施的门槛（Labiance et al.，2000）。本文的一个临时结论就是建立内部规范和认同的努力能促进实践在不同单位的复制。这与企业核心目标的共同理念能使不同职能和地域的管理者相互合作，使企业自发地注意到有冲突的利益相关方的证据一致（Crilly & Sloan，2012）。

本文对管理者理解 CSR 的基本理论有一定的影响。尽管两条通向脱节的路径即战略和突发是相互排斥的，但两条通向实施的路径却不是。通过推断，实施不一定只是关于可感知的战略兴趣或组织特点和价值。CSR 文献将可作为手段的动机从道德和关系动机中分开（Quinn & Jones，1995）。本文的发现为自我利益可以与其他动机共存提供了暂时的证据。企业实施 CSR 政策可能使得它们的管理者变得对相关的商业机遇更敏感。

最后，本文发现实施 CSR 政策不只是管理者的问题。从 SCIENTIFIC 等企业提供的证据来看，企业缺乏对 CSR 事件的组织时，低层级利益相关方协作增加了管理者应对合理制定和实施政策的不确定性。这种不确定性与一些地方的即兴作为有关，因为低层级管理者在实施 CSR 时倾向拥有更大的自主决策权。尽管在这些企业中实施 CSR 一致性方面不如那些建立单一组织视角的同行，但它们的地方即兴作为可能受某些特定利益相关方的欢迎。相反地，尽管利益相关方协作可以限制企业脱节的意图，本文的发现也主张警惕这一现象。如果冒进性的活动引起管理者关注将风险降低作为行为的指导原则，他们可能只是遵从法律并将资源分配到政治活动中，而不是做出真正的改变（David et al.，2007）。意识到管理者有时应付了事，而不是打算利用他们的利益相关方，是企业—利益相关方对话的实用出发点。

参考文献

[1] Aguilera, R. V., Rupp, D. E., Williams, C. A., & Ganapathi, J. 2007. Putting the S

back in corporate social responsibility: A multilevel theory of socictl change in organizations. Academy of Management Review, 32: 836-863.

[2] Akerlof, G. 1970. Tbe market for "lemons": Quality uncertainty and the market mechanism. Quarterly Journal of Economics, 84: 488-500.

[3] Allport, G. W. 1958. The nature of prejudice. Garden City, NY: Doubleday.

[4] Argote, L., & Grève, H. R. 2007. A behavioral theory of the firm—40 years and counting: Introduction and impact. Organization Science, 18: 337-349.

[5] Axelrod, R. 1984. The evolution of cooperation. New York: Basic Books.

[6] Bansal, P., & Glelland, I. 2004. Talking trash: Legitimacy, impression management, and unsystematic risk in the context of the natural environment. Academy of Management Journal, 47: 93-103.

[7] Bansal, P., & Roth, K. 2000. Why companies go green: A model of ecological responsiveness. Academy of Management Journal, 43: 717-736.

[8] Basu, K., & Palazzo, G. 2008. Corporate social responsibility: A process model of sensemaking. Academy of Management Review, 33: 122-136.

[9] Battilana, J., & Dorado, S. 2010. Building sustainable hybrid organizations: The case of commercial microfinance organizations. Academy of Management Journal, 53: 1419-1440.

[10] Christian Aid. 2004. Rehind the mask: The real face of corporate social responsibility. London: Christian Aid.

[11] Christmann, P., & Taylor, G. 2001. Globalization and the environment: Determinants of firm self-regulation in China. Journal of International Business Studies, 32: 439-458.

[12] David, P., Bloom, M., & Hillman, A. J. 2007. Investor activism, managerial responsiveness, and corporate social performance. Strategic Management Journal, 28: 91-100.

[13] Davis, K. 1973. The case for and against business assumption of social responsibilities. Academy of Management Journal, 16: 312-323.

[14] Delmas, M., & Toffel, M. 2008. Organizational responses to environmental demands: Opening the black box. Strategic Management Journal, 29: 1027-1055.

[15] Den Hond, F., & de Bakker, F. G. A. 2007. Ideologically motivated activism: How activist groups influence corporate social change activities. Academy of Management Review, 32: 901-924.

[16] Fedderson, T., & Gilligan, T. 2001. Saints and markets: Activists and the supply of credence goods. Journal of Economics and Management Strategy, 10: 149-171.

[17] Fiss, P. C. 2011. Building better causal theories: A fuzzy set approach to typologies in organization research. Academy of Management Journal, 54: 393-420.

[18] Fiss, P. C., & Zajac, E. J. 2004. The diffusion of ideas over contested terrain: The (non) adoption of a shareholder value orientation among German firms. Administrative Science Quarterly, 49: 501-534.

[19] Fiss, P. S., & Zajac, E. J. 2006. The symbolic management of strategic change: Sensegiving via framing and decoupling. Academy of Management Journal, 49: 1173–1193.

[20] Freeman, R. E. 1984. Strategic management: A stakeholder approach. Boston: Pitman.

[21] Gamoran, A., & Dreeben, R. 1986. Coupling and control in educational organizations: An explication and illustrative comparative test. Administrative Science Quarterly, 31: 612–632.

[22] Garud, R., Jain, S., & Kumaraswamy, A. 2002. Institutional entrepreneurship in the sponsorship of common technological standards: The case of Sun Microsystems and Java. Academy of Management Journal, 45: 196–214.

[23] George, E., Ghattopadhyay, P., Sitkin, S., & Barden, J. 2006. Gognitive underpinnings of institutional persistence and change: A framing perspective. Academy of Management Review, 31: 347–365.

[24] Global Reporting Initiative. 2000. A common framework for sustainability reporting, www. globalreporting. org.

[25] Goodrick, E., & Salancik, G. R. 1996. Organizational discretion in responding to institutional practices: Hospitals and Cesarean births. Administrative Science Quarterly, 41: 1–28.

[26] Greening, D. W., & Gray, B. 1994. Testing a model of organizational response to social and political issues. Academy of Management Journal, 37: 467–498.

[27] Hambrick, D. C., Finkelstein, S., Cho, T. S., & Jackson, E. M. 2005. Isomorphism in reverse: Institutional theory as an explanation for recent increases in intraindustry heterogeneity and managerial discretion. In B. Staw & R. M. Kramer (Eds), Research in organizational behavior, vol. 26: 307–350. Greenwich, GT: JAI.

[28] Hannan, M. T., & Freeman, J. H. 1977. The population ecology of organizations. American Journal of Sociology, 82: 929–964.

[29] Hardin, C. D., & Higgins, E. T. 1996. Shared reality: How social verification makes the subjective objective. In E. T. Higgins & R. M. Sorrentino (Eds.), Handbook of motivation and cognition: The interpersonal context, vol. 3: 28–84) . New York: Guilford.

[30] Jensen, M. C., & Meckling, W. H. 1976. Theory of the firm: Managerial behavior, agency costs and ownership structure. Journal of Financial Economics, 3: 305–360.

[31] Jones, T. M. 1995. Instrumental stakeholder theory: A synthesis of ethics and economics. Academy of Management Review, 20: 404–437.

[32] Kaplan, S. 2008a. Cognition, capabilities, and incentives: Assessing firm response to the fiber-optic revolution. Academy of Management Journal, 51: 672–695.

[33] Kaplan, S. 2008b. Framing contests: Strategy making under uncertainty. Organization Science, 19: 729–752.

[34] Kennedy, M. T., & Fiss, P. G. 2009. Institutionalization, framing, and diffusion: The logic of TQM adoption and implementation decisions among U.S. hospitals. Academy of Management Journal, 52: 897–918.

〔35〕 King, A. A., Lenox, M. J., & Terlaak, A. 2005. The strategic use of decentralized institutions: Exploring certification with the ISO 14001 management standards. Academy of Management Journal, 48: 1091-1106.

〔36〕 Krippendorff, K. 2004. Content analysis: An introduction to its methodology. Thousand Oaks, CA: Sage.

〔37〕 Kulkarni, S. P. 2000. Information asymmetry among organizational stakeholders. Journal of Business Ethics, 27: 215-228.

〔38〕 Labianca, G, Gray, B., & Brass, D. J. 2000. A grounded model of organizational change during empowerment. Organization Science, 11: 235-257.

〔39〕 Lacey, R., & Fiss, P. C. 2009. Comparative organizational analysis across multiple levels: A set-theoretic approach. In B. King, T. Felin, & D. Whetten (Eds.), Research in the sociology of organizations, 26 (Studying differences between organizations: Comparative approaches to organizational research): 91-116. Bingley, U.K.: Emerald.

〔40〕 Leifer, E. M.. 1988. Interaction preludes to role setting: Exploratory local action. American Sociological Review, 53: 865-878.

〔41〕 Leland, H. E. 1979. Quacks, lemons, and licensing: A theory of minimum quality standards. Journal of Political Economy, 87: 1328-1346.

〔42〕 Li, J. T., & Hambrick, D. C. 2005. Factional groups: A new vantage on demograpbic faultiness, conflict and disintegration in work teams. Academy of Management Journal, 48: 794-813.

〔43〕 March, J. C. 1962. The business firm as a political coalition. Journal of Politics, 24: 662-678.

〔44〕 Margolis, J. D., & Walsb, J. P. 2003. Misery loves companies: Rethinking social initiatives by business. Administrative Science Quarterly, 48: 268-305.

〔45〕 Meyer, J. W., & Rowan, B. 1977. Institutionalized organizations: Formal structure as myth and ceremony. American Journal of Sociology, 83: 340-363.

〔46〕 Mintzberg, H., & Waters, J. A. 1985. Of strategies, deliberate and emergent. Strategic Management Journal, 6: 257-272.

〔47〕 Nayyar, P. R. 1990. Information asymmetries: A source of competitive advantage for diversified service firms. Strategic Management Journal, 11: 513-519.

〔48〕 Novo Nordisk. 2011. Novo Nordisk annual report 2010. http: //annualreport.novonordisk. com/. Accessed January 1.

〔49〕 Orlikowski, W. J. 2000. Using technology and constituting structures: A practice lens for studying technology in organizations. Organization Science, 11: 404-428.

〔50〕 Post, J. E., Preston, L. E., & Sachs, S. 2002. Managing the extended enterprise: The new stakeholder view. California Management Review, 45 (1): 6-28.

〔51〕 Pratt, M.G., & Foreman, P.Q. 2000. Classifying man agerial responses to multiple organizational identities. Academy of Management Review, 25: 18–42.

[52] Purdy, J. M., & Cray, B. 2009. Conflicting logics, mechanisms of diffusion, and multilevel djmamics in emerging institutional fields. Academy of Management Journal, 52: 355–380.

[53] Quinn, D. P., & Jones, T. M. 1995. An agent morality view of business policy! Academy of Management Review, 20: 22–42.

[54] Ragin, C. C. 2008. Redesigning social inquiry: Fuzzy sets and beyond. Chicago: University of Chicago Press.

[55] Ragin, C. C, Drass, K. A., & Davey, S. 2006. Fuzzy-set/ qualitative comparative analysis 2.0. Tucson: Department of Sociology, University of Arizona.

[56] Ragin, C. C, & Fiss, P. 2008. Net effects versus configurations: An empirical demonstration. In C. C. Ragin (Ed.), Redesigning social inquiry: Fuzzy sets and beyond: 190–212. Chicago: University of Chicago Press.

[57] Redding, K., & Viterna, J. S. 1999. Political demands, political opportunities: Explaining the differential success of left-libertarian parties. Social Forces, 78: 491–510.

[58] Riboux, B., & Ragin, C. C. (Eds.). 2008. Configurational comparative methods. Qualitative comparative analysis (QCA) and related techniques. Thousand Oaks and London: Sage.

[59] Schneider, M., Schulze-Bentrop, C., & Paunescu, M. 2010. Mapping the institutional capital of high-tech firms: A fuzzy-set analysis of capitalist variety and export performance. Journal of International Business Studies, 41: 246–266.

[60] Scott, W. R., & Meyer, J. W. 1983. The organization of societal sectors. In J. W. Meyer & W. R. Scott (Eds.), Organizational environments: Ritual and rationality: 129–154. Newbury Park, CA: Sage.

[61] Sherif, M. 1966. In common predicament: Social psychology of intergroup conflict and cooperation. Boston: Houghton-Mifflin.

[62] Sivaramakrishnan, K. 1994. Information asymmetry, participation, and long-term contracts. Management Science, 40: 1228–1244.

[63] Sonenshein, S. 2006. The role of construction, intuition, and justification in responding to ethical issues at work: The sensemaking-intuition model. Academy of Management Review, 32: 1022–1040.

[64] Tilcsik, A. 2010. From ritual to reality: Demography, ideology, and decoupling in a post-communist government agency. Academy of Management Journal, 53: 1474–1498.

[65] Thornton, P. H., & Ocasio, W. 2008. Institutional logics. In R. Greenwood, C. Oliver, S. K. Andersen, & R. Suddaby (Eds.), Handbook of organizational institutionalism: 99–129. Newbury Park, CA: Sage.

[66] Uzzi, B., & Gillespie, J. 1999. Corporate social capital and the cost of financial capital: An embeddedness approach. In R. Leenders & S. Gabbay (Eds.), Corporate social capital and liability: 446–459. Boston: Kluwer.

［67］ Weaver, G. R., Treviño, L. K., & Cochran, P. L. 1999. Integrated and decoupled corporate social performance: Management commitments, external pressures, and corporate ethics practices. Academy of Management Journal, 42: 539-552.

［68］ Westphal, J. D., & Zajac, E. J. 1994. Substance and symbolism in GEOs' long-term incentive plans. Administrative Science Quarterly, 39: 367-390.

［69］ Westphal, J. D., & Zajac, E. J. 1998. The symbolic management of stockholders: Corporate governance reforms and shareholder reactions. Administrative Science Quarterly, 43: 127-153.

［70］ Westphal, J. D., & Zajac, E. J. 2001. Decoupling policy from practice: The case of stock repurchase programs. Administrative Science Quarterly, 46: 202-228.

［71］ Winter, S. G., & Szulanski, G. 2001. Replication as strategy. Organization Science, 12: 730-743.

［72］ World Bank. 2003. Strengthening implementation of corporate social responsibility in global supply chains. Washington, DC: World Bank Group.

［73］ Yoshikawa, T., Tsui-Auch, L. S., & McGuire, J. 2007. Corporate governance reform as institutional innovation: The case of Japan. Organization Science, 18: 885-897.

利益相关方对跨国公司的压力以及跨国公司
不负责任的社会实践向其子公司的转移[*]

Jordi Surroca, Josep A. Tribó, Shaker A. Zahra

【摘　要】利益相关方期望跨国公司给予企业社会责任更多的关注，在本文中，我们解释了跨国公司对于利益相关方要求其行为与利益相关方期望相一致的压力是如何反应的。我们引入了制度理论，提出在跨国公司母国嵌入利益相关方的压力会导致跨国公司不负社会责任的实践从总部转移到其海外的子公司。当子公司与跨国公司明显无关联，但却被跨国公司总部以任命董事会成员的方式所控制；跨国公司母国的制度环境强制合规；东道国制度执行程度、警惕性程度和对不合规的惩罚的程度低时，这种转移更为显著。来自110个跨国公司（分布在22个国家）的269个子公司（分布在27个国家）的面板数据在实证上支持了我们的假设。其他测量方法、解释和样本的实证结果都是稳健的。

最近的研究突出了跨国公司（Multinational Enterprises，MNEs）从事企业社会责任方式上的悖论。即使全球化提升了利益相关方压力的力量、数量和差异性，迫使跨国公司改善企业社会责任实践（Gardberg & Fombrun，2006），但是跨国公司的行为还是常常与利益相关方的期望不一致。一些跨国公司反而把不负社会责任的实践向它们处于污染庇护所——利益相关方压力宽松的国家的子公司进行转移，以作为对不断增加的利益相关方压力的反应（Korten，2001）。我们的研究就来分析这个明显的悖论：对企业社会责任的要求如何导致了企业不负社会责任（Corporate Social Irresponsibility，CSiR）。

具体地，我们检验跨国企业将不负社会责任的实践从跨国公司母公司（以下简称总部或HQ）向其子公司进行的转移，以作为跨国公司在总部层面对利益相关方的压力的反应。为了进行检验，我们引入了制度理论对这种转移进行预测。在制度

---

* Jordi Surroca, Josep A. Tribó, Shaker A. Zahra, 2013. Stakeholder Pressure On MNEs and The Transfer of Socially Irresponsible Practices to Subsidiaries, Academy of Management Journal, Vol. 56, No. 2, 549–572.
初译由陶野完成。

理论框架内，代理的方法说明了组织可能用利己的行为来对利益相关方期望的一致性压力做出反应（Oliver，1991）。这种压力不一定会导致一致性（Conformity）。相反，它可能激励一种反抗行为（Elsbach & Sutton，1992），即从压力能够发挥作用领域逃离（Oliver，1991）。跨国公司可能将（与利益相关方期望）不一致（Nonconforming）的核心业务从公众监督中分离出来，而将其置于组织中不太可见的部分（Meyer & Rowan，1977；Oliver，1991）。这些策略让跨国公司能像平常一样经营，同时表现出表面上的一致性，以此来保持甚至增强自身在利益相关方眼中的合法性（Weaver，Treviño & Cochran，1999）。然而，代理理论学家还要提供令人信服的解释来证明，在信息流动既迅速又容易的时代，为什么这些策略不会造成组织整体的合法性损失。

我们假设，为了应对母国利益相关方不断提高的压力，一些跨国公司可能应用分散的组织架构来将它们不负社会责任的实践向其子公司转移。这些转移发源于仰赖公众的支持作为合法性的重要来源的公司总部，将海外子公司作为转移的目标子公司，特别是那些看起来独立于跨国公司的子公司。这些转移让跨国公司能够一面遵守母国利益相关方的严格的（Stringent）期望，一面保持公众合法性。各种利益相关方在将目标子公司与跨国公司总部相联系的方面存在种种困难，这些困难降低了子公司合法性挑战的溢出效应对跨国公司本身造成影响的可能性。

我们使用了一个特殊的数据库对我们的预测进行了检验，该数据库包括 110 个跨国公司及其子公司，所有权关系、国家监管和规范标准、总部和子公司层面的财务和企业社会责任数据。实证结果支持我们的假设，一系列的额外分析结果也是稳定的，包括一个补充性的研究，该研究采用了在总部层面的利益相关方压力的策略数据以及对子公司层面的利益相关方有争议的行动的数据，数据收集自报纸。

我们的研究对国际商务、制度理论、企业社会责任文献做出了三项独特的贡献。首先，我们构建了一个理论框架，在这个框架中，跨国公司对利益相关方压力的反应可能显现的行为范围可以用组织架构进行解释。因此，我们没有将跨国公司作为一个整体的企业实体来考虑，只关注于企业层面（Dowell，Hart & Yeung，2000）或者是子公司层面的分析（Christmann，2004），而是把两个层面都包含在我们的研究中。结果阐明了跨国公司在回应其总部的相关压力时，如何出于自身利益来利用子公司，而这些行为往往与子公司的最佳利益相对抗。其次，对污染庇护所的研究意味着在母国和东道国的管制压力和社会压力可以解释企业不负责任的实践向子公司的迁移。我们提出，这种（从前在产业或国家层面被研究过的）关系取决于公司层面的分析，特别取决于对总部与每个子公司之间的相互关系的检验分析。最后，通过提供坚实的证据，证明子公司不负社会责任的企业实践并不罕见，而且这种实践起源于利益相关方对跨国公司总部的压力，我们的研究是对已有基于案例的研究的补充。因此，我们的研究结果是强调了利益相关方对企业总部的极端压力所产生的反常的结果，这种结果可能损害了那些更需要企业履行社会责任的国家中的利益相关方的利益。

理论和假设

转移企业不负责任的实践作为对利益相关方压力的反应

一些研究（DiMaggio & Powell，1983；Dowling & Pfeffer，1975；Meyer & Rowan，1977；Scott，2008）传达了这样一种见解，即组织要寻求广泛的内外部利益相关方的认可和支持。通过制度同构的过程，利益相关方基于自己的和多样化的价值体系、已存的法律法规，以及共享的社会知识和认知范畴，对组织的一致性进行评价，以此向组织施加压力（DiMaggio & Powell，1983）。当利益相关方判定组织的活动和目标符合利益相关方的期望的时候，组织因此获得了合法性（Dowling & Pfeffer，1975；Suchman，1995）。取得合法性会让企业更容易获得资源，提高盈利能力和生存能力（Pfeffer & Salancik，2003）。然而，取得合法性的代价高昂。如果没有利益相关方压力而且存在利润最大化的需要，那么组织（包括跨国公司）就不会倾向于遵守社会期望（Campbell，2007）。一致性和盈利之间的紧张关系经常导致企业行为迎合（但不一定超过）利益相关方期望的结果（DiMaggio & Powell，1983）。然而，随着利益相关方压力的增加，组织的反应不总是稳定的。组织的反应会从遵从变为主动反抗（Oliver，1991；Rowley，1997）。当外部强制、模仿和规范性的要求危及利润的时候，组织对遵从利益相关方期望所导致的有限自治的反抗会变得特别明显。结果就是，组织对利益相关方的压力进行反应的方式不太可能是适应，而是倾向于对抗（Oliver，1991）。当利益相关方压力增加而且组织感知到遵从的收益低，那么组织就可能退出遵从压力提高的领域，而关注其他制度环境（Oliver，1991）。

跨国公司经常使用这种退出战略来规避在母国不断提升的制度压力（Witt & Lewin，2007）。资产、资本和知识的跨境转移的增加与通信和交通条件的巨大改善相结合，也为跨国公司在全球范围内分散经营取得成本优势提供了条件（Locke，2003；Scherer & Palazzo，2008）。利益相关方期望中的跨国多样性（Gardberg & Fombrun，2006）意味着不同国家取得合法性的成本存在着差异（Camphell，Eden & Miller，2012）。因此，在母国要求跨国公司遵从的期望导致其生产成本上升的时候，跨国公司可能将一些业务分离并转移到子公司所在国，这些国家利益相关方期望比较低，因此可以在劳工成本、原材料成本或者其他费用方面获得优势（Madsen，2009；Scherer & Palazzo，2008；Witt & Lewin，2007）。那些在母国不可接受的经营在那些东道国却被认为是可接受的（Witt & Lewin，2007）。当这种策略应用在自然环境上时，这种行为就是污染庇护所假说（文献回顾可参考 Copeland 和 Taylor，2004），而这些容留污染生产流程的发展中国家就被称作污染庇护所。污染批护所的逻辑也被扩展到了对人权、道德的劳工实践和生产安全议题上（Korten，2001）。

　　跨国公司处于一种利用制度环境的跨国差异的独特地位上（Hall & Soskice，2001），我们的讨论明确了这一点。当一个跨国公司感知到东道国的制度环境为从事某些特定类型的活动提供比较优势时，它可以从跨国经营中"套利"，并利用当地的优势（Ghemawat，2007）。套利的概念剥去了伦理的考量，例如，德国跨国公司研发中心设在美国就是利用了当地在创新保护和创新动力方面的制度体系优势（Hall & Soskice，2001），套利的机会可能也包含了企业不负社会责任的实践。我们将制度套利的概念定义为，跨国公司可能将不负社会责任的实践重新置于那些低合法性要求的国家，以确保东道国制度体系所提供的成本优势。美国的跨国公司充当了一个利用制度环境多样性的典型例子，它们将不能接受的企业实践转移到制度不那么严厉的国家中去。消费者积极主义所造成的压力使跨国公司将产品发展的某些流程，特别是那些蕴含更大的人权风险的生产流程，转移到非美子公司（Braithwaite，1993）。一旦制度套利成功建立，退出战略的扩散就有望通过模仿重构加速实施：其他跨国公司采纳成功的行为对不确定性做出反应，而不是不负社会责任的跨国公司（DiMaggio & Powell，1983）。

　　因此：

假设 1：在其他条件相同的情况下，母国利益相关方对跨国公司总部的压力的提升会导致跨国公司将不负社会责任的实践从其总部向子公司转移。

　　连锁的、小股权的子公司以包含负面的合法性溢出

　　尽管已经有大量的相关研究，但是制度套利概念并没有多少经验支持（Sharfman，Shaft & Tihanyi，2004）。研究发现，实际上环境压力与跨国公司重新安置生产场所的决策之间的关系比原来预想的要复杂，因为企业层面的重要变量可能作为调节变量起到干预的作用（Madsen，2009）。Kostova 和 Zaheer（1999）提出了合法性溢出可能是一个非常具有干预作用的变量的可能性。他们提出，组织合法性并不是孤立地影响目标组织的某一过程的结果；各种其他相关组织常常也在该过程中发挥一定的作用。一个组织的合法性依赖于与该组织有联系的其他组织的社会认可。因此，如果一个跨国公司的全球经营变得越可见，那么它的不负社会责任的实践向坐落于宽松制度国家中的子公司的转移就会越有风险。对这些子公司的负面看法会溢出，并且对跨国公司及其总部造成负面影响，因此会降低跨国公司的全球合

法性。这种溢出让跨国公司具体的子公司、总部和整个跨国公司的合法性互相依存（Kostova，Roth & Dacin，2008；Kostova & Zaheer，1999）。

当然，不同的子公司是不等价的，不同类型的子公司对跨国公司的合法性的影响也是不同的。实际上，种群生态学研究表明，一个组织与种群良好匹配，而且被外部观察员认为是该种群的典型组织，它们会比那些不太典型的、与总种群匹配程度差一些的组织，展示出对种群合法性更有影响力的行为（Kuilman & Li，2009）。这个发现说明，遥远的子公司的企业不负社会责任的活动对跨国公司整体造成的合法性损失要小于近的子公司同样行为对跨国公司整体合法性造成的损失。

制度理论家还没有解决跨国公司这个方面的合法性溢出问题。正如 Meyer 和 Rowan（1977）解释的那样，许多单元的行为可能对一个实体组织总的合法性没有影响。Meyer 和 Rowan 用"分离"（Decoupling）这个词来描述一个组织通过表面标榜自己遵守社会规范，而实际上以最大化其效率和决策自主权的方式从事经营，以此试图减少其利益相关方详查其活动的程度。即使组织的某些实践与利益相关方的期望相矛盾，组织仍然能保持合法性。这个双重目标是通过以下方式达成的，即创造一种制度化规则下的、具有可见性的，却在很大程度上具有象征性的结构和项目，而同时又将这些结构和项目与那些不太可接受的结构和项目分离开（Elsbach & Sutton，1992；Weaver et al.，1999）。

我们使用跨国公司分离的概念，来识别那些子公司，即其不负社会责任的实践可能向其他（明显）合法的公司传播负面溢出。这些子公司应该具有两个特点：第一，它们的利益相关方一定不能感知到这些子公司与合法的结构是正式联系在一起的。第二，无论是正式的还是非合法的结构都必须有机协调，以使一个跨国公司可以在其达成经济目标时保持或者获得合法性（Elsbach & Sutton，1992；Meyer & Rowan，1977）。我们下面对满足这两个标准的子公司如何为跨国公司提供向其转移不负社会责任实践的条件和激励进行描述。

企业不负社会责任实践转移的条件。一个组织外围的单元可以使其活动变得模糊，并与利益相关方的仔细审查和严格要求相分离（Rowley，1997）。一个跨国公司的总部与其子公司之间大量形式多样的联系，使得利益相关方对整个跨国公司的监督和评价变得十分烦琐（Baker & Faulkner，1993）。利益相关方转而倾向于关注那些容易获得信息的子公司（Clinard，Yeager，Brissette，Petrashek & Harries，1979）。典型的子公司是跨国公司的全资子公司，因为在最理想的情况下，跨国公司的公共报告（主要信息来源）包含跨国公司总部及其全资子公司的信息（Clinard et al.，1979）。同样，在不可能汇编跨国公司所有子公司的情况下，政府机构及其他重要的信息源也主要关注大公司及其全资子公司（Clinard & Yeager，2006）。相反，涉及企业不负社会责任行为的小股权子公司（Minority-owned Subsidiaries）与其总部的联系很少被提及（Clinard et al.，1979）。

除了最大限度地隐瞒企业不负责任的实践外，跨国公司要保持被分离的不合法结构与合法结构之间的协调。董事会的关系，特别是董事交叉为一种协调手段（Mizruchi，1996）。这种关联是组织影响其他相互联系单元的一种重要渠道（Kono，Palmer & Friedland，1998）。董事会发挥了一种信息流动导管的作用，使其能够协调跨国公司总部和子公司的行为，实现集团利润最大化（Palmer，1983）。这种转移鼓励隐性形式的协调，当组织串通实施不负社会责任的行为时这种隐性协调尤为重要（Baker & Faulkner，1993）。如果跨国公司的子公司与总部具有相同的董事，那么跨国公司就可以影响子公司的行为，协调其活动来支撑跨国公司战略。在最大限度地隐瞒和协调企业不负社会责任的活动的过程中，转移不负社会责任实践的最有可能的目标就是那些连锁的、小股权的子公司，在这些公司中，跨国公司只有较少的所有权，总部通过任命子公司的董事来实施控制。

转移企业不负社会责任实践的激励。跨国公司可能将企业不负社会责任的实践向连锁的、小股权的子公司转移，试图以此降低成本。应用代理理论对企业集团的研究表明，跨国公司总部可能以牺牲子公司其他股东利益为代价来攫取其控制下的小股权子公司的利益（Bertrand，Mehta & Mullainathan，2002）。这种对子公司股东的价值征用（Expropriation）可能围绕着企业社会责任相关活动展开。例如，还没有制定有效的机制来管理环境风险的跨国公司在环境灾难面前就比较脆弱。为了避免跨国公司总部的环境风险，跨国公司可能将环境不友好的运营转移到受其有效控制的小股权子公司。在发生环境灾难的情况下，跨国公司总部就只将一小部分潜在的处罚内部化（如补偿和清理费用），而其他损失则由子公司的利益相关方承担。另外，因为利益相关方可能难以理清跨国公司总部及其子公司之间的联系，所以，在发生环境灾难时，对在环境方面有争议的实践进行转移的决策可能不会引起总部合法性的重大损失。这些观察结果表明，跨国公司的组织结构为其将企业不负责任实践向连锁的、小股权的子公司转移提供了激励和条件。因此：

假设 2：对于连锁的、小股权子公司，利益相关方对跨国公司总部的压力使跨国公司将企业不负责任的实践转移到子公司的影响程度更大。

制度控制的调节作用：监管体系和公民社会

利益相关方的压力并不发挥分离的作用。相反，它与情境因素互相作用，促进跨国公司符合外部环境（DiMaggio & Powell，1983；Greenwood & Hinings，1996）。在研究调节因素时，制度研究者关注了组织层面的因素。一些研究探讨了组织领域层面的调节因素，对带来一致性或者反抗的同构过程的影响（Heugens & Lander，2009）。然而，许多研究者（Matten & Moon，2008）强调了理解利益相关方压力内嵌于组织的方法的重要性，以此试图对跨国公司在不同国家遵守一致性水平的差异进行解释。

一个组织领域层面的关键调节因素可能是制度控制，我们把制度控制定义为一系列的过程，组织在这些过程中被施加了一致性的压力（DiMaggio & Powell，1983；Oliver，1991）。Oliver（1991）将法律强制确认为一种重要的过程；政府管制通过强制、劝说和直接征收（Direct Imposition）塑造了组织的行为（DiMaggio & Powell，1983；Pfeffer & Salancik，2003）。即使在既定领域，利益相关方压力很迫切，但当监管架构不健全时，组织可能找到在该领域内规避利益相关方要求的方法。例如，一些跨国公司可能参加公共活动来提升企业遵守利益相关方期望的形象（Oliver，1991）。反过来，当在该领域内强制遵守的机制既强大又广泛适用并且对不遵守的制裁非常严厉时，那么组织可能设法在该领域外妨碍一致性。在各国法律法规的强制性存在多样性的前提下（Braithwaite & Drahos，2000），我们假设，随着利益相关方压力的增加，母国（东道国）监管体系越健全（不健全），跨国公司越有可能将企业不负社会责任的实践向其子公司进行转移。

跨国公司原料和生产地在地理上分布越广，通过政府管控让其遵守利益相关方的期望越困难（Doh & Teegen，2002；Scherer & Palazzo，2007）。与全球层面的公民社会的影响力的提升相伴随甚至由其所导致的是政府管制的影响力下降。代表公民利益并支持公民事业的非政府组织（NGOs）在跨国公司的商业环境方面正在变成一种有影响力的因素（Hoffman，1999）。最近一些年，非政府组织在帮助当地政府强化国家法律方面发挥了突出的作用，特别是在那些政府缺少能力和或资源监督企业行为的领域（Locke，Fei & Brause，2007）。在那些公民社会发展蓬勃的国家（表现为有着广泛的非政府组织），不遵守制度的行为对跨国公司可能产生重大的影响。这样的情况下尤其如此，即媒体运动或者向政府施压，反对企业不负社会责任的行为，这导致本来计划按惯例行事的跨国公司退出该领域（Campbell，2007；Doh & Teegen，2002）。然而，在公民社会发展程度低，对不遵守的警觉性比较低的国家，跨国公司可能即使在利益相关方压力较高的情况下也会表现出不负企业社会责任的行为。因此：

假设3a：母国监管和/或公民社会管控程度越高，利益相关方对跨国公司总部的压力导致其将企业不负社会责任的实践从总部转移到子公司的影响越大。

假设3b：东道国监管和/或公民社会管控程度越高，利益相关方对跨国公司总部的压力导致其将企业不负社会责任的实践从总部转移到子公司的影响越小。

方　法

数据来源和样本

在进行研究设计时，我们选取了子公司作为分析单元，将每个子公司与总部联系起来。通过将 3 个主要的二手数据（Sustainalytics Global Platform（SGP）、COMPUSTAT Global Vantage 和 OSIRIS. SGP，数据由 Sustainalytics 制定，Sustainalytics 是企业社会责任领域的最大的国际数据库之一）来源进行整合，我们得到了一个独特的数据集。根据企业对待六类利益相关方（社区、顾客、雇员、供应商、股东和环境）的绩效来对其进行评估，另外一个维度则描述了企业的总体伦理立场（见附录 A）。典型的企业评估包括 183 项指标，每个指标有一个特定部门的权重，每年进行评价。最终的企业社会责任得分是所有指标加权平均，在 0 分（"最差"）到 100 分（"最好"）区间内进行排序。公司列表每年更新，以覆盖全部 MSCI 世界股票指数的公司。我们聚焦于 2003~2007 年的 2029 家企业的排名，这一时期 Sustainalytics 使用了相同的方法来收集数据和对公司进行排名。

财务信息收集来自 COMPUSTAT Global Vantage，所有权结构和董事会连锁数据来自 OSIRIS。对于每个跨国公司，我们从 OSIRIS 确定了该公司直接股份超过 1% 的所有子公司。我们的兴趣在于总部与子公司企业社会责任实践的关系，因此我们只关注总部和子公司数据都包含在 2003~2007 年 SGP 中的跨国公司。样本选择偏见不是问题，但是我们的研究是在最糟糕的情况下进行的：SGP 所包含的子公司是最可见的，但这使得企业不负社会责任的实践转移不太可能发生。最终的样本由 269 个公开上市的子公司面板数据组成，代表了 839 个公司——年观察值（因为回归分析使用了滞后变量，570 个观察值用于计量经济分析），涵盖了几乎所有的行业分类。① 子公司分布在 27 个国家的 110 个跨国公司中。其中，54 个跨国公司持有 1 家子公司股权，19 个跨国公司持有 2 家子公司股权，10 个跨国公司持有 3 家子公司股权，10 个跨国公司持有 4 家子公司股权，9 个跨国公司持有 5 家子公司股

---

① 跨国公司层面，样本中的行业有金属、机械、电子（29.09%）；食品、烟草和化工（26.36%）；交通、通信、电力和天然气服务（26.36%）；矿业、石油、天然气开采、建筑（14.55%）；企业和个人服务（1.82%）；零售和批发贸易（0.91%）；健康、教育和社会服务（0.91%）。子公司层面，行业分布是交通、通信、电力和天然气服务（27.51%）；食品、烟草和化工（26.02%）；金属、机械、电子（25.65%）；矿业、石油、天然气开采、建筑（9.29%）；零售和批发贸易（4.09%）；金融、保险、房地产（4.09%）；健康、教育和社会服务（1.86%）；企业和个人服务（1.49%）。

权，3个跨国公司持有6家子公司股权，2个跨国公司持有8家子公司股权，2个跨国公司持有9家子公司股权，1个跨国公司持有10家子公司股权。跨国公司的总部分布在22个国家。[①]

因变量：企业不负社会责任实践的转移

为了使因变量便于使用，我们采用了由 Bertrand 等（2002）提出并由 Siegel 和 Choudhury（2012）改良的方法，该方法将子公司对一个能够影响子公司行业冲击的反应不充分（Underreaction）视为集团内部交易的证据。因此，对企业社会责任的反应不充分提供了企业不负社会责任的实践由跨国公司总部向子公司进行转移的证据。我们通过对比被预期到的和被报告出来的子公司企业社会责任值，将这种反应不充分与行业中的企业社会责任冲击联系起来。预测值从回归模型中获得，回归模型根据子公司所预期的值来解释子公司实际的企业社会责任，其中子公司所预期到的值由焦点行业和各种公司控制变量（伦理承诺、绩效、规模、研发强度——所有变量的定义见控制变量部分）推断出来。公司固定效应估计使我们能够确定行业冲击的影响。我们使用子公司和非子公司样本纠正了潜在的偏向。附录B提供了更多方法论的细节。对于焦点子公司来说，预测的企业社会责任值大于其实际的企业社会责任值显示着不负社会责任实践的转移。预测的和实际的子公司企业社会责任之间的差异是我们研究企业不负社会责任实践转移的代理变量。

假设检验变量

母国利益相关方对跨国公司总部的压力。公开违反社会期望的有争议的实践会造成利益相关方撤出其对组织目标和活动的支持并质疑其合法性（Elsbach & Sutton，1992）。反过来，这种撤出会降低利益相关方提供的资源的数量和质量，甚至导致他们从事旨在诱发从众的压力策略（Pfeffer & Salancik，2003）。因此，我们在跨国公司与利益相关方关系方面所面对的广泛的争议下衡量了利益相关方压力。特别地，跨国公司总部面对的母国利益相关方压力用所有影响公司总部的争议的加权平均数的总和来衡量，这一数据由 Sustainalytics 提供。附录A提供了用来测量该变量的64个指标的更多细节。

连锁的、小股权的子公司。这些子公司的所有权结构和董事会构成与众不同。我们从两个途径来获取这些方面。首先，就像其他研究所做的那样（Davis，1991），

---

① 这些跨国公司主要分布在法国（20%）、德国（10.9%）、日本（10%）、英国（6.4%）以及美国（4.6%），子公司主要分布在西班牙（16.7%）、日本（11.5%）、中国内地（8.2%）、美国（7.8%）、意大利（5.2%）、葡萄牙（1.9%）、新加坡（1.9%）和中国香港（1.5%）。

我们记录了子公司所有者名字、实体的持股数以及持有 5% 及以上的股份的个人。这是跨国公司总部向子公司施加某种控制的最低临界值（Gatignon & Anderson，1988）。另外，对于我们样本中的那些上市公司，如果没有向外部投资者作为一个子公司加以明确，那么跨国公司足以控制子公司的持股临界值是 10%（Faccio，Lang & Young，2001）。其次，我们使用 OSIRIS 数据来确定董事会连锁。因此，一个连锁的、小股权的子公司是焦点跨国公司总部持有 5%~10% 利益份额并且董事会中至少有一名供职于总部的执行董事。

制度控制。已有的强力的监管体系和公民社会通常都会阻碍企业不负社会责任实践的转移。我们应用了三个指数来测量监管体系的强度。首先，我们使用菲沙研究所（Fraser Institute）的经济自由度指数（Gwartney，Hall & Lawson，2010）来衡量劳动力市场管制破坏雇员和雇主经济自由的程度。指数范围是 0（最强管制）到 10（最弱管制）；我们将指标反过来，得分越高代表管制越强。其次，我们使用了世界银行的世界法治指数，该指数范围是-2.5（最差保护）到 2.5（最佳保护）；它衡量了国家制度框架惠及有规律的经济活动和保护私有财产的程度（Kaufmann，Kraay & Mastruzzi，2009）。最后，我们用过去一年以前的获批的环境条约的数量来衡量政府参与环境议题的程度（Corbett & Kirsch，2001）。与 Delmas 和 Montes-Sancho（2011）相同，我们关注了世界资源研究所（2011）数据中的 13 个主要的国际环境条约。我们的管制压力变量是前面三个指数的主要成分（之前已经标准化）。跨国公司母国对管制压力的克隆巴赫系数（Cronbach's Alpha Coefficients）是 0.85，子公司的东道国系数是 0.79。我们对母国和东道国公民社会压力的衡量是母国和国外的非政府组织的数量（Delmas & Montes-Sancho，2011）。数据来自国际组织年鉴。

控制变量

公司层面的控制。由于应用了行为准则的跨国公司不可能批准其单元实施不负社会责任的行为（Locke et al.，2007），所以我们使用跨国公司总部和子公司层面的 SGP 的伦理得分（见附录 A）来衡量总部和子公司的伦理承诺。因为当企业经历资金紧张情况时，可能表现得不负责任（Campbell，2007），为了衡量绩效，我们使用了 Altman（1993）的 Z，它提供了比资产回报率等指标更为准确和全面的"真实的"企业财务的表现。跨国公司总部和子公司的规模增长（由总资产对数来衡量）提高了企业的可见度，提升了跨国公司和子公司层面的责任行为的可能性（Christmann，2004）。本文也使用研发费用占总销售额的比重来控制总部和子公司的研发强度。我们预期总部的研发强度会促进企业不负社会责任实践的转移，因为总部吸收新技术可能导致其将旧的污染的设备转移到子公司去（Moran，2001）。我们希望能得到子公司的研发强度与企业不负社会责任实践转移之间的负相关关系，因为创新被认为是企业社会责任的促进器（Surroca，Tribó & Waddock，2010）。

我们的数据还应用了 Brammer、Pavelin 和 Porter（2006）的总部地理多元化衡量方法。该衡量方法根据跨国公司是否在一个、两个或者两个以上地区有活动，提供了三选一的值，这些地区包括英国、欧洲大陆、日本、其他亚洲国家、北美、中南美洲以及澳大利亚。多元化为非法行为提供了机会，但是通过扩张，跨国公司可能更深入理解东道国的社会期望，并由此克服一些外来者劣势（Gardberg & Fombrun，2006）。

我们也控制了总部与其子公司关系的类别。子公司向总部提供原始输入的情况在很大程度上对公众是隐藏的；那么，我们预期，企业不负社会责任的实践更可能向这些子公司转移（Waddock，Bodwell & Graves，2002）。我们应用了 COMPUSTAT 的 SIC 行业准则定义两个虚拟变量，以对子公司的业务与总部是垂直相关还是水平相关的进行区分。如果总部的一位数的 SIC 编码（One-digit SIC Code）大于子公司的 SIC 编码（与原始输入相关活动相对应的更低的 SIC 值），那么子公司与总部是垂直相关的，记为 1，否则记为 0。当总部的个位 SIC 编码与子公司一致，那么子公司水平相关性记为 1，否则记为 0。参照分类是子公司其他类型相关性的虚拟，如果前两个类别都不是，则记为 1，否则记为 0。

海外子公司的企业不负社会责任的活动可能导致母国的利益相关方的运动（Mobilization）。为了控制这个可能导致反向因果关系的问题，我们纳入了合法性损失扩散（Legitimacy Loss Contagion）变量，来衡量子公司利益相关方需求对跨国公司总部造成的压力。该变量是对一个回归模型的预测，该模型以母国利益相关方对总部的压力为因变量，子公司争议以及其他所有与子公司相关的变量（公司、行业和国家层面的控制变量）为自变量。有了这个变量，反向因果关系问题就不突出了，因为它从我们的回归分析的误差项中消除了一个成分（见分析部分）：与子公司争议（有些是由向子公司转移企业不负社会责任实践产生的）有联系的母国利益相关方压力的成分。

行业层面的控制。行业环境塑造了利益相关方对企业合理行为的期望并同时确定了他们的施压策略（Powell & DiMaggio，1991）。企业不负社会责任实践的转移依赖行业规范。通过将母国和东道国的行业压力变量纳入回归分析，我们对非观测异质性的潜在来源进行了控制。对于跨国公司和子公司各自所在行业（在个位 SIC 编码的层面上）来说，它们是利益相关方压力变量的工具（Means）。另外，如果行业竞争过于激烈，企业就不太可能有负责任的表现（Campbell，2007），由于这个原因，我们对总部行业利润进行了控制，该变量由行业平均利润率来衡量，它是竞争减弱的替代变量（Kumar，1990）。

国家层面的控制变量。根据前面定义的制度套利概念，跨国公司将一些活动转移到其他国家来获得这些国家的成本优势。跨国公司将一些活动转移到像美国一样的国家并非为了寻求更低的劳动力成本或者原材料成本，而是获得进入国家创新体系的条件（Hall & Soskice，2001）。因此，技术上发达的国家不太可能庇护接受企业不负社会责任实践的转移的子公司。为了控制母公司的技术发展水平，我们纳入了东道国企业研发平均强度变量，它用我们数据库中在子公司所在国运营的所有公司每一年的研发强度的样本规模加权平均值来衡量。

分析

根据我们数据的结构特点，我们使用了面板数据技术来检验我们的假设（Wooldridge，2010）。我们使用了公司固定效应估计的方法，因为豪斯曼检验揭示了公司特定误差成分与解释变量的关系。另外，企业不负社会责任实践转移变量的持续性（例如，跨年的残差是相关的），引导我们聚类（Cluster）子公司层面的标准差来防止估计中的潜在偏向（Petersen，2009）。我们的表达式是：

Transfer of CSiR practices$_{it+1}$ = α_1 + α_2 home country's stakeholder pressure on MNE's HQ$_{it}$ + α_3 interlocked, minority –owned subsidiary$_{it}$ + α_4 home country's regulatory pressure$_{it}$ + α_5 home country's civil society pressure$_{it}$ + α_6 host country's regulatory pressure$_{it}$ + α_7 host country's civil society pressure$_{it}$ + α_8 home country's stakehoider pressure on MNE's HQ$_{it}$ × interlocked, minority –owned subsidiary$_{it}$ + α_9 home country's stakeholder pressure on MNE's HQ$_{it}$ × home country's regulatory pressure$_{it}$ + α_{10} home country's stakeholder pressure on MNE's HQ$_{it}$ × home country's civil society pressure$_{it}$ + α_{11} home country's stakeholder pressure on MNE's HQ$_{it}$ × host country's regulatory pressure$_{it}$ + α_{12} home country's stakeholder pressure on MNE's HQ$_{it}$ × host country's civil society pressure$_{it}$ + α_{13} firm controls$_{it}$ + α_{14} industry controls$_{it}$ + α_{15} country control$_{it}$ + τ_i + ε_{it}

下标 i 和 t 分别对应子公司和时期。我们衡量了 t+1 期的因变量来处理总部层面的与利益相关方压力伴随的潜在的反因果问题。在稳定性检验部分也检验了这个问题。误差项（Ti）的特定公司成分也包含其中，以消除与自变量相关的公司非观测异质性。例如，管理者特点就是误差项的一部分，它解释了跨国公司不负企业社会责任实践的转移，以及利益相关方对一个焦点跨国公司施压的程度（Campbell，2007）。最后是一个随机扰动残差。

使用上述这个方程，如果 α_2 是正的，那么假设 1 得到支持；如果 α_8 是正的，那么假设 2 得到支持；如果 α_9 和/或 α_{10} 是正的，那么假设 3a 得到支持；如果 α_{11} 和/或 α_{12} 是负的，那么假设 3b 得到支持。调节假设 2 和假设 3 也要求有相互作用的模型相对于没有相互作用的模型呈现出统计上的显著改进。

实证结果

表 1 展示了描述性统计，表 2 显示了研究变量的相关矩阵。假设在许多变量之间发现了显著相关性，我们就用方差膨胀因子（Variance Inflation Factors，VIFs）检验潜在的多重共线性。正如表 1 显示的，方差膨胀因子低于 10 的临界值，说明我们数据中多重共线性不是问题。Tabacbnick 和 Fidell（2007）建议连续变量和类连续变量（如有足够类别的分类变量）的正态性要在分析之前进行评估。非虚拟变量的单变量偏态和峰态系数在各自的临界值 |2.00| 和 |5.00| 以下，所以这些变量没有背离正态分布。Doornik 和 Hansen（2008）对这些非虚拟变量的多变量正态分布的检验支持单变量的统计结果。统计检验（$\chi^2 = 39.88$，$p = 0.79$）不支持拒绝多变量正态性的零假设。

假设检验

表 2 对假设 1 提供了初步支持，因为母国利益相关方对跨国公司总部的压力与不负企业社会责任的实践的转移正相关（$r = 0.22$，$p < 0.01$）。我们用固定效应估计方法深度检验了这种关系。模型 1 显示，母国利益相关方对跨国公司总部的压力与企业不负社会责任实践的转移正相关（$\beta = 0.33$，$p < 0.01$），支持假设 1。

为了检验假设 2，模型 2 中我们纳入了相互作用项母国利益相关方对总部的压力乘以连锁的、小股权的子公司。模型 2 相对于模型 1 表现出了显著的改善（$\Delta R^2 = 0.01$，$p < 0.05$），相互作用项也是正的和显著的（$\beta = 0.06$，$p < 0.01$），支持假设 2。

假设 3a 和 3b 在模型 3 和模型 4 中得到了检验。两个模型比模型 1 都有了显著改善。相互作用项母国利益相关方对总部的压力乘以母国管制压力以及母国利益相关方对总部的压力乘以母国公民社会压力的系数都是正的和显著的（分别为 $\beta = 0.31$，$p < 0.10$ 和 $\beta = 0.40$，$p < 0.01$；模型 4）。这些结果支持假设 3a。我们也发现，相互作用项母国利益相关方对总部的压力乘以东道国公民社会压力是负的并且显著（$\beta = -0.81$，$p < 0.01$），支持假设 3b。然而，我们没有发现母国监管架构的调节作用，这与政府监管作用的下降提升了非政府组织影响的观点是一致的（Hoffman，1999），尤其在发展中国家。

企业不负社会责任实践转移的其他决定因素

表 3（模型 4）的结果也表明调节变量连锁的、小股权子公司（$\beta = 0.06$，$p < 0.01$），以及母国公民社会压力（$\beta = 0.20$，$p < 0.01$）正向影响企业不负社会责任

表 1　描述性统计、方差膨胀因子、偏度和峰度 [a]

变量	均值	标准差	最小值	25%	50%	75%	最大值	方差膨胀因子	偏度	峰度
企业不负社会责任实践的转移	0.22	9.52	-25.41	-6.88	0.50	6.78	26.78	1.36	-1.01	2.59
母国利益相关方对跨国公司总部的压力	18.73	6.13	5.31	14.67	16.73	19.62	49.78	1.94	1.41	4.22
连锁的、小股权的子公司	0.18	0.11	0.00	0.00	0.00	0.00	1.00	1.04	0.88	0.78
母国监管压力	2.62	0.67	2.18	2.53	2.74	3.13	3.26	5.03	-0.49	0.90
母国公民社会压力	5317	999	1840	4207	5551	6127	6767	1.77	-0.61	2.80
东道国监管压力	2.49	0.72	0.39	1.82	2.62	3.09	3.25	4.08	-0.39	2.10
东道国公民社会压力	5181	1077	1840	4149	5452	6078	6767	1.62	-0.64	3.09
子公司伦理承诺	68.55	22.09	20.00	50.27	75.1	87.2	100.00	2.01	-0.46	1.84
子公司财务绩效	2.92	4.85	0.66	1.54	2.62	8.01	8.71	1.15	1.07	1.30
子公司规模	16.21	2.50	8.48	14.8	16.16	17.88	23.66	2.04	0.06	2.47
子公司研发强度	0.01	0.08	0.00	0.00	0.03	0.09	0.48	1.82	-1.96	3.39
子公司纵向相关性	0.08	0.27	0.00	0.00	0.00	0.00	1.00	1.11	—	—
子公司横向相关性	0.29	0.45	0.00	0.00	0.00	1.00	1.00	1.26	—	—
其他类型的子公司相关性	0.63	0.46	0.00	0.00	1.00	1.00	1.00	1.34	—	—
总部的伦理承诺	71.68	21.06	30.00	54.47	75.45	84.08	100.00	1.82	-0.65	2.30
总部财务绩效	3.83	8.03	1.49	1.66	4.04	33.07	33.75	5.72	-0.12	1.06
总部规模	18.52	2.83	8.66	17.64	19.16	20.32	26.15	1.75	-0.13	1.98
总部研发强度	0.02	0.07	0.01	0.01	0.01	0.03	0.37	2.75	1.40	1.85
总部地理多元化	0.36	0.27	0.00	0.04	0.24	0.32	3.00	6.80	0.81	3.26
母国行业压力	18.34	2.72	16.52	16.72	17.03	18.71	24.38	5.10	1.27	1.85
东道国行业压力	8.24	1.05	7.64	8.23	8.32	8.36	8.50	2.26	-0.16	0.70
总部行业利润率	11.82	31.75	0.05	6.52	11.28	44.4	77.39	6.17	0.65	2.79
东道国公司平均研发强度	0.01	0.04	0.01	0.01	0.01	0.04	0.06	1.21	-0.06	0.42
合法性损失扩散	17.32	3.48	2.58	13.84	20.46	26.97	35.58	9.13	-1.59	2.72

注：a n=570。正态性筛选只适用于连续变量和有足够类别的分类变量（Tabachnick & Fidell, 2007），对于虚拟变量连锁的、小股权子公司，我们报告了这个工具用来解决内生性问题的偏度和峰度值，它是一个连续变量（见稳定性检验）。对于其他的虚拟变量（子公司纵向相关性、子公司横向相关性和其他类型的子公司相关性），我们没有报告偏度和峰度值，因为它们没有被置于估计中。

表 2 皮尔森相关系数 ᵃ

	变量	1	2	3	4	5	6	7	8	9	10	11	12	13	14	15	16	17	18	19	20	21	22	23
1	企业不负社会责任实践的转移																							
2	母国利益相关方对跨国公司总部的压力	0.22																						
3	连锁的，小股权的子公司	0.17	0.03																					
4	母国监管压力	0.11	0.19	0.14																				
5	母国公民社会压力	0.14	0.13	0.05	0.12																			
6	东道国监管压力	-0.04	-0.09	-0.01	0.02	0.01																		
7	东道国公民社会压力	-0.05	-0.10	-0.05	-0.07	-0.08	0.03																	
8	子公司伦理承诺	-0.13	-0.03	-0.06	-0.10	-0.12	0.05	0.02																
9	子公司财务绩效	-0.02	-0.02	-0.01	-0.05	-0.02	0.04	0.13	0.03															
10	子公司规模	-0.01	0.00	-0.01	-0.01	-0.01	0.27	0.12	0.02	0.19														
11	子公司研发强度	-0.13	-0.02	-0.02	-0.03	-0.02	0.02	0.07	0.01	0.06	-0.03													
12	子公司纵向相关性	0.05	0.06	0.10	0.05	0.06	-0.05	-0.05	-0.08	-0.11	-0.02	-0.01												
13	子公司横向相关性	0.02	0.03	0.04	0.03	0.50	0.02	0.01	-0.07	0.04	-0.01	-0.01	-0.09											
14	其他类型的子公司相关性	-0.07	-0.09	-0.14	-0.08	-0.11	-0.03	0.04	0.15	0.07	0.03	0.02	0.09	-0.09										
15	总部的伦理承诺	-0.05	-0.06	-0.04	-0.10	-0.18	0.08	0.04	0.17	0.01	0.11	0.01	-0.13	-0.04	0.17									
16	总部财务绩效	-0.21	-0.16	-0.02	-0.11	-0.06	0.11	0.10	0.07	0.11	-0.04	0.00	-0.17	-0.13	0.30	0.07								
17	总部规模	0.03	0.08	0.05	0.05	0.24	0.14	0.05	0.04	0.09	0.09	0.02	-0.01	-0.09	0.08	0.09	0.08							
18	总部研发强度	0.05	0.13	0.03	0.03	0.01	-0.02	-0.03	0.02	-0.03	-0.01	-0.03	0.30	0.18	-0.48	0.06	0.09	-0.07						
19	总部地理多元化	-0.03	0.12	-0.06	0.01	0.05	0.06	0.05	0.01	0.05	0.06	-0.01	0.26	0.19	-0.45	0.07	0.03	0.22	0.25					
20	母国行业压力	-0.03	0.28	-0.05	-0.02	-0.01	0.02	0.02	0.02	0.05	0.07	0.06	0.04	0.01	-0.05	-0.08	-0.02	0.09	0.02	-0.07				
21	东道国行业压力	-0.01	-0.22	0.07	0.01	0.02	0.00	-0.03	0.03	0.09	0.05	-0.07	-0.12	0.01	0.11	0.01	-0.04	-0.04	-0.00	-0.17	-0.07			
22	母国利润率	-0.05	-0.09	-0.02	0.11	0.06	0.02	0.06	0.04	0.05	0.03	0.04	-0.16	-0.08	0.24	0.09	0.07	0.02	-0.26	-0.21	-0.27	-0.02		
23	东道国公司平均研发强度（东道国）	-0.03	-0.01	-0.08	-0.13	0.02	0.13	0.05	0.10	0.04	0.04	0.33	-0.15	-0.11	0.26	0.14	0.12	-0.03	-0.04	0.04	0.03	-0.13	0.05	
24	合法性损失扩散	0.03	-0.05	0.04	0.04	0.03	0.09	0.03	0.01	0.07	0.15	0.06	0.06	0.06	-0.12	0.02	0.00	0.15	0.04	0.07	0.08	0.08	-0.11	0.04

注：an=570。相关系数值在0.03到0.04之间在 p<0.10 水平上是显著的，相关系数值大于0.04且小于0.08 在 p<0.05 水平上显著，相关系数数值大于或等于0.08 在 p<0.01 水平上显著。

表3　企业不负社会责任实践转移的公司固定效应估计结果[a]

自变量	t+1 期企业不负社会责任实践的转移							
	模型 1		模型 2		模型 3		模型 4	
假设检验变量								
母国利益相关方对跨国公司总部的压力	0.33**	(0.11)	0.31**	(0.11)	0.23**	(0.08)	0.22**	(0.08)
连锁的、小股权子公司	0.05*	(0.02)	0.06**	(0.02)	0.06**	(0.02)	0.06**	(0.03)
母国监管压力	0.05	(0.05)	0.05	(0.05)	0.07	(0.05)	0.15	(0.10)
母国公民社会压力	0.26**	(0.08)	0.26**	(0.08)	0.20**	(0.08)	0.20**	(0.08)
东道国监管压力	−0.08	(0.10)	−0.08	(0.10)	−0.02	(0.03)	−0.02	(0.03)
东道国公民社会压力	−0.04	(0.07)	−0.04	(0.07)	−0.05	(0.07)	−0.05	(0.07)
相互作用项								
母公司利益相关方对跨国公司总部的压力× 连锁的、小股权的子公司			0.06**	(0.01)			0.06**	(0.01)
母公司利益相关方对跨国公司总部的压力× 母国监管压力					0.34+	(0.20)	0.31+	(0.19)
母公司利益相关方对跨国公司总部的压力× 母国公民社会压力					0.41**	(0.12)	0.40**	(0.12)
母公司利益相关方对跨国公司总部的压力× 东道国监管压力					−0.16	(0.33)	−0.12	(0.33)
母公司利益相关方对跨国公司总部的压力× 东道国公民社会压力					−0.18**	(0.07)	−0.18**	(0.07)
子公司层面控制								
子公司伦理承诺	−0.10*	(0.05)	−0.10*	(0.05)	−0.13**	(0.05)	−0.13**	(0.05)
子公司财务绩效	−0.06	(0.05)	−0.06	(0.05)	−0.03	(0.04)	−0.07	(0.05)
子公司规模	−0.07	(0.05)	−0.07	(0.05)	−0.11	(0.07)	−0.11	(0.07)
子公司研发强度	−0.05*	(0.02)	−0.05*	(0.02)	−0.06**	(0.02)	−0.06**	(0.02)
子公司纵向相关性	0.15**	(0.02)	0.16**	(0.02)	0.11**	(0.03)	0.11**	(0.03)
子公司横向相关性	0.01	(0.01)	0.01	(0.01)	0.01	(0.01)	0.01	(0.01)
总部层面控制								
总部伦理承诺	−0.11	(0.11)	−0.11	(0.11)	−0.07	(0.13)	−0.07	(0.12)
总部财务绩效	−0.25**	(0.09)	−0.25**	(0.09)	−0.28**	(0.08)	−0.27**	(0.08)
总部规模	0.15	(0.21)	0.18	(0.21)	0.10	(0.24)	0.11	(0.24)
总部研发强度	0.69**	(0.22)	0.65**	(0.23)	0.27*	(0.13)	0.27*	(0.13)
总部地理多元化	0.19	(0.46)	0.16	(0.46)	0.05	(0.48)	0.03	(0.48)

续表

自变量	t+1 期企业不负社会责任实践的转移							
	模型 1		模型 2		模型 3		模型 4	
行业层面控制								
母国行业压力	−0.15	(0.54)	−0.19	(0.55)	−0.12	(0.56)	−0.16	(0.56)
东道国行业压力	−0.08	(0.10)	−0.08	(0.10)	−0.12	(0.10)	−0.13	(0.10)
总部行业利润率	−0.18**	(0.07)	−0.16*	(0.07)	−0.15*	(0.07)	−0.15*	(0.07)
国家层面控制								
东道国公司平均研发强度	−0.10	(0.11)	−0.10	(0.11)	−0.07	(0.10)	−0.07	(0.10)
合法性损失扩散	−0.13	(0.13)	−0.11	(0.13)	−0.14	(0.14)	−0.15	(0.13)
截距	0.14*	(0.06)	0.13*	(0.06)	0.02	(0.10)	0.02	(0.09)
模型统计								
R^2	0.10		0.11		0.14		0.15	
固定效应的豪斯曼检验	42.63**		39.14*		38.80*		38.35*	
模型的拟合优度 (F)	18.01**		19.10**		20.78**		21.81**	
$\triangle R^2$			0.01		0.04		0.05	
$\triangle R^2$ (χ^2) 似然比检验			5.34*		21.70**		22.14**	

注：ª 括号里是稳定性的标准误差，+表示 $p < 0.10$，* 表示 $p < 0.05$，** 表示 $p < 0.01$。

实践转移。[1] 就我们的控制变量来说，在总部层面更高的财务绩效（$\beta = -0.27$，$p < 0.01$）和行业利润率（$\beta = -0.15$，$p < 0.05$）降低了企业不负社会责任实践转移的水平。在子公司层面，那些有高伦理标准的子公司具有较低的不负企业社会责任的实践转移倾向。这些转移在那些与总部垂直相关的子公司更高（$\beta = 0.11$，$p < 0.01$）。最后，企业研发投入效应在公司层面是正的（$\beta = 0.27$，$p < 0.05$），对于子公司则是负的（$\beta = -0.06$，$p < 0.01$）。

稳定性检验（Robustness Checks）

利益相关方压力和企业不负社会责任实践转移的其他衡量。为了让每个利益相关方群体更好地理解企业不负社会责任实践从总部向子公司转移的模式，我们重复进行了表 3 中的分析。我们使用了同样的方法来测量利益相关方压力和企业不负社会责任实践的转移，来为每个利益相关方创造等价变量。其他变量如表 3 所示。结果显示，来自工人的压力导致人力资源方面不负企业社会责任的实践转移到国外子

---

[1] 虽然在 0.1 水平上不显著，但是调节变量母国监管压力（$\beta = 0.15$）、东道国监管压力（$\beta = -0.02$）和东道国公民社会压力（$\beta = -0.05$）的方向与我们的期望和表 2 的结果是一致的，表 2 中的相关系数都是显著的（分别是 $r = 0.11$，$r = -0.04$，$r = -0.05$）。

公司（β = 0.38，p < 0.01）；母国社区压力导致了对东道国不道德的公共社会实践的转移（β = 0.18，p < 0.05）；股东压力导致跨国公司向其子公司转移不合法的公司治理实践（β = 0.20，p < 0.05）；客户压力导致子公司粗暴地对待客户（β = 0.38，p < 0.05）；环保集团的压力与跨国公司子公司不负环境责任的实践正相关（β = 0.11，p < 0.05）。因此，我们可以得出结论，既定利益相关方对总部层面的压力导致跨国公司将涉及同类利益相关方的不负社会责任的实践向其子公司转移。

根据重点关注外部利益相关方的组织研究，在衡量母国利益相关方对总部的压力时去除了员工利益相关方后，我们重复进行了分析。新的变量也对企业不负社会责任实践的转移有影响（β = 0.24，p < 0.01）。其他结果仍然没有改变。

其他的调节变量。为了验证对于连锁的、小股权的子公司变量的结果，我们使用了与子公司董事会成员总数相对的董事会共同董事成员数量（而不是子公司董事会至少存在一个跨国公司执行官的数量）检验了我们结论的稳定性。结果与本文的结果在性质上是相似的。

我们也考虑了其他制度控制的代理变量。对于监管压力，我们使用了世界银行全球治理指数的三个维度：政治效率、监管质量和法治程度。克隆巴赫系数母国是0.92，东道国是0.94。我们采用了世界价值调查的指标作为公民社会压力的替代衡量，世界价值调查一直应用以前的研究来衡量社会资本：普遍信任、制度信任、协会活动、公民行为规范（Knack & Keefer，1997；Paxton，1999）。阿尔法系数母国压力是0.92，东道国是0.90。结果与表3中的结果在性质上是相似的。

涉及调节变量的最后一个检验是它们潜在互补性的研究。我们通过在研究中加入了两个三重相互作用项来解决这个问题。第一个相互作用项，母国利益相关方对跨国公司总部的压力乘以连锁的、小股权的子公司乘以母国与东道国监管压力的差异，对企业不负社会责任实践转移的影响显著为正（β = 0.14，p < 0.10）。同样，第二个相互作用项，母国利益相关方对跨国公司总部的压力乘以连锁的、小股权的子公司乘以母国和东道国公民社会压力的差异显著为正（β = 0.07，p < 0.10）。这些结果说明，当母国存在利益相关方压力时，我们可以预期跨国公司企业不负社会责任实践的转移会加强，这些实践将向那些在比母国制度控制更为宽松的国家中运营的连锁的、小股权的子公司转移。

其他解释。我们检验了两个可能影响我们结果的问题：反向因果关系和子公司之间的转移。首先，虽然我们用滞后和合法性损失扩散变量在一定程度上解决了内生性问题，我们还通过加入潜在的内生性变量（母国利益相关方对跨国公司总部的压力和连锁的、小股权的子公司变量）来提供更高的稳定性。固定效应工具变量评估结果与表3中模型4的结果一致。母国利益相关方对跨国公司总部的压力系数比它在模型4中的要大（β = 0.30，p < 0.05），这说明模型4中存在一个反向因果关系

的小问题，但是与我们的利益相悖：企业不负社会责任实践转移的增加最终会降低跨国公司利益相关方压力。在消除了这个负面影响后，系数因此变得比模型4中显示的系数大了。

其次，附录B中的3、4和5的检验显示了子公司之间企业不负社会责任实践的转移结果，基于此我们检验了这些转移的内含物是如何影响表3中的结果的。为了解决这个问题，我们复制了表3中的分析，包含了一个额外的解释变量，利益相关方对所有跨国公司的压力，而排除了焦点变量（the Focal One）。这个变量的衡量方法在跨国公司层面与我们之前的衡量方法一致，但在子公司层面不一致，对一个既定跨国公司，要将所有非焦点子公司的值加总。结果显示，利益相关方压力无论对兄弟公司（$\beta = 0.30$，$p < 0.05$），还是对总部（$\beta = 0.17$，$p < 0.01$）的压力都对焦点子公司的不负企业社会责任实践的转移有正面的影响。然而，总部利益相关方压力的影响比利益相关方施加在其他子公司压力的影响高3倍多。

补充分析

为了进一步验证我们的结果，我们用其他数据，即新闻报纸杂志Lexis-Nexis学术数据库2003~2010年的数据集，做了一个与本文关注的主要关系（假设1）相关的最终分析。我们将数据限于前面研究的110个子公司及其包含于OSIRIS数据库的所有子公司。对于每个跨国公司，我们使用五个关键词来搜索利益相关方压力策略，分别是"抗议"、"抵制"、"代理投票"、"公民诉讼"、"书信写作"。对每个子公司，我们使用18个关键词来搜索与每类利益相关方有关的争议实践。①虽然我们一开始是将供应商包含在研究之中的，但是缺少积极的匹配让我们将这个利益相关方群体排除在分析之外。我们只收集了发生在利益相关方对总部施加压力策略之后的争议行为记录。

Lexis-Nexis数据显示，包括总部和子公司层面，56.4%的跨国公司涉及了某种形式的与利益相关方有关的事件，平均每个公司涉及2.2个事件，最多的涉及5个事件。进一步数据显示，53.6%的跨国公司总部屈服于一种或者多种利益相关方的某种压力策略，员工是最活跃的利益相关方（27.27%）。子公司方面，40.91%涉及了某种利益相关方争议，同样是主要与员工相关（21.82%）。通过两个层面的分析，我们发现38.18%的跨国公司（42个）在总部和子公司层面都涉及了利益相关方事件。

---

① 与社区有关的关键词是："关闭工厂"、"税收征管"和"税收贡献"。与客户有关的关键词是："不道德销售"、"误导或虚假广告"、"反竞争做法"、"价格固定"和"危险产品"。与员工有关的关键词是："裁员"、"不正当的劳动行为"和"安全健康威胁"。与股东相关的关键词是："会计操纵"、"错误会计实务"、"公司不民主"、"过度补偿"和"反并购条款"。与环境有关的关键词是"空气、土壤和水污染"和"其他环境损害"。

表 4 补充数据集的皮尔森相关系数 ^a

利益相关方对总部的压力策略	利益相关方相关的跨国公司子公司的企业不负社会责任实践					任何利益相关方
	员工	社区	股东	客户	自然环境	
员工	0.57**	−0.05	−0.01	0.06	−0.08	
社区	−0.06	0.42**	0.06	−0.07	0.22*	
股东	−0.01	0.40**	0.52**	0.06	−0.06	
客户	0.04	0.14+	0.02	0.26**	0.18+	
自然环境	−0.01	0.24**	0.01	0.10	0.34**	
任何利益相关方						0.76**

注：an=110。≠+表示 $p < 0.01$，* 表示 $p < 0.05$，** 表示 $p < 0.01$。

正如总部层面与任何利益相关方采纳的压力策略以及与任何利益相关方有关的子公司争议实践相关系数（$r = 0.76$，$p < 0.01$）所显示的那样，假设 1 中我们计算的两两相关的数据得到了该数据的支持。表 4 还提供了企业不负社会责任实践转移过程的见解。对角线上显著的相关系数显示，在母国对抗跨国公司的特定的利益相关方运动，与滞后期在跨国公司子公司对同类型利益相关方造成影响的争议行动是正相关的。这些结果与第一个稳定性检验的结果是一致的。雀巢的案例就说明了一个利益相关方被卷入总部和子公司层面的事件中的情形。来自客户的压力导致雀巢做了一个逐步停止生产转基因产品的公共承诺。虽然雀巢在发达国家信守了这一承诺，但是它在第三世界的子公司却因糟糕的母乳喂养和为新妈妈们提供含有转基因产品的婴儿食品而被起诉。

我们的结果还揭示了相关矩阵线以外的相关关系情况，这可以用 Lexis-Nexis 所记录的案例来进行说明。首先，社区压力对未来子公司环境争议的影响（$r = 0.22$，$p < 0.05$）可以用霍尔西姆公司的案例来说明。2005 年，得克萨斯中洛锡安郡社区发起运动抗议霍尔西姆公司导致了空气污染相关的大量癌症案例。两年后，由于霍尔西姆公司在新西兰的子公司使用低质含硫煤，燃烧后会产生大量致癌物质二氧化硫，非政府组织因此公开谴责该公司破坏环境。其次，荷兰皇家壳牌石油公司的案例说明了在东道国股东抗议和社区争论之间的关系（$r = 0.40$，$p < 0.01$）。总部层面，壳牌石油公司股东协会抗议壳牌公司管理层高薪，若干年后，壳牌公司子公司社区也就大量的争议进行抗议，包括对偷税漏税（菲律宾公司）和侵占原住民土地（巴西公司）的指控。最后，埃克森美孚石油公司的案例说明了环保主义者运动与东道国社区相关的未来争议的关系（$r = 0.24$，$p < 0.01$）。在 2008 年，为了回应环境组织的压力，埃克森美孚石油公司公开声明它将在运营中采取"更绿色"的方式。然而，2010 年，美孚石油公司尼日利亚子公司当地社区谴责该公司没有对所

有在该地区有记录的石油外溢进行补偿，而石油外溢正是由使用石油管道中的陈旧技术所导致的。

讨　论

本文中，我们试图明确跨国公司是如何对母国利益相关方在企业社会责任方面的一致性压力进行反应的。我们引入代理角度的制度理论对这个问题进行了检验，并将其扩展到国际商务的范畴来理解跨国公司在其经营的各种制度环境下是如何处理企业社会责任问题的。我们认为，跨国公司组织结构的两个维度——总部及子公司关系的各种设置以及世界范围内经营的分散——给予了跨国公司处理利益相关方压力的酌处权和灵活性。因此，我们提出，利益相关方在跨国公司母国的更高的企业社会责任期望会起到激励跨国公司在东道国的不合规行为的作用。我们提供的稳定性分析支持了这种预测。

主要发现

母国利益相关方压力。典型情况是，跨国公司对母国利益相关方之间不断上升的压力的回应是，通过将企业不负社会责任的实践转移到子公司中的其他地方，从而退出存在强压力的领域。通过应用这种战略，跨国公司能够将它们合规的结构（总部）与那些对技术活动负责的结构（子公司）相分离。这样，跨国公司表面上从事"装点门面"的活动，对于总部利益相关方，这些活动给予了跨国公司一致性的表象并获得组织合法性，而同时，跨国公司在国外机构却从事着不负社会责任的活动。因此，不当行为没有得到制止；它只是转移到被选中的子公司。

我们进一步解释了组织层面和领域层面的因素对放大或者抑制这种企业不负社会责任实践转移的影响。我们发现，当子公司松散地附属于跨国公司，同时被跨国公司通过董事会连锁所控制时，企业不负社会责任实践的转移概率更高。这些子公司对跨国公司总体合法性造成负面的合法性溢出的潜力更小。在组织领域层面，我们发现在两种情况下存在着调节作用。第一是当跨国公司母国的管制和公民社会机构充分地覆盖了利益相关方期望，并且有着成熟的流程来对企业不服从进行强制实施、预警和制裁的时候。第二是当在东道国的公民社会控制对与企业社会责任有关的不遵守更放纵的时候。作为一种公民社会型机构控制机制的国际非政府组织，降低了对跨国公司将不负社会责任的实践转移到位于其他国家的子公司的激励。

其他不合规驱动力。我们的研究还表明，跨国公司总部及其子公司的特性解释了企业不负社会责任实践的转移。在子公司层面，子公司的伦理承诺和技术导向降低了企业不负社会责任实践转移的可能性。另外，向总部输入原料的子公司更可能成为企业不负社会责任实践转移的目标。在企业层面，当跨国公司面临财务困境或者在高度竞争行业的时候，跨国公司会向子公司转移企业不负社会责任的实践。就像我们预测的那样，我们还发现更多技术密集的跨国公司更可能向其子公司转移企业不负社会责任的实践。由于正面临着尽快削减成本以弥补其巨额的研发投入的处境，苹果公司近期发布消息称将采取这一措施（Duhigg & Barboza，2012）。

理论意义

我们的研究对国际商务、制度理论和企业社会责任文献均有贡献。我们的结果对国际商务中持续争论的污染避难所假说的正确性提供了支持，该假说认为跨国公司通过将其运营重置于监管更松的区域来应对母国不断增加的监管和社会压力。我们提出并发现两个调节变量系列可能影响这种关系：子公司的特性以及母国和国外的制度的完善程度。分析显示，当母国的制度管制程度高而东道国低时，在母国面对利益相关方压力的跨国公司会将企业不负社会责任的实践转移到其子公司中，特别是其连锁的、小股权的子公司中。而且，在解释子公司企业社会责任方面，东道国公民社会的成熟度似乎比监管更重要。

作为公司不断国际化的结果，我们的研究结果还对调和国际商务文献中对于利益相关方压力对企业社会责任的影响相关的一些有争议的结论提供了帮助。研究结果支持已有的关于母国和东道国制度的发展对解释企业社会责任非常重要的结论（Campbell et al.，2012）。我们还为以下复杂的结果提供了额外的证据，即子公司的异质性导致跨国公司以不同的方式处理利益相关方的企业社会责任关切。

我们的研究还对制度理论进行了补充，明晰了其对企业社会责任的意义。我们的研究是对制度压力对企业社会责任影响进行大规模的经验研究的少量文献中的一个。研究结论支持制度理论中的代理观点，假设组织通过转移企业不负社会责任的不当行为来应对外部压力。

该研究也拓展了以前对于制度力量中的跨国多元化对跨国公司影响的研究结果。母国和东道国的制度距离被认为是达成跨国公司利润最大化目标的一种重要的阻碍，因为增加的距离使得外国公司在东道国很难建立起合法性（Kostova & Zaheer，1999）。我们建立理论后发现跨国公司运营的制度环境的多样性也可能对某些跨国公司产生积极的结果，在某种程度上这种多样性提供了制度套利这种有价值的机会。将跨国公司的活动转移到国外确保了东道国制度体系能够提供的优势可以补偿随着制度距离增加所带来的对当地环境的陌生性的提高和总部与子公司的关系风险的增加。

与此相关，对跨国公司的外来者劣势的国际商务研究分析表明，外国子公司可以通过从事企业社会责任实践来提高它们在东道国的合法性 (Gardberg & Fombrun, 2006; Matten & Moon, 2008)。尽管企业社会责任实践具有潜在的合法性效益, 我们的结果表明, 跨国公司并不总是关心其子公司的合法性, 并且那些与跨国公司总部联系松散的外国子公司不可能满足东道国在自然环境、当地社区和当地雇员方面的利益。相反, 我们假设那些与总部联系更密切的子公司更有可能通过企业社会责任实践来克服外来者劣势。

对制度理论研究的补充在于我们的研究进一步拓展了合法性溢出的概念 (Kostova & Zaheer, 1999)。在已有的研究中, 人们预期所有的子公司都会影响总部的合法性。然而大部分已有的研究忽视了子公司对母公司可能造成影响的程度存在区别。基于近期的研究 (Kuilman & Li, 2009), 我们提出, 由于子公司与跨国公司的其他部分的关联程度不同, 不是所有的子公司都对跨国公司合法性有着同等的贡献。外部利益相关方可以将某些子公司视为跨国公司的正式成员, 将某些子公司视为跨国公司的部分成员, 其他子公司与跨国公司不关联。在后一种情况中, 子公司层面的企业不负社会责任的活动对跨国公司总部的社会认可程度没有不利影响。因此, 我们的研究提供了这样的见解, 即蔓延效应可能多多少少会在跨国公司中发生。另外, 结果还显示, 企业不负社会责任实践很可能在能够有效控制对总部的合法性损失扩散的子公司中发现, 这些子公司与跨国公司的联系很难被外部人识别。该研究也支持了 Granovetter (1983) 理论的正确性, 即单元之间的遥远的联结比强力的联结更有助于解释像跨国公司这样的网络组织行为。

我们的研究还补充了企业社会责任的研究。之前的研究分析了公司对利益相关方压力的反应, 结论是企业倾向于积极地进行反应 (Eesley & Lenox, 2006)。我们的研究表明, 跨国公司总部会积极地对利益相关方要求更好地履行社会责任进行反应。然而, 企业将不负社会责任的实践向远离公众监督的单元转移只能部分地解释这种改善。因此, 确定一种区分企业负责任和不负责任行为的最低门槛的提议 (Campbell, 2007) 可能是有问题的。从事企业社会责任以处理利益相关方要求的公司可能努力达到这种最低的门槛, 以此获得社会层面的运营许可。那么, 公司就可能使用这种分散的组织结构来规避制度压力并且表现出一种不负社会责任的样子。相反, 一个处理利益相关方问题而不理会它们施加的压力的公司, 即使在制度比较宽松的制度环境中, 也不太可能表现得不负责任。

实践意义

我们的分析和结果也有公共政策意义。一些国家已经在母国采用了能够提升企业社会责任合规标准的监管体系, 但却没有考虑它们的立法对国外的影响。尽管这些法律可能改善了适用这些法律的国家的实体企业社会责任绩效, 但是我们的研究显示，母国市场的制度压力可能导致公司采取复杂的不当行为形式，将其企业不负社会责任的实践转移到国外子公司。另外，我们的研究建议，改变这种与企业社会责任有关的不当行为需要多边的方式（Braithwaite，1993）。特别是政府需要在对不合规行为进行强制实施、监督和制裁中相互协调。在政府缺乏能力或者资源来保证合规性的地方，就可能需要强力的公民社会填补空白。在这些国家促进国际非政府组织发挥作用可能有助于抑制跨国公司的不当行为。

尽管某些东道国也颁布了旨在鼓励当地合作者参与到外资企业中的法律，但是有些法律适得其反——特别是当子公司的所有权结构变得稀释时，东道国的制度对当地利益相关方的保护不力。当东道国在制定集体行动解决方案遇到严重的困难时，国家政府应该要求跨国公司持有当地子公司中的大量股份。母国可能也要通过要求跨国公司不论持股规模如何都要披露其旗下所有单元的信息，以此在监管跨国公司的不当行为方面支持东道国。

我们的发现还对要求跨国公司从事伦理行为的利益相关方有意义。研究结果显示，即使当跨国公司总部乐享各类利益相关方眼中的合法性，它们也很可能表现出不负责任的行为。因此，要跳出跨国公司在母国市场的举止并确定它们在东道国市场的社会责任的承诺是至关重要的。

局限和未来研究方向

我们的研究有几个不足之处需要以后加以研究。SGP 数据库只包括较大的跨国公司子公司的企业社会责任排名。因为我们可能仅仅抓住了转移到那些处于更广的公共监督之下的子公司（这样的转移不太可能发生）的企业不负社会责任的实践，因此我们的研究是企业社会责任不当行为的实际值的下界。另外，我们只检验了跨国公司与其子公司是通过持权直接联结和董事连锁的情况。对那些更弱的联结情况的研究可能更有帮助，如供应商关系或者所有者和董事之间的社会联系（Khanna & Rivkin，2006）。事实上，如果我们考虑了这些联系，我们的研究可能更有说服力。轶事证据也支持这种可能性，如从事不负社会责任实践的跨国公司倾向于与供应商合作，而跨国公司不持有供应商股权（Spar，1998）。结果是未来的致力于厘清跨国公司企业社会责任行为的研究可能需要研究跨国公司与其商务合作伙伴这样的弱联系关系。

结　论

跨国公司运营全球化程度的加深提高了对其履行社会责任承诺的关切。本文研究表明，跨国公司经常使用其与子公司的联结将企业不负社会责任的实践转移到子公司。我们的研究结果延伸了制度文献对于跨国公司面对社会和环境合规压力下行为研究。面对这种母国不断提升的对更好履行社会责任的需求，跨国公司已经进行制度套利来回应，将企业不负社会责任的实践转移到其国外的子公司，而非采用一致的政策来处理这种压力。我们希望本文能激发未来对跨国公司及其子公司企业社会责任行为的研究。

附录 A　Sustainalytics Global Platform 排名的维度

维度	透明度披露	政策和方针	管理流程	争议
企业伦理（BE）	独立报告，公共信息，对 BE 议题的正式陈述（5）	对贿赂和腐败的正式政策（1）	对 BE 的具体计划。董事会层面对 BE 的责任（2）	贿赂和腐败、政治献金、税收问题（3）
社区	独立报告，公共信息，对社区议题的正式陈述，相关计划的数据和资源配置（7）	社区参与和人权的正式政策（2）	志愿活动的具体计划，社区参与，以及咨询。在敏感国家中运营的指南，具体组织架构（5）	当地社区、主要支持领域、敏感国家中的活动、慈善捐款、税收议题（6）
股东	高管信息（档案、报酬），董事会委员，投票权说明（5）	公司治理方针（1）	高管绩效评价，董事会独立性，审计、薪酬和提名委员会的独立性（12）	一人一票原则、报酬、非审计费用占审计费用的比例、股东权、治理结构（6）
客户	独立报告，公共信息，对客户议题的正式陈述，量化数据（6）	对质量、客户满意度、产品安全和营销活动的正式政策（3）	对质量、客户满意度、产品安全的具体计划，董事会层面对客户议题的责任（3）	反竞争活动、营销活动、产品与服务（4）
员工	独立报告，公共信息，员工议题的正式陈述，量化数据（6）	关于健康、安全、多样化、结社自由、童工、强迫劳动、工作时间和工资的正式政策（6）	对培训、工作多样化、工作生活平衡、激励、满意度调查的具体计划，董事会层面的责任（11）	下岗和裁员、雇佣条件、歧视、重组、结社自由、童工/强迫劳动、健康和安全（14）
环境	独立报告，公共信息，政策、方针和管理体系的说明，环境指标的数据（6）	正式的环境政策（1）	减少消费、排放、污染和影响的具体计划。环境审计，董事会层面责任，环境部门（20）	罚金、排放、污染、废弃物、资源利用、对生态环境的破坏、供应链议题、产品或服务（24）
供应商	独立报告，公共信息。供应商行为准则，供应商的社会数据（7）	供应商适用的关于健康、安全、工作时间、工资、结社自由、童工/强迫劳动、歧视的政策（7）	监管体系，供应商董事会层面的责任，承包商意识计划（3）	对健康和安全的争议、雇佣条件、歧视、结社自由、参与童工/强迫劳动的供应商（7）

附录 B　企业不负社会责任实践的衡量

我们采用了 Bertrand 及其同事（2002）的五个检验来确定和衡量企业不负社会责任实践：①子公司应该不如独立的公司对影响行业的企业社会责任冲击敏感；②连锁的、小股权的子公司应该不如其他子公司对行业企业社会责任冲击敏感；③子公司应该对影响同一跨国公司的其他子公司的行业冲击敏感；④子公司应该对影响同一跨国公司中连锁的、小股权的子公司的行业冲击特别敏感；⑤在预测 3 和 4 中，连锁的、小股权的子公司应该显示出较小的敏感性。

检验这些假设的基本模型是：

$$CSR_{ijt+1} = \alpha_1 + \alpha_2 \text{expected} CSR_{ijt} + \alpha_3 \text{subsidiary controls}_{it} + r_i + \varepsilon_{ijt}$$

其中，CSR_{ijt} 是 t 年行业 j 的企业 i 的实际企业社会责任。Subsidiary controls$_{it}$ 是绩效、规模、研发强度和伦理承诺（文中已定义）。在定义时，某些概念会有用。令 O_{ijt} 是对文中定义的利益相关方压力的衡量；$R_{ijt} = CSR_{ijt}/O_{ijt}$，衡量公司对其利益相关方回应；$\hat{R}_{jt} = \sum_i O_{ijt} R_{ijt} / \sum_i O_{ijt}$ 衡量行业 j 的平均回应，由每个公司对其相关利益相关方压力加权计算。从这些表达式中，我们预期企业社会责任的水平为 $CSR_{ijt} = \hat{R}_{jt} O_{ijt}$。

对所有样本公司，包括非子公司，以及得到的预期企业社会责任，我们进行了固定效应回归模型（B1）。在存在企业不负社会责任实践转移的情况下，实际企业社会责任比预期值要低（Bertrand et al., 2002）。因此，我们衡量了企业不负社会责任实践的转移 pred $CSR_{ijt} - CSR_{ijt}$。

附表 B1 显示了五个检验的结果。模型 1 支持了第一个预测，项的系数是负的（如果焦点公司属于一个跨国公司那么子公司是一个记为 1 的虚拟变量）。在模型 2 中（限于子公司样本），项的系数是负的，对第二个假设提供支持。在模型 3 中，（除焦点子公司的所有跨国公司子公司之和）项系数与我们的期望一样是正的。在模型 4 中，项的系数支持假设 4。模型 5 和模型 6（限于连锁的、小股权子公司）支持最后的假设。在模型 5 中不显著，而它在模型 3 中显著。类似的最开始在模型 4 中是显著的，在模型 6 中不显著。因此，五个检验都支持集团内部交易的假设。

接下来，我们要确定如我们定义的"转移"是否增加了总部的企业社会责任而减少了子公司的企业社会责任。我们根据企业不负社会责任实践的转移，并对总部和子公司相关变量进行控制，我们检验了总部和子公司的企业社会责任。结果如附表 β2 所示，这些转移减少了子公司的企业社会责任（β = -0.89，p < 0.01），特别是连锁的、小股权的子公司（β = -0.89 - 0.11 = -1.00，p < 0.01），并提升了总部的企业社会责任（β = 0.06，p < 0.05），特别是当转移与连锁的、小股权子公司有关时

附表 B1　企业不负社会责任实践的转移的衡量[a]

变量	模型 1	模型 2	模型 3	模型 4	模型 5	模型 6
			t+1 年子公司企业社会责任			
期望的 CSR（ECSR）	0.48** (0.03)	0.54** (0.11)	0.58** (0.03)	0.55** (0.06)	0.57** (0.11)	0.54** (0.13)
ECSR×子公司	−0.16* (0.07)					
ECSR×子公司×连锁的、小股权的子公司		−0.22** (0.04)				
其他跨国公司子公司 ECSR			0.16* (0.07)	0.12* (0.06)	0.10 (0.08)	0.09 (0.15)
其他跨国公司子公司的 ECSR×其他连锁的、小股权的子公司				0.28** (0.04)		0.14 (0.13)
			子公司层面控制变量			
子公司伦理承诺	0.18** (0.01)	0.33** (0.13)	0.44** (0.24)	0.51** (0.05)	0.54** (0.04)	0.54** (0.05)
子公司财务绩效	0.15+ (0.09)	0.47** (0.16)	0.31+ (0.19)	0.26* (0.16)	0.25+ (0.15)	0.28+ (0.17)
子公司规模	0.36** (0.03)	0.38** (0.19)	0.36** (0.02)	0.40** (0.20)	0.33** (0.13)	0.33** (0.12)
子公司研发强度	0.11 (0.12)	0.07 (0.10)	0.13 (0.19)	0.34* (0.21)	0.29 (0.19)	0.24 (0.20)
子公司纵向相关性		−0.33** (0.07)	−0.42** (0.15)	−0.42* (0.12)	−0.63** (0.06)	−0.65** (0.07)
子公司横向相关性		−0.06 (0.05)	−0.16 (0.24)	−0.34 (0.38)	−0.28 (0.46)	−0.29 (0.52)
截距	40.96** (5.68)	36.01** (5.67)	33.51** (5.64)	39.43** (3.20)	28.18** (6.29)	28.08** (7.04)
			模型统计			
R^2	0.57	0.29	0.31	0.34	0.25	0.25
固定效应的豪斯曼检验	27.49**	70.69**	55.64**	36.20**	27.55+	28.66**
模型的拟合优度（F）	51.26**	24.94**	25.22**	34.07**	22.75**	22.53**
ΔR^2				0.02	0.006	0.006
ΔR^2（χ^2）似然比检验				6.70**	0.17	0.17
观测值	12865	570	570	570	103	103

注：a 括号里是稳定性的标准误差，+ 表示 $p<0.01$，* 表示 $p<0.05$，** 表示 $p<0.01$。

附表 B2　企业不负社会责任实践的转移和子公司及总部企业社会责任

自变量	t+1 年的子公司企业社会责任		t+1 年总部企业社会责任	
假设检验变量				
企业不负社会责任实践的转移（TCSiR）	−0.89**	(0.31)	0.06*	(0.03)
连锁的、小股权子公司	−0.22**	(0.08)	0.01	(0.05)
TCSiR×连锁的、小股权子公司	−0.11**	(0.03)	0.81**	(0.13)
母国监管压力			0.16	(0.26)
母国公民社会压力			0.67*	(0.33)
东道国监管压力	0.04	(0.27)		
东道国公民社会压力	0.58+	(0.35)		
子公司层面的控制变量				
子公司伦理承诺	0.46**	(0.18)		
子公司财务绩效	0.17*	(0.08)		
子公司规模	0.39**	(0.05)		
子公司研发强度	0.14**	(0.04)		
子公司纵向相关性	−0.57**	(0.17)		
子公司横向相关性	−0.29	(0.22)		
总部层面变量				
总部伦理承诺			0.52	(0.85)
总部财务绩效			0.59+	(0.34)
总部规模			0.12	(0.35)
总部研发强度			0.19+	(0.11)
总部地理多样化			0.06	(0.20)
行业层面控制变量				
母国行业压力			0.18	(0.16)
东道国行业压力	0.24+	(0.15)		
总部行业利润率			0.60	(1.20)
国家层面控制变量				
东道国公司平均研发强度	0.53*	(0.24)		
合法性损失扩散			0.02	(0.03)
截距	47.11**	(0.76)	58.94	(65.68)
模型统计				
R^2（%）	0.15		0.12	
固定效应的豪斯曼检验	32.74+		37.56*	
模型的拟合优度	21.84**		19.70**	

注：a 括号里是稳定性的标准误差，+表示 $p < 0.10$，* 表示 $p < 0.05$，** 表示 $p < 0.01$。

($\beta = 0.06 + 0.81 = 0.87$，$p < 0.01$)。总部企业社会责任的增加和子公司企业社会责任的同时减少（特别是连锁的、小股权的子公司）也消除了我们结果中的其他基于总部对其子公司企业社会责任行为所做的被动行为的解释。

Jordi Surroca（jsurroca@emp.uc3m.es）是马德里卡洛斯三世大学工商管理学院管理学副教授。他在巴塞罗那自治大学（the Universitat Autònoma de Barcelona）获得了创业与管理（Entrepreneurship and Management）博士学位。他的研究兴趣集中于战略管理、企业社会责任和公司治理的交叉领域。

Josep A. Tribó（joatribo@emp.uc3m.es）是马德里卡洛斯三世大学工商管理学院院长，公司金融教授。他在巴塞罗那自治大学获得经济分析博士学位。他的研究兴趣包括公司治理、企业社会责任和 R&D 金融。

Shaker A. Zahra（zahra004@umn.edu）是 Robert E. Buuck 创业组织主席和明尼苏达大学卡尔森管理学院战略与组织教授、明尼苏达大学创业研究中心主任。他的研究兴趣在于创业与战略的交叉领域，特别是全球科学技术产业。

参考文献

［1］Altman, E. I. 1993. Corporate financial distress and bankruptcy: A complete guide to predicting and avoiding distress and profiting from bankruptcy (2nd ed.). New York: Wiley.

［2］Baker, W. E., & Faulkner, R. R. 1993. The social organization of conspiracy: Illegal networks in the heavy electrical equipment industry. American Sociological Review, 58: 837–860.

［3］Bertrand, M., Mehta, P., & Mullainathan, S. 2002. Ferreting out tunneling: An application to Indian business groups. Quarterly Journal of Economics, 117: 121–148.

［4］Braithwaite, J. 1993. Transnational regulation of the pharmaceutical industry. Annals of the American Academy of Political and Social Science, 525: 12–30.

［5］Braithwaite, J., & Drahos, P. 2000. Global business regulation. Cambridge, UK: Cambridge University Press.

［6］Brammer, S. J., Pavelin, S., & Porter, L. A. 2006. Corporate social performance and geographical diversification. Journal of Business Research, 59: 1025–1034.

［7］Campbell, J. L. 2007. Why would corporations behave in socially responsible ways? An institutional theory of corporate social responsibility. Academy of Management Review, 32: 946–967.

［8］Campbell, J. T., Eden, L., & Miller, S. R. 2012. Multinationals and corporate social responsibility in host countries: Does distance matter? Journal of International Business Studies, 43: 84–106.

［9］Christmann, P. 2004. Multinational companies and the natural environment: Determinants of global environmental policy standardization. Academy of Management Journal, 47: 747–760.

［10］Clinard, M. B., & Yeager, P. C. 2006. Corporate crime. New Brunswick, NJ: Transaction.

［11］Clinard, M. B., Yeager, P. C, Brissette, J., Petrashek, D., & Harries, E. 1979.

Illegal corporate behavior. Washington DC: U.S. Department of Justice, National Institute of Law Enforcement and Criminal Justice.

[12] Copeland, B. R., & Taylor, M. S. 2004. Trade, growth, and the environment. Journal of Economic Literature, 42: 7–71.

[13] Corbett, C. J., & Kirsch, D. A. 2001. International diffusion of ISO 14000 certification. Production and Operations Management, 10: 327–342.

[14] Davis, G. F. 1991. Agents without principles? The spread of the poison pill through the intercorporate network. Administrative Science Quarterly, 36: 583–613.

[15] Delmas, M. A., & Montes-Sancho, M. J. 2011. An institutional perspective on the diffusion of international management system standards: The case of the environmental management standard ISO 14001. Business Ethics Quarterly, 21: 1052–1081.

[16] DiMaggio, P. J., & Powell, W. W. 1983. The iron cage revisited: Institutional isomorphism and collective rationality in organizational fields. American Sociological Review, 48: 147–160.

[17] Doh, J. P., & Teegen, H. 2002. Nongovernmental organizations as institutional actors in international business: Theory and implications. International Business Review, 11: 665–684.

[18] Doornik, J. A., & Hansen, H. 2008. An omnibus test for univariate and multivariate normality. Oxford Bulletin of Economics and Statistics, 70: 927–939.

[19] Dowell, G., Hart, S., &Yeung, B. 2000. Do corporate global environmental standards create or destroy market value? Management Science, 46: 1059–1074.

[20] Dowling, J., & Pfeffer, J. 1975. Organizational legitimacy: Social values and organizational behavior. Pacific Sociological Review, 18: 122–136.

[21] Duhigg, C., & Barboza, D. 2012. In China, human costs are built into an iPad. New York Times, January 26: A1.

[22] Eesley, C., & Lenox, M. J. 2006. Firm responses to secondary stakeholder action. Strategic Management Journal, 27: 765–781.

[23] Elsbach, K., D., & Sutton, R. I. 1992. Acquiring organizational legitimacy through illegitimate actions: A marriage of institutional and impression management theories. Academy of Management Journal, 35: 699–738.

[24] Faccio, M., Lang, L. H. P., & Young, L. 2001. Dividends and expropriation. American Economic Review, 91: 54–78.

[25] Gardberg, N. A., & Fombrun, C. J, 2006. Corporate citizenship: Creating intangible assets across institutional environments. Academy of Management Review, 31: 329–346.

[26] Gatignon, H., & Anderson, E. 1988. The multinational corporation's degree of control over foreign subsidiaries: An empirical test of a transaction cost explanation. Journal of Law, Economics and Organization, 4: 305–336.

[27] Ghemawat, P. 2007. Managing differences: The central challenge of global strategy. Harvard Business Review, 85 (3): 58–68.

[28] Granovetter, M. 1983. The strength of weak ties: A network theory revisited. Sociological Theory, 1: 201–233.

[29] Greenwood, R., & Hinings, C. R. 1996. Understanding radical organizational change: Bringing together the old and the new institutionalism. Academy of Management Review, 21: 1022–1054.

[30] Gwartney, J. D., Hall, J. C, & Lawson, R. 2010. Economic freedom of the world: 2010 annual report. Vancouver, BC: Fraser Institute.

[31] Hall, P. A., & Soskice, D. 2001. An introduction to varieties of capitalism. In P. A. Hall & D. Soskice (Eds.), Varieties of capitalism: The institutional foundations of comparative advantage: 1–68. New York: Oxford University Press.

[32] Heugens, P. P. M. A. R., & Lander, M. W, 2009, Structure! Agency! (And other quarrels): A meta-analysis of institutional theories of organization. Academy of Management Journal, 52: 61–85.

[33] Hoffman, A. J. 1999. Institutional evolution and change: Environmentalism and the U.S. chemical industry. Academy of Management Journal, 42: 351–371.

[34] Kaufmann, D., Kraay, A., &Mastruzzi, M. 2009. Governance matters VIII: Aggregate and individual governance indicators, 1996–2008. World Bank Policy Research Working Paper 4978. Washington, DC: World Bank.

[35] Khanna, T., & Rivkin, J. W, 2006, Interorganizational ties and business group boundaries: Evidence from an emerging economy. Organization Science, 17: 333–352.

[36] Knack, S., & Keefer, P. 1997. Does social capital have an economic payoff? A cross-country investigation. Quarterly Journal of Economics, 112: 1251–1288.

[37] Kono, C., Palmer, D., & Friedland, R. 1998. Lost in space: The geography of corporate interlocking directorates. American Journal of Sociology, 103: 863–911.

[38] Korten, D., C., 2001. When corporations rule the world (2nd ed.). San Francisco: Berrett-Koehler.

[39] Kostova, T., Roth, K., & Dacin, M. T. 2008. Institutional theory in the study of multinational corporations: Acritique and new directions. Academy of Management Review, 33: 994–1006.

[40] Kostova, T., & Zaheer, S. 1999. Organizational legitimacy under conditions of complexity: The case of the multinational enterprise. Academy of Management Review, 24: 64–81.

[41] Kuilman, J. G, & Li, J. 2009. Grades of membership and legitimacy spillovers: Foreign hanks in shanghai, 1847–1935. Academy of Management Journal, 52: 229–245.

[42] Kumar, N. 1990. Mobility barriers and profitability of multinational and local enterprises in Indian manufacturing. Journal of Industrial Economics, 38: 449–463.

[43] Locke, R. M. 2003, The promise and perils of globalization: The case of Nike. In T. A. Kochan& R. Schmalensee (Eds.), Management: Inventing and delivering its future: 39–70. Cam-

bridge, MA: MIT Press,

[44] Locke, R. M., Fei, Q. I. N., & Brause, A. 2007. Does monitoring improve labor standards? Lessons from Nike. Industrial and Labor Relations Review, 61: 3–31.

[45] Madsen, P. M. 2009, Does corporate investment drive a "race to the bottom" in environmental protection? A reexamination of the effect of environmental regulation on investment. Academy of Management Journal, 52: 1297–1318.

[46] Matten, D., & Moon, J. 2008. "Implicit" and "explicit" CSR: A conceptual framework for a comparative understanding of corporate social responsibility. Academy of Management Review, 33: 404–424.

[47] Meyer, J., W., & Rowan, B. 1977, Institutionalized organizations: Formal structure as myth and ceremony.American Journal of Sociology, 83: 340–363.

[48] Mizruchi, M. S. 1996. What do interlocks do? An analysis, critique, and assessment of research on interlocking directories. In J. Hagan & K. Cook (Eds.), Annual review of sociology, vol. 22: 271–298. Palo Alto, CA: Annual Reviews.

[49] Moran, T. H. 2001. Parental supervision: The new paradigm for foreign direct investment and development. Washington DC: Peterson Institute for International Economics.

[50] Oliver, C. 1991. Strategic responses to institutional processes. Academy of Management Review, 16: 145–179.

[51] Palmer, D. 1983. Broken ties: Interlocking directorates and intercorporate coordination. Administrative Science Quarterly, 28: 40–55.

[52] Paxton, P. 1999. Is social capital declining in the United States? A multiple indicator assessment. American Journal of Sociology, 105: 88–127.

[53] Petersen, M. A. 2009. Estimating standard errors in finance panel data sets: Comparing approaches. Review of Financial Studies, 22: 435–480.

[54] Pfeffer, J., & Salancik, G. R. 2003. The external control of organizations: A resource dependence perspective. Stanford, CA: Stanford University Press.

[55] Powell, W. W., & DiMaggio, P. 1991. The new institutionalism in organizational analysis. Chicago: University of Chicago Press.

[56] Rowley, T. J. 1997. Moving beyond dyadic ties: A network theory of stakeholder influences. Academy of Management Review, 22: 887–910.

[57] Scherer, A. G., & Palazzo, G. 2007. Toward a political conception of corporate responsibility: Business and society seen from a Habermasian perspective. Academy of Management Review, 32: 1096–1120.

[58] Scherer, A. G., & Palazzo, G. 2008. Globalization and corporate social responsibility. In A. Crane, A. McWilliams, D. Matten, J. Moon & D. S. Siegel (Eds.), The Oxford handbook of corporate social responsibility: 413–431. Oxford, UK: Oxford University Press.

[59] Scott, W. R. 2008. Institutions and organizations: Ideas and interests (3rd ed.). Thou-

sand Oaks, CA: Sage Publications.

[60] Sharfman, M. P., Shaft, T. M., & Tihanyi, L. 2004. A model of the global and institutional antecedents of high-level corporate environmental performance. Business & Society, 43: 6–36.

[61] Siegel, J. I., & Choudhury, P. 2012. A reexamination of tunneling and business groups: New data and new methods. Review of Financial Studies, 25: 1763–1798.

[62] Spar, D. L. 1998. The spotlight and the bottom line: How multinationals export human rights. Foreign Affairs, 77: 7–12.

[63] Suchman, M. C. 1995. Managing legitimacy: Strategic and institutional approaches. Academy of Management Review, 20: 571–610.

[64] Surroca, J., Tribó, J. A., & Waddock, S. 2010. Corporate responsibility and financial performance: The role of intangible resources. Strategic Management Journal, 31: 463–490.

[65] Tabachnick, B. G., & Fidell, L. S. 2007. Using multivariate statistics (5th ed.). Boston: Allyn& Bacon/Pearson Education.

[66] Waddock, S. A., Bodwell, C, & Graves, S. B. 2002. Responsibility: The new business imperative. Academy of Management Executive, 16 (2): 132–148.

[67] Weaver, G. R., Trevino, L. K., & Cochran, P. L. 1999. Integrated and decoupled corporate social performance: Management commitments, external pressures, and corporate ethics practices. Academy of Management Journal, 42: 539–552.

[68] Witt, M. A., & Lewin, A. Y. 2007. Outward foreign direct investment as escape response to home country institutional constraints. Journal of International Business Studies, 38: 579–594.

[69] Wooldridge, J. M. 2010. Econometric analysis of Cross Section and panel data (2nd ed.). Cambridge, MA: MIT Press.

[70] World Resources Institute. 2011. Earth trends: Environmental information, http://earthtrends.wri.org. Accessed April 27.